COMPRENDRE SIMPLEMENT les marchés publics

Pierre De Baecke

Avocat associé, VOLTA Avocats, il a travaillé comme juriste pour la Direction des affaires juridiques du ministère de l'Économie.

COMPRENDRE SIMPLEMENT les marchés publics

2e édition

EDITIONS LE MONITEUR

Directrice des Éditions : Claire de Gramont
Directeur éditorial : Thierry Kremer
Éditeur : Loïc Hanno
Édition et coordination des illustrations : Alain Bouteveille
Conception de la maquette : Rachid Maraï
Conception de la couverture : Catherine Lattuca
Réalisation de la couverture : Stdi (Charlène Gartion)
Mise en page : STDI (Guylaine Gresser)
Réalisation des illustrations : STDI (Cyrille Hiliou)
Fabrication : Anne-Lise Lapoire

Photographies de couverture (de haut en bas) :
© Jürgen Fälchle – Fotolia.com
© Chlorophylle – Fotolia.com

ISSN : 1965-863X
ISBN papier : 978-2-281-13216-8
ISBN numérique : 978-2-281-13217-5
Éditions du Moniteur, Antony Parc 2, 10 place du Général de Gaulle, BP 20156, 92186 Antony Cedex
www.editionsdumoniteur.com

Sommaire

Introduction

Le droit des marchés publics n'est pas un droit technique. Il repose, tout au contraire, sur une logique simple, une logique économique, au service de laquelle la règle juridique ne constitue qu'un outil. Sa pratique est de moins en moins celle du droit administratif ou d'un droit unilatéral.

Certes, l'attribution des marchés est toujours soumise à la mise en œuvre de procédures de mise en concurrence, précises et, parfois, denses. Ces procédures ne sauraient, pour autant, être appréciées que pour ce qu'elles apportent à la protection des deniers publics et la recherche de l'efficacité économique de la commande publique : le moyen d'obliger les personnes publiques, dont l'action n'est pas commandée par un environnement concurrentiel, à rechercher le meilleur rapport qualité-prix. Le droit de la passation des marchés publics est un droit de la concurrence.

Surtout, le droit des marchés publics est un droit des contrats. Son principe essentiel est la liberté contractuelle des personnes publiques. Une fois le marché signé, il révèle sa nature, celle d'un proche parent du marché d'entreprise, dans le cadre duquel un opérateur économique confie, moyennant rémunération, une mission à un autre opérateur économique. Bien entendu, ce contrat est un contrat de droit public, régi par les règles dérogatoires du droit administratif. Mais le déséquilibre du contrat et les prérogatives qu'en tirent les personnes publiques n'ont jamais pour effet de dévoyer sa nature contractuelle.

Ce constat est le fruit de l'évolution des textes, au rythme de réformes successives, rapides et profondes, au point de nourrir des critiques virulentes sur l'instabilité de la norme. Cette « réforme permanente » du droit des marchés publics n'est, en réalité, qu'un long et progressif recentrage. Celui-ci touche à son but.

Le juge a parfaitement assimilé et su accompagner cette évolution. Il a installé la subjectivité contractuelle à toutes les étapes de son contrôle, celui de la passation comme celui de l'exécution des marchés. Le contentieux des marchés publics est aujourd'hui très éloigné du contentieux de la légalité, c'est un contentieux d'espèce, sous-tendu par un grand pragmatisme, qui révèle le caractère purement économique du droit des marchés publics.

Cette évolution renvoie la règle de droit à sa juste place, celle d'un outil. Elle donne tort aux pratiques qui recherchent l'absolue sécurité juridique de l'achat public au détriment de son efficacité économique. C'est dans cet esprit que sont, aujourd'hui, rédigés les textes.

Tel est le fil rouge qui a guidé la rédaction du présent ouvrage. Pour comprendre simplement les marchés publics, il convient certainement de s'affranchir de la distanciation imposée par la règle de droit, de rendre cette règle invisible, et de se concentrer sur ses objectifs. Cette démarche s'appuie sur la multiplication d'exemples concrets et d'explications tirées de ma pratique professionnelle. La règle juridique, rendue transparente, n'a, évidemment, pas disparue. Si les développements qui suivent occultent volontairement toute référence juridique, ils n'en sont pas moins juridiquement actualisés et fiables.

Pierre De Baecke

Remerciements

L'auteur remercie Audrey Pfaff pour sa lecture éclairée, intransigeante et toujours constructive.

Décrire l'évolution d'un régime juridique et analyser la portée de règles nouvelles n'est pas difficile. Christine Bréchon-Moulènes avait anticipé et compris l'importance qu'allait prendre le droit public économique. Elle a contribué à faire émerger le droit public des affaires, aujourd'hui incontournable. Cet ouvrage est dédié à sa mémoire.

Notion de marché public

1

Références : *art. 1er, 3, 4, 5, 7, 13 et 21 de l'ordonnance n° 2015-899*

1.1 Définition

Un marché public est un contrat conclu à titre onéreux par un ou plusieurs acheteurs soumis à la réglementation des marchés publics avec un ou plusieurs opérateurs économiques, pour répondre à leurs besoins en matière de travaux, de fournitures ou de services.

1.1.1 Acte contractuel

Un contrat suppose l'accord de volonté entre deux parties. Un marché public est un contrat, ce qui implique qu'une décision unilatérale prise par l'administration n'est pas un marché public.

APPLICATION

L'attribution d'une subvention est un acte unilatéral et n'est pas un marché public. Le régime du subventionnement ressemble, toutefois, beaucoup à celui des marchés publics :
– l'organisme de droit privé reçoit une somme d'argent pour mener une activité d'intérêt général ;
– la personne publique doit, dès lors que le montant de la subvention atteint 23 000 euros, conclure une convention avec l'organisme subventionné, cette convention définit l'objet, le montant et les conditions d'utilisation de la subvention attribuée. Le bénéficiaire de la subvention rend des comptes sur la manière dont cette subvention a été dépensée ;
– les organismes de droit privé subventionnés peuvent évoluer dans un cadre concurrentiel, alors même le secteur dans lequel ils évoluent présente un objet social : les acteurs sont multiples et, s'il est possible d'envisager de les subventionner tous, il est tout autant envisageable de le faire après mise en concurrence.

Une subvention tend au financement d'une activité dont l'initiative appartient à l'organisme subventionné qui maîtrise les modalités de sa mise en œuvre. En d'autres termes, la personne publique ne maîtrise pas le cahier des charges, car l'activité ne répond pas directement à ses besoins : elle est exécutée par l'organisme subventionné conformément à son objet social. En revanche, une opération de subventionnement est un marché public si l'activité subventionnée a été décidée à l'initiative de la personne publique. Elle répond, en réalité, à un besoin propre de la personne publique qui la finance, et doit faire l'objet d'une mise en concurrence.

De même, tous les contrats ne sont pas des marchés publics, en raison de leur nature.

APPLICATION

Un contrat de travail suppose une prestation de services rémunérée par un prix, le salaire ou le traitement. Le lien de subordination disqualifie toutefois la notion de marchés publics, l'employeur ne réalise pas un achat de services.

Le droit des marchés publics est, tout entier, sous-tendu par la nature contractuelle du marché public. Le contenu du contrat, qui fait loi entre les parties, est déterminé par l'application du principe de liberté contractuelle. Il en résulte que chaque marché est unique, les droits et les obligations des parties sont déterminés par le contenu de leur engagement, le cahier des charges.

Les procédures de mise en concurrence supposent une succession d'actes de procédure, lesquels n'ont pour objet que de déterminer le choix du cocontractant de l'acheteur, le « pouvoir adjudicateur ». Une fois ce choix réalisé, le contrat prend toute la place.

1.1.2 Régime public ou privé

Pour identifier la nature du marché public, il suffit de se reporter à celle de l'acheteur.

Si l'acheteur est une personne publique, le marché public est un contrat administratif. Il est alors soumis à un régime de droit public, dans le cadre duquel le pouvoir adjudicateur dispose, dans l'exécution du contrat, de prérogatives justifiées par l'intérêt général qu'il n'est pas possible de retrouver dans l'exécution des contrats de droit privé.

L'acheteur peut mettre en œuvre des prérogatives qui traduisent son statut d'autorité publique, poursuivant un but d'intérêt général. Il peut procéder, en particulier, à la résiliation unilatérale du marché (voir § 76.1.1), voire à sa modification unilatérale (voir § 70.2.4), dans un but d'intérêt général.

Son cocontractant est soumis aux effets du principe de continuité du service public, il ne peut, sauf dans des hypothèses très restrictives, suspendre ou interrompre l'exécution du marché en invoquant le principe de l'exception d'inexécution, alors même que le pouvoir adjudicateur ne respecterait pas ses propres obligations contractuelles (voir § 60.4).

Si l'acheteur est une personne privée, le marché public est un contrat de droit privé. Il est soumis au régime général des contrats, et son exécution à l'application du code de commerce. Le juge compétent pour en connaître est le juge judiciaire, tandis que le contrat ne contient pas de clauses de résiliation ou de modification unilatérale pour motif d'intérêt général. Par ailleurs et surtout, le titulaire du marché peut invoquer l'exception d'inexécution lorsque l'acheteur ne respecte pas ses propres obligations contractuelles.

APPLICATION

La suspension de l'exécution du marché peut souvent se justifier en pratique, les marchés publics faisant trop souvent l'objet de retards de paiement, parfois importants.

Le présent ouvrage est dédié à la description du régime de droit public des marchés publics, le régime des marchés privés peut y être évoqué, mais il ne fait pas l'objet de développements spécifiques. Dans cet ouvrage, l'acheteur est le plus souvent une personne publique et, le marché est toujours soumis à un régime de droit administratif.

1.1.3 Contrepartie économique

Un marché public est un contrat par lequel la personne publique se procure les ouvrages, fournitures et services dont elle a besoin. Il suppose une contrepartie économique : un marché public est, nécessairement, conclu à titre onéreux.

APPLICATION

Un contrat dont l'objet est la fourniture de mobilier urbain est un marché public. Alors même qu'il ne prévoit pas de contrepartie financière, lorsque les éléments de mobilier sont fournis et installés gratuitement, la contrepartie économique réside dans la dévolution, au profit de l'opérateur économique, du droit d'exploiter ces éléments de mobilier à des fins d'affichage publicitaire, dont il tire des recettes. Le caractère onéreux du marché est constitué par l'attribution du droit exclusif d'exploitation du domaine public.

1.1.4 Acte économique

L'achat public est une démarche économique. Le régime des marchés publics est, en conséquence, un régime de droit économique, de droit public des affaires. Sans perdre sa nature de droit public, il est traversé par les idées de concurrence et de la recherche de l'offre économiquement la plus avantageuse (voir ci-dessous).

1.2 Acteurs des marchés publics

Un marché public est un contrat, passé entre un ou plusieurs acheteurs soumis à la réglementation des marchés publics et un ou plusieurs opérateurs économiques.

1.2.1 Pouvoir adjudicateur

Le pouvoir adjudicateur est la personne qui procède à un achat public.

La notion de pouvoir adjudicateur relève d'une approche pragmatique, celle de la notion d'« organisme public ». Cette notion ne témoigne pas de la composition du secteur public strictement établi, mais de la sphère d'influence de ce secteur public. Sont des pouvoirs adjudicateurs les personnes qui relèvent du secteur public et du secteur « parapublic », c'est-à-dire sous influence du secteur public.

Un pouvoir adjudicateur peut ainsi être une personne publique, un organisme privé constitué par des pouvoirs adjudicateurs ou, une personne de droit privé créée pour satisfaire spécifiquement un besoin d'intérêt général et qui répond à l'une des trois conditions suivantes :
– elle est financée majoritairement par des deniers publics ;
– elle est contrôlée par un pouvoir adjudicateur ;
– les membres de ses organes de direction sont désignés par un pouvoir adjudicateur.

Le présent ouvrage traite généralement des marchés publics passés par les personnes publiques suivantes :
– l'État ;
– les établissements publics de l'État ;
– les collectivités territoriales (commune, département, région ou métropole) ;
– les établissements publics locaux, par exemple une communauté urbaine ou un établissement public local d'enseignement.

Toutefois, les règles de passation sont communes à tous les pouvoirs adjudicateurs, qualifiés d'« acheteurs » dans la réglementation. Seules les règles d'exécution et certaines règles spécifiques sont propres aux personnes publiques mentionnées ci-dessus.

APPLICATION

Les établissements publics à caractère industriel ou commercial sont gérés comme des entités de droit privé, mais sont, bien entendu, soumis à la réglementation des marchés publics. Ils sont, par exemple :
– l'Agence de l'environnement et de la maîtrise de l'énergie (ADEME) ;
– l'Agence française de développement (AFD) ;
– l'Agence nationale pour la gestion des déchets radioactifs (ANDRA) ;
– l'Institut national de l'audiovisuel (INA) ;
– l'Institut national de la consommation (INC) ;
– les voies navigables de France (VNF) ;
– la SNCF ;
– le Centre national d'études spatiales (CNES) ;
– le Commissariat à l'énergie atomique et aux énergies alternatives (CEA) ;
– l'Institut de radioprotection et de sûreté nucléaire (IRSN) ;
– l'Institut français de recherche pour l'exploitation de la mer (IFREMER) ;
– le Bureau de recherches géologiques et minières (BRGM) ;
– l'Office national des forêts (ONF) ;
– l'Opéra de Paris ;
– la Comédie-Française.

1.2.2 Opérateurs économiques

Les fournisseurs et prestataires des acheteurs publics peuvent être des entreprises, des groupements de personnes dotés ou non de la personnalité juridique, des personnes physiques ou, des personnes publiques. Ils sont qualifiés d'« opérateurs économiques ».

Dans l'immense majorité des cas, les opérateurs économiques sont des entreprises ou des groupements d'entreprises. Le principe d'égalité de traitement des candidats aux marchés publics interdit de favoriser telle ou telle catégorie d'entreprise, par exemple :
– les entreprises locales, au travers de la tentation des « champions nationaux », de la protection des bassins d'emploi local ;
– les entreprises de petite taille, le droit des marchés publics interdit d'attribuer des contrats en fonction de la catégorie ou de la taille des entreprises, et en particulier de favoriser les PME ;
– les groupements solidaires au détriment des groupements conjoints.

Les personnes publiques ont le droit de soumissionner à un marché public, le principe d'égalité de traitement des candidats interdit de les en écarter. Elles sont alors en concurrence avec les entreprises.

Cette concurrence doit être loyale : les modalités de la candidature de la personne publique ne doivent pas fausser la concurrence. Il est, notamment, interdit aux candidats publics de s'appuyer sur les fonds publics dont ils bénéficient, par ailleurs, ses missions de service public, pour proposer un prix sans rapport avec le coût de production de la prestation demandée.

En conséquence, la personne publique doit justifier, de manière cumulative :
– que le prix qu'elle propose dans son offre a été déterminé en prenant en compte l'ensemble des coûts directs et indirects concourant à la formation du prix de la prestation objet du contrat ;
– qu'elle n'a pas bénéficié, pour déterminer le prix proposé, d'un avantage découlant des ressources ou des moyens qui lui sont attribués au titre de sa mission de service public

Pour justifier du caractère concurrentiel de leurs prix, ces candidats publics sont dotés d'une comptabilité analytique.

À RETENIR

En pratique, les candidats publics aux marchés publics sont des établissements publics à caractère industriel ou commercial (voir les exemples ci-dessus), tels que :
– l'Agence de l'environnement et de la maîtrise de l'énergie (ADEME).

Un candidat est un opérateur économique qui demande ou est invité à participer à une procédure d'attribution d'un marché public. Un soumissionnaire est un opérateur économique qui présente une offre dans le cadre de cette procédure.

1.3 Principe de mise en concurrence

Les opérateurs privés évoluent dans un environnement concurrentiel qui fait peser sur eux une pression économique. Il en résulte qu'ils recherchent, par eux-mêmes, l'optimisation de leurs actes économiques, parmi lesquels leurs achats. Les personnes publiques et, par extension, les personnes privées que les personnes publiques contrôlent ou celles qui dépensent bénéficient de subvention ou de dotations publiques n'évoluent pas dans un environnement concurrentiel. Il en résulte que les achats de ces acteurs publics ou parapublics ne sont pas nécessairement gouvernés par la recherche du meilleur rapport qualité-prix. Il convient, donc, d'éviter le gaspillage économique et de l'argent public.

À RETENIR

C'est ainsi que les personnes subventionnées directement à plus de 50 % par un pouvoir adjudicateur sont soumis au régime de la passation et de la modification des marchés publics pour la conclusion de leurs contrats de génie civil, les travaux de construction d'hôpitaux, d'équipements sportifs, récréatifs, de loisirs, de bâtiments scolaires et universitaires et des bâtiments à usage administratif, ainsi que des contrats portant sur des prestations de services liés à ces travaux. C'est le pouvoir adjudicateur qui subventionne la personne en cause qui est chargé de veiller au respect de cette réglementation, ce qu'il peut faire en conditionnant le versement des subventions à ce respect.

Surtout, il serait toxique pour l'économie de délivrer une rente aux entreprises, ainsi qu'il était d'usage au temps de la politique des « champions nationaux ». Les acheteurs savent bien que c'est en contraignant leurs partenaires industriels ou leurs fournisseurs à la performance, l'innovation, la recherche et développement et la compétitivité qu'il est possible d'obtenir d'eux le meilleur. La généralisation de ces bonnes pratiques tire l'économie, à commencer par l'économie nationale, vers le haut.

La réglementation de la commande publique a pour seul objet d'obliger ces acteurs, artificiellement, à rationaliser leurs choix économiques en substituant à la pression économique une pression réglementaire. Cette réglementation tend, donc, à créer les conditions de l'environnement concurrentiel qui leur manque. Elle prend en compte des préoccupations économiques et se fonde sur la concurrence.

Les marchés publics font l'objet d'accords multilatéraux de libre-échange, notamment conclus dans le cadre de l'Organisation Mondiale du Commerce, en raison de leur poids dans l'économie. Les achats publics représentent ainsi, en moyenne, environ 16 % du produit intérieur brut au sein de l'Union européenne. C'est dans ce cadre européen que s'inscrivent, nécessairement, les préoccupations de la mise en concurrence de la commande publique, sans laquelle la mise en place du marché intérieur ne saurait être complète.

Cette part moyenne de la commande publique dans le PIB cache des disparités au sein de l'Union européenne. Ainsi, selon l'OCDE, il est en 2013 d'environ 10 % en Espagne ou au Portugal, de 15 % en France, de 21 % aux Pays-Bas.

À RETENIR

Il serait néfaste de faire peser sur les achats réalisés dans le secteur de la défense et de la sécurité la seule exigence de la concurrence. Un régime particulier s'applique, en conséquence, à ces marchés, de manière à tenir compte de la nécessité de mener, à un niveau européen, la politique industrielle nécessaire à la protection des intérêts stratégiques attachés à ce secteur (voir § 3.2.2).

La réglementation des marchés publics poursuit deux objectifs :
– un objectif de nature économique, qui vise à garantir la pertinence de l'achat : l'efficacité de la commande publique ;
– un objectif de nature budgétaire, qui tend à protéger l'argent public et le patrimoine des personnes publiques : la bonne utilisation des deniers publics.

Ces objectifs impliquent le choix du meilleur rapport qualité prix : l'offre économiquement la plus avantageuse.

Ils sont mis en œuvre par l'application de principes qui commandent le régime de la commande publique et expriment l'idée de concurrence. Ces principes présentent une nature économique, ils reflètent les conditions sans lesquels il ne peut y avoir de concurrence.

Les principes applicables constituent une exigence fondamentale inscrite, tout à la fois, en droit européen, en droit constitutionnel et, en droit public interne. Ils sont au nombre de trois et s'appliquent quel que soit le montant du marché, « dès le premier euro ». Ces principes sont les suivants (tab. 1.1).

Tab. 1.1. Principes généraux du droit de la commande publique

Principe	Observations
Liberté d'accès à la commande publique	La liberté d'accès au marché des opérateurs économiques est l'une des conditions d'effectivité de la concurrence
Égalité de traitement des candidats	L'égalité, sur un marché, des opérateurs économiques est nécessaire à l'état concurrentiel de ce marché, d'où, par exemple, l'interdiction faite à ces opérateurs d'abuser d'une éventuelle position dominante.
Transparence des procédures	La fluidité de la circulation de l'information conditionne l'effectivité de la concurrence.

1.4 Catégories de marchés publics

Il existe trois catégories de marchés publics, qui se distinguent par leur objet :

Les **marchés de travaux** ont pour objet l'exécution ou la conception et l'exécution d'un ouvrage ou de travaux de bâtiment ou de génie civil répondant aux besoins de l'acheteur ;

À RETENIR

Les marchés de travaux sont définis au regard de deux caractéristiques. Il s'agit soit de la réalisation ou la conception et la réalisation d'un ouvrage répondant aux besoins de l'acheteur, c'est-à-dire sur la nature ou la conception duquel l'acheteur exerce une influence déterminante, soit l'exécution, ou la conception de travaux, dont la liste est la suivante :
- démolition et terrassements ;
- forages et sondages ;
- construction d'ouvrages de bâtiment ou de génie civil ;
- réalisation de charpentes et de couvertures
- construction d'autoroutes, de routes, d'aérodromes et d'installations sportives ;
- travaux maritimes et fluviaux ;
- autres travaux de construction ;
- travaux d'installation électrique ;
- travaux d'isolation ;
- plomberie ;
- autres travaux d'installation ;
- plâtrerie ;
- menuiserie ;
- revêtement des murs et des sols ;
- peinture et vitrerie ;
- autres travaux de finition ;
- location avec opérateur de matériel de construction.

Les **marchés de fournitures** ont pour objet l'achat, la prise en crédit-bail ou la location-vente de produits.

Les **marchés de services** ont pour objet la réalisation de prestations de services.

À RETENIR

L'objet du marché est un élément fondamental, il est précisément défini en vue de répondre à un besoin de la personne publique. La définition de l'objet du marché doit être précise, elle détermine à la fois le régime applicable et le périmètre de la mise en concurrence.

Un marché public relève toujours de l'une de ces trois catégories. Il arrive souvent que des marchés soient mixtes, il convient dès lors de les identifier, car leur régime est différent :
- marché portant sur des services et des fournitures : la catégorie dont le montant est le plus élevé est choisie. Par exemple, un marché dont l'objet est la fourniture de matériel informatique et d'un système d'information est un marché de service si la valeur de l'application logicielle (« software ») est supérieure à celle du matériel (« hardware »). C'est un marché de fournitures dans le cas contraire ;
- marché portant sur des services et des travaux : c'est un marché de travaux s'il a pour objet principal la réalisation de travaux. Ainsi, un marché dont la finalité est l'amélioration des performances énergétiques d'un bâtiment au moyen de la rénovation de ce bâtiment et de l'installation d'un système automatique de pilotage des installations de chauffage est un marché de travaux dès lors que son objet consiste, principalement à rénover le bâtiment.

– marché portant sur des fournitures, mais comportant, à titre accessoire, des travaux de pose et d'installation : c'est un marché de fournitures. L'installation de panneaux photovoltaïque sur un toit est un marché de fournitures dès lors que la pose de ces panneaux constitue le moyen de mise en œuvre du marché, qui est l'amélioration des performances énergétiques du bâtiment au moyen de l'électricité produite par ces panneaux.

Le tableau 1.2 résume les principaux changements concernant la définition des marchés publics.

Tab. 1.2 Concordance ancienne et nouvelle réglementation

Nouvelles références	Anciennes références	Objet et apports essentiels
Art. 1er, 4 et 5 O. 2015	Art. 1er CMP	Principes et définitions, ajustements de forme des définitions
Art. 3 O. 2015		Nature publique ou privée des marchés publics
Art. 7 O. 2015		Liste des contrats qui ne sont jamais des marchés publics
Art. 13 O. 2015		Notion d'opérateur économique
Art. 21 O. 2015		Régime des marchés de personnes subventionnées
CMP : Code des marchés publics 2006 O. 2015 : Ordonnance n° 2015-899 relative aux marchés publics		

Contrats de commande publique

2

Références : *art. 1, 2, 4, 67, 85 et 86 de l'ordonnance n° 2015-899 – 1, 2, 3, 4, 5, 6, 50 et 51 de l'ordonnance n° 2016-65*

Le droit de la commande publique peut être défini comme le droit applicable aux contrats ayant pour objet l'exécution de travaux, la livraison de fournitures ou la prestation de services, avec une contrepartie économique constituée par un prix ou un droit d'exploitation.

Est qualifié de contrat de commande publique tout contrat dont l'objet répond à cette définition. Parmi ces contrats, il est possible de distinguer entre deux « familles » de contrats de commande publique :
– les marchés ;
– les concessions.

Au sein de l'existence de ces deux « familles », il existe de multiples contrats de commande publique. Tous ces contrats constituent, toutefois, une catégorie particulière et homogène de contrats, identifiée par l'existence du principe de mise en concurrence qui préside à leur dévolution. Leur attribution est toujours soumise à une procédure de mise en concurrence, et un droit de recours effectif permet toujours de faire sanctionner par un juge les manquements commis par les pouvoirs adjudicateurs à ce principe de mise en concurrence.

C'est le contenu du contrat, ses clauses, qui permet d'identifier un contrat de commande publique : s'il a pour objet principal l'approvisionnement des pouvoirs adjudicateurs en fournitures, services ou, en ouvrages, en contrepartie d'un prix ou d'un droit d'exploitation (voir § 1.1), il s'agit, nécessairement, d'un contrat de commande publique.

Les développements du présent ouvrage ne portent que sur les marchés publics.

2.1 Marchés publics et concessions

Les marchés sont les contrats par lesquels le pouvoir adjudicateur se procure les biens, les services et les ouvrages dont il a besoin et qu'il paie à mesure de leur exécution. Son cocontractant ne porte pas de risque économique : il est assuré du paiement dès lors qu'il exécute les prestations conformément au cahier des charges.

Les concessions se distinguent des marchés en tant que le concessionnaire, le cocontractant du pouvoir adjudicateur, est mis en risque économique : il supporte un risque d'exploitation lié le plus souvent au risque de fréquentation du service ou de l'ouvrage dont la construction et l'exploitation est concédée. Sa rémunération n'est pas complètement assurée par l'autorité concédante et dépend d'une manière substantielle des résultats de l'exploitation de l'ouvrage ou du service, l'équilibre financier du contrat n'est pas garanti.

APPLICATION

Une communauté urbaine qui passe une concession de service public pour la construction et l'exploitation de lignes de tramway, le concessionnaire conçoit, finance, construit et exploite les lignes. Sa rémunération est issue des redevances payées par les usagers. Si les lignes sont très fréquentées, ses recettes seront importantes. Dans le cas contraire, l'exécution de son contrat peut être déficitaire. Des subventions sont versées par la communauté urbaine pour financer une partie de son activité, mais ce financement, par la personne publique, public n'est pas suffisant pour garantir l'équilibre économique du contrat.

Les activités qui font l'objet de concessions ne peuvent, en pratique, être financées en totalité par des recettes perçues sur les utilisateurs du service ou de l'ouvrage concédé. Si tel était le cas, cette activité serait purement concurrentielle et relèverait du secteur privé. Il coexiste donc toujours, en pratique, un financement public et un financement privé.

Les recettes du titulaire du contrat de concession sont, donc, composées pour partie de dotations versées par la personne publique partie au contrat de concession, le concédant. La part publique de ces recettes ne doit pas atteindre 70 % de la totalité des recettes, publiques ou privées, que le concessionnaire tire de son activité. 30 % minimum de ces recettes proviennent :
– du prix versé par les usagers en contrepartie de leur utilisation du service ou de l'ouvrage, tel que le prix d'un titre de transport ou la redevance d'un péage ;
– des recettes tirées des activités concurrentielles accessoires que le concessionnaire exploite dans le cadre de la concession, telles que les recettes publicitaires issues de l'exploitation de panneaux d'affichage.

Des concessions peuvent être passées pour l'exploitation et la construction, la conception, le financement, la maintenance :
– d'un ouvrage ;
– d'un service public ;
– d'un service qui ne présente pas le caractère d'un service public ;
– d'une opération d'aménagement.

Les concessions sont des contrats de commande publique, au même titre que les marchés publics, leur attribution est, en conséquence, soumise au principe de la mise en concurrence. L'existence d'un risque d'exploitation à la charge du concessionnaire leur confère, toutefois, un caractère dérogatoire qui justifie un régime juridique particulier, qui porte à la fois sur des procédures de passation spécifiques et un régime juridique propre à assurer la protection du concessionnaire, qui a consenti à des investissements importants.

Lorsque le montage contractuel concessif a pour objet d'externaliser à la fois la construction de l'ouvrage ou la mise en place du service, comme le développement d'un système d'information, par exemple, et le financement de cet ouvrage ou de cette mise en place il relève de la notion de « partenariat public-privé ». Cette qualification ne change rien, toutefois, à sa nature : le contrat reste une concession.

Les contrats de commande publique qui ne font peser aucun risque d'exploitation sur le cocontractant du pouvoir adjudicateur sont tous des « marchés publics » au sens que donne à ces termes le droit européen. Lorsque le marché public a pour objet de confier au titulaire la construction d'un ouvrage ou la mise en place d'un service, ainsi que le financement de cette construction ou de cette mise en place, le contrat relève également de cette notion de « partenariat public-privé ». Pas plus que pour les concessions cette situation ne remet en cause la nature du contrat : il reste un marché public. En droit interne, ce type de montage, dès lors qu'il relève d'un marché public, est identifié sous le régime des « marchés de partenariat ».

2.2 Choix du contrat

Les acheteurs choisissent la famille de contrat, marché public ou concession, qui répond le mieux à leurs besoins et à leurs contraintes. Dès lors qu'ils sont soumis à la réglementation des marchés publics, sont, en principe, l'obligation de passer des marchés, mais ont la possibilité de recourir librement à un contrat concessif, si tel est leur besoin. Les marchés publics et les concessions constituent, ainsi, un droit de la commande publique binaire, mais exclusif, dont existence se justifie en raison des exigences constitutionnelles inhérentes à l'égalité devant la commande publique, à la protection des propriétés publiques et au bon usage des deniers publics.

S'il est démontré qu'un montage de partenariat est plus efficient que le montage contractuel traditionnel, l'acheteur peut recourir aux marchés de partenariat, qui, avec les concessions, constitue désormais un mode exclusif de tout autre montage en partenariat public-privé.

Il n'est possible, de manière très restrictive, d'écarter le droit de la commande publique et d'acquérir des services ou des ouvrages en utilisant un autre régime, mais cette faculté est prévue par le droit de la commande publique lui-même, qui ne permet cette possibilité qu'assortie d'un champ d'application qui s'appuie sur les caractéristiques du projet. Ce champ d'application doit toujours être interprété restrictivement (voir § 4.1 et suivants).

Les contrats de commande publique peuvent être présentés, de manière synthétique, en fonction de leurs caractéristiques générales.

2.2.1 Marchés

Un marché public est un contrat conclu à titre onéreux par un ou plusieurs acheteurs soumis à la réglementation des marchés publics avec un ou plusieurs opérateurs économiques, pour répondre à leurs besoins en matière de travaux, de fournitures ou de services (voir § 1.1).

2.2.2 Concessions

L'acheteur, l'autorité concédante, délègue à un ou plusieurs opérateurs économiques, le concessionnaire, l'exécution de travaux ou la gestion d'un service, en contrepartie soit du droit d'exploiter l'ouvrage ou le service qui fait l'objet du contrat, soit de ce droit assorti d'un prix. Un risque lié à l'exploitation de l'ouvrage ou du service est transféré au concessionnaire (voir ci-dessus).

Le risque d'exploitation suppose une réelle exposition aux aléas du marché. La perte potentielle supportée par le concessionnaire ne doit pas être négligeable, mais doit être réelle. C'est la situation dans laquelle, dans des conditions d'exploitation normales, le concessionnaire n'est pas assuré d'amortir les investissements ou les coûts qu'il a supportés, liés à l'exploitation de l'ouvrage ou du service.

La durée du contrat de concession permet au concessionnaire d'amortir, s'il y a lieu, ses investissements et de réaliser un bénéfice raisonnable. Aux termes du contrat, les ouvrages construits reviennent en pleine propriété au pouvoir adjudicateur, sans indemnité complémentaire au profit du concessionnaire.

APPLICATION

Une communauté urbaine, établissement public de coopération intercommunal, est un établissement public local. À ce titre, elle est soumise à la réglementation des marchés publics (voir § 3.1.2). Toutefois, lorsqu'elle délègue la construction et l'exploitation des lignes de tramway, elle passe un contrat ayant pour objet la délégation d'un service public, un service de transport urbain de voyageurs, dans le cadre duquel le concessionnaire tire une partie de ces recettes du prix versé par les usagers du tramway. Le contrat, en l'espèce, est une concession, il répond à un régime juridique spécifique et, en tant que le service concédé est un service public, doit prévoir certaines particularités.

2.2.3 Marchés de partenariat

Un marché de partenariat est un marché public global portant à la fois sur le financement et la construction :
– d'un ouvrage, par exemple un bâtiment destiné à accueillir un service public ou constituant une infrastructure de transport ;
– d'un service, par exemple un système de billetterie automatique ou la mise à disposition d'une flotte d'hélicoptères destinée à une école militaire de pilotage.

Le contrat peut associer, et en général associe, à ces deux missions, la conception, l'exploitation, la maintenance et l'exploitation d'autres services. Le montage est un montage global, dont l'intérêt est de fournir à l'acheteur une prestation « clés en main ». Son efficience repose sur trois caractéristiques :
– l'optimisation du partage des risques : chaque intervenant est chargé de l'activité qu'il est le mieux à même d'assurer ;
– la recherche de la performance : des clauses de performance incitent le titulaire à atteindre le niveau de qualité de service prévu par le contrat ;
– le risque de disponibilité : l'acheteur ne paie qu'à hauteur de la part afférente à l'ouvrage ou au service disponible.

L'objet du contrat porte sur la mise à disposition d'un ouvrage ou, d'un service, support de l'activité de service public qui reste exploité par l'acheteur et dans laquelle le partenaire n'intervient pas.

Le prix est versé par le pouvoir adjudicateur sous la forme d'un loyer, tout au long de la durée du contrat. Le pouvoir adjudicateur commence à payer les prestations seulement à partir du moment où l'ouvrage ou le service, objet du contrat, est livré, et pour autant qu'il soit disponible :
– dès lors qu'il entre dans la phase d'exploitation, c'est à dire du moment où il est, effectivement, disponible pour l'activité de service public ;
– pour autant qu'il soit disponible.

Le contrat peut, également, porter sur l'exploitation de services accessoires, dont les recettes viennent alimenter le compte de résultat du partenaire du pouvoir adjudicateur et réduire le prix versé par le pouvoir adjudicateur.

APPLICATION

Un établissement d'enseignement supérieur confie, dans le cadre d'un contrat de partenariat, la conception, la construction, le financement, l'exploitation et la maintenance des bâtiments destinés à accueillir la faculté de médecine, ainsi que des équipements destinés à ses laboratoires de recherche médicale. Le partenaire de l'établissement, une société de projet, exploite, à titre d'activité accessoire, les services de restauration et d'hébergement des chercheurs et des étudiants. Le loyer est versé en tenant compte de la disponibilité, en temps réel, des locaux et des équipements.

La durée du contrat est calée sur celle de l'amortissement des investissements consentis. Aux termes du contrat, les ouvrages construits reviennent en pleine propriété au pouvoir adjudicateur, sans indemnité complémentaire au profit de son partenaire.

2.2.4 Conventions d'occupation foncière

Il s'agit de conventions d'occupation du domaine, public ou privé, du pouvoir adjudicateur, dont la durée permet au locataire de jouir des droits réels attachés à la parcelle, à la manière du propriétaire. Il peut, ainsi, apporter cette parcelle en garantie auprès d'une banque et, ainsi, financer un ouvrage.

À RETENIR

L'acte juridique de mise à disposition de la parcelle prend, parfois, la forme d'un acte unilatéral, une autorisation d'occupation temporaire du domaine. Lorsque la dévolution de cette autorisation a pour contrepartie la construction d'un ouvrage ou l'exploitation d'un service, l'autorisation est contractuelle et pouvait prendre la forme d'une convention d'occupation domaniale, assortie d'une obligation de construire un ouvrage. L'ensemble juridique constitue, en réalité, un contrat de commande publique, devant obéir au régime des marchés publics ou à celui des concessions. En l'absence de risque d'exploitation, la convention est un marché public, l'autorisation d'occupation domaniale n'est qu'un moyen de réaliser l'opération.

Ces contrats sont des contrats de commande publique si le contrat a pour objet, au-delà de la location d'une parcelle appartenant à un pouvoir adjudicateur, de lui procurer un ouvrage ou une prestation de services répondant à ses besoins. Ils sont désormais toujours soumis au régime des concessions ou des marchés de partenariat, dont les clauses tiennent alors compte des exigences de la protection de la propriété publique, spécialement si la parcelle louée constitue une dépendance du domaine public.

Si leur seul objet consiste à louer un bien immobilier à un tiers, il ne s'agit que d'un contrat de location, dont la dévolution n'est soumise à aucune obligation de mise en concurrence.

APPLICATION

Une ville loue une parcelle destinée à accueillir un édifice cultuel à une association qui va financer l'ouvrage. Le contrat, un bail emphytéotique, est un contrat de location de très longue durée qui confère au locataire, l'emphytéote, la jouissance des droits réels attachés à cette parcelle. Il va pouvoir les apporter à une banque en garantie d'un prêt destiné à financer l'ouvrage. Cet ouvrage n'est pas destiné à satisfaire les besoins de la personne publique, mais ceux de l'association et de ses membres. La passation du bail n'est donc pas soumise à mise en concurrence, il est, d'ailleurs, difficile d'entrevoir qui pourrait se porter concurrent, mise à part l'association intéressée.

En revanche, un bail emphytéotique associé à un contrat de concession de service public portant sur la construction et l'exploitation d'une usine d'incinération de déchets a pour objet d'apporter au projet la parcelle et les droits réels qui y sont attachés, de manière à permettre au concessionnaire, qui est l'emphytéote, d'obtenir le financement nécessaire à la construction de l'ouvrage. Un tel bail répond aux besoins de la collectivité. Il est soumis aux mêmes obligations de mise en concurrence que le contrat de concession auquel il est associé.

La typologie de ces contrats peut être résumée (tab. 2.1).

2.2.5 Autres contrats

Le principe de la liberté contractuelle permet au pouvoir adjudicateur de recourir à de multiples outils contractuels, souvent de droit privé. Ces outils lui permettent, parfois, de s'affranchir de toute obligation de mise en concurrence.

Dès lors qu'ils consistent à approvisionner le pouvoir adjudicateur en biens, services ou travaux, la dévolution de ces contrats est susceptible d'être soumise aux obligations de la réglementation de la commande publique. Le pouvoir juridique encourt toujours le risque de voir ces contrats requalifiés en marchés publics ou en concessions.

APPLICATION

Un opérateur économique met une flotte automobile à la disposition d'une commune, pour une période déterminée, contre paiement d'une redevance périodique, dans le cadre d'un contrat de crédit-bail. Au terme du contrat, la commune peut restituer les véhicules, les acquérir pour un montant défini lors de la conclusion du contrat ou renouveler le contrat, aux termes, toutefois, d'une mise en concurrence. Un tel contrat est un marché public, soumis, en principe, à la procédure de l'appel d'offres.

La même commune achète, sur plans, des locaux à usage de bureaux dans le cadre d'une vente en l'état futur d'achèvement (VEFA). Dès lors que son acquisition s'inscrit dans le cadre d'un programme existant destiné au secteur privé et que la commune n'exige pas de spécifications particulières en termes d'aménagement des locaux, le contrat de VEFA n'est soumis à aucune obligation de mise en concurrence. En revanche, si elle impose des aménagements spéciaux, par exemple lorsque l'immeuble est destiné à devenir l'hôtel de ville, avec l'aménagement de salons de réception et de l'hémicycle du conseil municipal, la commune aurait dû attribuer le contrat aux termes d'un appel d'offres, c'est un marché de travaux.

Tab. 2.1. Typologie des contrats de commande publique

Type de contrat	Risque d'exploitation	Objet du contrat	Observations
Marché public	Absent ou non substantiel (montage en marché public)	Exécution de travaux, fourniture de biens ou prestation de services	L'exécution du contrat aux conditions prévues par le cahier des charges donne lieu au paiement du prix.
Marché de partenariat		Financement et exécution de travaux	Montage en PPP. Contrat global, autres missions possibles. L'objet du montage est de lisser la rémunération du titulaire dans la durée en s'assurant de l'efficience économique du contrat au moyen de l'optimisation du partage des risques et de la recherche de la performance. Inclut les montages prévoyant l'occupation d'un bien immobilier assortie du transfert des droits réels afin de permettre le financement de l'opération.
Concession	Substantiel (montage concessif)	Gestion d'un ouvrage ou d'un service	Affermage. L'exécution du contrat aux conditions prévues par le cahier des charges donne lieu à la rémunération du titulaire, mais celle-ci varie de manière substantielle en fonction des résultats de l'exploitation.
		Financement et exécution de travaux ou gestion d'un service	Montage en PPP concessif. Inclut les montages prévoyant l'occupation d'un bien immobilier assortie du transfert des droits réels afin de permettre le financement de l'opération.

3 Réglementation des marchés publics

Références *: art. 2, 4, 5, 6, 11, 12, 24 et 25 de l'ordonnance n° 2015-899*

Le droit des marchés publics est, ainsi que plus de 80 % des textes adoptés en matière économique et financier, d'origine européenne. Le droit européen des marchés publics est, lui-même issu, pour ses grandes lignes, de l'Accord multilatéral sur les marchés publics (AMP) signé à Marrakech, le 15 avril 1994, au terme des négociations de l'Uruguay Round, en marge du traité instituant l'Organisation mondiale du commerce (OMC).

À RETENIR

L'Accord plurilatéral sur les marchés publics de 1994 a été signé, outre l'Union européenne pour elle-même et ses 28 États membres, dont les opérateurs économiques ont le droit d'accéder à tous les marchés publics, par 17 États membres de l'OMC, dont les opérateurs économiques peuvent soumissionner aux procédures d'attribution de marchés publics dès lors que le secteur économique en cause est couvert par l'accord. En dehors de l'Union européenne ces États signataires sont les suivants :
– Arménie ;
– Canada ;
– Corée ;
– États-Unis ;
– Hong-Kong (Chine) ;
– Islande ;
– Israël ;
– Japon ;
– Liechtenstein ;
– Norvège ;
– Nouvelle-Zélande ;
– Aruba (Pays-Bas) ;
– Singapour ;
– Suisse ;
– Taipei chinois ;
– Ukraine (juin 2016) ;
– Moldavie (juin 2016).

Le régime des marchés publics constitue donc, pour une large part, le fruit des engagements internationaux de la France, desquels il tire deux principes :
– la mise en concurrence de l'attribution des contrats ;
– le droit à un recours juridictionnel effectif permettant la sanction de la méconnaissance du premier principe.

Ces deux principes sont mis en œuvre par la réglementation des marchés publics.

3.1 Structure de la réglementation des marchés publics

La mise en œuvre de ces engagements internationaux passe par la transposition de quatre directives européennes :
– directive n° 2014/23/UE du Parlement et du Conseil du 26 février 2014 sur l'attribution de contrats de concessions ;

– directive n° 2014/24/UE du Parlement et du Conseil du 26 février 2014 sur la passation des marchés publics et abrogeant la directive 2004/18/CE ;

– directive n° 2014/25/UE du Parlement et du Conseil du 26 février 2014 relative à la passation de marchés par des entités opérant dans les secteurs de l'eau, de l'énergie, des transports et des services postaux et abrogeant la directive n° 2004/17/CE ;

– directive n° 2009/81/CE du Parlement et du Conseil du 13 juillet 2009 relative à la coordination des procédures de passation de certains marchés de travaux, de fournitures et de services par des pouvoirs adjudicateurs ou entités adjudicatrices dans les domaines de la défense et de la sécurité, et modifiant les directives nos 2004/17/CE et 2004/18/CE.

Le droit français transpose ces directives et précise les modalités selon lesquelles sont mis en œuvre le principe de mise en concurrence des marchés publics et, celui de l'existence d'un droit au recours effectif des opérateurs économiques. Il a pour seuls objectifs l'efficacité économique de l'achat public et la protection des deniers publics et des propriétés publiques (voir § 1.2).

3.1.1 Réglementation antérieure au 1er avril 2016

Le tableau 3.1 présente l'architecture de la réglementation interne qui était applicable aux marchés publics avant la transposition des directives de 2014, entrée en vigueur le 1er avril 2016. Les régimes antérieurs opéraient une distinction entre les acheteurs, en fonction, à la fois, de leur secteur d'intervention et de leur qualité.

À RETENIR

La nouvelle réglementation, entrée en vigueur au 1er avril 2016, est applicable aux marchés publics et accords-cadres dont la procédure de passation est lancée à compter de cette date. Par lancement de la procédure, il faut retenir, selon le cas, la date d'envoi pour publication de l'avis de marché, ou de l'envoi de l'invitation à participer à une négociation. Les contrats en cours d'exécution à cette date et ceux pour lesquels la procédure a été lancée jusqu'au 31 mars 2016 restent soumis à l'ancienne réglementation. Pour sa description, le lecteur pourra se reporter à la première édition, datée de mai 2013, de cet ouvrage. À titre récapitulatif, des tableaux de concordance concluent systématiquement les chapitres du présent ouvrage.

L'État et ses établissements publics dont l'activité ne constitue pas une activité à caractère industriel ou commercial, c'est-à-dire principalement ses établissements publics administratifs, les collectivités territoriales et l'ensemble de leurs établissements publics (voir § 1.2) étaient soumis au code des marchés publics.

Il était donc possible, en application du code des marchés publics, de ne parler que d'« acheteur public ». Désormais, les textes relatifs aux marchés publics sont communs à tous les acheteurs : pouvoirs adjudicateurs, entités adjudicatrices et acheteurs du secteur de la défense.

Les autres personnes morales constituant des pouvoirs adjudicateurs (établissements publics à caractère industriels ou commercial, entités juridiques créées par des pouvoirs adjudicateurs ou personnes morales de droit privé créées dans un but d'intérêt général autre qu'industriel ou commercial et financées sur des fonds publics, contrôlées ou, dont les dirigeants étaient nommés par une personne publique, voir § 1.2) appliquaient des textes comparables, l'ordonnance n° 2005-649 du 6 juin 2005 et ses deux décrets d'application.

Les règles applicables dépendaient du secteur dans lequel les acheteurs interviennent ou de l'objet de leurs achats (voir ci-dessous). Le tableau 3.1 récapitule l'architecture de la réglementation des marchés publics applicable jusqu'au 31 mars 2016.

3.1.2 Réglementation applicable depuis le 1er avril 2016

L'ancienne réglementation des marchés publics a été remplacée par deux séries de textes, entrés en vigueur le 1er avril 2016. Une ordonnance, de niveau législatif, fixe les définitions, les principes et le champ d'application. Deux décrets fixent les modalités d'application de ces principes, à commencer par le détail des procédures applicables :

– ordonnance n° 2015-899 du 23 juillet 2015 relative aux marchés publics ;

– décret n° 2016-360 du 25 mars 2016 relatif aux marchés publics ;

– décret n° 2016-361 du 25 mars 2016 relatif aux marchés publics de défense ou de sécurité.

La structure de la réglementation des marchés publics s'en trouve simplifiée, puisque les règles applicables à tous les acheteurs sont désormais regroupées dans ces trois textes. Le

Tab. 3.1. Architecture de la réglementation des marchés publics jusqu'au 31 mars 2016

Activité	**Personne soumise à la réglementation « marchés publics »**	
	Etat, collectivités territoriales, établissements publics autres qu'industriels et commerciaux	***Autres personnes publiques ou privées***
Toutes activités : pouvoir adjudicateur	Code des marchés publics – première partie	Ordonnance du 6 juin 2006 et décret du 30 décembre 2005
Pouvoir adjudicateur assurant une activité d'opérateur de réseau : entité adjudicatrice	Code des marchés publics – deuxième partie	Ordonnance du 6 juin 2005 et décret du 20 octobre 2005
Pouvoirs adjudicateurs réalisant des achats de défense ou de sécurité	Code des marchés publics – troisième partie (Etat et ses établissements publics seulement)	Application volontaire

Tab. 3.2. Architecture de la réglementation des marchés publics à compter du 1er avril 2016

Activité	**Personne soumise à la réglementation « marchés publics »**	
	État, collectivités territoriales, établissements publics autres qu'industriels et commerciaux	***Autres personnes publiques ou privées***
Toutes activités : pouvoir adjudicateur	Ordonnance n° 2015-899 du 23 juillet 2015 et décret n° 2016-360 du 25 mars 2016	
Pouvoir adjudicateur assurant une activité d'opérateur de réseau : entité adjudicatrice		
Pouvoirs adjudicateurs réalisant des achats de défense ou de sécurité	Ordonnance n° 2015-899 du 23 juillet 2015 et décret n° 2016-361 du 25 mars 2016	

tableau 3.2 récapitule l'architecture de la réglementation des marchés publics applicable à partir du 1er avril 2016.

3.1.3 Régime des concessions

Les contrats de concession, qui constituent l'autre forme contractuelle applicable à la commande publique, ont également fait l'objet d'une réforme, animée par la transposition de la directive n° 2014/23/UE du 26 février 2014 (ci-dessus). Les concessions peuvent être conclues dans le cadre d'activités d'opérateurs de réseaux ou pour réaliser des achats de défense ou de sécurité. Le tableau 3.3 récapitule l'architecture de la réglementation des concessions applicable à partir du 1er avril 2016.

Les développements du présent ouvrage s'attachent aux seules dispositions de la réglementation des marchés publics de droit commun, celui applicable aux pouvoirs adjudicateurs dans les secteurs classiques. Les autres régimes n'y sont évoqués que de manière ponctuelle. Le régime des concessions n'y est pas traité.

3.1.4 Perspectives de codification

Les autorités nationales ont organisé la transposition des directives de 2014 de manière à codifier l'ensemble de la réglementation de la commande publique dans un seul corpus, qui prendra la forme d'un code général de la commande publique. Il est prévu que ce code général soit publié dans le courant de l'année 2017. La matière y trouvera formellement la cohérence qui lui a longtemps manqué, l'existence d'un code étant également un facteur de stabilité de la réglementation, ce qui constitue une exigence qui, elle aussi, était attendue des praticiens. Le tableau 3.4 récapitule l'architecture de la réglementation de la commande publique, qui serait alors applicable.

Tab. 3.3. Architecture de la réglementation des concessions à compter du 1er avril 2016

Activité	Personne soumise à la réglementation « marchés publics »	
	État, collectivités territoriales, établissements publics autres qu'industriels et commerciaux	*Autres personnes publiques ou privées*
Toutes activités : autorités concédantes	Ordonnance n° 2016-65 du 29 janvier 2016 et décret n° 2016-86 du 1er février 2016	
Autorités concédantes assurant une activité d'opérateur de réseau		
Autorités concédantes réalisant des achats de défense ou de sécurité		

Tab. 3.4. Perspective de l'architecture de la réglementation de la commande publique

Activité	Personne soumise à la réglementation « marchés publics »	
	Etat, collectivités territoriales, établissements publics autres qu'industriels et commerciaux	*Autres personnes publiques ou privées*
Toutes activités : pouvoirs adjudicateurs ou autorités concédantes	Code général de la commande publique	
Entités adjudicatrices et autorités concédantes assurant une activité d'opérateur de réseau		
Pouvoirs adjudicateurs et autorités concédantes réalisant des achats de défense ou de sécurité		

3.2 Régimes dérogatoires

La réglementation des marchés publics distingue trois régimes proches, mais différents. Le premier est le régime de droit commun, les deux autres sont des régimes dérogatoires, plus souples, dont le champ d'application est limité.

3.2.1 Marchés publics des opérateurs de réseaux

Il est distingué deux catégories d'acheteurs, les pouvoirs adjudicateurs et les entités adjudicatrices, qui sont les acheteurs intervenant dans les secteurs de l'eau, de l'énergie, des transports et des services postaux.

Les acheteurs sont, en principe, qualifiés de « **pouvoirs adjudicateur** ». Parmi ces pouvoirs adjudicateurs soumis à la réglementation des marchés publics, certains assurent une activité d'opérateurs de réseaux (voir ci-dessous). Lorsque les pouvoirs adjudicateurs achètent dans le cadre de cette activité, ils sont qualifiés d'« **entités adjudicatrices** ». Pour le reste de leurs achats, ceux qui ne sont pas destinés à la construction ou à l'exploitation d'un « réseau », ils demeurent des pouvoirs adjudicateurs soumis aux règles de droit commun.

activité Les textes dressent la liste des activités des opérateurs de réseaux, justifiant l'application des règles spécifiques applicables aux entités adjudicatrices. Elles relèvent des domaines suivants :

– production, du transport ou de la distribution d'électricité, de gaz ou de chaleur ;

– production, du transport ou de la distribution d'eau potable ;

– exploitation d'une aire géographique dans le but de prospecter ou d'extraire du pétrole, du gaz, du charbon ou d'autres combustibles solides ;
– exploitation d'une aire géographique permettant d'organiser et de mettre à disposition des transporteurs, des aéroports, des ports maritimes, des ports fluviaux, ou d'autres terminaux de transport ;
– exploitation de réseaux destinés à fournir un service au public dans le domaine du transport par chemin de fer, tramways, trolleybus, autobus, autocar, câble ou tout système automatique, ou la mise à la disposition d'un exploitant de ces réseaux ;
– activités visant à fournir des services postaux.

APPLICATION

Parmi d'autres attributions, une communauté urbaine exploite, en régie, l'exploitation d'une ligne de tramway. Elle est une entité adjudicatrice et applique les règles relatives aux entités adjudicatrices lorsqu'elle achète des rames de tramways ou des prestations de maintenance du réseau ferré. Elle perd cette spécificité et, applique les règles de droit commun, lorsqu'elle achète des fournitures, des services ou des travaux destinés au fonctionnement de ses services administratifs ou à ses autres activités de service public.

Dans ces secteurs, certaines entités adjudicatrices ne sont pas des pouvoirs adjudicateurs, en tant qu'elles n'exercent que des activités d'opérateurs de réseaux activités dans ces seuls secteurs. Les entités adjudicatrices sont :
– les pouvoirs adjudicateurs exerçant une activité d'opérateur de réseau ;
– les entreprises publiques exerçant une activité d'opérateur de réseau ;
– les organismes de droit privé exerçant une activité d'opérateur de réseau au moyen de droits spéciaux ou exclusif en vertu de la loi.

Au sens de ce régime, est une entreprise publique toute personne morale qui exerce des activités de production ou de commercialisation de biens ou de services marchands et sur laquelle un ou plusieurs pouvoirs adjudicateurs exercent, directement ou indirectement, une influence dominante en raison de la propriété, de la participation financière ou des règles qui la régissent.

À RETENIR

EDF, GDF ou Paris Aéroports sont des entreprises publiques au sens de ce régime. Elles ne sont pas des pouvoirs adjudicateurs, seulement des entités adjudicatrices.

Dans la réglementation des marchés publics (ordonnance n° 2015-899 du 23 juillet 2015 et décret n° 2016-360 du 25 mars 2016), les règles applicables aux entités adjudicatrices, plus souples, sont identifiées comme telles.

3.2.2 Marchés publics de défense ou de sécurité

Un décret d'application de l'ordonnance du 23 juillet 2015, n° 2016-361 du 25 mars 2016, est applicable aux seuls marchés ayant pour objet des achats de « défense ou de sécurité ».

Le secteur de la défense est regardé comme spécifique : tant pour des raisons stratégiques que pour des raisons économiques, il peut pas être soumis aux seules règles de concurrence. Ces dernières demeurent indispensables, mais doivent s'accompagner, pour les acheteurs concernés de la possibilité de mener une véritable politique industrielle, de manière à s'assurer du maintien et du développement, dans ce secteur, d'un tissu industriel susceptible de répondre à ses besoins, même en cas de crise politique et diplomatique majeure.

Cet objectif se double de préoccupations liées à deux exigences :
– la protection des informations ;
– la sécurité des approvisionnements.

Il en résulte qu'aux objectifs économiques et budgétaires poursuivis par le droit de la commande publique, l'efficacité économique de l'achat public et la protection des deniers publics, s'ajoute un objectif spécifique, propre au secteur de la défense et de la sécurité : assurer le renforcement de la base industrielle et technologique de défense européenne.

Il s'agit, en d'autres termes, de la possibilité de mener une véritable politique industrielle destinée à consolider le secteur industriel européen de la défense. Cet objectif permet aux pouvoirs adjudicateurs de mener la politique industrielle qui répond à leurs préoccupations. Il s'inscrit nécessairement dans un cadre européen.

Le régime des marchés de défense ou de sécurité présente des spécificités et apporte la souplesse et les outils nécessaires à la satisfaction de cet objectif.

Ce régime présente un caractère dérogatoire. Il est, en conséquence, encadré par un champ d'application strictement déterminé.

Il est, d'abord, réservé à l'État et à ses établissements publics dont l'activité ne présente pas le caractère d'activité industrielle ou commerciale. Les acheteurs publics locaux et les autres acheteurs ne peuvent appliquer ce régime. Il est, ensuite, réservé aux marchés suivants (tab. 3.5).

À RETENIR

Le cycle de vie de l'équipement est l'ensemble des états successifs qu'il peut connaître, notamment la recherche et développement, le développement industriel, la production, la réparation, la modernisation, la modification, l'entretien, la logistique, la formation, les essais, le retrait, le démantèlement et l'élimination.

3.3 Marchés mixtes

Il est nécessaire de prévoir les règles applicables aux marchés susceptibles de relever de deux régimes différents. Le dispositif applicable utilise trois critères successifs :
– l'objet principal du marché ;
– le caractère objectivement inséparable des prestations mixtes ;
– l'application par défaut du régime le plus contraignant. Ainsi, lorsqu'il n'est pas possible de déterminer l'objet principal du contrat, la règle la plus contraignante s'applique.

Ces règles sont récapitulées dans le tableau 3.6.

Tab. 3.5. Marchés de défense ou de sécurité

Type de marché	Finalité	Objet du marché	Observations
Fournitures	Armement	Équipements destinés à être utilisés comme armes, munitions ou matériel de guerre	Inclus leurs pièces détachées, composants ou sous-assemblages Inclus s'ils ont été initialement conçus pour une utilisation civile puis adaptés à des fins militaires
Fournitures	Sécurité	Équipements destinés à la sécurité nationale	Condition : font intervenir, nécessitent ou comportent des supports ou informations protégés ou classifiés dans l'intérêt de la sécurité nationale Inclus leurs pièces détachées, composants ou sous-assemblages
Travaux, fournitures et services	Armement et sécurité	Travaux, fournitures et services directement liés à un équipement destinés à être utilisés comme armes, munitions ou matériel de guerre ou, à la sécurité nationale	Inclus la fourniture d'outillages, de moyens d'essais ou de soutien spécifique, pour tout ou partie du cycle de vie de l'équipement
Travaux et services	Militaire ou de sécurité	Travaux et services exécutés à des fins spécifiquement militaires ou destinés à la sécurité nationale	Condition applicable aux travaux et services de sécurité : faire intervenir, nécessiter ou comporter des supports ou informations protégés ou classifiés dans l'intérêt de la sécurité nationale
Travaux, fournitures et services	Autre	Associé à l'un des cas précédents lorsque la passation d'un marché unique est justifiée pour des raisons objectives	Régime des marchés mixtes

Tab. 3.6. Régime des marchés mixtes

Situation	Règle applicable
Prestations relevant des marchés publics et prestations n'en relevant pas.	Inapplicabilité du régime des marchés publics n'est pas applicable si les prestations n'en relevant pas constituent l'objet principal du contrat et si les différentes parties du contrat sont objectivement inséparables.
Prestations relevant du régime des marchés publics et du régime des contrats de concession.	Application du régime des marchés publics : – lorsque les prestations sont objectivement inséparables et que celles qui relèvent du régime des marchés publics constituent l'objet principal du contrat ; – ou lorsqu'il est impossible de déterminer l'objet principal du contrat.
	Application du régime des marchés publics lorsque les prestations sont objectivement séparables et que : – celles qui relèvent du régime juridique des marchés publics constituent l'objet principal du contrat ; – ou lorsque la valeur estimée hors taxe de ces prestations est égale ou supérieure aux seuils européens
Satisfaction d'un besoin concernant à la fois des activités de pouvoir adjudicateur et des activités d'entité adjudicatrice.	Application du régime des entités adjudicatrices lorsque le besoin à satisfaire est principalement lié à l'activité d'entité adjudicatrice.
	Application du régime des pouvoirs adjudicateurs : – lorsque le besoin à satisfaire est principalement lié à l'activité de pouvoir adjudicateur ; – ou s'il est impossible de déterminer à quelle activité ce marché public est principalement destiné.
Prestations relevant du régime des marchés publics de défense ou de sécurité et prestations de défense ou de sécurité n'en relevant pas.	Inapplicabilité du régime des marchés publics quel que soit l'objet principal du contrat, à condition que la passation d'un contrat unique soit justifiée par des raisons objectives.
Prestations relevant des marchés publics de défense ou de sécurité et prestations relevant des contrats de concession	Application, au choix de l'acheteur, du régime des marchés publics de défense ou de sécurité ou de celui des contrats de concession, à condition que la passation d'un contrat unique soit justifiée par des raisons objectives.
Prestations relevant des marchés publics de défense ou de sécurité et prestations relevant des marchés publics classiques.	Application du régime des marchés publics de défense ou de sécurité, quel que soit l'objet principal du contrat, à condition que la passation d'un marché public unique soit justifiée par des raisons objectives.

À RETENIR

Il manque à ce régime les cas dans lesquels le marché public est susceptible de relever des règles applicables à l'État ou de celles des acheteurs locaux, en particulier pour identifier le seuil de procédure européen applicable. La solution devrait être la suivante :

– le régime applicable est celui dont relève les prestations constituant l'objet principal du marché ;

– si cet objet n'est pas identifiable, le régime applicable à l'État devrait s'appliquer.

APPLICATION

La question se pose pour connaître le seuil de procédure applicable aux groupements de commande composé d'acheteurs relevant du régime de l'État et d'acheteur locaux. Ainsi, le seuil haut de 209 000 € HT devrait s'appliquer pour les marchés de services passé par un groupement de commandes composé majoritairement d'acheteurs locaux. Dans le silence des textes, il convient toutefois d'appliquer cette solution avec prudence.

Le tableau 3.7 résume les principaux changements concernant la réglementation générale des marchés publics.

Tab. 3.7 Concordance ancienne et nouvelle réglementation

Nouvelles références	Anciennes références	Objet et apports essentiels
Art. 1er, 4 et 5 O. 2015	Art. 1er CMP	Principes et définitions, ajustements de forme des définitions
Art. 6 O. 2015	Art. 177 et 179 CMP	Objectifs, définition et champ d'application des marchés de défense ou de sécurité
Art. 11 et 12 O. 2015	Art. 134 et 135 CMP	Définition des entités adjudicatrices et des activités d'opérateurs de réseaux
Art. 24 et 25 O. 2015	Art. 179 et 292 CMP	Régime des marchés mixtes
CMP : Code des marchés publics 2006 O. 2015 : Ordonnance n° 2015-899 relative aux marchés publics		

Exclusions 4

***Références** : art. 7, 14, 17 et 18 de l'ordonnance n° 2015-899*

Des contrats qui pourraient être qualifiés de marchés publics sont, en raison de leur nature ou de leur objet, exemptés, pour leur passation comme pour leur exécution, de l'application des dispositions de la réglementation. Ils sont conclus par les acheteurs librement, de gré à gré, sans mise en concurrence, ou relèvent de la mise en œuvre d'une autre procédure que celles prévues par le régime des marchés publics.

LE SAVEZ-VOUS ?

Le champ d'application de cette liste d'exclusions est d'interprétation stricte, passer de gré à gré un marché public qui aurait dû être soumis à mise en concurrence constitue une violation grave du code des marchés publics et, potentiellement, une infraction pénale.

À RETENIR

Certains contrats des opérateurs de réseaux (voir § 3.2.1) et de défense ou de sécurité (voir § 3.2.2) échappent également à l'application de la réglementation des marchés publics. Ils ne sont pas détaillés ici.

La liste de ces contrats est la suivante.

4.1 Achat relevant d'un monopole légal

Les marchés de services conclus avec un autre acheteur sont exclus de l'application régime lorsque cet acheteur bénéficie d'un monopole légal, c'est-à-dire d'un droit exclusif en vertu de la loi.

4.2 Achats spécifiques

Certains achats échappent à l'application de la réglementation des marchés publics lorsque la mise en concurrence n'est pas opportune ou contrarie l'intérêt général. Il s'agit des achats suivants :

– marchés de services ayant pour objet l'acquisition ou la location de biens immobiliers.

– marchés de services financiers relatifs à l'émission, à l'achat, à la vente et au transfert de titres ou d'autres instruments financiers et à des opérations d'approvisionnement en argent ou en capital des pouvoirs adjudicateurs, ainsi que les services fournis par des banques centrales ;

– marchés de services d'emprunt ;

– marchés de services d'incendie et de secours, de protection civile, de sécurité nucléaire et, ambulanciers, à l'exception de ceux ayant pour objet exclusif le transport de patients, lorsque

ces marchés sont attribués à une organisation ou une association à but non lucratif ;
– marchés de services juridiques, de certification et d'authentification assurés par des notaires, fournis par des administrateurs judiciaires et, liés à l'exercice de la puissance publique ;
– marchés de services relatifs à l'arbitrage et à la conciliation ;
– marchés de services de transport par chemin de fer ou métro ;
– marchés de services de recherche et développement pour lesquels le pouvoir adjudicateur n'acquiert pas la propriété exclusive des résultats ou ne finance pas entièrement la prestation ;
– marchés qui exigent le secret, dont l'exécution doit s'accompagner de mesures particulières de sécurité ou pour lesquels la protection des intérêts essentiels de l'État l'exige ;
– marchés relatifs à l'achat d'œuvres et d'objets d'art existants, d'objets d'antiquité et de collection ;
– marchés ayant pour objet l'achat, le développement, la production ou la coproduction de programmes audiovisuels ;
– marchés ayant principalement pour objet de permettre la mise à disposition ou l'exploitation de réseaux publics de communications électroniques ou la fourniture au public d'un ou de plusieurs services de communications électroniques ;
– marchés de services de courrier électroniques, de services bancaires et d'investissement, de services d'assurance, de philatélie, ou logistiques associant la remise de colis à d'autres services, attribués par un pouvoir adjudicateur qui fournit des services postaux.
– marchés passés par un pouvoir adjudicateur exerçant une activité d'opérateur de réseaux et relatifs à l'exploration d'une aire géographique dans un but de prospection de pétrole ou de gaz ;
– marchés passés pour l'exercice d'une activité d'opérateurs de réseaux exclus en application du régime des entités adjudicatrices ou, passés dans un État membre ou sur une aire géographique déterminée au sein de cet État membre lorsque ladite activité est exercée sur un désormais marché concurrentiel dont l'accès n'est pas limité.

4.3 Achats réalisés en application d'accords internationaux

Les marchés suivants sont passés hors réglementation des marchés publics :
– marchés devant être conclus selon des règles de passation particulières prévues par un accord international relatif au stationnement des troupes ;
– marchés devant être conclus en vertu de la procédure propre à une organisation internationale ;
– marchés devant être conclus selon des règles de passation particulières prévues par un accord international et conclu entre au moins un État membre de l'Union européenne et au moins un État tiers, en vue de la réalisation ou de l'exploitation en commun d'un projet ou d'un ouvrage.
– marchés passés selon la procédure propre à une organisation internationale lorsqu'il est entièrement financé par cette organisation internationale, ou conclu selon une procédure convenue entre cette organisation internationale et l'acheteur lorsque le marché est majoritairement cofinancé par l'organisation internationale.

4.4 Achats réalisés dans un environnement concurrentiel

Les achats d'un pouvoir adjudicateur pour l'exercice d'une activité d'opérateurs de réseaux et passés dans un État membre ou sur une aire géographique déterminée au sein de cet État membre, cessent d'être soumis à la réglementation des marchés publics lorsque ladite activité est exercée sur un marché concurrentiel dont l'accès n'est pas limité.

4.5 Relations internes au secteur public

Certains contrats, pouvant donner lieu à rémunération en contrepartie de prestations, échappent à l'application de la réglementation des marchés publics parce qu'ils sont conclus, dans certaines conditions, entre pouvoirs adjudicateurs. Il s'agit de coopérations dites « verticales » (exclusion de quasi-régie) et « horizontales » certains contrats conclu entre pouvoirs adjudicateurs.

4.5.1 Quasi-régie

Les contrats de quasi-régie sont des marchés conclus avec une personne :
– sur laquelle le pouvoir adjudicateur, seul ou conjointement avec d'autres pouvoirs adjudicateurs, exerce un contrôle analogue à celui qu'il ou qu'ils exercent sur leurs propres services ;

– qui réalise dans le cadre des tâches qui lui sont ainsi confiées l'essentiel de ses activités, pour le ou les pouvoirs adjudicateurs ou, pour d'autres personnes morales qu'ils contrôlent, c'est-à-dire à hauteur d'au moins 80 % ;
– à condition qu'au capital de la personne contrôlée ne figure pas de participation directe de capitaux privés.

La condition d'absence de capitaux privés ne s'applique pas aux formes de participation de capitaux privés qui ne permettent pas à l'actionnaire privé d'interférer avec les décisions prises. C'est le cas des prises de participation requises par la loi, sans capacité de contrôle ou de blocage, qui ne permettent pas d'exercer une influence décisive sur la personne morale contrôlée.

À RETENIR

Le contrôle effectué par le pouvoir adjudicateur sur le cocontractant doit être analogue à celui qu'elle exerce sur ses services propres, ce qui suppose une influence déterminante sur ses objectifs stratégiques et ses décisions importantes. Une simple relation de tutelle est insuffisante pour justifier de l'application du régime de la quasi-régie. En revanche, le contrôle peut également être exercé par une autre personne morale, qui est elle-même contrôlée par le pouvoir adjudicateur.

L'idée réside en ce que, lorsque le pouvoir adjudicateur dispose d'un pouvoir de contrôle sur un prestataire, analogue à celui qu'il exerce sur ses propres services, les missions qu'il peut lui confier le sont de manière identique que s'il les avait confiées, en interne, à ses propres services. Le contrôle exercé et l'absence d'autonomie du prestataire rendent toute mise en concurrence préalable inopportune.

APPLICATION

La présence d'entreprises privées au capital d'une société d'économie mixte (SEM) empêche que les collectivités territoriales qui l'ont créée puissent faire valoir l'exception de la quasi-régie lorsque l'actionnaire privé dispose d'une part suffisante du capital pour détenir une capacité de contrôle ou de blocage : ces collectivités doivent mettre leur SEM en concurrence.

L'exclusion de quasi-régie joue également lorsque la personne morale contrôlée entend attribuer un marché :
– au pouvoir adjudicateur qui la contrôle (« quasi-régie ascendante »), même lorsque ce contrôle est exercé conjointement par plusieurs pouvoirs adjudicateurs ;
– à une autre personne morale contrôlée (« entités sœurs »), à condition qu'au capital de cette personne contrôlée ne figure pas de participation directe de capitaux privés.

Pour que l'on puisse regarder comme analogue un contrôle exercé de manière conjointe par plusieurs pouvoirs adjudicateurs les conditions suivantes doivent être réunies :
– les organes décisionnels de la personne morale contrôlée sont composés de représentants de tous les pouvoirs adjudicateurs participants, une même personne pouvant représenter plusieurs pouvoirs adjudicateurs participants ou l'ensemble d'entre eux ;
– ces pouvoirs adjudicateurs sont en mesure d'exercer conjointement une influence décisive sur les objectifs stratégiques et les décisions importantes de la personne morale contrôlée ;
– la personne morale contrôlée ne poursuit pas d'intérêts contraires à ceux des pouvoirs adjudicateurs qui la contrôlent.

4.5.2 Coopération entre pouvoirs adjudicateurs

Les contrats rémunérés conclus entre deux ou plusieurs pouvoirs adjudicateurs échappent à l'application de la réglementation des marchés publics aux conditions suivantes :
– ils établissent ou mettent en œuvre une coopération dans le but de garantir que les services publics dont ils ont la responsabilité sont réalisés en vue d'atteindre les objectifs qu'ils ont en commun. Il ne suffit pas de partager un même objet social, encore faut-il que l'activité faisant l'objet du contrat révèle une véritable mise en commun de moyens, déployés et répartis pour mieux satisfaire cet objectif poursuivi en commun ;
– la mise en œuvre de cette coopération n'obéit qu'à des considérations d'intérêt général. C'est l'idée que le prix versé ne peut excéder le montant nécessaire à couvrir les coûts de production engagés, à l'exclusion de tout bénéfice ;
– les pouvoirs adjudicateurs exercent sur le marché concurrentiel moins de 20 % des activités concernées par cette coopération.

À RETENIR

Le seuil de 20 % est déterminé en prenant en compte le chiffre d'affaires total moyen ou tout autre paramètre approprié fondé sur les activités, tel que les coûts supportés, au cours des trois exercices comptables précédant l'attribution du marché public. Lorsque ces éléments ne sont pas disponibles ou ne sont plus pertinents, le pourcentage d'activités est déterminé sur la base d'une estimation vraisemblable. La notion de marché concurrentiel répond à la notion de marché pertinent en droit de la concurrence, c'est-à-dire à une notion à la fois géographique et une composante matérielle, fondée sur la notion de substituabilité de produits ou services. Le marché pertinent, ou marché de référence, se définit en effet comme le lieu où se rencontrent l'offre et la demande de produits et de services qui sont considérés par les acheteurs ou les utilisateurs comme substituables entre eux.

Comme les autres cas d'exclusion, celui de la coopération entre pouvoirs adjudicateurs relève d'une exception, qui doit être interprétée strictement. Le principe révélé par ces dispositions est bien celui de la soumission à la réglementation des marchés publics des marchés passés au sein du secteur public.

4.6 Conséquences sur le régime des contrats conclu en vertu d'une exclusion

Les contrats conclus en application d'une exclusion échappent à l'ensemble des règles applicables aux marchés publics, y compris à celles fixant les modalités de leur exécution.

Le tableau 4.1 résume les principaux changements concernant les contrats exclus du champ d'application de la réglementation des marchés publics.

Tab. 4.1 Concordance ancienne et nouvelle réglementation

Nouvelles références	Anciennes références	Objet et apports essentiels
Art. 14 O. 2015	Art. 3 CMP	Exclusions des pouvoirs adjudicateurs
Art. 15, 19 et 20 O. 2015	Art. 136 à 140 CMP	Exclusions des entités adjudicatrices
Art. 16 O. 2015	Art. 180 CMP	Exclusions spécifiques aux marchés
Art. 17 O. 2015	Art. 3 CMP	Exclusion de quasi-régie
Art. 18 O. 2015	–	Régime (nouveau) des conventions conclues entre pouvoirs adjudicateurs
CMP : Code des marchés publics 2006 O. 2015 : Ordonnance n° 2015-899 relative aux marchés publics		

5 Détermination des besoins

***Références :** art. 30 de l'ordonnance n° 2015-899 – art. 4 et 5 du décret n° 2016-360*

Les avantages économiques procurés à l'acheteur par la mise en concurrence ne prennent leur sens, que si celui-ci fait l'acquisition de biens, de services ou d'ouvrages adaptés à ses besoins. La phase de la détermination des besoins constitue donc une étape essentielle et préalable au lancement de la procédure de passation des marchés publics.

Les besoins de l'acheteur sont :
– liés à son fonctionnement propre, s'agissant par exemple de l'acquisition de fournitures de bureau destinées à ses services administratifs, d'ordinateurs ou de véhicules pour ses agents, de titres de transport destinés aux missions confiées à ses agents ;
– liés à l'exercice des missions d'intérêt général dont il a la charge, s'agissant par exemple du transport urbain de voyageurs, de la collecte des déchets domestiques, de l'éducation nationale, de la surveillance de détenus ou de la perception de recettes fiscales.

5.1 Enjeux de la détermination des besoins

La détermination des besoins doit être précise et suffisante : toute imprécision est, potentiellement, une source d'irrégularité de la procédure d'attribution du marché en tant que :
– les besoins à satisfaire définissent l'objet du marché et le périmètre de la mise en concurrence ;
– le choix de la procédure de passation dépend de la nature et du volume des besoins à satisfaire ;
– les opérateurs économiques peuvent ne pas disposer des informations suffisantes leur permettant d'élaborer leurs offres.

Elle peut, également, expliquer l'infructuosité de la procédure d'attribution, dès lors qu'en raison d'une insuffisante définition des besoins, l'acheteur est en décalage avec le marché : les opérateurs économiques s'abstiennent de répondre à la consultation, ou leurs offres ne sont pas conformes au cahier des charges, parce que celui-ci n'est pas réaliste ou comporte des exigences qui ne peuvent être satisfaites.

Sans aller jusqu'à provoquer l'infructuosité de la procédure, elle peut placer les candidats en grande difficulté, parce que la structure contractuelle retenue, par exemple, ne respecte pas les usages du secteur et compromet la manière dont sont établis leurs coûts de production.

APPLICATION

La multiplication des marchés de courte durée, mais reconductibles, illustre bien cette problématique. L'acheteur adopte la forme d'un marché reconductible pour gérer l'incertitude budgétaire, qui est pour lui une difficulté de plus en plus tangible. Il n'est pas en mesure de garantir qu'il disposera des crédits nécessaires au paiement du marché les années suivantes, et ne peut donc proposer un contrat de moyen terme. Ce faisant, il refuse de s'engager contractuellement de manière ferme dans la durée, ce qui introduit dans le cahier des charges une incertitude parfois ingérable pour les opérateurs économiques, qui ne sont plus en mesure de garantir l'amortissement de leurs investissements. Cette situation est surmontable si l'opérateur présente la taille critique pour assumer ce risque sur fonds propres, ou s'il peut ajuster son processus de production. Lorsque tel n'est pas le cas, l'opérateur ne pourra présenter d'offre et sera exclu de la procédure. La situation est particulièrement sensible dans les secteurs dans lesquels le marché de fournitures donne lieu à un marché de mise à disposition de matériel, ce qui est le cas, par exemple, dans de nombreux secteurs, tels l'automobile (location des batteries des véhicules électriques) ou le photocopieur (location des machines), ou le transport urbain de voyageurs (mise à disposition d'un parc de véhicules achetés par le titulaire du marché).

Elle est, enfin, source de difficultés dans l'exécution du marché : des besoins insuffisamment déterminés rendent nécessaire la modification du marché (voir § 71.1.2). Or la conclusion des avenants est aujourd'hui encadrée par des cas d'ouverture très stricts.

5.2 Caractères de la détermination des besoins

La nature et l'étendue des besoins sont déterminées avec précision avant le lancement de toute procédure de passation d'un marché (cf. chapitre 40) :
– avant le lancement de tout avis de marché ;
– avant toute négociation en cas de dispense d'un tel avis.

La phase de définition du besoin précède, nécessairement, celle de la rédaction des cahiers des charges. Le cahier des clauses techniques particulières (CCTP, voir § 8.1 et suivants) est dressé, dans ses grandes lignes, concomitamment, mais il ne peut être finalisé qu'une fois les besoins connus avec précision.

5.2.1 Solutions procédurales ou contractuelles

Il est possible que le pouvoir adjudicateur ne puisse déterminer ses besoins avec une précision suffisante, il peut alors avoir recours à plusieurs solutions en s'appuyant sur la procédure ou sur la structure du contrat :
– le principe de la liberté contractuelle implique que le marché puisse toujours être modifié, dans la limite, cependant, de son objet et de son économie. Toutefois, le régime de la modification contractuelle est désormais strictement encadré (voir § 70.1 et suivants) ;
– l'utilisation d'accords-cadres à marchés subséquents (voir § 14.1 et suivants) ou à bons de commande (voir § 13.1 et suivants) permet d'intégrer l'incertitude pesant sur le calendrier ou le rythme de la survenance des besoins, ou encore, sur le volume ou les quantités qui devront être commandées ;
– la passation de marchés à tranches (voir § 12.1 et suivants) permet de gérer l'incertitude tenant au calendrier d'exécution des prestations ou à la disponibilité des crédits affectés au paiement du marché ;
– l'utilisation de prestations supplémentaires éventuelles permet de tenir compte de l'incertitude de l'adéquation du budget disponible aux offres qui seront formulées par les opérateurs économiques en réponse à la consultation ;
– le recours à la procédure du dialogue compétitif permet de solliciter les opérateurs économiques pour aider le pouvoir adjudicateur à identifier les solutions techniques lui permettant de répondre avec efficience à son besoin (voir § 22.1 et suivants).

À RETENIR

Une prestation supplémentaire éventuelle, dite également « option technique », permet au pouvoir adjudicateur de demander aux candidats de chiffrer, en plus de la prestation de base, une ou des prestations supplémentaires. Ce chiffrage est obligatoire, chacun des candidats devant présenter une offre financière sur la prestation de base, puis sur la prestation de base complétée de la prestation supplémentaire éventuelle. Il choisit, au stade de l'examen des offres, de commander l'une ou l'autre. Son choix est souvent dicté par des considérations financières : le pouvoir adjudicateur attend la remise des offres financières ainsi chiffrées pour savoir s'il dispose, ou non, du budget pour financer l'achat de la prestation supplémentaire.

5.2.2 Études et échanges préalables avec les opérateurs économiques

Une exigence de connaissance du secteur économique et du tissu des opérateurs économiques auxquels il a affaire est imposée aux acheteurs, qui sont regardés en conséquence, logiquement comme de véritables spécialistes. Il s'agit, à la fois d'une exigence juridique et d'une exigence économique :
– juridiquement, le calibrage et la régularité de la procédure dépend du secteur économique dans lequel intervient l'achat. C'est particulièrement vrai pour les procédures adaptées ;
– économiquement, la procédure doit répondre aux besoins du pouvoir adjudicateur, mais aussi tenir compte des usages et des caractéristiques du secteur concerné. À défaut de quoi, elle ne

pourra utilement permettre d'identifier l'offre économiquement la plus avantageuse.

D'où la nécessité de faire appel aux opérateurs économiques pour préparer le projet de marchés. L'acheteur est invité à effectuer des consultations ou réaliser des études de marché, solliciter des avis ou informer les opérateurs économiques de son projet et de ses exigences.

Ce faisant, il doit prendre des précautions, de manière à ce que les résultats de ces études et échanges préalables n'aient pas pour effet de fausser la concurrence. Le principal danger est de faire bénéficier le ou les opérateurs économiques sollicités d'informations privilégiées, constitutives d'un manquement au principe d'égalité de traitement des candidats dans le cadre de la mise en œuvre de la procédure qui suit. Il s'agit donc de rétablir la symétrie de l'information, en diffusant en temps utiles les informations pertinentes à l'élaboration des offres aux autres opérateurs économiques.

Cette diffusion suppose d'abord la communication des informations en temps utiles, c'est-à-dire en respectant les délais imposés par la procédure d'attribution du marché.

Elle suppose ensuite que l'information diffusée soit suffisante. Les informations pertinentes sont celles qui permettent aux entreprises d'optimiser leurs offres en toute connaissance de cause. Il ne s'agit donc pas de diffuser toutes les informations, certaines n'étant pas nécessaires à cette optimisation.

Ce n'est que lorsque l'acheteur ne peut rétablir l'égalité par d'autres moyens qu'il doit se résoudre à interdire à l'opérateur économique concerné de participer à la procédure. Cela suppose la mise en œuvre d'une procédure au cours de laquelle il permet au candidat, dont l'élimination est pressentie, de présenter des observations par lesquelles il pourra, le cas échéant, établir que sa participation à la procédure n'est pas susceptible de porter atteinte à l'égalité de traitement (voir § 42.1 et suivants).

5.3 Détermination des besoins conformément aux objectifs de développement durable

Les besoins sont déterminés en tenant compte des objectifs de développement durable, qui compte trois composantes :
– une dimension économique ;
– une dimension environnementale ;
– une dimension sociale.

APPLICATION

Un marché d'achat de consommables destiné à alimenter les photocopieuses d'un service peut tenir compte de préoccupations écologiques en exigeant la fourniture de papier recyclé et de cartouches d'encres réutilisées (« refill »).

La dimension économique réside dans la recherche de l'offre économiquement la plus avantageuse, les procédures de mise en concurrence y concourent.

Les dimensions sociales et environnementales sont prises en compte dans les clauses des cahiers des charges (voir § 8.2.3) ou, grâce à l'usage de critères d'attribution permettant de tenir compte de la plus-value écologique ou sociale des offres (voir § 36.1.2). Leur usage, toutefois, est limité s'il heurte le principe de neutralité du droit des marchés publics, qui interdit de s'éloigner de l'objet du marché. Sur l'achat écologiquement ou socialement responsable, voir § 7.1 et suivants.

APPLICATION

Un critère d'attribution relatif au nombre de chômeurs de longue durée embauchés pour l'exécution des prestations est illégal s'il n'est pas lié à l'objet du marché. Ce lien peut résulter des caractéristiques du marché et peut être établi dans le cas de marchés à forte valeur ajoutée en matière de main-d'œuvre. Tel n'est pas le cas, en revanche et par exemple, d'un marché d'acquisition de services juridiques, ne pouvant légalement être attribués qu'à des avocats pour l'exercice de la profession desquels les textes imposent une condition de diplômes, et pour lesquels le cahier des charges exige la formation, pour l'exécution des prestations, de jeunes décrocheurs, sortis du système scolaire sans diplôme. Cette clause est discriminatoire et le critère d'attribution qui y serait associé illégal.

5.4 Niveau de la détermination des besoins

Le pouvoir adjudicateur est libre du niveau auquel il détermine ses besoins, c'est une souplesse de gestion.

Il est distingué entre :
– le choix du niveau de détermination des besoins, qui est libre ;
– la détermination des besoins ;
– l'évaluation du montant des besoins, c'est l'évaluation de l'estimation du montant du marché, qui est comparé aux seuils des procédures de publicité et de mise en concurrence (voir § 17.1 et suivants).

APPLICATION

L'État a désigné les niveaux auxquels sont déterminés ses besoins de la manière suivante. Une conférence interministérielle définit la politique d'achat de l'État et de ses établissements publics. Les besoins de l'État sont déterminés par départements ministériels, par les ministres et, pour les services déconcentrés, par les préfets pour les services placés sous leur responsabilité ou par les autres autorités administratives déconcentrées, ainsi qu'au sein de chaque établissement. Le cas échéant, ils sont déterminés, par délégation, par les directeurs d'administration centrale ou par les services utilisateurs. Ils sont, ensuite, recensés et compilés par la Direction des achats de l'État (DAE) qui va en additionner les montants et mettre en œuvre, de manière massifiée et dans l'objectif de réaliser des économies budgétaires, les procédures d'attribution requises.

Le choix du niveau de détermination des besoins ne peut avoir pour effet de restreindre les obligations de publicité et de mise en concurrence en faisant échapper le marché à la procédure à laquelle il était normalement soumis : le choix du niveau de la détermination du besoin ne joue aucun rôle dans l'évaluation du montant du marché.

Le principe est l'évaluation du montant des marchés au niveau du pouvoir adjudicateur. Ainsi, lorsqu'un acheteur est composé d'unités opérationnelles distinctes, la valeur totale estimée des marchés publics passés pour les besoins des différentes unités opérationnelles est prise en compte. L'acheteur ne peut contourner ses obligations en scindant ses achats ou en utilisant des modalités de calcul de la valeur estimée du besoin inappropriées. Cette technique, dite du « saucissonnage », serait une violation de ses obligations de publicité et de mise en concurrence, puisqu'elle lui permettrait de recourir à des procédures de mise en concurrence moins contraignantes au regard de montants rendus artificiellement plus faibles.

L'évaluation du montant des marchés à comparer aux seuils est donc réalisée globalement, à l'échelle de l'acheteur. Toutefois, lorsqu'une unité opérationnelle est responsable de manière autonome de ses marchés publics ou de certaines catégories d'entre eux, la valeur du besoin peut être estimée au niveau de l'unité en question.

À RETENIR

Pour l'État, qui est un pouvoir adjudicateur imposant, la compilation des marchés est en pratique réalisée par département ministériel ou par direction, dès lors que celles-ci constituent de telles unités opérationnelles distinctes.

Le tableau 5.1 résume les principaux changements concernant la détermination des besoins.

Tab. 5.1 Concordance ancienne et nouvelle réglementation

Nouvelles références	Anciennes références	Objet et apports essentiels
Art. 30 O. 2015	Art. 5 CMP	Définition des besoins
Art. 4 et 5 D. 2016	–	Régime (nouveau) de la participation d'opérateurs économiques à la préparation du marché
Art. 20 D. 2016	–	Régime (nouveau) de la computation des montants des marchés au sein des unités opérationnelles distinctes

CMP : Code des marchés publics 2006
O. 2015 : Ordonnance n° 2015-899 relative aux marchés publics
D. 2016 : Décret n° 2016-360 relatif aux marchés publics

Spécifications techniques 6

***Références** : art. 31 de l'ordonnance n° 2015-899 – 6 à 10 du décret n° 2016-360*

Les besoins de l'acheteur doivent être clairement exprimés au moyen de spécifications techniques, qui sont les outils permettant à tous les opérateurs économiques de comprendre ses besoins. Elles définissent les caractéristiques des prestations faisant l'objet du marché.

Les caractéristiques des prestations ainsi décrites peuvent :
– prendre en compte le cycle de vie des prestations faisant l'objet du marché. La notion de cycle de vie permet d'intégrer au contrat ou dans les critères d'attribution des éléments qui ne font pas partie des qualités propres du produit, du service ou des travaux faisant l'objet du marché, mais sont liés à cet objet en tant qu'ils concernent les conditions dans lesquelles ces prestations sont, notamment, conçues, fabriquées, transportées ou recyclées (voir 7.1 et § 36.1 et suivants) ;
– indiquer si le transfert des droits de propriété intellectuelle est exigé.

Les spécifications techniques sont formulées à l'aide :
– de normes ou documents équivalents (agréments ou référentiels techniques) ;
– de performances ou d'exigences fonctionnelles, qui peuvent inclure des caractéristiques environnementales ou sociales (voir § 7.1 et suivants)
– des deux.

L'achat public est désormais regardé comme un véritable vecteur de politique publique. Il est ainsi exigé que les spécifications techniques intègrent, lorsque cela s'impose, les critères d'accessibilité pour les personnes handicapées ou les critères de fonctionnalité pour tous les utilisateurs. Il n'est possible d'écarter cette exigence qu'en le justifiant, ce qui devrait être mentionné dans le rapport de présentation.

6.1 Normes et documents équivalents

Les normes sont des spécifications techniques de référence, approuvées par des organismes reconnus à activité normative pour application répétée ou continue, dont l'observation n'est pas obligatoire et qui relèvent de l'une des catégories suivantes :
– norme internationale : une norme adoptée par un organisme international de normalisation et mise à la disposition du public (par exemple, ISO 14020 : Étiquettes et déclarations environnementales – Principes généraux).
– norme européenne : une norme adoptée par un organisme européen de normalisation et mise à la disposition du public (par exemple, NF EN 771-6 : Spécification pour éléments de maçonnerie - Partie 6 : éléments de maçonnerie en pierre naturelle) ;
– norme nationale : une norme adoptée par un organisme national de normalisation et mise à la disposition du public (par exemple, NF P 03-001 : Marchés privés - Cahiers types - Cahier

des clauses administratives générales applicable aux travaux de bâtiment faisant l'objet de marchés privés).

APPLICATION

Normes produites par l'Organisation internationale de normalisation (ISO)

Parmi les quelque 21 000 normes produites par l'ISO, la série 14 000 concerne les normes portant sur le management environnemental. Parmi elles, les normes relatives au marquage et aux déclarations :
– ISO 14020 : Étiquettes et déclarations environnementales – Principes généraux ;
– ISO 14021 : Marquage et déclarations environnementales – Auto déclarations environnementales (étiquetage de type II) ;
– ISO 14024 : Marquage et déclarations environnementales – Étiquetage environnemental de type I - Principes et méthodes ;
– ISO 14025 (version PR, projet) : Marquage et déclarations environnementaux - Déclarations environnementales de type III.

Les normes ne sont jamais obligatoires. L'acheteur public peut s'y référer, comme il est libre de ne pas le faire.

À RETENIR

Certaines réglementation spécifiques peuvent, en revanche, exiger un marquage justifiant de la satisfaction du produit aux normes de sécurité, par exemple en matière de dispositifs médicaux, qui sont ventilés en trois classes (I, II et III), et dont le marquage adéquat conditionne l'autorisation de commercialiser.

Des documents équivalents à des normes peuvent être utilisés. Il s'agit des documents relevant de l'une des catégories suivantes :
– agrément technique européen : appréciation technique, délivrée par un organisme agréé à cet effet par l'État membre, favorable de l'aptitude à l'emploi d'un produit pour une fin déterminée, basée sur la satisfaction des exigences essentielles pour la construction, selon les caractéristiques intrinsèques de ce produit et les conditions établies de mise en œuvre et d'utilisation ;
– spécification technique commune : élaborée selon une procédure reconnue par les États membres et publiée au *Journal officiel de l'Union européenne* ;
– référentiel technique : tout produit élaboré par les organismes européens de normalisation, autre que les normes officielles, selon des procédures adaptées à l'évolution des besoins du marché.

APPLICATION

Les DTU (documents techniques unifiés) élaborés par la « Commission générale de normalisation du bâtiment/DTU »

La Commission générale de normalisation du bâtiment chargée de l'élaboration des DTU est une formation collégiale relevant du Centre scientifique et technique du bâtiment, établissement public à caractère industriel et commercial créé en 1947 dans le cadre de la reconstruction et qui assure aujourd'hui des activités de recherche, d'expertise, d'évaluation, et de diffusion des connaissances.

Les DTU peuvent être :
– une norme française homologuée, officiellement reconnue en tant que norme par les pouvoirs publics en raison de la reconnaissance attachée à sa valeur technique et de sa mise en œuvre récurrente dans le système de construction ;
– une norme expérimentale, soumise à une période de mise à l'épreuve avant sa confirmation officielle, le cas échéant après sa modification ;
– un fascicule de documentation, simple document à portée essentiellement informative ;
– un simple document technique, qui n'est pas encore une norme, mais a vocation à le devenir au terme de la procédure de normalisation.

Les DTU se présentent généralement sous la forme de trois documents, destinés à recevoir une valeur contractuelle :
– le cahier des clauses techniques (CCT) définit les conditions à respecter dans le choix et la mise en œuvre des matériaux ;
– le cahier des clauses spéciales (CCS) définit les limites des prestations et les obligations envers les autres corps de métier ;
– les règles de calcul établissent le dimensionnement des ouvrages.

D'autres documents tels que mémentos et guides de choix, utiles à la conception des ouvrages, mais non destinés à être imposés contractuellement.

Si l'acheteur public se réfère à des normes, il ne doit pas le faire de manière discriminatoire. Il en résulte un ordre obligatoire dans le choix des normes, qui sont retenues selon l'étendue de leur diffusion, dans un ordre préférentiel décroissant, la norme inférieure sur la liste ne pouvant être choisie qu'en cas d'absence de la norme supérieure :
– les normes nationales transposant des normes européennes ;
– les agréments techniques européens ;
– les spécifications techniques communes ;
– les normes internationales ;
– les autres référentiels techniques élaborés par les organismes européens de normalisation ou, lorsque ceux-ci n'existent pas, les normes nationales, les agréments techniques nationaux, ou les spécifications techniques nationales en matière de conception, de calcul et de réalisation des ouvrages et de mise en œuvre des produits.

À RETENIR

Les marchés de défense ou de sécurité prennent en compte des préoccupations étrangères à la concurrence, c'est pourquoi les spécifications techniques exprimées par référence à des normes ne sont pas soumises au même ordre de préférence obligatoire que les achats classiques, et que ces spécifications ne peuvent pas faire obstacle au respect de règles techniques nationales obligatoires, notamment relatives à la sécurité des produits, ou à des spécifications garantissant l'interopérabilité requise par des accords internationaux de normalisation signés par la France. L'ordre de préférence de ces marchés est le suivant :
– les normes civiles nationales transposant des normes européennes ;
– les agréments techniques européens ;
– les spécifications techniques civiles communes ;
– les normes civiles nationales transposant des normes internationales ;
– les autres normes civiles internationales ;
– les autres référentiels techniques élaborés par les organismes européens de normalisation, ou, en leur absence, les normes civiles nationales, les agréments techniques nationaux ou les spécifications techniques nationales en matière de conception, de calcul et de réalisation des ouvrages et d'utilisation des fournitures ;
– les spécifications techniques civiles définies par les entreprises et largement reconnues par elles ;
– les « normes défense » nationales et spécifications relatives aux équipements miliaires qui sont similaires à ces normes.

Dans le cadre de ce régime propre au secteur de la défense ou de la sécurité, une norme défense est une spécification technique dont l'observation n'est pas obligatoire et qui est approuvée par un organisme de normalisation, spécialisé dans l'élaboration de spécifications techniques pour une application répétée ou continue dans le domaine de la défense.

Le principe de non-discrimination impose d'accepter que le soumissionnaire qui ne se réfère pas à la norme ou à un document équivalent pourtant exigés dans les documents de la consultation puisse établir par tout moyen qu'il en respecte les exigences de manière équivalente, par exemple au moyen d'un dossier technique du fabriquant.

6.2 Exigences fonctionnelles et performancielles

S'il ne se réfère pas à une norme, le pouvoir adjudicateur doit définir son besoin au moyen d'exigences performancielles ou fonctionnelles. Il peut aussi utiliser normes et exigences performancielles de manière combinée.

De manière générale et, comme pour les normes, un candidat peut toujours apporter la preuve qu'il satisfait aux spécifications techniques exigées de manière équivalente, par tout moyen.

APPLICATION

Cette preuve peut être apportée par un dossier technique du fabricant ou des rapports d'essais émis par des laboratoires d'essai ou de calibrage ainsi que, par des organismes d'inspection et de certification conformes aux normes européennes applicables.

6.3 Règles de l'art

Les règles de l'art ne figurent pas expressément dans les documents contractuels, mais leur observation est toujours implicitement nécessaire. En principe, les règles de l'art sont définies par les réglementations en vigueur ou les normes publiées par les organismes de normalisation, mais elles peuvent ne constituer que de simples pratiques. Elles sont le « savoir-faire », les pratiques professionnelles d'un corps de métier, non nécessairement répertoriées dans une norme ou un document technique, mais qu'il est nécessaire de respecter pour que les prestations soient correctement réalisées. Elles sont si diverses qu'il est parfois difficile de les identifier, une pratique récurrente dans le temps n'étant pas toujours suffisante pour les caractériser. Elles sont, toutefois, réputées connues des professionnels. En cas de litige, une expertise détermine, le cas échéant, la conformité des prestations aux règles de l'art.

APPLICATION

Règles de l'art en matière de construction

Temps de séchage de fondations en béton devant être respecté avant l'édification d'un mur ou, devant séparer l'application de deux couches d'enduit mural.

Ne pas respecter les règles de l'art engage la responsabilité contractuelle du titulaire du marché.

À RETENIR

Les prestations faisant l'objet du marché sont exclues de tout droit à garantie en cas d'inobservation inexcusable des règles de l'art. Dans un tel cas, par exemple dans le domaine de la construction, l'assurance dommage ouvrage ne pourra jouer et l'ouvrage ne sera pas couvert par la garantie décennale. En cas de sinistre, le maître d'ouvrage pourra rechercher :
– la responsabilité du titulaire du marché ;
– le cas échéant, la responsabilité du maître d'œuvre, pour manquement à son devoir de conseil ou, à sa mission de direction de l'exécution du marché de travaux.

6.4 Mention des marques, des brevets, des licences, des procédés de fabrication ou d'une provenance ou d'une origine déterminée

Il est essentiel que les normes ou les exigences performancielles utilisées ne présentent pas de caractère discriminatoire, ce qui suppose le respect de deux principes :
– l'utilisation par priorité des normes européennes ou internationales (voir ci-dessus) ;
– l'interdiction de formuler les spécifications techniques par référence à une marque.

La mention à des marques, des brevets, des licences ou des procédés de la fabrication, de même que la référence à une provenance ou origine déterminée, est discriminatoire et, de ce fait, strictement interdite.

De même n'est-il pas possible de mentionner dans les documents de la consultation une exigence relative à une origine géographique ou à une appellation d'origine contrôlée, sauf dans le cas très particulier, et exceptionnel, dans lequel cela constitue le besoin de l'acheteur. Une telle exigence est discriminatoire, en particulier lorsqu'elle a pour effet de limiter le nombre d'entreprises susceptibles de soumissionner. Dans le cas de la plupart des marchés de fournitures de produits alimentaires, c'est très difficile à justifier.

Il est possible, toutefois, de faire référence à une marque, un brevet, une licence ou un procédé de fabrication dans des cas exceptionnels, à la condition que cette mention soit justifiée par l'objet du marché, notamment lorsqu'il n'est pas possible d'exprimer autrement, de manière suffisamment précise et intelligible, le besoin de l'acheteur. Dans ce cas, la mention de la marque est toujours accompagnée de la mention « ou équivalent ».

Cette faculté doit être maniée avec précaution et fait peser un risque important sur la sécurité juridique de la procédure et, partant, du marché.

APPLICATION

Un cahier des charges qui définit les tailles de différents pavés dont la fourniture était l'objet du marché par référence aux pavés d'une marque particulière, ou similaire, exige comme caractéristiques mécaniques et physiques des produits celles annoncées par le fabricant cité, qui sont pour certaines d'entre elles supérieures à la norme NF et exprimées dans une norme étrangère, et renvoie à une annexe qui est la copie d'une page du catalogue de cette marque dont le pouvoir adjudicateur avait masqué le nom méconnaît le principe d'égalité de traitement des candidats : ces spécifications propres à une marque de pavés ne sont pas regardées comme justifiées par l'objet du contrat.

De même, un conservatoire de musique qui achète des instruments en mentionnant, par commodité, la marque d'un fabricant, même accompagnée de la mention « ou équivalent », fait peser un risque important sur la procédure de passation de son marché. Les opérateurs économiques, en effet, en tirent des conséquences sur les exigences supposées du pouvoir adjudicateur, ce qui ne peut qu'avoir des effets sur la concurrence.

Le tableau 6.1 résume les principaux changements concernant les spécifications techniques

Tab. 6.1 Concordance ancienne et nouvelle réglementation

Nouvelles références	Anciennes références	Objet et apports essentiels
Art. 30 O. 2015	Art. 6 et 186 CMP	Principe de la formulation du besoin au moyen de spécifications techniques
Art. 6 à 9 D. 2016	Art. 6 et 186 CMP	Régime de l'utilisation des normes, des performances et des exigences fonctionnelles
CMP : Code des marchés publics 2006 O. 2015 : Ordonnance n° 2015-899 relative aux marchés publics D. 2016 : Décret n° 2016-360 relatif aux marchés publics		

Achat responsable, vecteur de politiques publiques 7

***Références** : art. 36, 37, 38 et 52 de l'ordonnance n° 2015-899 – art. 10, 13, 14, 62 et 63 du décret n° 2016-360*

Les acheteurs doivent tenir compte des objectifs de développement durable. Le développement durable compte trois composantes :
– le développement économique ;
– la protection et la mise en valeur de l'environnement ;
– le progrès social.

La dimension économique est induite par la recherche de l'offre économiquement la plus avantageuse inhérente au droit de la commande publique. Au-delà, cette obligation invite les acheteurs à se poser la question de la pertinence de leur achat au regard des questions sociales et environnementales et, à adopter, en tant qu'ils dépensent les deniers publics, un comportement responsable à leur égard.

Un marché public constitue, avant tout, un acte économique. Il doit rester objectif et non discriminatoire. En particulier, les contraintes que l'acheteur serait tenté de faire peser sur les opérateurs économiques doivent rester liées à l'objet du marché ou à ses conditions d'exécution. C'est pourquoi il ne peut mettre en œuvre une démarche d'achat socialement ou écologiquement responsable sans s'entourer de précautions.

Pour autant, les marchés publics sont désormais conçus comme de véritables vecteurs de politique publique. Les acheteurs disposent de moyens étendus pour mener une politique d'achat responsable, mais dans une double limite :
– le respect des principes généraux de la commande publique et de la concurrence ;
– les contraintes qu'il est possible d'exiger des opérateurs économiques : le but de la réglementation demeure l'identification de l'offre la plus avantageuse, il serait contreproductif de restreindre la concurrence au point de compromettre les conditions d'approvisionnement des pouvoirs adjudicateurs.

À RETENIR

Il peut être tentant, pour le pouvoir adjudicateur, d'intégrer un comportement socialement responsable dans le contexte économique dégradé dans lequel il évolue aujourd'hui. Il ne peut, toutefois, s'agir que d'une contribution. L'achat public est un acte économique qui peut prendre en compte une dimension sociale, mais elle est nécessairement accessoire à l'acte d'achat, dont l'objectif reste de procurer aux services publics ce dont ils ont besoin pour fonctionner. L'acheteur public n'est pas en charge du service public de l'emploi ou de la formation professionnelle, mais il a toutefois certainement un rôle à jouer.

7.1 Prise en compte par la détermination des besoins

Les objectifs de développement durable sont pris en compte au stade de la définition des besoins (voir § 5.3).

Les pouvoirs adjudicateurs déterminent leurs besoins en veillant, en conséquence, à adopter, autant que faire se peut, un comportement d'achat économiquement, écologiquement et socialement responsable. Cette obligation repose sur l'idée que l'avantage économique qu'ils retirent de la mise en œuvre de leur démarche d'achat s'inscrit dans un contexte économique global, qui inclut ces dimensions sociales et environnementales, tout autant que dans l'enjeu de l'optimisation économique entendu dans les limites du cadre du marché.

Il s'agit d'une obligation à la charge du pouvoir adjudicateur, mais la portée de cette obligation est relative :
– il doit prendre en compte ces objectifs lorsqu'il recense et détermine ses besoins ;
– il tire, librement, les conséquences de son analyse : il n'y a pas d'obligation à concrétiser la recherche d'un achat socialement et écologiquement responsable dans son marché ou la procédure. Il ne saurait le faire, en particulier, si ces préoccupations sont discriminatoires ou incompatibles avec l'objet du marché.

APPLICATION

Il est absurde d'imposer des contraintes d'emploi de chômeurs de longue durée ou de formation professionnelle de jeunes non diplômés dans le cahier des charges d'un marché de services de prestations juridiques, qui relèvent du monopole professionnel des avocats. De telles clauses n'ont aucun lien avec l'objet du marché, et sont susceptibles de présenter un caractère discriminatoire. Ces marchés peuvent, en revanche, comporter des exigences environnementales, notamment en termes d'emploi de papier ou de consommables d'impression recyclés.

La prise en compte des objectifs de développement durable dans la détermination des besoins se matérialise dans les spécifications techniques du marché (voir § 6.1 et suivants).

7.1.1 Conditions d'exécution

Les conditions d'exécution d'un marché sont fixées dans les clauses du cahier des charges. Par nature, elles figurent dans le cahier des clauses techniques particulières (CCTP, voir § 8.2). Elles prennent surtout la forme de performances ou d'exigences fonctionnelles.

Le principe de la liberté contractuelle implique que les marchés puissent contenir des conditions d'exécution comportant des éléments intégrant des objectifs de développement durable. L'acheteur est, ainsi, autorisé à prendre en compte pour l'exécution des prestations des considérations relatives à l'économie, à l'innovation, à l'environnement, au domaine social ou à l'emploi, à condition qu'elles soient liées à l'objet du marché public.

APPLICATION

Le cahier des charges peut stipuler que le titulaire d'un marché d'assistance technique à maîtrise d'ouvrage, dans le cadre de l'exécution des prestations qui font l'objet du marché, utilise du papier recyclé.

Le cahier des charges peut, dans un marché d'entretien d'espaces verts, insérer une clause stipulant des obligations de formation professionnelle qualifiante destinée à des demandeurs d'emploi en réinsertion professionnelle recrutés pour l'exécution du marché, dans la limite minimale, par exemple, de 5 % du temps affecté à l'exécution des prestations.

Le pouvoir adjudicateur doit s'entourer de précautions, car l'utilisation de ces clauses n'est pas sans conséquence. Il doit en premier lieu s'assurer du lien avec l'objet du marché. Il doit également s'assurer de la cohérence économique de son achat : imposer des contraintes aux opérateurs économiques n'est possible que si ces contraintes restent raisonnables et adaptées au secteur dans lequel l'achat est réalisé.

Le premier rôle de l'acheteur reste, en effet, de s'assurer de l'entretien d'une concurrence suffisante et de l'élargissement, si possible, du vivier des opérateurs économiques susceptibles de lui répondre. La réglementation de la commande publique n'est efficace qu'en présence d'une multiplicité d'offreurs.

Lien avec l'objet du marché

Il est essentiel que les conditions d'exécution soient liées, au moins indirectement, à l'objet du marché. Ainsi, imposer le recrutement de chômeurs engagés dans une démarche d'insertion sociale a du sens dans le cadre d'un marché à forte valeur ajoutée en matière d'emplois peu qualifiés, comme, par exemple, un marché de travaux ou un marché de services de nettoyage de locaux. De même, l'emploi de produits d'entretien biologiques peut être imposé dans le cadre de l'exécution de ce marché de nettoyage ou dans celui de prestations de services de restauration collective.

À défaut, ces clauses peuvent présenter un caractère discriminatoire, menacer la solidité juridique du marché et de sa procédure d'attribution et appauvrir la concurrence.

Cycle de vie et présomption de lien avec l'objet du marché

Afin de faire des achats un véritable vecteur de politiques publiques, la réglementation a assoupli l'exigence du lien avec l'objet du marché, même si ce lien demeure essentiel. Seuls, en effet, les marchés ayant par exemple pour objet l'achat de produits biologiques ou écologiques ou les marchés d'insertion sociale ou de formation professionnelle à dimension sociale présentent, en pratique, un tel lien direct avec les conditions d'exécution sociales et environnementales.

Ce lien sera présumé lorsque l'acheteur fait référence au cycle de vie des prestations qui font l'objet de son marché.

Sont, en effet, réputées liées à l'objet du marché les conditions d'exécution qui se rapportent aux travaux, fournitures ou services à fournir en application du marché, à quelque égard que ce soit et à n'importe quel stade de leur cycle de vie.

Le cycle de vie de ces travaux, fournitures ou services, se définit comme l'ensemble des étapes successives ou interdépendantes jalonnant toute la durée de vie des prestations, de leur conception jusqu'à leur disparition, c'est-à-dire depuis l'acquisition des matières premières ou la production des ressources jusqu'à l'élimination d'un produit ou d'un ouvrage. Il s'agit des étapes suivantes de la vie des travaux, du service ou du produit, la liste n'étant pas exhaustive et l'étape peut concerner un processus spécifique lié à un autre stade du cycle de vie :

- la recherche et le développement ;
- le développement industriel ;
- la production ;
- la fourniture ou la commercialisation et ses conditions ;
- la réparation ;
- la modernisation ;
- la modification ;
- l'entretien, l'utilisation et la maintenance ;
- la logistique et le transport ;
- la formation ;
- les essais ;
- la remise en état ;
- le retrait ; la fin du service ou de l'utilisation
- le démantèlement ;
- l'élimination.

L'acheteur peut donc imposer des conditions d'exécution relatives à la commercialisation, par exemple la détention d'un label « commerce équitable », le transport, en s'attachant au poids carbone, à l'émission de gaz à effet de serre ou à celle de métaux lourds dans l'environnement, à l'interdiction du travail des enfants lors du processus de production, ou au conditions dans lesquelles le produit dont il entend faire l'acquisition est recyclé en fin de vie.

C'est l'idée selon laquelle il est en mesure d'imposer, dans les clauses du marché, ces contraintes en dehors même de ce qui relève des qualités intrinsèques des travaux, fournitures ou services qui font l'objet du marché, qui lui permettent de faire de son marché un vecteur de politique publique. Il peut agir en dehors du strict périmètre du contrat.

À RETENIR

La notion de cycle de vie est issue de la réglementation relative aux marchés de défense ou de sécurité, qui sert à définir les travaux, services ou fournitures liées à un équipement de défense ou de sécurité (voir § 3.2.2). Ce n'est pas le seul point sur lequel le régime des marchés de défense, qui donne aux acheteurs de ce secteur des outils leur permettant de faire de leur achat un vecteur de politique industrielle, a infusé et inspiré l'ensemble de la réglementation des marchés publics.

Ces prescriptions contractuelles ne peuvent toutefois être imposées à la légère : l'utilisation de la notion de cycle de vie suppose que le secteur économique soit en mesure de lui fournir les éléments justifiant de l'application de ces prescriptions c'est-à-dire, en particulier, qu'une transparence suffisante soit organisée par la filière.

Elles supposent que les soumissionnaires fournissent à l'acheteur les informations et les justifications pertinentes dans leurs offres, mais également que l'acheteur soit en mesure d'en contrôler le respect tout au long du cycle de vie.

APPLICATION

Dans certains cas, cela ne posera pas de difficulté de principe, s'agissant, en particulier, du recyclage de batteries, d'ampoules électriques ou d'équipements électroniques, ou de traçabilité de la production de viande bovine : la réglementation impose à la filière industrielle des obligations en la matière. Pour autant, l'application réelle de ces obligations a parfois posé question, par exemple dans le cas de la filière de négoce de viandes d'abattoirs, dans celui de la fiabilité des tests de pollution des véhicules automobiles ou dans celui de la réalité de l'application des labels de commerce équitable. Dans d'autres cas, tout est à construire et l'opacité fait loi, par exemple dans le cas du transport maritime.

Caractère raisonnable des exigences

La multiplication de clauses économiques, sociales ou environnementales dans les marchés publics a pour effet de renchérir le coût des prestations, mais peut aussi, s'agissant en particulier des clauses sociales, perturber l'équilibre économique des candidats. Des obligations trop importantes pourraient, par exemple, conduire le titulaire d'un marché à supprimer un emploi pérenne pour pouvoir accueillir des salariés à titre précaire, qui ne seront pas conservés dans l'entreprise une fois le marché exécuté.

Les contraintes supplémentaires pesant sur les opérateurs économiques peuvent avoir pour effet de restreindre la concurrence, en dissuadant certains d'entre eux de soumissionner. Lorsque ces contraintes sont imposées dans un secteur dans lequel la concurrence est peu abondante, le risque d'infructuosité de la consultation peut être encouru.

Il est donc nécessaire d'user de mesure dans l'utilisation de ces clauses et, surtout, de ne pas s'éloigner des contraintes inhérentes au secteur concerné.

APPLICATION

La pertinence de clauses sociales, par exemple, suppose qu'elles soient adaptées aux usages, aux contraintes, mais aussi aux besoins du secteur. Pour s'en assurer, il est judicieux de solliciter des tiers, tels que les facilitateurs du Plan local pour l'insertion et l'emploi (PLIE), mais ceux-ci sont souvent trop peu nombreux pour répondre à la demande. Il peut être opportun de solliciter les opérateurs économiques du secteur eux-mêmes, ou leurs syndicats professionnels, pour préparer le projet de marché, dans le cadre d'études ou d'échanges préparatoires (voir § 5.2.2). Les objectifs poursuivis par l'acheteur pouvant être partagés par ces acteurs. Par exemple, financer par le marché public la formation professionnelle de jeunes décrocheurs, sortis sans diplôme du système scolaire, est regardé comme une opportunité par les entreprises du bâtiment, en pénurie systémique de main-d'œuvre. En revanche, une clause mal adaptée manquera son objectif et ne constituera qu'une contrainte stérile.

Contenu des clauses

Les clauses fixant des conditions d'exécution doivent fixer des contraintes précises assorties de délais d'exécution, de modalités de contrôle et, le cas échéant, de pénalités. Il ne peut s'agir de simples déclarations d'intention, dont les seuls effets seraient de donner bonne conscience au pouvoir adjudicateur et de renchérir le coût du marché.

Suivi de l'exécution des clauses

Ces clauses présentent, également, des contraintes pour l'acheteur lui-même, qui doit être prêt à s'investir dans la démarche de l'achat responsable. Le suivi de l'exécution de ces clauses est, en effet, indispensable, et peut aller jusqu'à nécessiter la création d'une cellule dédiée.

À défaut, le risque d'inexécution de ces clauses est important, tandis que leur surcoût aura, lui, bien été intégré dans les offres financières présentées par les soumissionnaires.

Récapitulation

Les clauses d'achat socialement responsable peuvent être très contraignantes pour les opérateurs économiques. Elles méritent certainement être utilisées, mais ne doivent être imposées que de manière raisonnable et, toujours, en lien avec l'objet du marché, même si ce lien peut être présumé.

Le tableau 7.1 récapitule les risques inhérents à l'insertion des clauses à objet social dans les marchés publics.

7.1.2 Labels

Un label se défini comme tout document, certificat ou attestation confirmant que les ouvrages, les produits, les services, les procédés ou les procédures concernés par la délivrance de ce label remplissent certaines exigences.

L'acheteur peut exiger un label comme moyen de preuve que les prestations faisant l'objet du marché correspondent aux caractéristiques requises :
– dans les spécifications techniques ;
– dans les critères d'attribution ;
– dans les conditions d'exécution du marché.

L'acheteur peut exiger le respect de certaines parties des exigences du label, il indique alors quelles sont ces exigences.

Surtout, l'acheteur accepte tout moyen de preuve équivalent pour démontrer le respect des exigences requises.

APPLICATION

Il peut s'agir du dossier technique d'un fabriquant. L'acheteur doit être capable de procéder valablement à son examen critique au regard des exigences techniques qu'il a formulées.

Pour pouvoir être utilisés, les labels répondent aux conditions suivantes :
– ses exigences ne concernent que des critères qui sont liés à l'objet du marché ou à ses conditions d'exécution et sont propres à définir les caractéristiques des travaux, fournitures ou services qui en font l'objet ;
– les exigences du label sont fondées sur des critères objectivement vérifiables et non discriminatoires ;
– il est établi par une procédure ouverte et transparente ;
– le label et ses spécifications détaillées sont accessibles à toute personne intéressée ;

Tab. 7.1. Récapitulatif des risques dans la mise en œuvre de conditions d'exécution à objet social dans les marchés publics

Risque	Commentaires	Recommandations
Risque financier du surcoût des prestations	Le surcoût lié à la mise en œuvre des clauses à objet social est intégré dans le prix du marché. Il doit en être tenu compte dans l'estimation du prix du marché.	Provisionner le surcoût, imposer des contraintes raisonnables aux opérateurs économiques.
Risque d'infructuosité du marché	Des contraintes trop importantes peuvent dissuader les opérateurs économiques de soumissionner.	S'assurer du caractère raisonnable des contraintes imposées aux opérateurs économiques, au regard, notamment, de l'état de la concurrence dans le secteur économique concerné.
Risque de contre productivité.	Les clauses à objet social trop lourdes peuvent menacer l'emploi pérenne au profit de l'emploi précaire.	S'assurer, au regard de l'importance du marché, du caractère raisonnable des contraintes imposées aux opérateurs économiques.
Risque d'irrégularité du marché ou, de sa procédure d'attribution. Risque du caractère discriminatoire de la clause	Une clause sociale disproportionnée par rapport à l'objet du marché ou, dénuée de tout lien avec cet objet, peut présenter un caractère discriminatoire, dès lors, par exemple, que seuls les opérateurs économiques dont la masse salariale est suffisante peuvent l'assumer.	Réserver l'emploi des clauses sociales aux marchés avec lesquelles elles présentent un lien et pour lesquels les candidats présentent une taille critique suffisante. S'interdire l'emploi de ces clauses dans les autres cas.
Risque d'inexécution	Le suivi de l'exécution des clauses à objet social doit être anticipé.	Mettre en place les moyens d'ingénierie sociale nécessaires au suivi de l'exécution des clauses sociales dans les marchés.

– ses exigences sont fixées par un tiers sur lequel l'opérateur économique qui demande l'obtention du label ne peut exercer d'influence décisive

Exemple : les écolabels

Les écolabels répondent à la préoccupation de l'achat écologiquement responsable. Ils sont un outil de formulation du besoin auprès des opérateurs économiques. Ils se présentent comme des spécifications techniques performancielles comportant des caractéristiques environnementales. Leur objet est de promouvoir les produits ou les services en cause en réduisant leurs impacts négatifs sur l'environnement par rapport à d'autres produits ou services de la même catégorie. L'écolabel les certifie lorsqu'ils sont présumés plus écologiques que des produits similaires.

61 catégories regroupent plusieurs centaines de produits ou services susceptibles d'être écolabellisés à un niveau européen, environ 200 labels susceptibles de l'être au moyen de la norme NF environnement. Malgré ce nombre, le nombre de marchés susceptibles d'être concernés par ces catégories reste limité (tab. 7.2).

À RETENIR

La liste et les caractéristiques des écolabels, ainsi que la liste des entreprises dont les produits ou les services sont certifiés, sont disponibles sur le site que l'Association française de normalisation (AFNOR), à l'adresse suivante : http://www.ecolabels.fr.

Tab. 7.2. Liste des catégories de produits et services susceptibles d'être écolabellisés

Rubriques	Catégories	Nature de l'écolabel
Ameublement	Ameublement	NF environnement
	Mobilier en bois	Label européen
	Matelas	Label européen
Appareils électriques	Téléviseur	Label européen
	Pompes à chaleur électrique, à gaz ou à absorption de gaz	Label européen
Bricolage	Enduits de peinture	NF environnement
	Revêtements sols durs	Label européen
	Peinture et vernis d'intérieur	Label européen
	Peintures, vernis et produits connexes	NF environnement
	Colorants universels	NF environnement
	Revêtements de sols en bois	Label européen
	Peinture et vernis d'intérieur ou d'extérieur	Label européen
	Peintures et vernis d'extérieur	Label européen
Bureautique	Ordinateurs portables	Label européen
	Cartouches d'impression laser	NF environnement
	Ordinateurs personnels	Label européen
	Équipements d'imagerie	Label européen
Habillement, linge de lit et textiles d'intérieur	Produits textiles	Label européen
	Articles chaussants	Label européen
Jardinage	Milieux de culture	Label européen
	Amendements pour sols	Label européen
	Composteurs de proximité	NF environnement
Lubrifiants	Lubrifiants	Label européen
Papeterie/papier	Papier à coller et papier graphique	Label européen
	Enveloppes et pochettes postales	NF environnement
	Instruments d'écriture	NF environnement
	Papier imprimé	Label européen
	Papier journal	Label européen
	Papier transformé	Label européen

Rubriques	Catégories	Nature de l'écolabel
Produits d'entretien	Détergents pour vaisselle à la main	Label européen
	Détergents pour lave-vaisselle	Label européen
	Nettoyants universels et nettoyants pour sanitaires	Label européen
	Détergents textiles	Label européen
	Détergents pour lave-vaisselle automatiques industriels ou destinés aux collectivités	Label européen
	Détergents textiles à usage industriel ou destinés aux collectivités	
	Produits de nettoyage	NF environnement
Produits d'hygiène	Produits cosmétiques à rincer	Label européen
	Produits de protection hygiénique absorbants	Label européen
Produits à usage professionnel	Produits de signalisation horizontale	NF environnement
	Absorbants tous liquides utilisables sur sols	NF environnement
	Blocs d'éclairage de sécurité	NF environnement
	Luminaires à source centrale	NF environnement
	Blocs autonomes d'alarme sonore	NF environnement
Tourisme et autres services	Services de camping	Label européen
	Services d'hébergement touristique	Label européen
	Sites de visite	NF environnement
Vie domestique	Papier hygiénique, papier cuisine et autres produits en papier absorbant à usage domestique	Label européen
	Filtres à café	NF environnement
	Litières pour chats	NF environnement
	Sacs cabas	NF environnement
	Sacs poubelles à déchets	NF environnement
	Robinetterie sanitaire	Label européen
	Toilettes et urinoirs	Label européen

7.1.3 Marchés réservés

Des marchés peuvent être réservés à trois séries d'opérateurs économiques dont l'objet social les inscrit par hypothèse dans une démarche d'achat socialement responsable (voir § 34.1 et suivants).

Il s'agit, d'abord, d'opérateurs employant des travailleurs handicapés à hauteur d'au moins 50 % de leurs effectifs, hors encadrement :
– les entreprises adaptées (EA) ;
– les établissements et services d'aide par le travail (ESAT) ;
– les structures équivalentes.

Il s'agit, ensuite, d'opérateurs employant des travailleurs défavorisés, c'est-à-dire les structures d'insertion par l'activité économique qui emploient des travailleurs défavorisés à hauteur d'au moins 50 % de leurs effectifs, hors encadrement :
– les entreprises d'insertion ;

– les entreprises de travail temporaire d'insertion ;
– les associations intermédiaires ;
– les ateliers et chantiers d'insertion ;
– les structures équivalentes.

Il s'agit, enfin, pour l'attribution des marchés de services de santé, sociaux ou culturels, des opérateurs relevant du secteur de l'économie sociale et solidaire, lorsque ces opérateurs ont pour objet social d'assumer une mission de service public liée à la prestation de service faisant l'objet du marché.

Le pouvoir adjudicateur veille à ce que l'objet du marché permette de recourir à la formule du marché réservé, qui doit être mentionnée dans l'avis d'appel public à la concurrence ou les documents de la consultation.

À RETENIR

Il ne faut pas confondre économie sociale et solidaire ou structures d'insertion et absence de contexte concurrentiel. Les acteurs de l'économie sociale et solidaire sont, parfois, des opérateurs économiques qui interviennent dans un milieu ultra concurrentiel, spécialement dans les secteurs à forte valeur ajoutée en main-d'œuvre non qualifiée. Favoriser de manière systématique ces acteurs au détriment des entreprises traditionnelles peut, dans un contexte de crise économique, de réduction des dépenses publiques et de massification de l'achat public, se révéler contre-productif et, au final, contribuer à la destruction d'emplois stables et à l'accroissement de la précarité.

7.1.4 Localisation des moyens

Les conditions d'exécution peuvent être imposées par l'acheteur comme vecteur d'une politique d'emploi. Il lui est ainsi possible d'exiger des opérateurs économiques, afin notamment de prendre en considération des préoccupations environnementales ou sociales, et par exemple la création d'emplois, la localisation sur le territoire de l'Union européenne des moyens utilisés pour :
– exécuter tout ou partie d'un marché public ;
– pour maintenir ou pour moderniser les produits acquis.

À RETENIR

L'insertion, dans la réglementation des marchés publics, qui relève du droit de la concurrence, de préoccupations liées à l'emploi est la marque de la transformation du droit des marchés publics en outil, à la disposition des pouvoirs adjudicateurs, leur permettant de mener des politiques publiques.

Cette faculté, assez remarquable, est, comme quelques autres, issue du régime des marchés de défense, pour lesquels ont été donnés aux acheteurs des outils pour mener une politique industrielle dans ce secteur, afin de développer l'outil industriel de défense européen, garant de la protection des informations et, surtout, de la sécurité des approvisionnements.

APPLICATION

Cette faculté ne se prête pas à tous les marchés, mais par exemple, aux marchés industriels, aux marchés de maintien en condition opérationnelle ou de maintenance.

7.2 Critères d'attribution

En dehors du critère unique du prix ou du coût global, les critères d'attribution, lorsqu'il y en a plusieurs, ne sont réguliers qu'au prix du respect de deux conditions (voir § 36.1) :
– ils sont objectifs ;
– ils sont précis ;
– ils sont justifiés et liés à l'objet du marché ou à ses conditions d'exécution.

APPLICATION

Le pouvoir adjudicateur peut utiliser les critères des performances en matière de protection de l'environnement ou, des performances en matière d'insertion professionnelle des publics en difficulté, à la condition de leur caractère objectif, précis, de lien avec l'objet du marché et de leur caractère non discriminatoire.

Les critères d'attribution à objet social ou environnemental dénués de lien avec l'objet du marché sont irréguliers. Il s'agit d'un point sensible, en raison du risque contentieux très important qui pèse toujours, en pratique, sur les critères d'attribution et leurs modalités d'utilisation.

En pratique, l'utilisation de tels critères est délicate, en raison du principe selon lequel la réglementation des marchés publics est neutre : les seuls objectifs poursuivis par la commande publique doivent être son efficacité économique la protection des deniers publics et des propriétés publiques.

Pour autant, il est possible de ménager un lien avec l'objet du marché lorsque les critères d'attribution s'appuient sur les conditions d'exécution fixées par le cahier des charges. En tout état de cause, la pondération affectée à de tels critères ne peut être importante : elle reflète poids économique de la condition d'exécution par rapport au montant du marché.

À RETENIR

En dehors des cas des marchés d'insertion sociale, le poids d'un critère d'attribution à dimension sociale est, nécessairement, faible dès lors que l'acheteur n'achète pas essentiellement de l'insertion sociale.

APPLICATION

Le pouvoir adjudicateur peut, par exemple, indiquer dans le règlement de la consultation d'un marché d'entretien d'espaces verts, que les candidats précisent, dans le mémoire technique de leur offre, les actions qu'ils ont entreprises en matière de développement durable : traitement des déchets, produits utilisés, machines utilisées, véhicules, énergie, gestion de l'eau, emploi de travailleurs handicapés. Ces prescriptions sont relayées par un sous-critère d'attribution relevant du critère de la valeur technique de l'offre, pondéré à hauteur de 15 %.

Toutefois, le lien avec l'objet du marché est présumé lorsque le critère s'appuie sur la notion de cycle de vie du produit, du service ou des travaux faisant l'objet du marché, selon les mêmes conditions pour les conditions d'exécution (voir ci-dessus). Le coût du cycle de vie pourra, ainsi, être appréhendé dans la comparaison des offres.

Le tableau 7.3 résume les principaux changements concernant les achats responsables.

Tab. 7.3 Concordance ancienne et nouvelle réglementation

Nouvelles références	Anciennes références	Objet et apports essentiels
Art. 36 O. 2015 – art. 13 D. 2016	*Art. 15 CMP*	Régime des marchés réservés dans le secteur du handicap et (nouveau) dans celui de l'insertion
Art. 37 O. 2015 – art. 14 D. 2016	–	Régime (nouveau) de la réservation des marchés de services de santé, sociaux ou culturels aux entreprises du secteur de l'économie sociale ou solidaire
Art. 38 O. 2015	*art. 14 CMP*	Régime des conditions d'exécution, régime (nouveau) de l'utilisation du cycle de vie, régime (nouveau) de la localisation des moyens
Art. 52 O. 2015 – art. 62 et 63 D. 2016	*Art. 53 CMP*	Régime critères d'attribution, présomption de lien avec l'objet du marché dans l'usage de la notion de cycle de vie (nouveau)
Art. 10 D. 2016	*Art. 6 CMP*	Régime (nouveau) des labels

CMP : Code des marchés publics 2006
O. 2015 : Ordonnance n° 2015-899 relative aux marchés publics
D. 2016 : Décret n° 2016-360 relatif aux marchés publics

Clauses du marché 8

Références *: art. 31, 34 et 39 de l'ordonnance n° 2015-899 – art. 15, 16, 17, 19, 77, 78, 79 80, 94 du décret n° 2016-360*

Les règles de passation des marchés publics n'ont pour objet que de permettre à l'administration de choisir son cocontractant. Mais un marché public est, avant tout, un contrat :
– il est régi par un principe fondamental, celui de la liberté contractuelle ;
– ses clauses constituent la loi entre les parties.

Les pouvoirs adjudicateurs sont libres de leurs engagements contractuels. Il y a donc, potentiellement, autant de cahiers des charges différents qu'il y a de marchés publics.

Un marché public est un contrat et, au-delà des apparences, il n'est pas constitué autrement qu'un contrat commercial de droit privé. Il comprend des conditions générales et des conditions particulières.

8.1 Cahiers des clauses générales

Un marché public est, matériellement, constitué de plusieurs documents qui ont, potentiellement, tous une valeur contractuelle.

À RETENIR

L'existence même de plusieurs documents présentant la même valeur contractuelle fait peser un risque de confusion et d'incohérence sur la bonne exécution du marché. C'est la raison pour laquelle il est obligatoire de présenter les pièces du marché dans un ordre de priorité défini par le pouvoir adjudicateur ou, par les parties contractantes. Cet ordre de priorité prévaut en cas de contradiction dans le contenu des pièces, il s'imposera, en particulier et sauf cas d'erreur manifeste, au juge du contrat si celui-ci venait à être saisi du litige.

On distingue deux types de cahiers des charges :
– les **cahiers des clauses techniques**, qui décrivent les prestations qui font l'objet du marché et auxquels peuvent être annexés des plans ou des documents techniques ;
– les **cahiers des clauses administratives**, qui contiennent les stipulations qui régissent la vie du contrat, s'agissant, par exemple, des délais d'exécution, des pénalités, de la révision des prix ou des conditions auxquelles le marché peut être reconduit ou résilié.

À chaque cahier des charges type correspond un cahier des charges propre au marché (tab. 8.1).

Tab. 8.1. Structure des cahiers des charges du marché

	Cahier des charges type	Cahier des charges propre au marché
Cahier des clauses administratives	CCAG	CCAP
Cahier des clauses techniques	CCTG	CCTP

Les acheteurs publics peuvent s'aider de cahiers des charges types, mis à leur disposition par les pouvoirs publics et, approuvés par arrêté du ministre chargé de l'économie. Toutefois, ces documents n'ont aucune valeur obligatoire, le pouvoir adjudicateur est libre de les utiliser ou de ne pas le faire. Ils sont élaborés par des groupes de travail, associant des représentants des organisations professionnelles représentatives du secteur économique concerné et des représentants des organisations d'acheteurs. Ils sont, toutefois, surtout adaptés au secteur public, et ne répondront pas parfaitement aux attentes des acheteurs privés. Le plus souvent, ces derniers mettent au point leurs propres documents généraux.

À RETENIR

Les cinq CCAG et les CCTG disponibles peuvent être téléchargés à l'adresse suivante : http://www.economie.gouv.fr/daj/cahiers-clauses-administratives-generales-et-techniques.

8.1.1 CCAG

Il existe cinq CCAG, structurés de manière comparable, même si leur contenu tient compte de la spécificité de leur objet :
– Fournitures courantes et services (CCAG-FCS) ;
– Travaux (CCAG-Travaux) ;
– Prestations intellectuelles (CCAG-PI) ;
– Marchés industriels (CCAG-MI) ;
– Technologies de l'information et de la communication (CCAG-TIC).

Les CCAG sont approuvés par arrêté du ministre chargé de l'économie, mais le principe reste la liberté contractuelle : leur usage n'est pas obligatoire. Les clauses des CCAG sont applicables au marché que si le CCAP le stipule expressément :
– si le marché ne s'y réfère pas, ils ne sont pas applicables ;
– le marché peut s'y référer partiellement, en écartant certaines de ses clauses, ou encore en adapter le contenu. Il doit, dans les deux cas, le faire expressément.

Les cinq CCAG ont la même structure (tab. 8.2).

8.1.2 CCTG

Les CCTG, à la différence des CCAG qui sont adaptés à des types de marchés, sont associés à des segments d'achat : il ne saurait exister un CCTG pour chaque marché.

Il existe deux CCTG :
– le CCTG-Travaux ;
– le CCTG-Articles confectionnés.

Le CCTG-Travaux est détaillé par fascicules, dont la liste est la suivante :
– terrassements généraux ;
– fourniture d'acier et autres métaux - Armatures à haute résistance pour les constructions en béton précontraint par pré ou post-tension ;
– fournitures de granulats employés à la construction et à l'entretien des chaussées ;
– fourniture de liants bitumineux pour la construction et l'entretien des chaussées ;
– exécution des corps de chaussées ;
– exécution des enduits superficiels d'usure ;
– fabrication et mise en œuvre des enrobés hydrocarbonés ;
– exécution des chaussées en béton ;
– exécution des revêtements de voiries et espaces publics en produits modulaires ;
– bordures et caniveaux en pierre naturelle ou en béton et dispositif de retenue en béton ;
– construction de trottoirs ;
– travaux forestiers de boisement ;
– aménagements paysagers - Aires de sports et de loisirs en plein air ;
– réseau d'éclairage public - Conception et réalisation ;
– travaux d'assainissement et de drainage de terres agricoles ;
– protection des ouvrages métalliques contre la corrosion ;
– règles techniques de conception et de calcul des fondations d'ouvrages de génie civil ;
– travaux de maçonnerie d'ouvrages de génie civil ;
– exécution des ouvrages de génie civil en béton armé ou précontraint ;

Tab. 8.2. Structure des CCAG (exemple du CCAG-FCS)

Stipulations	Observations, contenu
Champ d'application	Conditions auxquelles le CCAG s'applique au marché et auxquelles il peut y être dérogé.
Définitions	Définitions, ayant valeur contractuelle, des termes utilisés.
Obligations générales des parties	Forme des notifications et informations ; Modalités de computation des délais d'exécution des prestations ; Représentation du pouvoir adjudicateur ; Représentation du titulaire ; Cotraitance ; Sous-traitance ; Bons de commande, modalités d'émission et d'exécution ; Ordres de services, modalités d'émission et d'exécution.
Pièces contractuelles	Ordre de priorité Pièces à remettre au titulaire
Confidentialité – Mesures de sécurité	Obligations du titulaire.
Protection de la main-d'œuvre et conditions de travail	Obligations du titulaire, conditions auxquelles le marché est adapté aux évolutions éventuelles de la réglementation.
Protection de l'environnement	Obligations du titulaire, conditions auxquelles le marché est adapté aux évolutions éventuelles de la réglementation.
Réparation des dommages	Clauses de responsabilité, clauses exonératoires.
Assurance	Obligations d'assurance.
Prix	Clauses permettant de déterminer le prix et fixant ses conditions d'évolution ; Modalités de règlement du prix ; Modalités de règlement en cas de cotraitance et de sous-traitance.
Délais	Délais d'exécution et conditions de sa prolongation ; Pénalités de retard ; Primes pour réalisation anticipée des prestations.
Conditions d'exécution des prestations	Lieu d'exécution ; Moyens confié au titulaire ; Aménagement des locaux ; Modalités de stockage, d'emballage, de transport ; Modalités de livraison ; Modalités de surveillance en usine.
Constatation de l'exécution des prestations, garantie et maintenance	Opérations de vérification : modalités, nature de la décision, modalités de l'admission, de l'ajournement, de la réfaction et du rejet ; Transfert de propriété ; Maintenance des prestations ; Garantie.
Résiliation	Principes et modalités de la résiliation.
Différends et litiges	Modalités de règlement amiable des différends et litiges
Cas des marchés à bons de commande avec minimum	Modalités d'indemnisation du titulaire dans le cas où le minimum n'est pas atteint
Liste récapitulative des dérogations au CCAG	Clause renvoyant au CCAP la mention de la liste des stipulations du CCAP dérogeant ou écartant les stipulations du CCAG.

– exécution des ouvrages de génie civil à ossature en acier ;
– étanchéité des ponts routes – Support en béton de ciment ;
– étanchéité des ouvrages souterrains ;
– exécution des travaux de fondation des ouvrages de génie civil ;
– travaux en souterrain ;
– ouvrages d'assainissement (Titre Ier – Réseaux ; Titre II – Ouvrages de recueil, de restitution et de stockage des eaux pluviales) ;
– fourniture et pose de conduites d'adduction et de distribution d'eau ;
– équipement hydraulique, mécanique et électrique des stations de pompage d'eaux ;
– construction des réservoirs en béton ;
– conception et exécution des installations de traitement des eaux destinées à la consommation humaine ;
– travaux de forage pour la recherche et l'exploitation d'eau potable ;
– canalisations et ouvrages de transport et de distribution de chaleur ou de froid ;
– construction d'installation de pompage pour le relèvement ou le refoulement des eaux usées domestiques, d'effluents industriels ou d'eaux de ruissellement ou de surface ;
– conception et exécution d'installations d'épuration d'eaux usées ;
– construction d'installations d'incinération avec fours à grille, oscillants ou tournants de déchets ménagers, autres déchets non dangereux et DASRI ;
– construction d'installation de broyage des déchets ménagers.

Les acheteurs publics peuvent s'aider, tant pour la construction de leur contrat que pour les clauses qu'ils y insèrent, des travaux que des groupes de travail, les Groupes d'études des marchés (GEM) ont consacré à des catégories de marchés. Ces travaux sont publiés sous forme de guides ou de recommandations et les GEM sont structurés par secteur d'activité.

APPLICATION

Liste des guides publiés par le GEM Informatique et communications électroniques (ICE)
– Recommandation sur l'accessibilité des sites WEB publics (juillet 2012) ;
– Guide pour les acheteurs publics de services de communications électroniques (mai 2010) ;
– Instruction sur l'établissement des spécifications techniques pour la fourniture de matériels informatiques ;
– Document d'information des acheteurs publics sur l'acquisition et la mise en œuvre d'un progiciel de gestion intégrée (PGI) ;
– Guide sur l'assistance à la maîtrise d'ouvrage en informatique.

Ils portent sur les secteurs les plus divers.

APPLICATION

Liste de guides récents publiés par les GEM
– Recommandation pour l'adaptation transitoire du fascicule n° 74 du CCTG travaux de génie civil relatif au calcul des réservoirs en béton avec une note de présentation (janvier 2016) ;
– Guide d'aide à la passation des marchés publics dématérialisés (décembre 2015) ;
– Recommandation relative à une méthode d'appréciation des écarts de couleurs des articles textiles (décembre 2015)
– Spécification technique applicable aux œufs et aux ovoproduits (décembre 2015) ;
– Spécification technique relative aux cuirs finis et aux achats d'articles confectionnés à base de cuirs finis (septembre 2015) ;
– Spécification technique relative aux fermetures à glissières et aux accessoires textiles (septembre 2015) ;
– Guide de l'achat public de prestations de communication (décembre 2015) (avec exemple de cahier des clauses techniques particulières (CCTP) dans le cadre d'un marché à « bons de commande » et bordereau de prix unitaire) ;
– Recommandation nutrition (juillet 2015) ;
– Articles confectionnés - Spécification technique générale applicable aux marchés publics d'articles confectionnés (mars 2015) ;
– Spécification technique applicable aux sangles, rubans textiles et élastiques et fermetures auto-agrippantes (mars 2015) ;
– Articles confectionnés - Recommandation relative au répertoire de terminologie en confection administrative (mars 2015) ;
– Guide de l'achat public d'énergie (mars 2015) ;
– Spécification technique relative aux entoilages thermo-adhérents (mars 2015) ;
– Spécification technique relative aux fils à coudre (mars 2015) ;
– Spécification technique applicable aux viandes hachées et préparations à base de viandes hachées d'animaux de boucherie (mars 2015) ;
– Spécification technique générale applicable aux marchés publics d'étoffes (version 2.0, octobre 2014) (février 2015) ;
– Spécification technique applicable aux supports textiles revêtus (version 2.0, octobre 2014) (février 2015) ;
– Guide de l'acheteur public - Achat de dispositifs médicaux de diagnostic in vitro (février 2015).

Ces documents, publics, sont diffusés par l'Observatoire économique de la commande publique (OECP), qui relève de la Direction des affaires juridiques du Ministère de l'économie.

À RETENIR

Les guides et les recommandations des GEM peuvent être téléchargés à l'adresse suivante : http://www.economie.gouv.fr/daj/oeap-liste-des-guides-gem.

8.2 Les cahiers des clauses particulières

Un contrat naît de la rencontre de la volonté des parties, qui s'accordent sur des obligations réciproques. Un contrat de commande publique suppose, donc, un accord des parties sur le contenu de la prestation et un prix.

Le cahier des clauses particulières reflète, nécessairement, cet accord de volonté.
– le cahier des clauses techniques générales (CCTG) contient la description technique des prestations faisant l'objet du marché. Une fois adapté au marché en cause, il complète le cahier des clauses techniques particulières (CCTP) ;
– le cahier des clauses administratives générales (CCAG) contient les stipulations administratives et juridiques fixant les modalités d'exécution d'un type de marchés. C'est un cahier des charges type qui, une fois adapté au marché, complète le cahier des clauses administratives particulières (CCAP).

8.2.1 Clauses obligatoires – Cas général

Le principe de la liberté contractuelle suppose une totale liberté des acheteurs quant aux clauses du marché. Pour autant, comme tout contrat, le marché doit comporter certaines clauses. En particulier, il doit permettre d'identifier l'accord des parties sur la chose, objet du contrat, et sur le prix. Il est possible d'en déduire les clauses qui sont obligatoires :
– l'identification des parties contractantes ;
– la définition de l'objet du marché ;
– les spécifications techniques définissant les prestations à réaliser ;
– l'énumération des pièces du marché et leur ordre de priorité ;
– le prix ou les modalités de sa détermination, ainsi que les modalités de son évolution (voir § 9.1 et suivants) ;
– la durée d'exécution du marché ou, les dates prévisionnelles de début d'exécution et d'achèvement.

8.2.2 Clauses obligatoires – Cas particuliers

Accords-cadres

En plus des clauses mentionnées ci-dessus, le cahier des charges des **accords-cadres** (voir § 13.1 et suivants) comportent les clauses suivantes :
– les prestations pouvant faire l'objet d'un bon de commande ;
– les modalités de dévolution des bons de commande ;
– la durée d'exécution des marchés subséquents ou des bons de commande ;

Les cahiers des charges des **marchés subséquents** (voir § 14.1 et suivants) comportent obligatoirement les clauses suivantes :
– les caractéristiques et les modalités d'exécution des prestations.

Marchés à tranches

Outre les clauses obligatoires pour tous les marchés, les marchés à tranches (voir § 12.2.1) doivent comporter des clauses précisant, pour chaque tranche :
– la consistance de la tranche ;
– le prix de la tranche ou ses modalités de détermination, son actualisation ou sa révision dans les cas dans lesquels l'actualisation ou la révision du prix sont obligatoires (voir § 9.1 et suivants) ;
– les modalités d'exécution des prestations objet de la tranche ;
– les conditions de notification de la décision d'affermissement au titulaire.

Marchés de conception-réalisation

Les marchés de conception-réalisation sont des marchés de travaux qui associent la conception de l'ouvrage à sa construction (voir § 27.1 et suivants). Outre les clauses obligatoires pour tous les marchés, les marchés de conception-réalisation doivent comporter :
– le programme de l'opération ;
– les études de conception présentées par le titulaire du marché.

Marchés globaux de performance

Les marchés globaux de performance associent la réalisation et l'exploitation ou la maintenance, ainsi que, le cas échéant, la conception, afin de permettre un engagement contractuel du titulaire sur le niveau de qualité du service ou le niveau d'activité,

d'incidence écologique ou d'efficacité énergétique, sur la durée du contrat (voir § 27.1 et suivants). Afin d'assurer la transparence financière de l'exécution du marché et de répondre à son objectif, ils fixent :
– des engagements de performance mesurables ;
– le prix de la réalisation et de l'exploitation ou de la maintenance, de manière séparée.

À RETENIR

L'obligation consistant à distinguer le prix de la réalisation et celui de l'exploitation ou de la maintenance a pour objet d'assurer la sécurité financière de l'acheteur, qui doit être informé de ce à quoi correspond le prix qu'il verse. Associé à une clause de paiement différé, l'opacité dans ce type de montage présente un risque très substantiel pour les finances publiques, ainsi que les collectivités publiques l'ont appris dans les années 80 avec les marchés d'entreprises de travaux publics, aujourd'hui condamnés.

Partenariats d'innovation

Le partenariat d'innovation a pour objet la recherche et le développement de produits, services ou travaux innovants, ainsi que l'acquisition de produits, services ou travaux en résultant et qui répondent à un besoin ne pouvant être satisfaits au moyen de prestations existant sur le marché (voir § 28.1). Le contrat précise :
– la structure, la durée et la valeur des différentes phases d'innovation ;
– la définition des objectifs de chaque phase ;
– les modalités et les conditions de la mise en œuvre de la décision de l'acheteur de poursuivre ou de mettre un terme au contrat de chacun des partenaires à l'issue et au vu des résultats de chaque phase.

8.2.3 Conditions d'exécution

Le marché peut comporter des clauses relatives à l'économie, à l'innovation, à l'environnement, au domaine social ou à l'emploi, dont l'insertion a été décidée lors de la définition des besoins. Cette dernière, en effet, doit tenir compte des objectifs de développement durable (voir § 5.3). Le caractère très large de cette liste donne la mesure de la volonté de donner désormais aux pouvoirs adjudicateurs un outil pour mettre en œuvre des politiques publiques.

À RETENIR

Il est symptomatique, par exemple, que la réglementation des marchés publics présente désormais explicitement une référence à l'emploi. Associée, par exemple, à la possibilité, importée du régime des marchés de défense ou de sécurité, d'imposer la localisation des moyens utilisés pour l'exécution des marchés sur le territoire de l'Union européenne (voir § 7.1.4), cette exigence des acheteurs permet de faire de l'achat public un outil de réindustrialisation de l'Europe.

Ces clauses doivent être adaptées et liées à l'objet du marché.

APPLICATION

Ainsi qu'il a déjà été dit, une clause imposant au titulaire du marché des obligations de formation professionnelle de jeunes non diplômés est tout à fait pertinente pour les marchés de services à forte valeur ajoutée en matière de main-d'œuvre, tels que les marchés d'entretien d'espaces verts ou de nettoyage de locaux. En revanche, il est absurde de trouver une telle clause dans un marché de services de prestations juridiques, pour lesquels ne peuvent répondre que des cabinets d'avocats. La clause est discriminatoire, car elle est dénuée de tout lien avec l'objet du marché, la loi exigeant une condition de diplôme pour exercer la profession d'avocat.

Imposer des contingences d'intérêt général dans les marchés publics peut paraître une bonne idée, mais suppose un coût pour les entreprises. Elles répercutent nécessairement ce coût dans leur offre financière, ce qui implique que l'acheteur soit mesuré et se contente d'imposer des contraintes raisonnables aux entreprises, sous peine d'un renchérissement important du coût d'acquisition des prestations ou, que les entreprises délaissent le marché, dont la procédure d'attribution serait alors infructueuse.

À RETENIR

Il faut souligner qu'au-delà de l'infructuosité d'une procédure, les entreprises qui délaissent le secteur des marchés publics constituent une menace pour la sécurité des approvisionnements des pouvoirs adjudicateurs sur le moyen et long terme. Cette situation, qui se constate régulièrement en pratique, débouche sur un appauvrissement de la concurrence, et donc sur une dégradation des conditions économiques de l'achat, voire sur une impossibilité d'obtenir ce dont les services peuvent avoir besoin pour fonctionner. Dans certains segments d'achat, les difficultés d'approvisionnement des pouvoirs adjudicateurs, qui peinent à obtenir des prestations répondant à des exigences minimales de qualité, peuvent être constatés.

Les conditions d'exécution ne peuvent avoir d'effet discriminatoire à l'égard des candidats (voir § 7.2).

8.2.4 Cahier des charges succinct des marchés passés selon une procédure adaptée

Le cahier des charges des marchés passés selon une procédure adaptée n'est pas nécessairement aussi étoffé que celui des marchés passés selon une procédure formalisée. Plus leur montant est modeste, plus le cahier des charges peut, en pratique, se révéler succinct. Les marchés dont le montant est inférieur à 25 000 euros HT, qui peuvent ne pas être écrits, ne comportent, par hypothèse, que les clauses, non écrites, essentielles à la constitution du contrat (identification des parties, objet du contrat et prix) et, qui constitue l'usage professionnel dans le secteur économique en cause.

Pour autant, alors même que le marché est passé selon une procédure adaptée en raison, par exemple, de son montant modeste, il s'agit d'un vrai marché : l'ensemble des clauses imposées par le droit des contrats ou la réglementation doivent y figurer.

À RETENIR

Le contenu d'un marché non écrit peut être justifié devant le comptable public qui doit en assurer le paiement, par une attestation de l'ordonnateur. Cette attestation doit, selon toute logique, identifier les parties, l'objet du marché et son prix.

Il est néanmoins utile de rédiger un cahier des charges, fût-il succinct, dont les clauses seront adaptées à l'objet du marché, de manière à prévenir les difficultés d'exécution susceptibles d'intervenir.

Le tableau 8.3 résume les principaux changements concernant les clauses du marché.

Tab. 8.3 Concordance ancienne et nouvelle réglementation

Nouvelles références	Anciennes références	Objet et apports essentiels
Art. 31 O. 2015	Art. 6 CMP	Principe du recours aux spécifications techniques
Art. 34 O. 2015	Art. 73 CMP	Principes applicables aux marchés globaux de performance
Art. 38 O. 2015	Art. 14 CMP	Conditions d'exécution. Régime (nouveau) du lien présumé avec l'objet du marché résultant de la notion de cycle de vie des prestations
Art. 39 O. 2015	Art. 13 CMP	Clauses obligatoires des marchés publics : réduction de la liste au prix et à la durée d'exécution des marchés
Art. 15 D. 2016	Art. 13 CMP	Éléments constitutifs et clauses des marchés : simplification (liberté contractuelle)
Art. 16 D. 2016	Art. 16 CMP	Régime de la durée des marchés
Art. 17 D. 2016	Art. 17 et 18 CMP	Régime des prix
Art. 19 D. 2016	Art. 19 CMP	Régime des marchés conclus à prix provisoires
Art. 77 D. 2016	Art. 72 CMP	Régime des marchés à tranches
Art. 78, 79 et 80 D. 2016	Art. 76 et 77 CMP	Régime des accords-cadres, qui inclut désormais celui des marchés à bons de commande
Art. 94 D. 2016	Art. 70-2 CMP	Régime de l'exécution du partenariat d'innovation
CMP : Code des marchés publics 2006 O. 2015 : Ordonnance n° 2015-899 relative aux marchés publics D. 2016 : Décret n° 2016-360 relatif aux marchés publics		

Prix 9

***Références** : art. 39 de l'ordonnance n° 2015-899 – art. 17, 18 et 19 du décret n° 2016-360*

Un marché public est un acte économique qui se définit comme une prestation acquise par l'administration à titre onéreux, en contrepartie d'un prix ou d'un droit d'exploitation.

Le prix des marchés peut être :

– unitaire (il s'applique aux quantités réellement livrées ou exécutées). Par exemple, un marché de fournitures prévoit la livraison de terre végétale au prix de 20 € HT le m³ et 10 € HT de transport par m³. Pour une commande de 150 m³, le prix de règlement est de 4 500 € HT (3 000 € HT de terre et 1 500 € de transport) ;

– forfaitaire (il s'applique à tout ou partie du marché quelles que soient les quantités). Ainsi, un marché passé par un centre hospitalier a pour objet l'entretien d'un parc de 10 groupes électrogènes. Il prévoit un prix forfaitaire, pour deux interventions d'un technicien par groupe et par an ;

– mixte (certaines prestations du marché sont rémunérées au forfait, d'autres à l'unité). Par exemple, un marché passé par un centre hospitalier a pour objet l'entretien et la maintenance d'un parc de 10 groupes électrogènes. Il prévoit, pour l'entretien, deux interventions d'un technicien par groupe et par an, pour un prix forfaitaire. Le nombre d'interventions nécessaires à l'entretien est prévisible, il peut donner lieu au chiffrage d'un prix forfaitaire. En revanche, la maintenance, en cas de panne des mêmes groupes, suppose l'intervention en urgence et, de manière aléatoire, des techniciens lors de la survenance des pannes. Celles-ci peuvent survenir en journée, pendant des jours ouvrés ou, de nuit, le dimanche ou pendant des jours fériés. Il est justifié, dans ces conditions, de prévoir un prix unitaire, par intervention en jour ouvré et, un autre prix unitaire par intervention de nuit ou en jour férié.

Le choix entre les formes de prix relève de la liberté contractuelle. Quelle que soit la forme retenue, le marché est conclu à prix définitif.

Il est distingué entre :

– le prix initial, qui résulte de l'accord des parties tel qu'il figure dans l'offre de l'attributaire ;

– le prix de règlement, qui est celui effectivement perçu par le titulaire une fois le marché exécuté.

À peine de nullité, le marché doit clairement définir le prix initial ou « prix de base ». Les clauses du marché doivent ainsi expressément le déterminer ou permettre de le calculer s'il ne peut être connu au moment de son attribution.

Le principe est celui de l'intangibilité du prix de base, qui est fixé au moment de la remise de l'offre. Le prix de base peut cependant subir certaines modifications, à la hausse ou à la baisse, au cours de l'exécution. Dans ce cas, le prix de règlement, qui est celui réellement payé au titulaire du marché après exécution de la prestation, sera différent du prix initial, soit à raison de l'application de clauses contractuelles prévoyant expressément cette évolution, soit à raison de la survenance d'événements extérieurs au contrat. En pratique, hors le cas des petits marchés, le prix de règlement est rarement conforme au prix initial.

Les clauses incitatives, qu'il est possible de faire figurer au marché, permettent d'associer le titulaire à la qualité des prestations, notamment en ce qui concerne le délai d'exécution. C'est, par exemple, le cas de la clause de prime d'avance.

APPLICATION

Les clauses permettant d'octroyer une prime d'avance pour exécution anticipée du marché, dont le régime est prévu par les CCAG, n'ont pas pour objet de gratifier une performance, mais de financer l'effort financier accompli en conséquence par le titulaire, qui fait appel en pratique, pour ce faire, à des heures supplémentaires ou du travail intérimaire. Elles ne doivent pas être négligées et devraient être appliquées lorsque le pouvoir adjudicateur demande l'accélération de l'exécution.

9.1 Forme du prix

Le régime de la forme du prix n'est applicable qu'à certains acheteurs :
– l'État et ses établissements publics n'ayant pas un caractère industriel ou commercial ;
– les collectivités territoriales et leurs établissements publics.

Pour les autres acheteurs, parmi lesquels les établissements publics de l'État à caractère industriels ou commercial, les prix sont déterminés sur le principe de la liberté contractuelle.

À RETENIR

Ces acheteurs étaient ceux auxquels était applicable le code des marchés publics. La réglementation n'a pas étendu ce régime aux autres acheteurs.

Le prix du marché peut être ferme ou révisable.

9.1.1 Prix ferme

Le prix ferme ne varie pas durant toute la durée d'exécution du marché : le prix de règlement est identique au prix initial.

Cette formule, la plus simple, est recommandée pour les marchés de courte durée ou dont l'exécution est immédiate, dès lors que l'évolution raisonnablement prévisible des conditions économiques n'est pas susceptible de faire supporter des aléas majeurs aux parties.

APPLICATION

Prix ferme

Un marché de fournitures prévoit la livraison de terre végétale au prix de 20 € HT le m³ et 10 € HT de transport par m³. Pour une commande de 150 m³, le prix de règlement est de 4 500 € HT (3 000 € HT de terre et 1 500 € de transport). La terre est livrée et la facture payée au prix fixé par le marché, dans le délai de 30 jours : le prix de règlement est égal au prix initial, mentionné dans le marché.

Prix ferme actualisable

Il est parfois nécessaire de faire évoluer le prix ferme au moyen d'une clause d'actualisation, en particulier lorsqu'une longue période s'écoule entre la date à laquelle le titulaire du marché s'est engagé sur le prix et celle à laquelle débute l'exécution des prestations.

Une clause d'actualisation peut être obligatoire (tab. 9.1). Elle précise nécessairement que l'actualisation du prix est réalisée :
– si plus de trois mois s'écoulent entre la date à laquelle le titulaire du marché s'est engagé sur le prix (date de la signature de l'acte d'engagement) et la date du commencement de l'exécution des prestations ;
– aux conditions économiques correspondant à une date antérieure de trois mois à celle du début d'exécution des prestations (délai de carence de trois mois).

Tab. 9.1. Cas dans lesquels une clause d'actualisation est obligatoire

Objet du marché	Clause d'actualisation
Travaux	Obligatoire
Fournitures ou service non courants	Obligatoire
Fournitures ou services courants	Facultative

APPLICATION

Actualisation du prix ferme

Une entreprise présente une offre le 1er février dans le cadre de la procédure d'attribution d'un marché de travaux de voirie. Le marché lui est notifié le 1er juin et, l'ordre de service ordonnant le début d'exécution des prestations lui est notifié le 1er juillet. La clause d'actualisation du prix est mise en œuvre. Elle a pour effet de fixer le nouveau prix aux conditions économiques, non pas du 1er juillet, mais, compte tenu de la carence de trois mois, à celles du 1er mai.

Un marché de fournitures ou de services non courants est un marché pour lequel le pouvoir adjudicateur impose des spécifications techniques propres au marché.

Il est procédé à l'actualisation du prix ferme en lui appliquant une formule précisée dans les clauses du marché. Le prix ferme actualisé devient le nouveau prix, ferme lui aussi, du marché. C'est le prix de règlement.

La formule tient compte de l'évolution des conditions économiques depuis la date de l'établissement du prix initial et après application d'un délai de carence de trois mois. Elle peut être une référence à un indice ou un index (ainsi, pour les marchés de travaux, l'indice du coût de la construction), à une formule paramétrique ou à des barèmes ou des mercuriales (pour les marchés de produits ou de services courants).

APPLICATION

Un marché de travaux de peinture est passé en octobre 2011 (indice BT 46, « peinture, tentures et revêtements muraux », mis en ligne sur internet par l'INSEE (http://lmp-assistants.application.equipement.gouv.fr/BT_accueil.do) et publié au Bulletin officiel de la concurrence, de la consommation et de la répression des fraudes : 855,8) pour un montant de 30 000 €.

L'ordre de commencement des travaux est donné en avril 2012.

Le prix est actualisé aux conditions économiques, non d'avril 2012, mais, compte tenu de la carence de trois mois, de janvier 2012 (indice 868,2).

La clause d'actualisation peut être présentée ainsi :

$$P = P0 \times \left[\frac{BT(n-3)}{BT0}\right]$$

P est le montant actualisé du marché.

P0 est le montant initial du marché.

BT0 est l'indice d'actualisation.

BT(n – 3) est l'indice d'actualisation compte tenu de la carence de 3 mois.

Le prix actualisé sera :

$$30\,000\text{ €} \times \left(\frac{868,2}{855,8}\right) = 30\,434,68\text{ €}$$

L'emploi du prix ferme actualisable convient aux marchés de courte durée dont la date de commencement d'exécution n'est pas connue au moment de leur attribution.

L'actualisation ne peut jouer qu'une fois. Elle est seulement censée compenser les effets du délai séparant la date à laquelle le prix de base a été déterminé et la date d'effet de l'acte (l'ordre de service) portant commencement d'exécution de la prestation.

Actualisation du prix des marchés à tranches

Les marchés à tranches peuvent être passés à prix ferme et leur actualisation peut s'avérer nécessaire. Elle ne pose pas de difficulté sur la tranche ferme.

En revanche, il n'y a pas de délai d'affermissement des tranches conditionnelles. C'est pourquoi l'actualisation de chaque tranche doit être prévue dans les mêmes conditions. Le montant à prendre en compte est celui de la tranche en cause, la date du commencement d'exécution est celle de la tranche.

9.1.2 Prix révisable

Le prix révisable permet de tenir compte des aléas économiques survenant pendant l'exécution du marché. À la différence de l'actualisation, elle intervient selon une périodicité fixée par le marché.

Le marché fixe le prix initial, et prévoit sa modification par l'application :
– d'une référence à partir de laquelle le prix est ajusté ;
– d'une formule paramétrique représentant conventionnellement la composition du coût de la prestation ;
– des deux.

Les références ou indices utilisés doivent être liés à l'objet du marché et refléter la composition du coût des prestations.

Le marché doit prévoir une clause de révision de prix lorsque sa durée d'exécution est supérieure à trois mois et qu'il nécessite, pour sa réalisation, une part importante de fournitures dont le prix est fixé par les cours mondiaux. Cette clause doit, alors, contenir au moins une référence aux cours officiels de fixation de ces cours.

Lorsqu'il est envisagé d'utiliser une formule paramétrique, qui contient plusieurs paramètres représentatifs de la composition de la prestation, ou, lorsqu'une telle clause est obligatoire, il est recommandé d'y inclure un terme fixe dont le poids relève de la liberté contractuelle. Il peut, par exemple, s'établir à 12,5 %, voire à 15 % pour les marchés de travaux, de manière à introduire dans le calcul de l'évolution du prix un élément stabilisateur. Une part fixe plus importante peut être introduite, ou la part fixe peut être supprimée.

À RETENIR

L'objet de la part fixe est de permettre au pouvoir adjudicateur de récupérer une partie des gains de productivité réalisée par le titulaire à mesure de l'exécution. Les coûts de production sont plus importants la première année de l'exécution du marché, ils comprennent notamment les frais de mise en place. Les années suivantes, le titulaire réalise des gains de productivité croissants, la prestation ne donnant plus lieu à ces charges particulières. La part fixe, en permettant de donner au prix un rythme d'évolution moins important que celui des coûts réels de production, et compensée par ces gains de productivité dont une partie revient au pouvoir adjudicateur.

Dans la mesure où cette modalité est la plus aléatoire, il est conseillé de n'y avoir recours que si l'emploi de l'une des autres modalités contractuelles d'évolution des prix n'est pas possible.

APPLICATION

Une structure de formule de révision fréquente est la suivante :

$$P = P0 \times \left[pf + (1-pf)\left(\frac{A}{A0}\right)\right]$$

pf est le terme fixe de la formule. Pour un autre exemple :

$$\text{Prix initial } P0 \times a + (1-a) \times \left[b \times \left(\frac{A}{A0}\right) + c \times \left(\frac{B}{B0}\right) + d \times \left(\frac{C}{C0}\right)\right]$$

dans laquelle $a + b + c + d = 1$ (ce sont les poids des paramètres, a étant le terme fixe de la formule).

Ainsi dans un contrat d'entretien des ascenseurs et monte-charges passé en octobre 2011 pour un montant de 100 000 € et révisé en janvier 2012 :

Prix révisé =

$$100\,000\text{ €} \times \left\{0{,}15 + 0{,}85\left[\left(0{,}60 \times \frac{\text{ICHT IME 1}}{\text{ICHT IME 0}}\right) + \left(0{,}20 \times \frac{\text{EBIQ 1}}{\text{EBIQ 0}}\right) + \left(0{,}20 \times \frac{\text{BT48}}{\text{BT48 0}}\right)\right]\right.$$

$$100\,000\text{ €} \times \left\{0{,}15 + 0{,}85\left[\left(0{,}60 \times \frac{109{,}4}{108{,}4}\right) + \left(0{,}20 \times \frac{122{,}8}{121{,}6}\right) + \left(0{,}20 \times \frac{1001{,}20}{990{,}70}\right)\right] = 100\,818{,}42\right.$$

Avec :

ICHT-IME : industries mécaniques et électriques, charges salariales comprises.

EBIQ : énergie, biens intermédiaires et biens d'investissements.

BT48 : ascenseurs.

9.2 Maîtrise de l'évolution des prix

9.2.1 Précautions contractuelles

Le pouvoir adjudicateur doit pouvoir garder une certaine maîtrise de l'évolution des prix, et ne pas hésiter à vérifier l'application de certaines clauses dont l'objet est de pondérer ou de neutraliser des hausses de prix trop importantes. Trois types d'instrument peuvent notamment être utilisés.

La clause butoir

Une clause butoir permet de limiter le caractère inflationniste de la révision des prix en limitant la portée de la clause de révision. Elle est le plus souvent utilisée dans les marchés à prix actualisable par référence au barème du fournisseur. Elle prévoit généralement une référence à un indice statistique relatif à des prestations de nature analogue ou à défaut le jeu d'une formule paramétrique. Le prix de règlement est, alors, le plus faible des deux prix, respectivement calculés au vu du barème et de la clause.

Clause de sauvegarde

La clause de sauvegarde permet la résiliation sans indemnité de la part non encore exécutée du marché dès lors que le nouveau prix dépasse le prix initial d'un pourcentage déterminé.

Seuil de déclenchement (« clause anglaise »)

Cette clause permet de retarder dans le temps l'application d'une clause de variation du prix, ou de ne prendre en compte que la variation excédant un pourcentage déterminé.

L'acheteur public doit savoir user des multiples opportunités que lui offre le principe de liberté contractuelle. Ainsi, la clause de sauvegarde peut être l'occasion d'une renégociation périodique des contrats de longue durée, dont les clauses de révision des prix qu'ils comprennent le plus souvent ne rendent compte que de manière insatisfaisante de l'évolution des coûts de l'exploitant.

À RETENIR

Sont strictement proscrites les clauses d'indexation fondées sur le salaire minimum de croissance, sur le niveau général des prix ou des salaires ou sur les prix des biens, produits ou services étrangers à l'objet du contrat ou à l'activité de l'une des parties.

9.2.2 Interdiction de la modification du prix par avenant

Les prix des marchés publics sont irrévocables. Il est, en conséquence, interdit de les modifier par avenant, que ce prix soit unitaire ou forfaitaire. Dans ce dernier cas, une modification du volume des prestations peut donner lieu à l'indemnisation du titulaire du marché, sans que le prix du marché lui-même en soit affecté. De même, il est interdit de modifier les clauses de variation du prix.

Cas de l'erreur matérielle

Il n'est pas possible de se prévaloir d'une erreur que l'on aurait soi-même commise, par exemple lors de l'évaluation des prestations.

Toutefois, lorsque cette erreur présente un caractère purement matériel, d'une nature telle qu'il soit impossible à l'autre partie de s'en prévaloir de bonne foi, il est possible de la prendre en compte :
– l'erreur provenant de l'entreprise donne lieu à modification du prix, nonobstant son caractère irrévocable ;
– l'erreur provenant du pouvoir adjudicateur ouvre droit à une indemnisation du titulaire du marché.

9.2.3 Augmentation ou diminution du volume des prestations

Elle ne modifie pas, par définition, un prix unitaire (le montant du prix de règlement étant égal au prix unitaire rapporté aux nouvelles quantités), mais peut, lorsque ces variations causent un préjudice que la seule augmentation du prix ne suffit pas à réparer ou dans le cas d'un contrat à prix forfaitaire, si les prestations supplémentaires étaient nécessaires à la bonne fin du marché, donner lieu à l'indemnisation de l'entreprise. Il est également possible d'augmenter le volume des prestations par avenant, dans la limite du régime des modifications du marché (voir § 71.2).

À RETENIR

L'augmentation des prestations ne peut intervenir dans des conditions telles qu'elles bouleverseraient l'économie générale du contrat. Il n'est possible d'augmenter la valeur du marché que dans le cadre d'un double plafond :
– le seuil de mise en concurrence européen (voir § 16.1) ;
– 10 % du montant initial du marché pour les marchés de fournitures ou de services, 15 % de ce montant pour les marchés de travaux.

Au-delà de l'un de ces deux plafonds, la sécurité juridique du marché est compromise. Des concurrents du titulaire du marché pourraient déférer le marché ainsi modifié au juge de la contestation de la validité du contrat ou, rechercher la responsabilité du pouvoir adjudicateur sur le terrain de la faute.

Même non ordonnés par le pouvoir adjudicateur, des travaux supplémentaires doivent être payés s'ils étaient indispensables pour l'exécution, suivant les règles de l'art, des prestations commandées, le fait qu'il bouleverse l'équilibre du contrat étant sans incidence à cet égard.

9.3 Marchés passés à prix provisoire

Le prix doit être fixé par le marché, à peine de nullité. Dans certains cas, il n'est pas possible de le connaître et le marché peut être passé à prix provisoire.

Le régime des prix provisoires relève, ici encore, de la liberté contractuelle. Toutefois, comme pour le régime de la forme du prix et pour les mêmes raisons (voir ci-dessus), des règles spécifiques encadrent cette liberté pour les acheteurs suivants :
– l'État et ses établissements publics n'ayant pas un caractère industriel ou commercial ;
– les collectivités territoriales et leurs établissements publics.

Ces règles ne permettent d'avoir recours aux prix provisoires que dans les cas suivants :
– lorsque, pour des prestations complexes ou faisant appel à une technique nouvelle et présentant soit un caractère d'urgence impérieuse, soit des aléas techniques importants, l'exécution du marché doit commencer alors que la détermination d'un prix initial définitif n'est pas encore possible ;
– lorsque les résultats d'une enquête de coût de revient portant sur des prestations comparables commandés au titulaire d'un marché antérieur ne sont pas encore connus ;
– lorsque les prix des dernières tranches d'un marché à tranches sont fixés au vu des résultats, non encore connus, d'une enquête de coût de revient portant sur les premières tranches, conclues à prix définitifs ;
– lorsque les prix définitifs de prestations comparables ayant fait l'objet de marchés antérieurs sont remis en cause par le candidat pressenti ou par le pouvoir adjudicateur, sous réserve que ce dernier ne dispose pas des éléments techniques ou comptables lui permettant de négocier de nouveaux prix définitifs ;
– lorsque les prestations font l'objet d'un partenariat d'innovation ou font appel principalement à des technologies innovantes ou évolutives ne permettant pas de conclure le marché public à prix définitif ;
– lorsque l'objet du marché relève d'une mission de maîtrise d'œuvre soumise aux règles de la maîtrise d'ouvrage publique.

À RETENIR

Ces hypothèses, dérogatoires, sont d'interprétation stricte, le principe est que le marché doit être conclu à prix définitif. Il en va autrement dans le cas des marchés de maîtrise d'œuvre soumis au régime de la loi du 12 juillet 1985 relative à la maîtrise d'ouvrage publique et à ses rapports avec la maîtrise d'œuvre privée, la rémunération du maître d'œuvre étant calculée en tenant compte de l'étendue de la mission, de son degré de complexité et du coût prévisionnel des travaux.

Un marché conclu à prix provisoire doit contenir une clause fixant les modalités auxquelles il sera pourvu, le moment venu à cette situation en fixant le prix définitif. Le cahier des clauses administratives particulières stipule donc :
– les conditions de détermination du prix définitif, qui doit être plafonné, ce plafond pouvant être assorti d'une clause de révision ;
– l'échéance de cette détermination ;
– les règles comptables opposables au titulaire du marché ;
– les attributions du pouvoir adjudicateur de contrôle sur pièce et sur place sur les éléments techniques et comptables du coût de revient.

À RETENIR

Le principe de l'interdiction des offsets dans les marchés de défense ou de sécurité, pratique industrielle dans laquelle un acheteur de biens ou de services conditionne son achat à un engagement contractuel de la part du titulaire, de rétrocéder une partie de l'exécution à des sous-traitants ou des fournisseurs locaux, implique un cas d'ouverture supplémentaire. Le marché peut être conclu à prix provisoires lorsque les résultats de la mise en concurrence d'une partie du marché que le titulaire a prévu de confier à un sous-contractant ne sont pas encore connus au moment de la conclusion du marché. Ce régime couvre l'hypothèse dans laquelle le pouvoir adjudicateur contraint son cocontractant à ne pas choisir librement son sous-traitant ou son fournisseur mais à le mettre en concurrence. C'est nécessairement le cas lorsque, en application du régime dérogatoire des marchés de défense, il oblige le titulaire à sous-traiter une partie du marché.

Le tableau 9.2 résume les principaux changements concernant le prix du marché.

Tab. 9.2 Concordance ancienne et nouvelle réglementation

Nouvelles références	Anciennes références	Objet et apports essentiels
Art. 39 O. 2015	Art. 13 CMP	Clauses obligatoires des marchés publics : réduction de la liste au prix et à la durée d'exécution des marchés
Art. 17 et 18 D. 2016	Art. 17 et 18 CMP	Régime des prix
Art. 19 D. 2016	Art. 19 CMP	Régime des marchés conclus à prix provisoires
CMP : Code des marchés publics 2006 O. 2015 : Ordonnance n° 2015-899 relative aux marchés publics D. 2016 : Décret n° 2016-360 relatif aux marchés publics		

Durée du marché 10

***Références** : art. 39 de l'ordonnance n° 2015-899 – 16, et 78 du décret n° 2016-360*

C'est le principe de la liberté contractuelle qui préside à la fixation de la durée du marché : le pouvoir adjudicateur est libre de la fixer comme il l'entend, en fonction de l'objet, des caractéristiques, du contenu du marché et de la nature des prestations.

L'exigence de la mise en concurrence des marchés publics, toutefois, fixe deux principes :
– les marchés à durée indéterminée sont interdits ;
– la durée des marchés doit permettre une remise en concurrence périodique.

La durée des marchés publics présente un caractère substantiel au regard de la mise en concurrence, elle est déterminante dans l'élaboration de l'offre des candidats.

À RETENIR

C'est la raison pour laquelle elle doit être précisée dans les documents de la consultation ou, au minimum, si le pouvoir adjudicateur souhaite laisser aux candidats la possibilité de la proposer eux-mêmes dans leur offre, elle doit y être encadrée.

10.1 Principe de la remise en concurrence périodique

Les marchés publics ont nécessairement un terme.

La durée des marchés et, éventuellement le nombre de leurs reconductions, sont fixés en tenant compte de la nature des prestations et de la nécessité d'une remise en concurrence périodique. La clause de durée est une clause obligatoire imposée par la réglementation (cf. chapitre 8).

APPLICATION

La durée d'un marché informatique ayant pour objet l'exploitation ou la maintenance évolutive ou applicative d'un système d'information ne devrait pas être trop importante, compte tenu de l'obsolescence technique rapide qui caractérise ce secteur.

En tout état de cause, des éléments propres au marché peuvent justifier qu'il lui soit fixé une durée plus longue, par exemple pour tenir compte de la survenance d'un événement extérieur, tel que, par exemple, la date d'entrée en vigueur d'un autre marché.

Un investissement important consenti par le titulaire d'un marché pour assurer l'exécution du marché devrait donner lieu à l'allongement de la durée, de manière à permettre son amortissement.

APPLICATION

Tel est, par exemple, le cas des marchés de transport ou de location de véhicules imposant au titulaire de fournir un parc de véhicules neufs. La durée doit tenir compte de la durée d'amortissement des véhicules, l'acheteur pouvant par exemple s'appuyer sur le régime fiscal, très précis, de la durée de ces amortissements, ou sur la structure du financement bancaire auquel les opérateurs économiques sont susceptibles de faire appel.

Compte tenu du risque particulier que font courir ce type de contrats sur le pouvoir adjudicateur, du point de vue de la concurrence, la durée des accords-cadres (voir § 13.1.2) et des systèmes d'acquisition dynamique dont ils sont proches (voir § 32.5) est limitée à quatre ans. Il est toutefois possible de déroger à cette règle et de prévoir une durée plus longue lorsque l'objet ou les caractéristiques du contrat le justifient, notamment lorsque son exécution nécessite des investissements amortissables sur une durée plus longue. Ces cas sont qualifiés d'exceptionnels, de sorte que les motifs doivent être appréciés de manière stricte : la règle est la limitation de la durée à quatre ans.

À RETENIR

Les marchés de défense ou de sécurité permettent la prise en compte d'une autre préoccupation que l'efficacité économique de l'achat et la protection des deniers publics : le développement d'une base industrielle et technologique de défense européenne. Il s'agit de rendre possible une véritable politique industrielle dans ce secteur, pour des raisons stratégiques, de protection des informations, de sécurité des approvisionnements et de maintien du savoir-faire technologique sur le territoire de l'Union européenne. Les principes de la concurrence restent applicables, mais permettent la mise en œuvre de partenariats de plus long terme. Pour ces raisons, la durée des accords-cadres et des marchés à bons de commande de défense ou de sécurité est portée à sept ans, cette durée pouvant être dépassée dans des cas exceptionnels justifiés et déterminés en prenant en compte la durée de vie des objets installations ou systèmes livrés, ainsi que des difficultés techniques pouvant être occasionnés par un changement de fournisseur. Les accords-cadres des entités adjudicatrices, qui bénéficient d'un régime plus souple, sont limités à huit ans. Par ailleurs, la durée des marchés de services de santé, sociaux ou culturels réservés aux opérateurs économiques du secteur de l'économie sociale et solidaire est limitée à trois ans, de manière à permettre l'alternance des bénéficiaires de la commande publique dans ce secteur (voir § 34.3).

10.2 Marchés reconductibles

La reconduction d'un marché est l'allongement de sa durée, dans les conditions prévues par le marché lui-même. Un marché peut prévoir une ou plusieurs reconductions, il en fixe alors le nombre et le volume. Deux conditions doivent être respectées :

– les caractéristiques du marché doivent rester inchangées ;
– la mise en concurrence doit avoir été réalisée en prenant en compte la durée totale du marché, périodes de reconduction comprises.

Le régime de la reconduction est fixé par le marché lui-même. Dans le silence du marché, la reconduction est tacite.

Le principe de la reconduction est, nécessairement, initialement prévu par le marché, c'est pourquoi son titulaire ne peut refuser sa reconduction. Il est toutefois possible de prévoir, dans le cahier des charges, qu'il puisse le faire.

Les acheteurs doivent veiller, en pratique, à ne pas abuser des marchés reconductibles, même s'ils bénéficient juridiquement de la possibilité d'y recourir librement. Le contexte de l'incertitude budgétaire les invite, à titre de précaution, à refuser de s'engager contractuellement autrement que sur du court terme. Or, un marché reconductible introduit par hypothèse une incertitude contractuelle qui sera nécessairement répercutée dans les prix. Pire, elle peut avoir un effet d'exclusion, en particulier lorsque le modèle économique des opérateurs leur impose un amortissement des investissements nécessaires à l'exécution du marché sur une durée plus longue que la période reconductible.

APPLICATION

La situation est particulièrement sensible dans les secteurs dans lesquels le marché de fourniture donne lieu à un marché de mise à disposition ou de location de matériel, ce qui est le cas, par exemple, dans le secteur automobile ou celui des photocopieurs, ou le transport urbain de voyageurs. Il est économiquement aberrant de transférer la charge de l'investissement nécessaire à l'exécution des prestations sur un opérateur et de lui interdire de sécuriser l'amortissement de cet investissement.

La reconduction d'un marché est un élément substantiel du périmètre de la mise en concurrence, elle ne peut être introduite par avenant, celui-ci revêtant nécessairement un caractère substantiel, bouleversant l'économie du marché et remettant en cause le périmètre de la mise en concurrence initiale (voir § 71.1).

10.3 Modification de la durée

Il est possible de modifier la durée d'un marché par avenant, à la condition d'entrer dans l'un des cas dans lesquels la modification du marché est possible (cf. chapitre 70). Une modification trop importante peut, en effet, affecter le périmètre de la mise en concurrence initiale : la durée du marché est un élément très structurant de la mise en concurrence (voir ci-dessus). C'est la raison pour laquelle, souvent, la modification de la durée d'un marché constitue un cas de modification substantielle du contrat, et ne peut faire l'objet d'un avenant parce qu'elle impacte le périmètre de la mise en concurrence initiale.

APPLICATION

Dans certains cas, toutefois, la modification de la durée ne sera pas regardée comme substantielle, et celle-ci pourra être allongée. Tel sera le cas, en particulier, lorsque l'allongement du marché n'entraîne pas une augmentation de la rémunération de son titulaire.

Un allongement de la durée d'un accord-cadre, en revanche est exclu. Il contreviendrait à la limitation réglementaire de la durée de l'accord-cadre. Il ne serait possible de procéder à cet allongement que si cette durée était supérieure à la durée réglementaire, en raison de l'objet du contrat ou de la nécessité d'amortir des investissements sur une durée plus longue.

En pratique, et en dehors du cas des accords-cadres, de telles modifications sont fréquentes, et admises lorsqu'elles demeurent raisonnables et se limitent, par exemple, à ce qui est nécessaire pour permettre l'entrée en vigueur d'un marché de renouvellement sans interruption des prestations.

Le tableau 10.1 résume les principaux changements concernant la durée du marché.

Tab. 10.1 Concordance ancienne et nouvelle réglementation

Nouvelles références	Anciennes références	Objet et apports essentiels
Art. 39 O. 2015	Art. 13 CMP	Clauses obligatoires des marchés publics : réduction de la liste au prix et à la durée d'exécution des marchés
Art. 16 D. 2016	Art. 16 CMP	Régime de la durée des marchés
Art. 78 D. 2016	Art. 76 et 77 CMP	Régime des accords-cadres, qui inclut désormais celui des marchés à bons de commande

CMP : Code des marchés publics 2006
O. 2015 : Ordonnance n° 2015-899 relative aux marchés publics
D. 2016 : Décret n° 2016-360 relatif aux marchés publics

11 Allotissement

Références : art. 32 de l'ordonnance n° 2015-899 – art. 12 du décret n° 2016-360

L'acheteur public doit allotir le marché.

À RETENIR

Cette obligation a été étendue à tous les acheteurs, sauf dans le cas des marchés de défense ou de sécurité.

L'allotissement consiste à définir à l'avance, au moment de la définition des besoins, des sous-ensembles de prestations homogènes qui constitueront les lots. Chaque lot est considéré comme un marché à part entière, ce qui signifie que dans une même procédure, chaque lot donne lieu à la passation d'un marché distinct et, donc, à la signature d'un contrat distinct avec l'entreprise qui a remporté le lot.

La définition du périmètre des lots est par conséquent une étape particulièrement importante de l'élaboration du marché : le lot constitue le niveau auquel les entreprises s'engagent.

11.1 Objectifs

L'allotissement est un moyen efficace d'élargir la concurrence, en mettant de manière objective le marché à la portée d'un grand nombre d'entreprises, petites ou grandes.

Sur un marché alloti, peuvent candidater à la fois les entreprises susceptibles de réaliser tout le marché, et celles qui ne pourraient exécuter que le lot sur lequel elles se portent candidates (par exemple, la plomberie). L'intérêt est de susciter le plus grand nombre d'offres possibles pour chaque lot.

À RETENIR

L'allotissement est un moyen essentiel de faciliter l'accès des marchés publics aux PME. Il ne les favorise pas, mais efface le handicap de leur taille modeste en distinguant les prestations de manière à les mettre à portée de leurs moyens et de leur trésorerie. Les PME acquièrent ainsi la capacité d'exécuter les prestations.

11.2 Régime

11.2.1 Principes

La dévolution par lot est indépendante du montant du marché.

L'allotissement n'a aucun effet sur le choix de la procédure : il convient d'additionner le montant de l'ensemble des lots pour obtenir le montant estimé du marché à comparer aux seuils de procédure (voir § 16.1 et suivants).

Tout marché public doit être alloti, dès lors qu'il est possible d'identifier des prestations distinctes. Toutefois, même dans le cas où des prestations distinctes ne sont pas identifiables, un allotissement géographique est possible dès lors que l'exécution du marché a lieu sur des sites physiquement distants. Les lots sont précisément décrits dans les documents de la publicité, et leur périmètre ne peut être modifié par la suite.

À RETENIR

L'allotissement et le contenu des lots structurent la mise en concurrence :
– une entreprise peut être écartée d'une procédure d'attribution d'un marché global parce qu'elle ne dispose pas des capacités techniques suffisantes pour assurer l'exécution des prestations, alors qu'elle aurait pu soumissionner à un ou plusieurs lots ;
– une entreprise peut disposer d'un savoir-faire technique spécifique lui donnant un avantage compétitif pour l'attribution d'un marché global, mais cet avantage peut devenir résiduel si les prestations requérant ce savoir-faire sont isolées dans un lot : l'entreprise en cause ne reste avantagée que pour l'attribution du seul lot en cause, elle n'est plus compétitive pour l'attribution des autres lots.
Dès lors, le périmètre des lots ne peut faire l'objet d'aucune négociation avec les candidats.

11.2.2 Autorité compétente pour allotir

C'est l'acheteur qui définit les lots. L'assemblée délibérante n'y intervient pas.

11.2.3 Détermination du contenu des lots

L'acheteur public est libre de définir la nature et la consistance des lots, il dispose d'une marge de manœuvre importante. Deux écueils sont à éviter :
– un lot qui regrouperait un grand nombre de prestations hétérogènes pourrait être considéré par le juge comme constituant en réalité un marché unique. Il manquerait son but, en ne suscitant des offres que d'un nombre limité d'entreprises susceptibles de l'exécuter seules ou groupées. Son exécution pourrait s'en trouver fragilisée. Par exemple, si, dans une opération de travaux, le pouvoir adjudicateur regroupait les prestations de terrassement, de couverture, d'électricité et de plomberie dans un seul lot, il limiterait la concurrence en en réservant, de fait, l'attribution à un groupement d'entreprises ou à une entreprise générale, seul susceptible de disposer, en interne, des capacités techniques nécessaires à l'exécution des prestations. Les entreprises de plomberie, par exemple, en seraient exclues ou forcées à répondre en groupement ;
– le *saupoudrage* des prestations en une multitude de lots sans consistance, ou un découpage artificiellement défini qui aboutirait à « servir » toutes les entreprises d'une part du marché sont à proscrire. Là aussi, le jeu de la concurrence s'en trouverait sévèrement faussé et la responsabilité de l'acheteur pourrait être engagée. Ainsi, une opération de travaux dont l'objet est la construction de quatre ouvrages sur un même site ne devrait pas donner lieu à l'attribution, au moyen de quatre lots « électricité » différents, des prestations de travaux d'électricité à quatre entreprises d'électricité distinctes.

C'est la nature des prestations qui détermine le périmètre du lot. L'objectif est de définir le lot de manière à ce que le plus grand nombre d'entreprises soit à même d'en assurer seule l'exécution. Il est possible de tenir compte des caractéristiques techniques des prestations, de la structure du secteur économique ou des règles applicables à certaines professions.

Il ne suffit donc pas de déterminer des prestations distinctes, encore faut-il s'assurer que le secteur économique considéré est bien structuré pour y répondre.

APPLICATION

Les cabinets d'avocats sont le plus souvent spécialisés par grand domaine juridique. La même prestation juridique ne pourra, en règle générale, pas être assurée par un seul cabinet, si les différents domaines du droit sur lesquels elle est demandée sont trop éloignés.

11.2.4 Examen des lots

Les offres sont examinées lot par lot. Les entreprises peuvent soumissionner pour un, plusieurs ou la totalité des lots, sauf si les documents de la consultation l'interdisent en limitant le nombre de lots pouvant être attribués à un même candidat (voir ci-dessous).

L'examen des offres lot par lot suppose que les critères d'attribution puissent être établis lot par lot. Le pouvoir adjudicateur devra donc adapter ses exigences, notamment en termes de moyens dédiés ou de délais d'exécution, au lot en cause.

En principe et dans le silence des documents de la consultation, une offre qui prévoit une réduction du prix en fonction du nombre de lots obtenu est une offre « conditionnelle ». Une telle offre est irrégulière, elle doit être éliminée sans être classée. Toutefois, il est possible, dans le dossier de la consultation, d'autoriser les soumissionnaires à présenter des offres variables selon le nombre de lots susceptibles d'être obtenus. Dans ce cas, les offres peuvent être appréciées globalement.

APPLICATION

Cette faculté doit être utilisée avec les plus grandes précautions, en raison de la difficulté à comparer les offres. Elle implique que l'acheteur encadre les réponses des soumissionnaires, notamment sur les lots concernés, ou en limitant la variation des offres à ses seuls aspects financiers, de manière à pouvoir comparer leurs offres. Or, l'intérêt d'une telle démarche consiste parfois à obtenir une optimisation des offres techniques, ayant des conséquences à la baisse sur les offres financières.

À RETENIR

Cette faculté peut aboutir à un contournement complet de l'obligation d'allotir, dès lors que seules les entreprises ayant une masse critique suffisante peuvent répondre à une telle invitation. Elle contrevient à l'intention du législateur, qui a prévu le principe de l'obligation d'allotir. Dans ces conditions, elle doit être justifiée par l'objet du marché et devrait faire l'objet d'un contrôle juridictionnel.

11.2.5 Attribution des lots

Une même entreprise peut, dans le silence des documents de la consultation, se voir attribuer un, plusieurs, ou la totalité des lots. Le règlement de la consultation peut en disposer autrement, en prévoyant qu'aucune entreprise ne pourra se voir attribuer, par exemple, plus de deux ou trois lots.

Cette faculté limite la liberté d'accès à la commande publique : elle doit donc être justifiée par l'objet du marché.

APPLICATION

Pour assurer la sécurité de ses approvisionnements en énergie, un acheteur peut limiter le nombre de lots qui pourraient être attribués à une même entreprise. Il en est de même lorsque le marché implique l'intervention simultanée des titulaires de l'ensemble des lots, comme par exemple dans le cas d'un marché de voirie alloti géographiquement et prévoyant en cas d'incident climatique majeur, tel qu'un épisode cyclonique, une intervention simultanée en urgence pour rétablir la circulation sur l'ensemble du territoire de la collectivité. Dans ce cas, les titulaires n'ayant pas nécessairement la capacité d'intervenir sur un périmètre aussi large, il est justifié de limiter le nombre de lots qu'il est possible de leur attribuer.

Si plusieurs lots sont attribués à une même entreprise, ils peuvent être regroupés dans un seul marché.

Il est interdit, en revanche, de prévoir que les candidats doivent soumissionner pour la totalité des lots : il s'agirait, en effet, d'un détournement de l'obligation d'allotir.

11.3 Dérogations

Certains types de marchés échappent à l'obligation d'allotir :
– les marchés globaux de performance, qui associent l'exploitation et la maintenance à la réalisation, voire à la conception des prestations, et impliquent de leurs titulaires un engagement sur des objectifs chiffrés de performance mesurable, sur la durée du marché (voir § 27.2) ;
– les marchés de conception-réalisation, pour lesquels un engagement contractuel sur un niveau d'amélioration de l'efficacité énergétique ou des motifs d'ordre technique rend nécessaire l'association de l'entrepreneur aux études de l'ouvrage (voir § 27.1) ;
– les partenariats d'innovation, qui ont pour objet l'association des études de recherche et de développement au développement industriel et à la production dans un domaine innovant (cf. chapitre 28).

La nature de ces marchés justifie, en règle générale, qu'ils soient passés sous la forme de marchés globaux.

Pour tous les autres marchés publics et, mis à part l'hypothèse dans laquelle il n'est pas possible de définir des prestations distinctes au sein du marché, il n'est possible de recourir au marché global que dans des cas précisément déterminés :
– lorsque la dévolution par lots est de nature à restreindre la concurrence ;
– lorsque l'allotissement rendrait techniquement difficile ou financièrement coûteuse, il faut alors que le surcoût soit substantiel, l'exécution des prestations ;
– lorsque l'acheteur n'est pas en mesure d'assurer lui-même les missions d'organisation, de pilotage et de coordination.

À RETENIR

Attention aux cas dans lesquels il n'est pas possible de distinguer entre les prestations qui font l'objet du marché, mais dont l'exécution est répartie sur des sites géographiques différents : l'allotissement reste obligatoire, il est géographique (voir ci-dessus).

APPLICATION

Une PME spécialisée dans un corps de métier pourra être, trop souvent, la seule à répondre sur le lot répondant à sa spécialité, car il n'y a aucune concurrence sur le lot en cause. En passant un marché global, des entreprises générales pourront répondre sur l'ensemble du marché, ce qui rétablit une concurrence suffisante, alors même que la dévolution en marché global aboutit à l'exclusion de l'entreprise spécialisée.

Un marché de prestations informatiques peut justifier la passation d'un marché global, dès lors que la dévolution en lots peut faire peser sur le marché un risque technique de nature à compromettre le bon fonctionnement des prestations, pour des raisons d'interface ou d'incompatibilités de logiciels.

Dans tous les cas, l'acheteur doit être en mesure de justifier précisément sa décision et doit la motiver dans le rapport de présentation.

11.4 Sanctions

Le défaut d'allotissement constitue un manquement aux obligations de publicité et de mise en concurrence. Il justifie l'annulation de la procédure, voire du marché lui-même.

À RETENIR

Le défaut d'allotissement fait peser un vrai risque juridique sur la procédure et, l'usage des exceptions permettant recourir au marché global est strictement encadré. En revanche, l'acheteur public retrouve une marge de manœuvre importante dans la détermination du contenu des lots : ne seront sanctionnées que les erreurs manifestes, les plus graves.

Le tableau 11.1 résume les principaux changements concernant la l'allotissement.

Tab. 11.1 Concordance ancienne et nouvelle réglementation

Nouvelles références	Anciennes références	Objet et apports essentiels
Art. 32 O. 2015 – art. 12 D. 2016	Art. 10 CMP	Régime de l'allotissement. Possibilité de limiter le nombre de lots pouvant être attribués à un même candidat. Possibilité d'autoriser les soumissionnaires à présenter une offre conditionnelle selon le nombre de lots susceptibles d'être obtenus. Obligation de motiver le recours au marché global
Art. 33 O. 2015 – art. 91 D. 2016	Art. 69 CMP	Régime des marchés de conception-réalisation
Art. 34 O. 2015 – art. 92 D. 2016	Art. 73 CMP	Régime des marchés globaux de performance
art. 93 à 95 D. 2016	art. 70-1 à 70-3 CMP	Régime des partenariats d'innovation
CMP : Code des marchés publics 2006 O. 2015 : Ordonnance n° 2015-899 relative aux marchés publics D. 2016 : Décret n° 2016-360 relatif aux marchés publics		

12 Les marchés à tranches

Références *: art. 18 et 77 du décret n° 2016-360*

Un marché à tranches est structuré en plusieurs parties.

Il comporte une tranche ferme et une ou plusieurs tranches conditionnelles. La tranche ferme est systématiquement exécutée. En revanche, l'exécution de chacune des tranches conditionnelles est subordonnée à une décision expresse de l'acheteur, libre ou non d'« affermir » chaque tranche.

Les acheteurs peuvent librement choisir de structurer leur marché en tranches, cette faculté relève de leur liberté contractuelle.

APPLICATION

Ce choix peut être opéré au vu des caractéristiques du marché. Il est toutefois fréquent que la formule des marchés à tranches trahisse une incertitude budgétaire de l'acheteur, qui ne peut à l'avance être assuré de finalement disposer des crédits suffisant et ne peut se risquer à commander de manière ferme l'ensemble des prestations.

12.1 Notion

La première, la tranche ferme, est exécutée avec certitude. L'exécution des autres tranches, les tranches conditionnelles, n'est pas certaine, mais relève d'une décision expresse du pouvoir adjudicateur. Les marchés à tranches constituent un moyen, pour lui, de gérer son achat :
– lorsqu'il n'est pas certain d'avoir, finalement, besoin d'acquérir les prestations qui font l'objet de la ou des tranches conditionnelles ;
– lorsqu'il n'est pas certain de disposer, le moment venu, du budget qui lui permettrait de faire l'acquisition de la totalité des prestations : il est seulement certain de pouvoir financer la tranche ferme.

En pratique, le choix de recourir à un marché à tranches est très souvent motivé par des raisons budgétaires.

12.1.1 Tous les éléments de chaque tranche sont prévus par le marché

Le marché prévoit l'ensemble des éléments de chacune des tranches : la mise en concurrence porte ainsi sur l'ensemble du marché, tranches fermes et conditionnelles comprises. La seule incertitude réside dans l'affermissement des tranches conditionnelles et, le cas échéant, la date de cet affermissement. Elle ne porte pas sur le contenu des tranches conditionnelles, qui est intégralement prévu dans les cahiers des charges.

12.1.2 Chaque tranche doit constituer un ensemble cohérent

Les prestations de chacune des tranches doivent constituer un ensemble cohérent, ce qui signifie que chacune des tranches doit pouvoir être exécutée de manière autonome :
– les prestations de la tranche ferme peuvent être exécutées seules, il n'est pas nécessaire d'affermir les tranches suivantes ;
– les tranches conditionnelles peuvent être exécutées seules, compte tenu des tranches antérieurement exécutées. Elles en constituent, le cas échéant, le complément, mais ne nécessitent pas l'exécution des tranches suivantes.

APPLICATION

Une opération de rénovation bâtimentaire porte sur la rénovation de plusieurs ouvrages et, est réalisée sur site occupé : les bâtiments abritent les services administratifs du pouvoir adjudicateur pendant la durée des travaux. La rénovation de chaque ouvrage peut faire l'objet d'une tranche, chaque tranche conditionnelle peut être affermie à mesure du relogement temporaire des services qui l'occupent dans les autres ouvrages, le temps des travaux. En revanche, la construction d'un ouvrage ne peut faire l'objet de tranches par phase de la construction, car chacune des tranches ne constitue pas un ensemble cohérent et autonome. Le cas échéant, le marché de travaux sera, en revanche, alloti.

12.2 Régime

12.2.1 Clauses du marché à tranches

Le marché contient, en particulier et pour chaque tranche, des clauses obligatoires :
– la consistance ;
– le prix ou ses modalités de détermination ;
– les modalités d'exécution des prestations ;
– conditions de notification de la décision d'affermissement au titulaire.

Il est indiqué d'insérer dans les cahiers des charges, pour autant qu'elles soient utiles, des clauses propres à l'exécution des marchés à tranches.

Les clauses des marchés à tranches sont récapitulées dans le tableau 12.1. La liberté contractuelle dont disposée les pouvoirs adjudicateurs leur permet de préciser les modalités d'exécution du marché par d'autres clauses.

12.2.2 Affermissement des tranches conditionnelles

L'exécution de chaque tranche conditionnelle est subordonnée à une décision du pouvoir adjudicateur, notifiée au titulaire dans les conditions fixées au marché. L'affermissement peut prendre la forme d'un ordre de service.

À RETENIR

Cette précision figure dans les CCAG.

Le titulaire du marché ne dispose pas d'un droit à l'affermissement des tranches, mais le pouvoir adjudicateur est engagé, envers lui, par le marché. La mise en concurrence a pris en compte l'ensemble des tranches du marché, fermes et conditionnelles.

Un pouvoir adjudicateur qui n'affermit pas une ou des tranches conditionnelles, mais passe un nouveau marché ayant le même objet, avec un autre prestataire, pour l'exécution des prestations qui faisaient l'objet de ces tranches non affermies, est susceptible d'engager sa responsabilité contractuelle vis-à-vis du titulaire du premier marché. Si ce dernier n'avait pas de droit à l'exécution des tranches, il avait vocation à exécuter les prestations.

APPLICATION

Ainsi, un marché à tranches n'est pas destiné à permettre la vérification de la capacité du titulaire à assurer la bonne exécution du marché, en se réservant la possibilité de n'affermir les tranches conditionnelles qu'en cas de bonne exécution de la tranche ferme. C'est un détournement de procédure qui engage la responsabilité du pouvoir adjudicateur.

12.2.3 Absence ou retard d'affermissement

Il n'existe pas de délai pour affermir une tranche conditionnelle. Néanmoins, le calendrier prévisionnel d'exécution du marché peut engager la responsabilité du pouvoir adjudicateur qui n'affermirait pas les tranches dans un délai raisonnable. Pour encadrer ce risque, il est judicieux de prévoir au marché une date butoir d'affermissement des tranches conditionnelles.

Lorsqu'une tranche conditionnelle est affermie avec retard ou n'est pas affermie, le titulaire peut bénéficier, si le marché le

Tab. 12.1 Clauses d'un marché à tranches

Clause	Contenu	Emplacement	Observations
Consistance des prestations	Description technique des prestations de chaque tranche	CCTP	Clause obligatoire
Prix des prestations	Prix ou modalités de détermination du prix des prestations de chaque tranche	CCAP ou bordereau de prix	Clause obligatoire. Les modalités de détermination du prix peuvent être, par exemple, l'application de la valeur d'un point d'indice à un prix unitaire ou, l'actualisation du prix ferme (cf. ci-dessous et § 9.1 et suivants).
Actualisation du prix des tranches conditionnelles	Le marché précise une formule paramétrique ou un indice permettant de tenir compte de l'évolution des conditions économiques de la date d'exécution des prestations.	CCAP	Clause obligatoire pour les marchés de travaux et les marchés de fournitures ou de services non courants. Cette clause est mise en œuvre si plus de trois mois s'écoulent entre la date de la fixation du prix initial et celle du début d'exécution de la tranche.
Modalités d'exécution	Modalités d'exécution de chaque tranche	CCAP	Les CCAG précisent que le délai d'exécution d'une tranche conditionnelle parte de la date de notification de la décision de son affermissement.
Modalités de notification de l'exécution	Modalités de l'affermissement : ordre de service, lettre adressée en recommandé avec avis de réception, etc.	CCAP	Clause obligatoire. Les modalités d'affermissement peuvent consister en un ordre de service. Celui-ci fait courir le délai d'exécution de la tranche affermie.
Indemnité d'attente	Date contractuelle d'affermissement de chaque tranche, indemnité due au titulaire du marché en cas de retard dans l'affermissement, peut être prévue pour chacune des tranches ou seulement pour l'une ou plusieurs d'entre elles	CCAP	Clause facultative. Elle permet de réduire l'incertitude du titulaire du marché et, en conséquence, le montant de son offre financière.
Indemnité de dédit	Indemnité due au titulaire du marché en l'absence d'affermissement de chaque tranche, peut être prévue pour chacune des tranches ou seulement pour l'une ou plusieurs d'entre elles	CCAP	Clause facultative. Elle permet de réduire l'incertitude du titulaire du marché et, en conséquence, le montant de son offre financière.
Date butoir d'affermissement	Le marché fixe une date butoir, au-delà de laquelle les tranches ne seront plus affermies.	CCAP	Clause facultative. La date butoir est celle de l'expiration du marché. Cette clause permet de réduire l'incertitude du titulaire du marché en le libérant de ses obligations contractuelles une fois la date échue.

prévoit et dans les conditions qu'il définit, d'une indemnité d'attente ou d'une indemnité de dédit.

12.2.4 Délai d'exécution des tranches

Il peut être stipulé au marché que le délai d'exécution d'une tranche conditionnelle court à compter de la date de la réception de la notification de la décision de son affermissement. En pratique, donc, le plus souvent, de la réception de la notification de l'ordre de service.

12.3 Actualisation des prix par tranches

Le prix de chaque tranche est actualisable dans les conditions précisées par le marché, compte tenu des règles applicables à l'actualisation des prix (voir § 9.1 et suivants).

Les marchés de travaux et les marchés de fournitures ou de services non courants, c'est-à-dire de fournitures ou de services pour lesquels le pouvoir adjudicateur impose des spécifications techniques propres au marché, comportent, obligatoirement, une clause d'actualisation du prix. Cette clause est mise en œuvre si plus de trois mois s'écoulent entre la date de la fixation du prix initial et celle du début d'exécution de la tranche.

L'actualisation du prix de chaque tranche est calculée à la date du début d'exécution des prestations. Cette date est celle de la date de notification de la décision d'affermissement ou est fixée par elle.

L'actualisation tient compte de l'évolution des conditions économiques depuis la date de l'établissement du prix initial et après application d'un délai de carence de trois mois : elle est opérée aux conditions économiques observées à une date antérieure de trois mois à celle du début d'exécution des prestations de la tranche.

APPLICATION

Ainsi, un marché à tranches notifié le 15 janvier. La tranche ferme est exécutée, et la tranche conditionnelle affermie par un ordre de service dont la notification est reçue le 20 décembre. Le prix de cette tranche est actualisé en appliquant la clause d'actualisation en prenant en compte les conditions économiques applicables, non pas au 20 décembre, mais, compte tenu du délai de carence de trois mois, au 20 septembre.

Le tableau 12.2 résume les principaux changements concernant les marchés à tranches.

Tab. 12.2 Concordance ancienne et nouvelle réglementation

Nouvelles références	Anciennes références	Objet et apports essentiels
Art. 77 D. 2016	Art. 72 CMP	Régime des marchés à tranches
Art. 18 D. 2016	Art. 18 CMP	Régime de l'évolution des prix
CMP : Code des marchés publics 2006 D. 2016 : Décret n° 2016-360 relatif aux marchés publics		

13 Accords-cadres

Références *: art. 4 de l'ordonnance n° 2015-899 – art. 78 du décret n° 2016-360*

Comme les marchés à bons de commande, les accords-cadres permettent à l'acheteur, de gérer son approvisionnement lorsqu'il est placé dans une situation d'incertitude portant sur le calendrier de la survenance de son besoin. En passant un accord-cadre, l'acheteur n'achète rien. Il lui sera nécessaire d'émettre des bons de commande (voir § 15.1 et suivants) ou de passer un marché public pris pour l'application de l'accord-cadre, le « marché subséquent » (voir § 14.1 et suivants), l'un et l'autre étant les véritables vecteurs de l'achat.

Un accord-cadre est, donc, un contrat conclu entre un ou plusieurs acheteurs adjudicateurs et des opérateurs économiques ayant pour objet d'établir pour une période donnée :
– soit les règles relatives aux bons de commande à émettre ;
– soit les termes régissant les marchés à passer ;
– soit les deux, il fixe alors les prestations qui relèvent des différentes parties de l'accord-cadre.

À RETENIR

Il n'est désormais plus distingué entre les accords-cadres et les marchés à bons de commande, qui ont toujours été des accords-cadres en droit européen, le terme précis étant « contrat-cadre ». La réglementation des marchés publics aligne désormais toutes ses notions sur le droit européen, de manière à gagner en cohérence et en lisibilité. Cet alignement ne change strictement rien sur le fond, les deux régimes étaient déjà quasi-identiques.

Un accord-cadre est une technique contractuelle susceptible de restreindre la concurrence pour la durée de sa validité, il est donc interdit d'y recourir de manière abusive ou pour empêcher, restreindre ou fausser la concurrence.

APPLICATION

Est notamment interdite la technique du *saupoudrage*, également connue en matière d'allotissement, permettant à une collectivité d'attribuer un accord-cadre à bons de commande comportant autant de titulaires que d'entreprises susceptibles de réaliser la prestation sur le territoire d'une commune, par exemple. Il suffirait ensuite d'adresser un bon de commandes successivement à chacune de ces entreprises, chacune leur tour, pour leur faire bénéficier à toutes de commandes publiques. Un tel détournement de procédure ne permet pas d'identifier l'offre économiquement la plus avantageuse, il est regardé comme susceptible de constituer un délit d'octroi d'avantages injustifiés.

L'accord-cadre est couramment utilisé dans le cadre de la massification des achats, dont il est une technique. Il permet, en effet, de confier la mise en œuvre de la procédure de mise en concurrence, sur la base de l'ensemble des besoins recensés, puis d'en confier l'exécution aux services prescripteurs, qui émettent des bons de commande ou passent des marchés subséquents.

APPLICATION

Les centrales d'achat, comme l'UGAP, ou les services dédiés à la massification des achats, comme la Direction des achats de l'État (DAE), recourent en permanence à la technique des accords-cadres, le plus souvent à bons de commande.

13.1 Règles communes

Un accord-cadre peut être attribué à un seul opérateur économique, il est alors mono-attributaire. Il peut, également être attribué à plusieurs de ces opérateurs, ayant chacun vocation à participer à la mise en concurrence précédant l'attribution des marchés subséquents ou à se voir attribuer un bon de commande selon les modalités fixées dans l'accord-cadre.

Les accords-cadres répondent au régime suivant.

13.1.1 Passation de l'accord-cadre

L'accord-cadre n'est pas un marché : le pouvoir adjudicateur n'achète rien lorsqu'il passe un accord-cadre, les commandes sont concrétisées dans un second temps, par l'émission d'un bon de commande (voir § 15.1 et suivants) ou l'attribution d'un marché subséquent (voir § 14.1 et suivants). Il est, toutefois, passé selon les procédures de mise en concurrence applicables aux marchés publics.

Il est, comme les marchés publics, soumis à l'obligation d'allotir, chacun des lots pouvant être mono ou multi-attributaire.

Il n'est pas exigé un nombre minimum d'attributaires lorsque l'accord-cadre en prévoit plusieurs. Toutefois, s'agissant des accords-cadres à marchés subséquents, il est toujours souhaitable que le nombre de candidats soit suffisant pour assurer une véritable concurrence.

13.1.2 Durée de l'accord-cadre

La durée des accords-cadres est, au maximum, de quatre ans, comme les systèmes d'acquisition dynamique dont ils partagent certaines caractéristiques (voir § 32.5). Il est possible, à titre exceptionnel, de passer un accord-cadre pour une durée supérieure à la condition de le justifier, par exemple, par son objet ou par un amortissement pour une durée supérieure.

À RETENIR

Les accords-cadres de défense ou de sécurité peuvent être passés pour une durée de sept ans. Cette durée plus longue permet aux pouvoirs adjudicateurs de mettre en place des partenariats industriels, d'autant qu'il est possible de les conclure pour une durée plus importante au motif de la durée de vie prévue des objets, installations ou systèmes livrés, ainsi que des difficultés techniques que peut occasionner un changement de fournisseur. Ces dérogations se justifient par la nécessité, dans ce secteur de la défense, par l'importance particulière du cycle de vie des acquisitions faisant l'objet de ces contrats et, par les spécificités de ce secteur d'activité, qui rend nécessaire que puisse être menée une véritable politique industrielle, faisant parfois passer au second plan la question de la mise en concurrence. Les entités adjudicatrices, qui bénéficient d'un régime plus souple, peuvent conclure des accords-cadres d'une durée de huit ans.

La date limite de validité de l'accord-cadre peut toutefois être dépassée aux conditions suivantes :
– la passation de marchés subséquents ou l'émission des bons de commande est réalisée durant la période de validité de l'accord ;
– la durée d'exécution de ce marché ou de ce bon de commande est conforme aux conditions habituelles d'exécution des prestations ;
– le dépassement de la date de validité ne méconnaît pas l'obligation d'une remise en concurrence périodique.

APPLICATION

Une collectivité territoriale passe un accord-cadre ayant pour objet des travaux de voirie et d'assainissement. Elle passe un marché subséquent à la fin de la validité de l'accord, de manière à pouvoir bénéficier des prestations sans rupture dans l'entretien de la voirie, la procédure de passation de l'accord-cadre suivant étant toujours en cours. Le marché subséquent peut être exécuté au-delà de la durée de validité de l'accord-cadre, mais sa durée ne peut aller au-delà de la durée habituellement retenue pour les marchés subséquents antérieurs et l'exécution de prestations de même nature. En tout état de cause, cette durée ne doit pas avoir pour effet de prolonger la durée de l'accord-cadre dans des proportions qui pourraient la faire paraitre comme détournant le principe de remise en concurrence périodique, par exemple, en constituant un bouleversement de l'économie du contrat (sur cette notion, voir § 70.7).

Un établissement public passe un accord-cadre à bons de commande pour répondre à ses besoins de maintenance applicative d'un progiciel peut émettre un bon de commande le dernier jour de la validité du marché, dans l'attente de la notification du nouveau marché qui succédera au premier, arrivé à expiration. Les prestations peuvent être exécutées après l'expiration du marché, mais la durée d'exécution du bon de commande ne peut aller au-delà de la durée de validité des bons telle que cette durée est fixée au contrat.

L'accord-cadre peut prévoir que la validité des marchés subséquents ou des bons de commande ne peut dépasser la durée de sa propre validité.

13.1.3 Engagement minimum ou maximum

L'accord-cadre peut librement prévoir, en valeur ou en quantité :
– un minimum que le pouvoir adjudicateur s'engage à respecter ;

– un maximum, qui constitue un plafond au-delà duquel l'acheteur indique qu'il ne commandera pas ;
– un minimum et un maximum ;
– ni minimum, ni maximum.

À RETENIR

En l'absence de montant maximum, l'accord-cadre est réputé dépasser les seuils de procédure européens.

Prévoir un minimum ou un maximum diminue l'incertitude pesant sur les candidats à l'attribution de l'accord-cadre, qui sont mieux à même d'optimiser le calcul économique leur permettant d'élaborer leurs offres. Les offres financières sont mieux ajustées, les prix issus de la mise en concurrence sont plus intéressants pour l'acheteur. À l'inverse, les candidats confrontés à l'incertitude répercuteront nécessairement celle-ci dans leurs offres. Toutefois :
– ne pas atteindre un minimum engage la responsabilité du pouvoir adjudicateur, qui est tenu d'indemniser le ou les titulaires du manque à gagner, c'est-à-dire de la marge nette de l'entreprise ;
– dépasser un maximum doit donner lieu à la passation d'un avenant. Le ou les titulaires ne sont pas tenus de l'accepter, par exemple lorsqu'ils souhaitent engager ailleurs leurs capacités techniques.

À RETENIR

L'incertitude budgétaire, ici encore, porte de plus en plus souvent les acheteurs, en pratique, à ne pas fixer de minimum ou de maximum dans les accords-cadres, afin d'échapper à tout engagement contractuel. Ceci peut être compris en ce qui concerne les minimums, moins en ce qui concerne les maximums. En tout état de cause, les offres de prix en sont nécessairement dégradées.

13.1.4 Portée de l'engagement de l'acheteur

L'acheteur qui a passé un accord-cadre ne peut faire appel à d'autres opérateurs économiques que les titulaires de cet accord pour réaliser les prestations qui en font l'objet.

Il en est ainsi même si l'acheteur ne s'est pas engagé sur un minimum : les titulaires de l'accord-cadre n'ont pas de droit à se voir attribuer un marché subséquent ou un bon de commande si l'acheteur n'a, finalement, pas besoin d'acquérir les prestations, mais ils jouissent, durant toute la validité de l'accord-cadre, d'une situation d'exclusivité excluant qu'il puisse être fait appel à un tiers pour la réalisation de prestations relevant du périmètre l'accord-cadre.

C'est pourquoi l'accord-cadre est un dispositif « fermé », il n'est pas possible de l'étendre à de nouveaux opérateurs économiques pendant son exécution.

À RETENIR

Le caractère fermé de l'accord-cadre à marchés subséquents le rend toxique au regard de la concurrence : il donne aux opérateurs économiques la garantie d'une mise en concurrence limitée à ses titulaires. En d'autres termes, il met en place, artificiellement, un marché oligopolistique, ne contenant qu'un faible nombre de concurrents. Ces concurrents se connaissent, puisque leur identité est mentionnée dans l'avis d'attribution. L'accord-cadre se révèle, dans ces conditions, un dispositif propice à la conclusion d'ententes anticoncurrentielles entre ses titulaires. Il convient, en conséquence, de surveiller l'application de l'accord-cadre, et d'éviter, notamment, les accords-cadres de quatre ans fermes. Il est plus judicieux de conclure un accord-cadre d'un an, reconductible trois fois dans la limite de quatre ans. En cas de difficulté, le pouvoir adjudicateur peut, ainsi, ne pas reconduire l'accord-cadre et relancer la concurrence sur de nouvelles bases.

En tant que de besoin, il est, toutefois, possible de limiter contractuellement ce droit d'exclusivité, en stipulant que l'acheteur se réserve le droit de faire appel à un autre opérateur économique, par exemple dans la limite d'un plafond, exprimé sous la forme d'une valeur monétaire ou d'un pourcentage du montant minimum ou maximum de l'accord-cadre (voir ci-dessous).

À RETENIR

La mise en œuvre de cette clause ne dispense pas l'acheteur de respecter le minimum fixé dans l'accord-cadre, s'il en a été fixé un.

13.2 Spécificités des accords-cadres à bons de commande

Les accords-cadres à bons de commande sont des outils permettant à l'acheteur de gérer son approvisionnement lorsqu'il est placé dans une situation d'incertitude portant sur le moment auquel il aura, effectivement, besoin des prestations.

Il s'agit d'un contrat à exécution successive, pour lequel prix et prestations sont préalablement déterminés. L'inconnue réside dans les quantités finalement commandées et le calendrier d'exécution : l'accord-cadre à bons de commande s'exécute à mesure de la survenance des besoins, par l'émission unilatérale des bons de commande.

APPLICATION

Un établissement public achète la maintenance évolutive d'un progiciel dont il a la propriété. Il est dans l'incapacité de prévoir là l'avance la manifestation de besoins d'évolution de son système. Il passe un accord-cadre à bons de commande et émettra les bons de commande à mesure de la survenance de ces besoins.

13.3 Spécificités des accords-cadres à marchés subséquents

L'accord-cadre n'est pas un contrat complet en tant que certains de ses termes ne sont pas fixés. Ces termes feront l'objet de la mise en concurrence s'il est multi-attributaire ou, de la négociation s'il est mono-attributaire, et peuvent être :
– le prix ou les modalités de détermination du prix ;
– les quantités ;
– le calendrier d'exécution ;
– d'autres termes…

APPLICATION

Le fait qu'un accord-cadre renvoie aux marchés subséquents le soin de préciser le prix des prestations permet de contracter dans des secteurs d'activité sujets à une forte volatilité des prix, laquelle est peu compatible avec la passation d'un marché de quatre ans, en application duquel les prix ne peuvent faire l'objet que de l'application d'une clause de révision, souvent insatisfaisante. L'accord-cadre doit, cependant, encadrer un minimum la fixation du prix, par exemple en fixant un plafond ou en prévoyant une fourchette.

Les termes manquants seront fixés au moment de la mise en concurrence ou de la négociation préparant l'attribution des marchés passés en application de l'accord-cadre, les « marchés subséquents » (voir § 14.1 et suivants). Les marchés subséquents ne peuvent, toutefois, modifier substantiellement les termes fixés par l'accord-cadre, ce serait une remise en cause des conditions initiales de la mise en concurrence et des obligations de l'acheteur.

Ces marchés subséquents sont passés selon une périodicité prévue dans l'accord-cadre ou à mesure de la survenance des besoins.

APPLICATION

Une préfecture passe un accord-cadre alloti pour l'entretien et le renouvellement (lot n° 1) et la maintenance et le dépannage (lot n° 2) de son parc de photocopieurs. L'accord prévoit la passation de marchés subséquents pour l'entretien et le renouvellement partiel du parc selon un calendrier prédéterminé. La mise en concurrence aura lieu à des dates prévues dans l'accord-cadre. En revanche, le volume des prestations de maintenance et de dépannage ne peut être planifié à l'avance, de sorte que les marchés subséquents passés en application du lot n° 2 seront passés aux termes d'une mise en concurrence mise en œuvre à mesure de la survenance des besoins.

Le tableau 13.1 résume les principaux changements concernant les accords-cadres.

Tab. 13.1 Concordance ancienne et nouvelle réglementation

Nouvelles références	Anciennes références	Objet et apports essentiels
Art. 4 O. 2015 – art. 78 D. 2016	Art. 76 et 77 CMP	Régime des accords-cadres et des marchés à bons de commande. Alignement de la notion de marché à bons de commande sur la notion d'accord-cadre. Suppression du nombre minimal de trois attributaires pour les accords-cadres multi-attributaires. Suppression de la règle relative au lien entre la périodicité de la mise en concurrence et son périmètre en cas d'accord-cadre alloti.
CMP : Code des marchés publics 2006 O. 2015 : Ordonnance n° 2015-899 relative aux marchés publics D. 2016 : Décret n° 2016-360 relatif aux marchés publics		

14 Marchés subséquents

Références : *art. 79 du décret n° 2016-360*

14.1 Notion

Les marchés subséquents sont des marchés écrits et pris en application des clauses de l'accord-cadre. Ils précisent les caractéristiques et les modalités d'exécution des prestations pour autant que celles-ci n'aient pas été fixées dans l'accord-cadre.

Les marchés subséquents ne peuvent toutefois pas modifier substantiellement les termes de l'accord-cadre, ce qui signifie en réalité qu'ils peuvent les modifier à la marge, dès lors que cette modification ne remet pas en cause l'équilibre du contrat.

Le marché subséquent est structuré aussi librement que tout autre marché public. Il peut être alloti, être lui-même un accord-cadre à bons de commande ou un marché à tranches, voire un autre accord-cadre à marchés subséquents, appelant, lui-même, à la passation de marchés subséquents. Si cette dernière formule, peut avoir leur intérêt compte tenu du caractère presque illimité des situations rencontrées par les acheteurs publics, serait toutefois d'une telle complexité à manier que le suivi de son exécution risquerait de s'en trouver délicat.

14.2 Passation

Les modalités de passation du marché subséquent dépendent évidemment du nombre d'attributaires de l'accord-cadre.

14.2.1 Cas des accords-cadres mono-attributaires

Lorsque l'accord-cadre à marchés subséquents ne compte qu'un seul attributaire, le marché subséquent ne donne pas lieu à mise en concurrence, ce qui le rapproche du régime des accords-cadres à bons de commande. Il est conclu selon les conditions fixées par l'accord-cadre lui-même.

L'acheteur peut demander au titulaire de compléter son offre par écrit, mais l'accord-cadre peut également prévoir une phase de négociation.

Mais à la différence d'un accord-cadre à bons de commande, l'accord-cadre à marchés subséquents ne fixe pas tous les termes de ces marchés et leur renvoie le soin de préciser ce qui a été laissé dans l'incertitude. La passation des marchés subséquents d'un accord-cadre mono-attributaire suppose, donc, une négociation. Elle permet alors l'ajustement des termes fixés par l'accord-cadre au moment de la passation du marché subséquent, ce qui apporte un minimum de souplesse par rapport au bon de commande, pour lequel seules l'identification des prestations demandées et leur quantité appellent à être précisées.

Cet ajustement ne peut aboutir à une modification substantielle de l'offre retenue pour l'attribution de l'accord-cadre.

14.2.2 Cas des accords-cadres multi-attributaires

L'intérêt de l'accord-cadre réside dans la rapidité et la simplicité de la mise en concurrence des titulaires de l'accord pour la passation des marchés subséquents.

La mise en concurrence prend la forme d'une consultation par écrit, des titulaires de l'accord-cadre concernés par l'attribution du marché. Pour chacun des marchés subséquents, l'acheteur consulte par écrit les titulaires de l'accord-cadre ou, lorsque l'accord-cadre a été divisé en lots, les titulaires du lot correspondant à l'objet du marché subséquent.

L'acheteur fixe aux titulaires de l'accord-cadre, un délai qui doit être suffisant pour le dépôt de leurs offres. Ce délai est fixé, par exemple, au regard de :
– la complexité des prestations faisant l'objet de la consultation ;
– le temps nécessaire à la transmission des offres.

Les offres remises, par écrit, doivent respecter le cahier des charges de l'accord-cadre tel que, le cas échéant, complété par celui propre au marché subséquent. Elles sont établies par écrit et ne sont pas ouvertes avant l'expiration du délai prévu pour le dépôt des offres.

Le marché est attribué à celui ou à ceux qui ont présenté l'offre économiquement la plus avantageuse, conformément aux critères d'attribution que l'accord-cadre avait fixés pour l'attribution des marchés subséquents.

APPLICATION

Un accord-cadre multi-attributaire fixe tous les termes des marchés subséquents à passer, à l'exception du prix, pour lequel on demande aux soumissionnaires de présenter une offre technique et un prix plafond. L'accord-cadre est dévolu aux trois soumissionnaires dont les offres ont été les mieux classées à l'issue de la procédure d'attribution. Lors de l'attribution du marché subséquent, les intéressés sont départagés par la note technique obtenue lors de l'attribution de l'accord-cadre et une note financière attribuée sur la base de l'offre de prix définitif, présentée pour l'attribution du marché subséquent.

Le marché subséquent peut également être attribué à l'un des soumissionnaires, sans mise en concurrence, si les conditions le permettant sont réunies (voir § 24.1), et notamment en raison d'un droit d'exclusivité lorsqu'aucun produit, matériel ou service ne peut être substitué au produit, matériel ou service à acquérir et qu'un seul des titulaires est en mesure de le fournir.

14.3 Achèvement de la procédure

L'acheteur informe les soumissionnaires non retenus du rejet de leur offre. Il peut s'astreindre à les informer du motif de sa décision, mais il ne s'agit pas d'une obligation. Cette information prend, alors, la forme suivante :
– il notifie la décision d'attribution, comprenant le nom de l'attributaire et les motifs de sa décision, à l'ensemble des titulaires de l'accord-cadre ;
– il respecte un délai de suspension de seize jours, onze jours si cette notification a été réalisée par voie électronique (voir § 53.5).

Le respect de cette notification facultative permet au pouvoir adjudicateur de fermer définitivement la voie du recours en référé contractuel (voir § 55.1 et suivants).

À RETENIR

Seuls les titulaires de l'accord-cadre ont vocation à pouvoir obtenir l'attribution d'un marché subséquent et, en conséquence, intérêt leur donnant qualité pour agir contre la procédure d'attribution du marché. La notification de la décision d'attribution aux seuls titulaires de l'accord-cadre est suffisante pour désintéresser tous les opérateurs économiques susceptibles de présenter un recours contre le marché.

14.4 Exécution

Les marchés subséquents sont des marchés publics. Ils sont soumis, à ce titre, au même régime d'exécution que les autres marchés publics.

APPLICATION

Les régimes des avances, des acomptes, de la révision des prix, des avenants, de la cession du marché ou de sa créance ou, le régime contentieux, leur sont applicables sans spécificité.

Le tableau 14.1 résume les principaux changements concernant les marchés subséquents.

Tab. 14.1 Concordance ancienne et nouvelle réglementation

Nouvelles références	Anciennes références	Objet et apports essentiels
Art. 79 D. 2016	Art. 76 CMP	Régime des marchés subséquents.
CMP : Code des marchés publics 2006 D. 2016 : Décret n° 2016-360 relatif aux marchés publics		

15 Bons de commande

Références *: art. 80 du décret n° 2016-360*

Un bon de commande est un document écrit adressé au titulaire de l'accord-cadre à bons de commande qui précise celles des prestations prévues par le marché dont l'exécution est demandée et en détermine la quantité.

15.1 Attribution des bons de commande en cas de marché multi-attributaire

Il est possible de passer des accords-cadres à bons de commande avec un seul titulaire, il est qualifié de marché « mono-attributaire ». Il est, également, possible de passer le marché auprès de plusieurs attributaires, le marché est, alors, qualifié de « multi-attributaire ». Se pose, dans ce dernier cas, la question de la répartition des bons de commande.

Le marché précise impérativement les modalités de répartition des bons de commande. Ces modalités doivent être objectives et non discriminatoires, la répartition des bons de commande doit s'y conformer.

APPLICATION

La modalité de répartition la plus fréquemment utilisée est celle de la « cascade », qui consiste à adresser un bon de commande au titulaire du marché qui a présenté, au moment de la passation du marché à bons de commande, l'offre économiquement la plus avantageuse. Si le titulaire concerné n'est pas en mesure de fournir la prestation, l'attributaire classé deuxième au moment de l'examen des offres est sollicité, et ainsi de suite. D'autres modalités de répartition peuvent être imaginées, elles sont régulières si elles présentent un caractère préalable, elles sont fixées au marché, objectif et non discriminatoire. Par exemple, il peut être admis une clé de répartition des bons de commande « à tour de rôle », ou par ordre alphabétique.

15.2 Émission des bons de commande

L'émission des bons de commande ne donne lieu à aucune mise en concurrence ni négociation, c'est ce qui différencie l'accord-cadre à bons de commande de l'accord-cadre à marchés subséquents (voir § 14.1 et suivants) : tous les termes du bon de commande sont définis avec précision dans le marché, il n'est pas possible d'y déroger.

Les bons de commande ont un caractère contractuel. Ils ne sont pas le contrat, mais sont pris en application du contrat. Ce sont des documents écrits adressés par le pouvoir adjudicateur au titulaire du marché.

L'objet des bons de commande est plus restreint que celui des ordres de service (cf. chapitre 62), puisqu'il se limite à préciser celles des prestations décrites dans le marché dont l'exécution est demandée et à en déterminer la quantité. Ces prestations sont prévues par le marché.

Les bons de commande sont écrits et notifiés, mais il est possible de les transmettre par télécopie ou courriel, à condition de le prévoir dans le marché.

À RETENIR

Les articles 3.1 des CCAG-FCS et Travaux stipulent que, les notifications et informations peuvent être dématérialisées, selon des modalités prévues par les documents particuliers du marché.

15.3 Notification du bon de commande

L'accord-cadre doit préciser les modalités de la notification des bons de commande.

À RETENIR

Les articles 3.7.1 de chacun des CCAG stipulent que les bons de commande sont notifiés par le pouvoir adjudicateur. Les articles 3.7.4 des mêmes CCAG précisent qu'en cas de cotraitance, la notification est faite au mandataire du groupement.

15.3.1 Observations du titulaire du marché

Le titulaire du marché, destinataire d'un bon de commande, peut présenter des observations destinées à lui permettre, le cas échéant, d'engager la responsabilité contractuelle de l'acheteur, dans l'hypothèse dans laquelle le bon de commande ne serait pas conforme au cahier des charges.

Le marché prévoit généralement les conditions dans lesquelles les bons de commande peuvent être contestés, notamment en encadrant le délai durant lequel le titulaire du marché peut présenter des observations ou émettre des réserves. Il s'agit de rationaliser l'exécution du marché, d'encadrer le périmètre des différends et de prévenir le contentieux.

Conformément à l'obligation générale d'exécuter les marchés publics, le titulaire doit exécuter le bon de commande, même s'il a formulé des observations. L'absence d'observation émise dans le délai prévu par le contrat interdit ensuite, toutefois, de contester, même indirectement, le bon de commande.

À RETENIR

Les articles 3.7.2 des CCAG stipulent que le titulaire qui entend faire des observations sur un bon de commande doit les notifier au signataire du bon concerné dans un délai de 15 jours à compter de la date de réception du bon de commande, sous peine de forclusion. Les articles 3.7.3 stipulent l'obligation d'exécution du bon de commande, même en cas d'observations. En cas de groupement, les articles 3.7.4 précisent que seul le mandataire peut formuler les observations.

Le tableau 15.1 résume les principaux changements concernant les bons de commande.

Tab. 15.1 Concordance ancienne et nouvelle réglementation

Nouvelles références	Anciennes références	Objet et apports essentiels
Art. 4 O. 2015 – art. 80 D. 2016	Art. 77 CMP	Régime des bons de commande
CMP : Code des marchés publics 2006 O. 2015 : Ordonnance n° 2015-899 relative aux marchés publics D. 2016 : Décret n° 2016-360 relatif aux marchés publics		

Seuils des marchés publics 16

***Références :** art. 40 et 42 de l'ordonnance n° 2015-899 – art. 22, 24, 25, 26, 27, 30, 34, 39, 40 et 110 du décret n° 2016-360*

Choisir la procédure de passation des marchés publics dépend, en grande partie, du montant du marché. Dès lors que ce montant dépasse les seuils fixés par la réglementation, l'acheteur est tenu de mettre en œuvre des procédures précises, formalisées et d'organiser une mise en concurrence européenne. C'est dire l'importance de l'estimation du montant à comparer aux seuils (voir § 17.1 et suivants). Ce montant est estimé et comparé aux seuils au stade de la définition des besoins, de manière à pouvoir choisir la procédure à mettre en œuvre.

16.1 Seuils de mise en œuvre des procédures formalisées

Les seuils de procédures formalisées varient en fonction de la nature du marché et de celle de l'acheteur. Les seuils applicables aux marchés locaux sont plus élevés, les faisant bénéficier d'une facilité de procédure, les procédures formalisées ne devant être engagées pour les marchés de services ou de fournitures que pour des montants plus élevés. Les entités adjudicatrices, opérateurs de réseaux dans les secteurs des transports, de l'énergie, de l'eau et des services postaux, bénéficient de règles dérogatoires, les seuils sont plus élevés pour les marchés de services et de fournitures. Il en est de même pour les achats de défense ou de sécurité.

Les seuils fixent le champ d'application des procédures formalisées de mise en concurrence au niveau européen, applicables dès lors que ces seuils sont dépassés (tab. 16.1).

Ces seuils évoluent tous les deux ans, car ils sont issus des engagements internationaux consentis dans le cadre de l'Organisation mondiale du commerce (OMC). Ces seuils, libellés dans une unité de valeur monétaire internationale, sont issus de l'Accord sur les marchés publics (AMP), signé en marge des accords de Marrakech et du traité constitutif de l'OMC, en 1994. Ils concernent, en 2016, 45 États signataires, parmi lesquels les 28 États membres de l'Union européenne et, l'Union européenne

Tab. 16.1. Récapitulatif des seuils de mise en œuvre des procédures formalisées (2016-2017)

	État	**Collectivités territoriales**	**Entités adjudicatrices et marchés de défense ou de sécurité**
Marchés de services et de fournitures	135 000 € HT	209 000 € HT	418 000 € HT
Marchés de travaux	5 225 000 € HT	5 225 000 € HT	5 225 000 € HT

elle-même. Il est convenu que cette évolution est prise en compte tous les deux ans. Les seuils mentionnés dans le tableau ci-dessus sont entrés en vigueur le 1er janvier 2016 et sont valables jusqu'au 31 décembre 2017.

À RETENIR

L'intensité des obligations réglementaires de mise en concurrence s'accroît avec l'inflation.

Les marchés dont les montants dépassent les seuils de procédures formalisées sont soumis à des contraintes plus lourdes de mise en concurrence. Lorsque l'euro est une monnaie forte, le jeu des taux de change infléchit les seuils libellés en euros à la baisse, les obligations à la charge des pouvoirs adjudicateurs augmentent mécaniquement, car un plus grand nombre de marchés atteignent les seuils. À l'inverse, lorsque l'euro baisse par rapport aux monnaies des principaux partenaires commerciaux de l'Union européenne, les seuils des procédures formalisées augmentent.

La fluctuation des changes n'est, toutefois, pas le principal mécanisme économique à l'œuvre. En monnaie courante, c'est-à-dire sans tenir compte de l'inflation, le niveau des seuils est identique à celui qu'il était en 1994. En monnaie constante, c'est-à-dire en tenant compte de l'inflation, les effets de celle-ci ont abouti à une augmentation sensible de l'intensité des obligations de mise en concurrence sur les pouvoirs adjudicateurs. Libellés en droits de tirages spéciaux (DTS), qui est un panier des monnaies des différents États signataires de l'Accord sur les marchés publics signé le 15 avril 1994, les seuils s'établissaient en DTS en 1994 aux mêmes montants que les seuils en euros applicables à la période 2012-2013. En apparence, le niveau des obligations de mise en concurrence est rigoureusement identique. Mais l'euro de 2012 a moins de valeur que son équivalent de 1994, après 18 ans d'inflation, même faible : compte tenu de l'indice d'évolution du pouvoir d'achat de l'euro et du franc mis en ligne par l'INSEE, les seuils en euros constants de 2012 s'établissent à, environ, 75 % du seuil libellé en francs courants de 1994. Ce qui équivaut, à l'obligation de mettre en œuvre une procédure formalisée pour un marché de travaux à partir d'environ 3 500 000 € HT, 100 000 € HT pour des achats, par l'État, de fournitures ou de services, 150 000 € HT si ces achats sont réalisés par des collectivités territoriales ou, 300 000 € HT s'ils sont réalisés par des entités adjudicatrices.

Les négociateurs des accords de Marrakech de 1994 s'étaient accordés sur un niveau de mise en concurrence moins contraignant que celui de 2013. En période de forte inflation, ce phénomène s'accélérerait.

16.2 Récapitulatif des seuils applicables aux marchés publics

La réglementation des marchés publics présente d'autres seuils qui poursuivent des objets divers. Pour davantage de détails, il convient de se reporter au chapitre correspondant mentionné dans le tableau 16.2.

Tab. 16.2 Récapitulatif des seuils de la réglementation des marchés publics

Montant du seuil (en euros)	**Statut fiscal**	**Domaine**	**Objet et observations**	**Chapitre**
600	TTC	Sous-traitance	Seuil à partir duquel le sous-traitant du titulaire du marché accepté et dont les conditions de paiement ont été agréées a droit au paiement direct.	Chapitre 67
5 000	TTC	Passation (candidatures) et exécution du marché	Seuil à partir duquel le pouvoir adjudicateur a l'obligation de contrôler, à la signature et, périodiquement, jusqu'à la fin de l'exécution du contrat, que le titulaire du marché s'acquitte de ses obligations déclaratives pour l'emploi de ses salariés.	Chapitre 43
16 000	HT	Absence de prise illégale d'intérêt	Montant maximum annuel des marchés pouvant être passés par les maires, adjoints ou conseillers municipaux délégués ou agissants en remplacement du maire, avec la commune de 3 500 habitants au plus dont ils sont élus.	–
25 000	HT	Dispense de procédure	Seuil en dessous duquel il est possible de se dispenser de toute mesure de publicité et de procédure de mise en concurrence.	Chapitre 29

Montant du seuil (en euros)	**Statut fiscal**	**Domaine**	**Objet et observations**	**Chapitre**
25 000	HT	Dispense d'écrit	Les marchés des pouvoirs adjudicateurs qui n'atteignent pas ce seuil peuvent être des contrats oraux, l'écrit n'est pas exigé.	Chapitre 8
50 000	HT	Avances	Les titulaires des marchés atteignant ce seuil ont droit au versement d'une avance.	Chapitre 63
80 000	HT	Petits lots (fournitures et services)	Montant maximum des lots pouvant être passés selon une procédure adaptée si le montant cumulé des lots en cause n'atteint pas 20 % du montant total du marché de fournitures ou de services.	Chapitre 29
90 000	HT	Publicité	Seuil applicable jusqu'au 30 septembre 2018 (31 mars 2017 pour les centrales d'achat) à partir duquel des procédures de publicité formalisées sont obligatoires.	Chapitre 38
	HT	Dématérialisation	Seuil à partir duquel il est obligatoire de publier les avis de publicité et de mettre en ligne les documents de la consultation sur un profil d'acheteur. La dématérialisation de la procédure de passation est obligatoire si le marché a pour objet la prestation de services informatiques ou la livraison de fournitures informatiques. L'acheteur ne peut refuser de recevoir les candidatures et les offres transmises par voie électronique.	Chapitre 38
	HT	Achats de livre non scolaire (fournitures)	Seuil en dessous duquel l'État, les collectivités territoriales, les établissements d'enseignement, de formation professionnelle ou de recherche et les acheteurs gérant des bibliothèques recevant du public, peuvent se dispenser de toute mesure de publicité et de procédure de mise en concurrence lorsqu'ils achètent des livres pour leurs besoins propres ou l'enrichissement des collections de ces bibliothèques. Ce régime n'est pas applicable aux livres scolaires.	Chapitre 24
135 000	HT	Procédure formalisée (fournitures et services, État et ses établissements publics)	Seuil à partir duquel l'usage d'une procédure formalisée est obligatoire pour les marchés de fournitures ou de services passés par l'État et ses établissements publics.	Chapitre 18
209 000	HT	Procédures formalisées (fournitures et services, collectivités territoriales et leurs établissements publics, hôpitaux)	Seuil à partir duquel l'usage d'une procédure formalisée est obligatoire pour les marchés de fournitures ou de services locaux et des hôpitaux.	Chapitre 18
	HT	Passation des marchés locaux	Les marchés locaux atteignant ce seuil sont soumis à l'obligation de transmission au représentant de l'État dans le cadre du contrôle de légalité.	Chapitre 52

Montant du seuil (en euros)	**Statut fiscal**	**Domaine**	**Objet et observations**	**Chapitre**
418 000	HT	Procédures formalisées (fournitures et services, entités adjudicatrices, marchés de défense ou de sécurité)	Seuil à partir duquel l'usage d'une procédure formalisée est obligatoire pour les marchés de fournitures ou de services passés par les opérateurs de réseaux ou en matière de défense ou de sécurité.	Chapitre 18
750 000	HT	Publicité des marchés de services sociaux des pouvoirs adjudicateurs	Seuil à compter duquel les marchés de services sociaux passés par les pouvoirs adjudicateurs sont soumis à une obligation de publicité européenne.	Chapitre 29
1 000 000	HT	Petits lots (travaux)	Montant maximum des lots pouvant être passés selon une procédure adaptée si le montant cumulé des lots en cause n'atteint pas 20 % du montant total du marché de travaux.	Chapitre 29
	HT	Publicité des marchés de services sociaux des entités adjudicatrices	Seuil à compter duquel les marchés de services sociaux passés par les entités adjudicatrices sont soumis à une obligation de publicité européenne.	Chapitre 29
5 225 000	HT	Procédure formalisée (travaux)	Seuil à partir duquel l'usage d'une procédure formalisée est obligatoire pour les marchés de travaux.	Chapitre 18
100 000 000	HT	Évaluation préalable	Les marchés atteignant ce seuil sont soumis à la mise en œuvre d'une évaluation préalable au lancement de la procédure d'attribution qui a pour objet de comparer les différents modes de réalisation du projet et qui comporte une analyse en coût complet et tout élément permettant d'éclaire l'acheteur dans le choix de ce mode de réalisation.	Chapitre 33

Le tableau 16.3 résume les principaux changements concernant les seuils des marchés publics.

Tab. 16.3 Concordance ancienne et nouvelle réglementation

Nouvelles références	**Anciennes références**	**Objet et apports essentiels**
Art. 40 O. 2015 – art. 24 D. 2016	–	Régime nouveau de l'évaluation préalable
Art. 42 O. 2015 – art. 25 et 26 D. 2016		Liste des procédures formalisées applicables au-delà des seuils
Art. 22 D. 2016	Art. 27 CMP	Régime des « petits lots »
Art. 27 D. 2016	Art. 28 CMP	Régime des procédures adaptées
Art. 30 D. 2016	Art. 35 CMP	Régime des procédures négociées sans publicité ni mise en concurrence
Art. 34 D. 2016	Art. 40 CMP	Régime de la publicité
Art. 39 et 40 D. 2016	Art. 56 CMP	Régime de la dématérialisation
Art. 110 D. 2016	Art. 87 à 90 CMP	Régime des avances
CMP : Code des marchés publics 2006 O. 2015 : Ordonnance n° 2015-899 relative aux marchés publics D. 2016 : Décret n° 2016-360 relatif aux marchés publics		

17 Computation des montants à comparer aux seuils

Références : *art. 20 à 23 du décret n° 2016-360*

Pour déterminer et choisir la procédure de mise en concurrence, et pour éventuellement informer les candidats du montant estimatif du marché, l'acheteur procède à une estimation sincère du montant du marché. C'est ce montant qui est comparé aux seuils.

À RETENIR

Communiquer le montant du marché aux candidats peut paraître comme susceptible d'altérer la concurrence. Toutefois, ce type d'information est précieux pour les candidats à l'attribution d'un accord-cadre lorsque l'acheteur ne veut pas s'engager contractuellement sur un minimum ou un maximum. Il leur donne de la visibilité sur le volume des prestations auquel l'acheteur estime refléter son besoin.

L'exercice est parfois difficile, puisque la computation est réalisée en amont de la procédure, au stade de la définition des besoins (cf. chapitre 4). Elle peut donner lieu à des erreurs. Ces erreurs, qui sont d'autant plus excusables lorsque le secteur économique en cause est déstabilisé par une conjoncture économique délicate ou une forte volatilité des prix, ne seront reprochées à l'acheteur que s'il est établi que son estimation n'était pas sincère.

L'évaluation des seuils requiert de l'acheteur qu'il connaisse le secteur économique dans lequel il intervient, ainsi que les prix habituellement pratiqués. En règle générale, les services prescripteurs du pouvoir adjudicateur détiennent ce type d'information. Il peut s'agir, par exemple, du montant d'un marché précédent. Si l'exercice est délicat, l'acheteur peut se faire assister par les opérateurs économiques ou faire réaliser, par exemple, une étude de marché.

La date de l'évaluation du besoin est celle du lancement de la procédure : celle de l'envoi de l'avis de marché pour publication ou celle de l'envoi de la lettre invitant les candidats à négocier.

LE SAVEZ-VOUS ?

Le seuil est évalué en amont du lancement de la procédure et il ne s'agit que d'une simple estimation. Si le montant estimé du marché s'établit de peu sous un seuil de procédure, il est judicieux, par précaution, de choisir la procédure comme si ce seuil était dépassé.

Si l'acheteur détermine librement le niveau auquel il définit ses besoins, il ne peut scinder ses projets d'achats ou de travaux dans le but de le soustraire aux obligations fixées la réglementation. Cette pratique, qualifiée de « saucissonnage », relève du pénal, elle peut donner lieu à la constitution du délit d'octroi d'avantages injustifiés (« favoritisme »).

Toutefois, il est possible d'estimer la valeur des besoins au niveau d'une unité opérationnelle, dès lors que cette partie des services de l'acheteur est responsable de manière autonome de ses marchés publics ou de certaines catégories d'entre eux.

17.1 Cas général

La valeur estimée du montant du marché l'est sur la base du montant hors taxe des marchés envisagés. Il faut distinguer selon le type de marché : fournitures ou services et travaux.

17.1.1 Marchés de fournitures ou de services

Le calcul du montant à comparer aux seuils est réalisé en croisant un paramètre matériel, le caractère homogène des produits ou des services, avec un paramètre temporel, le caractère récurrent, ou non, de l'achat.

Caractère homogène du produit ou du service

Il convient de prendre en compte la valeur totale des fournitures ou des services qui peuvent être considérés comme homogènes :
– en raison de leurs caractéristiques propres ;
– parce qu'ils constituent une unité fonctionnelle.

L'appréciation du caractère homogène ne doit pas conduire à soustraire artificiellement des marchés aux obligations fixées par le code.

APPLICATION

Les services techniques d'une commune achètent des matériaux pour le revêtement de la voirie. Les enrobés pour revêtements routiers, les bitumes, l'asphalte naturel ou les granulats sont regardés comme des fournitures homogènes en raison de leurs caractéristiques propres. Il faut additionner la valeur de ces différentes fournitures pour obtenir un montant à comparer aux seuils.

Un poids lourd et sa remorque présentent, également, un caractère homogène, cette fois en tant qu'ils présentent une unité fonctionnelle : la collectivité ne pourra acheter séparément d'un côté le véhicule tracteur, de l'autre la remorque : les deux prestations doivent être groupées au d'un seul marché et leur montant additionné avant d'être comparé aux seuils. De même, un véhicule ne peut être acheté par morceaux : roues, moteur, carrosserie, etc.

Pour établir le caractère homogène ou non de produits ou de services, l'acheteur peut s'aider de nomenclatures soit issues de la réglementation, même si ces nomenclatures ne sont plus en vigueur, soit de nomenclatures établies par des organismes tiers.

APPLICATION

L'Association des acheteurs des collectivités territoriales (AACT) a conçu une nomenclature indicative de fournitures et de services types, regroupés en 65 familles, puis répartis par produit et par article budgétaire, à l'usage des services achat des collectivités territoriales et dont l'accès est payant. Il est, également, possible, à titre indicatif, d'utiliser la nomenclature dont l'usage avait été imposé, en 2001, aux acheteurs publics (voir Arrêté du 13 décembre 2001 (NOR : ECOM0100734A) définissant la nomenclature prévue aux II et III de l'article 27 du code des marchés publics, JORF 2001, n° 299, p. 20608 à 20645 ou http://extranet.ucanss.fr/contenu/public/EspaceAchatsMarches/base_documentaire/Document/arr/arr_2001-12-13_somm.html).

Il est parfois utile que l'acheteur établisse, lui-même, des nomenclatures destinées à aider ses services à apprécier ce caractère homogène. Il peut rendre obligatoire l'usage, par ces services, de ces nomenclatures internes.

Caractère récurrent de l'achat

La valeur de l'ensemble des achats de produits ou de services homogènes réalisés à plusieurs reprises durant l'exercice budgétaire est additionnée pour former le montant à comparer aux seuils. Elle peut être estimée en se référant à l'exercice budgétaire ou à douze lois glissant, selon une méthode qui se réfère au passé ou à l'avenir, librement choisie par l'acheteur en fonction des circonstances, des caractéristiques et du contexte de son achat :
– soit sur la base du montant hors taxe des prestations exécutées au cours des douze mois précédents ou de l'exercice budgétaire précédent. L'acheteur doit alors tenir compte des évolutions prévisibles du besoin au cours des douze mois suivants ;
– soit sur la base de la valeur estimée des prestations qui seront exécutées au cours des douze mois ou de l'exercice budgétaire qui suit la conclusion du marché.

APPLICATION

L'acheteur est libre de choisir entre les deux méthodes, l'important est que son estimation soit sincère. Si les prix sont stables, la méthode la plus simple consiste à se référer aux prix des marchés conclus sur l'exercice budgétaire précédent ou les douze mois glissants précédent l'achat. Il est possible que les prix des marchés précédents n'aient pas de sens, soit parce que les prix du secteur sont très volatils, soit en raison de la conjoncture économique, qui a brutalement changé. La crise des « subprimes » de l'automne 2008, par exemple, a réduit à néant toutes les références et les efforts d'estimation des acheteurs qui s'appuyaient sur les prix des marchés antérieurs. Dans une telle hypothèse, et si l'acheteur s'en aperçoit, il convient plutôt d'estimer les marchés en se référant à l'avenir, le cas échéant en sollicitant les opérateurs économiques eux-mêmes (voir § 5.2.2). Si l'estimation est impossible, en raison par exemple d'une très forte et imprévisible volatilité des prix, il convient soit de recourir à la technique des prix provisoires, lorsque c'est autorisé (voir § 9.3), soit d'insérer dans le marché une clause de réexamen (voir § 70.2).

Pour les marchés dont la durée d'exécution est inférieure ou égale à une année et conclus pour répondre à un besoin régulier, la valeur totale est celle qui correspond aux besoins d'une année.

LE SAVEZ-VOUS ?

Si un besoin nouveau survient en cours d'année, il peut faire l'objet d'un marché dont le montant est apprécié séparément du premier, à la condition que la survenance de ce nouveau besoin ait été imprévisible.

Les achats non récurrents sont les achats qui présentent un caractère ponctuel, ils ne sont pas appelés à être renouvelés au cours du même exercice budgétaire.

17.1.2 Marchés de travaux

La notion utilisée est la notion d'opération. Elle comprend le montant à comparer aux seuils prend en compte la valeur globale des travaux se rapportant à une opération portant sur un ou plusieurs ouvrages, à laquelle on ajoute la valeur des fournitures et des services nécessaires à leur réalisation que le pouvoir adjudicateur met à la disposition des opérateurs.

Une opération de travaux est la mise en œuvre, dans une période de temps et un périmètre déterminés, d'un ensemble de travaux caractérisé par son unité fonctionnelle, technique ou économique.

Un ouvrage est le résultat d'un ensemble de travaux de bâtiment ou de génie civil remplissant par lui-même une fonction économique et technique.

APPLICATION

La rénovation d'un lycée comprenant trois bâtiments constitue une même opération : la valeur totale des travaux de rénovation est à additionner pour obtenir le montant du marché à comparer aux seuils. En revanche, si le conseil régional décide, concomitamment, de la rénovation de l'hôtel de la région, le marché relève d'une opération distincte de la première est son montant fait l'objet d'une computation distincte de celui de la première opération de rénovation.

Une commune qui fait repeindre deux châteaux d'eau, l'un et l'autre situés à deux endroits distincts de l'agglomération, passe un marché portant sur une seule opération : les ouvrages rénovés se caractérisent par leur unité fonctionnelle, technique et économique.

17.2 Cas particuliers

La méthode de computation des montants à comparer aux seuils appelle à être précisée dans les cas suivants.

17.2.1 Marchés allotis

Il faut totaliser le montant de l'ensemble des lots pour obtenir le montant à comparer aux seuils. L'allotissement, en effet, ne peut, par lui-même, avoir d'effet sur le choix de la procédure de mise en concurrence.

La procédure de passation est donc commune à chaque lot, alors même que chacun de ces lots a vocation à donner lieu à la conclusion d'un marché distinct.

APPLICATION

Une communauté d'agglomération passe un marché de travaux pour la construction de son conservatoire, qu'elle alloti en dix-neuf lots :

- n° 01 : aménagements paysagers ;
- n° 02 : gros œuvre ;
- n° 03 : charpente métallique/bardage ;
- n° 04 : étanchéité ;
- n° 05 : menuiseries extérieures ;
- n° 06 : menuiseries intérieures ;
- n° 07 : serrurerie ;
- n° 08 : cloisons - doublages – faux plafonds ;
- n° 09 : revêtements sols souples et durs ;
- n° 10 : peinture ;
- n° 11 : plomberie/chauffage/ventilation/climatisation ;
- n° 12 : électricité, courants forts et courants faibles ;
- n° 13 : appareils élévateurs ;
- n° 14 : éclairage scénique ;
- n° 15 : sonorisation scénique - équipement audiovisuel ;
- n° 16 : serrurerie scénique ;
- n° 17 : machine scénique ;
- n° 18 : draperies scéniques ;
- n° 19 : sièges de spectacle.

Le montant de chacun des trois premiers lots est estimé à 3 millions d'euros HT, celui de chacun des seize lots suivants est estimé à 100 000 euros HT. Le montant à comparer aux seuils est donc de :

$$(3 \times 3\,000\,000) + (16 \times 100\,000) = 10\,600\,000 \text{ euros HT}$$

Le montant et supérieur au seuil de 5 225 000 euros HT, la procédure de passation devra donc, en principe, être une procédure d'appel d'offres.

17.2.2 Accords-cadres et systèmes d'acquisition dynamique

Le montant des accords-cadres ou des systèmes d'acquisition dynamique ne peut, par définition, être connu à l'avance. Ce montant peut, toutefois, être déterminé si l'accord-cadre ou le système d'acquisition dynamique est assorti d'un maximum. C'est ce montant maximum qui figure le montant du marché, à comparer aux seuils.

LE SAVEZ-VOUS ?

Si l'accord-cadre ou le système d'acquisition dynamique ne fixe pas de montant maximum, il est toujours réputé dépasser les seuils : il convient nécessairement d'appliquer une procédure formalisée.

Les lots plus modestes peuvent toutefois être passés selon une procédure adaptée, c'est la technique des « petits lots », s'il répondent à un double plafond :
– la valeur estimée de chaque lot concerné n'atteint pas 80 000 € HT pour les fournitures ou les services, 1 000 000 € HT pour les travaux ;
– le montant cumulé de l'ensemble des lots concernés n'atteint pas 20 % de la valeur estimée de tous les lots.

APPLICATION

Dans l'exemple, ci-dessus, du marché de travaux divisé en 19 lots passé la construction de son conservatoire par une communauté d'agglomération, le montant du marché est estimé à 10 600 000 € HT. Il est donc possible de passer selon une procédure adaptée chacun des 16 lots dont la valeur est estimée à 100 000 € HT, jusqu'à concurrence d'un montant total de 2 120 000. Dans cet exemple, la totalité des 16 lots étant estimé à 1 600 000, ils pourront tous être passés selon une procédure adaptée. En revanche, les trois premiers lots devront faire l'objet d'un appel d'offres, la valeur de chacun d'entre eux étant estimée à 3 000 000 € HT.

17.2.3 Partenariats d'innovation

Le montant estimé des partenariats d'innovation est la valeur totale :
– des activités de recherche et de développement devant être menées au cours des différentes phases du partenariat ;
– des fournitures, services ou travaux innovants qui en sont le résultat et dont l'acquisition est envisagée.

17.2.4 Marchés reconductibles

Le montant à comparer aux seuils est évalué en prenant en compte la durée totale du marché, toutes reconductions comprises.

17.2.5 Options

Le montant à comparer aux seuils est évalué en prenant en compte la valeur estimée de l'ensemble des prestations, options comprises.

17.2.6 Marchés à tranches

La valeur de la totalité des tranches, ferme et conditionnelles, est additionnée, puis comparée aux seuils, même si le pouvoir adjudicateur a de très bonnes raisons de croire que les dernières tranches ne seront jamais affermies.

Le tableau 17.1 résume les principaux changements concernant la computation des seuils.

Tab. 17.1 Concordance ancienne et nouvelle réglementation

Nouvelles références	Anciennes références	Objet et apports essentiels
Art. 20 à 23 D. 2016	Art. 27 CMP	Régime de la computation des montants à comparer aux seuils. Prise en compte, avec celle des fournitures, de la valeur des services mis à disposition par l'acheteur dans l'estimation du montant des marchés de travaux

CMP : Code des marchés publics 2006
O. 2015 : Ordonnance n° 2015-899 relative aux marchés publics
D. 2016 : Décret n° 2016-360 relatif aux marchés publics

Choix de la procédure applicable

18

Références : art. 42 de l'ordonnance n° 2015-899 – art. 25, 26, 27 et 66 du décret n° 2016-360

Le choix de la procédure dépend à la fois du montant et de la nature du marché, ainsi que de la nature du pouvoir adjudicateur.

18.1 Procédure applicable

Le droit des marchés publics distingue :
– les procédures formalisées, obligatoirement mises en œuvre au-delà des seuils ;
– les procédures adaptées, réservées aux marchés de faible montant ou à deux catégories de marchés de services.

Tab. 18.1. Procédures formalisées

Procédure formalisée	Chapitre
Appel d'offres (ouvert ou restreint)	19, 20, 21
Procédure concurrentielle avec négociation (pouvoirs adjudicateurs)	23
Procédure négociée avec mise en concurrence préalable (entités adjudicatrices)	23
Dialogue compétitif	22

18.1.1 Procédures formalisées

Les procédures formalisées sont au nombre de quatre. Elles figurent dans le tableau 18.1.

La procédure concurrentielle avec négociation est la procédure négociée applicable aux seuls pouvoirs adjudicateurs, elle se distingue de la procédure négociée avec mise en concurrence préalable, qui ne s'applique qu'aux entités adjudicatrices.

18.1.2 Procédures adaptées

Les procédures adaptées sont librement déterminées par l'acheteur. Elles sont applicables aux marchés dont les montants n'atteignent pas les seuils des procédures formalisées et à deux catégories de marchés de services : certains marchés de services juridiques et certains marchés de services sociaux (voir § 29.1).

18.1.3 Procédures spécifiques

Certaines procédures ne sont pas des procédures formalisées, elles s'appuient sur des procédures existantes ou ne sont soumises à aucune contrainte particulière. Il s'agit du concours, passé dans les mêmes conditions qu'une procédure adaptée, et de la procédure négociée sans publicité ni mise en concurrence préalables, dont le contenu n'est plus fixé par les textes.

À RETENIR

Le système d'acquisition dynamique regardé comme n'est plus une procédure.

18.1.4 Procédures ouvertes et procédures restreintes

Les procédures sont dites ouvertes lorsque tout opérateur économique intéressé peut soumissionner. La remise du dossier de candidature et de celui de l'offre a lieu en même temps. Les phases d'examen des candidatures et des offres sont concomitantes.

Les procédures sont restreintes lorsque l'acheteur décide de sélectionner les candidats qui seront autorisés à présenter une offre.

En procédure restreinte, il est d'abord demandé aux candidats de présenter leur dossier de candidature, sur la base d'un dossier de consultation qui ne contient pas les éléments nécessaires à l'élaboration des offres. Les candidats sont sélectionnés sur la base de critères de candidatures non discriminatoires, liés et proportionnés à l'objet du marché. Les candidats sélectionnés et admis à présenter une offre, désormais qualifiés de « soumissionnaires », sont sollicités par l'acheteur, au moyen, selon le cas, d'une lettre d'invitation à soumissionner.

À RETENIR

Le choix entre procédures d'appel d'offres ouvert ou restreint est libre, il est, avant tout, un choix d'opportunité. La procédure ouverte est moins longue et plus simple à mettre en place, c'est la raison pour laquelle elle est très utilisée par les acheteurs. La procédure d'appel d'offres restreint est longue et lourde, mais présente l'avantage, le cas échéant, de ne diffuser le dossier de la consultation qu'aux entreprises qui auront été sélectionnées. Elle est à retenir si le dossier de la consultation contient des éléments confidentiels, voire secrets. Les entreprises sélectionnées peuvent, par exemple, l'avoir notamment été sur la détention d'une habilitation secret défense, qui garantit à l'État la protection de ses secrets.

18.2 Choix de la procédure

Dès lors que le montant du marché atteint le seuil de procédure formalisée, les pouvoirs adjudicateurs ont l'obligation de passer le marché en appliquant la procédure d'appel d'offres (tab. 18.2).

Les entités adjudicatrices ont le choix de la procédure formalisée qu'elles vont appliquer (tab. 18.3). Il en va de même dans le régime des marchés de défense ou de sécurité, dans lequel les acheteurs peuvent choisir entre l'appel d'offres et la procédure négociée avec publicité préalable (tab. 18.4). Mais les procédures ne sont pas toutes utilisables. La problématique du choix de la procédure formalisée est synthétisée dans les tableaux suivants.

À RETENIR

L'objectif consistant à mener une politique industrielle caractérisant le régime des marchés de défense ou de sécurité justifie que les procédures disponibles pour la passation de ces marchés soient systématiquement des procédures restreintes.

Tab. 18.2. Récapitulatif du choix des procédures formalisées des pouvoirs adjudicateurs

Procédures disponibles	Nature de la procédure	Observations
Appel d'offres	Ouverte	**Procédure obligatoire** sauf si le pouvoir adjudicateur se trouve dans l'une des situations lui permettant de recourir à une autre procédure. Le choix entre l'appel d'offres ouvert et l'appel d'offres restreint est libre (voir ! 20.1 et § 21.1 et suivants).
	Restreinte	
Dialogue compétitif	Restreinte	Utilisable seulement lorsque le pouvoir adjudicateur est placé dans l'un des cas d'ouverture (voir § 22.1 et suivants)
Procédure concurrentielle avec négociation	Restreinte	Utilisable seulement lorsque le pouvoir adjudicateur est placé dans l'un des cas d'ouverture (voir § 23.1 et suivants).

Tab. 18.3. Récapitulatif du choix des procédures formalisées des entités adjudicatrices

Procédures disponibles	Nature de la procédure	Observations
Appel d'offres	Ouverte	Procédures librement utilisables par les entités adjudicatrices.
	Restreinte	
Procédure négociée avec mise en concurrence	Restreinte	
Dialogue compétitif	Restreinte	

Tab. 18.4. Récapitulatif du choix des procédures formalisées dans le secteur des achats de défense ou de sécurité

Procédures disponibles	Nature de la procédure	Observations
Appel d'offres	Restreinte	Procédures librement utilisables pour la passation des marchés de défense ou de sécurité.
Procédure négociée avec publicité préalable	Restreinte	
Dialogue compétitif	Restreinte	Utilisable seulement lorsque le pouvoir adjudicateur est placé dans l'un des cas d'ouverture (voir § 22.1 et suivants)

Le tableau 18.5 résume les principaux changements concernant les procédures applicables.

Tab. 18.5 Concordance ancienne et nouvelle réglementation

Nouvelles références	Anciennes références	Objet et apports essentiels
Art. 42 O. 2015	Art. 26 CMP	Liste des procédures formalisées. Les procédures négociées sans publicité ni mise en concurrence préalables, le concours et le système d'acquisition dynamique ne sont plus des procédures formalisées.
Art. 25 et 26 D. 2016	Art. 26 et 144 CMP	Régime du choix des procédures formalisées des pouvoirs adjudicateurs et des entités adjudicatrices. Assouplissement très substantiel du recours à la négociation par les pouvoirs adjudicateurs. Ouverture de la procédure du dialogue compétitif aux entités adjudicatrices
Art. 27 D. 2016	Art. 28 CMP	Procédures adaptées
Art. 66 D. 2016	Art. 33 CMP	Choix entre l'appel d'offres ouvert ou restreint.
CMP : Code des marchés publics 2006 O. 2015 : Ordonnance n° 2015-899 relative aux marchés publics D. 2016 : Décret n° 2016-360 relatif aux marchés publics		

19 Appels d'offres

***Références :** art. 66 du décret n° 2016-360*

L'appel d'offres est la procédure de droit commun.

Elle est la plus objective, parce qu'elle ne laisse que peu de marge de manœuvre à l'acheteur pour choisir l'offre économiquement la plus avantageuse, il doit appliquer les critères d'attribution qu'il a choisi et préalablement portés à la connaissance des candidats. Surtout, le choix de l'offre est réalisé sans qu'aucune négociation ne soit autorisée avec les candidats. Seuls des échanges ayant pour objet des demandes de précision sur la teneur des offres sont autorisés.

L'appel d'offres peut être ouvert ou restreint.

19.1 Cas d'ouverture

Les pouvoirs adjudicateurs doivent appliquer la procédure d'appel d'offres dès le seuil de mise en concurrence atteint.

Les entités adjudicatrices peuvent, librement, choisir parmi les procédures formalisées et peuvent lui préférer la procédure négociée avec mise en concurrence préalable ou le dialogue compétitif (sur cette procédure, voir § 22.1 et suivants). Il en va de même dans le secteur des achats de défense ou de sécurité, les acheteurs pouvant lui préférer librement la procédure négociée avec publicité préalable, à ceci près que l'appel d'offres est toujours restreint dans ce secteur (voir ci-dessous).

19.2 Choix de l'appel d'offres ouvert ou restreint

L'acheteur peut librement choisir entre l'appel d'offres ouvert et l'appel d'offres restreint.
– l'appel d'offres est ouvert lorsque le nombre de candidats n'est pas déterminé à l'avance. Les candidats remettent leurs candidatures et leurs offres en même temps ;
– l'appel d'offres est restreint lorsque l'acheteur décide à l'avance de limiter le nombre de candidats qui seront admis à présenter une offre. La procédure se fait alors en deux phases chronologiquement distinctes.

L'appel d'offres ouvert présente l'avantage d'être une procédure moins longue et moins lourde : les réponses des candidats sont sollicitées et reçues et même temps, c'est à l'administration, ensuite, de gérer le déroulement de la procédure (voir § 20.1 et suivants).

L'appel d'offres restreint est une procédure lourde : à une phase de collecte des candidatures, suivie du choix des candidatures, succède une phase, distincte, de collecte des offres, auprès des seuls candidats sélectionnés. Le choix des candidatures donne lieu à une véritable sélection, sur la base de critères préalablement portés à la connaissance des candidats dans l'avis de marché et le dossier de la consultation. Le calendrier est plus long (voir § 21.1 et suivants).

À RETENIR

Les procédures d'attribution des achats de défense ou de sécurité sont toujours restreintes

Les achats relevant de la défense et de la sécurité bénéficient d'un régime plus souple, qui permet au pouvoir adjudicateur de choisir, lui aussi, la procédure formalisée qu'il souhaite mettre en œuvre. Toutefois, s'il choisit l'appel d'offres, il s'agira nécessairement d'un appel d'offres restreint, l'appel d'offres ouvert ne répondant pas aux exigences de protection des informations attachées à la passation des marchés de défense ou de sécurité et, surtout, ne permet pas à l'acheteur de mener une politique industrielle et d'assurer, ainsi, sur le long terme, la sécurité de ses approvisionnements.

En pratique, la procédure d'appel d'offres restreint n'est que peu utilisée, mais présente un double avantage :
– permettre à l'acheteur de réserver l'accès au dossier de la consultation qu'aux seuls candidats sélectionnés, ce qui lui permet, en tant que de besoin, de préserver la confidentialité de certains documents ;
– limiter le nombre de candidats lorsqu'en appel ouvert, leur nombre rend impossible ou très fastidieuse l'analyse des offres. Il en est ainsi dans les procédures massifiées, dans lesquelles plusieurs centaines de dossiers peuvent être reçus par l'acheteur. Pour cette raison, la Direction des achats de l'État ne recourt pas, en pratique, à l'appel d'offres ouvert.

APPLICATION

Il peut être demandé aux candidats de présenter une accréditation au secret défense pour garantir la protection de documents classifiés. La candidature des opérateurs économiques ne justifiant pas de cette accréditation ou d'un équivalent ne pourra être retenue.

La figure 19.1 synthétise les principales caractéristiques de ces deux procédures.

Le tableau 19.1 résume les principaux changements concernant le cadre général des appels d'offres.

Tab. 19.1 Concordance ancienne et nouvelle réglementation

Nouvelles références	Anciennes références	Objet et apports essentiels
Art. 66 D. 2016	Art. 33 CMP	Définition des procédures d'appel d'offres.
CMP : Code des marchés publics 2006 D. 2016 : Décret n° 2016-360 relatif aux marchés publics		

Le montant de l'opération ou du marché atteint ou est susceptible d'atteindre un seuil de procédure formalisée

↓

Appel d'offres

Procédure **obligatoire** sauf cas particuliers pour les pouvoirs adjudicateurs.
Procédure **au choix** pour les entités adjudicatrices.
Procédure **au choix** pour les achats de défense et de sécurité.

↓ ↓

Ouvert
(choix libre)

Le nombre des candidats n'est pas déterminé à l'avance.

Les candidats remettent en même temps leur candidature et leur offre.

Toutes les candidatures recevables et présentant des capacités suffisantes sont retenues.

Tous les candidats ont accès au dossier de consultation.

Restreint
(choix libre, pour les achats de défense et de sécurité, la procédure est toujours restreinte)

Le nombre des candidats admis à présenter une offre est limité.

Les phases de sélection des candidatures et de sélection des offres sont distinctes dans le temps, les entreprises sont sollicitées à chaque étape.

Le pouvoir adjudicateur sélectionne les meilleures candidatures.

L'acheteur peut réserver l'accès au dossier de la consultation aux seuls candidats admis à présenter une offre.

Autres procédures ouvertes

- concours ouvert ;
- système d'acquisition dynamique ;
- procédure adaptée ouverte.

Autres procédures restreintes

- procédure concurrentielle avec négociation (pouvoirs adjudicateurs) ou procédure négociée avec mise en concurrence préalable (entités adjudicatrices) ;
- dialogue compétitif ;
- concours restreint ;
- système d'acquisition dynamique ;
- procédure adaptée restreinte.

Fig. 19.1. Formes d'appel d'offres

20 Appel d'offres ouvert

Références *: art. 66, 67 et 68 du décret n° 2016-360*

L'appel d'offres est ouvert lorsque le nombre de candidats n'est pas déterminé à l'avance : tout opérateur économique peut soumissionner.

20.1 Déroulement de la procédure

La procédure d'appel d'offres ouvert se déroule en deux phases :
– une phase de choix des candidatures ;
– une phase de choix des offres.

Elle se caractérise par le fait que ces deux phases ne sont pas séparées dans le temps en deux étapes, comme c'est le cas des procédures restreintes : les candidats déposent, en même temps, leur dossier de candidature et leur offre.

20.1.1 Publicité

L'appel d'offres ouvert est une procédure formalisée de niveau européen. Il est soumis, à ce titre, aux obligations de publicité applicable à ces procédures (voir § 38.1 et suivants).

L'avis de marché présente les besoins et les exigences de l'acheteur, qui sont, le cas échéant, complétés par le dossier de la consultation. Il mentionne, notamment, les critères d'attribution et les modalités de mise en œuvre de ces critères, c'est-à-dire leur pondération.

20.1.2 Dossier de la consultation

Les modalités d'obtention du dossier de la consultation sont mentionnées dans l'avis de marché.

S'agissant d'une procédure ouverte, le dossier de la consultation comporte l'ensemble des pièces de la procédure, relatives à la fois à la constitution du dossier de candidature et de celui de l'offre. Il est mis en ligne sur le profil d'acheteur de l'acheteur et, son accès est libre, direct et complet.

Il est, ainsi, possible d'en obtenir le téléchargement de manière anonyme, ce qui permet aux opérateurs économiques de prospecter des marchés sans se faire connaître.

À RETENIR

Contenu du dossier de consultation des entreprises (DCE) en appel d'offres ouvert

Le DCE contient l'ensemble des éléments dont les candidats ont besoin pour élaborer leur dossier de candidature et d'offre (voir § 35.1 et suivants). Leur contenu varie en fonction de l'objet de chaque marché, voire de chaque lot, mais y figurent généralement les éléments suivants :

– le règlement de la consultation ;
– les cahiers des charges (CCAP, CCTP) ;
– l'acte d'engagement, le cas échéant, ce document n'étant plus obligatoire (formulaire ATTRI1 ou équivalent) ;
– les formulaires d'aide à la présentation des candidatures (DC1, Lettre de candidature – Habilitation du mandataire par ses cotraitants ; DC2, Déclaration du candidat individuel ou du membre du groupement ; document unique de marché européen (Dume), le cas échéant, en substitution aux formulaires DC1 et DC2 ; DC4, Déclaration de sous-traitance). Ces formulaires peuvent être remplacés par des équivalents ou la mention de l'adresse à laquelle ils peuvent être téléchargés ;
– les bordereaux de prix (le cas échéant) ;
– les cadres de réponse, à compléter par le candidat (le cas échéant) ;
– les éventuels éléments d'information des candidats, tels que des plans.

Le DCE peut aussi être tenu adressé, par voie postale, sur leur demande, aux candidats, si la procédure n'est pas entièrement dématérialisée.

À RETENIR

Les formulaires relatifs à la « déclaration du candidat » (DC) et l'acte d'engagement (ATTRI1) sont téléchargeables à l'adresse suivante : http://www.economie.gouv.fr/daj/formulaires, rubrique « Formulaires marchés publics ».

20.1.3 Recueil et choix des candidatures et des offres

Les dossiers de candidatures et d'offres sont recueillis par le pouvoir adjudicateur dans un délai qui ne peut, en principe, être inférieur à 35 jours à compter de la date d'envoi pour publication de l'avis de publicité (voir 41.1.6). Ce délai peut être ramené à 30 jours si les candidatures et les offres sont transmises par voie électronique. En cas d'urgence, ce délai peut être ramené au délai minimum de 15 jours.

À RETENIR

Pour être utilisable, l'urgence doit être justifiée et ne peut être imputable au pouvoir adjudicateur.

En appel d'offres ouvert, l'acheteur se livre à l'élimination des candidatures les plus mauvaises, il élimine les candidats qui n'ont pas la capacité à exécuter les prestations (voir § 47.1 et suivants).

L'acheteur choisit les candidats dont les offres seront examinées (voir § 48.1 et suivants). Les candidats écartés sont informés, par une notification écrite, du rejet de leur candidature et du motif de ce rejet.

L'acheteur analyse les offres, en suivant les étapes suivantes :
– il sollicite des soumissionnaires, s'il le souhaite, la régularisation des offres irrégulières, à l'exception des offres anormalement basses (voir § 50.1) ;
– il élimine les offres demeurées non recevables ;
– il procède au classement des offres recevables.

L'acheteur peut désormais examiner les candidatures après les offres (voir § 47.1 et suivants). Il n'est pas certain que cette souplesse ait été indispensable. Il est parfois avancé qu'elle répond bien à la situation pratique dans laquelle la remise en concurrence d'un marché récurrent donne lieu à la manifestation des mêmes candidatures, et qu'il n'est pas utile de passer du temps, en amont de la procédure, à examiner celles-ci. L'argument est faible : l'examen de la capacité des candidats devra être réalisé en tout état de cause, tandis que l'examen de la recevabilité de la candidature se limite, en amont de la procédure, au recueil d'attestations sur l'honneur, la vérification des informations qu'elle contient est toujours réalisée en fin de procédure.

À RETENIR

Cette souplesse pourrait, en revanche, introduire de la confusion en invitant les acheteurs à l'indulgence dans l'examen des candidatures vis-à-vis du soumissionnaire à qui l'attribution du marché ou de l'accord-cadre est pressentie. Or, un examen sérieux des candidatures est indispensable à la bonne fin du marché : un soumissionnaire peut présenter une offre financièrement très intéressante, précisément parce qu'il est en difficulté et veut obtenir le marché nécessaire à sa survie, parce qu'il prend des libertés avec ses obligations fiscales ou sociales ou qu'il ne dispose pas des capacités raisonnablement nécessaires à l'exécution des prestations. Dans ces conditions, l'attribution du marché recèle un risque pour le pouvoir adjudicateur, la défaillance d'un opérateur pendant l'exécution d'un marché public est toujours une situation très difficile.

Le marché est attribué au candidat qui a présenté l'offre économiquement la plus avantageuse en application des critères définis dans l'avis de marché (voir § 36.1 et suivants).

20.2 Achèvement de la procédure

Les différentes phases d'achèvement de la procédure doivent être accomplies dans le bon ordre.

20.2.1 Mise au point du marché

La mise au point du marché est la phase de discussion utile à la finalisation de certaines clauses du marché, à la condition de ne pas remettre en cause la mise en concurrence. Il s'agit très souvent d'une nécessité en appel d'offres, qui ne comprend aucune négociation, mais elle est souvent très utile aux termes de la procédure de dialogue compétitif ou, même, en procédure négociée.

La mise au point permet de préciser les clauses du marché sur des points de détail ou, en tout état de cause, qui ne sont pas susceptibles de remettre en cause le périmètre de la mise en concurrence : il ne saurait s'agir d'une négociation portant, par exemple, sur le contenu de l'offre ou sur le prix des prestations. Elle ne peut porter sur des caractéristiques substantielles de l'offre et ne doit pas, bien entendu, aboutir à la remise en cause le classement des offres.

APPLICATION

La mise au point du marché peut porter sur la définition des modalités de la livraison ou des horaires d'intervention, dès lors que cette définition ne présente pas de caractère substantiel, la définition d'une procédure de règlement amiable des différends... Elle peut donner lieu à des ajustements de l'offre, mais ne saurait en aucun cas constituer un marchandage des prix, strictement proscrit.

La mise au point n'a lieu qu'en tant que nécessaire et, est réalisée en accord avec l'attributaire.

À RETENIR

Le pouvoir adjudicateur peut utiliser le formulaire OUV11, « Mise au point », téléchargeable à l'adresse suivante : http://www.economie.gouv.fr/daj/formulaires, rubrique « Formulaires marchés publics ».

20.2.2 Recueil des attestations et certificats justifiant de la recevabilité de la candidature

Le pouvoir adjudicateur demande à l'attributaire de lui remettre les pièces justificatives de la recevabilité de sa candidature dans un délai qu'il fixe et qui, en pratique, a été porté à sa connaissance dans le règlement de la consultation (sur ces certificats et attestations, voir § 43.2.1).

Si l'attributaire ne fournit pas ces pièces dans le délai prescrit, le pouvoir adjudicateur est tenu d'éliminer l'attributaire et d'attribuer le marché au candidat suivant sur la liste du classement des offres.

Ce n'est que lorsque le pouvoir adjudicateur est certain de tenir son attributaire, c'est-à-dire après la fourniture de ces certificats et de ces attestations, que les candidats non retenus sont informés du rejet de leurs candidatures ou de leurs offres.

20.2.3 Information des candidats non retenus

La décision du rejet de leur offre est notifiée à chacun des soumissionnaires ayant participé un dossier de candidature et d'offre (voir § 53.1 et suivants). Les candidats éliminés lors de l'examen des candidatures peuvent être informés, à ce stade de la procédure, du rejet de leur candidature.

La notification de la décision d'attribution aux candidats non retenus les délivre de leur engagement : ils ne sont plus tenus par leur offre. C'est la raison pour laquelle cette action ne doit être accomplie qu'une fois le pouvoir adjudicateur en possession de l'ensemble des pièces nécessaires à la signature du marché.

À RETENIR

Le pouvoir adjudicateur peut utiliser le formulaire NOTI1, « Information des candidats non retenus », téléchargeable à l'adresse suivante : http://www.economie.gouv.fr/daj/formulaires, rubrique « Formulaires marchés publics ».

20.2.4 Signature du marché

L'acte d'engagement est désormais rempli et signé en fin de marché. L'acheteur le fait parvenir à l'attributaire pré-rempli. L'attributaire le complète et le signe. L'acheteur le signe en retour après l'expiration du délai de suspension de la procédure (voir § 53.1 et suivants).

À RETENIR

Le pouvoir adjudicateur peut utiliser le formulaire ATTRI1, « Acte d'engagement », téléchargeable à l'adresse suivante : http://www.economie.gouv.fr/daj/formulaires, rubrique « Formulaires marchés publics ».

20.2.5 Publication d'un avis d'attribution

Lorsque le montant estimé du marché passé après une procédure d'appel d'offres ouvert atteint les seuils de procédure européens, un avis d'attribution est publié dans les 30 jours à compter de la date de la signature du marché. Cet avis mentionne, notamment, le nom de l'attributaire et le prix du marché (voir § 58.1 et suivants).

La figure 20.1 synthétise la procédure d'appel d'offres ouvert.

Le tableau 20.1 résume les principaux changements concernant l'appel d'offres ouvert.

Tab. 20.1 Concordance ancienne et nouvelle réglementation

Nouvelles références	Anciennes références	Objet et apports essentiels
Art. 67 et 68 D. 2016	Art. 57 à 59 CMP	Régime de l'appel d'offres ouvert. Diminution du délai de remise des candidatures et des offres. L'examen des candidatures peut désormais intervenir après celui des offres.

CMP : Code des marchés publics 2006
D. 2016 : Décret n° 2016-360 relatif aux marchés publics

Envoi pour publication d'un avis de marché

Pour l'État et ses établissements publics autres qu'industriels ou commerciaux, les collectivités territoriales et leurs établissements publics :
- au Journal officiel de l'Union européenne (JOUE) ;
- au Bulletin Officiel des annonces de marchés publics (BOAMP) ;
- sur le profil d'acheteur ;
- autres publications facultatives (presse locale, presse spécialisée) ;

Pour les autres acheteurs :
- pas d'obligation de publier au BOAMP.

et

Mise à disposition du dossier de la consultation

Comprend tous les éléments nécessaires à l'élaboration des dossiers de candidatures et d'offres :
- le règlement de la consultation ;
- les cahiers des charges (CCAP, CCTP) ;
- l'acte d'engagement (formulaire ATTRI1 ou équivalent) ;
- les formulaires d'aide à la présentation des candidatures (DUME, formulaires DC ou équivalents, ou adresse à laquelle le candidat peut télécharger les formulaires à compléter) ;
- les bordereaux de prix si nécessaire ;
- les cadres de réponse à compléter par le candidat.

Délai minimum 35 jours pour recueillir les candidatures et les offres, à compter de l'envoi à la publication de l'avis d'appel public à la concurrence

Délai réduit à 30 jours si les candidatures et les offres sont déposées par voie électronique
Délai de 15 jours si un avis de préinformation a été envoyé, ou en cas d'urgence.

Réception et ouverture des plis, le cas échéant demande aux candidats de compléter leur dossier de candidature ou de régulariser leurs offres si elles sont irrégulières (sauf les offres anormalement basses.

Analyse des candidatures

Le cas échéant, élimination des candidatures non recevables et celles ne présentant pas les capacités suffisantes pour exécuter les prestations.

Information des candidats écartés Information par écrit des candidats écartés, du rejet de leur candidature et des motifs de ce rejet.

Analyse des offres

Élimination des offres non recevables.
Classement des offres recevables.

Choix de l'offre économiquement la plus avantageuse.

Attribution du marché

Mise au point

Recueil auprès de l'attributaire pressenti des attestations et certificats obligatoires.

Notification aux soumissionnaires non retenus de l'attribution du marché et du rejet de leur offre (par voie postale ou électronique) Délai de suspension de la procédure de 16 jours, 11 jours si notification électronique, à respecter entre l'envoi de la notification aux candidats rejetés et la signature du marché

Signature du marché et notification au titulaire

Envoi pour publication de l'avis d'attribution

(dans les 30 jours à compter de la signature du marché).

Fig. 20.1 Procédure d'appel d'offres ouvert

21 Appel d'offres restreint

Références : art. 47, 66, 69 et 70 du décret n° 2016-360

L'appel d'offres est restreint lorsque l'acheteur public soumet la participation des candidats à condition. Il peut notamment décider à l'avance de limiter le nombre de candidats qui seront admis à présenter une offre. La procédure se fait alors en deux phases chronologiquement bien distinctes.

21.1 Déroulement de la procédure

La procédure d'appel d'offres se déroule en deux phases :
– une phase de sélection des candidatures ;
– une phase de sélection des offres.

À la différence de l'appel d'offres ouvert, ces deux phases sont marquées par la procédure : les candidats déposent un dossier de candidature, l'acheteur sélectionne les meilleures d'entre elles et invite ces seuls candidats à présenter une offre. Les autres sont éliminés.

À RETENIR

Le nombre de candidats autorisés à soumissionner est au minimum fixé à cinq.

21.1.1 Publicité

L'appel d'offres ouvert est une procédure formalisée de niveau européen. Il est soumis, à ce titre, aux obligations de publicité applicable à ces procédures (voir § 38.2).

L'avis de marché présente les besoins et les exigences de l'acheteur, qui sont, le cas échéant, complétés par le dossier de la consultation.

Il mentionne, notamment, le nombre de candidats qui seront admis à présenter une offre, les critères de sélection des candidatures, ainsi que les critères d'attribution et les modalités de mise en œuvre de ces critères, c'est-à-dire, leur pondération.

21.1.2 Dossier de la consultation

S'agissant d'une procédure restreinte, le dossier de la consultation ne comprend que les documents destinés à la présentation des candidatures, ce qui présente l'avantage, pour l'acheteur, de ne réserver l'accès à l'ensemble du dossier de la consultation qu'aux seuls candidats qu'il aura sélectionné, par exemple en raison des garanties que ceux-ci présentent en matière de protection des secrets des informations. Les procédures restreintes sont, ainsi, adaptées aux procédures d'appel d'offres impliquant des informations classifiées pour des motifs tenant à la défense ou à la sécurité nationale.

Le dossier de la consultation est mis en ligne sur le profil d'acheteur de l'acheteur et, son accès est libre, direct et complet.

À RETENIR

Contenu du dossier de consultation des entreprises (DCE) en appel d'offres restreint

Au stade de la réception des dossiers de candidature, le DCE contient l'ensemble les seuls éléments utiles à l'élaboration de ces dossiers. Y figurent généralement les éléments suivants :

– le règlement de la consultation ;

– les formulaires d'aide à la présentation des candidatures, (DC1, Lettre de candidature - Habilitation du mandataire par ses cotraitants ; DC2, Déclaration du candidat individuel ou du membre du groupement ; document unique de marché européen (Dume), le cas échéant, en substitution aux formulaires DC1 et DC2 ; DC4, Déclaration de sous-traitance). Ces formulaires peuvent être remplacés par des équivalents ou la mention de l'adresse à laquelle ils peuvent être téléchargés ;

– le cadre de réponse afférent au dossier de candidature, à compléter par le candidat (le cas échéant).

Le dossier de la consultation peut aussi être tenu adressé, par voie postale, sur leur demande, aux candidats, si la procédure n'est pas entièrement dématérialisée.

À RETENIR

Les formulaires relatifs à la « déclaration du candidat » (DC) sont téléchargeables à l'adresse suivante : http://www.economie.gouv.fr/daj/formulaires, rubrique « Formulaires marchés publics ».

21.1.3 Recueil et le choix des candidatures

Le pouvoir adjudicateur recueille les dossiers de candidatures et sélectionne les meilleurs candidats. Il invite, dans un deuxième temps, les candidats sélectionnés, qualifiés de « soumissionnaires », à déposer leur offre.

À RETENIR

Le nombre de candidats à retenir devrait être suffisant pour garantir l'optimisation de la concurrence, de manière à permettre l'émergence de l'offre économiquement la plus avantageuse. Il est fixé au minimum à cinq. Si ce nombre n'est finalement pas atteint en raison d'un nombre insuffisant de candidatures, la procédure n'est pas bloquée et continue avec les candidats disponibles.

En revanche, il n'est pas recommandé de continuer la procédure avec un seul soumissionnaire. En dehors des cas dans lesquels il n'existe pas de concurrence suffisante dans le secteur en cause, il est recommandé de renoncer à la procédure pour défaut de concurrence suffisante, ce qui est un motif d'intérêt général, et de relancer une nouvelle procédure en modifiant le périmètre du marché, de manière à susciter un plus grand intérêt des opérateurs économiques, par exemple en augmentant la durée du marché, le volume des prestations, en allotissant davantage ou, au contraire, en passant un marché global si cette modalité suscite une plus large concurrence que le marché alloti.

Les dossiers de candidatures sont recueillis par le pouvoir adjudicateur dans un délai qui ne peut être inférieur à 30 jours à compter de la date d'envoi pour publication de l'avis de publicité (voir § 41.1.6). Ce délai peut être ramené à 25 jours si les candidatures et les offres sont transmises par voie électronique. En cas d'urgence, ce délai peut être ramené au délai minimum de 15 jours.

À RETENIR

Pour les entités adjudicatrices, le délai est de 15 jours.

Les candidats sont sélectionnés par application des critères mentionnés dans l'avis de marché. Les soumissionnaires sont invités à présenter une offre (cf. ci-dessous), les candidats écartés sont informés, par une notification écrite, du rejet de leur candidature et du motif de ce rejet.

21.1.4 Recueil et le choix des offres

Une invitation à soumissionner est adressée simultanément aux candidats sélectionnés. Cette invitation fixe, notamment, le délai de réception des offres (voir § 41.1.6).

Ce délai est, au minimum, de 30 jours, mais peut être ramené 25 jours si les offres sont remises par voie électronique.

Il est encore possible de réduire ce délai minimal :

– si un avis de préinformation a été publié, ce délai est de 10 jours ;

– si urgence, le délai est fixé à 10 jours. L'urgence invoquée devra être justifiée et ne peut être imputable au pouvoir adjudicateur.

Le délai ne peut donc être réduit à moins de 10 jours.

Il est, toutefois, possible de s'affranchir de ce délai en le fixant d'un commun accord avec les soumissionnaires. Cette possibilité est offerte à toutes les entités adjudicatrices, mais pas à tous les pouvoirs adjudicateurs : les « administrations publiques centrales » en sont exclues.

À RETENIR

Les administrations publiques centrales qui ne peuvent déroger au délai réglementaire de remise des offres sont les suivantes :
– l'État ;
– les établissements publics de l'État autres que ceux ayant un caractère industriel et commercial, à l'exception des établissements publics de santé ;
– les autorités administratives indépendantes dotées de la personnalité juridique ;
– la Caisse des Dépôts et consignations ;
– l'ordre national de la Légion d'honneur ;
– l'Union des groupements d'achats publics (UGAP) ;
– la fondation Carnegie ;
– la fondation Singer-Polignac.

L'invitation à soumissionner comporte les informations ou est accompagnée des pièces nécessaires à l'élaboration des offres, parmi lesquelles :
– la référence de l'avis d'appel à la concurrence publié ;
– la date limite de réception des offres, l'adresse à laquelle les offres doivent être transmises et la ou les langues autorisées pour leur présentation ;
– la liste des documents à fournir ;
– la pondération ou la hiérarchisation des critères d'attribution du marché public si ces renseignements ne figurent pas dans les documents de la consultation ;
– l'adresse du profil d'acheteur sur lequel les documents de la consultation sont mis à disposition, à défaut de quoi ces documents sont joints.

APPLICATION

Le cas échéant, elle devrait également indiquer la date limite pour demander des renseignements complémentaires.

S'ils sont fournis avec l'invitation à soumissionner, les documents utiles à l'élaboration des offres sont :
– les cahiers des charges (CCAP, CCTP) ;
– les bordereaux de prix (le cas échéant) ;
– les cadres de réponse, à compléter par le candidat (le cas échéant) ;
– les éventuels éléments d'information des candidats, tels que des plans.

L'acte d'engagement (formulaire ATTRI1 ou équivalent) n'est pas nécessairement fourni avec le dossier, il est destiné aux opérations de signature du marché et peut n'être fourni qu'à l'attributaire (voir ci-dessous).

L'acheteur analyse les offres, en suivant les étapes suivantes :
– il sollicite des soumissionnaires, s'il le souhaite, la régularisation des offres irrégulières, à l'exception des offres anormalement basses (voir § 50.1) ;
– il élimine les offres demeurées non recevables ;
– il procède au classement des offres recevables.

Le marché est attribué au candidat qui a présenté l'offre économiquement la plus avantageuse en application des critères définis dans l'avis de marché (voir § 36.1 et suivants).

21.2 Achèvement de la procédure

Les différentes phases d'achèvement de la procédure doivent être accomplies dans le bon ordre.

21.2.1 Mise au point du marché

La mise au point du marché est la phase de discussion utile à la finalisation de certaines clauses du marché, à la condition de ne pas remettre en cause la mise en concurrence. Il s'agit très souvent d'une nécessité en appel d'offres, qui ne comprend aucune négociation, mais elle est souvent très utile aux termes de la procédure de dialogue compétitif ou, même, en procédure négociée.

La mise au point permet de préciser les clauses du marché sur des points de détail ou, en tout état de cause, qui ne sont pas susceptibles de remettre en cause le périmètre de la mise en concurrence : il ne saurait s'agir d'une négociation portant, par exemple, sur le contenu de l'offre ou sur le prix des prestations. Elle ne peut porter sur des caractéristiques substantielles de l'offre et ne doit pas, bien entendu, aboutir à la remise en cause le classement des offres.

APPLICATION

La mise au point du marché peut porter sur la définition des modalités de la livraison ou des horaires d'intervention, dès lors que cette définition ne présente pas de caractère substantiel, la définition d'une procédure de règlement amiable des différends... Elle peut donner lieu à des ajustements de l'offre, mais ne saurait en aucun cas constituer un marchandage des prix, strictement proscrit.

La mise au point n'a lieu qu'en tant que nécessaire et, est réalisée en accord avec l'attributaire.

À RETENIR

L'acheteur peut utiliser le formulaire OUV11, « Mise au point », téléchargeable à l'adresse suivante : http://www.economie.gouv.fr/daj/formulaires, rubrique « Formulaires marchés publics ».

21.2.2 Recueil des attestations et certificats justifiant de la recevabilité de la candidature

L'acheteur demande à l'attributaire de lui remettre les pièces justificatives de la recevabilité de sa candidature dans un délai qu'il fixe et qui, en pratique, a été porté à sa connaissance dans le règlement de la consultation (sur ces certificats et attestations, voir § 43.1 et suivants).

Si l'attributaire ne fournit pas ces pièces dans le délai prescrit, l'acheteur est tenu d'éliminer l'attributaire et d'attribuer le marché au candidat suivant sur la liste du classement des offres.

Ce n'est que lorsque l'acheteur est certain de tenir son attributaire, c'est-à-dire après la fourniture de ces certificats et de ces attestations, que les candidats non retenus sont informés du rejet de leurs offres. Si les candidats n'ont pas encore été informés du rejet de leur candidature, la situation est régularisée.

21.2.3 Information des candidats non retenus

La décision du rejet de leur offre est notifiée à chacun des candidats ayant participé à la procédure (voir § 50.1 et suivants). Les candidats non admis à présenter une offre peuvent être informés, à ce stade de la procédure, du rejet de leur candidature.

La notification de la décision d'attribution aux candidats non retenus les délivre de leur engagement : ils ne sont plus tenus par leur offre. C'est la raison pour laquelle cette action ne doit être accomplie qu'une fois l'acheteur en possession de l'ensemble des pièces nécessaires à la signature du marché.

À RETENIR

L'acheteur peut utiliser le formulaire NOTI1, « Information des candidats non retenus », téléchargeable à l'adresse suivante : http://www.economie.gouv.fr/daj/formulaires, rubrique « Formulaires marchés publics ».

21.2.4 Signature du marché

L'acte d'engagement est désormais rempli et signé en fin de marché. L'acheteur le fait parvenir à l'attributaire pré-rempli. L'attributaire le complète et le signe. L'acheteur le signe en retour après l'expiration du délai de suspension de la procédure (voir § 53.5).

À RETENIR

L'acheteur peut utiliser le formulaire ATTRI1, « Acte d'engagement », téléchargeable à l'adresse suivante : http://www.economie.gouv.fr/daj/formulaires, rubrique « Formulaires marchés publics ».

21.2.5 Publication d'un avis d'attribution

Lorsque le montant estimé du marché passé après une procédure d'appel d'offres restreint atteint les seuils de procédure européens, un avis d'attribution est publié dans les 30 jours à compter de la date de la signature du marché. Cet avis mentionne, notamment, le nom de l'attributaire et le prix du marché (voir § 58.1 et suivants).

La figure 21.1 synthétise la procédure d'appel d'offres restreint.

Le tableau 21.1 résume les principaux changements concernant l'appel d'offres restreint

Tab. 21.1 Concordance ancienne et nouvelle réglementation

Nouvelles références	Anciennes références	Objet et apports essentiels
Art. 69 et 70 D. 2016	Art. 60 à 64 CMP	Régime de l'appel d'offres restreint. Diminution du délai de remise des candidatures et du délai de remise des offres. Possibilité de fixer le délai de remise des offres d'un commun accord pour certains acheteurs.

CMP : Code des marchés publics 2006
O. 2015 : Ordonnance n° 2015-899 relative aux marchés publics
D. 2016 : Décret n° 2016-360 relatif aux marchés publics

Envoi pour publication d'un avis de marché

Pour l'État et ses établissements publics autres qu'industriels ou commerciaux, les collectivités territoriales et leurs établissements publics :

- au journal officiel de l'Union européenne (JOUE) ;
- au bulletin officiel des annonces de marchés publics (BOAMP) ;
- sur le profil d'acheteur ;
- autres publications facultatives (presse locale, presse spécialisée).

Pour les autres acheteurs :

- pas d'obligation de publier au BOAMP.

et

Mise à disposition du dossier de la consultation

Comprend tous les éléments nécessaires à l'élaboration des dossiers de candidatures et d'offres :

- le règlement de la consultation ;
- les formulaires d'aide à la présentation des candidatures (DUME, formulaires DC ou équivalents, ou adresse à laquelle le candidat peut télécharger les formulaires à compléter) ;
- les cadres de réponse à compléter par le candidat.

Délai minimum 30 jours pour recueillir les dossiers de candidatures, à compter de l'envoi à la publication de l'avis de marché
Délai réduit à 25 jours si l'AAPC est envoyé par voie électronique
Délai réduit à 15 jours en cas d'urgence.

Réception et ouverture des plis, le cas échéant demande aux candidats de compléter leur dossier de candidature.
Examen et sélection des candidatures

Information des candidats écartés
Information par écrit des candidats écartés, du rejet de leur candidature et des motifs de ce rejet.

Invitation des candidats retenus à présenter une offre. Délai minimum : 30 jours (10 jours si avis de préinformation, 10 jours si urgence). Possibilité de fixer le délai de remise des offres d'un commun accord pour certains acheteurs.

Analyse des offres

Régularisation des offres irrégulières, le cas échéant (sauf les offres anormalement basses)
Élimination des offres non recevables
Classement des offres recevables.

Choix de l'offre économiquement la plus avantageuse.

Attribution du marché

Notification aux candidats non retenus de l'attribution du marché et du rejet de leur offre (par voie écrite ou électronique)

Mise au point

Recueil auprès de l'attributaire pressenti des attestations et certificats obligatoires.

Notification aux soumissionnaires non retenus de l'attribution du marché et du rejet de leur offre (par voie écrite ou électronique)
Délai de suspension de la procédure de 16 jours, 11 jours si notification électronique, à respecter entre l'envoi de la notification aux candidats rejetés et la signature du marché

Signature du marché et notification au titulaire

Envoi pour publication de l'avis d'attribution (dans les 30 jours à compter de la signature du marché)

Fig. 21.1. Procédure d'appel d'offres restreint

22 Dialogue compétitif

Références : *art. 25, 47, 75 et 76 du décret n° 2016-360*

Le pouvoir adjudicateur a l'obligation de définir ses besoins de manière préalable et, suffisamment précise, avant de lancer la procédure de passation du marché (voir § 5.1 et suivants). Son projet peut, toutefois, atteindre un tel niveau de complexité qu'il n'est pas toujours capable d'identifier les moyens techniques qui lui permettront de satisfaire ce besoin, ou d'établir le montage juridique ou financier de son projet.

APPLICATION

Un syndicat d'agglomération assurant en régie l'exploitation d'un service de transport urbain de voyageurs désireux de faire circuler des véhicules électriques ne maîtrise pas les solutions techniques lui permettant de choisir le type de véhicules, électrique ou hybride, propre à répondre à son besoin. Il n'est pas en mesure d'établir, compte tenu des technologies mises en œuvre, le montage approprié à son achat, par exemple sur le choix d'une acquisition simple ou en crédit-bail, ni même s'il serait judicieux de préférer à l'achat une formule de location des véhicules ou, des batteries.

Dans ces hypothèses, il peut recourir à la procédure du dialogue compétitif par les candidats lui proposeront respectivement, leurs solutions, dans le cadre d'échanges organisés dans des conditions de stricte égalité.

À RETENIR

Le choix de la procédure de dialogue compétitif introduit une forme de négociation : le dialogue, à où la procédure d'appel d'offres, qui devrait être appliquée, interdit toute forme de négociation. Le recours injustifié à cette procédure constitue une violation du droit des marchés publics passible, le cas échéant, de sanctions pénales. Les cas d'ouverture en permettant l'usage sont toutefois, désormais, très larges.

Le dialogue compétitif est une procédure formalisée restreinte : l'acheteur dialogue avec les candidats sélectionnés pour définir ou développer une ou plusieurs solutions de nature à répondre à ses besoins et sur la base de laquelle ou desquelles les participants au dialogue sont invités à remettre une offre.

L'acheteur recueille les dossiers de candidatures et sélectionne les candidats admis à participer au dialogue. Il conduit, ensuite, avec eux, ce dialogue en vue de définir ou, de développer une ou plusieurs solutions de nature à répondre à ses besoins et sur la base de laquelle ou desquelles les participants au dialogue seront invités à remettre une offre.

À RETENIR

La procédure de dialogue compétitif est désormais accessible aux entités adjudicatrices, elle l'est sans condition.

22.1 Cas d'ouverture

Il est possible de recourir au dialogue compétitif selon les mêmes cas d'ouverture que la procédure concurrentielle avec négociation (voir § 23.1 et suivants). Ces cas d'ouverture sont les suivants :

– lorsque le besoin ne peut être satisfait sans adapter des solutions immédiatement disponibles ;

À RETENIR

Ce cas d'ouverture peut être regardé comme couvrant tous les autres, sauf celui de l'appel d'offres infructueux.

– lorsque le besoin consiste en une solution innovante ;

À RETENIR

Les prestations innovantes sont les travaux, fournitures ou services nouveaux ou sensiblement améliorés, qu'ils résultent soit de la mise en œuvre de nouveaux procédés de production ou de construction, soit d'une nouvelle méthode de commercialisation ou d'une nouvelle méthode organisationnelle dans les pratiques, l'organisation du lieu de travail ou les relations extérieures de l'entreprise.

– lorsque le marché public comporte des prestations de conception ;

APPLICATION

La procédure de dialogue compétitif est donc systématiquement accessible en maîtrise d'œuvre.

– lorsque le marché public ne peut être attribué sans négociation préalable du fait de circonstances particulières liées à sa nature, à sa complexité ou au montage juridique et financier ou en raison des risques qui s'y rattachent ;

À RETENIR

Cette situation appelle plutôt la mise en œuvre d'une procédure concurrentielle avec négociation, mais le dialogue compétitif est particulièrement indiqué lorsque les circonstances particulières ont trait à la complexité du projet, en particulier lorsque l'acheteur n'est pas en mesure d'en établir seul et à l'avance le montage juridique ou financier.

– lorsque le pouvoir adjudicateur n'est pas en mesure de définir les spécifications techniques avec une précision suffisante en se référant à une norme, une évaluation technique européenne, une spécification technique commune ou un référentiel technique ;

À RETENIR

Il s'agit du champ d'application traditionnel du dialogue compétitif, qui répond aux situations dans lesquelles le marché est regardé comme complexe parce que l'acheteur n'est objectivement pas en mesure de définir seul et à l'avance les moyens techniques pouvant répondre à ses besoins.

– dans le cadre d'un appel d'offres infructueux, seules des offres irrégulières ou inacceptables (voir § 23.1 et suivants) ont été présentées pour autant que les conditions initiales du marché public ne soient pas substantiellement modifiées.

À RETENIR

L'acheteur n'est alors pas tenu de publier un avis de marché s'il ne fait participer au dialogue que le ou les soumissionnaires qui ont présenté des offres conformes aux exigences relatives aux délais et modalités formelles de l'appel d'offres. Dans le cas contraire, il est tenu de lancer une procédure de dialogue compétitif depuis son commencement.

APPLICATION

Un conseil général souhaite procéder à la rénovation d'un collège auquel il veut intégrer des objectifs de performance énergétique. Les travaux doivent avoir lieu sur site occupé. Le pouvoir adjudicateur connaît l'étendue de son besoin : le projet porte sur un site précisément défini, un établissement et, le conseil général s'est fixé un objectif de résultat portant sur les économies d'énergies qu'il compte réaliser.

Les services techniques du conseil général sont capables de rédiger le cahier des charges pour la partie purement bâtimentaire du projet, mais ne connaissent pas les moyens techniques pouvant être mis en œuvre pour atteindre les objectifs d'économie d'énergie dont il a besoin.

En outre, les services du conseil général ne savent quel montage contractuel choisir. Ils hésitent entre un montage classique, reposant sur la passation successive de marchés de maîtrise d'œuvre, de travaux et d'exploitation maintenance et, un marché global sur performance regroupant la conception, la réalisation et l'exploitation et la maintenance de son ouvrage, de manière à permettre aux entreprises de s'engager contractuellement sur un objectif de performance durant toute la durée du contrat.

Le conseil général décide de lancer une procédure de dialogue compétitif, pour de multiples motifs :

– en tant que le projet comporte des prestations de conception ;

– en tant que le besoin ne peut être satisfait sans adapter des solutions immédiatement disponibles ;
– en tant que le marché ne peut être attribué sans négociation préalable du fait de circonstances particulières liées à sa nature, à sa complexité ou au montage juridique et financier, ou en raison des risques qui s'y rattachent.

Si le motif retenu est la complexité du projet, cette condition s'apprécie objectivement : c'est le projet qui doit être complexe, les moyens dont dispose le pouvoir adjudicateur n'entrent pas en ligne de compte.

APPLICATION

Une commune de deux mille habitants ne peut recourir à une procédure de dialogue compétitif pour réaliser une salle des fêtes, projet qui ne présente, en lui-même, strictement aucune difficulté, au prétexte que sa petite taille lui interdit de disposer des services techniques susceptibles de porter le projet.

22.2 Déroulement de la procédure

La procédure de dialogue compétitif se déroule en trois phases :
– une phase de sélection des candidatures ;
– une phase de dialogue avec les soumissionnaires qui y sont admis ;
– une phase de dévolution du marché.

22.2.1 Publicité

Le dialogue compétitif est une procédure formalisée de niveau européen. Il est soumis, à ce titre, aux obligations de publicité européennes (voir § 38.1 et suivants).

L'acheteur définit ses besoins et ses exigences dans l'avis de marché et, le cas échéant, dans un programme fonctionnel ou un projet partiellement défini.

L'avis de marché présente les besoins et les exigences du pouvoir adjudicateur, le nombre de candidats qui seront admis à participer au dialogue et les critères de sélection des candidatures. L'avis ou d'autres documents du dossier de la consultation précisent les modalités du dialogue, les critères d'attribution et les modalités de mise en œuvre de ces critères, c'est-à-dire leur pondération, ainsi que, le cas échéant, le choix du pouvoir adjudicateur de phaser le dialogue et un calendrier indicatif.

22.2.2 Dossier de la consultation

S'agissant d'une procédure restreinte, le dossier de la consultation ne comprend que les documents destinés à la présentation des candidatures, ce qui inclut les éléments utiles de description du projet permettant aux candidats de préparer leur dossier de candidature.

Surtout, le dialogue compétitif ayant pour objet l'élaboration du cahier des charges, ce cahier des charges ne peut figurer dans le dossier de la consultation. Le pouvoir adjudicateur précise les éléments qui ne figurent pas dans l'avis de publicité.

En revanche, y figure un calendrier indicatif de la procédure.

22.2.3 Recueil et le choix des candidatures

Le dialogue compétitif est une procédure restreinte : l'acheteur se livre à une sélection des candidatures.

À RETENIR

La participation au dialogue de trois candidats minimum est requise. Le nombre de candidats doit être suffisant pour manifester une concurrence effective et permettre l'identification de l'offre économiquement la plus avantageuse. Le dialogue compétitif est cependant une procédure lourde, en raison, notamment, de sa nature et de l'obligation de mener le dialogue avec chacun des candidats dans des conditions de stricte égalité. Il n'est donc pas recommandé de retenir plus de trois ou quatre candidats pour participer au dialogue. Si les participants sont moins nombreux que le nombre indiqué, la procédure peut continuer.

Les dossiers de candidatures sont recueillis par le pouvoir adjudicateur dans un délai qui ne peut être inférieur à 30 jours à compter de la date d'envoi pour publication de l'avis de publicité (voir § 41.1 et suivants). Il n'est pas possible de diminuer ce délai, ni en raison de la dématérialisation de la procédure, ni en raison de l'urgence.

À RETENIR

Il n'est pas indiqué de recourir à cette procédure en cas d'urgence : elle est longue.

Les candidats sont sélectionnés par application des critères mentionnés dans l'avis d'appel public à la concurrence. Les candidats retenus sont invités à participer au dialogue (cf. § 1.2.4), les candidats écartés sont informés, par une notification écrite, du rejet de leur candidature et du motif de ce rejet.

22.2.4 Invitation au dialogue

L'acheteur invite les candidats retenus à participer au dialogue.

Cette invitation comporte les informations ou est accompagnée des pièces nécessaires au dialogue, et notamment :
– la référence de l'avis d'appel à la concurrence publié ;
– la date et le lieu du dialogue ainsi que la ou les langues utilisées ;
– la liste des documents à fournir ;
– la pondération ou la hiérarchisation des critères d'attribution du marché public si ces renseignements ne figurent pas dans les documents de la consultation, ce qui serait d'ailleurs un manquement aux obligations de mise en concurrence ;
– l'adresse du profil d'acheteur sur lequel les documents de la consultation sont mis à disposition, à défaut de quoi ils sont joints.

APPLICATION

Le cas échéant, elle devrait également indiquer la date limite pour demander des renseignements complémentaires.

22.2.5 Dialogue

Le dialogue est une discussion menée individuellement avec chacun des candidats sélectionnés, de manière à présenter au pouvoir adjudicateur les solutions susceptibles de répondre à son besoin.

Elle doit, c'est essentiel, être menée dans des conditions de stricte égalité et de stricte confidentialité.

APPLICATION

Les candidats doivent être convoqués au même nombre d'auditions, espacées selon les mêmes intervalles. Les ordres du jour doivent leur être communiqués dans le même délai précédent l'audition et il ne saurait être question d'y déroger. Les informations données aux candidats sont les mêmes.

Notion de dialogue

Le dialogue n'est pas une négociation. Il a pour seul objet l'identification et la définition des moyens propres à satisfaire au mieux les besoins. En revanche, tous les éléments du marché peuvent être discutés, à commencer par les incidences financières des solutions techniques proposées.

À RETENIR

Le dialogue compétitif est mené préalablement à la remise des offres, il porte sur le cadre dans lequel les candidats devront remettre leurs offres. La négociation menée dans le cadre d'une procédure négociée porte sur le contenu des offres, qui ont préalablement été remises, le cahier des charges est connu, le périmètre de la mise en concurrence ne doit pas être remis en cause.

Organisation du dialogue

Le dialogue se poursuit jusqu'à ce que soient identifiées, éventuellement après les avoir comparées, la ou les solutions qui sont susceptibles de répondre aux besoins, pour autant qu'il y ait un nombre suffisant de solutions appropriées.

Au cours du dialogue, chaque candidat est entendu dans des conditions d'égalité. L'acheteur ne peut donner à certains candidats des informations susceptibles de les avantager par rapport à d'autres. Il ne peut révéler aux autres candidats des solutions proposées ou des informations confidentielles communiquées par un candidat dans le cadre de la discussion, sans l'accord de celui-ci.

Phasage du dialogue

Le dialogue, comme une négociation, peut être phasé.

La procédure consiste à organiser le dialogue en phases successives de manière à réduire le nombre de solutions à discuter pendant la phase du dialogue en appliquant les critères de sélection des offres, indiqués dans l'avis de marché ou dans les autres documents de la consultation.

Le recours à cette faculté doit avoir été indiqué dans l'avis de marché ou dans les autres documents de la consultation.

Fin du dialogue

L'acheteur met fin au dialogue lorsqu'il estime détenir les solutions qui lui manquaient. Il n'y a pas de délai, le dialogue a lieu jusqu'à ce que le pouvoir adjudicateur y mette un terme ou que l'ensemble des candidats aient jeté l'éponge.

À RETENIR

Conduire le dialogue suppose une discipline, il ne s'agit pas de revenir sans cesse sur des points qui ont déjà été abordés au cours du dialogue et tranchés, sous peine de rendre la procédure interminable et de décourager les candidats qui pourraient renoncer à poursuivre. Il ne faut pas oublier que la procédure est exigeante pour le pouvoir adjudicateur, coûteuse pour les candidats, qui mobilisent une équipe projet pour tenter de répondre aux besoins du pouvoir adjudicateur.

22.2.6 Remise et choix des offres

L'acheteur adresse aux candidats encore en lice une invitation à remettre une offre finale. Cette invitation comporte au minimum les éléments suivants :
– la référence de l'avis d'appel à la concurrence publié ;
– la date limite de réception des offres, l'adresse à laquelle les offres doivent être transmises et la ou les langues autorisées pour leur présentation ;
– la liste des documents à fournir ;
– la pondération ou la hiérarchisation des critères d'attribution du marché public si ces renseignements ne figurent pas dans les documents de la consultation ;
– l'adresse du profil d'acheteur sur lequel les documents de la consultation sont mis à disposition, à défaut de quoi ils sont joints.

À RETENIR

L'acheteur invite les candidats à lui remettre une offre sur la base d'un programme fonctionnel, non d'un cahier des charges qu'il est pourtant, désormais, en mesure de rédiger. S'il invitait les candidats à lui remettre leur offre sur la base d'un cahier des charges, nécessairement issu, pour une large part, du dialogue, il compromettrait les secrets commerciaux et industriels du candidat dont la solution aurait ainsi été pressentie.

Le marché est attribué au candidat qui a présenté l'offre économiquement la plus avantageuse en application des critères définis dans l'avis de marché.

Une phase d'échanges peut suivre la remise de ces offres. En particulier, l'acheteur peut demander aux soumissionnaires des précisions, des clarifications, des perfectionnements ou des compléments sur leur offre. En revanche, il ne s'agit pas d'une négociation, l'offre remise est une offre finale et les demandes de l'acheteur ne peuvent avoir pour effet de modifier les aspects essentiels de cette offre finale lorsque les modifications proposées peuvent fausser la concurrence ou avoir un effet discriminatoire. En particulier, les besoins et les exigences du dossier de la consultation ne peuvent être discutés.

22.3 Achèvement de la procédure

Les différentes phases d'achèvement de la procédure doivent être accomplies dans le bon ordre.

22.3.1 Primes versées à tous les candidats

Une prime peut être versée aux candidats, dès lors que son octroi a été annoncé dans l'avis de marché ou les autres documents du dossier de la consultation :
– elle indemnise les soumissionnaires non retenus des frais qu'ils ont engagés pour participer au dialogue ;
– elle est également versée au titulaire du marché, son montant sera alors déduit du prix de règlement du marché.

La prime n'est pas obligatoire, sauf si le marché est un marché de maîtrise d'œuvre passé, selon la procédure du dialogue compétitif (voir § 26.4).

À RETENIR

Le versement d'une prime n'est pas obligatoire, mais il est judicieux d'en verser une aux candidats qui ont participé au dialogue. Il s'agit d'une procédure coûteuse pour les soumissionnaires, elle mobilise des équipes le temps nécessaire à la procédure et nécessite souvent des études préalables ou des chiffrages fastidieux et chronophages. La prime est destinée à amortir une partie de ces frais. Elle est rarement suffisante à les couvrir en totalité, néanmoins :
– elle permet au pouvoir adjudicateur de s'assurer de la qualité du dialogue en s'engageant financièrement aux côtés des entreprises ;
– elle entretient la concurrence et permet de ne pas décourager ces entreprises après un échec, ces entreprises sont encouragées à répondre aux procédures suivantes.

22.3.2 Mise au point du marché

La mise au point du marché est la phase de discussion utile à la finalisation de certaines clauses du marché, à la condition de ne pas remettre en cause la mise en concurrence. Il s'agit très souvent d'une nécessité en appel d'offres, qui ne comprend aucune négociation, mais elle est souvent très utile aux termes de la procédure de dialogue compétitif ou, même, en procédure négociée : ce n'est pas l'offre, qui est mise au point, l'offre a été choisie.

La mise au point du marché permet de préciser les clauses du marché sur des points de détail qui, en tout état de cause, ne sont pas susceptibles de remettre en cause le périmètre de la mise en concurrence. Il s'agit de rendre l'ensemble de ces clauses compatibles avec les engagements de l'offre de l'attributaire. Elle ne peut porter sur des caractéristiques substantielles ou des éléments fondamentaux de l'offre ou des caractéristiques essentielles du marché et ne doit pas, bien entendu, aboutir à la remise en cause du classement des offres.

APPLICATION

La mise au point du marché peut porter sur la définition des modalités de la livraison ou des horaires d'intervention, dès lors que cette définition ne présente pas de caractère substantiel, la définition d'une procédure de règlement amiable des différends… Elle ne donne pas lieu à des marchandages, qui sont proscrits.

La mise au point n'a lieu qu'en tant que nécessaire et, est réalisée en accord avec l'attributaire.

À RETENIR

L'acheteur peut utiliser le formulaire OUV11, « Mise au point », téléchargeable à l'adresse suivante : http://www.economie.gouv.fr/daj/formulaires, rubrique « Formulaires marchés publics ».

22.3.3 Recueil des attestations et certificats justifiant de la recevabilité de la candidature

L'acheteur demande à l'attributaire de lui remettre les pièces justificatives de la recevabilité de sa candidature dans un délai qu'il fixe et qui, en pratique, a été porté à sa connaissance dans le règlement de la consultation (sur ces certificats et attestations, voir § 43.1 et suivants).

Si l'attributaire ne fournit pas ces pièces dans le délai prescrit, l'acheteur est tenu d'éliminer l'attributaire et d'attribuer le marché au candidat suivant sur la liste du classement des offres.

Ce n'est que lorsque l'acheteur est certain de tenir son attributaire, c'est-à-dire après la fourniture de ces certificats et de ces attestations, que les candidats non retenus sont informés du rejet de leurs candidatures ou de leurs offres.

22.3.4 Information des candidats non retenus

La décision du rejet de leur offre est notifiée à chacun des candidats ayant participé au dialogue et déposé une offre (voir § 53.1 et suivants). Les candidats non admis à participer au dialogue peuvent être informés, à ce stade de la procédure, du rejet de leur candidature.

La notification de la décision d'attribution aux candidats non retenus les délivre de leur engagement : ils ne sont plus tenus par leur offre. C'est la raison pour laquelle cette action ne doit être accomplie qu'une fois le pouvoir adjudicateur en possession de l'ensemble des pièces nécessaires à la signature du marché.

À RETENIR

L'acheteur peut utiliser le formulaire NOTI1, « Information des candidats non retenus », téléchargeable à l'adresse suivante : http://www.economie.gouv.fr/daj/formulaires, rubrique « Formulaires marchés publics ».

22.3.5 Signature du marché

L'acte d'engagement est désormais rempli et signé en fin de marché. L'acheteur le fait parvenir à l'attributaire pré-rempli. L'attributaire le complète et le signe. L'acheteur le signe en retour après l'expiration du délai de suspension de la procédure (voir § 53.5).

À RETENIR

L'acheteur peut utiliser le formulaire ATTRI1, « Acte d'engagement », téléchargeable à l'adresse suivante : http://www.economie.gouv.fr/daj/formulaires, rubrique « Formulaires marchés publics ».

22.3.6 Publication d'un avis d'attribution

Lorsque le montant estimé du marché passé après un dialogue compétitif atteint les seuils de procédure européens, un avis d'attribution est publié dans les 30 jours à compter de la date de la signature du marché. Cet avis mentionne, notamment, le nom de l'attributaire et le prix du marché (voir § 58.1 et suivants).

La figure 22.1 synthétise la procédure de dialogue compétitif.

Le tableau 22.1 résume les principaux changements concernant le dialogue compétitif.

Tab. 22.1 Concordance ancienne et nouvelle réglementation

Nouvelles références	Anciennes références	Objet et apports essentiels
Art. 25 D. 2016	Art. 36 CMP	Cas d'ouverture de la procédure concurrentielle avec négociation. Large ouverture des conditions d'accès à cette procédure, communs avec la procédure concurrentielle avec négociation.
Art. 47 D. 2016	Art. 67 CMP	Réduction du nombre de candidats admis à participer au dialogue.
Art. 75 et 76 D. 2016	Art. 67 CMP	Régime du dialogue compétitif. Diminution du délai de remise des candidatures et suppression du délai de remise des offres.
CMP : Code des marchés publics 2006 O. 2015 : Ordonnance n° 2015-899 relative aux marchés publics D. 2016 : Décret n° 2016-360 relatif aux marchés publics		

Envoi pour publication d'un avis de marché

Pour l'État et ses établissements publics autres qu'industriels ou commerciaux, les collectivités territoriales et leurs établissements publics :

- au journal officiel de l'Union européenne (JOUE) ;
- au bulletin officiel des annonces de marchés publics (BOAMP) ;
- sur le profil d'acheteur ;
- autres publications facultatives (presse locale, presse spécialisée).

Pour les autres acheteurs :

- pas d'obligation de publier au BOAMP.

et

Mise à disposition du dossier de la consultation

Comprend tous les éléments nécessaires à l'élaboration des dossiers de candidatures et d'offres :

- le règlement de la consultation ;
- les formulaires d'aide à la présentation des candidatures (DUME, formulaires DC ou équivalents, ou adresse à laquelle le candidat peut télécharger les formulaires à compléter) ;
- les cadres de réponse à compléter par le candidat.
- les modalités du dialogue ;
- un calendrier indicatif.

Délai minimum 30 jours pour recueillir les dossiers de candidatures, à compter de l'envoi à la publication de l'avis de marché

Réception et ouverture des plis, le cas échéant demande aux candidats de compléter leur dossier de candidature.
Examen et sélection des candidatures

Information par écrit, des candidats écartés, du rejet de leur candidature et des motifs de ce rejet

Envoi aux candidats retenus d'une **invitation à participer au dialogue**
L'invitation contient les informations utiles et devrait mentionner :

- les documents de la consultation ou les modalités permettant d'y accéder ;
- les références de l'avis de marché ;
- le cas échéant la date limite pour obtenir des éléments complémentaires ;
- la date et le lieu où se dérouleront les opérations de dialogue, ainsi que l'obligation d'utiliser le français.
- La liste des documents à fournir

Phase de dialogue

Maintien de conditions de stricte égalité entre les candidats admis à participer au dialogue
Phasage possible
Pas de délai.
Le dialogue se poursuit jusqu'à ce que les solutions propres à satisfaire les besoins exprimés par le pouvoir adjudicateur soient identifiées

Invitation faite aux candidats encore en lice de présenter une offre définitive sur la base des solutions qu'ils ont présentées au cours du dialogue

Réception et analyse des offres

Régularisation des offres irrégulières, le cas échéant (sauf les offres anormalement basses)
Elimination des offres non recevables
Classement des offres recevables.

Choix de l'offre économiquement la plus avantageuse.

Fig. 22.1. Procédure de dialogue compétitif

Procédure concurrentielle avec négociation 23

***Références** : art. 71, 72 et 73 du décret n° 2016-360*

Une procédure négociée est une procédure dans laquelle le pouvoir adjudicateur négocie les conditions du marché avec un ou plusieurs opérateurs économiques. La procédure concurrentielle avec négociation est la procédure formalisée applicable aux pouvoirs adjudicateurs.

À la différence de la procédure négociée sans publicité ni mise en concurrence préalable (voir § 24.1 et suivants), la procédure concurrentielle avec négociation est une procédure formalisée, elle implique la mise en œuvre de critères objectifs d'attribution.

C'est une procédure restreinte, ce qui signifie que la procédure se fait alors en deux phases chronologiquement distinctes et que l'acheteur décide à l'avance de ne négocier qu'avec les candidats qu'il aura autorisés. Il peut, ainsi, limiter le nombre de candidats qui seront admis à présenter une offre.

23.1 Cas d'ouverture

La procédure négociée avec publicité préalable et mise en concurrence est une procédure formalisée, au même titre que l'appel d'offres. La présence de la phase de négociation introduit une part importante de subjectivité dans la procédure, de sorte que cette procédure présente un caractère dérogatoire. Les pouvoirs adjudicateurs ne peuvent y recourir que dans des cas d'ouverture déterminés. Il doit justifier de ces hypothèses dans le rapport de présentation du marché.

Toutefois, désormais, ces cas d'ouverture sont très larges. Ils sont communs avec le dialogue compétitif, ce qui signifie que lorsque le pouvoir adjudicateur peut s'en prévaloir, il peut librement choisir entre les deux procédures. Il choisit celle qui est le mieux à même à répondre à ses besoins.

À RETENIR

La procédure concurrentielle avec négociation est optionnelle, l'acheteur peut toujours, même lorsqu'il se trouve dans l'un des cas d'ouverture, préférer d'organiser un appel d'offres.

Les entités adjudicatrices peuvent, librement, choisir parmi les procédures formalisées et, donc, choisir librement la procédure négociée avec mise en concurrence préalable, qui est la procédure négociée qui leur est dédiée. Il en va de même pour les achats de défense ou de sécurité.

23.1.1 Besoin ne pouvant être satisfait sans adapter des solutions immédiatement disponibles

Le pouvoir adjudicateur peut recourir à la négociation dès lors que son besoin ne peut être satisfait sans adapter des solutions immédiatement disponibles. Cela se traduit par le fait que le cahier des charges impose des spécifications techniques destinées à obtenir des fournitures, des services ou des travaux spécifiquement conçus pour répondre à ses besoins, ou obtenir leur adaptation à ses besoins.

Ce cas d'ouverture est sans doute le plus large : seuls les achats courants ou ne présentant pas de spécificité particulière y échappent. Toutefois, le principe restant l'appel d'offres, il serait déraisonnable de regarder l'appel d'offres comme une procédure marginale : la procédure concurrentielle avec négociation reste dérogatoire et son champ d'application doit être interprété avec rigueur.

À RETENIR

Ce cas d'ouverture très large traduit l'idée que le pouvoir adjudicateur réalise un meilleur achat s'il peut négocier. C'est notamment l'idée qui avait présidé à la mise en place du régime des marchés de défense ou de sécurité. Elle traduit une maturité nouvelle de la réglementation, et constitue sans doute l'apport le plus substantiel des nouvelles directives européennes. Le principe du recours à l'appel d'offres reste toutefois en vigueur, ce principe figurant dans l'Accord sur les marchés publics, accord multilatéral inséré en droit positif par ces directives, qui ne peuvent donc y renoncer.

Tous les marchés de travaux n'entrent tout de même pas dans ce cas d'ouverture. Ils ne comprennent pas de prestations de conception, qui font l'objet d'un autre marché, de maîtrise d'œuvre. S'il s'agit d'une opération bâtimentaire sans spécificité particulière, les solutions techniques mises en œuvre sont généralement immédiatement disponibles.

APPLICATION

Un conseil général souhaite procéder à la rénovation d'un collège auquel il veut intégrer des objectifs de performance énergétique. Les travaux doivent avoir lieu sur site occupé. Le pouvoir adjudicateur connaît l'étendue de son besoin : le projet porte sur un site précisément défini, un établissement et, le conseil général s'est fixé un objectif de résultat portant sur les économies d'énergies qu'il compte réaliser.

Les services techniques du conseil général sont capables de rédiger le cahier des charges pour la partie purement bâtimentaire du projet, mais ne connaissent pas les moyens techniques pouvant être mis en œuvre pour atteindre les objectifs d'économie d'énergie dont il a besoin.

Les services du conseil général ne savent quel montage contractuel choisir. Ils hésitent entre un montage classique, reposant sur la passation successive de marchés de maîtrise d'œuvre, de travaux et d'exploitation maintenance et, un marché global de performance regroupant la conception, la réalisation et l'exploitation et la maintenance de son ouvrage, de manière à permettre aux entreprises de s'engager contractuellement sur un objectif de performance durant toute la durée du contrat.

Le conseil général opte pour un montage global et décide de lancer une procédure concurrentielle avec négociation, qui est possible pour de multiples motifs :
– en tant que le projet porte sur site occupé ;
– en tant que le projet global comporte des prestations de conception ;
– en tant que le besoin ne peut être satisfait sans adapter des solutions immédiatement disponibles ;
– en tant que le marché ne peut être attribué sans négociation préalable du fait de circonstances particulières liées à sa nature, à sa complexité ou au montage juridique et financier, ou en raison des risques qui s'y rattachent.

23.1.2 Solution innovante

Les prestations innovantes sont les travaux, fournitures ou services nouveaux ou sensiblement améliorés, qu'ils résultent soit de la mise en œuvre de nouveaux procédés de production ou de construction, soit d'une nouvelle méthode de commercialisation ou d'une nouvelle méthode organisationnelle dans les pratiques, l'organisation du lieu de travail ou les relations extérieures de l'entreprise.

Les marchés dont l'objet réside dans une solution innovante peuvent être négociés, de manière à mieux appréhender le risque spécifique pris par l'acheteur lorsqu'il procède à l'acquisition de ces solutions. Le partenariat d'innovation, montage contractuel spécifiquement dédié à l'acquisition de prestations innovantes, requiert la mise en œuvre d'une procédure concurrentielle avec négociation (voir § 28.1 et suivants).

APPLICATION

Le recours à la négociation permet, par exemple, de fixer avec les candidats les conditions de détermination du prix, qui peut, dans une telle situation, être un prix provisoire (voir § 9.1 et suivants).

Les marchés et accords-cadres de travaux, conclus uniquement à des fins de recherche, d'essai, d'expérimentation ou de mise au point sans finalité commerciale immédiate, peuvent faire l'objet d'une procédure négociée après publicité préalable et mise en concurrence.

APPLICATION

Pour mener à bien des projets de recherche assortis d'un programme de travaux, le pouvoir adjudicateur peut avoir besoin de recourir à des entreprises expérimentées dotées de spécialités, de connaissances ou d'aptitudes particulières.

23.1.3 Prestations de conception

Il est possible de négocier les marchés qui comportent une prestation de conception.

Cette hypothèse est, elle aussi, très large, en tant que la conception ne constitue pas nécessairement l'objet principal du marché, mais doit simplement en constituer l'un des objets.

APPLICATION

La procédure concurrentielle avec négociation, comme le dialogue compétitif, est donc systématiquement accessible en maîtrise d'œuvre lorsqu'un concours n'est pas exigé.

23.1.4 Circonstances particulières

Le marché peut être attribué après négociation lorsque des circonstances particulières liées à sa nature, à sa complexité ou au montage juridique et financier, ou en raison des risques qui s'y rattachent le requièrent. Cette situation justifie la négociation pour surmonter ou gérer ces circonstances particulières.

À RETENIR

Le dialogue compétitif semble, pour sa part, indiqué lorsque les circonstances particulières ont trait à la complexité du projet, en particulier lorsque l'acheteur n'est pas en mesure d'en établir seul et à l'avance le montage juridique ou financier.

Si le motif retenu est la complexité du projet, cette condition s'apprécie objectivement : c'est le projet qui doit être complexe, les moyens dont dispose le pouvoir adjudicateur n'entrent pas en ligne de compte.

APPLICATION

Une commune de deux mille habitants ne peut recourir à une procédure concurrentielle avec négociation pour réaliser une salle des fêtes, projet qui ne présente, en lui-même, strictement aucune difficulté, au prétexte que sa petite taille lui interdit de disposer des services techniques susceptibles de porter le projet. Mais si la procédure choisie ne peut être une procédure adaptée, la question réside surtout dans l'opportunité et, en particulier, la soutenabilité budgétaire d'une telle dépense pour une si petite collectivité.

Il est, par exemple, possible de lancer une procédure concurrentielle avec négociation en présence de travaux, de fournitures ou de services dont la nature ou les aléas qui peuvent affecter leur réalisation ne permettent pas une fixation préalable et globale des prix.

APPLICATION

Il en est ainsi lorsque les prestations relèvent d'un secteur pour lequel les prix sont pour un temps très volatils, faisant obstacle à ce que des opérateurs économiques puissent s'engager sur une offre. Il en est allé ainsi des emprunts contractés par les collectivités publiques pendant la crise financière des « subprimes », à compter du dernier trimestre 2008 et pour une partie au moins de l'année 2009.

Les marchés et accords-cadres de services peuvent être passés après négociation lorsque la prestation de services à réaliser est d'une nature telle que les spécifications du marché ne peuvent être établies préalablement avec une précision suffisante pour permettre le recours à l'appel d'offres.

APPLICATION

Certains marchés de prestations intellectuelles, liées ou non à des prestations de conception, tels que l'acquisition de progiciels sur mesure ou, des prestations artistiques, peuvent entrer dans cette hypothèse.

23.1.5 Impossibilité de définir les spécifications techniques avec une précision suffisante

La procédure concurrentielle avec négociation est accessible lorsque le pouvoir adjudicateur n'est pas en mesure de définir les spécifications techniques avec une précision suffisante en se référant à une norme, une évaluation technique européenne, une spécification technique commune ou un référentiel technique.

Ce cas d'ouverture est réservé aux incertitudes de nature technique, le pouvoir adjudicateur ne pouvant spécifier son besoin. Les difficultés attachées à la définition du montage juridique ou financier sont donc exclues de ce champ d'application et ne peuvent ouvrir droit à la négociation au titre de ce cas d'ouverture.

À RETENIR

Il s'agit du champ d'application traditionnel du dialogue compétitif, qui répond aux situations dans lesquelles l'acheteur n'est objectivement pas en mesure de définir seul et à l'avance les moyens techniques pouvant répondre à ses besoins. La procédure concurrentielle avec négociation peut toutefois être choisie.

23.1.6 Appel d'offres infructueux

Il est possible d'appliquer une procédure concurrentielle avec négociation pour attribuer un marché ou un accord-cadre pour lequel, après appel d'offres, il n'a été proposé que des offres irrégulières ou inacceptables, dont l'acheteur pourrait solliciter la régularisation ou qu'il serait tenu de rejeter.

La procédure concurrentielle avec négociation est accessible lorsqu'un appel d'offres a déjà été mis en œuvre et que les offres recueillies ont toutes été, au mieux, irrégulières ou inacceptables (pour ces notions, voir § 50.1). L'infructuosité ne doit pas avoir été le fait du pouvoir adjudicateur qui, par exemple, aurait pu se fonder, de manière insincère, sur une estimation trop basse du montant du marché, de manière à générer des offres inacceptables, en tant qu'elles dépasseraient toutes le budget affecté au projet.

À RETENIR

Lorsque le pouvoir adjudicateur fait participer à la procédure les seuls candidats qui ont présenté des offres respectant les délais et modalités formelles de présentation des offres, il est dispensé de toute nouvelle mesure de publicité et peu, directement, entamer avec eux les négociations. Dans le cas contraire, il est tenu de lancer une procédure de dialogue compétitif depuis son commencement.

Pour être valide, la procédure doit respecter le périmètre de la mise en concurrence du marché initial : la négociation ne peut lui porter d'atteinte substantielle, par exemple quant à l'objet, la durée du marché ou au volume des prestations. En revanche, elle est conçue pour remédier aux points sur lesquels les offres se sont trouvées irrégulières ou inacceptables.

23.2 Déroulement de la procédure

La procédure négociée après publicité préalable et mise en concurrence est une procédure restreinte, elle se déroule en trois phases :
- une phase de sélection des candidatures ;
- une phase de réception des offres ;
- une phase de négociation.

Ces trois phases sont marquées par la procédure : les candidats déposent un dossier de candidature, le pouvoir adjudicateur sélectionne les meilleures d'entre elles et invite ces seuls candidats à déposer une offre et à négocier. Les autres sont éliminés.

23.2.1 Publicité

La procédure concurrentielle avec négociation est une procédure formalisée de niveau européen. Elle est soumise, à ce titre, aux obligations de publicité formalisées (voir § 38.2) :

L'avis présente les besoins et les exigences du pouvoir adjudicateur, le cas échéant complétés par le dossier de la consultation.

Il mentionne, notamment, le nombre de candidats qui seront admis à présenter une offre et à négocier, les critères de sélection des candidatures, les critères d'attribution et les modalités de mise en œuvre de ces critères, c'est-à-dire leur pondération, ainsi que la décision du pouvoir adjudicateur, le cas échéant, de phaser la négociation.

23.2.2 Dossier de la consultation

S'agissant d'une procédure restreinte, le dossier de la consultation ne comprend que les documents destinés à la présentation des candidatures. Les autres documents seront remis aux seuls candidats invités à déposer une offre et négocier.

À RETENIR

Contenu du dossier de consultation des entreprises (DCE) en procédure négociée

Au stade de la réception des dossiers de candidature, le DCE contient l'ensemble les seuls éléments utiles à l'élaboration de ces dossiers. Y figurent généralement les éléments suivants :
- le règlement de la consultation ;
- les formulaires d'aide à la présentation des candidatures, (DC1, Lettre de candidature - Habilitation du mandataire par ses cotraitants ; DC2, Déclaration du candidat individuel ou du membre du groupement ; document unique de marché européen (DUME), le cas échéant, en substitution aux formulaires DC1 et DC2 ; DC4, Déclaration de sous-traitance). Ces formulaires peuvent être remplacés par des équivalents ou la mention de l'adresse à laquelle ils peuvent être téléchargés ;
- le cadre de réponse afférent au dossier de candidature, à compléter par le candidat (le cas échéant).

23.2.3 Recueil et choix des candidatures

Le pouvoir adjudicateur recueille les dossiers de candidatures et sélectionne les meilleurs candidats. Le nombre de candidats sélectionnés doit être au minimum de trois. Il invite, dans un deuxième temps, les candidats sélectionnés à déposer une offre et à négocier.

À RETENIR

Le nombre de candidats doit être suffisant pour manifester une concurrence effective et permettre l'identification de l'offre économiquement la plus avantageuse. Si les participants sont moins nombreux que le nombre indiqué, la procédure peut continuer.

Le nombre de candidats retenus ne doit pas être trop important, parce que la négociation doit s'opérer dans des conditions de stricte égalité entre eux : retenir trop de candidats peut être pesant. En revanche, comme en appel d'offres restreint, il n'est pas recommandé de continuer la procédure avec un seul candidat. Il reste possible, en cas de difficulté, par exemple lorsque le dernier candidat en lice abuse de sa position pour peser de manière déraisonnable à la hausse sur le montant du marché, de renoncer à la procédure. La condition de la justification d'un motif d'intérêt général n'est plus requise pour ce faire, mais en tout état de cause, le défaut de concurrence suffisante a toujours constitué un motif d'intérêt général suffisant.

Les dossiers de candidatures sont recueillis par le pouvoir adjudicateur dans un délai qui ne peut être inférieur à 30 jours à compter de la date d'envoi pour publication de l'avis de publicité (voir § 41.1.6). Ce délai peut être ramené à 25 jours si les candidatures et les offres sont transmises par voie électronique. En cas d'urgence, ce délai peut être ramené au délai minimum de 15 jours.

Les candidats sont sélectionnés par application des critères mentionnés dans l'avis de marché. Les candidats retenus sont invités à présenter une offre et à négocier (cf. ci-dessous), les candidats écartés sont informés, par une notification écrite, du rejet de leur candidature et du motif de ce rejet (voir § 50.1 et suivants).

23.2.4 Recueil des offres, négociation et choix de l'offre économiquement la plus avantageuse

Une invitation à remettre une offre initiale et à négocier est adressée simultanément aux candidats sélectionnés. Cette invitation fixe, notamment, le délai de réception des offres (voir § 41.1.6).

Ce délai est au minimum de 30 jours, mais peut être ramené 25 jours si les offres sont remises par voie électronique, à 10 jours en cas d'utilisation d'un avis de préinformation ou en cas d'urgence. L'urgence invoquée devra être justifiée et ne peut être imputable au pouvoir adjudicateur.

Il est, toutefois, possible de s'affranchir de ce délai en le fixant d'un commun accord avec les soumissionnaires. Cette possibilité n'est pas ouverte à tous les pouvoirs adjudicateurs : les autorités publiques centrales en sont exclues.

À RETENIR

Les administrations publiques centrales qui ne peuvent déroger au délai réglementaire de remise des offres sont les suivantes :
- l'État ;
- les établissements publics de l'État autres que ceux ayant un caractère industriel et commercial, à l'exception des établissements publics de santé ;
- les autorités administratives indépendantes dotées de la personnalité juridique ;
- la caisse des dépôts et consignations ;
- l'ordre national de la Légion d'honneur ;
- l'Union des groupements d'achats publics (UGAP) ;
- la fondation Carnegie ;
- la fondation Singer-Polignac.

L'invitation à soumissionner doit comporter les informations ou être accompagnées des pièces nécessaires à l'élaboration des offres, et notamment :
- la référence de l'avis d'appel à la concurrence publié ;
- la date limite de réception des offres, l'adresse à laquelle les offres doivent être transmises et la ou les langues autorisées pour leur présentation ;
- la liste des documents à fournir ;
- la pondération ou la hiérarchisation des critères d'attribution du marché public si ces renseignements ne figurent pas dans les documents de la consultation ;
- l'adresse du profil d'acheteur sur lequel les documents de la consultation sont mis à disposition, à défaut de quoi ces documents sont joints.

APPLICATION

Le cas échéant, elle devrait également indiquer la date limite pour demander des renseignements complémentaires.

Les documents du dossier de la consultation, fournis ou non avec l'invitation à soumissionner, sont les documents utiles à l'élaboration de son offre :
- les cahiers des charges (CCAP, CCTP) ;
- les bordereaux de prix (le cas échéant) ;
- les cadres de réponse, à compléter par le candidat (le cas échéant) ;
- les éventuels éléments d'information des candidats, tels que des plans.

L'acte d'engagement (formulaire ATTRI1 ou équivalent) n'est pas nécessairement fourni avec le dossier, il est destiné aux opérations de signature du marché et peut n'être fourni qu'à l'attributaire (voir ci-dessous).

Les services du pouvoir adjudicateur établissent l'analyse des offres à partir desquelles le pouvoir adjudicateur entame les négociations. Seules les offres inappropriées, qui sont les offres tellement éloignées des besoins du pouvoir adjudicateur qu'elles sont regardées comme inexistantes, sont éliminées. Les négociations sont menées avec les candidats ayant présenté des offres recevables, mais aussi des offres irrégulières et inacceptables : la négociation est susceptible de permettre une modification de l'offre ou, à la marge et sans modifier le périmètre initial de la mise en concurrence, du cahier des charges et de permettre, ainsi, le classement de ces offres.

23.2.5 Négociation

La négociation est une discussion menée individuellement avec chacun des candidats sélectionnés sur la base de son offre. Elle doit, c'est essentiel, l'être dans des conditions de stricte égalité.

APPLICATION

Les candidats doivent être convoqués au même nombre d'auditions, espacées selon les mêmes intervalles. Les ordres du jour doivent leur être communiqués dans le même délai précédent l'audition et il ne saurait être question d'y déroger. Les informations données aux candidats sont les mêmes.

Notion de négociation

La négociation porte sur les offres, elle n'a pas pour objet l'identification et la définition des moyens propres à satisfaire au mieux les besoins, c'est l'objet d'un dialogue compétitif.

À RETENIR

La négociation menée dans le cadre d'une procédure négociée porte sur le contenu des offres, qui ont préalablement été remises, le cahier des charges est connu, le périmètre de la mise en concurrence ne doit pas être remis en cause. Le dialogue compétitif est mené préalablement à la remise des offres, il porte sur le cadre dans lequel les candidats devront remettre leurs offres.

Tous les aspects des offres peuvent être discutés avec les candidats sélectionnés. En revanche, il ne faut pas toucher au périmètre du marché, à défaut de quoi la validité de la mise en concurrence est compromise.

APPLICATION

Si les délais d'exécution et la durée du marché sont négociés avec les candidats, cette négociation ne peut porter sur les délais et la durée que dans le cadre qui a, nécessairement, été fixé par le pouvoir adjudicateur. Il s'agit, par exemple, d'une fourchette ou d'un délai maximum d'exécution. Ce cadre, la fourchette ou le délai maximum, a structuré la mise en concurrence, il ne peut être modifié par la négociation sans que soit compromis le périmètre de la mise en concurrence.

Organisation de la négociation

C'est le pouvoir adjudicateur qui dirige la négociation. Il peut en fixer l'ordre du jour, et refuser de discuter de certains sujets. Cela implique qu'il soit clair sur ce point avec les soumissionnaires. La négociation se poursuit jusqu'à ce que soient identifiées, éventuellement après les avoir comparées, la ou les solutions répondant aux besoins de manière optimisée, pour autant qu'il y ait un nombre suffisant de solutions appropriées.

Au cours de la négociation, chaque candidat est entendu dans des conditions d'égalité. Le pouvoir adjudicateur ne peut donner à certains candidats des informations susceptibles de les avantager par rapport à d'autres et doit protéger les informations qui lui sont confiées par les soumissionnaires, qui relèvent de leurs secrets commerciaux et industriels. Il ne peut révéler aux autres candidats des solutions proposées ou des informations confidentielles communiquées par un candidat dans le cadre de la discussion, sans l'accord de celui-ci.

Les soumissionnaires participant à la négociation sont informés par écrit de tous les changements apportés aux spécifications techniques, seuls ceux ayant été identifiés comme les exigences minimales étant insusceptibles de modification. Cette information est assortie d'un délai permettant la modification des offres et, le cas échéant, les présenter à nouveau. Ce délai est suffisant, il est le même pour tous.

La négociation n'est pas obligatoire. Le pouvoir adjudicateur doit, toutefois et comme en procédure adaptée, avoir mentionné dans les documents de la consultation qu'il se réservait ou non la possibilité de négocier.

À RETENIR

En règle générale, cette faculté est mise en œuvre lorsque le pouvoir adjudicateur est contraint par son calendrier, ou parce qu'il estime que les offres présentées lui conviennent. Il convient toutefois d'être cohérent. Soit la procédure négociée est utile, ce qui est le cas, à obtenir des conditions d'achat optimales, soit elle ne l'est pas. L'acte d'achat est un acte économique qui s'inscrit dans un contexte de relations d'affaires. Les candidats établissent une offre en anticipant la négociation, pas seulement en termes de prix, mais également parce qu'ils sont en capacité d'adapter leur offre technique en l'ajustant aux besoins de l'acheteur tels qu'ils sont discutés lors de la négociation. En d'autres termes, il y a nécessairement une différence entre l'offre initiale et la meilleure et dernière offre. Opposer à des entreprises que l'on implique dans une procédure coûteuse l'absence de négociation parce que la procédure a été mise en œuvre trop tard relève donc de l'amateurisme. Un acheteur contraint par le calendrier organise un appel d'offres.

Phasage de la négociation

La négociation, comme le dialogue compétitif, peut être phasée.

La procédure consiste à organiser le dialogue en phases successives de manière à réduire le nombre de solutions à discuter pendant la négociation en appliquant les critères de sélection des offres, indiqués dans l'avis d'appel public à la concurrence ou dans les documents de la consultation.

Le recours à cette faculté doit avoir été indiqué dans l'avis de marché ou dans les documents de la consultation.

Fin de la négociation

Il n'y a pas de délai pour négocier. Le pouvoir adjudicateur met fin à la négociation lorsqu'il le souhaite et sollicite des soumissionnaires leur meilleure et dernière offre dans un délai qu'il fixe. Ce délai de réception des offres finales s'impose à peine d'irrecevabilité des offres, il est lui-même suffisant et identique pour tous les candidats.

Après la fin de la négociation, l'acheteur analyse les offres, en suivant les étapes suivantes :

il sollicite des soumissionnaires, s'il le souhaite, la régularisation des offres restées irrégulières, à l'exception des offres anormalement basses (voir § 50.1) ;
– il élimine les offres demeurées non recevables ;
– il procède au classement des offres recevables.

Les offres sont classées et l'offre économiquement la plus avantageuse choisie sur le fondement des critères d'attribution mentionnés dans l'avis de marché ou les documents de la consultation (voir § 36.1 et suivants).

23.3 Achèvement de la procédure

Les différentes phases d'achèvement de la procédure doivent être accomplies dans le bon ordre.

23.3.1 Mise au point du marché

La mise au point du marché est la phase de discussion utile à la finalisation du marché, à la condition de ne pas remettre en cause la mise en concurrence. Elle peut s'avérer utile, même en procédure négociée, certains des éléments qu'il est utile de mettre au point n'ayant pas vocation à faire l'objet de la négociation. Ce n'est pas l'offre, qui est mise au point, l'offre a été négociée.

La mise au point du marché permet de préciser les clauses du marché sur des points de détail qui, ne sont pas susceptibles de remettre en cause le périmètre de la mise en concurrence. Il s'agit de rendre l'ensemble de ces clauses compatibles avec les engagements de l'offre de l'attributaire. Elle ne peut porter sur des caractéristiques substantielles de l'offre et ne doit pas, bien entendu, aboutir à la remise en cause le classement des offres.

APPLICATION

La mise au point du marché peut porter sur la définition des modalités de la livraison ou des horaires d'intervention, dès lors que cette définition ne présente pas de caractère substantiel, la définition d'une procédure de règlement amiable des différends... En revanche, les négociations sont closes, il ne peut s'agir d'un marchandage.

La mise au point n'a lieu qu'en tant que nécessaire et, est réalisée en accord avec l'attributaire.

À RETENIR

Le pouvoir adjudicateur peut utiliser le formulaire OUV11, « Mise au point », téléchargeable à l'adresse suivante : http://www.economie.gouv.fr/daj/formulaires, rubrique « Formulaires marchés publics ».

23.3.2 Recueil des attestations et certificats justifiant de la recevabilité de la candidature

Le pouvoir adjudicateur demande à l'attributaire de lui remettre les pièces justificatives de la recevabilité de sa candidature dans un délai qu'il fixe et qui, en pratique, a été porté à sa connaissance dans le règlement de la consultation (sur ces certificats et attestations, cf. chapitre 43).

Si l'attributaire ne fournit pas ces pièces dans le délai prescrit, le pouvoir adjudicateur est tenu d'éliminer l'attributaire et d'attribuer le marché au candidat suivant sur la liste du classement des offres.

Ce n'est que lorsque le pouvoir adjudicateur est certain de tenir son attributaire, c'est-à-dire après la fourniture de ces certificats et de ces attestations, que les candidats non retenus sont informés du rejet de leurs candidatures ou de leurs offres.

23.3.3 Information des candidats non retenus

La décision du rejet de leur offre est notifiée à chacun des soumissionnaires (voir § 50.1 et suivants). Les candidats non admis à participer à la négociation peuvent être informés, à ce stade de la procédure, du rejet de leur candidature si ce n'a pas encore été fait.

La notification de la décision d'attribution aux candidats non retenus les délivre de leur engagement : ils ne sont plus tenus par leur offre. C'est la raison pour laquelle cette action ne doit être accomplie qu'une fois le pouvoir adjudicateur en possession de l'ensemble des pièces nécessaires à la signature du marché.

À RETENIR

Le pouvoir adjudicateur peut utiliser le formulaire NOTI1, « Information des candidats non retenus », téléchargeable à l'adresse suivante : http://www.economie.gouv.fr/daj/formulaires, rubrique « Formulaires marchés publics ».

23.3.4 Signature du marché

L'acte d'engagement est désormais rempli et signé en fin de marché. Le pouvoir adjudicateur le fait parvenir à l'attributaire pré-rempli. L'attributaire le complète et le signe. Le pouvoir adjudicateur le signe en retour après l'expiration du délai de suspension de la procédure (voir § 53.5).

À RETENIR

Le pouvoir adjudicateur peut utiliser le formulaire ATTRI1, « Acte d'engagement », téléchargeable à l'adresse suivante : http://www.economie.gouv.fr/daj/formulaires, rubrique « Formulaires marchés publics ».

23.3.5 Publication d'un avis d'attribution

Lorsque le montant estimé du marché passé après une procédure concurrentielle avec négociation atteint les seuils de procédure européens, un avis d'attribution est publié dans les 30 jours à compter de la date de la signature du marché. Cet avis mentionne, notamment, le nom de l'attributaire et le prix du marché (voir § 58.1 et suivants).

Le tableau 23.1 résume les principaux changements concernant la procédure concurrentielle avec négociation, par rapport à l'ancienne procédure négociée avec publicité préalable et mise en concurrence.

Tab. 23.1. Concordance ancienne et nouvelle réglementation

Nouvelles références	Anciennes références	Objet et apports essentiels
Art. 25 D. 2016	Art. 35 CMP	Cas d'ouverture de la procédure concurrentielle avec négociation. Large ouverture des conditions d'accès à cette procédure, communs avec la procédure de dialogue compétitif.
Art. 47 D. 2016	Art. 65 CMP	Réduction du nombre de candidats admis à remettre une offre et négocier.
Art. 71, 72 et 73 D. 2016	Art. 65 et 66 CMP	Régime de la procédure concurrentielle avec négociation. Diminution du délai de remise des candidatures et du délai de remise des offres. Possibilité de fixer le délai de remise des offres d'un commun accord pour certains acheteurs.
CMP : Code des marchés publics 2006 O. 2015 : Ordonnance n° 2015-899 relative aux marchés publics D. 2016 : Décret n° 2016-360 relatif aux marchés publics		

Envoi pour publication d'un avis de marché

Pour l'État et ses établissements publics autres qu'industriels ou commerciaux, les collectivités territoriales et leurs établissements publics :

- au journal officiel de l'Union européenne (JOUE) ;
- au bulletin officiel des annonces de marchés publics (BOAMP) ;
- sur le profil d'acheteur ;
- autres publications facultatives (presse locale, presse spécialisée).

Pour les autres acheteurs :

- pas d'obligation de publier au BOAMP.

et

Mise à disposition du dossier de la consultation

Comprend tous les éléments nécessaires à l'élaboration des dossiers de candidatures et d'offres :

- le règlement de la consultation ;
- les formulaires d'aide à la présentation des candidatures (DUME, formulaires DC ou équivalents, ou adresse à laquelle le candidat peut télécharger les formulaires à compléter) ;
- les cadres de réponse à compléter par le candidat.

Délai minimum 30 jours pour recueillir les dossiers de candidatures, à compter de l'envoi à la publication de l'avis de marché

Délai réduit à 25 jours si l'AAPC est envoyé par voie électronique

Délai réduit à 15 jours en cas d'urgence.

Réception et ouverture des plis, le cas échéant demande aux candidats de compléter leur dossier de candidature.

Examen et sélection des candidatures

Information par écrit, des candidats écartés, du rejet de leur candidature et des motifs de ce rejet

Invitation des candidats retenus d'une invitation à remettre une offre et à négocier. Délai minimum : 30 jours (10 jours si avis de préinformation, 10 jours si urgence). Possibilité de fixer le délai de remise des offres d'un commun accord pour certains acheteurs.

L'invitation contient les informations utiles et devrait mentionner :

- les documents de la consultation ou les modalités permettant d'y accéder ;
- les références de l'avis de marché ;
- le cas échéant la date limite pour obtenir des éléments complémentaires ;
- la date et le lieu où se dérouleront les opérations de dialogue, ainsi que l'obligation d'utiliser le français ;
- La liste des documents à fournir.

Réception des offres initiales

Rejet des offres inappropriées, la négociation pouvant être poursuivie avec tous les autres candidats.

Phase de négociation

Maintien entre les candidats de conditions de stricte égalité

Phasage possible

Réception et analyse des offres finales

Régularisation des offres irrégulières, le cas échéant (sauf les offres anormalement basses)

Élimination des offres non recevables

Classement des offres recevables

Attribution du marché

Notification aux candidats non retenus de l'attribution du marché et du rejet de leur offre (par voie écrite ou électronique)

Fig. 23.1. Procédure concurrentielle avec négociation

Procédure négociée sans publicité ni mise en concurrence préalables

24

Références : *art. 30 et 104 du décret n° 2016-360*

La procédure négociée sans publicité ni mise en concurrence préalables se caractérise par une très grande subjectivité : le marché est passé directement avec un opérateur économique, librement choisi par le pouvoir adjudicateur, sans mise en concurrence obligatoire.

À RETENIR

L'acheteur n'y est pas tenu, mais il est libre, s'il le peut, de mettre plusieurs opérateurs en concurrence, afin d'obtenir de meilleures conditions économiques. S'il le fait, il doit toutefois respecter l'égalité de traitement entre les candidats, en leur communiquant, par exemple, les critères sur la base desquels il va comparer leurs offres.

24.1 Cas d'ouverture

La procédure négociée sans publicité préalable et sans mise en concurrence n'est ni une procédure formalisée, ni une procédure adaptée.

Il ne s'agit toutefois pas d'un marché passé en dehors du champ d'application de la réglementation des marchés publics : le marché signé est un vrai marché, dont l'exécution relève de l'application de la réglementation. Le marché, par ailleurs, est susceptible de recours dans les mêmes conditions que les autres marchés (voir § 54.1, § 55.1, § 56.1 et suivants).

À RETENIR

Il en résulte que toute obligation attachée à la procédure d'attribution disparaît. Le mécanisme de la lettre de commande, par exemple, jusque-là imposée en cas d'urgence impérieuse est abandonné. En revanche, l'obligation de publier un avis d'attribution subsiste dès lors que les seuils de mise en concurrence européens sont atteints.

L'absence de mise en concurrence lui donne un caractère fortement dérogatoire.

Les cas d'ouverture permettant de mettre cette procédure en œuvre sont évidemment très encadrés, mais ils sont assez nombreux. Il s'agit de tenir compte de situations de fait, auxquelles le pouvoir adjudicateur est confronté et, qui rendent l'idée de mise en concurrence impossible, inutile, absurde ou fortement contre-productive.

Surtout, ils reflètent souvent le simple bon sens, soulignant l'idée que le droit de la commande publique est pragmatique : il n'est jamais bloquant et des solutions existent pour toutes les situations particulières pouvant naître de l'activité administrative.

Le pouvoir adjudicateur doit toutefois faire preuve de prudence dans l'usage de ces procédures dérogatoires et veiller à la parfaite traçabilité de sa décision d'y recourir. La justification du recours à cette procédure doit, en particulier, être détaillée dans le rapport de présentation du marché s'il en est rédigé un, ou à tout le moins figurer quelque part au dossier.

À RETENIR

Les marchés attribués sans mise en concurrence et leur justification sont, bien évidemment, l'un des points systématiques de vérification des magistrats des juridictions des comptes, lorsque ceux-ci procèdent à un contrôle. Il est judicieux de garder par écrit la mémoire des modalités selon lesquelles ces marchés ont été conclus.

24.1.1 Hypothèses dans lesquelles la mise en concurrence est impossible

L'urgence impérieuse

Le pouvoir adjudicateur doit pouvoir faire face à des situations d'urgence sans être gêné par ses obligations de mise en concurrence. Ce cas de figure ne couvre, cependant, que l'urgence « impérieuse », c'est-à-dire une urgence caractérisée, qui met en cause la sécurité des personnes ou des biens.

L'objet du marché est limité aux prestations strictement nécessaires pour faire face à l'urgence impérieuse.

À RETENIR

La notion d'urgence impérieuse implique une réaction immédiate du pouvoir adjudicateur. Si ce dernier laisse s'écouler un délai trop important entre la survenance de l'événement ayant provoqué la situation d'urgence et la passation du marché censé y faire face, il démontre que l'urgence ne lui semblait pas si impérieuse que cela et, compromet la sécurité juridique de sa procédure.

Prestations ne pouvant être confiées qu'à un opérateur déterminé

Il s'agit de conclure un marché avec le seul opérateur en mesure d'exécuter les prestations, dès lors qu'il n'existe aucune alternative raisonnable et que l'absence de concurrence ne résulte pas d'une restriction artificielle des caractéristiques du marché, en raison :
– d'un droit d'exclusivité, qui peut être établi par un brevet ou tout autre moyen ;

APPLICATION

Une attestation d'un constructeur peut établir que celui-ci est le seul à maîtriser certains procédés techniques. L'acheteur se méfiera des attestations de complaisance :
– d'un droit artistique. L'objet du marché porte sur la création ou l'acquisition d'une œuvre d'art ou d'une performance artistique ;
– de raisons techniques : un opérateur économique est le seul à techniquement pouvoir intervenir.

APPLICATION

Il ne peut s'agir de raisons économiques, par exemple, liées au surcoût du maintien en condition opérationnelle d'une flotte de véhicules si ces véhicules sont fournis par des constructeurs différents.

La mise en concurrence doit être impossible, par exemple dans le cas de travaux de construction d'un immeuble rattaché à immeuble principal, le marché devant être attribué à l'opérateur déjà en charge des travaux de réalisation de la partie principale de l'immeuble à construire. Il peut également en aller ainsi si un changement d'opérateur risque de compromettre ou, de menacer de compromettre, la bonne fin du marché.

APPLICATION

Un opérateur informatique peut être le seul à pouvoir intervenir pour étendre le périmètre d'un système d'information complexe qu'il a conçu et qu'il faut interconnecter avec d'autres applications. L'intervention d'autres opérateurs pouvant compromettre le bon fonctionnement du système, les prestations relèvent de la procédure négociée sans mise en concurrence.

Marchés de fournitures conclus à des fins de recherche, d'essai, d'expérimentation ou de mise au point sans finalité commerciale immédiate

Les marchés et accords-cadres de fournitures, conclus uniquement à des fins de recherche, d'essai, d'expérimentation ou de mise au point sans finalité commerciale immédiate, peuvent faire l'objet d'une procédure négociée sans publicité préalable et sans mise en concurrence.

APPLICATION

Un laboratoire universitaire qui mène un programme de recherches expérimentales selon un protocole précis pour l'exécution duquel il a besoin de matières premières doit en réserver l'acquisition au même fournisseur, une variation même infime dans la composition ou les propriétés de ces matières premières peut altérer les résultats des recherches et compromettre la réalisation de l'ensemble du programme l'empêchant, par exemple, d'en homologuer les résultats. Il lui est donc indispensable de garder le même fournisseur pendant toute la durée du protocole.

24.1.2 Hypothèses dans lesquelles la mise en concurrence est inutile

Dans la plupart de ces hypothèses, la mise en concurrence est inutile en tant qu'elle est déjà intervenue.

Procédures infructueuses en cas d'absence d'offre

Les marchés et accords-cadres pour lesquels, après une procédure formalisée ou adaptée, il n'a été recueilli aucune offre ou uniquement des offres inappropriées (voir § 50.1) peuvent être déclarées infructueuses et donner lieu à une procédure négociée sans publicité ni mise en concurrence préalables. La concurrence a été sollicitée, le pouvoir adjudicateur constate qu'il n'y a pas de marché : il peut négocier directement avec l'opérateur économique de son choix, alors même que ce dernier n'aurait pas participé à la première procédure.

La négociation ne peut conduire, toutefois, à la modification substantielle des conditions initiales du premier marché.

À RETENIR

Lorsque le marché initial a été passé selon une procédure formalisée, un rapport est tenu à la disposition de la Commission européenne et lui est communiqué si elle en fait la demande.

Exécution d'un concours

Les marchés et les accords-cadres de services qui sont attribués à un ou plusieurs lauréats d'un concours sont passés sans publicité ni mise en concurrence préalables, la mise en concurrence ayant déjà eu lieu, elle était l'objet du concours. C'est la raison pour laquelle lorsqu'il y a plusieurs lauréats, ils sont tous invités à négocier.

Achat de matières premières cotées et achetées en bourse

La mise en concurrence, qui croise l'offre et la demande, a déjà eu lieu, c'est l'objet de la cotation en bourse.

Achats opportunistes

Le pouvoir adjudicateur peut directement négocier lorsqu'il achète des fournitures à des conditions particulièrement avantageuses auprès d'un fournisseur en cessation définitive d'activité ou auprès des liquidateurs d'une faillite ou d'une procédure de même nature. Il est admis qu'il ne puisse rencontrer de meilleures conditions de prix.

24.1.3 Hypothèses dans lesquelles la mise en concurrence est fortement contre-productive

Marchés complémentaires de fournitures

Le pouvoir adjudicateur peut passer, sans nouvelle mise en concurrence, un marché complémentaire de fournitures aux conditions, cumulatives, suivantes :
– le marché complémentaire porte sur le renouvellement partiel de fournitures courantes ou d'installations d'usage courant, c'est-à-dire qui ne répondent à d'autres spécifications techniques que celles disponibles pour le grand public, à l'exclusion de toute spécification répondant spécialement aux besoins du pouvoir adjudicateur, ou, portent sur l'extension d'installations existantes ;
– un changement de fournisseur poserait au pouvoir adjudicateur des difficultés techniques disproportionnées ou, l'obligerait à acquérir un matériel de technique différente incompatible avec le matériel déjà acquis ;
– la durée totale du marché complémentaire est limitée à trois ans.

À RETENIR

La condition selon laquelle le montant total du marché complémentaire devait être inférieur au seuil de procédure formalisée, applicable sauf si le marché initial avait été passé selon une procédure d'appel d'offres, est abandonnée. Le régime des marchés complémentaires de fournitures et de services n'est plus applicable, ces besoins sont désormais gérés par une modification du marché initia (voir § 70.1 et suivants).

Marchés similaires

Les marchés et accords-cadres ayant pour objet la réalisation de prestations similaires à celles qui ont été confiées au titulaire d'un marché précédent passé après mise en concurrence sont passés sans mise en concurrence, à quatre conditions :
– ils sont conclus avec le titulaire du marché initial ;

– le marché initial a été passé aux termes d'une procédure de mise en concurrence ;
– le marché initial doit avoir prévu la possibilité de passer des marchés similaires et la procédure retenue doit avoir pris en compte le montant estimé de ce marché ;
– la durée durant laquelle il est possible de passer des marchés similaires est limitée à trois ans à compter de la notification du marché initial.

Cette hypothèse est réservée aux marchés de services ou de travaux, et n'est pas applicable aux marchés de fournitures, pour lesquelles les conditions pourraient être assez systématiquement remplies.

24.1.4 Hypothèses réservées aux marchés dont le montant est inférieur aux seuils de procédure européens

Marchés de faible montant

Il est possible de passer un marché en se dispensant de toute mesure de publicité ou de mise en concurrence en raison de son faible montant.

Cette faculté est offerte lorsque le montant estimé du marché n'atteint pas 25 000 € HT.

Pour pouvoir bénéficier de ce régime, l'acheteur doit :
– veiller à choisir une offre répondant de manière pertinente au besoin ;
– faire une bonne utilisation des deniers publics et ;
– ne pas contracter systématiquement avec un même prestataire lorsqu'il existe une pluralité d'offres potentielles susceptibles de répondre au besoin, ce qui revient à faire tourner ses fournisseurs.

La computation du montant du marché à comparer au seuil de 25 000 € HT est réalisée conformément aux principes de calcul des seuils de procédure (voir § 16.1 et suivants).

APPLICATION

En cas d'achats récurrents de fournitures ou de services, le montant du marché n'est pas comptabilisé, sur l'exercice budgétaire, par fournisseur, mais bien par groupe de prestations homogènes.

À RETENIR

La multiplication des mesures de traçabilité constatée dans les dossiers ne protège pas de l'abus d'utilisation de ce régime, qui réside en pratique dans le « saucissonnage », la mauvaise application de la computation du montant des marchés passés à comparer aux seuils de mise en concurrence. Un contrôle réalisé en fin d'exercice budgétaire par groupes de fournitures ou de services homogènes suffit à faire émerger les pratiques dangereuses. Un marché à 24 900 euros HT n'est pas irrégulier. Plusieurs marchés ayant le même objet conclu au cours de cet exercice pour le même montant doit poser question.

Achats de livres

L'État, les collectivités territoriales, les établissements d'enseignement, de formation professionnelle ou de recherche et les acheteurs gérant des bibliothèques recevant du public peuvent se dispenser de toute mesure de publicité et de procédure de mise en concurrence pour les achats de livres non scolaires passés pour leurs besoins propres ou l'enrichissement des collections de ces bibliothèques.

Cette faculté est offerte lorsque le montant estimé du marché n'atteint pas 90 000 € HT.

À RETENIR

La loi « Lang » du 10 août 1981 sur le prix du livre, en imposant un régime de prix unique, avait pour résultat de faciliter la concentration du secteur aux mains de grands opérateurs, au détriment des libraires de proximité. Or, une telle situation contrevient à la fois aux objectifs poursuivis par la réglementation des marchés publics, qui doit tendre à élargir la concurrence et non la restreindre, et par ceux de la législation sur le livre, les libraires de proximité jouant un rôle essentiel dans l'accès à la culture, mais aussi le financement de la production éditoriale, en assurant en particulier sa diversité. Il était nécessaire de remédier à cette situation.

Cas dans lesquels la mise en concurrence est impossible ou manifestement inutile.

L'acheteur peut se dispenser de toute mesure de publicité et de mise en concurrence dès lors qu'il est en mesure de justifier que de telles mesures sont impossibles ou manifestement inutiles, compte tenu, notamment :
– de l'objet du marché ;
– de son montant ;
– du faible degré de concurrence dans le secteur considéré.

APPLICATION

Un marché de couverture, dont le montant est estimé à 50 000 € HT, est destiné à pallier les conséquences d'une tempête ayant causé de gros dégâts matériels. Il peut être passé sans publicité préalable ni mise en concurrence au motif de l'urgence impérieuse, si, par exemple, les dommages causés à l'ouvrage mettent en péril la sécurité des personnes ou des biens et que le pouvoir adjudicateur réagit de manière immédiate.

À défaut, un tel marché pourra être directement négocié avec une entreprise sans publicité préalable ni mise en concurrence s'il peut être démontré que cette entreprise est la seule à pouvoir répondre au besoin du pouvoir adjudicateur, compte tenu de l'isolement relatif dans laquelle se trouve la région. Cette situation de quasi-monopole peut-être aggravé par la demande anormalement importante générée par les dégâts causés par la tempête. À défaut de concurrence potentielle et compte tenu du montant relativement modeste du marché, une mise en concurrence peut être regardée comme inutile. Le pouvoir adjudicateur peut, aussi, concomitamment, invoquer l'urgence qui, sans être impérieuse, peut justifier un allègement de la procédure de mise en concurrence.

Cette faculté peut être appliquée jusqu'au seuil de procédure formalisée. Elle doit être appliquée avec la plus grande circonspection et, en tout état de cause, se trouver solidement justifiée dans le rapport de présentation du marché ou un document écrit joint au dossier si un tel rapport n'est pas établi.

24.2 Déroulement de la procédure

La procédure négociée sans publicité ni mise en concurrence préalables n'est plus une procédure formalisée, et n'est pas davantage une procédure adaptée. Elle est réduite à sa plus simple expression : le pouvoir adjudicateur négocie le marché librement, avec le ou les opérateurs économiques de son choix.

24.3 Achèvement de la procédure

L'étape de l'achèvement de la procédure est marquée par l'absence de procédure. Par exemple, la mise au point du marché ne se distingue pas de la négociation au sens strict du terme. L'accomplissement de certaines formalités reste, toutefois, nécessaire.

24.3.1 Recueil des attestations et certificats justifiant de la recevabilité de la candidature

Sauf circonstances particulières, parmi lesquelles l'existence d'une urgence impérieuse, l'acheteur demande à l'attributaire de lui remettre les pièces justificatives de la recevabilité de sa candidature avant la signature du marché (sur ces certificats et attestations voir § 43.2.1).

Si l'attributaire ne fournit finalement pas ces pièces, le pouvoir adjudicateur ne peut conclure le marché sans engager sa responsabilité, par exemple en matière d'utilisation de travail dissimulé.

24.3.2 Information des candidats non retenus

Il n'y a pas, à proprement parler, de candidats non retenus à informer. Il ne sera donc pas notifié de décision d'attribution.

En revanche, le pouvoir adjudicateur peut, ce n'est pas obligatoire, procéder à l'information de l'ensemble des opérateurs économiques, en publiant au *Journal officiel de l'Union européenne*, un avis d'intention de conclure le marché. Cette formalité, complétée par un délai de suspension de onze jours, lui permet de fermer définitivement la voie du recours en référé contractuel et de contribuer ainsi à sécuriser son marché (voir § 53.5).

24.3.3 Publication d'un avis d'attribution

La procédure négociée sans publicité ni mise en concurrence préalables n'impose aucune mesure de publicité préalable, mais ne dispense pas de la publication d'un avis d'attribution, publicité postérieure à l'attribution du marché dès lors que le montant du marché atteint les seuils de procédure européens (cf. chapitre 16).

Toutefois, dans les autres cas, il peut rester nécessaire de publier un avis d'attribution, de manière à purger les délais de recours. Le délai du recours en référé contractuel est ainsi ramené de six mois à compter de la date de la signature du marché à 31 jours à compter de la publication de cet avis. De même, un recours en contestation de la validité du contrat ne pourra s'exercer que dans le délai de deux mois, en pratique, à compter de la publication de cet avis (voir § 53.5).

Pour être utile et faire courir les délais de recours, cet avis mentionne, notamment, le nom de l'attributaire et le prix du marché (voir § 58.1 et suivants).

La figure 24.1 synthétise la procédure négociée sans publicité ni mise en concurrence préalables.

Le tableau 24.1 résume les principaux changements concernant la procédure négociée sans publicité ni mise en concurrence préalables

Cas d'ouverture

- Urgence impérieuse ;
- Prestations ne pouvant être confiées qu'à un opérateur déterminé ;
- Marchés de fournitures conclus à des fins de recherche, d'essai, d'expérimentation ou de mise au point sans finalité commerciale immédiate ;
- Procédure infructueuse en cas d'absence d'offre ;
- Exécution d'un concours ;
- Achat de matières premières cotées et achetées en bourse ;
- Achats opportunistes ;
- Marchés complémentaires de fournitures (sous conditions) ;
- Marchés similaires de services ou de travaux ;
- Marchés de moins de 25 000 € HT ;
- Marchés de fourniture de livres non scolaires de moins de 90 000 € HT ;
- Marchés inférieurs aux seuils de procédure européens pour lesquels une mise en concurrence est impossible ou manifestement inutile.

Négociation libre avec l'opérateur pressenti

Recueil auprès de l'attributaire pressenti des attestations et certificats obligatoires

Avis d'intention de conclure un marché

Possibilité offerte au pouvoir adjudicateur de publier un tel avis au JOUE, assorti d'un délai de suspension de 11 jours avant signature du marché.

Signature du marché et notification au titulaire.

Envoi pour publication de l'avis d'attribution dans les 30 jours suivant la signature du marché.
L'avis mentionne le nom de l'attributaire et le prix du marché.

Fig. 24.1. Procédure négociée sans publicité préalable et sans mise en concurrence

Tab. 24.1. Concordance ancienne et nouvelle réglementation

Nouvelles références	Anciennes références	Objet et apports essentiels
Art. 30 D. 2016	Art. 35 CMP	Cas d'ouverture de la procédure négociée sans publicité ni mise en concurrence préalables. Cette procédure n'est plus classée parmi les procédures formalisées. Élargissement de ses cas d'ouverture. Disparition de la possibilité de passer un marché complémentaire de travaux ou de services sans mise en concurrence, prise en charge de ce besoin par le régime de la modification du marché.
Art. 104 D. 2016	Art. 85 CMP	Obligation de publier un avis d'attribution lorsque le montant du besoin atteint les seuils de procédures européens
CMP : Code des marchés publics 2006 D. 2016 : Décret n° 2016-360 relatif aux marchés publics		

Concours 25

Références : art. 8 et 55 de l'ordonnance n° 2015-899 – art. 88, 89, 90 du décret n° 2016-360

Le concours permet de choisir, non pas une offre, mais une idée. C'est un mode de sélection par lequel l'acheteur choisit, après mise en concurrence et avis d'un jury, un plan ou un projet, notamment dans le domaine de l'aménagement du territoire, de l'urbanisme, de l'architecture et de l'ingénierie ou du traitement de données.

Le marché est conclu ultérieurement, aux termes d'une procédure négociée sans publicité ni mise en concurrence préalables, avec le ou les lauréats du concours (voir § 24.1 et suivants).

La procédure de concours se caractérise par l'intervention d'un jury et, la mise en œuvre d'une règle d'anonymat lorsque le montant estimé du marché qui suit l'attribution du concours atteint les seuils de procédure formalisée, qui est le seuil applicable aux marchés de services (voir § 16.2).

25.1 Cas d'ouverture

Le concours n'est pas une procédure dérogatoire, comme les procédures négociées ou le dialogue compétitif. Il peut être utilisé sans condition dès lors qu'il répond aux besoins de l'acheteur, c'est-à-dire dont l'objet est d'acquérir un plan ou un projet. Le nombre de domaines dans lesquels il est susceptible d'être mobilisé n'est pas limité.

En revanche, il est parfois obligatoire. Lorsque certains pouvoirs adjudicateurs passent des marchés de maîtrise d'œuvre, la procédure du concours doit, en principe, être utilisée et précéder la procédure négociée sans publicité ni mise en concurrence préalables utilisée pour conclure le marché. Ces acheteurs sont les suivants :

– l'État et ses établissements publics ayant un caractère autre qu'industriel et commercial ;

– les collectivités territoriales, leurs établissements publics et leurs groupements.

À RETENIR

Ces acheteurs sont les personnes publiques antérieurement soumises au code des marchés publics.

Ce n'est que dans les cas suivants que ces acheteurs peuvent se dispenser d'organiser un concours et peuvent choisir une autre procédure :

– pour l'attribution d'un marché de maîtrise d'œuvre relatif à la réutilisation ou à la réhabilitation d'ouvrages existants ou à la réalisation d'un projet urbain ou paysager ;

– pour l'attribution d'un marché de maîtrise d'œuvre relatif à des ouvrages réalisés à titre de recherche, d'essai ou d'expérimentation ;
– pour l'attribution d'un marché de maîtrise d'œuvre relatif à des ouvrages d'infrastructures ;
– pour l'attribution d'un marché de maîtrise d'œuvre qui ne confie aucune mission de conception au titulaire.

Le concours est donc une procédure de principe.

À RETENIR

Pour autant, il ne s'agit pas d'une véritable procédure formalisée, car si les directives européennes en fixent le principe, la procédure elle-même n'y est pas déterminée. C'est ainsi que l'acheteur détermine les modalités du concours dans le respect des principes généraux du droit de la commande publique, comme pour une procédure adaptée.

25.2 Déroulement de la procédure

Comme la procédure d'appel d'offres, le concours peut être ouvert ou restreint.

À RETENIR

Les concours de maîtrise d'œuvre (voir § 26.1) sont toutefois toujours restreints lorsqu'ils sont passés par l'un des pouvoirs adjudicateurs soumis à la législation sur la maîtrise d'ouvrage publique, qui sont les suivants :
– l'État et ses établissements publics ayant un caractère autre qu'industriel et commercial ;
– les collectivités territoriales, leurs établissements publics et leurs groupements ;
– les organismes de sécurité sociale, leurs unions ou leurs fédérations ;
– les organismes privés d'habitations à loyer modéré et les sociétés d'économie mixte pour les logements à usage locatifs aidés par l'État et réalisés par ces organismes et sociétés.

Le concours est une procédure dont l'organisation est lourde, de sorte qu'il peut être judicieux de restreindre le nombre des candidats auditionnés. Les concours ouverts sont exceptionnels, en pratique : ils sont généralement organisés dans le cadre de l'attribution d'un marché de maîtrise d'œuvre, ou d'une opération d'aménagement.

Toutefois, c'est désormais l'acheteur qui détermine les modalités de la procédure de concours, à la manière d'une procédure adaptée.

25.2.1 Publicité

Les règles de publicité applicables aux concours ne présentent pas de fortes particularités. La principale est l'utilisation d'avis de publicité spécifiques (voir § 38.4). Lorsque le montant estimé de la prestation atteint les seuils de procédures européens, le concours implique une publicité de niveau européen. Il est soumis, à ce titre, aux obligations de publicité européennes applicable aux procédures formalisées (voir § 38.2).

L'avis de concours présente les besoins et les exigences du pouvoir adjudicateur, le cas échéant complétés par le règlement du concours, qui précise les modalités de son organisation.

En cas de concours restreint, l'avis précise les éléments essentiels au dépôt de la candidature, les critères de sélection de ces candidatures clairs et non discriminatoires, ainsi que les critères de choix des projets, qui doivent, dans tous les cas, être portés à la connaissance des candidats dès le lancement de la procédure, avec leurs modalités de mise en œuvre, c'est-à-dire leur hiérarchisation. Il mentionne, également, le nombre de candidats qui seront admis à présenter une offre, lequel doit être suffisant pour assurer une concurrence réelle.

À RETENIR

Il n'est plus requis un nombre minimum de trois candidats pour organiser une procédure restreinte. Par ailleurs, dès lors que plusieurs critères d'attribution sont mis en œuvre, la pondération des critères est obligatoire dès lors qu'elle est possible. Or, si elle est généralement regardée comme toujours possible, la pondération n'est pas adaptée à la procédure du concours. Il en résulte que les critères d'attribution ne sont pas pondérés, mais hiérarchisés.

25.2.2 Dossier de la consultation

Le dossier de la consultation présente, selon que le concours est ouvert ou restreint, tous les éléments nécessaires au dépôt des candidatures et des offres, ou les seuls éléments destinés à la présentation des candidatures (voir § 35.1 et suivants). La règle de l'anonymat de la procédure peut y être rappelée.

25.2.3 Contenu du dossier de consultation des entreprises (DCE) en concours

Pour les **concours ouverts**, le dossier du concours contient l'ensemble des éléments dont les candidats ont besoin pour élaborer leur dossier de candidature et d'offre. Son contenu varie en fonction de l'objet du concours, voire de chaque lot, mais y figurent généralement les éléments suivants :
– le règlement du concours ;
– le programme fonctionnel ;
– les formulaires d'aide à la présentation des candidatures, (DC1, Lettre de candidature - Habilitation du mandataire par ses cotraitants ; DC2, Déclaration du candidat individuel ou du membre du groupement ; document unique de marché européen (DUME), le cas échéant, en substitution aux formulaires DC1 et DC2 ; DC4, Déclaration de sous-traitance). Ces formulaires peuvent être remplacés par des équivalents ou la mention de l'adresse à laquelle ils peuvent être téléchargés ;
– les cadres de réponse, à compléter par le candidat (le cas échéant) ;
– les éventuels éléments d'information des candidats, tels que des plans.

Pour les **concours restreints**, au stade de la réception des dossiers de candidature, le dossier du concours contient l'ensemble des éléments utiles à l'élaboration de ces dossiers. Y figurent généralement les éléments suivants :
– le règlement du concours ;
– les formulaires d'aide à la présentation des candidatures (DC1, Lettre de candidature - Habilitation du mandataire par ses cotraitants ; DC2, Déclaration du candidat individuel ou du membre du groupement ; DC4, Déclaration de sous-traitance. Ces formulaires peuvent être remplacés par des équivalents ou la mention de l'adresse à laquelle ils peuvent être téléchargés) ;
– le cadre de réponse afférent au dossier de candidature, à compléter par le candidat (le cas échéant).

25.2.4 Jury

Le jury intervient dans le cadre de la procédure du concours et celui de l'attribution des marchés de maîtrise d'œuvre (voir § 26.1). Il ne dispose que d'un rôle consultatif, les décisions sont prises, selon les cas, par l'autorité compétente ou, pour les concours locaux, la commission d'appel d'offres.

À RETENIR

Les marchés de maîtrise d'œuvre ne sont plus soumis à l'obligation de réunir un jury si la procédure suivie n'est pas un concours (cf. chapitre 26).

Le jury est composé de personnes indépendantes des participants au concours. Il se compose :
– pour l'État, de personnes désignées par le préfet pour les services déconcentrés relevant de son autorité, du ministre pour les services centraux, les services à compétence nationale et les autres services déconcentrés ;
– pour les établissements publics de l'État, conformément aux textes qui leur sont applicables ;
– dans les mêmes conditions que les commissions d'appel d'offres pour les collectivités territoriales et les établissements publics locaux.

À RETENIR

Pour les groupements de commande majoritairement composés de collectivités territoriales ou d'établissements publics locaux, le jury comprend les membres de la commission d'appel d'offres. La convention constitutive du groupement fixe la composition du jury pour les autres groupements de commande.

Un tiers au moins du jury est composé de personnalités ayant la même qualification ou une qualification équivalente à la qualification professionnelle exigée des candidats.

APPLICATION

Soit une commission d'appel d'offres comportant sept élus en plus de son président. Ce dernier désigne trois personnalités en raison de leur intérêt particulier au regard de l'objet du concours. Le nombre de maîtres d'œuvre qu'il doit désigner est égal à un tiers, au moins, du nombre total des membres du jury. Il doit, donc, en désigner six (8 élus en comptant le président, 3 personnalités, 6 maîtres d'œuvre, soit dix-sept membres à voix délibératives, 6 étant un peu plus que le tiers de 17). Soit une commission d'appel d'offres comportant cinq élus en plus de son président. Le nombre de maîtres d'œuvre qu'il doit désigner est égal à un tiers, au moins, du nombre total des membres du jury. Il doit, donc, en désigner trois (6 élus en comptant le président, 3 maîtres d'œuvre, soit neuf membres à voix délibératives, 3 étant le tiers de 9).

Tous les membres du jury ont voix délibérative.

Les règles applicables aux jurys locaux prévoient que :
– le comptable et un représentant du service chargé de la concurrence, les directions régionales des entreprises, de la concurrence,

de la consommation, du travail et de l'emploi (Direccte), puissent être invités à participer à la délibération du jury, avec une voix consultative si son président le décide. À leur demande, leurs observations sont alors consignées au procès-verbal.
– le président du jury puisse également faire appel à des agents du pouvoir adjudicateur compétents dans la matière qui fait l'objet du concours. Ils ne sont pas membres du jury et ne disposent que d'une voix consultative.

Pour les autres acheteurs, aucune règle de composition n'est imposée. Le règlement du concours peut, dans ces conditions, prévoir des modalités d'organisation équivalentes, en prenant garde, toutefois, à respecter les principes applicables, au premier rang desquels l'impartialité du jury.

APPLICATION

Il peut ainsi être prévu l'audition de toute personne susceptible de lui apporter des informations utiles ou la participation des agents de l'acheteur compétents dans la matière qui fait l'objet du concours, lesquels assurent, en particulier, les tâches de secrétariat et de manipulation des documents.

25.2.5 Concours ouvert

L'acheteur détermine les modalités de la procédure dans le respect des principes généraux du droit de la commande publique (voir § 1.1 et suivants). Dès lors que l'estimation du montant du marché d'exécution atteint les seuils de procédure européens, la procédure doit s'inspirer des procédures formalisées. Il est donc nécessaire, en pratique, de respecter au minimum les délais de remise des candidatures et des offres, prévus pour les procédures ouvertes. Le délai serait donc au minimum de 35 jours à compter de la date d'envoi pour publication de l'avis de concours (voir § 41.1.6). Ce délai pourrait être de 30 jours si les candidatures et les offres sont présentées par voie électronique.

Il sera également possible de réduire ce délai minimal dans les mêmes conditions :
– si un avis de préinformation a été publié, ce délai est de 15 jours.
– si urgence, le délai est fixé à 15 jours.

À RETENIR

Les modalités de la procédure doivent être explicitées dans le règlement du concours.

L'acheteur est tenu d'organiser le concours de manière à respecter la règle de l'anonymat des candidats. À ce titre, il est recommandé d'appliquer la règle de la triple enveloppe antérieurement obligatoire, mais un autre dispositif peut être utilisé. L'acheteur doit, en tout état de cause, expliciter la procédure qu'il requiert dans le règlement du concours.

À RETENIR

La règle de la triple enveloppe était la suivante. Les pièces sont ventilées dans trois enveloppes :
– la première contient les pièces relatives à la candidature ;
– la deuxième les éléments techniques de l'offre ;
– la troisième l'offre de prix pour la réalisation du marché.
Des pièces relatives à l'offre glissées dans la première enveloppe suffiraient à rendre l'ensemble du dossier de candidature et d'offre irrégulière, il est éliminé. La rigueur d'une telle solution s'explique, notamment, par le principe d'égalité de traitement et l'exigence d'anonymat, qui caractérise cette procédure : le jury doit pouvoir se prononcer en toute objectivité sur les candidatures, puis sur les prestations. L'offre financière fait l'objet d'une négociation au moment de la dévolution du marché négocié d'exécution.
Les deux dernières enveloppes ne sont pas ouvertes si le candidat n'est pas retenu, elles lui sont rendues. Il est informé, par une notification écrite, du rejet de sa candidature et du motif de ce rejet.
La deuxième enveloppe est ouverte par les services du pouvoir adjudicateur, qui anonymise les prestations avant leur communication au jury et peut procéder à une analyse préalable, de manière à faciliter l'intervention du jury.

L'acheteur recueille les dossiers de candidatures et d'offres et les présente au jury. Il peut demander aux candidats de régulariser leur dossier de candidature si celui-ci est incomplet (voir § 42.2.1). Si la règle de la triple enveloppe est utilisée, cette demande ne concerne que les éléments de la première enveloppe.

Les candidatures sont choisies en deux phases :
– le jury les examine et dresse de cet examen un procès-verbal dans lequel il formule un avis motivé ;
– l'acheteur (la commission d'appel d'offres pour les concours locaux) dresse la liste des candidats dont le projet sera examiné.

Le jury évalue les plans et projets anonymisés, en vérifie la conformité au règlement du concours et prépare un avis motivé sur le classement des offres, conformément aux critères d'attribution mentionnés dans l'avis de concours. Il dresse un procès-verbal, signé par tous ses membres, de cet examen qui contient :
– ses observations ;
– tout point éventuel nécessitant des éclaircissements et les questions qu'il envisage de poser aux candidats ;
– son avis motivé ;
– si le concours est un concours de maîtrise d'œuvre, une proposition portant sur l'attribution des primes.

À RETENIR

L'anonymat est respecté jusqu'à la fin de l'analyse des plans ou des projets.

Le cas échéant, le jury peut, après la levée de l'anonymat, inviter les candidats à répondre aux questions consignées dans le procès-verbal pour obtenir les clarifications nécessaires. Il dresse un procès-verbal complet de ces échanges avec les candidats.

L'acheteur (la commission d'appel d'offres pour les concours locaux) choisit le ou les lauréats du concours au vu de l'avis et des procès-verbaux, en application des critères définis dans l'avis de concours (voir § 36.1 et suivants).

25.2.6 Concours restreint

Le concours est restreint lorsque l'acheteur public décide, à l'avance, de soumettre à conditions la participation des candidats au concours, notamment en limitant le nombre de candidats qui seront admis à présenter leurs prestations. La procédure se fait alors en deux phases chronologiquement bien distinctes.

L'acheteur est tenu d'organiser le concours de manière à respecter la règle de l'anonymat des candidats. À ce titre, il est recommandé d'appliquer la règle de la triple enveloppe antérieurement obligatoire (voir ci-dessus), mais un autre dispositif peut être utilisé. L'acheteur doit, en tout état de cause, expliciter la procédure qu'il requiert dans le règlement du concours.

L'acheteur détermine les modalités de la procédure dans le respect des principes généraux du droit de la commande publique (cf. chapitre 1). Dès lors que l'estimation du montant du marché d'exécution atteint les seuils de procédure européens, la procédure doit s'inspirer des procédures formalisées. Il est donc nécessaire, en pratique, de respecter au minimum les délais de remise des candidatures prévu pour les procédures restreintes. Le délai serait donc au minimum de 30 jours à compter de la date d'envoi pour publication de l'avis de concours (voir § 41.1.6), ce délai pouvant être de 25 jours si les candidatures et les offres sont présentées par voie électronique.

Il sera également possible de réduire ce délai minimal dans les mêmes conditions :
– si un avis de préinformation a été publié, ce délai est de 15 jours.
– si urgence, le délai est fixé à 15 jours.

À RETENIR

Les modalités de la procédure doivent être explicitées dans le règlement du concours.

Le pouvoir adjudicateur recueille les dossiers des candidatures et les présente au jury.

Les candidats sont sélectionnés par application des critères mentionnés dans l'avis de concours. Les candidats retenus sont invités à présenter leur projet, les candidats écartés sont informés du rejet de leur candidature.

Le nombre de candidats sélectionnés doit être suffisant pour permettre une concurrence effective.

À RETENIR

Il n'est plus exigé que le nombre minimum de candidats admis à participer au concours soit de trois. Quoi qu'il en soit et quel que soit le nombre minimal de candidats fixé, il ne bloque pas la procédure : s'il n'est pas possible de retenir le nombre de candidats requis, par exemple parce que les candidats ne se sont pas manifestés en nombre suffisant, la procédure continue avec les candidats disponibles.

Les candidatures sont choisies en deux phases :
– le jury les examine et dresse de cet examen un procès-verbal dans lequel il formule un avis motivé ;
l'acheteur (la commission d'appel d'offres pour les concours locaux) dresse la liste des candidats dont le projet sera examiné.

L'acheteur invite ensuite les candidats sélectionnés à présenter leur projet, en leur indiquant le délai de présentation des offres. S'il s'inspire des délais de remise des offres applicables pour les procédures formalisées restreintes, l'acheteur peut fixer ce délai minimum à 30 jours à compter de la date d'envoi de la lettre d'invitation à soumissionner (voir § 41.1.6), ce délai pouvant être de 25 jours si les offres sont présentées par voie électronique.

Il sera également possible de réduire ce délai minimal dans les mêmes conditions :
– si un avis de préinformation a été publié, ce délai est de 10 jours.
– si urgence, le délai est fixé à 10 jours.

L'invitation à soumissionner contient les informations nécessaires à la présentation des plans et projets, elle devrait ainsi, en

pratique, comporter ou être accompagnée des informations et documents suivants :
– les documents de la consultation ou les modalités d'accès à ces documents ;
– la date et l'heure limite de réception des offres (cf. ci-dessus), l'adresse à laquelle elles sont transmises, ainsi que l'obligation, le cas échéant, d'utiliser la langue française ;
– les références de l'avis de concours ;
– le cas échéant, la date limite pour demander des renseignements complémentaires ;
– la liste des documents à fournir avec l'offre.

Les documents fournis avec l'invitation à soumissionner sont les documents utiles à l'élaboration de son offre :
– le programme fonctionnel ;
– les bordereaux de prix (le cas échéant) ;
– les cadres de réponse, à compléter par le candidat (le cas échéant) ;
– les éventuels éléments d'information des candidats.

L'acte d'engagement (formulaire ATTRI1 ou équivalent) n'est pas nécessairement fourni avec le dossier, il est destiné aux opérations de signature du marché et peut n'être fourni qu'à l'attributaire (voir ci-dessous).

À RETENIR

Si la règle de la double enveloppe est appliquée, les pièces remises par les candidats sont ventilées dans deux enveloppes :
– la première les éléments techniques de l'offre ;
– la deuxième contient l'offre de prix pour la réalisation du marché.

L'offre technique est préparée par les services de l'acheteur, qui anonymise les prestations avant leur communication au jury et peut procéder à une analyse préalable, de manière à faciliter l'intervention du jury. Le cas échéant, il peut procéder à une demande de régularisation des offres (voir § 50.1.2).

Le jury évalue les plans et projets anonymisés, en vérifie la conformité au règlement du concours et prépare un avis motivé sur le classement des offres, conformément aux critères d'attribution mentionnés dans l'avis de concours. Il dresse un procès-verbal, signé par tous ses membres, de cet examen qui contient :
– ses observations ;
– tout point éventuel nécessitant des éclaircissements et les questions qu'il envisage de poser aux candidats ;
– son avis motivé ;
– si le concours est un concours de maîtrise d'œuvre, une proposition portant sur l'attribution des primes.

À RETENIR

L'anonymat est respecté jusqu'à la fin de l'analyse des plans ou des projets.

Le cas échéant, le jury peut, après la levée de l'anonymat, inviter les candidats à répondre aux questions consignées dans le procès-verbal pour obtenir les clarifications nécessaires. Il dresse un procès-verbal complet de ces échanges avec les candidats.

L'acheteur (la commission d'appel d'offres pour les concours locaux) choisit le ou les lauréats du concours au vu de l'avis et des procès-verbaux, en application des critères définis dans l'avis de concours (voir § 36.1 et suivants).

À RETENIR

L'anonymat est respecté jusqu'à la fin de l'analyse des plans ou des projets.

Le jury évalue les prestations, en vérifie la conformité au règlement du concours et prépare un avis motivé sur le classement des offres, conformément aux critères d'attribution mentionnés dans l'avis d'appel public à la concurrence. Il dresse un procès-verbal, signé par tous ses membres, de l'examen des prestations qui contient :
– ses observations ;
– tout point nécessitant des éclaircissements ;
– son avis motivé ;
– une proposition portant sur l'attribution des primes, obligatoires si le concours a pour objet des prestations de maîtrise d'œuvre (voir § 26.1 et suivants).

Le cas échéant, le jury peut inviter les candidats à répondre aux questions consignées dans le procès-verbal pour obtenir les clarifications nécessaires. Il dresse un procès-verbal de ces échanges avec les candidats.

L'acheteur (la commission d'appel d'offres pour les concours locaux), et choisit le ou les lauréats du concours au vu de l'avis et des procès-verbaux, en application des critères définis dans l'avis de concours (voir § 36.1 et suivants).

25.3 Achèvement de la procédure

Le concours donne lieu à la négociation sans autre formalité de mise en concurrence du marché d'exécution.

25.3.1 Attribution du marché d'exécution

Le pouvoir adjudicateur demande au(x) lauréat (s) du concours de lui remettre les pièces justificatives de la recevabilité de sa candidature dans un délai qu'il fixe et qui, en pratique, a été porté à sa connaissance dans le règlement du concours (voir § 43.1, § 52.1 et suivants).

Si le lauréat ne fournit pas ces pièces dans le délai prescrit, l'acheteur ne pourra lui attribuer le marché négocié d'exécution.

Le ou les lauréat(s) du concours sont invités à négocier et le marché d'exécution des prestations faisant l'objet du concours est attribué (voir § 25.1 et suivants). Si la règle des enveloppes est appliquée, l'enveloppe contenant l'offre financière est ouverte pour ce faire. L'acheteur notifie le marché après sa signature.

25.3.2 Signature du marché d'exécution

S'il en est établi un, l'acte d'engagement est rempli et signé en fin de marché. L'acheteur le fait parvenir à l'attributaire pré-rempli. L'attributaire le complète et le signe. L'acheteur le signe en retour après l'expiration du délai de suspension de la procédure (voir § 53.5).

À RETENIR

L'acheteur peut utiliser le formulaire ATTRI1, « Acte d'engagement », téléchargeable à l'adresse suivante : http://www.economie.gouv.fr/daj/formulaires, rubrique « Formulaires marchés publics ».

25.3.3 Information des candidats non retenus

La décision du rejet de leur offre est notifiée à chacun des soumissionnaires ayant participé aux auditions (voir § 53.2). Les candidats évincés de la procédure au stade de l'examen des candidatures sont informés, à ce stade de la procédure, du rejet de leur candidature s'ils ne l'ont pas été précédemment.

25.3.4 Prime

Les concours donnent lieu au versement d'une prime, obligatoire, allouée aux participants qui ont remis des prestations conformes au règlement du concours et dont le montant est librement défini par l'acheteur.

Pour les concours de maîtrise d'œuvre (voir § 26.1 et suivants) soumis au régime de la maîtrise d'ouvrage publique, cette prime est allouée sur proposition du jury, pour un montant égal au prix estimé des études à effectuer par les participants, affecté d'un abattement d'au plus 20 %. Si la loi du 12 juillet 1985 n'est pas applicable, le montant de la prime est librement fixé par l'acheteur.

Le montant de la prime est préalablement mentionné dans le dossier de la consultation.

À RETENIR

La rémunération du titulaire du marché d'exécution tient compte du versement de cette prime.

25.3.5 Publication d'un avis de résultat de concours

Le concours, comme la procédure négociée sans publicité ni mise en concurrence appliquée pour la passation du marché d'exécution, est soumis à l'obligation de publication d'un avis d'attribution. Cet avis prend la forme d'un « avis de résultat de concours » pour le concours. Il est publié dans les 30 jours à compter de la date de la notification des résultats (voir § 58.1.1).

À RETENIR

Le marché négocié avec le ou les lauréats fait également l'objet de la publication d'un avis d'attribution dès lors que son montant atteint les seuils de procédure européens.

Le tableau 25.1 résume les principaux changements concernant le concours.

Tab. 25.1. Concordance ancienne et nouvelle réglementation

Nouvelles références	Anciennes références	Objet et apports essentiels
Art. 8 O. 2015	Art. 38 CMP	Définition du concours.
Art. 55 O. 2015	Art. 80 et 83 CMP	Principe nouveau d'information obligatoire des candidats et des soumissionnaires évincés.
Art. 88 D. 2016	Art. 38 et 70 CMP	Régime du concours. La procédure n'est plus formalisée, mais ses modalités choisies par l'acheteur dans les mêmes conditions qu'une procédure adaptée.
Art. 89 D. 2016	Art. 24 CMP	Régime du jury de concours.
Art. 90 D. 2016	Art. 74 CMP	Régime des marchés de maîtrise d'œuvre.
CMP : Code des marchés publics 2006 O. 2015 : Ordonnance n° 2015-899 relative aux marchés publics D. 2016 : Décret n° 2016-360 relatif aux marchés publics		

Marchés de maîtrise d'œuvre 26

Références : *art. 8 de l'ordonnance n° 2015-899 – art. 90 du décret n° 2016-360*

Les marchés de maîtrise d'œuvre sont des marchés de services ayant pour objet, en vue de la réalisation d'un ouvrage ou d'un projet urbain ou paysager, l'exécution d'un ou plusieurs éléments de mission de maîtrise d'œuvre (sur le contenu des marchés de maîtrise d'œuvre, voir ci-dessous).

Les procédures d'attribution des marchés de maîtrise d'œuvre se caractérisent par :
– leur objet ;
– l'obligation de principe d'appliquer la procédure du concours dès lors que le montant estimé des prestations atteint les seuils de procédure européens ;
– l'attribution obligatoire d'une prime aux candidats ayant présenté une offre conforme au cahier des charges, lorsque cette offre consiste en la remise de prestations de maîtrise d'œuvre.

26.1 Choix de la procédure

Les marchés de maîtrise d'œuvre sont passés selon une procédure qui est déterminée en fonction de leur montant et de la nature de l'acheteur.

Lorsque le montant du marché de maîtrise d'œuvre atteint les seuils de procédure européens (voir § 16.1 et suivants), les règles suivantes président au choix de la procédure. Il convient de distinguer deux hypothèses.

Les pouvoirs adjudicateurs suivants utilisent la procédure du concours restreint (voir § 25.2.3 et § 25.2.6), le marché étant ensuite négocié sans mise en concurrence avec le ou les lauréats du concours (voir § 24.1 et suivants) :
– l'État et ses établissements publics ayant un caractère autre qu'industriel et commercial ;
– les collectivités territoriales, leurs établissements publics et leurs groupements.

Ces acheteurs peuvent se dispenser d'organiser un concours et choisir une autre procédure pour l'attribution d'un marché de maîtrise d'œuvre portant sur :
– la réutilisation ou à la réhabilitation d'ouvrages existants ou à la réalisation d'un projet urbain ou paysager ;
– des ouvrages réalisés à titre de recherche, d'essai ou d'expérimentation ;
– des ouvrages d'infrastructures ;
– des prestations ne confiant aucune mission de conception au titulaire.

La procédure choisie peut alors être l'appel d'offres, ouvert ou restreint (voir § 20.1, § 21.1 et suivants), la procédure concurrentielle avec négociation (voir § 23.1 et suivants) ou le dialogue compétitif (voir § 22.1 et suivants). Si les conditions sont remplies, il peut également passer une procédure négociée sans publicité ni mise en concurrence préalables (voir § 24.1 et suivants).

APPLICATION

Le recours à ces procédures n'est toutefois jamais obligatoire, et l'acheteur peut préférer recourir à une procédure d'appel d'offres, qui peut alors être ouvert ou restreint.

Les autres acheteurs peuvent utiliser la procédure formalisée de leur choix, ainsi que le concours. S'ils choisissent d'organiser un concours, le concours est obligatoirement restreint si les acheteurs sont soumis à la législation sur la maîtrise d'ouvrage publique. Ces acheteurs sont :
– les organismes de sécurité sociale, leurs unions ou leurs fédérations ;
– les organismes privés d'habitations à loyer modéré et les sociétés d'économie mixte pour les logements à usage locatifs aidés par l'État et réalisés par ces organismes et sociétés.

Dans les cas dans lesquels le recours à la procédure du concours restreint n'est pas obligatoire, il est recommandé d'y recourir lorsque le marché comporte des enjeux architecturaux, urbains ou paysagers. Par hypothèse, les ouvrages d'infrastructure n'en comportent pas.

Lorsque le montant du marché de maîtrise d'œuvre n'atteint pas les seuils de procédure européens, le marché de maîtrise d'œuvre est passé selon une procédure adaptée (voir § 29.1 et suivants).

26.1.1 Concours ouvert

En dehors du régime de la maîtrise d'ouvrage publique, qui s'applique aux acheteurs mentionnés ci-dessus, les acheteurs qui passent des marchés de maîtrise d'œuvre peuvent choisir d'appliquer la procédure du concours ouvert.

26.1.2 Concours restreint

Les concours de maîtrise d'œuvre sont toujours restreints s'ils sont organisés par un acheteur soumis à la législation sur la maîtrise d'ouvrage publique (sur la procédure du concours, voir § 25.1 et suivants).

À RETENIR

Ces acheteurs sont les suivants :
– l'État et ses établissements publics ayant un caractère autre qu'industriel et commercial ;
– les collectivités territoriales, leurs établissements publics et leurs groupements, les établissements publics d'aménagement de ville nouvelle leurs groupements ainsi que les syndicats mixtes ;
– les organismes de sécurité sociale, leurs unions ou leurs fédérations ;
– les organismes privés d'habitations à loyer modéré et les sociétés d'économie mixte pour les logements à usage locatifs aidés par l'État et réalisés par ces organismes et sociétés.

Le ou les lauréat(s) du concours sont invités à négocier et le marché d'exécution des prestations faisant l'objet du concours est attribué sans nouvelle mise en concurrence.

26.1.3 Procédures formalisées

En dehors des cas dans lesquels le concours est obligatoire, les acheteurs peuvent choisir, sans que la procédure ne présente des spécificités, recourir à l'une des procédures formalisées prévues lorsque le montant estimé du marché dépasse les seuils de mise en concurrence européens.

APPLICATION

Les pouvoirs adjudicateurs peuvent toujours utiliser la procédure concurrentielle avec négociation ou celle du dialogue compétitif, puisque les prestations faisant l'objet du marché comportent des prestations de conception. Ce n'est qu'une faculté, l'acheteur peut toujours recourir à la procédure d'appel d'offres.

26.1.4 Procédure adaptée

Lorsque l'estimation du marché n'atteint pas les seuils de procédure européens, le marché peut être passé selon une procédure adaptée.

Même en procédure adaptée, toute remise de prestations donne obligatoirement lieu au versement d'une prime.

26.2 Jury

En dehors de la procédure du concours, l'intervention d'un jury n'est plus requise.

Toutefois, de manière comparable à la convocation de commissions d'appels d'offres lorsque celle-ci n'est pas obligatoire, l'acheteur peut s'entourer de l'avis d'un jury. Dès lors que ce jury est composé de professionnels éclairés, cette solution peut même être recommandée lorsque l'acheteur ne dispose pas des compétences requisses pour évaluer les offres. Un tel jury ne peut avoir qu'un pouvoir d'avis.

Si l'acheteur décide de réunir un jury, il doit veiller à ce que ses membres soient indépendants des candidats, afin de préserver l'impartialité du jury, condition nécessaire au respect du principe d'égalité de traitement des candidats.

26.3 Achèvement de la procédure

Les différentes phases d'achèvement de la procédure doivent être accomplies dans le bon ordre.

26.3.1 Recueil des attestations et certificats justifiant de la recevabilité de la candidature

L'acheteur demande à l'attributaire de lui remettre les pièces justificatives de la recevabilité de sa candidature dans un délai qu'il fixe et qui, en pratique, a été porté à sa connaissance dans le règlement de la consultation (voir § 43.1, § 52.1 et suivants). Si l'intéressé ne fournit pas les pièces dans le délai prescrit, il est éliminé et ces pièces sont demandées au suivant, dans l'ordre du classement.

Ce n'est que lorsque l'acheteur est certain de tenir son attributaire, c'est-à-dire après la fourniture de ces certificats et de ces attestations, que les candidats non retenus sont informés du rejet de leurs offres.

À RETENIR

Ces documents ne sont pas demandés aux lauréats du concours restreint à l'issue de ce concours, mais à celle de la négociation du marché d'exécution (voir § 25.1 et suivants).

26.3.2 Information des candidats non retenus

La décision du rejet de leur offre est notifiée à chacun des candidats ayant présenté un dossier de candidature et d'offre (voir § 53.1 et suivants). Les candidats évincés de la procédure au stade de l'examen des candidatures sont informés, à ce stade de la procédure, du rejet de leur candidature s'ils ne l'ont pas été précédemment.

La notification de la décision de rejet de la candidature ou de l'offre est obligatoire en procédure adaptée, mais pas la communication des motifs de cette décision.

La notification de la décision d'attribution aux candidats non retenus les délivre de leur engagement : ils ne sont plus tenus par leur offre. C'est la raison pour laquelle cette action ne doit être accomplie qu'une fois l'acheteur en possession de l'ensemble des pièces nécessaires à la signature du marché d'exécution.

À RETENIR

L'acheteur peut utiliser le formulaire NOTI1, « Information des candidats non retenus », téléchargeable à l'adresse suivante : http://www.economie.gouv.fr/daj/formulaires, rubrique « Formulaires marchés publics ».

26.3.3 Publication d'un avis d'attribution

Dès lors que le marché atteint les seuils de procédure européens, un avis d'attribution est publié dans les 30 jours à compter de la date de la signature du marché d'exécution. Cet avis mentionne, notamment, le nom de l'attributaire et le prix du marché (voir § 58.1).

La publication de cet avis n'est pas requise pour les procédures adaptées, lorsque le montant du marché n'atteint pas ces seuils, même si elle peut être opportune (voir § 58.1.1), en particulier pour contribuer à purger les délais de recours contentieux.

26.4 Primes

L'attribution d'une prime est obligatoire pour les marchés de maîtrise d'œuvre, lorsque la remise de l'offre suppose la remise de prestations de maîtrise d'œuvre.

Dès lors que la procédure de passation de ces marchés suppose, de chacun des candidats, la réalisation de telles prestations (études d'esquisses, études préalables, avant-projets...), la prime est supposée en constituer la rémunération. Les candidats dont l'offre était irrecevable, en tant qu'elle était irrégulière, inacceptable ou inappropriée (voir § 50.1.1) n'ont pas droit au versement de la prime.

À RETENIR

En principe, la procédure d'appel d'offres ne suppose pas la remise de prestations de maîtrise d'œuvre, aucune prime n'est à prévoir.

Pour les acheteurs soumis à la législation sur la maîtrise d'ouvrage publique, le montant de cette prime est égal au prix estimé des études à effectuer par les participants, affecté d'un abattement d'au plus 20 %. Si le marché est attribué à la suite d'un concours de maîtrise d'œuvre (voir § 26.1 et suivants), la prime est attribuée sur proposition du jury.

Les acheteurs qui ne sont pas soumis au régime de la maîtrise d'ouvrage publique en fixent librement le montant.

Le montant de la prime est préalablement mentionné dans le dossier de la consultation.

À RETENIR

La rémunération du titulaire du marché tient compte du versement de cette prime.

26.5 Contenu du marché

Lorsque l'acheteur est soumis au régime de la maîtrise d'ouvrage publique (voir ci-dessus), le contenu du marché respecte les principes suivants.

26.5.1 Principe de l'indépendance de la maîtrise d'œuvre

Il est interdit de confier, dans un même marché, les missions de conception et de construction d'un ouvrage, que ce marché soit passé avec une entreprise prétendant assurer des fonctions de conception ou, avec un groupement comportant entreprises et maître d'œuvre.

Ce principe est prudentiel : les missions de maîtrise d'œuvre supposent l'indépendance du maître d'œuvre par rapport à l'entrepreneur, le premier ayant pour mission de contrôler que le second exécute les prestations conformément aux plans, aux prescriptions du cahier des charges et aux règles de l'art. Cette indépendance est regardée comme un facteur de garantie de la qualité des constructions publiques.

À RETENIR

Dans certains cas, il est nécessaire d'associer l'entrepreneur à la conception d'un ouvrage. Dans cette hypothèse, il est possible de passer un marché regroupant les missions de conception et de construction de l'ouvrage (voir § 27.1 et suivants).

La mission de maîtrise d'œuvre doit permettre d'apporter une réponse architecturale, technique et économique du programme de l'opération.

La sanction de la méconnaissance, même partielle, de ce principe est la nullité du marché de travaux.

Mis à part ce principe, celui de la liberté contractuelle permet à l'acheteur de fixer librement le contenu du cahier des charges. Ce second principe est, lui aussi, limité en maîtrise d'œuvre.

Les missions confiées au maître d'œuvre varient selon l'objet du marché.

26.5.2 Opérations bâtimentaires

Pour les marchés de maîtrise d'œuvre portant sur la construction de bâtiment neuf ou la réhabilitation et la réutilisation de bâtiments, le marché confie au maître d'œuvre une mission de base, qui est indivisible. L'attribution d'une mission incomplète au maître d'œuvre a pour conséquence la nullité du marché. Il s'en suit une grande limitation de la liberté contractuelle du pouvoir adjudicateur dans la définition du périmètre du marché. Il ne retrouve sa liberté que pour les missions complémentaires à la mission de base.

Missions de base des opérations de construction de bâtiment

Pour les opérations de construction neuve de bâtiment, la mission de base comporte :
– les études d'esquisse ;
– les études d'avant-projet ;
– les études de projet ;
– l'assistance apportée au maître de l'ouvrage pour la passation des contrats de travaux ;
– la direction de l'exécution du contrat de travaux ;
– l'assistance apportée au maître de l'ouvrage lors des opérations de réception et pendant la période de garantie de parfait achèvement ;
– l'examen de la conformité au projet des études d'exécution et leur visa lorsqu'elles ont été faites par un entrepreneur et les études d'exécution lorsqu'elles sont faites par le maître d'œuvre.

Missions de base des opérations de réutilisation ou de réhabilitation de bâtiment

Pour les opérations de réutilisation ou de réhabilitation de bâtiment, la mission de base comporte :
– les études d'avant-projet ;
– les études de projet ;
– l'assistance apportée au maître de l'ouvrage pour la passation des contrats de travaux ;
– la direction de l'exécution du contrat de travaux ;
– l'assistance apportée au maître de l'ouvrage lors des opérations de réception et pendant la période de garantie de parfait achèvement ;
– l'examen de la conformité au projet des études d'exécution et leur visa lorsqu'elles ont été faites par un entrepreneur et les études d'exécution lorsqu'elles sont faites par le maître d'œuvre.

À RETENIR

Le principe de l'indivisibilité de la mission de base porte sur les éléments de la mission, pas sur la consistance de l'ouvrage. Par exemple, un maître d'œuvre peut se voir attribuer une mission de base pour la construction d'un bâtiment neuf, tandis qu'un autre pour l'équipement intérieur de ce bâtiment.

Missions complémentaires

En plus de la mission de base, il est possible d'attribuer au maître d'œuvre des missions complémentaires, parmi lesquelles :
– l'aide à la programmation ;
– l'assistance dans la mise en œuvre de la consultation ;
– les études de diagnostic (en cas de réhabilitation) ;
– les études préliminaires (en cas de réhabilitation) ;
– les études d'exécution ;
– les missions d'ordonnance, pilotage et coordination (OPC).

26.5.3 Opérations de génie civil ou d'infrastructures

Le marché dont l'objet porte sur une opération de génie civil ou d'infrastructure n'est soumis, ni au principe de l'existence d'une mission de base, ni à celui de son indivisibilité. Les différentes missions peuvent donc constituer autant de lots différents susceptibles d'être attribués à des personnes distinctes : le principe de l'indivisibilité ne trouve pas à s'appliquer.

L'absence de mission de base rend plus souple la détermination du contenu des contrats. Le maître de l'ouvrage peut parfaitement ne confier que certains, voire un seul élément de mission. En revanche, il ne peut scinder un élément de ces missions, en raison de la grande homogénéité de leurs contenus.

À RETENIR

L'acheteur maître d'ouvrage, est susceptible d'engager sa responsabilité pour faute en imposant une mission partielle réduite et inadaptée, notamment en cas de partage de certains éléments de missions.

Les missions du maître d'œuvre qui lui est attribué pour les opérations de génie civil et d'infrastructure peuvent être les suivantes :
– études préliminaires ;

– études de diagnostic ;
– études d'avant-projet ;
– études de projet ;
– assistance au maître de l'ouvrage pour la passation des contrats de travaux ;
– études d'exécution ;
– la direction des travaux, l'ordonnancement la coordination et le pilotage de chantier ;
– l'assistance au maître de l'ouvrage lors de la réception ;
– la direction des travaux, OPC – ordonnancement, pilotage et coordination de chantier ;
– assistance au maître de l'ouvrage lors de la réception.

Le tableau 26.1 résume les principaux changements concernant les marchés de maîtrise d'œuvre.

Tab. 26.1. Concordance ancienne et nouvelle réglementation

Nouvelles références	Anciennes références	Objet et apports essentiels
Art. 90 D. 2016	Art. 74 CMP	Régime des marchés de maîtrise d'œuvre. Simplification de la procédure applicable, qui renvoie aux procédures existantes. Disparition de l'obligation de recourir à un jury en dehors des concours.
CMP : Code des marchés publics 2006 D. 2016 : Décret n° 2016-360 relatif aux marchés publics		

Marchés publics globaux 27

Références : *art. 32, 33, 34, 35, 35 bis et 60 de l'ordonnance n° 2015-899 – art. 12, 91 et 92 du décret n° 2016-360*

En maîtrise d'ouvrage publique, les opérations de travaux sont présidées par le principe de l'indépendance du maître d'œuvre au regard du constructeur. Elles sont organisées, schématiquement, autour de trois acteurs principaux :
– le maître d'ouvrage, pour le compte duquel est réalisée l'opération, qui assume sa direction et ses aspects juridiques et financiers ;
– le maître d'œuvre, qui en assume le volet technique et le contrôle de la construction ;
– le constructeur, qui assure l'exécution des travaux.

Les acheteurs soumis à la législation sur la maîtrise d'ouvrage publique (voir § 27.1.1 et suivants), sont contraints par deux principes stricts :
– l'interdiction de se démettre de leurs responsabilités de maître d'ouvrage ;
– l'interdiction d'attribuer à un même opérateur économique, un marché portant, à la fois, sur la conception et sur la construction d'un ouvrage (voir § 26.5.1).

Il leur est, dans des cas très précis, possible de déroger à ce dernier principe en associant, dans un même marché, conception et construction.

27.1 Marchés de conception-réalisation

27.1.1 Notion

Le marché de conception-réalisation est un marché de travaux, car il a pour objet principal la réalisation d'un ouvrage. La conception-réalisation est donc un type particulier de marché dans lequel le maître d'ouvrage confie simultanément la conception (études) et la réalisation (exécution des travaux) d'un ouvrage.

Les acheteurs peuvent y recourir librement, sauf s'ils sont soumis à la législation sur la maîtrise d'ouvrage publique. Les acheteurs soumis à ce régime sont les suivants :
– l'État et ses établissements publics ayant un caractère autre qu'industriel et commercial ;
– les collectivités territoriales, leurs établissements publics et leurs groupements.
– des organismes de sécurité sociale, leurs unions ou leurs fédérations ;
– des organismes privés d'habitations à loyer modéré et les sociétés d'économie mixte pour les logements à usage locatifs aidés par l'État et réalisés par ces organismes et sociétés.

À RETENIR

Un régime transitoire est applicable à ces derniers, leur permettant d'échapper aux restrictions d'application du marché de conception-réalisation jusqu'au 31 décembre 2018.

Dans le cas de ces acheteurs soumis à la maîtrise d'ouvrage publique, le marché de conception-réalisation est un marché dérogatoire dont le recours est conditionné au respect d'un champ d'application très strict. Il ne peut être utilisé, quel qu'en soit le montant, que si des motifs d'ordre technique ou un engagement contractuel sur un niveau d'amélioration de l'efficacité énergétique rendent nécessaire l'association de l'entrepreneur aux études de l'ouvrage.

À RETENIR

Le marché de conception réalisation peut, donc, être utilisé pour passer un marché de performance énergétique.

En outre, le marché ne peut être attribué :
– qu'à un groupement d'opérateurs économiques ;
– pour les seuls ouvrages d'infrastructures, à un seul opérateur.

À RETENIR

Dans la première hypothèse, le groupement est composé de l'entreprise de travaux et d'un bureau d'étude ou d'un cabinet d'architecte qui assure les missions de maîtrise d'œuvre. L'indépendance du maître d'œuvre par rapport au constructeur est, ainsi, juridiquement assurée.

Ce marché permet, ainsi, d'associer les entrepreneurs à la conception de l'ouvrage. Il constitue une exception à l'organisation tripartite de l'opération de travaux en maîtrise d'ouvrage publique.

CHAMP D'APPLICATION

Le choix de cette procédure est dicté par les caractéristiques de l'ouvrage à construire qui imposent l'association de l'entrepreneur aux études. Pour le déterminer, doivent être prise en compte la destination de l'ouvrage ou sa mise en œuvre technique.

Trois types d'opérations sont ainsi visés :
– les opérations dont la finalité majeure est une production dont le processus conditionne la conception, la réalisation et la mise en œuvre. Par exemple, un ouvrage dont le processus conditionne la conception, la réalisation et la mise en œuvre de l'ouvrage peut être une cuisine collective, une blanchisserie industrielle ou les procédés de production de chaleur. Il faut que ces ouvrages constituent l'essentiel de l'opération ;
– les opérations dont les caractéristiques appellent, par nature, une mise en œuvre dépendant des moyens et de la technicité des entreprises. Il peut s'agir d'ouvrages de dimension exceptionnelle, d'ouvrages à grand volume impliquant une structure complexe ou dont la réalisation pose des difficultés techniques particulières, tels que les ouvrages sous terrains exceptionnels, la réhabilitation lourde de certains ouvrages existants impliquant des techniques particulières de construction comme des reprises en sous-œuvre ou, l'intervention sur des structures remettant en cause les descentes de charge.
– les opérations ont pour objet de garantir, contractuellement, la performance énergétique d'un ouvrage.

À RETENIR

Il s'agit de permettre aux collectivités publiques de passer des contrats de performance énergétique, prévus par le Grenelle de l'environnement. Un contrat de performance énergétique a pour objet de garantir la diminution des consommations énergétiques d'un bâtiment ou d'un parc de bâtiments, vérifiée et mesurée dans la durée, par un investissement dans des travaux, des fournitures ou des services. Ces marchés de performance énergétique peuvent également donner lieu à la passation de marchés globaux de performance (voir ci-dessous), ou à un marché de partenariat (voir § 2.1 et suivants).

Ce champ d'application est d'interprétation très stricte.

APPLICATION

Il est possible de conclure un marché de conception-réalisation pour la construction d'un parking souterrain, mais pas pour la réalisation d'un complexe omnisports, malgré les dimensions et le volume exceptionnel de l'ouvrage, ni pour celle d'un centre de secours hospitalier dont les spécifications ne diffèrent pas des contraintes auxquelles est assujetti tout bâtiment de même importance.

Il est à noter que l'urgence n'est jamais un motif de recours à la conception-réalisation.

27.1.2 Procédure

Les marchés de conception-réalisation sont passés selon la procédure formalisée requise dès lors que l'estimation du marché atteint 5 225 000 d'euros HT (voir § 17.1 et suivants). En deçà de ce seuil, ils peuvent être passés selon une procédure adaptée (voir § 29.1 et suivants).

Des spécificités de procédure sont toutefois applicables aux acheteurs soumis au régime de la maîtrise d'ouvrage publique (voir § 27.1.1), elles prévoient l'intervention d'un jury, l'audition des candidats et l'attribution d'une prime.

Jury

Le jury est composé exclusivement de personnes indépendantes des candidats. Lorsqu'une qualification professionnelle particulière est exigée pour participer à la procédure, au moins un tiers des membres du jury doit posséder cette qualification ou une qualification équivalente.

La mise en place et l'intervention d'un jury sont facultatifs lorsque le marché de conception-réalisation porte sur :
– la réutilisation ou à la réhabilitation d'ouvrages existants ou à la réalisation d'un projet urbain ou paysager ;
– des ouvrages réalisés à titre de recherche, d'essai ou d'expérimentation ;
– des ouvrages d'infrastructures.

Sélection des candidatures

L'acheteur choisit les candidatures au vu d'un procès-verbal d'examen des candidatures et d'un avis motivé sur la liste des candidats à retenir établis par le jury.

Dossier de la consultation

Le dossier de la consultation comporte en pratique, outre les pièces habituelles, le programme de l'opération qui doit être détaillé et précis, ainsi que :
– les modalités selon lesquelles est organisée l'audition des candidats par le jury ;
– dès lors que la procédure implique la remise de prestations de maîtrise d'œuvre, le montant, ainsi que les modalités de réduction, voire de suppression de la prime destinée à rémunérer la remise de ces prestations, lorsque ces prestations sont régulières.

Examen des offres et audition des candidats

Les candidats doivent remettre une offre comprenant :
– un avant-projet sommaire (APS) pour un ouvrage de bâtiment ou un avant-projet (AVP) pour un ouvrage d'infrastructure ;
– la définition des performances techniques de l'ouvrage.

Le jury examine les offres remises et auditionne les candidats avant de dresser un procès-verbal d'examen des prestations et d'audition des candidats, et de formuler un avis motivé.

L'audition des soumissionnaires respecte les modalités indiquées dans le règlement de la consultation, les principes de transparence et d'égalité des candidats. Aucune phase de dialogue n'est prévue entre le jury et les candidats.

L'acheteur peut ensuite demander aux candidats de clarifier, préciser ou compléter leur offre. Ces échanges ne peuvent donner lieu à la modification des caractéristiques principales de ces offres. Il (la commission d'appel d'offres pour les marchés locaux) attribue le marché au vu de l'avis du jury.

Prime

Quelle que soit la procédure utilisée, toute remise de prestations prévue par les documents de la consultation donne lieu au versement d'une prime lorsque l'offre est régulière. Les documents de la consultation, en pratique son règlement, en précisent le montant, ainsi que les modalités de réduction ou de suppression. Le montant de cette prime est égal au prix estimé des études de conception affecté d'un abattement au plus égal à 20 %. La rémunération du titulaire tiendra compte de cette prime.

27.2 Marchés globaux de performance

Il est possible, pour satisfaire des objectifs chiffrés de performance, de conclure des contrats globaux associant :
– soit la conception, la réalisation et l'exploitation ou la maintenance ;
– soit la réalisation, l'exploitation ou la maintenance.

Ces marchés peuvent être des marchés de travaux, de fournitures ou de services.

APPLICATION

Le marché est un marché de travaux si son objet principal est la construction ou la réhabilitation d'un ouvrage. C'est un marché de service si les prestations constituent, simplement, à doter l'ouvrage d'un système automatisé de gestion climatique. C'est un marché de fournitures si les prestations consistent à poser des panneaux photovoltaïques en toiture, les travaux de pose ne présentant, alors, qu'un caractère accessoire.

27.2.1 Objet

Les marchés globaux de performance ont pour objet de faire peser sur leur titulaire un engagement contractuel portant sur un niveau d'activité, de qualité d'efficacité ou d'incidence écologique. Le contrat est assorti de clauses de performance dont la réalisation est mesurable. Le titulaire du marché est rémunéré en fonction du niveau de réalisation de ces objectifs.

Ces contrats sont censés permettre une plus grande responsabilisation des titulaires des marchés par la modulation de leur rémunération selon le niveau de satisfaction des objectifs de performance.

Le champ principal de ce type de montage est le contrat de performance énergétique.

APPLICATION

Une commune paie une facture d'électricité de 5 000 euros par mois pour chauffer un groupe scolaire. Elle passe avec un groupement, comprenant un bureau d'études et une entreprise de bâtiment, un marché de performance énergétique, d'une durée de quinze ans, portant sur la réhabilitation du bâtiment. Le groupement assure la conception de la réhabilitation et la réalisation des travaux, ainsi que l'exploitation et la maintenance de l'ouvrage. La commune paie les prestations à mesure de leur exécution et verse un prix forfaitaire pour son exploitation et sa maintenance. Au titre du chauffage, elle ne verse au groupement que 1 000 euros mensuels, tout au long de la durée du marché. Le titulaire, qui paie les factures réelles du chauffage de l'ouvrage qu'il exploite, garantit, ainsi, à la commune, la stabilité et la modération de ses factures de chauffage. S'il a commis une erreur dans la conception ou la réalisation de la réhabilitation et que ses factures de chauffage s'élèvent à 2 000 euros, il en supporte les conséquences financières, sans pouvoir demander à la commune une augmentation du prix pour compenser ses pertes.

Il est, toutefois, possible de passer ces marchés dans d'autres domaines.

APPLICATION

La construction et l'exploitation d'une piscine municipale dotée d'un système de filtrage biologique assurant la qualité sanitaire de l'eau peut faire l'objet d'un marché global sur performances, le titulaire du marché s'engageant contractuellement à garantir la qualité sanitaire de l'eau de baignade au moyen de clauses de performance.

27.2.2 Régime

Les marchés globaux de performance constituent une catégorie particulière de marchés publics au regard des critères d'attribution et de leurs clauses. Leur régime n'est, pour le reste, pas dérogatoire au régime général des marchés publics, à l'exception des aménagements de la procédure applicable aux acheteurs soumis au régime de la maîtrise d'ouvrage publique.

Procédure

Les marchés globaux de performance sont attribués selon les règles de droit commun. L'acheteur applique une procédure formalisée lorsque les seuils de procédure européens sont atteints, une procédure adaptée en deçà de ces seuils.

Toutefois, lorsque le montant estimé du marché atteint les seuils de procédure européens, les acheteurs soumis au régime de la maîtrise d'ouvrage publique doivent appliquer les spécificités de procédure applicables aux marchés de conception-réalisation, qui impliquent notamment l'intervention d'un jury et le versement de primes (sur ces règles de procédure, voir ci-dessus).

La procédure ne recèle pas d'autre spécificité :
– compte tenu de la complexité attachée, par nature, à ce type de marchés, il est systématiquement possible de recourir à la procédure concurrentielle avec négociation ou à celle du dialogue compétitif.
– ils respectent le régime de l'obligation d'allotir, mais, par nature, le projet justifie la passation d'un marché global pour des raisons techniques. Un allotissement peut, toutefois, s'imposer au pouvoir adjudicateur dès lors que des considérations techniques ne sont pas en cause. Il peut en aller ainsi au regard de l'allotissement géographique, un marché global sur performance ne pouvant se concevoir que site par site.

L'acheteur est toutefois tenu de retenir plusieurs critères d'attribution, et parmi eux, les critères suivants :
– le coût global de l'offre ;
– un ou plusieurs critères relatifs aux objectifs de performance relatifs notamment au niveau d'activité, de qualité de service, d'efficacité énergétique ou d'incidence écologique, prévus dans le marché.

À RETENIR

Un critère tiré de l'expérience de l'entreprise peut être retenu compte tenu de la grande technicité du marché, dès lors qu'il est lié à l'objet du marché et non discriminatoire.

Prime

Quelle que soit la procédure utilisée, toute remise de prestations prévue par les documents de la consultation donne lieu au versement d'une prime lorsque l'offre est régulière.

Les documents de la consultation, en pratique son règlement, en précisent le montant, ainsi que les modalités de réduction ou de suppression. Le montant de cette prime est égal au prix estimé des études de conception affecté d'un abattement au plus égal à 20 %. La rémunération du titulaire tiendra compte de cette prime.

Contenu

Les marchés globaux de performance ne dérogent pas aux règles applicables au contenu des marchés publics :
– ils sont soumis à l'interdiction de paiement différé lorsque l'acheteur est l'État, une collectivité territoriale ou un établissement public. Ces acheteurs paient les prestations, la conception, les travaux et l'exploitation-maintenance, à mesure de leur exécution.
– la rémunération de l'exploitation ou de la maintenance ne peut jamais contribuer à la rémunération de la construction. La pratique de l'« adossement » est interdite : le marché fait obligatoirement apparaître de manière séparée les prix respectifs des prestations de construction et des prestations d'exploitation ou de maintenance ;
– si le marché a pour objet principal la réalisation de travaux pour le compte d'acheteurs soumis au régime de la maîtrise d'ouvrage publique, il n'est possible d'y associer les prestations de maîtrise d'œuvre que si des raisons techniques l'imposent ou si l'objet du marché est de garantir, contractuellement, la performance énergétique de l'ouvrage (voir § 27.1.1).

À RETENIR

La Caisse des dépôts et des consignations, pourtant établissement public, n'est pas soumise à l'interdiction de paiement différé.

La nature de ce type de marchés publics implique, toutefois, que les clauses du cahier des charges précisent :
– des engagements de performance mesurables (objectifs chiffrés de performance définis notamment en termes de niveau d'activité, de qualité de service, d'efficacité énergétique ou d'incidence écologique) ;
– la prise en compte, dans la durée du marché, des délais nécessaires à la réalisation de ces objectifs en engagements ;
– les modalités du paiement distinguant la rémunération des prestations d'exploitation ou de maintenance et celle de la construction ;
– les modalités de rémunération du titulaire. La rémunération de l'exploitation et de la maintenance est liée à l'atteinte de performances mesurées, fixées dans le marché pour toute sa durée d'exécution ;
– l'obligation d'identifier une équipe de maîtrise d'œuvre chargée de la conception de l'ouvrage et du suivi de sa réalisation ;
– le contenu de la mission de maîtrise d'œuvre confiée au titulaire pour les marchés dont l'objet des travaux est bâtimentaire : cette mission est la mission de base fixée par le régime de la maîtrise d'ouvrage publique, adaptée aux spécificités des marchés publics globaux.

À RETENIR

Issues de la loi n° 2016-925 du 7 juillet 2016 relative à la liberté de la création, à l'architecture et au patrimoine, les deux dernières obligations sont manifestement le fruit du lobbying des architectes, qui se sont émus de la suppression de l'obligation de convoquer un jury, dans les procédures d'attribution des marchés de maîtrise d'œuvre en dehors de la procédure du concours. L'obligation d'identifier une équipe de maîtrise d'œuvre chargée de la conception de l'ouvrage et du suivi de sa réalisation constitue sans doute un facteur de transparence permettant de mieux identifier les responsabilités. Accessoirement, elle favorise, ce qui n'est pas une mauvaise chose, un accès direct des cabinets d'études à la dévolution des contrats globaux, par le biais de la cotraitance. En revanche, la dévolution, pour les marchés bâtimentaires, d'une mission de base « adaptée à la spécificité des marchés publics globaux » imposée par cette même loi méritera sans doute quelques précisions, compte tenu des enjeux importants, de l'incertitude juridique et du risque contentieux qui pourrait bien en résulter.

27.3 Marchés publics globaux sectoriels

Des missions globales peuvent également être confiées à un opérateur économique. Elles sont les suivantes :
– la conception, la construction, l'aménagement, l'entretien et la maintenance des immeubles affectés à la police nationale, à la gendarmerie nationale, aux armées ou aux services du ministère de la Défense ;
– la conception, la construction et l'aménagement des infrastructures nécessaires à la mise en place de systèmes de communication et d'information répondant aux besoins des services du ministère de l'Intérieur ;
– la conception, la construction, l'aménagement, l'entretien et la maintenance des immeubles affectés à la brigade des sapeurs-pompiers de Paris ;
– la conception, la construction, l'aménagement, l'entretien et la maintenance des immeubles affectés par l'État à la formation des personnels qui concourent aux missions de défense et de sécurité civiles ;
– la conception, la construction et l'aménagement des établissements pénitentiaires, ainsi que, en tant que de besoin, l'exploitation ou la maintenance de ces, à l'exception des fonctions de direction, de greffe et de surveillance ;

À RETENIR

Cette mission ne peut conduire à confier au titulaire les fonctions de direction, de greffe et de surveillance, il s'agit d'un service public non délégable.

– la conception, la construction, l'aménagement, l'entretien, l'hôtellerie et la maintenance de centres de rétention ou de zones d'attente. ;

À RETENIR

Cette mission ne peut conduire à confier au titulaire l'enregistrement et la surveillance des personnes retenues ou maintenues à d'autres personnes que des agents de l'État, il s'agit d'un service public non délégable.

– la conception, la construction, l'aménagement, l'entretien et la maintenance de bâtiments ou d'équipements affectés à l'exercice des missions des établissements publics de santé, des organismes de sécurité sociale gérant des établissements de santé et des structures de coopération sanitaire dotées de la personnalité morale publique ;
– la revitalisation artisanale et commerciale.

Cet inventaire disparate constitue le fruit d'une quinzaine d'années de travail parlementaire, qui a jugé utile de créer un nouveau régime de contrat global à chaque fois qu'un besoin quelconque se faisait sentir. Au-delà du fait de confier une mission globale au titulaire du marché, ce qui permet d'échapper au régime de la maîtrise d'ouvrage publique (voir § 26.1 et suivants), ces marchés globaux sont passés dans les conditions du droit commun.

À RETENIR

La raison invoquée à l'appui de cette dérogation au régime de la maîtrise d'ouvrage publique est le gain de temps. Ainsi, un retard préjudiciable à l'intérêt général conduit à devoir accélérer les procédures permettant, par exemple, la création de nouveaux établissements pénitentiaires, les conditions de détention liées à la surpopulation carcérale dans les prisons françaises, parfaitement inadmissibles, justifiant ces expédients de procédure. Reste qu'une quinzaine d'années plus tard, la question n'est toujours pas réglée.

Pour les raisons évoquées ci-dessus, le cahier des charges de ces marchés doit toutefois contenir des clauses précisant :
– l'obligation d'identifier une équipe de maîtrise d'œuvre chargée de la conception de l'ouvrage et du suivi de sa réalisation ;
– le contenu de la mission de maîtrise d'œuvre confiée au titulaire pour les marchés dont l'objet des travaux est bâtimentaire : cette mission est la mission de base fixée par le régime de la maîtrise d'ouvrage publique, adaptée aux spécificités des marchés publics globaux.

Le tableau 27.1 résume les principaux changements concernant les marchés publics globaux.

Tab. 27.1. Concordance ancienne et nouvelle réglementation

Nouvelles références	Anciennes références	Objet et apports essentiels
Art. 32 O. 2015 – art. 12 D. 2016	Art. 10 CMP	Régime de l'allotissement. Possibilité de limiter le nombre de lots pouvant être attribués à un même candidat. Possibilité d'autoriser les soumissionnaires à présenter une offre conditionnelle selon le nombre de lots susceptibles d'être obtenus. Obligation de motiver le recours au marché global
Art. 33 O. 2015 – art 91 D. 2016	Art. 69 CMP	Régime des marchés publics de conception-réalisation. Abandon de l'obligation de recourir à la procédure de l'appel d'offres restreint.
Art. 34 O. 2015 – art 92 D. 2016	Art. 73 CMP	Régime des marchés publics globaux de performance.
Art. 35 O. 2015	–	Régime des marchés publics globaux sectoriels.
Art. 35 bis O. 2015	–	Identification de la maîtrise d'œuvre. Obligation nouvelle d'identifier une équipe de maîtrise d'œuvre chargée de la conception de l'ouvrage et du suivi de sa réalisation dans les conditions d'exécution des marchés globaux. Extension de la mission de base de maîtrise d'œuvre à tous les marchés globaux bâtimentaires.
Art. 60 O. 2015	Art. 96 CMP	Interdiction des clauses de paiement différé pour l'État, ses établissements publics, les collectivités territoriales et leurs établissements publics.
CMP : Code des marchés publics 2006 O. 2015 : Ordonnance n° 2015-899 relative aux marchés publics D. 2016 : Décret n° 2016-360 relatif aux marchés publics		

28 Partenariat d'innovation

***Références :** art. 93, 94 et 95 du décret n° 2016-360*

Le partenariat d'innovation est un marché public permettant d'associer et de financer, dans le même contrat, sans nouvelle remise en concurrence :

– les études de recherche et développement, de produits, services ou travaux innovants ;

– l'acquisition des produits, services ou travaux résultant de ces études et répondant à un besoin ne pouvant être satisfait par l'acquisition de produits, services ou travaux déjà disponibles sur le marché.

À RETENIR

Le partenariat d'innovation est l'héritier, sous une forme plus structurée, des marchés de définition, formule contractuelle traditionnelle en droit français des marchés publics, dont le régime a été supprimé en 2010 sous la pression du juge et des institutions européennes, cette formule n'était alors pas permise par le droit européen des marchés publics. C'est désormais le cas.

Le partenariat d'innovation est mono ou multipartenaires. L'acheteur peut, en effet, décider de mettre en place un partenariat d'innovation avec un ou plusieurs opérateurs économiques qui exécutent les prestations de manière séparée dans le cadre de contrats individuels. Si tel est le cas, il le précise dans l'avis de marché ou dans un autre document de la consultation.

Un partenariat d'innovation multipartenaires implique donc la signature d'autant de marchés que de partenaires. À l'arrivée, le ou les partenaires qui ont rempli les objectifs des phases successives et ont été autorisés à continuer l'exécution du partenariat obtiennent la commande d'acquisition des travaux, fournitures ou services mis au point lors de la partie de recherche et développement.

28.1 Champ d'application

Cette formule contractuelle est réservée aux prestations innovantes.

Le partenariat d'innovation implique que les travaux, produits ou services soient nouveaux ou présentent une sensible amélioration par rapport à l'existant.

Le caractère innovant peut notamment résulter de :
– la mise en œuvre de nouveaux procédés de production ou de construction ;
– d'une nouvelle méthode de commercialisation ;
– d'une nouvelle méthode organisationnelle dans les pratiques, l'organisation du lieu de travail ou les relations extérieures de l'entreprise.

Il peut s'agir, mais il n'est pas exigé que le caractère innovant aille jusque-là, de travaux, fournitures ou services ou produits

de haute technologie. La haute technologie fait appel au dernier état de l'art des technologies ou des connaissances en science et en ingénierie et, intervient dans des domaines aussi divers que :
– l'énergie ;
– l'informatique ;
– internet ;
– les vêtements professionnels ;
– les technologies de la communication ;
– les fibres ;
– le caoutchouc ;
– les machines ;
– les moteurs ;
– les accumulateurs, piles et batteries ;
– les réseaux ;
– les fournitures électroniques ;
– les équipements médicaux ;
– la chimie ;
– les véhicules ;
– l'aéronautique ;
– le matériel de secours et de sécurité ;
– les navires, les équipements de police ;
– les fournitures militaires et les matériels de guerre ;
– les instruments de navigation, de pointage, d'essais, de mesure ;
– les machines de production et d'utilisation de la puissance mécanique ;
– les machines-outils ;
– les fourneaux ;
– les services de recherche et le développement expérimental ;
– les services de conseil en recherche et développement ;
– l'environnement.

APPLICATION

Le textile est un secteur récurrent d'innovations, par exemple dans le cas de la fourniture de combinaisons de vol.

28.2 Procédure

Tant que le besoin consiste en une solution innovante, le partenariat d'innovation dont le montant atteint les seuils de procédure européens est passé selon la procédure concurrentielle avec négociation. À la différence des autres marchés, la procédure est imposée, l'acheteur ne peut choisir l'appel d'offres restreint ou le dialogue compétitif.

À RETENIR

La procédure applicable pour les entités adjudicatrices est la procédure négociée avec mise en concurrence préalable.

Le dialogue compétitif, qui consiste à faire appel aux opérateurs économiques pour identifier les solutions techniques susceptibles de répondre aux besoins de l'acheteur, ferait double emploi avec le partenariat d'innovation. La différence, au-delà de ce qu'il est possible de demander à des candidats dans le cadre d'une procédure de mise en concurrence, réside dans le fait que le partenariat d'innovation conclu avec plusieurs candidats permet à l'acheteur de financer l'effort de recherche et développement de chacun d'eux : les études étant des prestations réalisées en application d'un marché public, elles sont rémunérées. Par ailleurs, le dialogue compétitif permet de choisir l'attributaire du marché une fois la solution identifiée. Un partenariat d'innovation n'est mis en œuvre qu'une fois que l'acheteur s'est assuré qu'il n'existait pas de solution disponible pour satisfaire à son besoin. L'exécution du contrat a pour objet de créer cette solution, en partenariat avec ses titulaires, que l'acheteur accompagne et que la procédure de mise en concurrence lui a simplement permis de choisir.

APPLICATION

Le partenariat constitue ainsi un outil de financement de l'effort de recherche et développement des opérateurs économiques intervenant dans le secteur qui intéresse l'acheteur. Cette dimension est importante pour certains acheteurs, spécialement dans le domaine de la défense, où le partenariat d'innovation constitue un outil, parmi d'autres, de politique industrielle, permettant d'assurer sur le long terme la sécurité des approvisionnements.

28.2.1 Publicité et documents de la consultation

Dans les documents de la consultation, l'acheteur définit le besoin relatif aux produits, services ou travaux innovants. Il indique les éléments de cette définition qui fixent les exigences minimales que doivent respecter toutes les offres. Les informations fournies sont suffisamment précises pour permettre aux opérateurs économiques de déterminer la nature et la portée de la solution requise et de décider de demander ou non à participer à la procédure.

Les documents de la consultation indiquent également si la procédure est phasée.

Il n'est pas possible d'utiliser l'avis de préinformation ou, pour les entités adjudicatrices, l'avis périodique indicatif, en tant qu'avis de marché (voir § 37.1 et suivants) pour les partenariats d'innovation.

28.2.2 Examen des candidatures et des offres

La procédure concurrentielle avec négociation présente les ajustements suivants.

Le délai minimum de réception des candidatures est de 30 jours et ne peut être réduit.

Les critères de sélection des candidats fixés par l'acheteur tiennent compte de la capacité des candidats dans le domaine de la recherche et du développement ainsi que dans l'élaboration et la mise en œuvre de solutions innovantes.

Le délai minimal de réception des offres initiales est librement fixé par l'acheteur, qui tient notamment compte de la complexité du partenariat, du temps qui leur est nécessaire pour préparer leur offre. La pratique, consistant trop systématiquement à réduire au maximum le délai laissé aux candidats ou aux soumissionnaires pour présenter leurs candidatures et leurs offres, sera totalement inappropriée ici. Le partenariat d'innovation implique un temps de conception des offres important.

La négociation est obligatoire, l'acheteur ne peut notamment utiliser sa faculté de « se réserver le droit de négocier ». Les offres initiales et toutes les offres ultérieures sont négociées en vue d'en améliorer le contenu. Les offres finales, en revanche, ne peuvent être négociées. Les offres peuvent être négociées dans tous leurs aspects, sauf en ce qui concerne les critères d'attribution et les exigences minimales qui ne peuvent faire l'objet de modifications.

La négociation être phasée. Des soumissionnaires peuvent être éliminés à l'issue de chaque phase en application des critères d'attribution définis dans les documents de la consultation.

L'acheteur informe, à l'issue de chaque phase, tous les soumissionnaires dont l'offre n'a pas été éliminée des changements apportés aux documents de la consultation. Il leur accorde un délai suffisant pour leur permettre de modifier leur offre et, le cas échéant, de la présenter à nouveau.

L'achèvement de la procédure est réalisé conformément aux étapes prévues pour la procédure concurrentielle avec négociation.

28.3 Régime

Mono ou multipartenaires, le partenariat d'innovation est structuré en deux parties distinctes :
– la partie « études », qui comprend une ou plusieurs phases successives qui suivent le déroulement du processus de recherche et de développement, notamment le prototypage et les essais ;
– la partie « acquisition », qui comprend une ou plusieurs phases d'acquisition des produits, services ou travaux qui sont le résultat de ces études.

28.3.1 Équilibre du montage

La structure, la durée et la valeur des différentes phases du partenariat d'innovation tiennent compte :
– du degré d'innovation de la solution proposée ;
– de la durée ;
– du coût des activités de recherche et d'innovation requises pour le développement de la solution innovante.

L'acheteur veille, en particulier, à ce que la valeur estimée des produits, services ou travaux dont l'acquisition est envisagée ne soit pas disproportionnée par rapport à l'investissement requis pour leur développement, quelle que soit la part des activités de recherche et de développement financée par l'acheteur.

APPLICATION

C'est l'idée selon laquelle le partenariat d'innovation est un dispositif équilibré. La montagne ne doit pas accoucher d'une souris. À l'inverse, l'intérêt, et l'équilibre, du partenariat portent autant sur les études que sur l'acquisition : un partenariat d'innovation n'est pas un marché de fournitures, de services ou de travaux. Les deux parties du montage s'adossent l'une à l'autre.

La question du coût est un facteur dont l'acheteur doit garder la maîtrise. L'acheteur ne peut acquérir les produits, les services ou les travaux résultant des phases de recherche et de développement que s'ils correspondent aux niveaux de performance prévus et n'excèdent pas les coûts maximum prévus par le partenariat d'innovation. Il peut également prévoir dans les documents de la consultation qu'il se réserve la possibilité de ne pas acquérir les produits issus du partenariat. C'est notamment nécessaire si, entre temps, une solution conforme à son besoin est apparue sur le marché.

28.3.2 Objectifs associés à chaque phase

Le partenariat d'innovation définit les objectifs de chaque phase que le partenaire doit atteindre ainsi que la rémunération associée à chaque phase.

À l'issue de chaque phase, sur la base des résultats obtenus par chaque partenaire, l'acheteur décide :
– soit de poursuivre l'exécution du partenariat d'innovation, éventuellement après avoir précisé ou modifié, avec l'accord du partenaire, les objectifs de la phase suivante et les moyens à mettre en œuvre pour les atteindre. Les conditions initiales du partenariat d'innovation ne peuvent être substantiellement modifiées à cette occasion ;
– soit de mettre un terme au partenariat d'innovation ou, lorsqu'il existe plusieurs partenaires, de réduire leur nombre en mettant un terme à leurs contrats.

APPLICATION

Si les résultats obtenus par le partenaire n'atteignent pas les objectifs fixés, l'acheteur peut décider de mettre un terme au contrat. Il peut, également, mettre un terme au partenariat si les coûts maximum prévus sont atteints.

L'exécution de chaque phase est subordonnée à une décision de l'acheteur notifiée au partenaire dans les conditions fixées dans le partenariat d'innovation.

28.3.3 Clauses

Le partenariat d'innovation précise nécessairement :
– les coûts maximum affectés au contrat ;
– les objectifs de chaque phase que le partenaire doit atteindre ;
– la rémunération associée à chaque phase ;
– le fait que l'acheteur puisse poursuivre ou mettre un terme à l'exécution du partenariat à la fin de chaque phase de l'acheteur ;
– les conditions de la mise en œuvre de cette décision, s'agissant notamment de ses conséquences financières et des modalités de sélection des partenaires avec lesquels il est décidé de poursuivre l'exécution du partenariat ;
– la répartition des droits de propriété intellectuelle, notamment quant aux résultats des phases de recherche et développement.

Le tableau 28.1 résume les principaux changements concernant les partenariats d'innovation.

Tab. 28.1. Concordance ancienne et nouvelle réglementation

Nouvelles références	Anciennes références	Objet et apports essentiels
Art. 93, 94 et 95 D. 2016	Art. 73 CMP	Régime du partenariat d'innovation
CMP : Code des marchés publics 2006 D. 2016 : Décret n° 2016-360 relatif aux marchés publics		

29 Procédures adaptées

Références : *Art. 22, 27, 28 et 29 du décret n° 2016-360*

Les marchés sont passés selon une procédure dite « adaptée » (« Mapa ») lorsque la procédure utilisée n'est pas l'une des procédures « formalisées » prévue par le droit européen et la réglementation, mais une procédure adaptée à l'objet du marché en cause, à son montant, à ses caractéristiques, au contexte économique dans lequel il intervient.

Une procédure adaptée est librement choisie par le pouvoir adjudicateur, mais avec une obligation de résultat : la procédure mise en œuvre doit respecter les principes généraux du droit de la commande publique :
– la liberté d'accès à la commande publique ;
– l'égalité de traitement des candidats ;
– la transparence des procédures.

La procédure adaptée est plus souple que les procédures formalisées. Elle peut, cependant, s'inspirer de ces dernières. Elle peut être ouverte ou restreinte, au choix de l'acheteur.

APPLICATION

L'acheteur peut ainsi organiser une procédure négociée ouverte : il ne fixe aucune condition pour l'admission à soumissionner, mais annonce dans le dossier de la consultation qu'il ne négociera qu'avec les trois candidats dont l'offre aura été classée aux trois premières places du classement dressé à l'issue d'un premier examen des offres.

29.1 Cas d'ouverture

Les marchés peuvent être passés selon une procédure adaptée dans les hypothèses suivantes :
– lorsque le montant estimé du marché est inférieur aux seuils de procédures (tab. 29.1) ;

Tab. 29.1. Récapitulatif des seuils de procédures adaptées

	État et ses établissements publics	Collectivités territoriales, établissements publics locaux et établissements publics de santé	Entités adjudicatrices
Marché de travaux	Entre 25 000 et 5 225 000 €	Entre 25 000 et 5 225 000 €	Entre 25 000 et 5 225 000 €
Marché de fournitures et de services	Entre 25 000 et 135 000 €	Entre 25 000 et 209 000 €	Entre 25 000 et 418 000 €
Marché de services sociaux et autres services spécifiques	MAPA possible quel que soit le montant	MAPA possible quel que soit le montant	MAPA possible quel que soit le montant

– le marché a pour objet la prestation de services sociaux, sont la liste est définie ;
– le pouvoir adjudicateur applique la technique des « petits lots ».

29.1.1 Marchés et accords-cadres dont le montant n'atteint pas le seuil de procédure formalisée

Les marchés qui ne sont pas passés selon une procédure formalisée sont passés selon une procédure adaptée. Cette formule résume l'idée que, les marchés dont le montant n'atteint pas les seuils de procédure européens ne sont pas soumis à l'emploi d'une procédure formalisée.

À RETENIR

Il est toujours possible d'appliquer une procédure formalisée, même quand celle-ci n'est pas obligatoire. Cet emploi est, d'ailleurs, recommandé lorsque le montant estimé du marché est proche des seuils de procédure : si ce montant se révélait sous-estimé, la sécurité juridique du marché pourrait s'en trouver compromise, sauf, pour le pouvoir adjudicateur, à pouvoir justifier que son évaluation avait été faite de bonne foi.

29.1.2 Marchés de services sociaux

Les marchés de service sociaux et d'autres services spécifiques sont passés en procédure adaptée quel qu'en soit le montant. Ces services sont détaillés dans le tableau suivant (tab. 29.2).

Tab. 29.2. Liste des services sociaux et autres services spécifiques

Désignation	Contenu
Services sanitaires, sociaux et connexes	Prestations de services pour la collectivité. Services liés à la détention ou à la réhabilitation de criminels. Services de réinsertion. Services de recherche d'emploi. Services de mise à disposition de personnel d'aide à domicile ou de personnel infirmier ou médical. Services de santé et services sociaux. Services prestés par les organisations sociales. Services d'appui relatifs au développement de l'esprit civique et aux équipements collectifs. Services de conseil en matière d'égalité des chances. Ménages privés employant du personnel. Services de main-d'œuvre pour les particuliers, services de personnel intérimaire pour les particuliers, services de personnel de bureau pour les particuliers, services de personnel temporaire pour les particuliers, services d'aide à domicile, services domestiques.
Services administratifs, sociaux, éducatifs et culturels et soins de santé	Services sociaux administratifs et programme d'action communale, Services de l'administration publique, de la défense et de la sécurité sociale. Services administratifs de l'enseignement et de la santé. Services récréatifs, culturels et religieux. Services d'organisation d'expositions, de foires, de congrès, de séminaires, d'événements, de festivals, de fêtes, de défilés de mode. Services de gestion de bibliothèque, d'archivage et de catalogue, services d'enseignement et de formation. Services récréatifs, culturels et sportifs.
Services de sécurité sociale obligatoire	Services de sécurité sociale obligatoire.

Services de prestations	Services de prestations sociales et familiales, indemnités de maladie, de maternité, d'invalidité, d'incapacité temporaire, de chômage, allocations familiales.
Autres services communautaires, sociaux et personnels, y compris services fournis par les syndicats, les organisations politiques, les associations de jeunes et autres services des organisations associatives	Autres services communautaires, sociaux et personnels Services prestés par les organisations syndicales ou politiques Services prestés par les organisations associatives ou les associations de jeunes.
Services religieux	Services religieux.
Services d'hôtellerie et de restauration	Services d'hôtellerie, d'hébergement, de camping, de centres aérés, de colonies de vacances, de wagons-lits, de restaurant, de débit de boisson, Services de cantine, de restauration scolaire, de traiteur et de livraison de repas.
Services juridiques	Services d'administration des tribunaux, Services juridiques.
Autres services administratifs et publics	Services de l'administration publique, du législatif et de l'exécutif, Services administratifs relatifs aux activités des entreprises et aux projets de développements, services administratifs d'agences, Services administratifs du logement, Services administratifs dans le secteur du tourisme, services d'appui aux pouvoirs publics, services de pouvoirs publics
Prestations de services pour la collectivité	Affaires étrangères, défense, protection civile, justice
Services liés à l'administration pénitentiaire, services de sécurité publique et de secours	Services liés à l'administration pénitentiaire, Services de sécurité publique et de secours, Services de sécurité, de police, d'ordre public, d'huissiers de justice, d'incendie et de sauvetage, Services de gestion de crise, Services de sûreté nucléaire.
Services d'enquête et de sécurité	Services d'enquête et de sécurité.
Services internationaux	Services internationaux prestés par des organisations et des organismes extraterritoriaux, Services spécifiques aux organisations et aux organismes internationaux.
Services postaux	Services postaux, Services de guichets de bureaux de poste, location de boîtes aux lettres, services de poste restante, Services de courrier et de messagerie interne des administrations.
Services divers	Services de rechapage de pneus, Services de travaux de forge

À RETENIR

Il s'agit de la survivance du régime des marchés de services antérieurement qualifiés de « non prioritaires » et qui répondaient à un régime de mise en concurrence comparable. La logique est inversée : seuls les services mentionnés dans la liste bénéficient du régime allégé, et cette liste est d'interprétation stricte.

Publicité

Ces marchés sont soumis à une obligation de publicité européenne lorsque leur montant estimé atteint 750 000 € HT. En dessous de ce seuil, ils ne sont soumis à aucune obligation formelle de publicité. Toutefois, les principes généraux applicables aux procédures de mise en concurrence supposent la plupart du temps la mise en œuvre de mesures de publicité, que l'acheteur détermine librement, en fonction des caractéristiques du marché, notamment sur le montant et la nature des services en cause (voir § 38.2).

À RETENIR

Le seuil est fixé à 1 000 000 € HT pour les entités adjudicatrices.

Procédure

La procédure est adaptée dans les conditions décrites ci-dessous.

Les critères d'attribution doivent tenir compte des spécificités des services en question, et reflètent les préoccupations de l'acheteur relatives à la qualité, la continuité, l'accessibilité, le caractère abordable, la disponibilité et l'exhaustivité des services, les besoins spécifiques des différentes catégories d'utilisateurs, y compris des catégories défavorisées et vulnérables, la participation et l'implication des utilisateurs, ainsi que l'innovation.

Les marchés dont les prestations relèvent de services sociaux et d'autres objets se voient appliquer les règles de la catégorie dont le montant est le plus élevé.

29.1.3 Marchés de services juridiques

Les marchés de service juridiques sont des services sociaux, ils figurent dans la liste mentionnée ci-dessus et sont en principe passés en procédure adaptée quel qu'en soit le montant.

Certains de ces services relèvent par ailleurs d'une exclusion et échappent complètement à la réglementation des marchés publics (cf. chapitre 4).

Toutefois, les marchés de services juridiques de représentation bénéficient d'une procédure et d'un régime encore allégés, en raison des règles spécifiques dont le respect s'impose et du lien particulier, qui doit être protégé, entre les avocats, seuls concernés, et leurs clients acheteurs. Le marché est soumis à cette procédure dérogatoire s'il présente l'un des objets suivants :
– la représentation légale d'un client par un avocat dans le cadre d'une procédure juridictionnelle, devant les autorités publiques ou les institutions internationales ou dans le cadre d'un mode alternatif de règlement des conflits ;
– les services de consultation juridique fournis par un avocat en vue de la préparation de toute procédure de règlement des différends ou des litiges, ou lorsqu'il existe des signes tangibles et de fortes probabilités que la question sur laquelle porte la consultation fera l'objet d'une telle procédure.

Passation

La procédure pour l'attribution de ces services est librement déterminée par l'acheteur, en fonction du montant et des caractéristiques du marché.

Pour les marchés dont les prestations relèvent de ces marchés de représentation mais aussi d'autres prestations, le régime applicable est celui applicable aux prestations faisant l'objet principal du marché.

À RETENIR

Si l'objet principal ne peut être distingué, le régime applicable est celui régissant les autres services.

APPLICATION

Un acheteur recourt à des services de conseils juridiques en droit social pour l'aider à assurer la sécurité juridique de la gestion de son personnel, de droit privé, et de traiter les éventuels contentieux prud'homaux pouvant survenir. Le marché est passé selon une procédure adaptée appliquant le régime des services sociaux, le traitement du contentieux n'en étant pas l'objet principal et aucune situation conflictuelle n'ayant été identifiée à la date du lancement de la procédure.

Exécution

Un régime dérogatoire s'applique à ces marchés, en raison de leur objet particulier, qui tient à l'inapplicabilité de nombreuses règles normalement applicables. Ces règles écartées sont les suivantes :

– régime de l'interdiction de soumissionner du candidat ayant participé à la préparation du marché ;
– régime de motivation du recours à un marché global ou de la possibilité de limiter le nombre de lots auxquels peut soumissionner un candidat ;
– régime de la computation du montant estimé du marché ;
– régime de la procédure négociée sans publicité ni mise en concurrence préalables, ce qui revient à une obligation de transparence ;
– régime de présentation des candidatures ;
– régime des offres anormalement basses, ce qui ne manque pas de surprendre, compte tenu du fléau que représentent les offres anormalement basses dans ce secteur, comme de manière générale ;
– régime de la communication des données essentielles du marché (voir § 59.1) et de celui de la conservation des dossiers (voir § 59.2), en raison des règles de secret attachée aux prestations faisant l'objet du marché ;
– règles d'exécution, notamment financières, du marché, ce dernier pouvant donner lieu à l'application de clauses contractuelles et des usages de la profession, soumise à des règles strictes de déontologie ou de traitement des différends avec leurs clients.

APPLICATION

Il est notamment recommandé d'insérer un délai maximum de paiement dans le cahier des charges.

29.1.4 Petits lots

Dès lors que le marché est alloti, il est possible de passer une partie de ces lots en procédure adaptée, quel que soit le montant de la totalité du marché. Cette technique est réputée favorable aux PME, avec lesquelles le pouvoir adjudicateur va pouvoir négocier. Elle est mise en œuvre aux conditions suivantes :
– la valeur des lots en cause ne doit pas atteindre 80 000 € HT pour les marchés de fournitures et de services et 1 000 000 € HT pour les marchés de travaux ;
– la valeur totale de l'ensemble des lots en cause ne doit pas dépasser 20 % de la valeur totale du marché.

À RETENIR

Pour les marchés à bons de commande, ce plafond de 20 % s'applique sur le montant minimum. S'il n'est pas fixé de montant minimum, il n'est pas possible de faire application de la dérogation des « petits lots ».

Par ailleurs, la possibilité de passer des « petits lots » lorsque le marché initial était infructueux, déclaré sans suite ou inachevé à la suite de sa résiliation, est formellement abandonnée.

APPLICATION

Soit un marché de travaux alloti en 20 lots dont chacun est d'un montant de 300 000 € HT. Le montant à comparer aux seuils de procédures est de 6 000 000 HT, la procédure mise en œuvre pour la passation de l'ensemble des lots sera l'appel d'offres. Toutefois, le pouvoir adjudicateur décide de mettre en œuvre la technique des petits lots. Il peut, ainsi, passer 3 de ses lots en procédure adaptée, le montant estimé de ces trois lots s'établissant à 900 000 HT, ce montant étant inférieur au seuil de 1 000 000 € HT.

La figure 29.1 rappelle les cas d'ouverture des procédures adaptées.

29.2 Déroulement de la procédure adaptée

La procédure adaptée est librement choisie par l'acheteur, mais doit respecter les principes généraux de la commande publique.

29.2.1 Choix de la procédure adaptée

Principes

L'acheteur détermine, au cas par cas, les modalités de publicité et de mise en concurrence en fonction de l'objet du marché, de son montant, de la nature et des caractéristiques du besoin à satisfaire, du nombre ou de la localisation des candidats potentiels, de la structure du secteur économique concerné et, des circonstances de l'achat.

APPLICATION

Dans le cas d'un marché de maîtrise d'œuvre passé pour un montant estimé à environ 35 000 euros HT, le support de la publicité doit être choisi, notamment, en fonction du niveau de concurrence potentiellement sollicitée par la mesure de publicité : la publication de l'avis de marché dans les colonnes d'un titre de la presse quotidienne régionale, qui est un support à diffusion régionale, ne sera pas suffisante si une concurrence suffisante ne réside qu'au niveau national.
De même, une publicité nationale sera nécessaire s'il est exigé des candidats de justifier d'une expérience suffisante sur des projets d'un niveau national comparables.

Le montant n'est pas déterminant à lui seul, mais joue évidemment un rôle important : plus le montant estimé du marché est

Quatre cas d'ouverture

Montant estimé du marché de travaux, de fournitures ou de services inférieur aux seuils de procédure formalisée

Attention : les accords-cadres sans maximum sont réputés excéder les seuils.

« Petits lots »

Une partie des lots d'un marché formalisé peut être attribuée après une procédure adaptée.

↓

2 plafonds

1er plafond : la valeur des lots doit être inférieure :

- à 80 000 € HT (fournitures et services)

- à 1 000 000 € HT (travaux).

2e plafond : la valeur totale de l'ensemble des petits lots ne doit pas dépasser 20 % de la valeur totale du marché.

Marchés de services sociaux

Marchés de services dont la liste est publiée.

Marchés attribués après une procédure adaptée quel que soit leur montant.

↓

Dispenses spécifiques quel que soit le montant du marché

Pas d'obligation de publicité sur le profil d'acheteur et le BOAMP ou un JAL

Pas d'obligation de mise à disposition du dossier de la consultation sur le profil d'acheteur.

↓

Obligations spécifiques à partir de 750 000 € HT

Publicité européenne.

Marchés de services de représentation juridique

Marchés de services passés auprès de cabinets d'avocats pour assurer la représentation de l'acheteur en Justice ou dans le cadre d'un différend.

Marchés attribués après une procédure adaptée allégée, quel que soit leur montant.

↓

Dispenses spécifiques quel que soit le montant du marché

Pas d'obligation formelle de publicité, pas de seuil.

Fig. 29.1. Cas d'ouverture des procédures adaptées

important, plus la procédure sera détaillée et se rapprochera d'une procédure formalisée.

À RETENIR

Il est possible de s'inspirer des procédures formalisées pour établir la procédure adaptée applicable. Toutefois, un pouvoir adjudicateur qui déclare appliquer une procédure formalisée doit l'appliquer effectivement, sans pouvoir adapter sa procédure. Il convient, en conséquence, de ne pas se référer explicitement à une procédure formalisée, mais tout au plus, simplement, déclarer s'en inspirer.

Les marchés de faible montant, dont le montant estimé n'atteint pas 25 000 € HT, et ceux pour lesquels une mise en concurrence est impossible ou manifestement inutile, peuvent être passés selon la procédure négociée sans publicité ni mise en concurrence préalables (voir § 24.1 et suivants).

À RETENIR

C'est également le cas, jusqu'à 90 000 € HT, des marchés de fournitures de livres non solaires passés par certains acheteurs (voir § 24.1 et suivants).

Publicité

La publication d'un avis d'appel à la concurrence n'est pas obligatoire dès lors que le montant du marché n'atteint pas 90 000 euros HT. À partir de ce montant, deux mesures de publicité sont obligatoires (voir § 38.2) :
– un avis de marché est publié, au choix, soit au *Bulletin officiel des annonces de marchés publics* (*BOAMP*), soit dans un journal d'annonces légales (JAL) ;
– cet avis est publié sur le profil d'acheteur du pouvoir adjudicateur.

Il est possible de procéder à la publication d'avis complémentaires, par exemple dans un journal spécialisé dans le secteur économique concerné (voir § 38.1 et suivants).

Négociation

Il est toujours possible de prévoir une phase de négociation en procédure adaptée, et tous les aspects de l'offre peuvent être négociés, y compris, bien évidemment, le prix.

L'acheteur peut indiquer qu'il « se réserve de droit de négocier », ce qui lui permet de le faire, ou de ne pas le faire.

À RETENIR

Cette souplesse est accordée aux acheteurs dans le souci de leur permettre, en pratique c'est le plus souvent l'explication, de gérer le calendrier de la procédure : la négociation, pour utile qu'elle soit, est escamotée si l'acheteur n'a plus le temps. Elle devient une variable d'ajustement du délai de procédure. Il y a de meilleures manières d'assurer l'efficacité de l'achat public. En effet, la négociation devrait avoir été prévue et annoncée sans ambiguïté dans l'avis de marché ou les documents de la consultation : un candidat ne présente pas la même offre s'il sait que cette offre sera négociée ou non. Dans le second cas, il fait immédiatement sa meilleure offre.

29.3 Achèvement de la procédure adaptée

Les formalités applicables aux marchés passés selon une procédure adaptée sont moins exigeantes que pour les procédures formalisées, le régime de la fin de la procédure reflète la liberté d'appréciation du pouvoir adjudicateur.

29.3.1 Mise au point du marché

Elle peut s'avérer nécessaire, en particulier si la procédure appliquée ne comprenait aucune phase de négociation.

29.3.2 Recueil des attestations et certificats justifiant de la recevabilité de la candidature

Les marchés passés selon une procédure adaptée sont de vrais marchés, leur signature requiert que le pouvoir adjudicateur s'assure des mêmes informations que pour les procédures formalisées.

C'est ainsi qu'il demande à l'attributaire de lui remettre les pièces justificatives de la recevabilité de sa candidature dans un délai qu'il fixe et qui, en pratique, a été porté à sa connaissance dans les documents de la consultation (sur ces certificats et attestations, cf. chapitre 43).

Si l'attributaire ne fournit, finalement, pas ces pièces, le pouvoir adjudicateur ne peut conclure le marché sans engager sa responsabilité, par exemple en matière d'utilisation de travail dissimulé.

29.3.3 Information des candidats non retenus

Il est nécessaire d'informer les candidats non retenus du rejet de leur candidature ou de leur offre (voir § 53.2). Toutefois, la communication des motifs de cette décision et le respect d'un délai de suspension de la procédure ne sont pas obligatoires.

À RETENIR

L'abstention est toxique pour la concurrence. La notification de la décision d'attribution aux candidats non retenus n'est pas obligatoire, mais présente des avantages substantiels. Si elle ne peut avoir aucun effet sur les voies de recours contentieuses, l'information spontanée de ces candidats permet de préserver la concurrence, en donnant aux entreprises des explications sur la décision défavorable qui leur est opposée. L'administration démontre ainsi que sa décision n'est pas arbitraire, et donne aux entreprises les éléments d'explication dont elles ont besoin pour comprendre comment améliorer leurs chances de présenter, une prochaine fois, l'offre économiquement la plus avantageuse. Si l'entreprise est laissée sans explication, elle en tirera souvent le sentiment d'une procédure subjective et, de n'avoir, en conséquence, aucune chance d'emporter jamais un marché : elle ne réitérera pas sa candidature.

En revanche, le pouvoir adjudicateur peut (ce n'est pas obligatoire) procéder à l'information de l'ensemble des opérateurs économiques, en publiant au *Journal officiel de l'Union européenne*, un avis d'intention de conclure le marché. Cette formalité, complétée par un délai de suspension de onze jours, lui permet de fermer définitivement la voie du recours en référé contractuel et de contribuer ainsi à sécuriser son marché (voir § 53.5).

29.3.4 Publication d'un avis d'attribution

La publication d'un avis d'attribution n'est obligatoire qu'à l'égard des procédures atteignant les seuils de procédure européens. Elle ne l'est pas pour les procédures qui sont adaptées en tant qu'elles n'atteignent pas ces seuils, mais l'est lorsque tel est le cas, ce qui est possible pour les marchés de services sociaux et les marchés de services de représentation juridique (voir § 58.1.3).

Il est, toutefois, souvent recommandé de procéder à cette publication, qui présente l'intérêt de faire courir des délais de recours pouvant venir frapper le marché, le référé contractuel et, surtout, le recours en contestation de validité du contrat (voir § 56.1 et suivants).

À RETENIR

Les Mapa ne sont toutefois exposés au risque du référé contractuel que de manière marginale.

Pour les marchés de services sociaux atteignant ces seuils, un avis d'attribution est publié. L'acheteur peut toutefois regrouper les avis d'attribution de ses marchés de services sociaux sur une base trimestrielle. Il envoie alors ces avis groupés pour publication au plus tard 30 jours après la fin de chaque trimestre.

La figure 29.2 synthétise le déroulement d'une procédure adaptée.

Le tableau 29.3 résume les principaux changements concernant les procédures adaptées.

Tab. 29.3 Concordance ancienne et nouvelle réglementation

Nouvelles références	Anciennes références	Objet et apports essentiels
Art. 42 O. 2015	Art. 26 CMP	Liste des procédures de mise en concurrence, principe du libre choix de la procédure adaptée.
Art. 22 D. 2016	Art. 27 CMP	Régime du système d'acquisition dynamique. Refonte complète du dispositif, transformé en mode de présélection des candidatures et désormais ouvert à tous les achats courants, y compris les travaux. Les marchés spécifiques permettent l'examen des offres selon la procédure de l'appel d'offres restreint ou une procédure adaptée.
Art. 27 D. 2016	Art. 28 CMP	Régime des marchés à procédure adaptée.
Art. 28 D. 2016	–	Régime des marchés sociaux ou autres régimes spécifiques, passés en procédure adaptée quel qu'en soit le montant.
Art. 29 D. 2016	–	Régime allégé des marchés de services de représentation juridique.
–	Art. 29 et 30 CMP	Abandon de la distinction entre services prioritaires et non prioritaires, tous les marchés de services sont passés selon les procédures de droit commun, sauf les marchés de services sociaux et les marchés de services de représentation juridique.
CMP : Code des marchés publics 2006 O. 2015 : Ordonnance n° 2015-899 relative aux marchés publics D. 2016 : Décret n° 2016-360 relatif aux marchés publics		

Montant estimé du marché de travaux, de fournitures ou de services est inférieur aux seuils de procédure européens

« Petits lots »

Marchés de services sociaux

Marchés de représentation juridique

Respect au premier euro des principes de la commande publique :

- liberté d'accès à la commande publique ;
- égalité de traitement des candidats ;
- transparence des procédures.

Pour les montants faibles, les coûts de la procédure doivent être rapportés aux gains d'une mise en concurrence, les marchés pouvant être passés en procédure négociée sans publicité ni mise en concurrence préalables

Publicité (dès 25 000 € HT)

Librement déterminée dans le respect des principes de la commande publique sous le seuil de 90 000 € HT.

Le règlement de la consultation peut se limiter aux caractéristiques principales de la procédure et du choix de l'offre.

À partir de 90 000 € HT :

1. Publication sur deux supports d'un avis d'appel à la concurrence :

- sur le profil d'acheteur
- au BOAMP ou dans un journal d'annonces légales
- sur le profil d'acheteur

2. Mise à disposition du dossier de la consultation sur le profil d'acheteur.

Publicité librement déterminée dans le respect des principes de la commande publique.
Le règlement de la consultation peut se limiter aux caractéristiques principales de la procédure et du choix de l'offre.

Publicité européenne à partir de 750 000 € HT (1 000 000 € HT pour les entités adjudicatrices)

Négociation

Liberté de négocier, à condition de l'avoir clairement annoncé au préalable. La négociation peut porter sur tous les éléments de l'offre.
La possibilité de négociation doit être indiquée dans l'avis d'appel à la concurrence ou, à défaut de publicité, dans les documents de la consultation.
La décision de recourir à la négociation aura une incidence sur les offres : le candidat tient compte d'une marge de négociation.
La négociation se déroule dans le respect du principe de l'égalité de traitement des candidats.
L'acheteur respecte la confidentialité des offres et des informations dont il a connaissance par la négociation.

Choix de l'attributaire

Mise au point

À partir de 25 000 euros : forme écrite du contrat, et notification du marché au titulaire

Notification de la décision de rejet de leur candidature ou de leur offre aux candidats évincés

Publication possible d'un avis d'attribution

Publication d'un avis d'attribution lorsque le marché atteint les seuils de procédure européens

Fig. 29.2. Déroulement d'une procédure adaptée

Centrales d'achat 30

Références : *art. 26 et 27 de l'ordonnance n° 2015-899*

Une centrale publique d'achat est un acheteur qui :
– acquiert des fournitures ou des services destinés à des acheteurs ;
– passe des marchés ou des accords-cadres de travaux, de fournitures ou de services pour le compte d'acheteurs.

30.1 Régime

Une centrale publique d'achat met en œuvre les procédures de mise en concurrence applicables aux marchés publics pour tous ses achats. En contrepartie, ses clients sont dispensés de toute obligation de publicité et de mise en concurrence, puisque celles-ci ont déjà été mises en œuvre. L'achat de fournitures ou de services auprès d'une centrale publique d'achat consiste, donc, à passer un marché de gré à gré, librement conclu entre les parties sans publicité ni mise en concurrence, le plus souvent au prix et aux conditions générales de vente imposées par la centrale.

Lorsqu'une centrale d'achat passe un accord-cadre ou met en place un système d'acquisition dynamique pour ses adhérents, chacun d'entre eux peut être chargé de son exécution, c'est-à-dire de l'émission des bons de commande ou de la passation des marchés subséquents ou des marchés spécifiques ayant pour objet de répondre à ses besoins.

À RETENIR

L'avis de marché mentionne la situation dans laquelle centrale d'achat met en place un système d'acquisition dynamique pour le compte de ses adhérents.

Les acheteurs qui recourent à une centrale d'achat dans le cadre d'une activité d'achat centralisée peuvent également lui confier, sans appliquer mise en concurrence, des activités d'achat auxiliaires, qui consistent à fournir une assistance à la passation des marchés publics, et notamment :
– mise à disposition d'infrastructures techniques permettant aux acheteurs de conclure des marchés publics de travaux, de fournitures ou de services, s'agissant, par exemple, de portails de services d'achat dématérialisés ;
– conseil sur le déroulement ou la conception des procédures de passation de marchés publics ;
– préparation et gestion des procédures de passation de marchés publics au nom de l'acheteur concerné et pour son compte, c'est-à-dire au moyen d'un mandat.

Le modèle des centrales d'achat, développé en France en raison du nombre très important d'acheteurs de petite taille, caractéristique de la décentralisation et du modèle communal, tend à se généraliser en Europe, pour d'évidents motifs budgétaires. Il est ainsi désormais prévu que les acheteurs puissent recourir à une centrale d'achat située dans un autre État membre de l'Union européenne. La loi alors applicable au marché public est la loi de l'État membre dans lequel est située la centrale d'achat.

À RETENIR

Ce choix ne doit pas avoir pour objet de se soustraire à l'application de dispositions nationales qui intéressent l'ordre public.

APPLICATION

Il n'est pas possible, par ce moyen, d'échapper par exemple à une réglementation destinée à protéger la sécurité des utilisateurs ou les consommateurs.

30.2 Prolifération

Les centrales publiques d'achat se multiplient, ce qui traduit un évident souci de massifier les achats publics pour réaliser des économies budgétaires. Dès lors qu'il est le seul objectif poursuivi, la situation n'est pas satisfaisante.

À RETENIR

L'abus des procédures de massification des achats publics est toxique. Seuls les opérateurs économiques de grande taille peuvent répondre aux consultations massives et les marchés échappent aux entreprises plus modestes, comme les PME. Or, les PME jouent un rôle significatif dans le maintien des emplois. Le niveau de concurrence diminue, cette diminution est accélérée par la forte pression sur les prix générée par les procédures utilisées par les centrales. À court terme, les économies budgétaires peuvent être tangibles. Une fois placés en situation oligopolistique, voire monopolistique, ces grands opérateurs économiques pourront facilement imposer leurs tarifs à leurs clients publics, réduisant à néant, à moyen terme, les efforts de réduction des dépenses budgétaires qui auront inspiré cette politique d'achat. Dans l'intervalle, le tissu économique local aura été substantiellement dégradé, compromettant la sécurité des approvisionnements du secteur public. Une telle politique, enfin, concentre l'achat public au profit des entreprises qui délocalisent ou produisent hors des frontières de l'Union européenne, contribuant significativement à l'aggravation de la situation de l'emploi en France et en Europe.

Aux deux centrales historiques, l'UGAP et l'Économat des Armées, viennent aujourd'hui s'ajouter de nombreuses autres centrales d'achat, créées soit par le législateur, c'est le cas pour le rôle joué par les chambres consulaires nationales et régionales, soit par des collectivités territoriales ou des acteurs de l'achat dans le secteur hospitalier, notamment sous statut associatif. Il est ainsi possible d'évoquer les centrales d'achat suivantes :

– l'UGAP (Union des groupements d'achat public), qui est un établissement public à caractère industriel et commercial relevant de la tutelle du ministère du Budget et du ministère de l'Économie ;

– l'économat des armées, dont la mission est d'approvisionner les forces françaises sur les théâtres d'opération extérieurs ;

– les chambres nationales et régionales consulaires, susceptibles de jouer un rôle de centrale d'achat pour satisfaire les besoins des chambres de commerce et d'industrie qui en relèvent ;

– deux centrales d'achat qui se partagent le marché des achats hospitaliers, RESAH, qui est un groupement d'intérêt public (GIP), et UNIHA, un groupement de coopération sanitaire (GCS) ;

– des centrales publiques d'achat locales.

APPLICATION

Il est ainsi possible de citer, à titre d'exemple parmi d'autres centrales d'achat locales :

– Cap'Oise, une association sans but lucratif créée et pilotée par le Département de l'Oise, qui offre ses services à tout organisme public et organisme privé en charge d'une mission d'intérêt général implantée dans l'Oise, adhérant ou non à l'association ;

– CAPAQUI, une centrale d'achat dont le chiffre d'affaires est en constante progression et mise en place par l'Association Marchés Publics d'Aquitaine (AMPA), association créée en juillet 2008 par le conseil régional d'Aquitaine, Bordeaux Métropole et la Mairie de Floirac. En plus de la centrale d'achat, l'AMPA met à la disposition de ses adhérents une plateforme de dématérialisation des Marchés Publics (demat-ampa.fr). CAPAQUI intervient autour de cinq segments d'achats : fournitures et consommables, équipements généralistes et techniques, informatiques, mobiliers, téléphonie et services.

30.3 Problématique

Il apparaît que la situation n'est désormais plus celle dans laquelle quelques établissements publics se portaient au secours des communes n'ayant pas la masse critique suffisante pour satisfaire à leurs obligations de publicité et de mise en concurrence :

– les centrales d'achat sont aujourd'hui placées dans une situation de concurrence vive les unes envers les autres, à l'exemple de RESAH et de UNIHA dans le secteur des achats hospitaliers ;

– elles apportent sans mise en concurrence à leurs clients, généralement désignés sous la dénomination d'« adhérents », un bouquet de services qui concurrencent de front l'offre de services privée émanant des opérateurs économiques.

Sur le plan du droit public de la concurrence, cette situation est parfaitement anormale.

30.4 Centrales d'achat de défense

Une centrale d'achat de défense est un acheteur ou un organisme public de l'Union européenne qui :
– acquiert des fournitures ou des services de défense ou de sécurité destinés à des acheteurs ;
– passe des marchés publics de défense ou de sécurité destinés à des acheteurs.

Les acheteurs concernés respectent leurs obligations de publicité et de mise en concurrence, en recourant aux services de ces centrales d'achat spécialisées, pour autant qu'elle respecte le régime des marchés publics de défense ou de sécurité et que les marchés publics attribués puissent faire l'objet de recours efficaces.

APPLICATION

Ce régime a vocation à s'appliquer à l'Agence européenne de défense, créée au sein des institutions de l'Union européenne par le Conseil, en 2004, et dont les missions sont aujourd'hui les suivantes :
– établir une approche globale et systématique pour définir les besoins de la politique européenne de sécurité et de défense et pour répondre à ces besoins ;
– promouvoir les actions de coopération entre les États membres de l'UE dans le domaine des équipements de défense ;
– contribuer au développement et à la restructuration globale de l'industrie européenne de défense ;
– promouvoir la recherche et technologie européenne dans le domaine de la défense, sans oublier les priorités politiques européennes ;
– œuvrer, en étroite collaboration avec la Commission, à l'établissement d'un marché européen des équipements de défense concurrentiel au plan international.
Ces missions répondent parfaitement à l'objectif de la réglementation des marchés publics de défense ou de sécurité, qui est de renforcer le développement de la base industrielle et technologique de défense européenne, c'est-à-dire de mener une véritable politique industrielle de défense pour l'Union européenne.

Le tableau 30.1 résume les principaux changements concernant les centrales d'achat.

Tab. 30.1 Concordance ancienne et nouvelle réglementation

Nouvelles références	Anciennes références	Objet et apports essentiels
Art. 26 O. 2015	Art. 9 et 31 CMP	Régime des centrales d'achat. Attributions supplémentaires et possibilité de faire appel à une centrale d'achat relevant d'un autre État membre.
Art. 27 O. 2015	–	Régime, nouveau, des centrales d'achat de défense.
CMP : Code des marchés publics 2006 O. 2015 : Ordonnance n° 2015-899 relative aux marchés publics		

Regroupement des commandes 31

***Références :** art. 28 de l'ordonnance n° 2015-899*

La disette budgétaire pose de multiples difficultés aux acheteurs publics. Elle les invite, voire les contraints, à rechercher les économies d'échelle susceptibles de générer des baisses substantielles de la dépense publique. Des techniques de massification se généralisent, certaines impliquant l'externalisation de l'acte d'achat vers des structures spécialisées, comme les centrales d'achat (voir § 30.1 et suivants).

Les acheteurs peuvent attribuer la compétence d'achat public à l'un de leurs services.

Ainsi, au sein de l'État, la Direction des achats de l'État (DAE), qui a succédé en 2016 au Service des achats de l'État (SAE), est la direction du ministère des finances et des comptes publics chargée de mettre en œuvre la politique des achats de l'État et de ses établissements publics. Elle applique les stratégies d'achat décidées par la conférence interministérielle regroupant l'ensemble des ministères, dans un objectif principal, la réalisation d'économies budgétaires : 700 millions d'euros par an pour la période 2016-2019 sur l'ensemble du périmètre État, organismes et établissements publics représentant environ 28 milliards d'euros (hors défense et sécurité).

Compétente pour tous les achats, et non seulement les achats courants, elle applique ces stratégies pour l'ensemble des achats ne répondant pas aux besoins spécifiques d'une direction particulière et mène à bien les procédures d'attribution des marchés publics destinés à répondre aux besoins des services de l'État en matière de travaux, services et fournitures. Elle peut en confier la conclusion, pour son compte, à un autre service de l'État, à l'Union des groupements d'achats publics, à une autre centrale d'achat public ou à un établissement public de l'État. Les services de l'État ne disposent plus que d'une compétence résiduelle : ils peuvent conclure des marchés publics pour les achats qui n'en ont pas fait l'objet par ou pour le compte de la direction des achats de l'État.

D'autres solutions sont moins structurantes, mais pas forcément moins complexes. Il s'agit, notamment, de la coordination de commandes et du groupement de commandes, mais aussi de l'apparition d'entités communes transnationales.

31.1 Coordination de commandes

La coordination de commandes permet à un pouvoir adjudicateur de coordonner les achats de ses services, lorsque ces services disposent d'un budget propre, pour la conclusion des marchés publics et des accords-cadres.

Il s'agit d'un simple dispositif d'organisation interne des achats.

La coordination de commandes, à la différence du groupement de commandes (voir ci-dessous), ne concerne donc que les services d'une même personne morale et, partant, ne présente d'intérêt que pour les pouvoirs adjudicateur de grande taille doté d'une puissance d'achat suffisante : l'État, les départements ou les régions, les métropoles et les grandes villes, etc.

Les modalités de mise en œuvre de ce mécanisme de coordination sont laissées à la libre appréciation des pouvoirs adjudicateurs, il relève davantage du pouvoir d'organisation interne que du droit de la commande publique.

À RETENIR

La coordination de commande n'est plus traitée par la réglementation de la commande publique.

La coordination de commande se conforme au régime des délégations de signature applicable, mais suppose, en pratique, une convention, passée entre les services, qui désigne le coordonnateur, chargé de la mise en œuvre de la procédure de passation des marchés, le cas échéant une commission d'appel d'offres et, peut prévoir que l'un des services :
– signe et notifie le marché ou l'accord-cadre, les autres services s'assurant chacun de sa bonne exécution ;
– signe, notifie et exécute le marché ou l'accord-cadre au nom de l'ensemble des services.

31.2 Groupements de commandes

Les groupements de commandes permettent à plusieurs acheteurs de coordonner et de regrouper leurs achats pour réaliser des économies d'échelle. Ils permettent également à plusieurs maîtres d'ouvrage de se regrouper pour choisir le ou les mêmes prestataires. Ils peuvent concerner tous les types de marchés, mais sont particulièrement adaptés au domaine des fournitures courantes.

Les groupements de commandes sont un moyen de massifier les achats publics. Ils sont, à ce titre, de plus en plus utilisés, en particulier par les collectivités territoriales. Reste que leur mise en œuvre demeure lourde et complexe, ce qui a longtemps été, et reste aujourd'hui, un frein à leur pratique.

Les groupements de commande impliquent la participation de plusieurs pouvoirs adjudicateurs, mais n'ont pas, par eux-mêmes, la personnalité morale. Ce sont des regroupements purement fonctionnels, dont l'objet est limité à la réalisation de l'achat en cause. D'une procédure à l'autre, la composition du groupement peut changer, de nouveaux membres pouvant rejoindre le groupement ou, à l'inverse, des membres du groupement pouvant renoncer à participer aux procédures suivantes. La durée de vie des groupements de commandes est, par ailleurs, parfois limitée à la mise en œuvre d'une procédure d'achat ou dédié à un segment d'achat.

31.2.1 Régime applicable

Le régime et leurs modalités de fonctionnement dépendent de leur composition : il est tenu compte de la part des collectivités territoriales parmi les adhérents du groupement. C'est ainsi qu'une commission d'appel d'offres est constituée dès lors que des collectivités territoriales ou des établissements publics locaux sont majoritaires au sein du groupement.

La détermination des seuils de procédure applicables devrait pouvoir obéir au même principe : s'il est tenu compte de la part des acheteurs locaux au sein du groupement, le seuil haut, applicable aux collectivités territoriales, devrait s'appliquer lorsque les acheteurs locaux sont majoritaires (tab. 31.1). Telle est, en tout cas, la lecture qui pourrait être faite du régime des marchés mixtes (voir § 3.1 et suivants) : si le besoin des acheteurs locaux peut être regardé comme l'objet principal du marché public ou de l'accord-cadre passé par le groupement, le régime applicable devrait être celui réservé aux acheteurs locaux.

Pour les marchés des entités adjudicatrices, la question ne se pose pas, elle est prévue par le régime des marchés mixtes : le régime applicable aux entités adjudicatrices est applicable dès lors que le besoin à satisfaire est principalement lié à l'activité d'entité adjudicatrice.

S'il n'est pas possible d'identifier l'objet principal du besoin, le régime le plus contraignant s'applique : le régime du pouvoir adjudicateur ou le régime applicable à l'État.

À RETENIR

Il est également possible, dans le silence des textes sur ce point, d'appliquer une règle prudente, qui est l'application de du régime le plus contraignant, et donc le seuil applicable à l'État. Elle est la solution la plus orthodoxe.

Tab. 31.1. Seuils de procédure

	Seuil de procédure applicable	
	Marchés de fournitures et de services	*Marchés de travaux*
Cas dans lequel les collectivités territoriales ou les établissements publics locaux sont majoritaires au sein du groupement	209 000 € HT	5 225 000 € HT
Cas dans lequel les entités adjudicatrices sont majoritaires au sein du groupement	418 000 € HT	5 225 000 € HT
Autres cas	135 000 € HT	5 225 000 € HT

31.2.2 Composition

À condition de comprendre au moins un acheteur soumis à la réglementation des marchés publics (cf. chapitre 1), les groupements de commandes peuvent être constitués librement, avec un autre ou plusieurs autres acheteurs et une ou plusieurs personnes privées.

En revanche, quelle que soit la composition du groupement, il devra donner lieu à l'application du régime des marchés publics.

La composition du groupement est susceptible d'impacter le périmètre de la mise en concurrence : plus le groupement compte de membres, plus le volume d'achat est important et, plus les candidats doivent justifier d'une capacité d'exécuter les prestations importantes. Les opérateurs économiques doivent pouvoir évaluer avec suffisamment de précision la puissance d'achat du groupement. C'est pourquoi, s'il est toujours possible de rejoindre un groupement d'achat d'une mise en concurrence à l'autre, la composition du groupement est intangible dans le cadre de la mise en œuvre de la procédure de passation d'un marché public. De nouveaux services ne peuvent se joindre au groupement en cours de procédure.

Il est possible de constituer un groupement de commandes avec des acheteurs d'autres États membres de l'Union européenne.

À RETENIR

Ce choix ne doit pas avoir pour objet de se soustraire à l'application de dispositions nationales qui intéressent l'ordre public.

APPLICATION

Il n'est pas possible, par ce moyen, d'échapper par exemple à une réglementation destinée à protéger la sécurité des utilisateurs ou les consommateurs.

31.2.3 Convention constitutive du groupement

Une convention constitutive est nécessairement passée entre les membres du groupement et signée par chacun d'eux. Elle détermine obligatoirement :
– les règles de fonctionnement du groupement ;
– en pratique, l'engagement de chacun des membres à hauteur des besoins qu'il aura déterminés ou les modalités de leur détermination.

L'un ou plusieurs des membres du groupement peuvent être désignés pour mener à bien tout ou partie de la procédure de passation ou de l'exécution du marché public ou de l'accord-cadre, au nom et pour le compte des autres membres.

La désignation d'un coordonnateur n'est plus obligatoire, mais s'impose d'elle-même, le plus souvent, en pratique. Le coordonnateur peut être n'importe lequel des membres du groupement. Cette désignation et les prérogatives qui lui sont attribuées figurent alors dans la convention constitutive du groupement.

APPLICATION

Parce que le représentant du coordonnateur préside la commission d'appel d'offres du groupement, il est en pratique obligatoire d'en désigner un lorsque les acheteurs locaux sont majoritaires au sein du groupement.

31.2.4 Responsabilités

En pratique, pour qu'un groupement soit efficace, il faut en effet qu'avant de lancer la consultation, ses membres s'engagent à respecter un ensemble d'engagements, et notamment un volume minimal d'achat.

À RETENIR

Cet engagement est fixé par la convention constitutive du groupement, il ne donne pas droit aux titulaires des marchés et accords-cadres à obtenir un volume minimal de commandes, mais est, le cas échéant, susceptible d'engager la responsabilité de chaque adhérent vis-à-vis des autres.

Le régime de la responsabilité des acheteurs en groupement de commandes met en place un régime de responsabilité solidaire. Il couvre deux situations, qui distinguent selon que la passation et l'exécution du marché public sont menées conjointement dans leur intégralité au nom et pour le compte de tous les acheteurs concernés, ou non :
– lorsque tel est le cas, tous les acheteurs concernés sont solidairement responsables de l'exécution des obligations de publicité et de mise en concurrence ;
– lorsque tel n'est pas le cas, les acheteurs concernés ne sont solidairement responsables que des opérations de passation ou d'exécution du marché public qui sont menées conjointement. Chaque acheteur est, en revanche, seul responsable de l'exécution des obligations qui lui incombent en vertu de la convention constitutive pour les opérations dont il se charge en son nom propre et pour son propre compte.

Lorsqu'un groupement est constitué avec des acheteurs relevant d'autres États membres de l'Union européenne par dérogation à ce régime, les membres du groupement s'accordent sur la répartition des responsabilités ainsi que sur le droit applicable au marché public, choisi parmi les droits des États membres dont ils relèvent.

31.2.5 Commission d'appel d'offres du groupement

La commission d'appel d'offres joue un rôle important pour les achats réalisés par les collectivités territoriales : elle est l'émanation de l'assemblée délibérante de la collectivité dont elle reflète l'exacte composition politique et participe, dès lors, à la démocratie locale.

C'est pourquoi, dès lors que des collectivités territoriales ou des établissements publics locaux participent au groupement, il est obligatoirement instauré une commission d'appel d'offres propre au groupement.

La composition de cette commission est précise, elle est constituée :
– d'un représentant élu parmi les membres ayant voix délibérative de la commission d'appel d'offres de chaque membre du groupement qui dispose d'une commission d'appel d'offres ;
– d'un représentant pour chacun des autres membres du groupement désigné selon les modalités qui leur sont propres pour les collectivités locales ou les établissements publics locaux, d'un représentant de la commission d'appel d'offres de chacun d'eux, élu parmi ses membres disposant d'une voix délibérative.

Pour chaque membre titulaire peut être prévu un suppléant.

La présence majoritaire d'acheteurs locaux implique la désignation d'un coordonnateur dans la convention constitutive du groupement, dès lors que :
– la convention constitutive d'un groupement de commandes peut prévoir que la commission d'appel d'offres compétente est celle du coordonnateur du groupement si celui-ci en est doté ;
– la commission d'appel d'offres est présidée par le représentant du coordonnateur du groupement.

Le président de la commission d'appel d'offres peut désigner des personnalités ayant des compétences dans la matière faisant l'objet de la consultation, ces membres sont alors dotés d'une voix consultative. Il peut, également, inviter aux délibérations de la commission le comptable et le représentant des services en charge de la concurrence. Ces membres disposent également d'une voix consultative.

Des agents des collectivités membres du groupement ayant des connaissances dans la matière faisant l'objet de la consultation ou en matière de marchés publics, peuvent assister la commission dans ses délibérations.

À RETENIR

Le rôle de ces agents consiste surtout, mais c'est essentiel, à manipuler les documents et à assurer le secrétariat de la séance.

Attributions

Pour l'attribution du marché ou de l'accord-cadre, le rôle de la commission d'appel d'offres dépend de la composition du groupement :
– elle dispose d'un rôle décisionnaire et attribue le marché si les acheteurs locaux sont majoritaires ;

– si les acheteurs locaux ne sont pas majoritaires, la commission d'appel d'offres est facultative et ne peut avoir qu'un pouvoir d'avis sur l'attribution. Dans ce cas, le marché ou l'accord-cadre est attribué selon les modalités fixées par la convention constitutive du groupement.

31.2.6 Signature et exécution du marché ou de l'accord-cadre

Plusieurs modalités de participation des membres à un groupement de commandes sont possibles.
– chaque membre du groupement signe son marché ou son accord-cadre et s'assure de sa bonne exécution ;
– le coordonnateur signe le marché ou l'accord-cadre, chaque membre du groupement s'assure de sa bonne exécution ;
– le coordonnateur signe, notifie et exécute le marché ou l'accord-cadre au nom de l'ensemble des membres du groupement.

À RETENIR

Dans le cas de groupements comprenant un très grand nombre d'adhérents, la formule la plus adaptée consiste à faire signer le marché ou, en pratique, l'accord-cadre par le coordonnateur du groupement, mais à en réserver l'exécution à chacun de ses membres, qui passeront les marchés subséquents ou émettront les bons de commande.

31.3 Entités communes transnationales

Le statut des entités communes transnationales vient consacrer une pratique, des acheteurs transfrontaliers ayant déjà depuis longtemps mis en commun leurs besoins pour regrouper leurs achats. Une entité commune transnationale est un regroupement d'acheteurs couvrant les besoins, notamment, d'une agglomération ou d'une zone géographique transfrontalière.

APPLICATION

Elle peut être constituée notamment sous la forme d'un groupement européen de coopération territoriale (GECT), dont il existe actuellement une trentaine, dont plus de dix ont été sont composées en partie de collectivités territoriales ou d'établissements publics de coopération intercommunale français. Parmi elles, l'Eurodistrict Strasbourg-Ortenau, l'Eurométropole Lille-Kortrijk-Tournai ou l'Eurodistrict SaarMoselle.

Les statuts ou une décision de l'organe compétent de cette entité déterminent les règles applicables aux marchés publics de cette entité, lesquelles sont :
– soit la loi de l'État dans lequel se trouve son siège ;
– soit la loi de l'État dans lequel elle exerce ses activités.

À RETENIR

Ce choix ne doit pas avoir pour objet de se soustraire à l'application de dispositions nationales qui intéressent l'ordre public.

Le tableau 31.2 résume les principaux changements concernant regroupement de commandes.

Tab. 31.2 Concordance ancienne et nouvelle réglementation

Nouvelles références	Anciennes références	Objet et apports essentiels
Art. 28 O. 2015	Art. 8 CMP	Régime du groupement de commandes. Simplification, disparition de l'obligation formelle de désigner un coordonnateur, transfert du régime des commissions d'appel d'offres dans le code général des collectivités territoriales.
Art. 29 O. 2015	–	Régime nouveau des entités communes transnationales.
–	Art. 7 CMP	Suppression du régime de la coordination de commandes.
CMP : Code des marchés publics 2006 O. 2015 : Ordonnance n° 2015-899 relative aux marchés publics		

32 Système d'acquisition dynamique

***Références :** art. 81, 82 et 93 du décret n° 2016-360*

Le système d'acquisition dynamique (SAD) est un processus d'achat entièrement électronique réservé aux achats courants, quel que soit le type de marchés : fournitures, services ou travaux courants. Il a pour objet la présélection d'un vivier de prestataires.

Il est entièrement refondu et devient un véritable outil de massification des achats, qui sépare en deux processus distincts l'examen des candidatures et la sélection des candidats, objet du système, du recueil, de l'examen et du choix des offres, objet de la passation du « marché spécifique », pris en application du système.

Il a pour objet de sélectionner un ou plusieurs opérateurs économiques auxquels, pendant une durée limitée, pourront être attribués des marchés conclus en application du dispositif, les « marchés spécifiques ». Ses caractéristiques sont les suivantes :
– il est limité dans le temps, sa durée étant fixée par l'acheteur dans les conditions du droit commun, au vu, notamment, du principe de remise en concurrence périodique ;
– il est ouvert pendant toute sa durée aux opérateurs économiques satisfaisant aux critères de sélection des candidatures mentionnés dans l'avis de marché, qui précise qu'il s'agit d'un système d'acquisition dynamique.

À RETENIR

Il s'agissait jusqu'ici d'une procédure entièrement dématérialisée techniquement complexe, aussi était-elle rarement mise en œuvre, sinon par le Service des achats de l'État, devenu la Direction des achats de l'État (DAE), dans le cadre de la politique interministérielle d'achats mise en place pour l'ensemble des services de l'État, mais aussi désormais de ses établissements publics. Le système d'acquisition dynamique a changé de nature et constitue désormais une technique simple de mise en commun de la sélection des candidatures, permettant la constitution d'un vivier de prestataires, très adaptée aux préoccupations de massification. La technique devrait donc rapidement se démocratiser.

32.1 Notion

Le système d'acquisition dynamique n'est pas une procédure, mais un « processus », il constitue une méthode de présélection des candidatures des opérateurs économiques de manière à constituer un vivier de fournisseurs ou de prestataires dont il a examiné et vérifié les candidatures au moment de leur admission dans le système.

Ce n'est qu'au moment de la mise en concurrence précédant l'attribution du marché spécifique que sont examinées les offres. Ces marchés spécifiques seront passés selon la procédure de l'appel d'offres restreint.

Un système d'acquisition dynamique ne donne lieu à aucun frais à la charge des candidats.

Le système d'acquisition dynamique peut être subdivisé en catégories de fournitures, de services ou de travaux définies de manière objective sur la base des caractéristiques du marché public à exécuter dans le cadre de la catégorie concernée. Ces caractéristiques peuvent notamment renvoyer à la taille maximale autorisée de certains marchés spécifiques ou à une zone géographique précise dans laquelle certains marchés spécifiques seront exécutés.

CHAMP D'APPLICATION

Ce dispositif ne convient qu'aux achats standards, « sur étagère », pour lesquels le pouvoir adjudicateur ne formule aucune exigence spécifique par rapport aux produits, aux services ou aux travaux disponibles pour le grand public.

À RETENIR

C'est la raison pour laquelle la procédure du système d'acquisition dynamique n'est pas ouverte aux achats de défense ou de sécurité.

Le système d'acquisition dynamique n'est donc pas une procédure. Par ailleurs, il ne peut être utilisé que pour les achats :
– de fournitures courantes. Par exemple, l'on peut mettre en place un système d'acquisition dynamique pour l'acquisition d'ordinateurs individuels, de mobilier ou de fournitures de bureau.
– de services courants. Ainsi, l'on peut mettre en place un système d'acquisition dynamique pour l'acquisition de services d'assurance ou bancaire pour lesquels le pouvoir adjudicateur n'exige pas de spécifications techniques propres au marché ;
– de travaux courants. Il peut s'agir de travaux récurrents, comme de la maintenance bâtimentaire. De ce point de vue, le système d'acquisition dynamique constitue une technique de massification des achats de travaux, permettant la présélection d'opérateurs économiques qui auront vocation à intervenir pour un grand nombre d'acheteurs, qui pourront mettre les titulaires du système en concurrence à mesure de la survenance et dans la limite de leurs besoins.

APPLICATION

Les travaux de voirie, très standardisés, pourraient faire l'objet d'un système d'acquisition dynamique.

32.2 Dispositif

L'acheteur ne procède pas à l'achat lorsqu'il admet un opérateur économique dans le système, mais lorsqu'il passe avec lui un marché public, dit « marché spécifique », conformément aux conditions préétablies par le système. Le mécanisme permet de le comparer à l'accord-cadre (voir § 13.1 et suivants). Il permet au pouvoir adjudicateur, comme les accords-cadres, de gérer son approvisionnement lorsqu'il est placé dans une situation d'incertitude portant sur le calendrier de la survenance de son besoin. Comme les marchés subséquents, les marchés spécifiques constituent le « vecteur » de l'achat.

En revanche, le système d'acquisition dynamique se distingue de l'accord-cadre en tant qu'il n'est pas un contrat. Les offres ne sont ni remises, ni examinées au moment de l'admission dans le système : seules les candidatures sont sélectionnées. Il s'agit d'une présélection d'un vivier de prestataires.

La spécificité du système d'acquisition dynamique réside l'ouverture du système aux nouveaux opérateurs durant toute la durée de son existence :
– tout opérateur économique qui satisfait aux critères de sélection peut être admis dans le système durant toute la durée de son existence.
– l'acheteur est tenu d'accorder la possibilité d'y entrer à tout opérateur économique qui en ferait la demande, il dispose alors d'un délai de 10 jours ouvrables pour examiner sa candidature, ce délai pouvant être prolongé à certains conditions.

Les marchés spécifiques sont passés selon une périodicité prévue dans le système ou à mesure de la survenance des besoins.

APPLICATION

Un service de l'État met en place un système d'acquisition dynamique alloti pour l'acquisition d'unités centrales (lot n° 1) et d'écrans (lot n° 2) informatiques pour l'approvisionnement de l'ensemble des ministères. Le système prévoit la passation de marchés spécifiques selon un calendrier prédéterminé, mais ouvre la possibilité de lancer une procédure de passation de ces marchés, en tant que de besoin, en fonction de la survenance des besoins des sévices utilisateurs. La mise en concurrence aura lieu à des dates prévues dans le système ou, en fonction des besoins exprimés par ces services.

32.3 Mise en place du système

La définition des besoins doit être précise et préalable (voir § 5.1 et suivants), l'incertitude réside dans le calendrier de la passation des marchés spécifiques, non dans la nature des prestations.

Le système d'acquisition dynamique est ouvert pendant toute la durée de sa validité : le pouvoir adjudicateur élimine les candidatures irrecevables (voir § 43.1 et suivants) et celles qui ne présentent pas les capacités nécessaires à l'exécution des prestations (voir § 44.1 et suivants). Tous les candidats qui répondent aux critères de sélection sont admis dans le système, le nombre de candidats susceptibles d'y entrer n'est pas limité.

32.3.1 Publicité

L'acheteur publie un avis de marché dans les mêmes conditions qu'une procédure formalisée (cf. chapitre 38) dans lequel il précise :
– qu'il s'agit d'un système d'acquisition dynamique ;
– la durée de validité du système.
– le cas échéant, que le système est mis en place par une centrale d'achat et est susceptible d'être utilisé par d'autres acheteurs ;
– les critères de sélection des candidatures, qui sont l'enjeu de cette première mise en concurrence, assortis le cas échéant de niveaux minimaux de capacités ;
– les éventuelles conditions requises pour exercer l'activité faisant l'objet du système.

Le délai de réception des candidatures est de 30 jours. Il n'est pas prolongé en cas d'envoi de l'invitation à soumissionner pour le premier marché spécifique émis dans le cadre du système.

32.3.2 Dossier de la consultation

Il précise dans les documents de la consultation :
– la nature des achats envisagés ;
– leur quantité estimée ;
– toutes les informations nécessaires concernant le système d'acquisition dynamique, y compris son éventuelle subdivision en catégories de produits, de services ou de travaux et les caractéristiques de ces catégories, les modalités de fonctionnement du système, l'équipement électronique utilisé et les arrangements et spécifications techniques de connexion ;
– les critères de sélection des candidatures.

Le dossier de la consultation est accessible en permanence par voie électronique, pendant toute la durée de validité du système, de manière libre, directe et complète.

32.3.3 Actualisation des candidatures

À tout moment au cours de la période de validité du système d'acquisition dynamique, l'acheteur peut demander aux candidats admis d'actualiser leur dossier de candidature. Les candidats disposent pour ce faire d'un délai de 5 jours ouvrables à compter de la date d'envoi de cette demande.

32.4 Accès au système durant sa validité

L'acheteur accorde, pendant toute la durée de validité du système, la possibilité à tout opérateur économique de demander à y participer.

L'acheteur procède à l'évaluation des candidatures reçues dans un délai de dix jours ouvrables après leur réception. Ce délai peut être porté à quinze jours ouvrables lorsque cela est justifié, notamment parce qu'il est nécessaire d'examiner des documents complémentaires ou de vérifier d'une autre manière si les critères de sélection sont remplis.

À RETENIR

Tant que l'invitation à soumissionner pour le premier marché spécifique n'a pas été envoyée et qu'aucune invitation à soumissionner ne soit envoyée au cours de cette prolongation, l'acheteur peut prolonger la période d'évaluation des candidatures. Il indique, dans les documents de la consultation, la durée de la prolongation qu'il compte appliquer.

L'acheteur informe dans les plus brefs délais les opérateurs économiques concernés s'ils ont été admis ou non dans le système d'acquisition dynamique.

32.5 Durée du système

La durée des systèmes d'acquisition dynamique est limitée, mais librement fixée par l'acheteur, dans le respect du principe de remise en concurrence périodique.

L'avis de publicité précise la durée de validité du système.

À RETENIR

Toute modification de cette durée est notifiée à la Commission européenne au moyen de l'avis de publicité ou, lorsqu'il est mis fin au système, de l'avis d'attribution.

Le dossier de la consultation peut prévoir que la validité des marchés spécifiques ne peut dépasser la durée de validité du système.

32.6 Portée de l'engagement de l'acheteur

Le système d'acquisition dynamique n'est pas un contrat, il n'a pas donné lieu à la remise d'offres. Dans ces conditions, les opérateurs qui l'ont intégré ne disposent d'aucun droit d'exclusivité et l'acheteur qui l'a mis en place peut librement faire appel à d'autres opérateurs économiques que ceux admis dans le système pour exécuter les prestations qui en faisaient pourtant l'objet.

APPLICATION

Ce régime fait du système d'acquisition dynamique un outil parfaitement adapté à la massification des achats, l'acheteur peut mettre en place le système et le mettre à disposition d'autres acheteurs, lesquels pourront le mobiliser ou non, selon leurs besoins et leur propre politique d'achats.

32.7 Marchés spécifiques

32.7.1 Notion

Les marchés spécifiques sont les marchés publics passés en application du système d'acquisition dynamique.

32.7.2 Passation

Les marchés spécifiques sont passés selon la procédure de l'appel d'offres restreint dès lors qu'ils atteignent les seuils de procédure européens. Les prestations qui font l'objet du marché constituent, par hypothèse, des prestations courantes, de sorte que les conditions de recours à la procédure concurrentielle avec négociation ne sont jamais réunies.

La procédure est toutefois plus rapide que celle d'un appel d'offres restreint classique, notamment :
– par le fait que le recueil et l'examen des candidatures sont déjà réalisés ;
– par des délais de remise des offres réduits.

L'acheteur, ou les acheteurs autorisés à mobiliser le système, invitent tous les candidats admis dans le système à présenter une offre simultanément et par écrit. Lorsque le système d'acquisition dynamique est subdivisé en catégories de produits, de services ou de travaux, l'acheteur invite tous les candidats admis pour la catégorie correspondant au marché spécifique concerné.

Cette invitation comporte au minimum les informations suivantes :
– la référence de l'avis d'appel à la concurrence publié ;
– la date limite de réception des offres, l'adresse à laquelle les offres doivent être transmises et la ou les langues autorisées pour leur présentation ;
– la liste des documents à fournir ;
– la pondération ou la hiérarchisation des critères d'attribution du marché public si ces renseignements ne figurent pas dans les documents de la consultation ;
– l'adresse du profil d'acheteur sur lequel les documents de la consultation sont mis à disposition.

APPLICATION

Le cas échéant, elle devrait également indiquer la date limite pour demander des renseignements complémentaires.

Le délai de réception des offres court à compter de la date d'envoi de l'invitation à soumissionner, il est au minimum de 10 jours. L'acheteur, sauf les administrations publiques centrales, peut toutefois s'affranchir de ce délai en fixant une date commune de remise des offres d'un commun accord avec les soumissionnaires. En l'absence d'accord, le délai minimum reste de 10 jours.

À RETENIR

Les administrations publiques centrales qui ne peuvent déroger au délai réglementaire de remise des offres sont les suivantes :
– l'État ;

– les établissements publics de l'État autres que ceux ayant un caractère industriel et commercial, à l'exception des établissements publics de santé ;
– les autorités administratives indépendantes dotées de la personnalité juridique ;
– la caisse des dépôts et consignations ;
– l'ordre national de la Légion d'honneur ;
– l'Union des groupements d'achats publics (UGAP) ;
– la fondation Carnegie ;
– la fondation Singer-Polignac.

Le marché est attribué à l'offre économiquement la plus avantageuse, conformément aux critères d'attribution fixés pour l'attribution des marchés spécifiques dans l'avis de publicité publié lors de la mise en place de ce système.

La procédure est adaptée si les seuils de procédure européens ne sont pas atteints.

32.7.3 Achèvement de la procédure

Les phases d'achèvement de la procédure sont celles de l'appel d'offres restreint (voir § 21.1 et suivants).

L'acheteur informe les soumissionnaires non retenus du rejet de leur offre. Il peut s'astreindre à les informer du motif de sa décision, mais il ne s'agit pas d'une obligation. Cette information prend, alors, la forme suivante :
– il notifie la décision d'attribution, comprenant le nom de l'attributaire et les motifs de sa décision, à l'ensemble des titulaires du système d'acquisition dynamique ;
– il respecte un délai de suspension de onze jours dès lors que, par hypothèse, cette notification a été réalisée par voie électronique (voir § 53.5).

Le respect de cette notification facultative permet au pouvoir adjudicateur de fermer définitivement la voie du recours en référé contractuel (voir § 55.1 et suivants).

À RETENIR

Seuls les titulaires du système d'acquisition dynamique ont vocation à pouvoir obtenir l'attribution d'un marché subséquent et, en conséquence, intérêt leur donnant qualité pour agir contre la procédure d'attribution du marché. La notification de la décision d'attribution aux seuls titulaires du système est suffisante pour désintéresser tous les opérateurs économiques susceptibles de présenter un recours contre le marché.

Un avis d'attribution est publié si le montant du marché atteint les seuils de procédure européens. L'acheteur peut toutefois regrouper les avis d'attribution de ses marchés spécifiques sur une base trimestrielle. Il envoie alors ces avis groupés pour publication au plus tard 30 jours après la fin de chaque trimestre.

32.7.4 Exécution

Les marchés spécifiques sont des marchés publics. Ils sont soumis, à ce titre, au même régime d'exécution que les autres marchés publics.

APPLICATION

Les régimes des avances, des acomptes, de la révision des prix, des avenants, de la cession du marché ou de sa créance ou, le régime contentieux, leur sont applicables sans spécificité.

Le tableau 32.1 résume les principaux changements concernant le système d'acquisition dynamique.

Tab. 32.1 Concordance ancienne et nouvelle réglementation

Nouvelles références	Anciennes références	Objet et apports essentiels
Art. 81, 82 et 83 D. 2016	Art. 33 et 78 CMP	Régime du système d'acquisition dynamique. Refonte complète du dispositif, transformé en mode de présélection des candidatures et désormais ouvert à tous les achats courants, y compris les travaux. Les marchés spécifiques permettent l'examen des offres selon la procédure de l'appel d'offres restreint ou une procédure adaptée.
CMP : Code des marchés publics 2006 D. 2016 : Décret n° 2016-360 relatif aux marchés publics		

33 Évaluation préalable

Références : *art. 40 de l'ordonnance n° 2015-899 – art. 24 du décret n° 2016-360*

Généralisant à l'ensemble des marchés publics, un mécanisme d'aide à la décision qui a fait ses preuves pour les montages contractuels plus complexes, tels que les contrats de partenariat, ou les montages associant l'occupation domaniale et l'externalisation du financement des projets d'investissement publics, la réglementation impose une évaluation préalable au lancement d'une procédure d'attribution pour les projets les plus importants.

À RETENIR

Ce régime s'applique aux pouvoirs adjudicateurs et aux entités adjudicatrices, il ne s'applique pas aux marchés publics de défense ou de sécurité.

33.1 Cas d'ouverture

Lorsqu'un marché public, quelle qu'en soit la nature, porte sur des investissements dont le montant estimé atteint 100 000 000 € HT, l'acheteur réalise, avant le lancement de la procédure de passation, une évaluation ayant pour objet de comparer les différents modes envisageables de réalisation du projet.

À RETENIR

Pour le calcul du seuil, le montant d'investissement à prendre en compte est constitué de l'ensemble des dépenses effectuées par l'acheteur pour la réalisation du projet.

L'idée est d'obliger l'acheteur à auditer les différentes solutions contractuelles à sa disposition pour satisfaire à son besoin : marché public, marché de partenariat ou concession. Cette obligation reflète l'idée d'une totale interchangeabilité des modes contractuels de commande publique : l'acheteur est invité à se poser la question de savoir si une autre solution n'est pas susceptible de lui permettre de faire un achat plus efficace et plus économe que celle à laquelle il pense spontanément.

APPLICATION

Cette nouvelle obligation, qui relève de la bonne gestion, est évidemment susceptible d'allonger la procédure. Il convient de l'intégrer au rétro-planning. Il faut compter environ trois mois pour faire une évaluation sérieuse, selon les cas, pour un budget qui varie en fonction du poids des projets, mais s'établit en moyenne autour de 50 000 € HT. Rapporté au coût global du projet, c'est un investissement raisonnable qui sera rentabilisé. L'évaluation préalable sera toutefois susceptible de gêner certains grands acheteurs, qui ont déjà mis en place des procédures internes d'aide à la décision et pour lesquels cette nouvelle formalité, redondante à leurs yeux, relève du formalisme superflu.

33.2 Contenu

Cette évaluation comporte une analyse en coût complet et tout élément permettant d'éclairer l'acheteur dans le choix du mode de réalisation de ce projet. Elle répond à une structure obligatoire, qui est la suivante :
• une présentation générale :
– du projet, notamment son objet, l'historique, le contexte, ses enjeux et les caractéristiques de son équilibre économique ;
– de l'acheteur, notamment ses compétences, son statut et ses capacités financières ;
• une analyse comparative en valeur actualisée des différentes options de montages contractuels et institutionnels de la commande publique envisageables pour mettre en œuvre le projet, comprenant :
– un cadrage, incluant notamment le périmètre, les procédures et le calendrier pour chacune des phases de réalisation du projet, ainsi que la durée totale du contrat ;
– une estimation en coût complet des différentes options comprenant notamment les coûts de programmation, de conception, de réalisation, de financement et de fonctionnement pour l'acheteur et pour le cocontractant avec leur évolution dans le temps jusqu'à la fin de vie ainsi que, le cas échéant, des recettes résultant du projet et le traitement comptable et fiscal retenu ;
• une présentation des principaux risques du projet comprenant les risques financiers et la répartition des risques entre l'acheteur et le titulaire et, le cas échéant, une valorisation financière de ces risques.

Le rapport de l'évaluation va donc donner à l'acheteur un éclairage sur les points suivants :
– une analyse comparative des différentes solutions contractuelles utilisables, en coût complet ;
– une analyse des risques, leur répartition entre l'acheteur et le titulaire du contrat, selon les solutions contractuelles envisagées, et leurs coûts s'ils venaient à survenir.

Ce rapport pourra être utilisé avec profit dans le cadre de la procédure de mise en concurrence à venir, en particulier s'il s'agit, comme cela est probable compte tenu du montant du marché, d'une procédure concurrentielle avec négociation ou d'un dialogue compétitif. Le rapport est ainsi susceptible de constituer le noyau dur de la négociation ou du dialogue, l'acheteur étant éclairé sur le coût global du projet, sur les parties du cahier des charges sur lesquelles reposent son risque et celles générant un coût particulier.

33.3 Régime

L'évaluation préalable sera confiée, en pratique, à des bureaux d'études spécialisés, dans le cadre d'un marché public de services.

L'acheteur n'est pas tenu pas les résultats du rapport, l'évaluation préalable n'est qu'un outil d'analyse et n'a pas d'incidence juridique sur la décision elle-même.

Le défaut d'évaluation préalable alors qu'elle était requise fait courir un risque sur la sécurité juridique du marché. Il s'agit d'un vice de procédure, mais il peut présenter un caractère substantiel, car il prive l'acheteur, et par extension un contribuable local ou un élu de l'opposition, d'une garantie.

APPLICATION

Il s'agit par exemple d'un moyen que pourrait utilement relever un élu de l'opposition communautaire à un projet d'investissement important d'une communauté urbaine, qui aurait des chances sérieuses de faire annuler le marché par le juge administratif. En revanche, le défaut d'évaluation préalable ne semble pas devoir léser les intérêts d'un opérateur économique évincé, il n'est pas concerné et ne pourra vraisemblablement pas utilement soulever ce moyen.

Le tableau 33.1 résume les principaux changements concernant l'évaluation préalable.

Tab. 33.1 Concordance ancienne et nouvelle réglementation

Nouvelles références	Anciennes références	Objet et apports essentiels
Art. 40 0. 2015 – art. 24 D. 2016	–	Régime nouveau de l'évaluation préalable.
D. 2016 : Décret n° 2016-360 relatif aux marchés publics		

34 Marchés réservés

Références : *art. 36 et 37 de l'ordonnance n° 2015-899 – art. 13 et 14 du décret n° 2016-360*

L'acheteur dispose désormais d'outils pour faire de la dépense générée par les marchés publics un véritable vecteur de politiques publiques. La réservation des marchés participe à ce dispositif.

L'acheteur peut réserver certains de ses marchés, ou certains lots, à des opérateurs économiques spécifiques. Ce dispositif consiste à mettre ces opérateurs en concurrence, mais eux seuls peuvent participer à la compétition.

APPLICATION

Sur le plan juridique, le dispositif est simple et ne génère aucune incertitude : les marchés sont réservés aux opérateurs concernés, qui justifient de leur qualité leur ouvrant droit à l'accès à la consultation. Malgré cette simplicité d'emploi, les réservations de marchés publics ne sont pas nombreuses. Dans le secteur du handicap, le seul autorisé jusqu'en 2016, il n'était pas compté plus de 650 marchés réservés par an, en moyenne.

À RETENIR

Il ne faut pas confondre marchés réservés et absence de concurrence : la concurrence est vive entre les acteurs du handicap, de même qu'entre les acteurs de l'insertion. Quant à l'économie sociale et solidaire, le Groupe SOS, par exemple, revendique 350 établissements, 12 000 salariés et un chiffre d'affaires de 700 millions d'euros en 2015.

Trois catégories d'acteurs sont concernées, ils interviennent souvent les mêmes secteurs ou des secteurs connexes, de sorte qu'il soit à craindre en pratique une concurrence entre les trois dispositifs. C'est la raison pour laquelle l'acheteur doit choisir clairement, et le mentionner dans l'avis de marché, le dispositif qu'il applique.

34.1 Opérateurs économiques employant des travailleurs handicapés

Le dispositif est ouvert aux opérateurs qui emploient une proportion minimale de 50 % de travailleurs handicapés qui, en raison de la nature ou de la gravité de leurs déficiences, ne peuvent exercer une activité professionnelle dans des conditions normales.

À RETENIR

Le seuil de 50 % s'apprécie sans tenir compte du personnel d'encadrement, le taux d'encadrement étant plus important pour ces opérateurs que pour des entreprises classiques. La réglementation française impliquant en pratique le respect d'un taux minimal de 80 %, les entités françaises remplissent cette condition.

Les marchés peuvent être réservés aux opérateurs économiques suivants :
– entreprises adaptées ;
– centre de distribution à domicile ;
– établissements et services d'aide par le travail (ESAT).

LE SAVEZ-VOUS ?

Les **entreprises adaptées** et les **centres de distribution de travail à domicile** sont créés par les collectivités ou organismes publics ou privés. Leurs effectifs de production comportent au moins 80 % de travailleurs handicapés orientés vers le marché du travail par la commission des droits et de l'autonomie des personnes handicapées. Ces travailleurs ont le statut de salarié, sous contrat à durée déterminée ou indéterminée, qui perçoivent un salaire fixé, compte tenu de l'emploi qu'ils occupent et de leur qualification, par référence aux dispositions réglementaires ou conventionnelles applicables dans la branche d'activité en cause, ce salaire ne pouvant être inférieur au SMIC. Elles sont en partie financées par une aide au poste forfaitaire versée par l'État. Elles permettent à ces salariés d'exercer une activité professionnelle dans des conditions adaptées à leurs possibilités en favorisant leur projet professionnel en vue de la valorisation de leurs compétences, de leur promotion et de leur mobilité au sein de la structure elle-même ou vers d'autres entreprises. Ces organismes concluent avec l'autorité administrative un contrat d'objectif triennal valant agrément.

Les **établissements et services d'aide par le travail** (ESAT) accueillent des personnes handicapées dont la commission des droits et de l'autonomie des personnes handicapées a constaté que les capacités de travail ne leur permettent ni de travailler dans une entreprise ordinaire, une entreprise adaptée ou un centre de distribution de travail à domicile. Ils leur offrent des possibilités d'activités diverses à caractère professionnel, ainsi qu'un soutien médico-social et éducatif, en vue de favoriser leur épanouissement personnel et social.

Des structures équivalentes peuvent être admises au dispositif, par exemple celles qui relèvent d'autres États membres de l'Union européenne. Le pouvoir adjudicateur doit mentionner cette possibilité dans les documents de la consultation et vérifier, dans les dossiers de candidatures, que ces structures emploient une majorité de travailleurs handicapés répondant à la définition.

L'avis de marché mentionne expressément la réservation du marché aux opérateurs économiques employant des travailleurs handicapés et identifie les dispositions dont il est fait application.

APPLICATION

L'avis doit mentionner le I de l'article 36 de l'ordonnance de 2015.

Ces opérateurs fournissent, dans leur dossier de candidature, les éléments nécessaires pour justifier de leur éligibilité au dispositif.

APPLICATION

Les **entreprises adaptées** et les **centres de distribution de travail à domicile** fournissent le contrat d'objectif valant agrément ou un certificat administratif portant reconnaissance du statut d'entreprise adaptée délivrée par la direction régionale des entreprises, de la concurrence, de la consommation, du travail et de l'emploi (Direccte).

Les **établissements et services d'aide par le travail** (Esat) fournissent la date de publication au recueil des actes administratifs de l'arrêté préfectoral portant autorisation de leur création.

Les **structures équivalentes** justifient de leur qualité par tout moyen approprié, par exemple des agréments délivrés par les autorités compétentes dans leurs États d'origine.

À RETENIR

Ces informations peuvent être fournies dans le cadre du formulaire DC2 (rubrique C2 – Cas particuliers, points 1 et 2).

34.2 Opérateurs économiques employant des travailleurs défavorisés

Le dispositif est ouvert aux opérateurs qui emploient une proportion minimale de 50 % de travailleurs défavorisés. Il s'agit notamment :
– de jeunes de moins de 26 ans en grande difficulté ;
– de bénéficiaires du revenu de solidarité active (RSA) ;
– de demandeurs d'emploi de longue durée ;
– de personnes prises en charge au titre de l'aide sociale.

À RETENIR

Le seuil de 50 % s'apprécie sans tenir compte du personnel d'encadrement. Les marchés de défense ou de sécurité sont exclus de ce dispositif.

Les marchés peuvent être réservés aux structures d'insertion par l'activité économique (SIAE), qui sont les opérateurs économiques suivants :
– entreprises d'insertion (EI) ;
– entreprises de travail temporaire d'insertion (ETTI) ;
– associations intermédiaires (AI) ;
– ateliers et chantiers d'insertion (ACI).

LE SAVEZ-VOUS ?

Une **entreprise d'insertion** (EI) est une entreprise de production de biens ou de services, se situant dans le secteur concurrentiel marchand, mais dont la finalité est d'accueillir et d'accompagner des personnes en situation d'exclusion, qui bénéficient de contrats d'insertion, pour construire et finaliser avec elles un parcours d'insertion socioprofessionnel durable. Le personnel d'encadrement est spécialement formé personnel encadrant technique à l'encadrement de ces salariés. Elles interviennent surtout dans les filières de valorisation de déchets, dans l'entretien environnemental et paysager, tel que l'entretien d'espaces verts, dans les métiers du bâtiment et de l'écoconstruction, dans la restauration ou l'hôtellerie et dans le secteur du nettoyage de locaux.

Une **entreprise de travail temporaire d'insertion** (ETTI) est une entreprise d'intérim dont l'activité est entièrement centrée sur l'insertion professionnelle des personnes en difficulté, qu'elle suit et accompagne pendant et en dehors des missions. Elle est soumise à l'ensemble des règles relatives au travail temporaire. Elle conclut avec la personne en insertion un contrat de travail temporaire dont la durée maximale, renouvellement compris, peut atteindre 24 mois au lieu de 18 mois dans le cas général, la rémunération perçue est au moins égale au SMIC. Elle bénéficie d'une aide de l'État lorsqu'elle est conventionnée.

Les **associations intermédiaires** (AI) sont des associations conventionnées par l'État et bénéficiant d'aides qui contribuent à l'insertion et au retour à l'emploi des personnes rencontrant des difficultés sociales et professionnelles particulières, en leur permettant de travailler occasionnellement pour le compte d'utilisateurs. Elles sont susceptibles d'embaucher, outre des personnes en parcours d'insertion, des travailleurs handicapés.

Les **ateliers et chantiers d'insertion** (ACI) accompagnent et procurent une activité professionnelle aux personnes sans emploi rencontrant des difficultés sociales et professionnelles particulières, parmi lesquelles des travailleurs handicapés. Leurs salariés bénéficient d'un contrat à durée déterminée d'insertion, d'une durée comprise entre 4 et 24 mois, et d'une rémunération au moins égale au SMIC. Ils sont conventionnés par l'État et bénéficient d'aides pour accomplir leurs missions. Organisés de manière ponctuelle ou permanente, ils peuvent être créés et « portés » par un organisme de droit privé à but non lucratif, une commune ou un département ou un établissement public de coopération intercommunale, centre communal ou intercommunal d'action sociale, un syndicat mixte, un établissement d'enseignement professionnel et d'enseignement agricole de l'État, une chambre départementale d'agriculture ou l'Office national des forêts.

Des structures équivalentes peuvent être admises au dispositif, par exemple celles qui relèvent d'autres États membres de l'Union européenne. Le pouvoir adjudicateur doit mentionner cette possibilité dans les documents de la consultation et vérifier, dans les dossiers de candidatures, que ces structures emploient une majorité de travailleurs défavorisés.

L'avis de marché mentionne expressément la réservation du marché aux opérateurs économiques employant des travailleurs défavorisés et identifie les dispositions dont il est fait application.

APPLICATION

L'avis doit mentionner le II de l'article 36 de l'ordonnance de 2015.

Ces opérateurs fournissent, dans leur dossier de candidature, les éléments nécessaires pour justifier de leur éligibilité au dispositif.

APPLICATION

Les opérateurs concernés peuvent justifier de leur qualité par tout moyen, notamment par la production de leurs statuts ou de leur contrat de conventionnement.

À RETENIR

Ces informations peuvent être fournies dans le cadre du formulaire DC2 (rubrique C2 – Cas particuliers, point 3).

34.3 Opérateurs économiques relevant de l'économie sociale et solidaire

Le dispositif n'est applicable qu'aux marchés de services de santé, sociaux ou culturels. La liste de ces marchés est celle du tableau 29.2 (voir § 29.1.2).

L'acheteur peut réserver ces marchés ou des lots de ces marchés aux opérateurs du secteur de l'économie sociale et solidaire qui ont pour objectif d'assumer une mission de service public liée à a prestation de services en cause. Les opérateurs du secteur de l'économie sociale et solidaire sont les suivants :

– les coopératives, mutuelles ou unions, les sociétés d'assurance mutuelles les fondations ou les associations ;

– les sociétés commerciales qui, aux termes de leurs statuts, recherchent une utilité sociale, poursuivent un autre but que le seul partage des bénéfices, sont dotées de règles de gouvernance démocratiques prévoyant l'information et la participation, non nécessairement liée à leur apport en capital ou au montant de leur contribution financière, des associés, des salariés et des parties prenantes aux réalisations de l'entreprise, et s'assurent que les bénéfices sont majoritairement consacrés à l'objectif de maintien ou de développement de l'activité de l'entreprise et de la constitution de réserves obligatoires constituées, impartageables, ne peuvent pas être distribuées. Il s'agira notamment des sociétés coopératives ouvrières de production (SCOP).

À RETENIR

Certains de ces opérateurs bénéficiaient d'un droit d'attribution préférentielle à offre équivalente, régime aujourd'hui supprimé.

La durée maximale du marché est limitée à trois ans, et n'est pas immédiatement renouvelable avant trois ans : les candidats ne doivent pas avoir bénéficié d'un marché public attribué en application de ce dispositif au cours des trois années précédant l'attribution du marché.

LE SAVEZ-VOUS ?

L'économie sociale et solidaire (ESS) représente 10 % du PIB et près de 12,7 % des emplois privés en France. Ce secteur compte environ 200 000 entreprises et structures et 2,38 millions de salariés.

Des structures équivalentes peuvent être admises au dispositif, par exemple celles qui relèvent d'autres États membres de l'Union européenne. Le pouvoir adjudicateur doit mentionner cette possibilité dans les documents de la consultation et vérifier, dans les dossiers de candidatures, que ces structures relèvent bien du secteur de l'économie sociale et solidaire et poursuivent une activité de service public liée à la prestation de services faisant l'objet du marché.

L'avis de marché mentionne expressément la réservation du marché aux opérateurs économiques employant des travailleurs défavorisés et identifie les dispositions dont il est fait application.

APPLICATION

L'avis doit mentionner l'article 37 de l'ordonnance de 2015.

Ces opérateurs fournissent, dans leur dossier de candidature, les éléments nécessaires pour justifier de leur éligibilité au dispositif.

APPLICATION

Les entreprises de l'économie sociale et solidaire doivent être valablement enregistrées au registre du commerce et des sociétés sous cette dénomination. Un extrait Kbis justifiant l'inscription du candidat justifiera de son éligibilité.

À RETENIR

Ces informations peuvent être fournies dans le cadre du formulaire DC2 (rubrique C2 – Cas particuliers, point 4).

Le tableau 34.1 résume les principaux changements concernant les marchés réservés.

Tab. 34.1 Concordance ancienne et nouvelle réglementation

Nouvelles références	Anciennes références	Objet et apports essentiels
Art. 36 0. 2015 – art. 13 D. 2016	Art. 15 CMP	Régime augmenté des marchés réservés. Ajout de la possibilité de réserver des marchés aux opérateurs économiques du secteur de l'insertion.
Art. 37 0. 2015 – art. 14 D. 2016	–	Régime nouveau des réservations des marchés de services de santé, sociaux ou culturels des marchés aux opérateurs économiques du secteur de l'économie sociale et solidaire.
CMP : Code des marchés publics 2006 D. 2016 : Décret n° 2016-360 relatif aux marchés publics		

35 Dossier de la consultation

***Références :** art. 15, 38 et 39 du décret n° 2016-360*

Les documents de la consultation sont l'ensemble des documents fournis par l'acheteur ou auxquels il se réfère afin de définir ses besoins et de décrire les modalités de la procédure de passation.

À RETENIR

L'avis de marché est regardé comme un document de la consultation.

Ils sont composés de l'avis de publicité (voir § 38.4) et du dossier de consultation, dans un objectif : les informations qu'ils fournissent sont suffisamment précises pour permettre aux opérateurs économiques de déterminer la nature et l'étendue du besoin et de décider de demander ou non à participer à la procédure.

Le dossier de la consultation centralise donc toutes les informations nécessaires aux concurrents pour l'élaboration et le dépôt de leur dossier de candidature et d'offre, ainsi que les pièces constitutives du marché. Il complète les avis de publicité pour définir l'objet, les caractéristiques et les conditions d'exécution du marché et, comprend plusieurs documents, sans que cette liste ne soit obligatoire ni exhaustive :
- le règlement de la consultation et les autres documents liés à l'organisation de la procédure de passation elle-même ;
- les pièces constitutives du marché (voir § 8.1 et suivants) ;
- les bordereaux de prix ;
- des formulaires, le cas échéant ;
- des éléments d'information complémentaires, le cas échéant.

L'acte d'engagement n'est plus obligatoirement fourni avec le dossier de la consultation, il peut n'être transmis qu'à l'attributaire, en fin de procédure, au moment de la mise au point et de la signature du marché.

35.1 Contenu du dossier de la consultation

35.1.1 Règlement de la consultation

Le règlement de la consultation est l'élément essentiel du dossier de la consultation. C'est la règle du jeu de la consultation, telle que l'a précisée l'acheteur.

Il est obligatoire dans toutes ses mentions, y compris pour l'acheteur, de sorte qu'il est essentiel de ne négliger aucune de ses dispositions et de les appliquer strictement. À défaut du respect de chacune de ses mentions, le dossier de candidature et d'offres est irrecevable.

Le règlement de la consultation complète les informations figurant dans l'avis de marché ou peut s'y substituer lorsque la publication d'un tel avis n'est pas nécessaire. Il n'est pas obligatoire. Il est possible de s'en dispenser, par exemple, si toutes les mentions devant être portées à la connaissance des candidats figurent déjà dans l'avis de marché.

En pratique, il est systématiquement préparé et joint au dossier de la consultation, car il s'agit d'un outil précieux pour préciser aux candidats les informations requises ou simplement utiles.

35.1.2 Cahiers des charges

Les cahiers des charges comportent les clauses du marché (voir § 8.1 et suivants). En règle générale, le dossier de la consultation comporte le cahier des clauses administratives particulières (CCAP) et le cahier des clauses techniques particulières (CCTP). En pratique, il arrive que ces deux derniers documents fusionnent dans un cahier des clauses particulières (CCP).

Les cahiers des clauses générales (CCAG ou CCCTG, cf. chapitre 8) ne figurent pas, en général, dans le dossier de la consultation. Le règlement de la consultation mentionne alors, en pratique, l'adresse internet à laquelle ces documents peuvent être consultés ou téléchargés.

À RETENIR

Les CCAG et les CCTG sont disponibles et téléchargeables, avec leurs fiches explicatives, à l'adresse suivante : http://www.economie.gouv.fr/daj/cahiers-clauses-administratives-generales-et-techniques.

35.1.3 Acte d'engagement

L'acte d'engagement est la pièce qui récapitule l'offre financière du soumissionnaire, signée par lui et l'acheteur. Cette signature matérialise la signature du marché et engage l'attributaire au respect des conditions du marché dans l'ensemble de ses éléments : délais, prix, prestations techniques, etc.

L'utilisation d'un acte d'engagement n'est plus obligatoire. En pratique, il va rester très utilisé.

L'acte d'engagement n'est ainsi plus nécessairement fourni avec l'offre. Dans un souci de simplification, la signature de l'offre n'est, en effet, plus exigée. Il n'empêche que le soumissionnaire est tenu par son offre à dater de son dépôt, pour la durée du délai de validité des offres mentionné dans les documents de la consultation. Ce délai varie selon les usages professionnels et la durée à laquelle l'acheteur estime la procédure d'attribution du marché.

APPLICATION

L'acheteur peut toujours exiger la signature de l'acte d'engagement au moment du dépôt des offres.

L'acte d'engagement pré-rempli est fourni à l'attributaire, à l'issue la mise au point du marché. Il est complété et signé par l'attributaire, et renvoyé à l'acheteur, qui le signe le moment venu.

S'il est utilisé, il constitue la clé de voûte du marché et sa copie, remise en exemplaire unique, justifiera du marché auprès des tiers, notamment des établissements de crédit auxquels il pourra recourir pour vendre ou céder la créance qu'il tient du marché (voir § 69.1). Le marché peut être exécuté une fois l'acte d'engagement signé par l'acheteur public notifié à son titulaire (voir § 57.2).

À RETENIR

L'acheteur peut utiliser le formulaire ATTRI1, « Acte d'engagement », consultable et téléchargeable à l'adresse suivante : http://www.economie.gouv.fr/daj/formulaires-marches-publics.

35.1.4 Bordereau de prix unitaires

Le bordereau de prix unitaires (BPU) détaille les prix unitaires du marché (tab. 35.1).

Tab. 35.1 Exemple de BPU – Prestations de maintenance évolutive d'un marché informatique

Maintenance évolutive	Total (€ HT)	TVA	Total (€ TTC)
Unité d'œuvre de base (1 jours/homme)			
Unité d'œuvre moyenne (5 jours/homme)			
Unité d'œuvre importante (10 jours/homme)			

Dans cet exemple, le titulaire du marché présente des prix répondant aux demandes d'évolution du pouvoir adjudicateur, en proposant ses tarifs selon trois scenarii différents.

À RETENIR

La maintenance évolutive consiste à intervenir sur un logiciel pour améliorer ses fonctions existantes ou développer de nouvelles fonctionnalités.

35.1.5 Devis quantitatif estimatif

Le devis quantitatif et estimatif (DQE) des prestations du marché a pour objet d'apporter des précisions sur le contenu de l'offre financière du candidat. C'est une liste de prestations, affectée d'une estimation de leur volume. Il présente un caractère indicatif.

Lorsque le marché est passé à prix unitaire, les quantités spécifiées dans le DQE sont multipliées par les prix du BPU, explicitant l'offre de prix présentée par le candidat dans l'acte d'engagement et dans le bordereau de prix.

Le DQE constitue un élément permettant à l'acheteur, de mesurer la cohérence de l'offre du candidat. Il joue un rôle important dans l'analyse et la comparaison des offres. L'offre du candidat doit comporter le DQE, dès lors que celui-ci est exigé par les documents de la consultation. À défaut, l'offre présentée est incomplète et, doit être rejetée en tant qu'offre irrégulière, sauf si l'acheteur autorise sa régularisation (voir § 50.1).

À RETENIR

Le DQE ou le DDED doit être renseigné par le candidat de manière sincère, à défaut de quoi il ne peut permettre au pouvoir adjudicateur de mesurer la cohérence de son offre technique et financière. Une ou quelques erreurs purement matérielles, c'est-à-dire des erreurs dont aucune des parties ne pourrait se prévaloir de bonne foi, peuvent être rectifiées dans le cadre de la demande de précision ou de complément de son offre. Cette demande ne peut, toutefois, avoir pour effet la modification de l'offre du candidat, telle qu'elle apparaît dans son acte d'engagement, au-delà de la rectification de ces erreurs purement matérielles. En revanche, un DQE ou un DDED composé de très nombreux prix incohérents peut être regardé comme n'ayant pas été renseigné de manière sincère par le candidat, dont l'offre est alors irrégulière.

35.1.6 Décomposition du prix global et forfaitaire et devis descriptif et estimatif détaillé

Le prix forfaitaire (voir § 9.1 et suivants) est spécifié dans l'offre du soumissionnaire, le cas échéant dans l'acte d'engagement. Son caractère global empêche, toutefois, l'acheteur d'en mesurer la pertinence. La décomposition du prix global et forfaitaire (DPGF) est le document qui détaille le prix global. Le devis descriptif et estimatif détaillé (DDED) joue le même rôle.

Le DPGF ou le DDED a pour objet d'informer l'acheteur sur la ventilation des prix mentionnés dans la décomposition du prix global et forfaitaire et de s'assurer de la cohérence économique de son offre. Il décompose le prix global de l'offre en détaillant les éléments de prix et les quantités associées.

Le DPGF ou le DDED permet, ainsi, l'analyse et la comparaison des offres, mais aussi de corréler l'offre technique du candidat et son prix, pour s'assurer de leur cohérence (tab. 35.2).

Le soumissionnaire détaille le contenu des lignes dans son offre technique, de manière à fournir les explications permettant de comprendre la cohérence économique de son offre.

À RETENIR

La maintenance corrective consiste à intervenir sur un logiciel pour résoudre les incidents et éliminer les avaries.

35.1.7 Formulaires « Déclaration du candidat »

Des formulaires facultatifs sont destinés à faciliter les échanges d'information et de documents entre l'acheteur et les candidats.

Ils sont tenus à jour de la réglementation et leur usage permet de n'oublier aucune mention obligatoire, tant dans la constitution du dossier de la consultation que dans celle du dossier de candidature et d'offres. Il est, pour cette raison, fortement recommandé.

Il existe cinq catégories de formulaires, correspondant chacune à une phase de la procédure de passation ou à l'exécution des marchés publics :
– formulaires DC, « Déclaration du candidat » ;
– formulaires OUV, « Ouverture des plis » ;

Tab. 35.2 Exemple de DPGF – Prestations de maintenance corrective d'un marché informatique

	Montant (€ HT)					
	Matériel	***Logiciel***	***Services***	***Total*** *(€ HT)*	***TVA***	***Total*** *(€ TTC)*
Réunion de lancement						
Spécifications						
Réalisation						
Formations						
Recette						
	Total matériel	Total logiciel	Total services	***Total forfaitaire*** *(€ HT)*	***Total TVA*** *(€)*	***Total forfaitaire*** *(€ TTC)*
	Total (€ HT)	TVA	Total (€ TTC)			
Maintenance corrective annuelle						

– formulaires ATTRI, « Attribution du marché » ;
– formulaires NOTI, « Notification du marché » ;
– formulaires EXE, « Exécution du marché ».

Les trois formulaires DC sont dédiés au dossier de la consultation. Ils ne doivent plus être signés par les candidats, même si les acheteurs peuvent continuer à exiger cette signature. Ils sont présentés dans le tableau 35.3.

À RETENIR

Les trois formulaires DC et le formulaire ATTRI peuvent être consultés et téléchargés à l'adresse suivante : http://www.economie.gouv.fr/daj/formulaires-marches-publics.

Tab. 35.3 Récapitulatif des formulaires DC et ATTRI

Référence	**Désignation**	**Objet**	**Signature**
DC 1	Lettre de candidature – Habilitation du mandataire par ses cotraitants	Modèle de candidature, contenant notamment l'identification du candidat, la déclaration sur l'honneur et, le cas échéant, le pouvoir donné au mandataire par les membres du groupement	Sa signature n'est plus obligatoire
DC 2	Déclaration du candidat individuel ou du membre du groupement	Modèle de déclaration renseigné par le candidat individuel ou, en cas de candidature groupée, par chaque membre du groupement. En cas d'allotissement, il peut être fourni pour chacun des lots de la consultation	Pas de signature

Référence	Désignation	Objet	Signature
DC 4	Déclaration de sous-traitance	Déclaration du sous-traitant, soit au stade de la constitution du dossier de candidature, soit durant l'exécution du marché, lorsque son titulaire déclare un nouveau sous-traitant	Valeur d'acte spécial de sous-traitance. Signature par le titulaire et par le sous-traitant. La signature par l'acheteur vaut acceptation du titulaire et agrément de ses conditions de paiement.
ATTRI1	Acte d'engagement	Pièce matérialisant la signature du marché	L'acte d'engagement n'est plus fourni, ne principe, dans le dossier de la consultation, mais seulement à l'attributaire, en fin de procédure. Signature par l'attributaire ou, en cas de réponse en groupement, par le mandataire ou chacun des membres du groupement, selon les cas.

À RETENIR

L'usage des formulaires DC par les candidats devient obligatoire lorsqu'il est exigé par l'acheteur dans le règlement de la consultation. Néanmoins, l'acheteur ne pourra éliminer un candidat au seul motif qu'il n'utilise pas les formulaires, dès lors que les informations qu'ils contiennent sont fournies de manière claire, intelligible et facilement accessible.

35.1.8 Cadre de réponse

L'acheteur a un important travail d'analyse des dossiers de candidature et, surtout, contenant les offres. Les offres doivent pouvoir être comparées entre elles. Pour faciliter ce travail et éviter des présentations trop hétérogènes, par les candidats, l'acheteur peut exiger des candidats l'utilisation d'un cadre de réponse. Un cadre de réponse est un document destiné à uniformiser la présentation des offres des soumissionnaires. Il est utilisé dans les consultations dont l'objet est complexe et rend difficile la comparaison des offres.

Lorsque son usage est rendu obligatoire par le règlement de la consultation, les soumissionnaires doivent l'utiliser. Ne pas respecter cette consigne, même de pure forme, rend l'offre irrecevable, car elle compromet l'analyse des offres et l'usage des critères d'attribution utilisés par l'acheteur.

35.1.9 Liste des réponses apportées aux questions des candidats

L'acheteur est tenu de répondre aux questions posées par les candidats dans le cadre de la procédure d'attribution, avant la remise des offres. Ses réponses précisent ou éclairent les cahiers des charges ou les modalités d'attribution du marché. Elles doivent être pesées, car elles engagent sa responsabilité et constituent, à ce titre, un élément important du dossier de la consultation. De sorte que leur diffusion simultanée à l'ensemble des candidats est requise, elle est en pratique réalisée sur le profil d'acheteur.

35.1.10 Autres documents

L'acheteur peut joindre au dossier d'autres documents, tels que des plaquettes de présentation, des plans, des études, etc. Ces documents présentent, en principe, un caractère purement informatif, sauf lorsque l'acheteur entend leur donner un caractère contractuel. Il fait, alors, mention de cette volonté dans le règlement de la consultation ou les cahiers des charges.

35.1.11 Récapitulatif du contenu du dossier de la consultation

Le contenu du dossier de la consultation est récapitulé dans le tableau 35.4.

35.2 Modalités de communication du dossier de la consultation

Les documents de la consultation sont gratuitement mis à disposition des opérateurs économiques sur un profil d'acheteur à

Tab. 35.4 Récapitulatif du contenu du dossier de la consultation

Pièce du dossier	Contenu et observations
Règlement de la consultation	Informations destinées au choix de l'attributaire
CCAP	Clauses administratives du cahier des charges
CCTP	Clauses techniques du cahier des charges
Acte d'engagement	Document désignant les parties, signé par elles et matérialisant la signature du marché
Bordereau de prix unitaire (BPU)	Définition de chaque prix unitaires
Devis quantitatif estimatif (DQE)	Application des quantités affectées à chacun des prix unitaires
Décomposition du prix global et forfaitaire (DPGF) ou devis descriptif estimatif détaillé (DDED)	Détail des éléments qui composent le prix forfaitaire mentionné dans l'acte d'engagement
Formulaires DC (« Déclaration du candidat »)	Formulaires facultatifs d'aide à la constitution du dossier de candidature et d'offres, mais dont l'usage peut être rendu obligatoire par le règlement de la consultation
Formulaire ATTRI (« acte d'engagement »)	Formulaire facultatif remis à l'attributaire et destiné à porter la signature du marché. Sa présence dans le dossier de la consultation n'est plus requise et sa signature n'intervient qu'en fin de procédure
Cadre de réponse	Document destiné à l'usage obligatoire des candidats pour répondre à la consultation
Réponses aux questions posées par les candidats	Précisions apportées au cahier des charges ou à la consultation. Elles engagent l'acheteur.
Autres documents	Information des candidats

compter de la publication de l'avis de marché, qui mentionne l'adresse de ce profil d'acheteur.

Le profil d'acheteur est le portail internet utilisé par l'acheteur pour ses achats (voir § 37.1 et suivants). Cette mise en ligne garantit un accès gratuit, libre, direct et complet au dossier. Son utilisation est obligatoire dès lors que le montant du marché atteint 90 000 euros HT, ce seuil n'étant applicable que jusqu'au 30 septembre 2018. À partie du 1er octobre 2018 (1er avril 2017 pour les centrales d'achat), l'utilisation d'un profil d'acheteur est systématique quel que soit le montant du marché.

L'adresse électronique à laquelle le dossier peut être consulté et téléchargé figure dans l'avis de marché.

La consultation et le téléchargement du dossier de la consultation peuvent être anonymes. Toutefois, les opérateurs économiques qui ne communiquent pas l'identité de la personne physique en charge du dossier ni l'adresse électronique à laquelle elle peut être jointe ne peuvent être destinataires des informations que l'acheteur peut délivrer aux candidats en cours de procédure, telles que la modification du dossier de la consultation ou les réponses qu'il apporte à leurs questions.

Le tableau 35.5 résume les principaux changements concernant le dossier de la consultation.

Tab. 35.5 Concordance ancienne et nouvelle réglementation

Nouvelles références	Anciennes références	Objet et apports essentiels
art. 38 et 39 D. 2016	*art. 41 et 42 CMP*	Régime des documents de la consultation et des modalités de leur mise à disposition des candidats. Suppression du régime du règlement de la consultation.
CMP : Code des marchés publics 2006 D. 2016 : Décret n° 2016-360 relatif aux marchés publics		

36 Critères d'attribution

Références : art. 52 de l'ordonnance n° 2015-899 - art. 62 et 63 du décret n° 2016-360

Il est essentiel que les candidats disposent en temps utile d'une information suffisante sur les critères que l'acheteur entend utiliser pour procéder au classement des offres et choisir l'offre économiquement la plus avantageuse. Cette information est prépondérante dans la préparation même de leurs dossiers de candidature et d'offres.

C'est dire si les critères d'attribution et les modalités de leur mise en œuvre sont soumis à des règles très strictes, portant tant sur le choix des critères et leur usage que sur leur publicité.

Pour autant, le principe de l'usage de la dépense issue de la commande publique pour mener des politiques publiques se manifeste également dans le régime les critères d'attribution. Les possibilités offertes à l'acheteur sont aujourd'hui très larges.

En contrepartie, leur régime s'est encore technicisé.

36.1 Choix des critères d'attribution

L'acheteur choisit l'offre économiquement la plus avantageuse au moyen de critères d'attribution qui respectent quatre conditions de validité :
– ces critères doivent être objectifs ;
– ces critères doivent être précis ;
– ces critères doivent être liés à l'objet du marché ou à ses conditions d'exécution ;
– ils ne doivent présenter aucun caractère discriminatoire.

De manière générale, ils ne doivent pas donner à l'acheteur un pouvoir inconditionné de choix.

APPLICATION

Critères objectifs

En dehors des cas dans lesquels le besoin de l'acheteur se caractérise par des éléments d'une particulière complexité, le critère de la « compréhension du besoin du pouvoir adjudicateur » paraît pour le moins subjectif. Les opérateurs économiques ne sont pas dupes d'un tel critère.

Critères précis

La « valeur technique » de l'offre, sans autre précision, n'est pas un critère précis, la sécurité juridique de la procédure n'est pas assurée.

Critères liés à l'objet du marché

Un marché relatif à soixante-dix pré-diagnostics énergétiques sur des bâtiments publics, écoles, mairies, logements communaux, salles des fêtes ainsi que sur des établissements de santé, des campings, gîtes ruraux, centres de vacances et hôtels, qui prévoit la réalisation d'un bilan énergétique sur chaque bâtiment, ainsi qu'une évaluation des gisements d'économie d'énergie et, une orientation vers des interventions simples à mettre en œuvre ou des études approfondies, présente une technicité telle que l'objet du marché justifie objectivement le recours au critère, pondéré à hauteur de 20 %, tenant aux références des candidats, afin de prendre en considération leur expérience.

Critère non-discriminatoire

Un critère tenant à la part du marché sous-traité à des PME présente un caractère discriminatoire en tant qu'il défavorise les entreprises qui disposent des capacités suffisantes pour assurer à elles seules l'exécution de la totalité des prestations faisant l'objet du marché.

36.1.1 Liste de critères

Les listes de critères d'attribution présentent un caractère purement indicatif. En particulier, la liste présentée par la réglementation ne l'est qu'à titre d'exemple, l'acheteur peut en choisir d'autres s'ils sont précis, objectifs, liés à l'objet du marché ou à ses conditions d'exécution et ne présentent pas de caractère discriminatoire. Cette liste figure au tableau 36.1 (tab. 36.1) :

L'acheteur doit choisir plusieurs critères. Lorsque les prestations sont très simples et ne justifient pas l'usage de plusieurs critères, il est possible de n'utiliser qu'un seul critère, mais il ne peut alors s'agir que du prix ou du coût global de l'offre. En revanche, dès lors que les prestations présentent le moindre élément de complexité, l'usage d'un seul critère est prohibé.

À RETENIR

L'usage d'un seul critère est prohibé en dialogue compétitif (voir § 22.2) et pour les partenariats d'innovation (cf. chapitre 28).

Enfin, l'acheteur doit choisir des critères qui permettront de comparer les offres de base, mais aussi les variantes.

À RETENIR

D'où l'intérêt de prendre en considération la question des variantes au stade de la définition des besoins, en les encadrant, c'est-à-dire en précisant les éléments du cahier des charges qui sont intangibles et ne peuvent faire l'objet de variantes, voire en identifiant les éléments sur lesquels des variantes sont recherchées.

Tab. 36.1. Liste indicative des critères d'attribution

Catégorie de critère	Critère
Coût	– le prix ; – le coût global, qui peut être fondé sur le cycle de vie.
Qualité intrinsèque de la prestation ou fondée sur son cycle de vie	– la qualité, y compris la valeur technique ou les caractéristiques esthétiques ou – fonctionnelles ; – l'accessibilité ; – l'apprentissage ; – la diversité, les conditions de production et de commercialisation ; – la garantie de la rémunération équitable des producteurs ; – le caractère innovant ; – les performances en matière de protection de l'environnement ; – les performances en matière de développement des approvisionnements directs de produits de l'agriculture ; – les performances en matière d'insertion professionnelle des publics en difficulté ; – la biodiversité ; – le bien-être animal.
Modalités de mise en œuvre de la prestation	– les délais d'exécution ; – les conditions de livraison ; – le service après-vente et l'assistance technique ; – la sécurité des approvisionnements ; – l'interopérabilité et les caractéristiques opérationnelles.
Appréciation sur les moyens du soumissionnaire affectés à l'exécution du marché	– l'organisation du soumissionnaire ; – les qualifications et l'expérience du personnel assigné à l'exécution du marché public lorsque la qualité du personnel assigné peut avoir une influence significative sur le niveau d'exécution du marché public.

36.1.2 Lien avec l'objet du marché ou ses conditions d'exécution

Le lien avec l'objet du marché est apprécié de manière plus souple que par le passé.

Il s'agit d'abord d'un lien qui peut être attaché aux conditions d'exécution du marché, ce qui permet, en particulier, de tenir compte lors de l'attribution de la réponse du soumissionnaire aux conditions d'exécution à caractère social, environnemental, ou à l'emploi (cf. chapitre 7).

APPLICATION

Un critère lié aux performances en matière d'insertion professionnelle des publics en difficulté utilisé pour l'attribution d'un marché de nettoyage de locaux pourra sanctionner les clauses d'insertion insérées en ce sens dans le cahier des charges. Toutefois, un tel critère ne devra sans doute pas être pondéré de manière exagérée, car l'objet principal du marché n'est pas l'insertion. Une pondération de l'ordre de 10 à 15 % paraît raisonnable.

Il s'agit, ensuite, d'un lien qui peut être présumé dès lors que le critère se rapporte aux travaux, fournitures ou services à fournir en application du marché public, à quelque égard que ce soit et à n'importe quel stade de leur cycle de vie (sur la notion, cf. chapitre 7).

L'acheteur peut ainsi prendre en compte dans la comparaison des offres des caractéristiques qui ne ressortent pas des qualités intrinsèques des travaux, fournitures ou services qui font l'objet du marché, en particulier les facteurs intervenant dans le processus spécifique de production, de fourniture ou de commercialisation de ces travaux, fournitures ou services ou un processus spécifique lié à un autre stade de leur cycle de vie.

36.1.3 Prise en compte du coût du cycle de vie

Le cycle de vie des travaux, fournitures et services présente des coûts qu'il est possible d'intégrer dans l'appréciation du coût global de l'offre. L'acheteur est toutefois confronté à une difficulté immédiate, qui est de pouvoir disposer d'éléments suffisants, objectifs et vérifiables, lui permettant d'assurer sa décision.

Pour en tenir compte dans l'analyse des offres, l'acheteur indique dans les documents de la consultation les données que doivent fournir les soumissionnaires et la méthode qu'il utilisera pour déterminer le coût du cycle de vie sur la base de ces données.

Ces coûts sont ceux supportés par l'acheteur, mais aussi par d'autres utilisateurs, comme dans certains cas le contribuable. Ils peuvent être les suivants :
– les coûts liés à l'acquisition ;
– les coûts liés à l'utilisation comme la consommation d'énergie et d'autres ressources ;
– les frais de maintenance ;
– les coûts de transport ;
– les coûts liés à la fin de vie comme les coûts de collecte et de recyclage.

Certains coûts sont négatifs, ils viennent alourdir le poids financier de l'offre, comme les frais de maintenance ou de transport. D'autres peuvent être positifs et venir en déduction de ce poids financier, comme les recettes tirées de la valorisation ou du recyclage des déchets.

Il peut également s'agir des coûts imputés aux externalités environnementales liés au produit, au service ou à l'ouvrage pendant son cycle de vie. Dans ce cas, leur valeur monétaire doit pouvoir être déterminée et vérifiée.

À RETENIR

Ces coûts peuvent inclure le coût des émissions de gaz à effet de serre et d'autres émissions polluantes ainsi que d'autres coûts d'atténuation du changement climatique.

La méthode utilisée pour évaluer les coûts imputés aux externalités environnementales répond aux conditions suivantes :
– elle se fonde sur des critères vérifiables de façon objective et non-discriminatoires. En particulier, lorsqu'elle n'a pas été prévue pour une application répétée ou continue, elle ne favorise ni ne défavorise indûment certains opérateurs économiques ;
– elle est accessible à toutes les parties intéressées ;
– elle implique que les données requises puissent être fournies moyennant un effort raisonnable consenti par des opérateurs économiques normalement diligents.

APPLICATION

Les opérateurs économiques disposent déjà de données importantes sur les coûts liés à l'utilisation, tels que la consommation d'énergie des appareils fournie par les constructeurs, ou les coûts imputés aux externalités environnementales liés à la fabrication des produits ou des matériaux. Le volume de ces données va croître, à mesure que sont mises en place des exigences de traçabilité environnementales, par exemple, dans les filières de fabrication. Toutefois, certains facteurs relevant du cycle de vie restent aujourd'hui encore largement opaques. C'est le cas du transport maritime.

36.2 Communication des critères aux candidats

Ces critères doivent être annoncés dans les documents de la consultation, en procédure restreinte, ils peuvent figurer dans l'invitation à soumissionner ou à participer au dialogue.

En pratique, il est le plus souvent renvoyé au règlement de la consultation, ce qui est discutable, car la connaissance des critères d'attribution conditionne, outre l'élaboration de l'offre, jusqu'à la décision de participer à la procédure. Elle est donc fondamentale pour les candidats. La mention des critères d'attribution devrait systématiquement figurer dans l'avis de publicité.

36.3 Modalités de mise en œuvre des critères

La pondération des critères est formellement exigée pour les seules procédures formalisées : pour ces marchés, les critères d'attribution font l'objet d'une pondération ou, lorsque la pondération n'est pas possible pour des raisons objectives, sont indiqués par ordre décroissant d'importance.

Il n'y a donc pas d'obligation formelle de pondérer les critères en procédure adaptée.

À RETENIR

Cette règle doit être complétée par un principe important, constant et invoqué de manière récurrente devant les juridictions administratives, celui exigeant de donner aux soumissionnaires suffisamment d'informations pour qu'ils puissent élaborer leurs offres en toute connaissance de cause. Cette dispense formelle doit donc être lue au regard de l'obligation du respect des principes généraux du droit de la commande publique en procédure adaptée. À l'instar de l'absence d'obligation formelle de publicité en procédure adaptée, qui n'empêche pas le juge de censurer les procédures dans lesquelles la publicité est inexistante ou insuffisante, les acheteurs doivent en pratique pondérer les critères si cette pondération est nécessaire à l'information des soumissionnaires. Ces derniers pourront facilement établir que tel est le cas. En revanche, il est possible de se dispenser de pondération en raison des caractéristiques, de l'objet ou du montant du marché passé en procédure adaptée. En pratique, il s'agit des marchés de faible montant conclu selon une procédure succincte.

La pondération peut être exprimée sous forme d'une fourchette avec un écart maximum approprié.

Les critères doivent être pondérés ou, à défaut, et, seulement lorsqu'il ne peut être procédé autrement, hiérarchisés. La pondération permet de sélectionner l'offre économiquement la plus avantageuse en tenant compte des attentes du pouvoir adjudicateur. La pondération lui permet d'informer les candidats sur ses attentes, sur les éléments de l'offre qu'il estime devoir être priorisé. De ce point de vue, il est essentiel que les candidats la connaissent à l'avance, elle est essentielle à l'élaboration de leurs offres.

Les modalités de mise en œuvre des critères d'attribution, c'est-à-dire leur pondération ou leur hiérarchisation, doivent avoir été annoncées dans les documents de la consultation.

En dehors de la procédure du concours, la pondération est obligatoire.

APPLICATION

Pondération

Soit trois critères pondérés, l'un d'eux étant ventilé en sous-critères :
- la valeur technique de l'offre (50 %) ;
  - le taux d'encadrement (10 %) ;
  - l'effectif engagé dans l'exécution des prestations (15 %) ;
  - le délai d'exécution (25 %).
- le prix (40 %) ;
- la durée de la garantie (10 %).

Le marché est attribué au candidat obtenant la meilleure note globale, compte tenu de la pondération des critères et des sous-critères. L'acheteur indique qu'il est attentif à la qualité de l'exécution des prestations, pour lesquelles il attend une exécution rapide, ce qui implique pour lui l'engagement d'un effectif suffisant. Le prix est un élément important également. Il souhaite, enfin, des propositions sur une éventuelle extension du délai de garantie, même s'il ne regarde pas cet élément comme prioritaire.

La hiérarchisation ne peut être utilisée que dans les cas dans lesquels l'usage de la pondération est impossible, compte tenu de la complexité du marché, ce que l'acheteur public devra démontrer. Les critères sont alors hiérarchisés par ordre croissant d'importance. Cette condition n'est quasiment jamais satisfaite, compte tenu du fait que l'acheteur peut pondérer ses critères à l'aide d'une fourchette.

APPLICATION

Hiérarchisation

Soit, dans le cadre d'un concours d'architecture, trois critères hiérarchisés :
- la qualité environnementale de l'ouvrage ;
- l'esthétique ;
- le coût d'exploitation.

Le candidat qui arrive en tête au regard du premier critère est lauréat du concours. En cas d'égalité sur le premier critère, il est procédé au classement sur le deuxième critère, et ainsi de suite.

Les modalités de mise en œuvre des critères d'attribution, c'est-à-dire leur pondération ou leur hiérarchisation, doivent avoir été annoncées dans les documents de la consultation de la consultation.

À RETENIR

C'est une obligation importante, le risque contentieux est fort sur ce point.

36.4 Méthodes de calcul de la notation des critères

Si les critères d'attribution et leurs modalités de mise en œuvre doivent être portés à la connaissance des candidats, il en va différemment de la méthode de calcul de la notation utilisée par l'acheteur. Cette méthode n'a pas à être communiquée aux entreprises, car elle ne leur est d'aucune utilité : elle ne reflète aucune attente particulière du pouvoir adjudicateur et ne consiste qu'en une simple méthode lui permettant d'obtenir une note chiffrée destinée à permettre le classement des offres.

En revanche, la méthode utilisée pour évaluer les coûts imputés aux externalités environnementales doit être accessible aux parties intéressées, c'est-à-dire, notamment, aux soumissionnaires qui en souhaitent la communication. Dans ces conditions, il paraît nécessaire, en pratique, pour des raisons d'égalité de traitement des candidats, d'en assurer la communication dans le dossier de la consultation.

36.5 Sous-critères

Les critères d'attribution ne sont pas nécessairement assez explicites pour informer les candidats des attentes du pouvoir adjudicateur. Une trop grande imprécision est d'ailleurs susceptible de compromettre la régularité de la procédure. C'est la raison pour laquelle les critères appellent souvent à être précisés par des sous-critères.

Les sous-critères qui ont une influence sur l'élaboration des offres et leur classement doivent être traités comme des critères :
– ils doivent être objectifs, précis, liés à l'objet du marché et non discriminatoires ;
– ils doivent être pondérés ou, à défaut, hiérarchisés ;
– ils doivent être portés à la connaissance des soumissionnaires, ainsi que leurs modalités de mise en œuvre, c'est-à-dire leur pondération ou leur hiérarchisation.

Ce n'est que s'ils présentent le caractère d'une simple aide à la décision, sans refléter d'attente particulière du pouvoir adjudicateur ni avoir, par eux-mêmes, une incidence sur l'élaboration et le choix des offres, que leur publication ou celle de leurs modalités de mise en œuvre n'est pas exigée.

À RETENIR

Les sous-critères ne sont pas nécessairement portés à la connaissance des candidats lorsqu'ils ne font que refléter les éléments constitutifs des règles de l'art. Toutefois, le risque contentieux est suffisamment élevé sur ce seul point pour que les acheteurs publics, s'ils en utilisent, prennent la précaution de les publier systématiquement, ainsi que leur pondération.

APPLICATION

L'absence de pondération des sous-critères ne peut se justifier au motif que la pondération retenue est la même pour chacun d'eux. Par exemple, un acheteur ne peut s'abstenir de pondérer quatre sous-critères au motif que cette pondération est de 25 % chacun. Cette pondération est possible, mais encore faut-il que les soumissionnaires la connaissent, sans avoir à se livrer à des suppositions aléatoires par déduction.

Le tableau 36.2 résume les principaux changements concernant les critères d'attribution.

Tab. 36.2 Concordance ancienne et nouvelle réglementation

Nouvelles références	Anciennes références	Objet et apports essentiels
Art. 52 O. 2016 – art. 62 et 63 D. 2016	Art. 53 CMP	Régime des critères d'attribution. Communication aux candidats dans les documents de la consultation et non plus obligatoirement dans l'avis de publicité. Élargissement du lien avec les conditions d'exécution du marché. Prise en compte de facteurs fondés sur le cycle de vie des prestations faisant l'objet du marché pour comparer les offres. Élargissement du critère unique du prix au coût global de l'offre.
CMP : Code des marchés publics 2006 O. 2015 : Ordonnance n° 2015-899 relative aux marchés publics D. 2016 : Décret n° 2016-360 relatif aux marchés publics		

Préinformation 37

Références : *art. 41 de l'ordonnance n° 2015-899 – art. 31, 32 et 36 du décret n° 2016-360*

La préinformation permet aux opérateurs économiques intéressés de connaître l'intention du pouvoir adjudicateur de passer un marché ou un accord-cadre et de s'y préparer. Elle joue un rôle important dans l'élargissement de la concurrence en permettant d'alerter les opérateurs économiques d'un projet de marché que l'acheteur entend conclure dans un avenir proche.

À RETENIR

L'avis de préinformation est le terme applicable aux pouvoirs adjudicateurs. Les entités adjudicatrices publient des « avis périodiques indicatifs » (voir ci-dessous).

Un avis de préinformation est un avis de publicité par lequel le pouvoir adjudicateur alerte les opérateurs économiques de son intention de lancer un marché, mais ne le lance pas encore. De cette manière, il leur permet de préparer, à l'avance, leurs dossiers de réponse. Il constitue un outil de publicité qui, à ce titre, est destiné à susciter la plus large concurrence.

L'intérêt pour l'acheteur est triple :
– il prépare et maximise la concurrence : des délais plus longs laissés aux opérateurs économiques leur permettent, notamment, de préparer les partenariats et les contrats induits par le marché, tels que les accords de cotraitance ou de sous-traitance ;
– il lui permet de gagner du temps, en informant les opérateurs économiques avant la fin de la préparation de sa procédure ;
– la publication d'un avis de préinformation permet, lorsque les conditions exigées sont satisfaites (voir § 37.2.1), de réduire le délai de remise des candidatures et des offres à 15 jours en procédure d'appel d'offres ouvert, le délai de remise des offres à 10 jours en procédure d'appel d'offres restreint et en procédure concurrentielle avec négociation (voir § 41.1.6).

À RETENIR

L'avis de préinformation doit, pour remplir son rôle, contenir un maximum d'informations utiles, les mêmes que celles qu'il convient de faire figurer dans l'avis d'appel public à la concurrence, si ces informations sont connues. Si la publication de l'avis d'appel public à la concurrence suppose que toutes les pièces du dossier de la consultation soient finalisées, puisque les candidats pourront immédiatement soit, le consulter sur le profil d'acheteur, soit en demander la communication au pouvoir adjudicateur, la publication de l'avis de préinformation peut, en revanche, avoir lieu avant la finalisation de la rédaction des certains éléments du dossier de la consultation, tels que les cahiers des charges. Elle permet de faire gagner du temps aux candidats sans ralentir le processus d'achat.

La publication d'un avis de préinformation est facultative. Elle n'est exigée que si le pouvoir adjudicateur entend bénéficier de la réduction du délai de réception des offres. Son cadre d'emploi est élargi et augmente son importance dans la procédure, en particulier lorsqu'il est utilisé en lieu et place de l'avis de marché.

APPLICATION

L'avis de préinformation est en pratique très peu utilisé par les pouvoirs adjudicateurs. Il constitue pourtant un outil simple d'utilisation à ne pas négliger.

37.1 Support de la publication

L'avis de préinformation est nécessairement publié :
– soit au *Journal officiel de l'Union européenne* (*JOUE*) ;
– soit sur le profil d'acheteur du pouvoir adjudicateur. Dans ce cas, le pouvoir adjudicateur doit avoir préalablement adressé, pour publication, à l'organisme européen compétent, l'Office des publications officielles de l'Union européenne, un avis annonçant la publication de l'avis de préinformation sur le profil d'acheteur.

À RETENIR

Le profil d'acheteur est la plateforme de dématérialisation permettant notamment aux acheteurs de mettre les documents de la consultation à disposition des opérateurs économiques par voie électronique et de réceptionner par voie électronique les documents transmis par les candidats et les soumissionnaires. C'est le portail internet utilisé par le pouvoir adjudicateur pour ses achats. Il ne s'agit pas du site internet de la collectivité, mais d'un site garantissant, notamment, la sécurité et la traçabilité des échanges, de manière à permettre, par exemple, le dépôt des dossiers de candidatures et d'offres. En pratique, il s'agit des plates-formes dématérialisées d'achat public, telles que la plate-forme des achats de l'État (Place). Sur les profils d'acheteur, voir § 37.1 et suivants.

Les avis sont conformes aux modèles d'avis mis en ligne sur le site de l'office des publications de l'Union européenne (http://simap.ted.europa.eu/web/simap/home) :
– le formulaire standard 1 en cas de publication de l'avis de préinformation au *Journal officiel de l'Union européenne* ;
– le formulaire standard 8 en cas de publication de l'avis de préinformation sur le profil d'acheteur du pouvoir adjudicateur.

À RETENIR

S'il retient cette dernière solution, l'acheteur envoie au préalable à l'Office des publications officielles de l'Union européenne un avis annonçant la publication. La date mentionnée sur l'avis publié sur le profil d'acheteur est la date de cet envoi.

La publication de ces avis par l'Office des publications officielles de l'Union européenne est gratuite.

37.2 Régime de l'avis de préinformation

L'emploi, selon les modalités requises, de l'avis de préinformation, autorise l'acheteur à réduire les délais minimaux de remise des offres. Par ailleurs, l'avis peut, à certaines conditions, se substituer à l'avis de marché, les opérateurs qui ont manifesté leur intérêt pour la procédure sont invités par l'acheteur à confirmer cet intérêt.

37.2.1 Régime de la réduction des délais de procédure

Le pouvoir adjudicateur peut bénéficier de la réduction des délais de réception des offres dans le cadre de la procédure d'appel d'offres, ouverte ou restreinte, et dans celle de la procédure concurrentielle avec négociation, à la condition que la publication de l'avis réponde aux conditions suivantes :
– cet avis a été envoyé à la publication 35 jours au moins et 12 mois au plus avant la date d'envoi de l'avis de marché ;
– il contient les mêmes renseignements que ceux qui figurent dans l'avis d'appel public à la concurrence, pour autant que ces renseignements soient disponibles au moment de l'envoi de l'avis de préinformation.

À RETENIR

La condition du montant minimal de l'achat pour pouvoir utiliser cette faculté, qui était de 750 000 €pour les fournitures ou les services, ou 5 000 000 € pour les travaux, a été abandonnée. Cette condition n'était d'ailleurs pas applicable aux marchés de défense ou de sécurité.

La vigilance des opérateurs économiques est regardée comme ayant été éveillée par l'avis de préinformation. Mais cette vigilance ne saurait être durable au-delà du raisonnable : au-delà de 12 mois, l'avis de préinformation est caduc et ne peut justifier une réduction des délais de procédure.

Par ailleurs, afin de ne pas priver les opérateurs de la garantie d'un délai minimum de remise des candidatures et des offres, le délai minimal devant être respecté entre la date de publication de l'avis de préinformation et l'avis de marché est celui applicable à la procédure elle-même : 35 jours ou 30 jours.

L'objectif étant de permettre aux opérateurs économiques de préparer leurs offres, mais aussi leurs candidatures, en concluant les accords de sous-traitance ou de cotraitance requis pour soumissionner, la préinformation doit leur transmettre les informations leur permettant de le faire. Il contient, en particulier, tous les renseignements qui ont vocation à figurer, le moment venu, dans l'avis de marché, dès lors que ces informations sont connues.

Il devrait indiquer, en particulier, le montant prévisionnel des marchés ou des accords-cadres en cause, ou les caractéristiques essentielles des marchés envisagés.

APPLICATION

Un opérateur qui souhaite avoir recours à des sous-traitants pour compléter sa candidature et soumissionner doit pouvoir négocier les prix avec son partenaire, voire organiser, lui-même, une mise en concurrence. Comme pour lui-même, il a besoin, pour ce faire, d'avoir une idée du volume ou du montant estimé des prestations qui feront l'objet du marché, de manière à informer ses partenaires des économies d'échelle ou des gains de productivité qu'ils seront à même de réaliser.

À RETENIR

Le régime s'est simplifié, les conditions minimales requises sont moins lourdes qu'antérieurement. Il devrait en résulter une démocratisation de l'usage de la préinformation, qui est un outil efficace, gratuit et opérationnel pour élargir la concurrence et améliorer la qualité des offres.

Le régime de la réduction des délais de procédure pour préinformation est résumé dans le tableau 37.1.

37.2.2 Utilisation de l'avis de préinformation comme avis de marché

Le pouvoir adjudicateur peut utiliser l'avis de préinformation comme avis de marché. Cet avis n'est en principe pas publié sur le profil d'acheteur du pouvoir adjudicateur. Il dispose d'une période de validité de 12 mois, à la condition de respecter les trois séries de conditions suivantes.

D'abord, cette solution ne peut être utilisée que pour les deux procédures suivantes :
– appel d'offres restreint ;
– procédure concurrentielle avec négociation.

Ensuite, l'avis contient les mentions et respecte la condition de délai suivante :
– l'avis fait référence spécifiquement aux travaux, aux fournitures ou aux services qui feront l'objet du marché public à passer ;
– il mentionne que ce marché public sera passé selon une procédure d'appel d'offres restreint ou une procédure concurrentielle avec négociation sans publication ultérieure d'un avis d'appel à la concurrence et invite les opérateurs économiques intéressés à manifester leur intérêt ;
– il a été envoyé pour publication entre 35 jours et 12 mois avant la date d'envoi de l'invitation à confirmer l'intérêt.

Enfin, les autorités publiques centrales ne peuvent utiliser cette solution :

Tab. 37.1 Récapitulatif du régime de la réduction des délais de procédure pour préinformation

<table>
<tr><th>Procédure</th><th>Informations minimales à faire figurer dans l'avis</th><th>Informations qu'il est recommandé de faire figurer dans l'avis</th><th>Conditions de délais de publication</th><th>Délai minimal applicable à la procédure</th></tr>
<tr><td>Appel d'offres ouvert</td><td rowspan="3">Tous les renseignements qui ont vocation à figurer, le moment venu, dans l'avis de marché, dès lors que ces informations sont connues</td><td rowspan="3">Montant total estimé des marchés ou accords-cadres pour chacune des catégories de produits ou de services homogènes que le pouvoir adjudicateur envisage de passer au cours des douze prochains mois.
Caractéristiques essentielles des marchés de travaux projetés.</td><td>Délai minimal : 35 jours avant la publication de l'avis de marché
Délai maximal de validité : 12 mois</td><td>15 jours (candidatures et offres)</td></tr>
<tr><td>Appel d'offres restreint</td><td rowspan="2">Délai minimal : 30 jours avant la publication de l'avis de marché
Délai maximal de validité : 12 mois</td><td rowspan="2">10 jours (offres)</td></tr>
<tr><td>Procédure concurrentielle avec négociation</td></tr>
</table>

À RETENIR

Les administrations publiques centrales qui ne peuvent utiliser l'avis de préinformation comme avis de marché sont les suivantes :
– l'État ;
– les établissements publics de l'État autres que ceux ayant un caractère industriel et commercial, à l'exception des établissements publics de santé ;
– les autorités administratives indépendantes dotées de la personnalité juridique ;
– la caisse des dépôts et consignations ;
– l'ordre national de la Légion d'honneur ;
– l'Union des groupements d'achats publics (UGAP) ;
– la fondation Carnegie ;
– la fondation Singer-Polignac.

Une publication supplémentaire peut être réalisée sur un profil d'acheteur, à la condition :
– de ne pas avoir été publiée avant l'avis au *JOUE* ;
– de ne pas contenir davantage d'information que l'avis publié au *JOUE* ;
– de mentionner la date d'envoi pour publication de l'avis au *JOUE* ;

À RETENIR

Le pouvoir adjudicateur peut publier l'avis complémentaire dès lors qu'il a été avisé de la publication de l'avis européen par l'Office des publications de l'Union européenne. Il peut également à l'expiration d'un délai de 48 heures suivant la confirmation de la réception de l'avis par l'Office.

Le régime de l'utilisation de l'avis de préinformation comme avis de marché est résumé dans le tableau 37.2.

Au-delà de douze mois, l'avis de préinformation est caduc.

37.2.3 Invitation à confirmer l'intérêt

L'invitation à confirmer l'intérêt est l'invitation notifiée simultanément et par écrit à tous les opérateurs qui ont manifesté leur intérêt depuis la publication d'un avis de préinformation utilisé comme avis de marché. Elle est accompagnée des informations détaillées relative au marché, et contient, au minimum, les renseignements suivants :
– la nature et la quantité des prestations demandées, y compris celles qui relèvent d'éventuels marchés publics complémentaires et, si possible, une estimation du délai dans lequel l'acheteur décidera de recourir à ces marchés publics complémentaires. Dans le cas de marchés publics renouvelables, elle indique la nature, la quantité et, si possible, une estimation du délai dans lequel l'acheteur procèdera à la publication des avis d'appel à la concurrence ultérieurs pour le renouvellement des marchés publics ;
– la procédure utilisée, qui est soit l'appel d'offres restreint soit la procédure concurrentielle avec négociation ;

Tab. 37.2 Récapitulatif du régime de l'utilisation de l'avis de préinformation comme avis de marché

Procédure	Informations minimales à faire figurer dans l'avis	Informations qu'il est recommandé de faire figurer dans l'avis	Conditions de délais de publication	Délai minimal applicable à la procédure
Appel d'offres restreint ***Procédure concurrentielle avec négociation***	Tous les renseignements qui ont vocation à figurer, le moment venu, dans l'avis de marché, dès lors que ces informations sont connues Référence spécifique aux travaux, aux fournitures ou aux services qui feront l'objet du marché public à passer. Mention que ce marché public sera passé selon une procédure d'appel d'offres restreint ou une procédure concurrentielle avec négociation sans publication ultérieure d'un avis d'appel à la concurrence. Invitation des opérateurs économiques intéressés à manifester leur intérêt.	Montant total estimé des marchés ou accords-cadres pour chacune des catégories de produits ou de services homogènes que le pouvoir adjudicateur envisage de passer au cours des douze prochains mois. Caractéristiques essentielles des marchés de travaux projetés.	Délai minimal : 35 jours avant la publication de l'avis de marché Délai maximal de validité : 12 mois	10 jours (offres)

– le cas échéant, la date de commencement ou d'achèvement de l'exécution du marché public ;
– l'adresse du profil d'acheteur sur lequel les documents de la consultation sont mis à disposition des candidats. Lorsque les documents de la consultation ne sont pas mis à disposition sur un profil d'acheteur, pour l'un des motifs énoncés au II de l'article 41, ni par d'autres moyens, ils sont joints à l'invitation.
Dans les cas où l'accès électronique ne peut être proposé, l'invitation indique l'adresse et la date limite pour le dépôt des demandes visant à obtenir les documents de la consultation, ainsi que la ou les langues autorisées pour leur présentation :
– l'identification et l'adresse du service qui passe le marché public ;
– les informations relatives aux capacités professionnelles, techniques et financières exigées des candidats ;
– la forme du marché public faisant l'objet de l'invitation à confirmer l'intérêt : achat, crédit-bail, location ou location-vente ou plusieurs de ces formes ;
– les critères d'attribution ainsi que leur pondération ou leur hiérarchisation, si ces renseignements ne figurent pas dans l'avis de préinformation ou dans l'avis périodique indicatif.

À RETENIR

L'invitation à confirmer l'intérêt doit être la plus précise possible.

37.3 Régime propre aux secteurs spéciaux

Dans les secteurs de l'eau, de l'énergie, des transports et des services postaux, l'avis de préinformation, dénommé « avis périodique indicatif », peut, à certaines conditions, constituer un avis de marché.

Pour l'essentiel, l'avis périodique indicatif répond au même régime que l'avis de préinformation, et son usage est complété par l'invitation à confirmer l'intérêt. Il présente, au surplus, les spécificités suivantes :
– les autorités publiques centrales (voir § 37.2.2) peuvent utiliser l'avis périodique indicatif en tant qu'avis de marché lorsqu'elles agissent en tant qu'entité adjudicatrice ;
– cette solution peut être utilisée dans le cadre de la procédure d'appel d'offres restreint ou de la procédure négociée avec publicité et mise en concurrence préalable, qui est la procédure négociée applicable aux entités adjudicatrices ;
– les entités adjudicatrices communiquent aux opérateurs économiques qui le demandent les spécifications techniques habituellement utilisées pour des marchés ou accords-cadres ayant le même objet que celui pour lequel l'avis est publié.

Pour l'application de cette dernière hypothèse, ces spécifications techniques sont mises à disposition sur le profil d'acheteur, de l'entité adjudicatrice ou par référence à ces documents si ces derniers sont gratuitement disponibles sur internet. D'autres moyens peuvent être utilisés si un accès gratuit, direct, complet et sans restriction n'est pas possible ou pas souhaité pour des raisons de protection des informations.

La figure 37.1 synthétise le régime de la préinformation pour la réduction des délais de procédure formalisée.

Le tableau 37.3 résume les principaux changements concernant les critères d'attribution.

Tab. 37.3 Concordance ancienne et nouvelle réglementation

Nouvelles références	Anciennes références	Objet et apports essentiels
Art. 41 O. 2015	Art. 40 CMP	Principe de la publicité.
Art. 31 et 32 D. 2016	Art. 39 et 149 CMP	Régime de l'avis de préinformation, définition du profil d'acheteur. Abandon de la condition de seuil pour autoriser la réduction des délais de procédure, extension de cette faculté à la procédure concurrentielle avec négociation, possibilité d'utiliser l'avis de préinformation en tant qu'avis de marché.
Art. 37 D. 2016	–	Régime nouveau de la confirmation à confirmer l'intérêt, utilisable lorsque l'avis de préinformation ou l'avis périodique indicatif est utilisé comme avis de marché.

CMP : Code des marchés publics 2006
O. 2015 : Ordonnance n° 2015-899 relative aux marchés publics
D. 2016 : Décret n° 2016-360 relatif aux marchés publics

Fournitures ou services	Travaux

Contenu minimal

Toutes les informations disponibles ayant vocation à figurer dans l'avis de marché.

Contenu recommandé (Fournitures ou services)	**Contenu recommandé** (Travaux)
Montant total estimé des marchés ou accords cadres envisagés pour chacune des catégories de produits ou de services homogènes que le pouvoir adjudicateur envisage de passer au cours des 12 mois à venir.	Caractéristiques essentielles des marchés projetés pour la réalisation de l'opération de travaux.

Conditions de délai

Envoyé à la publication au plus tôt 35 jours en appel d'offres ouvert, 30 jours en appel d'offres restreint ou en procédure concurrentielle avec négociation, au plus tard 12 mois avant la publication de l'avis de marché.

Support de publication

- au Journal officiel de l'Union européenne (formulaire standard 1) ;

ou

- sur le profil d'acheteur, sous réserve d'avoir adressé un avis annonçant cette publication à l'office des publications officielles de l'Union européenne (formulaire standard 8).

L'avis est conforme au modèle mis en ligne par l'Union européenne : (http://simap.ted.europa.eu/web/simap/home).

Réductions des délais de remise des offres

(seulement pour les appels d'offres ouverts et restreint et la procédure concurrentielle avec négociation. Pas de réduction en dialogue compétitif)

Appel d'offres ouvert	**Appel d'offres restreint et procédure concurrentielle avec négociation**
Le délai ouvert pour la réception des candidatures et des offres peut être de 15 jours au lieu de 35 jours.	Le délai ouvert pour la réception des offres peut être de 10 jours au lieu de 30 jours. Pas de réduction de délai pour la réception des candidatures (qui reste de 30 jours).

Fig. 37.1. Régime de la préinformation pour la réduction des délais de procédure formalisée

38 Publicité

Références : *art. 41 de l'ordonnance n° 2015-899 – 31, 33, 34, 35, 36 et 39 du décret n° 2016-360*

La publicité est une étape essentielle qui marque le lancement de la procédure de passation d'un marché public ou d'un accord-cadre (voir § 40.2). Elle ne s'impose pas toujours et son régime varie avec le montant du marché. En tant qu'elle conditionne le respect des principes fondamentaux de la commande publique et qu'elle n'est pas régularisable, la méconnaissance des règles de publicité est susceptible d'entraîner l'irrégularité de l'ensemble de la procédure ou l'annulation du marché.

Tous les acheteurs, et tous les marchés sont concernés. Les acheteurs procèdent à des mesures de publicité selon les modalités qu'exigent l'objet du marché ou la valeur estimée hors taxe du besoin afin de susciter la plus large concurrence.

38.1 Acheteurs concernés

Un régime de la publicité particulier est applicable aux acheteurs suivants :
– l'État et ses établissements publics n'ayant pas un caractère industriel ou commercial ;
– les collectivités territoriales et leurs établissements publics.

À RETENIR

Ces acheteurs étaient ceux auxquels était applicable le code des marchés publics. Comme pour les prix (cf. chapitre 9), la réglementation n'a pas étendu le régime de la publicité fixé par le code des marchés publics aux autres acheteurs.

Pour les autres acheteurs, parmi lesquels les établissements publics de l'État à caractère industriels ou commercial, le régime est plus souple.

38.2 Obligations de publicité

Les obligations de publicité varient avec le montant estimé du marché et la nature des pouvoirs adjudicateurs. Quelles que soient, toutefois, les obligations formellement prévues par les textes, le pouvoir adjudicateur doit veiller au respect des principes généraux du droit de la commande publique (cf. chapitre 1).

La publication d'un avis d'appel public à la concurrence est obligatoire lorsque le montant estimé du marché atteint 90 000 euros HT. La publicité est, alors, nationale et l'avis est également mis en ligne sur le profil d'acheteur du pouvoir adjudicateur. La publicité est européenne dès lors qu'est atteint le seuil de mise en œuvre des procédures formalisées.

Tab. 38.1. Tableau récapitulatif des obligations de publicité selon le montant du marché

Montant estimé du marché (HT)	**Acheteur**	**Nature de l'obligation**	**Support**
Moins de 25 000 €	Tous	Aucune obligation de publicité	Libre : – voie de presse ; – voie électronique sur le profil d'acheteur ou sur un autre site ; – affichage ; – autres moyens
Moins de 90 000 €	Tous	Publicité adaptée au montant ou à l'objet, la nature, la complexité du marché et au degré de concurrence entre les opérateurs économiques	Libre : – voie de presse ; – voie électronique sur le profil d'acheteur ou sur un autre site ; – affichage ; – autres moyens
De 90 000 au seuil de procédure formalisée	État, établissements publics autres qu'industriels ou commercial Collectivités territoriales et établissements publics locaux	Publicité nationale obligatoire sur deux supports nationaux	Supports obligatoires (2) : – *Bulletin officiel des annonces de marchés publics* (*BOAMP*) ou journal d'annonces légales (JAL) ; – profil d'acheteur. Publicité facultative : – revue spécialisée dans le secteur économique concerné ; – autres supports
	Autres	Publicité adaptée au montant ou à l'objet, la nature, la complexité du marché et au degré de concurrence entre les opérateurs économiques	Libre : – voie de presse ; – voie électronique sur le profil d'acheteur ou sur un autre site ; – affichage ; – autres moyens.
À partir du seuil de procédure formalisée		Publicité européenne obligatoire sur trois supports, européen et nationaux, usage des modèles d'avis européens	Supports obligatoires (3) : – *Journal officiel de l'Union européenne* (*JOUE*) ; – *Bulletin officiel des annonces de marchés publics* (*BOAMP*) ; – profil d'acheteur ; Publicité facultative : – journal d'annonces légales (JAL) ; – revue spécialisée dans le secteur économique concerné ; – autres supports.
	Autres	Publicité européenne obligatoire	Supports obligatoires (2) : – *Journal officiel de l'Union européenne* (*JOUE*) ; – profil d'acheteur ; Publicité facultative : – *Bulletin officiel des annonces de marchés publics* (*BOAMP*) ; – journal d'annonces légales (JAL) ; – revue spécialisée dans le secteur économique concerné ; – autres supports.

Le tableau 38.1 récapitule les obligations de publicité selon le montant du marché, hors services sociaux (voir ci-dessous).

38.2.1 Montant inférieur au seuil de dispense de procédure

Les marchés dont le montant n'atteint pas le seuil de dispense de procédure (voir § 16.1, § 17.1 et suivants) ne sont, en toute logique, soumis à aucune obligation de publicité.

38.2.2 Montant compris entre le seuil de dispense de procédure et 90 000 € HT

Le montant du marché ne justifie pas toujours la publication d'un avis de publicité. Le pouvoir adjudicateur est, toutefois, tenu au respect des principes généraux du droit de la commande publique, qui implique, le plus souvent, une mise en concurrence et des mesures de publicité.

À RETENIR

Le coût de la publication par voie de presse d'un avis de publicité des marchés de moins de 90 000 euros HT est estimé entre 80 et 100 € HT par publication. Il est de 90 € HT sur le BOAMP. Certains profils d'acheteur en proposent toutefois la publication gratuitement.

La publicité est facultative, mais adaptée au montant ou à l'objet, la nature, la complexité du marché et au degré de concurrence entre les opérateurs économiques dans le secteur économique concerné. Elle prend en compte le coût de la publication au regard du montant du marché en cause. En fonction de ces éléments, l'acheteur public est libre de retenir une ou plusieurs solutions :
– une publication par voie de presse, au *Bulletin officiel des annonces de marchés publics* (BOAMP), dans un journal d'annonces légales (JAL) ou dans une revue spécialisée dans le secteur économique concerné ;
– une publication par voie électronique sur le profil d'acheteur ou sur un autre site internet ;
– l'affichage ;
– d'autres moyens, tels que la radiodiffusion sonore.

Dans certains cas, l'adaptation de la procédure au montant ou à l'objet et aux caractéristiques du marché ou de son contexte permet de se dispenser de toute publicité. Cette situation s'apprécie au cas par cas.

APPLICATION

Une région passe un marché de maîtrise d'œuvre réservé à des architectes programmistes pour un montant estimé à 30 000 euros HT, dans le cadre duquel elle exige des candidats de justifier d'une qualification particulière, il ne peut s'agir que de programmistes, et une expérience significative sur des prestations comparables réalisées dans le cadre de projets d'importance nationale. La publicité doit être nationale, tant au regard des références exigées que du faible niveau de concurrence constaté au niveau local. La région doit publier un avis de publicité au BOAMP ou, dans une revue spécialisée dans le secteur économique concerné dont la diffusion est nationale et, suffisante, en l'espèce le *Moniteur des travaux publics et du Bâtiment*.

38.2.3 Montant compris entre 90 000 € HT et les seuils de procédure formalisée

La réglementation impose des obligations spécifiques aux pouvoirs adjudicateurs mentionnés ci-dessus, l'acheteur pouvant ajouter l'une des solutions précédemment évoquées :
– la publication d'un avis au *Bulletin officiel des annonces de marchés publics* (BOAMP) ou dans un Journal d'annonces légales (JAL) ;
– la publication de l'avis sur leur profil d'acheteur, avec les autres documents de la consultation.

Les autres acheteurs ne sont pas soumis à des obligations formelles de publicité, mais doivent s'assurer du respect des principes généraux du droit de la commande publique. C'est pourquoi, en pratique, des mesures de publicité semblent incontournables.

L'acheteur public apprécie en outre si la publication d'un avis dans une « revue spécialisée dans le secteur économique concerné », compte tenu de l'objet, des caractéristiques et du montant du marché en cause, ainsi que de l'état de la concurrence dans le secteur économique concerné. D'autres mesures de publicité complémentaires sont toujours possibles.

À RETENIR

Le coût de la publication d'un avis de publicité pour un marché dont le montant est compris entre 90 000 € HT et les seuils de procédures formalisées est estimé entre 600 et 900 € HT, mais ce coût pourrait baisser, les avis n'ayant plus à respecter un modèle obligatoire.

38.2.4 Montant atteignant les seuils de procédure formalisée

Des obligations particulières de publicité découlent en partie des directives européennes, auxquelles l'acheteur peut également ajouter d'autres mesures s'il l'estime nécessaire.

Les acheteurs mentionnés ci-dessus sont soumis à l'obligation de publier leur avis sur trois supports :
– la publication d'un avis au *Journal officiel de l'Union européenne* (*JOUE*) ;
– la publication d'un avis au *Bulletin officiel des annonces de marchés publics* (*BOAMP*) ;
– la publication d'un avis sur leur profil d'acheteur, avec les autres documents de la consultation.

Les autres acheteurs sont soumis à l'obligation de publier leur avis sur deux supports :
– la publication d'un avis au *Journal officiel de l'Union européenne* (*JOUE*) ;
– la publication d'un avis sur leur profil d'acheteur, avec les autres documents de la consultation.

À RETENIR

Le coût de la publication d'un avis de publicité sur un support national pour un marché atteignant les seuils des procédures formalisées est estimé entre 800 et 1 000 € HT. Cette publication est gratuite sur le site du JOUE.
La publicité européenne permet à l'ensemble des opérateurs économiques relevant de tous les États signataires de l'Accord sur les marchés publics de participer à la procédure, lorsque le marché est couvert par le champ d'application de cet accord. Au-delà de la publicité européenne, il s'agit donc d'une publicité mondiale.

Les avis sont transmis au *JOUE* par voie électronique. Les publications nationales ne peuvent avoir lieu avant la publication de l'avis européen et ne peuvent contenir davantage de renseignements. Elles mentionnent la date de l'envoi, l'acheteur conservant la preuve de la date d'envoi de ces avis.

À RETENIR

La publicité nationale peut néanmoins avoir lieu lorsque l'acheteur n'a pas été avisé de la publication au *JOUE* dans les 48 heures suivant la confirmation de la réception de l'avis par l'Office des publications de l'Union européenne.

D'autres mesures de publicité complémentaires sont toujours possibles.

38.2.5 Rectifications ou compléments d'information

Il est toujours possible, jusqu'à l'expiration du délai de remise des candidatures ou des offres, de corriger ou compléter l'avis de publicité ou le dossier de la consultation. Dans cette hypothèse, le pouvoir adjudicateur doit proroger ce délai dès lors que la correction ou le complément a un impact sur les candidatures ou l'élaboration des offres. Plus l'impact est significatif, plus la prorogation est importante. Dans certains cas, il peut être nécessaire de relancer le délai dans sa totalité.

APPLICATION

La modification des critères d'attribution ou de leur pondération a un impact significatif sur les candidatures et les offres.

38.3 Régime applicable à certains marchés de services sociaux ou spécifiques

Les marchés de services sociaux et relatifs à certains services spécifiques sont soumis à un formalisme allégé (voir § 29.1). Les obligations de publicité qui leur sont applicables sont les suivantes :
– lorsque le montant estimé du marché atteint le seuil de procédure européen : publication d'un avis au *Journal officiel de l'Union européenne* (*JOUE*) ;
– lorsque le montant estimé du marché est inférieur au seuil de procédure européen : libre choix des modalités de publicité, en fonction des caractéristiques du marché, s'agissant notamment du montant et des caractéristiques des prestations.

À RETENIR

Ce seuil est de 750 000 € HT pour les pouvoirs adjudicateurs, 1 000 000 € HT pour les entités adjudicatrices.

38.4 Avis de publicité

L'usage des modèles européens d'avis de publicité est obligatoire dès lors que le montant estimé du marché atteint les seuils des procédures formalisées.

À RETENIR

On parle d'« avis de marché » est la désignation, d'origine européenne, pour désigner l'avis de publicité initiale, celle qui caractérise le lancement de la procédure. L'expression est synonyme de celle d'« avis d'appel public à la concurrence », qui n'est plus utilisée. L'expression « avis de publicité » concerne les avis de marchés, mais peut aussi renvoyer à un autre stade de la procédure prévoyant une mesure de publicité, comme la publication des avis d'attribution (voir § 58.1 et suivants) ou celle des avis de modification (voir § 70.3.3) du marché.

En pratique, cette question a peu d'importance pour les acheteurs. Les supports de publicité obligatoirement utilisés par les pouvoirs adjudicateurs sont nécessairement dématérialisés et sont paramétrés, ils intègrent spontanément le modèle d'avis.

La liste des modèles d'avis de publicité européens est la suivante (tab. 38.2).

Les mentions obligatoires des modèles d'avis de publicité sont paramétrées sur les supports électroniques utilisés. Ces avis présentent la structure suivante.

À RETENIR

Les modèles d'avis de publicité, ainsi que des notices permettant d'en faciliter l'utilisation, sont téléchargeables à l'adresse suivante : http://www.economie.gouv.fr/daj/formulaires, rubrique « Formulaires Marchés pubilcs ».

Tab. 38.2. Liste des modèles d'avis de publicité européens

Avis	Chapitre
Avis de préinformation	37
Avis de marché	38
Avis d'attribution de marché	58
Avis périodique indicatif – secteurs spéciaux	37
Avis de marché – secteurs spéciaux	38
Avis d'attribution de marchés – secteurs spéciaux	58
Système de qualification – secteurs spéciaux	–
Avis sur un profil d'acheteur	38
Avis de concours	25
Résultats de concours	25
Avis d'information complémentaire, avis d'information sur une procédure incomplète ou avis rectificatif	38
Avis en cas de transparence ex ante volontaire	53
Avis de préinformation pour les marchés dans le domaine de la défense et de la sécurité	37
Avis de marché pour les marchés dans le domaine de la défense et de la sécurité	38
Avis d'attribution pour les marchés dans le domaine de la défense et de la sécurité	58
Avis de modification	70
Services sociaux et autres services spécifiques – marchés publics	29
Services sociaux et autres services spécifiques – secteurs spéciaux	29
Services sociaux et autres services spécifiques – concessions	2
Avis de concessions	2
Avis d'attribution de concession	2

Les avis de marché européens sont structurés de la manière suivante (tab. 38.3).

Tab. 38.3. Structure des avis de marché européens

Section	Observations
I. Pouvoir adjudicateur	Identification et coordonnées du pouvoir adjudicateur. Mention du caractère conjoint de la procédure et des caractéristiques de la communication du dossier de la consultation.
II. Objet	Informations essentielles sur l'objet et les caractéristiques principales du marché ou de l'accord-cadre, ainsi que sur l'identification de la nature des prestations, les critères, la durée du marché, les variantes ou les options.
III. Renseignements d'ordre juridique, économique, financier et technique	Informations relatives au contrat et aux conditions de participation des candidats.
IV. Procédure	Informations sur la procédure d'attribution mise en œuvre, les critères d'attribution, la date limite de présentation des candidatures et des offres, le délai de validité de l'offre…
V. Attribution	Ces informations ne sont disponibles qu'aux termes de la procédure, elles ne figurent pas dans l'avis de marché qui lance la procédure.
VI. Renseignements complémentaires	Autres informations, parmi lesquelles celles sur les échanges électroniques, celles que le pouvoir adjudicateur souhaite communiquer aux candidats et qui ne font l'objet d'aucune rubrique et, celles relatives aux voies de recours juridictionnelles.

Lorsque le montant du marché n'atteint pas les seuils de procédure formalisée, l'acheteur n'est tenu par aucun modèle. Son avis de publicité doit, toutefois, comporter les éléments suffisants pour être efficace. Il est important, en particulier, d'y faire figurer les mentions suivantes (tab. 38.4).

Tab. 38.4. Mentions essentielles devant figurer dans l'avis d'appel public à la concurrence

Mention	Observations
Type de marché	Fournitures, services ou travaux.
Identification et coordonnées du pouvoir adjudicateur	Information essentielle.
Objet du marché	Information essentielle.
Procédure appliquée	Indique le régime applicable à la procédure.
Caractéristiques principales du marché	Détermine le périmètre de la mise en concurrence, comporte notamment des informations tenant à la durée du marché et la date prévisionnelle de commencement d'exécution des prestations, ainsi que d'autres informations
Documents à produire par les candidats	Le cas échéant, renvoi au règlement de la consultation
Critères de sélection des candidatures ou niveaux minimaux de capacités exigés des candidats	Le cas échéant.
Critères d'attribution	Le cas échéant, renvoi au règlement de la consultation
Date limite de réception des candidatures et des offres	Information essentielle.
Délai de validité des offres	Informe le candidat sur la portée de son engagement.
Adresse à laquelle peut être obtenu le dossier de la consultation	En général, l'adresse du profil d'acheteur sur lequel le dossier peut être téléchargé.
Date d'envoi de l'avis à la publication	Indique la date à laquelle commence à courir le délai de remise des candidatures et des offres.

38.5 Supports de publicité

38.5.1 *Journal officiel de l'Union européenne (JOUE)*

Le *Journal officiel de l'Union européenne* accueille gratuitement les avis de publicité mis en ligne dans le cadre des procédures formalisées, nécessairement européennes.

Son accès, entièrement dématérialisé, se fait par des passerelles aménagées depuis le site du BOAMP ou des profils d'acheteur.

38.5.2 *Bulletin officiel des annonces de marchés publics (BOAMP)*

Le Bulletin officiel des annonces de marchés publics est un service, payant, de la Direction de l'information légale et administrative (DILA), qui relève des services du Premier ministre et, dont les recettes servent à financer la publication du Journal officiel de la République française.

Un moteur de recherches et un service d'abonnement permettent aux opérateurs économiques de rechercher les annonces de marché.

À RETENIR

Le BOAMP est accessible à l'adresse suivante : www.boamp.fr.

38.5.3 Journaux d'annonces légales (JAL)

Les journaux d'annonces légales sont désignés par le préfet, dans chaque département. Leur liste est accessible depuis les portails des préfectures ou, très facilement, depuis les moteurs de recherche internet. Il s'agit, pour l'essentiel, des titres de la presse quotidienne régionale ou de publications à caractère juridique.

La publication est dématérialisée et payante. La diffusion papier est limitée à un territoire limité, mais les annonces sont également accessibles par voie électronique, sur internet.

Un moteur de recherche et un service d'abonnement permettent aux opérateurs économiques de rechercher les annonces de marché.

À RETENIR

Les titres de la presse quotidienne régionale ont regroupé leurs services d'annonces de marché sur un portail internet, ce qui leur permet de garantir une diffusion nationale et en temps réel à l'ensemble des annonces qu'ils publient. Ce portail est accessible à l'adresse suivante : www.francemarches.com.

38.5.4 Profil d'acheteur

Le profil d'acheteur est le portail internet utilisé par le pouvoir adjudicateur pour ses achats. C'est la plateforme de dématérialisation permettant notamment aux acheteurs de mettre les documents de la consultation à disposition des opérateurs économiques par voie électronique et de réceptionner par voie électronique les documents transmis par les candidats et les soumissionnaires.

Les profils d'acheteur doivent donc présenter les fonctionnalités minimales suivantes :
– mise en ligne des avis de publicité ;
– mise en ligne du dossier de la consultation, en accès libre, direct et complet ;
– réception des dossiers de candidatures et d'offres de manière sécurisée dans des conditions garantissant leur confidentialité et la traçabilité de la procédure ;
– permettre les échanges entre le pouvoir adjudicateur et les candidats dans des conditions garantissant leur égalité de traitement.

APPLICATION

Le profil d'acheteur permet d'assurer la diffusion des réponses apportées par le pouvoir adjudicateur aux questions posées par les candidats dans le cadre de la procédure, ainsi que la notification des décisions d'attribution des marchés aux candidats non retenus.

Lorsqu'une signature est requise, leur utilisation nécessite la détention d'un certificat de signature électronique délivré par un tiers certificateur et permettant un niveau de sécurité compatible avec les exigences que l'État s'impose pour ses échanges électroniques, mentionnées dans le Référentiel général de sécurité (RGS).

En pratique, les profils d'acheteur proposent de nombreux autres services, tels que des informations sur les procédures d'attribution des marchés publics, un moteur de recherche ou un service d'abonnement permettant aux opérateurs économiques de sélectionner les annonces de marché.

La consultation et le téléchargement du dossier de la consultation peuvent être anonyme. Toutefois, les opérateurs économiques qui ne communiquent pas l'identité de la personne physique en charge du dossier ni l'adresse électronique à laquelle elle peut être jointe ne sont pas, évidemment, destinataires des informations que le pouvoir adjudicateur peut délivrer aux candidats, telle que la modification du dossier de la consultation ou les réponses qu'il apporte à leurs questions.

Le nombre des profils d'acheteur, publics ou privés, tend à se multiplier, ce qui pose la question de leur efficacité. Les opérateurs économiques doivent, pour obtenir une information complète, multiplier les consultations ou les abonnements sur de nombreux profils d'acheteurs. L'information est atomisée, ce qui la rend moins audible.

APPLICATION

Le profil d'acheteur interministériel de l'État est la Plate-forme des achats de l'État (PLACE), disponible à l'adresse suivante : https://www.marches-publics.gouv.fr. Pour les marchés de défense, il faut consulter la plate-forme dédiée, ixarm : http://www.ixarm.com. Les organismes de sécurité sociale utilisent la plate-forme Marchés électroniques des organismes de sécurité sociale (MEOSS) : http://meoss.achatpublic.com. Il est également possible de mentionner l'une de nombreuses plates-formes dédiées aux achats hospitaliers, Achat-hôpital (https://www.achat-hopital.com). Il existe de nombreux profils d'acheteurs privés, dont les plus utilisés sont Marchés On Line (www.marchesonline.com), Achatpublic.com (https://www.achatpublic.com) ou, Klekoon (www.klekoon.com).

38.5.5 Revue spécialisée dans le secteur économique concerné

La publicité, payante, réalisée dans les revues destinées à des professionnels présente un grand intérêt pour les acheteurs, elles leur permettent de faire circuler l'information de manière très efficace au sein du secteur économique qu'ils souhaitent toucher. À l'image de ces secteurs, il en existe un très grand nombre.

APPLICATION

Le Moniteur du bâtiment et des travaux publics, dans le secteur éponyme, tire chaque semaine à près de 54 000 exemplaires. Il permet la publication dématérialisée des annonces de marché à l'adresse suivante : http://www.lemoniteur.fr/publication-appel-offre.

38.5.6 Site internet du pouvoir adjudicateur

Les sites internet des pouvoirs adjudicateurs présentent peu d'intérêt en matière de diffusion d'annonces de marchés, en tant que leur fréquentation est très réduite. À ce titre, ils ne sont pas reconnus comme un support de publicité efficient et, leur usage doit être réservé à la publication d'avis de marchés locaux de très faible montant.

38.5.7 Affichage

L'affichage papier sur les bâtiments publics est anecdotique, il doit, lui aussi, être réservé à la publication d'avis de marchés locaux de très faible montant.

38.5.8 Autres supports de publicité

Il est possible d'imaginer d'autres supports de publicité, notamment dans les zones géographiques isolées et difficiles d'accès. La radiodiffusion, par exemple, est utilisée à Saint-Pierre-et-Miquelon. Leur utilisation, si elle est regardée comme marginale, peut avoir son utilité.

Le tableau 38.5 résume les principaux changements concernant la publicité.

Tab. 38.5 Concordance ancienne et nouvelle réglementation

Nouvelles références	Anciennes références	Objet et apports essentiels
Art. 41 O. 2015	Art. 40 CMP	Principe de la publicité.
Art. 31 D. 2016	Art. 39 CMP	Régime de l'avis de préinformation, définition du profil d'acheteur.
Art. 33 D. 2016	Art. 40 CMP	Obligations de publicité en procédure formalisée. Distinction entre types d'acheteurs.
Art. 34 D. 2016	Art. 40 CMP	Obligations de publicité en procédure adaptée. Distinction entre types d'acheteurs.
Art. 35 D. 2016	–	Obligations de publicité pour les marchés de services sociaux. Régime nouveau.
Art. 36 D. 2016	Art. 40 CMP	Modalités de publication des avis de marché.
Art. 39 D. 2016	Art. 56 CMP	Modalités de dématérialisation des documents et obligation de publier les avis sur un profil d'acheteur. Distinction entre types d'acheteurs.

CMP : Code des marchés publics 2006
O. 2015 : Ordonnance n° 2015-899 relative aux marchés publics
D. 2016 : Décret n° 2016-360 relatif aux marchés publics

39 Organes compétents

Références : *art. 33 et 101 de l'ordonnance n° 2015-899 – art. 89 et 91 du décret n° 2016-360 - art. L. 1411-5 et L. 1414-1 à 1414-4 CGCT*

Chaque pouvoir adjudicateur est libre de s'organiser comme il l'entend : la réglementation de la commande publique ne présente, aujourd'hui, que peu d'obligations en la matière.

39.1 Autorité chargée de la passation et de l'exécution des marchés

La désignation des personnes chargées des procédures d'attribution ou de l'exécution des marchés relève de la liberté d'organisation des pouvoirs adjudicateurs, dans la limite de la réglementation qui leur est propre.

De manière générale, l'autorité compétente est :
– le ministre pour les services centraux de l'État et, par délégation les directeurs d'administration centrales ;
– le préfet, le recteur, le trésorier-payeur général... pour les services déconcentrés de l'État ;
– l'autorité exécutive pour les collectivités territoriales ou les établissements publics (tab. 39.1).

Tab. 39.1. Présentation des organes de choix

	État	**Collectivités territoriales**	**Établissements publics**
Lancement de la procédure	libre	Exécutif local sur habilitation de l'assemblée délibérante	Selon statuts
Choix de l'attributaire	libre	CAO	Selon statuts
Signature du marché	libre	Exécutif local sur habilitation de l'assemblée délibérante	Selon statuts

À RETENIR

Les textes mentionnent simplement l'acheteur lorsque la règle est commune, sinon le pouvoir adjudicateur ou l'entité adjudicatrice. Il s'agit en pratique de son représentant, dûment compétent, pour prendre les décisions en cause. Ce peut être une personne différente, selon le rôle qui leur est dévolu : les personnes publiques s'organisent librement, dans le cadre des textes qui les régissent. Ces textes, en particulier, attribuent un rôle particulier à la commission d'appel d'offres et à l'assemblée délibérante pour les acheteurs locaux.

L'autorité chargée de la passation et de l'exécution des marchés publics a un rôle exclusivement administratif et fonctionnel.

APPLICATION

Un bureau ou un service chargé des achats se verra confier la responsabilité de la procédure, un autre celle de l'exécution, tandis que les marchés seront signés, sur délégation, par un sous-directeur ou un directeur, selon son importance ou son montant.

39.2 La commission d'appel d'offres

Les collectivités territoriales et les établissements publics locaux doivent mettre en place une commission d'appel d'offres (CAO), dont la composition est le reflet, à la représentation proportionnelle, de celle de l'assemblée délibérante de la collectivité, dont elle est l'émanation. Ainsi, les élus d'opposition sont systématiquement associés aux décisions de ces commissions et informés des conditions d'attribution des plus gros marchés publics.

À RETENIR

Le rôle des commissions d'appel d'offres est d'autant plus important que le chef de l'exécutif local, selon le cas, le maire, le président du conseil départemental ou celui du conseil régional, peut obtenir de l'assemblée délibérante une délégation globale lui permettant de signer tous les marchés, quel qu'en soit le montant, durant toute la durée de son mandat.

La désignation des membres de la commission d'appel d'offres présente donc un caractère politique, d'où son importance : la commission d'appel d'offres est un élément de la démocratie locale.

Les autres acheteurs ne sont pas soumis à l'obligation de mettre en place une commission d'appel d'offres.

À RETENIR

Les établissements publics locaux sont soumis au même régime que les collectivités territoriales, à l'exception des établissements sociaux ou médico-sociaux, dont le régime est aligné sur ce point sur celui des établissements publics hospitaliers. Les services de l'État et ses établissements publics, parmi lesquels les établissements publics hospitaliers, n'ont pas l'obligation de réunir des commissions d'appel d'offres. En pratique, l'intervention de ces commissions reste fréquente, en raison du rôle prudentiel joué par la collégialité dans la mise en œuvre des procédures d'attribution de marchés publics. De telles commissions, quelle qu'en soit la dénomination, sont très souvent réunies dès lors que les montants des marchés deviennent importants.

39.2.1 Attributions

La commission d'appel d'offres est obligatoirement réunie dès lors que la procédure atteint les seuils de procédure européens, elle n'a pas un rôle consultatif mais décisionnaire.

Elle est ainsi susceptible d'intervenir pour les procédures formalisées, mais aussi pour les procédures adaptées qui atteignent ce montant, ce qui peut être le cas pour les marchés de services sociaux ou les services de représentation juridique (voir § 29.1).

À RETENIR

La commission d'appel d'offres est compétente dès lors que le montant estimé du marché atteint les seuils de procédure européens, et non plus lorsque la procédure est formalisée. Il en résulte qu'elle continue à se réunir pour attribuer les marchés passés sans publicité ni mise en concurrence préalables, qui ne sont plus des procédures formalisées. Il n'en va autrement qu'en cas d'urgence impérieuse (voir § 24.1 et suivants).

Par ailleurs, elle n'intervient plus que pour
- attribuer le marché ;
- donner un avis sur les avenants entraînant une augmentation globale du marché supérieure à 5 %.

À RETENIR

La modification du marché, si elle découle d'une clause de réexamen, ne prend plus nécessairement la forme d'un avenant (voir § 71.1). Dans ces conditions, le champ de cette compétence est désormais relativisé.

Ce sont, en effet, les services de l'acheteur qui, désormais, disposent d'une grande liberté d'action dans le cadre de la mise en œuvre de la procédure, y compris dans la conduite des négociations :
- déclarent le marché infructueux et choisissent la nouvelle procédure ;
- procèdent au rejet motivé des offres anormalement basses ;
- éliminent les candidats non admis à présenter une offre ;
- sélectionnent des candidats admis à présenter une offre dans le cas de l'appel d'offres restreint ;
- éliminent les offres inappropriées, irrégulières ou inacceptables ;
- négocient ;
- présentent l'analyse de l'examen des candidatures et des offres à la commission d'appel d'offres.

Il en résulte que la commission d'appel d'offres n'intervient plus qu'en fin de procédure. Elle dispose, certes, du pouvoir de rejeter l'analyse des services et d'en modifier les conclusions ainsi que de celui de valider la procédure. En pratique toutefois, le rôle qu'elle joue pourrait se limiter à celui d'une simple chambre d'enregistrement.

APPLICATION

Cette dérive est depuis longtemps ressentie et dénoncée par les élus locaux, qui expriment souvent un sentiment d'impuissance, malgré leur investissement, à changer quoi que ce soit au sens des décisions qui leurs sont proposées. Si, en droit, ce sentiment d'impuissance n'est pas justifié, il l'est parfaitement dans les faits, en raison de la technicité croissante des dossiers. Il incombe aux élus désireux de rompre avec cette situation de s'imposer dans le processus d'achat, en s'appuyant sur les potentialités que recèle désormais la réglementation. Celle-ci permet, en effet, de définir une politique d'achats qui soit un vecteur de politiques publiques, en matière d'emploi par exemple. Une politique publique, c'est bien l'affaire des élus. Il n'est pas interdit de réunir la commission d'appel d'offres en amont en la constituant en groupe de travail associant, notamment, le directeur général des services et les directeurs administratifs, techniques, ou des systèmes d'information, pour réfléchir et impulser une telle politique d'achats. Une fois validée, en tant que de besoin, par l'assemblée délibérante, elle s'imposera aux services qui en rendraient compte lors de l'attribution du marché et devrait se refléter dans la mise en œuvre des procédures. En d'autres termes, si le politique veut reprendre la main, il n'appartient qu'à lui de le faire.

39.2.2 Composition

La composition des commissions d'appel d'offres est constituée de deux collèges.

Le premier collège est composé d'élus ou de représentants de l'organe délibérant, qui ont voix délibérative :
– l'autorité exécutive, président de droit (maire, président de conseil général ou régional, président de l'établissement public local…) ;
– des élus locaux élus à la représentation proportionnelle au plus fort reste ou, s'il s'agit d'un établissement public local, de membres de l'organe délibérant de cet établissement élus en son sein ;
– des suppléants, désignés dans les mêmes conditions.

À RETENIR

La composition de la commission des collectivités territoriales compte cinq élus à la représentation proportionnelle au plus fort reste, en plus de son président, qui est le chef de l'exécutif ou son représentant. Toutefois, pour les communes de moins de 3 500 habitants, elle se compose du maire ou son représentant, président, et de trois membres du conseil municipal élus par le conseil à la représentation proportionnelle au plus fort reste.

Le deuxième collège est composé de membres à voix consultative dont la présence n'est pas systématique : il s'agit de personnalités ou d'un ou plusieurs agents de la collectivité territoriale ou de l'établissement public désignés par le président de la commission, en raison de leur compétence dans la matière qui fait l'objet de la consultation.

À RETENIR

Les personnalités désignées en raison de leur compétence dans la matière faisant l'objet de la consultation n'ont plus voix délibérative, ils ne sont donc plus comptés dans le quorum, ni dans la composition du jury (voir ci-dessous).

APPLICATION

Les personnalités peuvent être des membres du service technique de la collectivité ou d'un autre pouvoir adjudicateur. La présence des agents de l'acheteur n'a d'autre objet que de leur permettre de tenir le secrétariat des réunions, la commission étant, notamment, chargée de dresser un procès-verbal de toutes ses réunions et de procéder à un certain nombre de tâches matérielles, telles que la manipulation des documents.

Le représentant du service chargé de la concurrence, la Direction régionale des entreprises, de la concurrence, de la consommation, du travail et de l'emploi (Direccte) et le comptable public peuvent participer, avec voix consultative, aux délibérations lorsqu'ils y sont invités par le président.

APPLICATION

Les agents des services en charge de la concurrence, en principe, chargés du contrôle de la régularité des procédures, assurent en pratique un rôle important de conseil. Pour autant, ils restent très mobilisés et peu disponibles, de sorte qu'ils ne peuvent en pratique répondre favorablement à de très nombreuses invitations. Leur choix est souvent dicté, à la manière des programmes de contrôle des chambres régionales de comptes, par un programme annuel décidant de cibler par priorité le type de collectivités qui feront l'objet d'une attention particulière durant l'année.

Les règles de composition et, d'ailleurs, de fonctionnement sont strictes et leur respect conditionne la régularité de la procédure. En particulier, il est strictement interdit à toutes personnes étrangères à la commission d'assister à ses délibérations, qui ne sont pas publiques.

À RETENIR

Il est possible de s'interroger sur l'opportunité et le maintien de cette règle, qui n'est d'ailleurs plus formalisée dans les textes, et constitue le contrepied de la règle de transparence, dont découle la publicité des débats et des délibérations des commissions, généralement appliquée dans les autres États membres de l'Union européenne. Le secret des délibérations des commissions d'appel d'offres a pour objet de faire échapper les membres de cette commission aux pressions qui pourraient s'exercer sur eux par des candidats si ceux-ci étaient dans la salle.

39.2.3 Fonctionnement

Le quorum est de la moitié plus un des membres ayant voix délibérative. Si le quorum n'est pas atteint, la commission est convoquée à nouveau sans condition de quorum.

APPLICATION

Soit une commission d'appel d'offres comportant cinq élus en plus de son président. Ce dernier désigne trois personnalités en raison de leur intérêt particulier au regard de l'objet du marché. Le quorum est de quatre.

En pratique, le quorum est difficilement atteint et les services n'ont de cesse de se plaindre qu'une telle situation ralentisse la procédure d'attribution du marché à un moment crucial. C'est regrettable, au regard de la démocratie locale, mais c'est très compréhensible si le rôle des élus concernés se limite, en effet, à celui d'une chambre d'enregistrement. Difficile d'intéresser des élus à des dossiers si bien ficelés qu'ils n'ont en réalité aucune chance de convaincre les services d'y changer une virgule. Ainsi qu'il a été dit ci-dessus, il peut être indiqué d'impliquer les élus en les accompagnant dans la mise en place d'une véritable politique d'achat.

L'acheteur est libre d'organiser les travaux de la commission d'appel d'offres comme elle l'entend. En pratique, la première réunion devrait être l'occasion de voter un règlement intérieur qui pourra préciser, par exemple, les règles de convocations de ses membres.

APPLICATION

Les règles de fonctionnement de la commission d'appel d'offres peuvent être fixées par une délibération de l'assemblée délibérante.

La commission dresse un procès-verbal de ses réunions. Tous ses membres peuvent demander à ce que leurs observations y soient consignées.

À RETENIR

La règle selon laquelle les membres de la commission sont convoqués au moins cinq jours francs avant la date prévue pour la réunion n'est plus obligatoire. Par ailleurs, la voix du président de la commission d'appel d'offres n'est plus prépondérante en cas de partage des voix.

39.3 Le jury de concours

Le jury de concours est réuni en cas de mise en œuvre d'un concours que ces marchés soient passés par l'État, les collectivités territoriales ou leurs établissements publics.

À RETENIR

Les marchés de maîtrise d'œuvre ne sont plus soumis à l'obligation de réunir un jury si la procédure suivie n'est pas un concours (voir § 26.2).

39.3.1 Attributions

Le jury intervient dans le cadre de la procédure du concours ainsi que pour l'attribution des marchés de conception-réalisation. Il ne dispose que d'un rôle consultatif, les décisions sont prises, selon les cas, par les autorités compétentes ou la commission d'appel d'offres.

En procédure de concours (voir § 25.2.4), le jury examine les candidatures, dresse un procès-verbal de cet examen et formule un avis motivé sur les candidatures. Il auditionne, ensuite, les candidats, dresse le procès-verbal d'audition et présente au maître d'ouvrage une proposition de versement des primes

Pour les marchés de conception-réalisation (voir § 27.1), Le jury examine les offres remises et auditionne les candidats avant de dresser un procès-verbal d'examen certaines opérations, et de formuler un avis motivé.

À RETENIR

Pour les acheteurs locaux (voir ci-dessus), l'attributaire est choisi par la commission d'appel d'offres, c'est-à-dire que la décision est prise par les élus locaux composant le jury, les autres membres dotés d'une voix délibérative ne devant pas assister à cette délibération.

39.3.2 Composition

Le jury est composé de personnes indépendantes des participants au concours. Il se compose :

– pour l'État, de personnes désignées par le préfet pour les services déconcentrés relevant de son autorité, par le ministre pour les services centraux, les services à compétence nationale et les autres services déconcentrés ;

– pour les établissements publics de l'État, conformément aux textes qui leur sont applicables ;
– dans les mêmes conditions que les commissions d'appel d'offres (voir ci-dessus) pour les collectivités territoriales et les établissements publics locaux.

Un tiers au moins du jury est composé de professionnels, le cas échéant, maîtres d'œuvre, ayant la même qualification ou une qualification équivalente à la qualification professionnelle exigée pour les candidats. Par membres du jury, il faut donc entendre ces professionnels, ainsi que les membres élus de la commission d'appel d'offres.

APPLICATION

Soit une commission d'appel d'offres comportant cinq élus en plus de son président. Pour la constituer en jury de concours de maîtrise d'œuvre, le nombre de maîtres d'œuvre qu'il doit désigner est égal à un tiers, au moins, du nombre total des membres du jury. Il doit, donc, en désigner trois, afin qu'un tiers du jury soit composé de ces maîtres d'œuvre (6 élus en comptant le président, 3 maîtres d'œuvre, soit neuf membres).

Tous les membres du jury ont voix délibérative.

Le comptable et un représentant du service chargé de la concurrence, les Direccte, peuvent être invités à participer à la délibération du jury, avec une voie consultative si son président le décide. À leur demande, leurs observations sont consignées au procès-verbal.

Le président du jury peut également faire appel à des agents de l'acheteur compétents dans la matière qui fait l'objet de la consultation ou en matière de marchés publics. Ils ont voix consultative.

Pour les autres acheteurs, aucune règle de composition n'est imposée. Le règlement du concours peut, dans ces conditions, prévoir des modalités d'organisation équivalentes, en prenant garde, toutefois, à respecter les principes applicables, au premier rang desquels l'impartialité du jury.

APPLICATION

Il peut ainsi être prévu l'audition de toute personne susceptible de lui apporter des informations utiles ou la participation des agents du pouvoir adjudicateur compétents dans la matière qui fait l'objet du concours, lesquels assurent, en particulier, les tâches de secrétariat et de manipulation des documents.

39.4 Assemblée délibérante

Pour les collectivités territoriales et les établissements publics locaux, l'assemblée délibérante est l'autorité compétente pour passer un marché public. Elle délibère une première fois sur le projet de marché et autorise l'exécutif local à lancer la procédure, et une seconde fois, lorsque l'attributaire est connu, pour autoriser l'exécutif local à signer le marché.

À RETENIR

Il s'agit encore de l'expression de la démocratie locale : les marchés publics engagent les finances locales, l'assemblée délibérante est seule compétente, dans la tradition du parlementarisme, pour autoriser la dépense. En revanche, l'assemblée délibérante n'est pas compétente pour attribuer le marché, même en concours.

L'exécutif local peut, toutefois, bénéficier :
– soit d'une délégation générale de compétence pour passer et exécuter les marchés et les accords-cadres, quels qu'en soient les montants, durant toute la durée de sa mandature ;
– soit d'une délégation spéciale, octroyée marché par marché. Une telle délégation ne peut être octroyée par anticipation, avant le lancement de la procédure de passation, qu'à la condition que les membres de l'assemblée délibérante aient été informés de l'étendue du besoin à satisfaire et du montant prévisionnel du marché.

Le tableau 39.2 résume les principaux changements concernant les organes compétents.

Tab. 39.2 Concordance ancienne et nouvelle réglementation

Nouvelles références	Anciennes références	Objet et apports essentiels
Art. 101 O. 2015 – art. L. 1411-5 et L. 1414-1 à 1414-4 CGCT	Art. 22, 23 et 25 CMP	Régime de la commission d'appel d'offres. Renvoi au code général des collectivités territoriales. Modification de la compétence des commissions d'appel d'offres.
Art. 89 D. 2016	Art. 24 CMP	Régime du jury de concours.
Art. 33 O. 2015 – art 91 D. 2016	Art. 69 CMP	Régime des marchés publics de conception-réalisation. Abandon de l'obligation de recourir à la procédure de l'appel d'offres restreint.

CMP : Code des marchés publics 2006
O. 2015 : Ordonnance n° 2015-899 relative aux marchés publics
D. 2016 : Décret n° 2016-360 relatif aux marchés publics

Lancement de la procédure 40

Références : *art. 103 de l'ordonnance n° 2015-899 – art. 36 et 188 du décret n° 2016-360*

L'acheteur et les opérateurs économiques doivent pouvoir déterminer avec certitude la date du lancement de la procédure de passation du marché.

40.1 Intérêt

Connaître la date de lancement de la procédure est déterminant à deux égards.

Elle détermine, d'abord, le point de départ du délai de réception des candidatures ou des offres (cf. chapitre 41). Le délai court à compter de la date du lancement de la procédure. Il est essentiel de pouvoir décompter ce délai sans risque d'erreur, car le non-respect des délais réglementaires minimums est une cause d'annulation de la procédure.

Elle détermine, également, le régime juridique applicable à l'ensemble de la procédure. Les textes modifiant la réglementation ou pris pour son application comportent systématiquement une disposition qui prévoit que leur entrée en vigueur est immédiate, mais ne s'applique qu'aux procédures de passation lancées après cette entrée en vigueur. Cette disposition a pour objet d'assurer la sécurité juridique des procédures de passation déjà lancées et le nouveau texte n'est pas applicable aux procédures de passation déjà lancées. La date de son entrée en vigueur.

APPLICATION

La réforme de la réglementation des marchés publics est entrée en vigueur le 1er avril 2016. Elle s'applique aux marchés pour lesquels un avis de marché a été envoyé pour publication, ou une invitation à négocier a été adressée à un ou plusieurs opérateurs économiques à partir de cette date. Les marchés en cours d'exécution ou ceux pour lesquels la procédure a été lancée jusqu'au 31 mars 2016 relèvent toujours de l'ancienne réglementation, jusqu'au terme de leur exécution.

À RETENIR

L'ordonnance du 23 juillet 2015 sur les marchés publics dispose qu'elle ne peut s'appliquer aux marchés dont la procédure a été lancée avant le 1er janvier 2016. Cette disposition, purement technique, est destinée à assurer le respect de l'habilitation donnée par le législateur, qui souhaitait donner un délai suffisant aux acheteurs pour se familiariser avec les nouvelles règles. Elle garantissait que la nouvelle réglementation n'entre pas en vigueur de manière précipitée, mais n'a pas eu pour effet de déroger à la date d'entrée en vigueur de la nouvelle réglementation, qui est bien le 1er avril 2016.

40.2 Régime

La procédure de passation d'un marché public est lancée :
– soit à la date d'envoi, pour publication, de l'avis de marché ;
– soit, si la publication d'un avis de marché n'est pas obligatoire et n'a pas eu lieu, la date du lancement de la procédure est celle à laquelle une consultation est engagée.

APPLICATION

Il peut s'agir de la date à laquelle des demandes de devis ont été adressées à des entreprises, ou de la date à laquelle des négociations ont été entamées.

La date à retenir est celle de l'envoi pour publication, seule maîtrisée par l'acheteur, non de la date de publication. En effet, la date de publication de l'avis peut être différente d'un support de publication à l'autre (voir § 38.4).

À RETENIR

Pour les marchés subséquents ou les marchés spécifiques des systèmes d'acquisition dynamique, la date à retenir est celle du lancement de la procédure d'attribution de l'accord-cadre ou celle de la mise en place du système d'acquisition dynamique.

APPLICATION

Une publication au *Journal officiel de l'Union européenne* précédera toujours une publication nationale, de manière à ne pas donner un avantage aux opérateurs économiques nationaux, par rapport aux opérateurs économiques des autres États membres de l'Union européenne ou, d'États tiers signataires de l'Accord sur les marchés publics, lorsque l'objet du marché est couvert par cet Accord.

Retenir la date de publication aurait pour effet de donner à la procédure une date de lancement différente, rendant incertaine la date de remise des candidatures et des offres.

L'avis de publicité retenu pour déterminer le lancement de la procédure est toujours l'avis de marché. Il ne peut s'agir de l'avis de préinformation (voir § 37.2), qui ne constitue qu'un document préparatoire à ce lancement.

La date d'envoi pour publication de l'avis de marché est obligatoirement mentionnée dans l'avis de marché lui-même, ce qui permet aux opérateurs économiques de pouvoir vérifier à la fois le régime applicable à la procédure et le caractère suffisant du délai de réception des candidatures et des offres qui leur est octroyé.

À RETENIR

Les profils d'acheteurs et les portails des organes de publication sont paramétrés pour qu'en pratique, une publication nationale intervienne le lendemain de la publication au Journal officiel de l'Union européenne.

Le tableau 40.1 résume les principaux changements concernant les organes compétents.

Tab. 40.1 Concordance ancienne et nouvelle réglementation

Nouvelles références	Anciennes références	Objet et apports essentiels
Art. 103 O. 2015 – art. 188 D. 2016	–	Entrée en vigueur de la réglementation.
Art. 36 D. 2016	Art. 40 CMP	Régime des avis de marché. Mention de la date d'envoi pour publication.

CMP : Code des marchés publics 2006
O. 2015 : Ordonnance n° 2015-899 relative aux marchés publics
D. 2016 : Décret n° 2016-360 relatif aux marchés publics

Délai de réception des candidatures ou des offres 41

Références : *art. 27, 39, 43, 67, 69, 70, 72, 74 et 76 du décret n° 2016-360*

41.1 Principes

La question des délais impartis aux opérateurs économiques pour déposer leurs candidatures ou leurs offres est une question essentielle. Elle est très strictement encadrée par des règles contraignantes, mais il ne s'agit que de la conséquence de son importance potentielle sur la concurrence. Son régime repose sur quelques principes simples.

Les délais de réception des candidatures et des offres sont fixés en tenant compte de la complexité du marché public et du temps nécessaire aux opérateurs économiques pour préparer leur candidature et leur offre.

En procédure formalisée, l'acheteur est tenu au respect de délais minimaux de réception des candidatures et des offres. En procédure adaptée, le délai doit être suffisant pour assurer le respect des principes de la commande publique.

Le délai court, selon le cas, à compter de la date d'envoi pour publication de l'avis de marché ou de l'invitation à soumissionner.

41.1.1 Un régime rigoureux

Tout dossier de candidature ou d'offre arrivé et, en conséquence, enregistré hors délai, est écarté, l'acheteur ne peut que le rejeter. La justification de cette règle repose toute entière sur le principe d'égalité de traitement des candidats. Les conséquences du caractère impératif des délais sur la concurrence et le contenu des offres sont drastiques, aussi cette règle ne souffre aucune exception : sa méconnaissance peut entraîner l'annulation de toute la procédure. Cette situation ne constitue pas une cause d'irrégularité de l'offre (voir § 50.1), il n'y a aucun moyen de régulariser un dossier parvenu hors délai.

APPLICATION

Les profils d'acheteurs refusent d'enregistrer les plis après l'expiration du délai. L'acheteur, qui n'est pas en leur possession, ne pourrait les régulariser.

Ceci suppose des acheteurs publics un effort d'organisation pour garantir la traçabilité des plis délivrés par les services postaux ou les services de messagerie. L'usage des procédures dématérialisées de passation des marchés publics sur les profils d'acheteurs apporte une solution fiable à cette exigence.

41.1.2 Des délais minimaux

Les délais minimaux ont pour objet d'éviter d'abaisser les délais en deçà du soutenable par les opérateurs économiques. La passation d'un marché public demeure une démarche économique, les candidats doivent pouvoir disposer du temps nécessaire pour élaborer leurs offres.

En procédure formalisées, les textes fixent des délais minimaux qui ne peuvent être réduits qu'à certaines conditions : la procédure est irrégulière si les candidats ne bénéficient pas au minimum des délais suivants (tab. 41.1).

Les délais de réception des candidatures peuvent être réduits à 15 jours en cas d'urgence.

Les délais de réception des offres peuvent être réduits :
- de 5 jours si les offres peuvent être transmises par voie électronique ;
- à 15 jours en cas de publication d'un avis de préinformation, cette publication devant respecter des conditions (voir § 37.2) ;
- à 10 jours en cas d'urgence (sauf en cas d'appel d'offres ouvert, le délai d'urgence est toujours de 15 jours).

Il peut être augmenté de 5 jours, sauf urgence dûment justifiée, si tous les documents de la consultation ne sont pas publiés sur un profil d'acheteur.

À RETENIR

Il n'existe plus de délai minimal de réception des offres finales en dialogue compétitif, il incombe donc à l'acheteur de le fixer, ce délai devant être raisonnable et courir simultanément à l'égard de tous les candidats ayant participé au dialogue.

En appel d'offres restreint et en procédure concurrentielle avec négociation, les acheteurs peuvent fixer la date limite de réception des offres d'un commun accord avec les soumissionnaires, à condition que cette date soit la même pour tous. En l'absence d'accord, cette date est fixée par l'acheteur, mais le délai de réception des offres ne peut être inférieur à dix jours. Cette faculté est toutefois fermée aux pouvoirs adjudicateurs qui sont des autorités publiques centrales.

À RETENIR

Les autorités publiques centrales qui ne peuvent déroger au délai réglementaire de réception des offres sont les suivantes :
- l'État ;
- les établissements publics de l'État autres que ceux ayant un caractère industriel et commercial, à l'exception des établissements publics de santé ;
- les autorités administratives indépendantes dotées de la personnalité juridique ;
- la Caisse des Dépôts et consignations ;
- l'ordre national de la Légion d'honneur ;
- l'Union des groupements d'achats publics (UGAP) ;
- la fondation Carnegie ;
- la fondation Singer-Polignac.

Les entités adjudicatrices bénéficient de délais minimaux encore réduits. Par principe, elles fixent le délai de réception des offres en appel d'offres restreint et en procédure négociée avec mise en concurrence préalable d'un commun accord avec les soumissionnaires. Ce n'est qu'à défaut d'accord qu'elles fixent elles-mêmes ce délai, qui ne peut être inférieur à 10 jours.

À RETENIR

Se contenter du délai minimal gêne la candidature des PME

Le respect des délais minimaux suffit à assurer la sécurité juridique de la procédure, non à assurer son efficacité économique. Le délai permet aux entreprises de préparer leurs dossiers de candidatures et d'offres. Cette préparation peut nécessiter que ces entreprises se livrent à la négociation et la passation d'autres contrats, qui les lieront à d'autres entreprises pour l'exécution du marché. Ces délais de transaction peuvent être substantiels, mais certaines entreprises, en particulier les PME, ne pourront participer à la consultation sans avoir complété leurs capacités, au moyen d'accords de cotraitance ou de sous-traitance.

En d'autres termes, le fait, pour un pouvoir adjudicateur, de recourir systématiquement aux délais réglementaires minimaux, a nécessairement pour effet, sinon d'empêcher, du moins de gêner la candidature de ces entreprises. La gestion des délais de réception des candidatures et des offres conditionne la régularité de la procédure, mais aussi, et surtout, l'état de la concurrence.

41.1.3 Des délais francs

Le délai de réception des candidatures et des offres s'exprime en jours francs, c'est-à-dire qu'on ne compte ni la date d'envoi de l'avis de publicité à la publication, ni la date de la réception des candidatures ou des offres.

APPLICATION

Soit un appel d'offres ouvert. La date d'envoi de l'avis d'appel à la concurrence est le 13 avril. Le délai est de 52 jours. Il court à compter du 14 avril et expire le 53e jour. La date de réception des dossiers de candidatures ou des offres peut être fixée à partir du 5 juin.

41.1.4 Des délais qui peuvent devoir être augmentés

Les délais de réception des offres sont allongés :
– de 5 jours lorsque certains documents de la consultation en sont pas publiés sur le profil d'acheteur, sauf en cas d'urgence, laquelle devra être justifiée ;
– lorsqu'une visite sur les lieux ou la consultation de documents sur place est nécessaire ;
– lorsque des modifications importantes sont apportées aux documents de la consultation ;
– lorsque des renseignements complémentaires au dossier de la consultation sont adressés aux soumissionnaires dans des délais ne permettant pas d'en garantir la bonne réception en temps utiles.

L'augmentation du délai est proportionnée aux modifications apportées ou à l'importance des informations demandées.

41.1.5 Toute modification des délais doit faire l'objet d'une information appropriée

Le principe d'égalité de traitement des candidats commande que ces derniers soient informés de toute modification apportée aux délais de réception des candidatures ou des offres dans des conditions de stricte égalité.

Au stade de la réception des candidatures, cette information passe nécessairement par un avis de publicité rectificatif, publié dans les mêmes conditions que l'avis initial. Au stade de la réception des offres, une notification à l'ensemble des candidats admis à soumissionner est suffisante.

41.1.6 Récapitulation des délais

Le tableau 41.1 récapitule les délais minimaux applicables aux pouvoirs adjudicateurs (Tab. 41.1).

Le tableau suivant récapitule les délais minimaux de réception des candidatures et des offres applicables aux entités adjudicatrices (tab. 41.2).

Tab. 41.1. Récapitulatif général des délais réglementaires de réception des candidatures et des offres (en jours) applicables aux pouvoirs adjudicateurs

		Procédure						
		Appel d'offres ouvert	***Appel d'offres restreint***		***Procédure concurrentielle avec négociation***		***Dialogue compétitif***	
		Candidatures et offres	*Candidatures*	*Offres*	*Candidatures*	*Offres*	*Candidatures*	*Offres finales*
Délais	***Délai de principe***	35	30	30	30	30	30	–
	Délai si tous les documents de la consultation ne sont pas publiés sur le profil d'acheteur	40	30	35	30	35	30	–
	Délai en cas de réception électronique des offres	30	30	25	30	25	30	–
	Si avis de préinformation	15	30	10	30	10	30	–
	Urgence	15	15	10	15	10	30	–
	Possibilité de fixer le délai d'un commun accord	Non	Non	Oui (10)	Non	Oui (10)	Non	–

Tab. 41.2. Récapitulatif général des délais réglementaires de réception des candidatures et des offres (en jours) applicables aux entités adjudicatrices

		Procédure						
		Appel d'offres ouvert	***Appel d'offres restreint***		***Procédure négociée avec mise en concurrence préalable***		***Dialogue compétitif***	
Délais		*Candidatures et offres*	*Candidatures*	*Offres*	*Candidatures*	*Offres*	*Candidatures*	*Offres finales*
	Délai de principe	35	15	–	15	–	30	–
	Délai si tous les documents de la consultation ne sont pas publiés sur le profil d'acheteur	40	30	–	15	–	30	–
	Délai en cas de réception électronique des offres	30	15	–	15	–	30	–
	Si avis périodique indicatif	15	15	–	15	–	30	–
	Urgence	15	15	–	15	–	30	–
	Possibilité de fixer le délai d'un commun accord	Non	Non	Oui (10)	Non	Oui (10)	Non	–

41.2 Application des délais dans chaque procédure

41.2.1 Appel d'offres ouvert

La procédure d'appel d'offres ouvert est la procédure de droit commun, elle suppose le choix de l'offre économiquement la plus avantageuse sans négociation, et sans que l'acheteur détermine, à l'avance un nombre maximal de candidats admis à déposer une offre (voir § 20.1 et suivants). Le délai minimal est de 35 jours, il s'applique à la réception du dossier de candidatures et d'offres, l'appel d'offres ouvert se caractérise par la réception concomitante des deux dossiers.

Il est possible de réduire ce délai minimal dans les conditions suivantes :
– si un avis de préinformation (voir § 37.1 et suivants) a été publié, ce délai est de 15 jours ;
– en cas d'urgence, ce délai est de 15 jours.

Le délai de réception des candidatures et des offres ne peut donc être réduit en deçà de 15 jours.

À RETENIR

L'urgence peut désormais être invoquée à l'appui d'une réduction du délai de réception des candidatures et des offres en appel d'offres ouvert, elle doit être justifiée dans le rapport de présentation. La procédure d'appel d'offres restreint permet, dans la gestion de ces délais, de tenir compte de l'urgence. Il s'agit d'une urgence simple, mais qui doit justifier la réduction du délai et répondre, au surplus, à une condition d'extériorité dont la satisfaction conditionne la régularité de la procédure : l'urgence ne doit pas être imputable au pouvoir adjudicateur. Elle est justifiée dans le rapport de présentation.

APPLICATION

La rentrée scolaire est un événement dont la récurrence n'a pu échapper au pouvoir adjudicateur. Il lui incombe de s'y préparer en temps utile, de sorte qu'il doit être regardé comme responsable de tout retard pris dans le cadre de cette préparation. En d'autres termes, s'il n'est pas prêt à temps, c'est une faute qui lui est imputable : il ne peut invoquer ce retard pour justifier de l'urgence. En revanche, un retard dans la livraison d'ouvrages par un tiers ne peut être imputé au pouvoir adjudicateur et peut constituer une urgence de nature à justifier une réduction du délai de réception des candidatures et des offres.*

Le délai doit être allongé de 5 jours si certains documents ne sont pas publiés sur le profil d'acheteur. Il doit, également, être allongé en cas de nécessité d'une visite sur les lieux ou de consultation sur place de documents complémentaires et si, à la suite de la demande des candidats, des documents complémentaires. Il peut encore être allongé si, à la suite de la demande des candidats, des documents complémentaires ne peuvent leur être adressés six jours au plus tard avant de réception des candidatures et des offres.

À RETENIR

Le délai de 6 jours peut être ramené à 4 jours en cas d'urgence.

41.2.2 Appel d'offres restreint

La procédure d'appel d'offres restreint se distingue de l'appel d'offres ouvert en tant que l'acheteur fixe, à l'avance, des conditions de sélection des candidatures. Il peut fixer un nombre maximal de candidats admis à déposer une offre, ce nombre devant être au minimum de cinq (voir § 21.1). L'appel d'offres restreint se caractérise, en conséquence, par la séparation, dans le temps de la phase de sélection des candidatures et de la phase de sélection des offres. Il en résulte une procédure plus lourde et plus longue puisque l'administration doit veiller au respect de deux délais :
– un délai minimal de réception des candidatures de 30 jours ;
– un délai de réception des offres de 30 jours.

La procédure d'appel d'offres restreint permet, dans la gestion de ces délais, de tenir compte de l'urgence (sur la notion, voir ci-dessus).

Candidatures

Le délai de réception de candidatures est de 30 jours. Il est possible de réduire ce délai minimal à 15 jours en cas d'urgence, qui sera justifiée dans le rapport de présentation.

Le délai ne peut être réduit en deçà de 15 jours.

Offres

Le délai minimal de réception des offres initiales est de 30 jours à compter de l'invitation à soumissionner.

Il est possible de réduire ce délai minimal :
– si les offres peuvent être déposées par voie électronique, ce délai est de 25 jours ;
– en cas de publication d'un avis de préinformation, le délai est de 10 jours ;
– en cas d'urgence, le délai est de 10 jours.

Le délai ne peut être réduit en deçà de 10 jours.

Les pouvoirs adjudicateurs ne constituant pas des autorités publiques centrales (voir ci-dessus) peuvent fixer la date de réception des offres d'un commun accord avec les candidats. À défaut d'accord, le pouvoir adjudicateur fixe cette date, mais le délai de réception des offres ne peut être inférieur à 10 jours.

Le délai doit être allongé de 5 jours si certains documents ne sont pas publiés sur le profil d'acheteur. Il doit, également, être allongé en cas de nécessité d'une visite sur les lieux ou de consultation sur place de documents complémentaires. Il peut encore être allongé si, à la suite de la demande des soumissionnaires, des documents complémentaires ne peuvent leur être adressés six jours au plus tard avant la date de réception des offres.

41.2.3 Procédure négociée avec publicité préalable et mise en concurrence

La procédure concurrentielle avec négociation est une procédure restreinte dans laquelle l'acheteur négocie avec les candidats dont il a sélectionné les candidatures (voir § 23.1 et suivants). Le délai minimal de réception des dossiers de candidature est de 30 jours, le délai de réception des offres est de 30 jours. Ce délai est celui de la réception de la première offre.

Candidatures

Le délai de réception de candidatures est de 30 jours. Il est possible de réduire ce délai minimal à 15 jours en cas d'urgence (sur la notion, voir § 41.2.1), qui sera justifiée dans le rapport de présentation.

Le délai ne peut donc être réduit en deçà de 15 jours.

Offres

Le délai minimal de réception des offres initiales est de 30 jours à compter de l'invitation à soumissionner, l'acheteur déterminant par ailleurs librement la fin de la négociation.

Il est possible de réduire ce délai minimal :
– si les offres peuvent être déposées par voie électronique, ce délai est de 25 jours ;
– en cas de publication d'un avis de préinformation, le délai est de 10 jours ;
– en cas d'urgence, le délai est de 10 jours.

Le délai ne peut être réduit en deçà de 10 jours.

Les pouvoirs adjudicateurs ne constituant pas des autorités publiques centrales (voir ci-dessus) peuvent fixer la date de réception des offres d'un commun accord avec les candidats. À défaut d'accord, le pouvoir adjudicateur fixe cette date, mais le délai de réception des offres ne peut être inférieur à 10 jours.

Le délai doit être allongé de 5 jours si certains documents ne sont pas publiés sur le profil d'acheteur. Il doit, également, être allongé en cas de nécessité d'une visite sur les lieux ou de consultation sur place de documents complémentaires. Il peut encore être allongé si, à la suite de la demande des soumissionnaires, des documents complémentaires ne peuvent leur être adressés six jours au plus tard avant la date de réception des offres.

À RETENIR

Le délai minimal de 15 jours a été supprimé.

APPLICATION

Un centre hospitalier qui organise une procédure de dialogue compétitif dans laquelle il prévoit, dès son règlement de la consultation, un délai de réception des offres définitives de 13 jours ne respecte pas le délai minimal alors prévu par la réglementation, qui était de 15 jours. Au surplus, l'acheteur avait, durant ce délai, adressé aux candidats, par courrier, une modification du cahier des charges présentant un caractère substantiel. Dans ces conditions, les candidats n'ont pu finaliser leur offre dans des conditions de délai normales, ces irrégularités ont justifié l'annulation du marché.

41.2.4 Dialogue compétitif

Le dialogue compétitif permet au pouvoir adjudicateur de s'appuyer sur le savoir-faire des entreprises pour élaborer son cahier des charges, dans les hypothèses dans lesquelles il n'est pas en mesure de déterminer seul et, à l'avance, les solutions techniques ou, le montage juridique ou financier, de nature à répondre à son besoin (voir § 22.1 et suivants). C'est une procédure restreinte au cours de laquelle l'administration se livre à une sélection des candidatures. Ne retenant que les meilleures, le nombre minimal de candidats devant être admis au dialogue est de trois.

Candidatures

Comme pour l'appel d'offres restreint, le délai minimal de réception des candidatures est de 37 jours. Il n'est pas possible de réduire ce délai en cas d'urgence, qui disqualifie le recours à cette procédure : le dialogue compétitif demande du temps.

Réception des offres finales

Le délai de réception des offres finales est fixé par l'acheteur. Il se décompte après la clôture du dialogue, lorsque l'acheteur estime disposer des réponses lui permettant de procéder à son achat en toute connaissance de cause. Tel était en effet l'objet du dialogue. Il est fixé dans la lettre invitant les candidats encore en lice et ayant participé au dialogue à remettre une offre définitive, sur la base d'un programme fonctionnel.

Ce délai peut être bref, puisqu'il est imparti à des soumissionnaires qui ont eu l'occasion de préparer leur offre durant la phase du dialogue, mais il doit être suffisant.

41.2.5 Procédure adaptée

La procédure adaptée (voir § 29.1 et suivants) est librement choisie par l'acheteur, sous réserve du respect des principes de liberté d'accès à la commande publique, d'égalité de traitement des candidats et de transparence des procédures. Elle est réservée :
– aux marchés dont les montants n'atteignent pas les seuils de procédures formalisées (voir § 16.1 et suivants) ;
– ou aux marchés de services sociaux ou de représentation juridique (voir § 29.1).

En procédure adaptée, les textes ne fixent pas de délai minimal, mais la régularité de la procédure est conditionnée au respect d'un délai raisonnable, conformément à la notion même de procédure adaptée. Un délai non raisonnable méconnaît les principes généraux du droit de la commande publique.

Un délai raisonnable est un délai qui, dans les circonstances dans lesquelles est passé le marché, est suffisant pour permettre aux candidats de préparer un dossier de candidature ou élaborer une offre. Il est arrêté par l'administration en fonction, notamment, du montant du marché, de l'urgence à le conclure, de la nature des prestations, des caractéristiques du besoin à satisfaire, du nombre ou de la localisation des opérateurs économiques susceptibles d'y répondre ainsi que des circonstances de l'achat. Il convient de tenir compte, par exemple, de la facilité d'accès aux documents de la consultation, de la nécessité éventuelle d'une visite des lieux et de l'importance des pièces exigées des candidats.

C'est dire qu'il faut raisonner au cas par cas. En pratique, il convient de s'assurer que les entreprises disposent d'un délai objectivement suffisant.

APPLICATION

Dans le cadre d'une consultation portant sur un montant de 60 000 euros HT, une commune impartit aux candidats, en dehors de toute urgence, un délai de 17 jours pour déposer leur dossier de candidature et d'offres alors qu'une visite sur les lieux, par ailleurs imposée par le règlement de la consultation, est nécessaire pour y répondre et, que les plans devaient être demandés auprès des services de la mairie. Dans ces conditions, le délai n'est pas suffisant et méconnaît les principes de liberté d'accès au marché, d'égalité de traitement des candidats et de transparence des procédures.

Le tableau 41.3 résume les principaux changements concernant les délais de réception des candidatures et des offres.

Tab. 41.3 Concordance ancienne et nouvelle réglementation

Nouvelles références	Anciennes références	Objet et apports essentiels
Art. 39 D. 2016	–	Régime de la mise à disposition des documents de la consultation. Allongement du délai de réception des offres si tous les documents de la consultation ne sont pas publiés sur le profil d'acheteur.
Art. 43 D. 2016	Art. 57, 60, 62, 65 et 67 CMP	Régime du délai de réception des candidatures et des offres.
Art. 67 et 68 D. 2016	Art. 57 à 59 CMP	Régime de l'appel d'offres ouvert. Diminution du délai de réception des candidatures et des offres. L'examen des candidatures peut désormais intervenir après celui des offres.
Art. 69 et 70 D. 2016	Art. 60 à 64 CMP	Régime de l'appel d'offres restreint. Diminution du délai de réception des candidatures et du délai de réception des offres. Possibilité de fixer le délai de réception des offres d'un commun accord pour certains acheteurs.
Art. 71, 72 et 73 D. 2016	Art. 65 et 66 CMP	Régime de la procédure concurrentielle avec négociation. Diminution du délai de réception des candidatures et du délai de réception des offres. Possibilité de fixer le délai de réception des offres d'un commun accord pour certains acheteurs.
Art. 74 D. 2016	Art. 165 et 166 CMP	Régime de la procédure négociée avec mise en concurrence préalable, applicable aux entités adjudicatrices. Diminution du délai de réception des candidatures et du délai de réception des offres. Simplification de la procédure.
Art. 75 et 76 D. 2016	Art. 67 CMP	Régime du dialogue compétitif. Diminution du délai de réception des candidatures et suppression du délai de réception des offres.
Art. 27 D. 2016	Art. 28 CMP	Régime des marchés à procédure adaptée.
Art. 28 D. 2016	–	Régime des marchés sociaux ou autres régimes spécifiques, passés en procédure adaptée quel qu'en soit le montant.
Art. 29 D. 2016	–	Régime allégé des marchés de services de représentation juridique.
–	Art. 29 et 30 CMP	Abandon de la distinction entre services prioritaires et non prioritaires, tous les marchés de services sont passés selon les procédures de droit commun, sauf les marchés de services sociaux et les marchés de services de représentation juridique.
CMP : Code des marchés publics 2006 O. 2015 : Ordonnance n° 2015-899 relative aux marchés publics D. 2016 : Décret n° 2016-360 relatif aux marchés publics		

Examen des candidatures 42

Références : *art. 55 et 68 du décret n° 2016-360*

42.1 Principes

L'examen des candidatures est une phase obligatoire de la procédure de passation d'un marché public, qu'elle que soit la procédure appliquée, quel que soit le montant du marché. Son absence est une cause de nullité de la procédure mise en œuvre.

Elle a pour objet de permettre à l'acheteur de :
– vérifier que les candidats ont le droit de soumissionner et de contracter avec la personne publique. C'est le contrôle de la recevabilité des candidatures (voir § 43.1 et suivants) ;
– vérifier que les candidats ont la capacité d'exécuter le marché. C'est le contrôle des capacités des candidats (voir § 44.1 et suivants).

Ces deux séries de contrôle sont aussi nécessaires l'une que l'autre.

L'examen des candidatures est impérativement distinct de l'examen des offres (voir § 50.1 et suivants), il ne peut, en aucun cas, prendre en compte des éléments relatifs aux offres :
– l'examen des candidatures porte un jugement sur l'entreprise, de manière générale, sans lien avec son offre ;
– l'examen des offres porte un jugement sur l'offre remise par le soumissionnaire en réponse au cahier des charges fourni par l'acheteur. Il n'est plus possible, à ce stade, d'éliminer le soumissionnaire pour des motifs tirés de son incapacité à exécuter le marché.

À RETENIR

En termes de vocabulaire, le **candidat** désigne l'opérateur économique qui demande à participer ou est invité à participer à la procédure, le **soumissionnaire** désigne un candidat qui présente une offre.

Les deux phases de l'examen, candidatures et offres, doivent, donc, être clairement distinguées :
– soit la procédure prévoit la remise simultanée du dossier de candidature et de l'offre, auquel cas l'acheteur examine d'abord les candidatures et fait un premier choix (voir § 44.1 et suivants), avant de n'examiner que les offres remises par les soumissionnaires dont la candidature a été retenue. Il s'agit d'une procédure ouverte.
– soit la procédure prévoit d'abord la remise du seul dossier de candidature, puis, ensuite, la remise d'une offre par les seuls soumissionnaires dont la candidature a été retenue. L'acheteur soumet la remise d'une offre à conditions, il sélectionne les candidatures (voir § 47.1 et suivants) et demande, aux seuls candidats retenus, de remettre leur offre. Il s'agit d'une procédure restreinte.

Toutefois, le calendrier de la procédure est souple. En procédure ouverte, l'examen des offres peut désormais avoir lieu avant celui des candidatures (voir § 20.1 et suivants). En procédure restreinte, l'examen de la recevabilité de la candidature peut avoir lieu après la sélection des candidats.

42.2 Régime

L'examen des candidatures est réalisé sur pièces. L'acheteur demande aux candidats de lui fournir un dossier comprenant :
– les pièces justifiant de la recevabilité de la candidature (voir § 43.1 et suivants) ;
– les pièces relatives aux capacités du candidat (voir § 44.1 et suivants).

Il enregistre les plis à mesure de leur arrivée.

À RETENIR

L'acheteur peut utiliser le formulaire facultatif OUV1, « Registre des dépôts », disponible en téléchargement à l'adresse suivante : http://www.economie.gouv.fr/daj/formulaires-marches-publics.

Les services en charge de la procédure procèdent, ensuite à l'ouverture des plis et à l'enregistrement de leur contenu.

À RETENIR

L'acheteur peut utiliser le formulaire facultatif OUV2, « Procès-verbal d'ouverture des plis », disponible en téléchargement à l'adresse suivante : http://www.economie.gouv.fr/daj/formulaires-marches-publics.

Ils procèdent à l'analyse des candidatures et dressent le rapport d'analyse.

Si des pièces exigées des candidats sont absentes ou que ces informations sont incomplètes, la candidature est éliminée.

À RETENIR

L'acheteur peut utiliser le formulaire facultatif OUV3, « Rapport d'analyse des candidatures », disponible en téléchargement à l'adresse suivante : http://www.economie.gouv.fr/daj/formulaires-marches-publics.

42.2.1 Régularisation des dossiers de candidatures

L'acheteur a la possibilité de demander aux candidats la régularisation de leur dossier, en demandant aux candidats de compléter leurs pièces ou en leur adressant une demande d'explication.

À RETENIR

La régularisation du dossier de candidature comme celui de l'offre (cf. chapitre 50).

La régularisation du dossier de candidature est une faculté discrétionnaire du pouvoir adjudicateur. Celui-ci est libre de la mettre en œuvre ou non.

Si elle est mise en œuvre, elle doit faire l'objet d'un compte-rendu dans le rapport d'analyse des candidatures ou le rapport de présentation.

À RETENIR

Il est souvent intéressant de demander la régularisation des candidatures, car elle permet de remettre dans la compétition les entreprises dont le dossier est, initialement, irrégulier. L'acheteur se ménage ainsi un nombre suffisant d'offres, augmentant le nombre de soumissionnaires et, en conséquence, la concurrence.

La procédure de régularisation des dossiers de candidature doit respecter strictement le principe d'égalité de traitement des candidats. L'acheteur définit une pratique appropriée qui lui permet de s'assurer de ce respect.

À RETENIR

Il n'est plus nécessaire d'informer simultanément l'ensemble des candidats de la demande de régularisation, qui impliquait, en pratique, d'expliquer aux candidats dont le dossier était complet pourquoi, la possibilité de le compléter encore leur était, également, offerte et, qu'ils n'étaient pas obligés de fournir des pièces complémentaires. En revanche, la possibilité de régulariser le dossier, c'est essentiel, doit être offerte à tous les candidats dont le dossier de candidature n'est pas régulier.

Il n'est plus prévu de délai maximum de réponse, mais l'acheteur doit, en pratique, le fixer. Le délai doit être raisonnable et devrait prendre la forme d'une date limite de réponse.

APPLICATION

La demande de régularisation est adressée aux candidats, précisant les éléments manquants, assortie du même délai pour ce faire. L'utilisation du profil d'acheteur permet en pratique d'assurer la transparence de la démarche, la demande pouvant aussi être adressée par voie postale tant qu'elle est possible, c'est-à-dire jusqu'au 30 septembre 2018, ou au 31 mars 2017 pour les centrales d'achat, elle est alors adressée au candidat en recommandé avec avis de réception.

Les réponses à la demande de régularisation doivent être reçues dans le délai prescrit par l'acheteur. Si les pièces manquantes sont remises au pouvoir adjudicateur après l'expiration du délai ouvert, le candidat doit être éliminé : la candidature reste incomplète, il n'est pas possible de tenir compte des pièces remises tardivement.

Lorsque, en procédure restreinte, la vérification des candidatures intervient après la sélection des candidats, le candidat dont la candidature a été classée immédiatement après la sienne est sollicité pour produire les documents nécessaires.

Lorsque, en procédure ouverte, la vérification des candidatures intervient après le classement des offres, le soumissionnaire dont l'offre a été classée immédiatement après la sienne est sollicité pour produire les documents nécessaires.

L'opération est reproduite autant de fois que nécessaire, tant qu'il subsiste des candidatures ou des offres recevables.

42.2.2 Choix des candidatures

Le choix des candidatures est arrêté par l'autorité compétente (voir § 39.1 et suivants).

Le tableau 42.1 résume les principaux changements concernant l'examen des offres.

Tab. 42.1 Concordance ancienne et nouvelle réglementation

Nouvelles références	Anciennes références	Objet et apports essentiels
Art. 55 D. 2016	Art. 52 CMP	Régime de la vérification des conditions de participation à la procédure et de la régularisation des candidatures. Simplification de la procédure, abandon de l'exigence d'informer l'ensemble des candidats de la mise en œuvre de la régularisation, abandon du délai maximum de réponse.
Art. 68 D. 2016	–	Possibilité d'examiner les offres avant les candidatures.

CMP : Code des marchés publics 2006
D. 2016 : Décret n° 2016-360 relatif aux marchés publics

Recevabilité des candidatures 43

Références : *art. 45, 46, 47, 48 et 50 de l'ordonnance n° 2015-899 – art. 48, 49, 50, 51, 52 et 53 du décret n° 2016-360*

43.1 Principe

Les pouvoirs adjudicateurs, en tant qu'ils dépensent des deniers publics, ne peuvent pas contracter avec n'importe qui. Les candidats doivent justifier de leur capacité juridique et, d'une activité conforme à leurs obligations légales et réglementaires, être en règle avec l'administration fiscale et les organismes de sécurité sociale. En d'autres termes, ils ne doivent pas être frappés par une interdiction de soumissionner.

À défaut, leur candidature est irrecevable : quelles que soient leurs capacités, ils n'ont pas accès à la commande publique.

Il sera possible, dans un cas très précis, de dépasser ces situations d'interdiction de soumissionner et de signer le marché avec le candidat qui, pourtant, n'y serait pas autorisé.

Outre les cas d'interdiction de soumissionner dont la liste est fixée par la réglementation, les acheteurs ont la faculté d'opposer aux candidats, au cas par cas, des interdictions de soumissionner qui découlent de leur situation personnelle au regard du marché passé.

Le principe des interdictions de soumissionner garantit donc une concurrence loyale entre les opérateurs économiques. Elle est sanctionnée par l'exclusion des candidatures des intéressés, mais peut également l'être par la résiliation du marché, s'il s'avère que le titulaire était frappé d'une interdiction de soumissionner pendant la procédure de passation du marché, ou l'est devenu pendant l'exécution du marché.

L'acheteur a, en conséquence, l'obligation de vérifier la recevabilité des candidatures. Si l'examen de la capacité des candidats (voir § 44.1 et suivants) peut être opéré avant cette vérification, celle de la recevabilité de la candidature de l'attributaire est réalisée avant la signature du marché.

43.2 Régime

La recevabilité des candidatures s'apprécie en deux temps.

Le dossier de candidature présente, d'abord, des éléments minimaux établissant une présomption de recevabilité. Il s'agit, pour l'essentiel, d'une attestation sur l'honneur. Les pièces justificatives attestant de la recevabilité sont, ensuite, demandées au seul attributaire.

À RETENIR

Les opérateurs économiques, ainsi, n'ont à fournir qu'un dossier minimal, ce qui allège considérablement la procédure. Le dossier complet n'est réclamé qu'à l'attributaire et à lui seul.

43.2.1 Pièces du dossier de candidature

Les candidats ne fournissent, dans leur dossier de candidature, que les éléments suivants.

Éléments établissant la capacité juridique

Le candidat doit justifier à la fois de son existence légale et de l'habilitation de la personne qui signera le marché.

À RETENIR

Les modalités de dépôt des dossiers de candidature et d'offre sont simplifiées : la signature des documents n'est plus exigée, seul le marché, généralement matérialisé sous la forme de l'acte d'engagement, est signé par l'attributaire.

Le candidat fournit, à ce titre, les informations nécessaires :
– à son identification. Il indique le nom commercial et la dénomination sociale du candidat individuel, les adresses de son établissement et de son siège social (si elle est différente de celle de l'établissement), son adresse électronique, ses numéros de téléphone et de télécopie et son numéro SIRET ;
– à son habilitation à signer le marché, dont il justifie, le cas échéant en joignant au dossier les délégations de signature nécessaires.

Si la candidature est présentée en groupement (voir § 48.3), les membres du groupement s'identifient en fournissant les mêmes informations.

Par ailleurs, les membres du groupement précisent la portée du mandat octroyé au mandataire du groupement, en indiquant s'ils :
– signent individuellement le marché public ou l'accord-cadre et toutes ses modifications ultérieures ;
– donnent mandat au mandataire, qui l'accepte, pour signer, en leur nom et pour leur compte, le marché public ou l'accord-cadre et toutes ses modifications ultérieures, pour les représenter vis-à-vis de l'acheteur et pour coordonner l'ensemble des prestations ;
– donnent un mandat spécifique au mandataire, qu'ils doivent, alors, préciser.

Les éléments du dossier de candidature n'ont plus à être signés par le candidat ou, le cas échéant, chacun des membres du groupement.

À RETENIR

L'acheteur impose généralement l'usage du formulaire facultatif DC1, « Lettre de candidature - Habilitation du mandataire par ses cotraitants », disponible en téléchargement à l'adresse suivante : http://www.economie.gouv.fr/daj/formulaires-marches-publics. La signature du DC1, en revanche, n'est plus exigée. Il peut également, désormais, recourir à un formulaire européen, le « document unique de marché européen » (Dume, voir § 45.1 et suivants), qui est un formulaire dématérialisé qu'il convient de compléter depuis l'adresse suivante : https://ec.europa.eu/growth/tools-databases/espd/filter?lang=fr. L'acheteur est tenu d'accepter le DUME à compter du 1er avril 2017 pour les centrales d'achat, du 1er octobre 2018 pour les autres acheteurs.

APPLICATION

Les acheteurs sont réticents à ne plus exiger la signature au stade du dépôt des candidatures et, surtout à celui du dépôt des offres. Il est admis qu'ils puissent continuer à exiger cette signature.

Éléments établissant l'absence d'interdiction de soumissionner

L'acheteur doit vérifier que le candidat n'est pas frappé d'une interdiction de soumissionner à un marché public :

À cette fin, le candidat produit à l'appui de sa candidature :
– la copie du jugement le plaçant en redressement judiciaire ;
– une déclaration sur l'honneur justifiant qu'il n'est pas sous le coup d'une interdiction de soumissionner.

Cette déclaration sur l'honneur atteste que le candidat est en règle, au cours de l'année précédant celle au cours de laquelle a lieu le lancement de la consultation, au regard de ses obligations concernant l'emploi des travailleurs handicapés et, n'entre dans aucun des cas d'interdiction de soumissionner obligatoires prévus par la réglementation. Ces cas sont les suivants :
– n'a pas fait l'objet, depuis moins de cinq ans, d'une condamnation définitive pour l'une des nombreuses infractions interdisant l'accès aux marchés publics. Les infractions en cause sont, par exemple, le trafic de stupéfiants, l'escroquerie, l'abus de confiance, le blanchiment, les actes de terrorisme, la corruption, l'entrave à la justice, le trafic d'influence, les faux, la corruption de personnes n'exerçant pas de fonction publique, la participation à une association de malfaiteurs, le travail dissimulé ou la fraude fiscale ;
– n'a pas été frappé par une peine d'exclusion des marchés publics, à titre de peine principale ou complémentaire prononcée par le juge pénal ;

– n'a pas fait l'objet, depuis moins de cinq ans, d'une condamnation inscrite au bulletin n° 2 du casier judiciaire pour les infractions liées au travail dissimulé ;
– ne fait pas l'objet d'une mesure d'exclusion administrative ordonnée par le préfet ;
– n'est pas soumis à une procédure de liquidation judiciaire, n'est pas en état de faillite personnelle et, ne fait pas l'objet d'une procédure équivalente régie par un droit étranger ;
– n'est pas admis à la procédure de redressement judiciaire ou à une procédure équivalente régie par un droit étranger, à moins de justifier d'une habilitation à poursuivre ses activités pendant la durée prévisible d'exécution du marché. Les candidats placés en redressement judiciaire peuvent soumissionner si les modalités prévues par le jugement qui les a placés en redressement judiciaire sont compatibles avec l'exécution du marché, notamment en termes de durée. Ils doivent donc justifier de leur situation en produisant une copie de ce jugement dans leur dossier de candidature ;
– est, au 31 décembre de l'année précédant celle au cours de laquelle a lieu le lancement de la consultation, en règle avec ses obligations fiscales et sociales ;
– n'a pas été sanctionné pour travail dissimulé et a mis en œuvre l'obligation de négociation annuelle sur la rémunération, le temps de travail et le partage de la valeur ajoutée dans l'entreprise.

À RETENIR

L'obligation d'emploi de travailleurs handicapés frappe les opérateurs économiques employant 20 salariés ou davantage. Ils doivent consacrer 6 % minimum de leur masse salariale à cet emploi. À défaut, ils s'acquittent d'une contribution, dont le montant annuel est compris entre 400 fois et 1 500 fois le Smic horaire, versée à l'Association de gestion du fonds pour l'insertion professionnelle des personnes handicapées (Agefiph), qui sert à financer l'adaptation des postes de travail des travailleurs reconnus comme handicapés. Il est possible d'échapper en totalité ou de manière partielle à cette contribution lorsque l'opérateur économique a conclu un accord collectif en faveur de l'insertion professionnelle des travailleurs handicapés, agréé et exécuté, qu'il justifie de la conclusion d'un contrat de sous-traitance avec un établissement ou service d'aide par le travail (Esat), une entreprise adaptée avec un travailleurs handicapés indépendants, qu'il accueille des stagiaires handicapés ou qu'il organise des périodes de mises en situation en milieu professionnel.

43.2.2 Pièces demandées à l'attributaire

L'acheteur doit s'assurer de manière effective que la candidature de l'attributaire est recevable. Il lui impartit un délai, qui peut être mentionné dans le règlement de la consultation, pour produire les pièces justificatives.

À RETENIR

Il n'est exigé que des copies des documents requis, l'acheteur n'exigeant ni des originaux, ni des copies certifiées conformes, ni de traduction certifiée, sauf motif impérieux d'intérêt général.

Pièces justifiant de la régularité de la situation sociale de l'attributaire

L'attributaire doit fournir une attestation de fourniture des déclarations sociales et de paiement des cotisations et contributions de sécurité sociale, datant de moins de six mois, fournie par l'Urssaf. Il s'agit :
– de l'« attestation de marchés publics » établissant que l'attributaire est à jour attestation prouvant qu'elle est à jour de ses obligations sociales déclaratives et contributives au 31 décembre de l'année précédente ;
– de l'« attestation de vigilance », obligatoire lorsque le montant du marché public atteint 5 000 € HT, qui établit que l'attributaire n'a pas été sanctionné pour travail dissimulé.

APPLICATION

Ces documents sont disponibles en quelques minutes sur le site de l'Urssaf, à l'adresse suivante : https://www.urssaf.fr/portail/home/employeur/declarer-et-payer/obtenir-une-attestation/obtenir-vos-attestations--mode-d.html. Les attestations sociales comprennent en outre un numéro qui permet en quelques secondes à son destinataire d'en vérifier la validité sur le site de l'Urssaf.

Ils sont à fournir tous les six mois au pouvoir adjudicateur, tout au long de l'exécution du marché.

À RETENIR

Au-delà du caractère formaliste et lourd de cette obligation, l'acheteur doit veiller tout particulièrement à son application. La sanction du défaut de vigilance du donneur d'ordre est, en effet, la potentielle condamnation solidaire de l'acheteur au paiement des charges, pénalités et amendes auxquelles le titulaire du marché pourrait être condamné. En cas de défaillance du titulaire, qui dans ces hypothèses n'est pas rare, l'acheteur devra en assumer seul le paiement. Par ailleurs, l'acheteur devra assumer le risque politique d'une telle situation, en particulier lorsqu'il est un organisme de sécurité sociale.

APPLICATION

Il peut être utile d'insérer une clause dans le CCAP sanctionnant l'absence de communication de ces documents, soit par la résiliation du marché, mais la résiliation pose le plus souvent des difficultés pratiques à l'acheteur et compromet la sécurité de ses approvisionnements, soit par des pénalités.

Pièces justifiant de la régularité de l'attributaire au regard de ses obligations fiscales

Le candidat fournit une « attestation de régularité fiscale » délivrée par l'administration fiscale justifiant qu'il est en règle au regard de ses obligations déclaratives et de paiement de :
– l'impôt sur le revenu, pour les personnes physiques ;
– l'impôt sur les sociétés ;
– la taxe sur la valeur ajoutée.

APPLICATION

Moyennant un abonnement au service Téléprocédures, cette attestation est disponible sur le site de la DGFiP, à l'adresse suivante : www.impots.gouv.fr, rubrique « Professionnels > Téléprocédures ».

À RETENIR

Cette attestation, comme les attestations sociales, est désormais délivrée de manière instantanée, par voie électronique. Le formulaire NOTI12, « état annuel des certificats reçus », et la procédure qui y était associée, ont en conséquence été supprimés.

Pièces justifiant de la régularité de la situation juridique de l'attributaire

Il fournit également l'un des documents suivants lorsque l'immatriculation du cocontractant au registre du commerce et des sociétés ou au répertoire des métiers est obligatoire ou lorsqu'il s'agit d'une profession réglementée :
– un extrait de l'inscription au registre du commerce et des sociétés (K ou K bis) ;
– une carte d'identification justifiant de l'inscription au répertoire des métiers (D1) ;
– un devis, un document publicitaire ou une correspondance professionnelle, à condition qu'y soient mentionnés le nom ou la dénomination sociale, l'adresse complète et le numéro d'immatriculation au registre du commerce et des sociétés ou au répertoire des métiers ou à une liste ou un tableau d'un ordre professionnel, ou la référence de l'agrément délivré par l'autorité compétente ;
– pour les personnes en cours d'inscription, un récépissé du dépôt de déclaration auprès d'un centre de formalités des entreprises ;
– le cas échéant, une copie du jugement plaçant le candidat en situation de redressement judiciaire.

Extrait du casier judiciaire

Pour justifier qu'il n'a pas fait l'objet d'une condamnation pénale à une interdiction de soumissionner, le candidat peut fournir un extrait de casier judiciaire ou, s'il est établi à l'étranger, un document équivalent délivré par l'autorité judiciaire ou administrative compétente de son pays d'origine.

L'acheteur n'a pas l'obligation d'exiger la production de ce document. En effet, la production de ce document obéit au régime suivant :
– l'obligation de vérifier les interdictions de soumissionner vise la personne morale ainsi que l'ensemble des membres de l'organe de gestion, d'administration, de direction ou de surveillance ou les personnes physiques qui détiennent un pouvoir de représentation, de décision ou de contrôle d'une personne morale.
– pour les personnes morales de droit public, il convient également de se procurer les bulletins de la personne morale ainsi que ceux des membres de l'organe de gestion, d'administration, de direction ou de surveillance ou les personnes physiques qui détiennent un pouvoir de représentation, de décision ou de contrôle d'une personne morale équivalents.

Autant dire qu'ainsi posée, cette obligation paraît si lourde et si manifestement disproportionnée au regard des enjeux qu'elle est intenable et ne sera pas appliquée en pratique.

Il est, en conséquence admis que les acheteurs n'exigent pas la production de ce ou ces documents, sous leur responsabilité.

APPLICATION

Ce point de fragilité de la procédure est parfaitement connu des autorités nationales en charge de l'élaboration des normes. Il faut quand même relever que si l'attributaire relevait en effet d'une telle interdiction de soumissionner, le risque contentieux ne serait pas négligeable. L'acheteur serait en conséquence fondé à insérer une clause dans le CCAP prévoyant expressément que le titulaire le couvre des éventuelles conséquences pécuniaires auxquels il serait exposé par sa faute. Une telle clause ne modifie pas les principes applicables, mais facilitera la mise en œuvre de cette responsabilité contractuelle.

Cas des candidats étrangers

La Commission européenne tient à jour, sur la base des informations fournies par chacun des États membres, une base de données, « e-Certis », présentant la liste des documents à fournir à l'appui d'un dossier de candidature à l'attribution de marchés publics. L'acheteur trouvera dans cette liste les documents équivalents à ceux qu'il exige des candidats français.

À RETENIR

À compter du 1er octobre 2018, lorsque l'acheteur demande la production d'un certificat, d'une attestation ou d'un document de preuve particulier, il exige principalement celles de ces pièces justificatives qui sont référencées dans e-Certis.

À compter du 1er octobre 2018, lorsque l'acheteur demande la production d'un certificat, d'une attestation ou d'un document de preuve particulier, il exige principalement celles de ces pièces justificatives qui sont référencées dans cette base.

Si l'État dont relève le candidat ne délivre pas de documents équivalents ou que ceux-ci ne mentionnent pas tous les cas d'interdiction de soumissionner, ils peuvent être remplacés, selon les cas, par une déclaration sous serment ou une déclaration solennelle faite par l'intéressé devant une autorité judiciaire ou administrative, un notaire ou un organisme professionnel qualifié de cet État.

L'acheteur peut exiger une traduction en français des documents remis, cette traduction n'est pas certifiée.

À RETENIR

L'exigence d'une traduction réalisée par un traducteur assermenté est abandonnée, elle constituait une entrave à la libre circulation au sein de l'Union européenne. Par extension, cette exigence est également abandonnée à l'égard des opérateurs économiques relevant d'États tiers à l'Union européenne à qui la consultation est ouverte en application d'un accord international, en raison du principe du bénéfice du traitement équivalent.

APPLICATION

La base e-Certis est disponible à l'adresse suivante : http://ec.europa.eu/markt/ecertis.

43.2.3 Régime de dérogation aux interdictions de soumissionner

L'acheteur est autorisé à conclure un marché avec un opérateur économique frappé d'une interdiction de soumissionner, à trois conditions ;
– une justification par des raisons impérieuses d'intérêt général, ce qui implique que l'acheteur ne puisse se passer de la prestation ;
– le marché public en cause ne peut être confié qu'à ce seul opérateur économique, ce qui relève du cas d'ouverture correspondant de la procédure négociée sans publicité ni mise en concurrence préalables, pour des motifs techniques, artistiques ou en raison d'un droit d'exclusivité ;
– un jugement définitif d'une juridiction d'un État membre de l'Union européenne ne doit pas avoir expressément exclu l'opérateur concerné des marchés publics, ce qui interdit à l'acheteur de remettre en cause, au nom du principe de la séparation des pouvoirs, l'autorité de la chose jugée.

Pour l'ensemble de ces raisons, ce cas de figure ne peut se rencontrer que dans des cas exceptionnels.

43.2.4 Régime des interdictions de soumissionner facultatives

L'acheteur peut exclure, au cas par cas, un opérateur économique en raison d'une interdiction de soumissionner qu'il a la faculté de lui opposer. Cinq cas d'ouvertures sont possibles.

Mauvaise exécution de commandes publiques antérieures

Une mauvaise exécution de contrats de commande publique antérieurs peut être sanctionnée par l'exclusion du candidat aux deux conditions suivantes :
– le candidat a dû verser des dommages et intérêts, a été sanctionné par une résiliation ou a fait l'objet d'une sanction comparable du fait d'un manquement grave ou persistant à ses obligations contractuelles lors de l'exécution d'un contrat de concession ou d'un marché public antérieur ;
– ces sanctions ont été infligées au cours des trois années précédant la conclusion du marché.

Ces conditions sont sévères, bien plus que le régime antérieur, qui permettait de se prévaloir de mises en demeures, de pénalités de retard ou pour malfaçon, ou de décisions défavorables affectant la réception des prestations telles que la réfaction. Or, ce régime antérieur, du fait de la création par voie réglementaire de ce régime, n'est plus applicable.

En revanche, le régime antérieur impliquait que la mauvaise exécution affecte un marché précédent liant l'intéressé et l'acheteur. Son champ est aujourd'hui plus large, la mauvaise exécution ayant pu affecter un contrat de commande publique, y compris une concession, conclu par un autre acheteur.

APPLICATION

La difficulté d'application réside ici dans la connaissance de ces sanctions prises à l'encontre de l'opérateur économique, elle appelle sans doute à la constitution, en pratique, de mécanismes d'échanges d'informations sur ce sujet.

Manœuvres anticoncurrentielles

Peuvent être écartées les personnes qui ont entrepris :
– d'influer indûment sur le processus décisionnel de l'acheteur ;
– d'obtenir des informations confidentielles susceptibles de leur donner un avantage indu lors de la procédure d'attribution ;
– de délivrer des informations trompeuses susceptibles d'avoir une influence déterminante sur les décisions d'exclusion, de sélection ou d'attribution.

Cette dernière situation relève du dénigrement, une infraction au droit de la concurrence susceptible d'engager la responsabilité du candidat envers son concurrent. Les deux autres peuvent relever du droit pénal, en particulier en cas de tentative de corruption.

À RETENIR

Il faut ici être particulièrement prudent : l'acheteur, qui limite la liberté du candidat en cause d'accéder à la commande publique, devrait s'abstenir de l'exclure en l'absence de preuves.

Participation à la préparation du projet de marché

Lorsqu'un opérateur participe à la préparation du projet de marché (cf. chapitre 5), il détient nécessairement des informations privilégiées, ce qui constitue un risque de rupture de l'égalité de traitement des candidats.

L'acheteur peut donc l'écarter, mais le respect d'un second principe, celui de la liberté d'accès à la commande publique, implique qu'il ne puisse le faire que si l'égalité des candidats ne peut être rétablie. La symétrie de l'information doit donc être assurée par la diffusion aux autres opérateurs économiques, en temps utiles, des informations pertinentes à l'élaboration des offres.

Ce n'est que si l'acheteur ne peut rétablir l'égalité par d'autres moyens qu'il doit se résoudre à interdire à l'opérateur économique concerné de participer à la procédure.

Suspicion d'entente

L'acheteur qui dispose d'éléments suffisamment probants ou constituant un faisceau d'indices graves, sérieux et concordants pour en déduire que des opérateurs ont conclu une entente en vue de fausser la concurrence peut éliminer les candidatures des intéressés.

La mise en œuvre de ce régime implique un niveau de preuve suffisant, ce qui est délicat, en raison de la grande difficulté d'établir une entente. Cela suppose de réunir la preuve des agissements anticoncurrentiels et de pouvoir les constater sur la durée.

Les acheteurs sont donc appelés à la plus grande prudence dans la mise en œuvre de leur faculté d'exclure les intéressés.

À RETENIR

L'exclusion limitant la liberté d'accès des opérateurs économiques à la commande publique, le risque contentieux est réel. L'acheteur ne pourra y faire face que si son dossier est solide, ce qui, au regard de la complexité à établir une entente, n'ira de soi que dans des cas exceptionnels. En cas de doute, il convient sans doute de prendre l'attache des services spécialisés dans la lutte contre ces pratiques, ceux de la Direccte.

Conflit d'intérêts

En cas de conflit d'intérêts, la candidature est écartée s'il ne peut y être remédié par d'autres moyens.

Une situation de conflit d'intérêts est toute situation dans laquelle une personne qui participe au déroulement de la procédure de passation du marché public ou est susceptible d'en influencer l'issue a, directement ou indirectement, un intérêt financier, économique ou tout autre intérêt personnel qui pourrait compromettre son impartialité ou son indépendance dans le cadre de la procédure de passation du marché public.

À RETENIR

Dès lors que la survenance d'une telle situation s'avère probable, comme dans le cas des chambres de commerce et d'industrie, dont les élus sont des acteurs de l'économie locale, il peut être judicieux d'organiser une procédure interne permanente de détection et de prévention des conflits d'intérêts, en instituant par exemple une commission consultative chargée notamment de donner un avis sur l'élimination de la candidature. S'il est envisagé de donner un pouvoir décisionnaire à cette commission, il convient de le prévoir par une délibération statuant sur cette attribution de compétence, par exemple en l'intégrant dans un règlement intérieur régissant les achats, voire en modifiant les statuts si ceux-ci s'opposent à une telle règle.

APPLICATION

La détention de titres d'une société cotée en bourse ne saurait constituer une situation de conflit d'intérêts.

Régime

De manière comparable au régime des offres anormalement basses, le candidat concerné ne peut être exclu que s'il a été mis à même de présenter ses observations en défense par l'acheteur. En écartant sa candidature, l'acheteur limite, en effet, sa liberté d'accéder à la commande publique. Il convient donc de justifier cette décision et de prendre certaines précautions.

L'acheteur lui adresse une mise en demeure assortie d'un délai raisonnable l'invitant à établir par tout moyen, que son professionnalisme et sa fiabilité ne peuvent plus être remis en cause et, le cas échéant, que sa participation à la procédure de passation du marché public n'est pas susceptible de porter atteinte à l'égalité de traitement.

Le compte rendu de cette procédure est mentionné dans le rapport de présentation du marché ou versée au dossier.

43.3 Principe « Ne nous dites pas ce que nous savons déjà »

Principe « ne nous dites pas ce que nous savons déjà » consiste à ne pas exiger des opérateurs économiques les informations dont l'acheteur dispose déjà ou qu'il est à même de se procurer directement et sans restriction par voie électronique.

Il s'agit d'alléger les formalités de réponse aux consultations pour les opérateurs économiques, compte tenu du fait que 74 % des informations qui leur sont demandées sont détenues par des administrations ou des organismes agréés. C'est une situation totalement incohérente qui exige du secteur public qu'il s'organise pour rationaliser les procédures.

Le principe s'exprime au regard de deux axes :
– les candidats ne sont pas tenus de fournir les documents justificatifs et moyens de preuve que l'acheteur peut obtenir directement par le biais d'un système électronique de mise à disposition d'informations administré par un organisme officiel ou d'un espace de stockage numérique. Le dossier de candidature doit toutefois contenir les informations nécessaires à l'accès à ces informations, qui doit être gratuit ;
– l'acheteur peut prévoir, dans l'avis de marché ou un autre document de la consultation, que les candidats ne sont pas tenus de fournir les documents justificatifs et moyens de preuve qui lui ont déjà été transmis dans le cadre d'une précédente consultation et qui demeurent valables.

Les outils dématérialisés, mis en place pour l'application de ce principe permettront, à termes, d'en garantir l'effectivité.

À RETENIR

À compter du 1er avril 2017 pour les centrales d'achats, du 1er octobre 2018 pour les autres acheteurs, en procédure formalisée, les candidats ne sont pas tenus de fournir les documents justificatifs et moyens de preuve qui ont déjà été transmis au service acheteur concerné lors d'une précédente consultation et qui demeurent valables, même si celui-ci ne l'a pas expressément prévu.

APPLICATION

Les acheteurs ont la faculté de rendre leurs marchés éligibles au dispositif des marchés publics simplifiés (MPS), qui est une application concrète du principe (voir § 46.1 et suivants). Le Dume matérialise, également, l'idée du « coffre-fort électronique » permettant l'application du principe (voir § 45.1 et suivants).

Le tableau 43.1 résume les principaux changements concernant la recevabilité des candidatures.

Tab. 43.1 Concordance ancienne et nouvelle réglementation

Nouvelles références	Anciennes références	Objet et apports essentiels
Art. 45 et 46 OO 2015	Art. 43 CMP – art. 8 O. 2005	Liste des interdictions de soumissionner.
Art. 47 O. 2015	–	Régime nouveau de la dérogation aux interdictions de soumissionner.
Art. 48 O. 2015	–	Régime nouveau des interdictions de soumissionner facultatives.
Art. 49 O. 2015	Art. 47 CMP	Sanction des interdictions de soumissionner pendant l'exécution du marché par la résiliation de celui-ci. Introduction de la possibilité de résilier le marché si son titulaire est frappé d'une interdiction de soumissionner en cours d'exécution.
Art. 50 O. 2015	–	Régime nouveau des interdictions de soumissionner des cotraitants et des sous-traitants.
Art. 48 D. 2016	Art. 45 CMP	Régime du dossier de candidature et des pièces à fournir.
Art. 49 D. 2016	–	Régime nouveau du document unique de marché européen (Dume)
Art. 50, 51 et 52 D. 2016	Art. 44 CMP	Régime des pièces justificatives de la situation des candidats au regard des conditions de recevabilité des leurs candidatures.
Art. 53 D. 2016	Art. 45 CMP	Principe « Ne nous dites pas ce que nous savons déjà ».
CMP : Code des marchés publics 2006 O. 2015 : Ordonnance n° 2015-899 relative aux marchés publics D. 2016 : Décret n° 2016-360 relatif aux marchés publics		

Capacités des candidats 44

Références : *art. 48 et 50 du décret n° 2016-360*

44.1 Principe de la justification des capacités

L'acheteur doit pouvoir s'assurer que les candidats sont effectivement en capacité d'exécuter le marché, de manière à prévenir, autant que faire se peut, les incidents dans son exécution.

Il est tenu de vérifier les capacités des candidats à exécuter les prestations. Ces capacités sont :
– **financières :** solvabilité et solidité de l'entreprise (établie au moyen du chiffre d'affaires, des bilans ou de documents bancaires établissant la surface financière de l'entreprise) ;
– **techniques :** moyens techniques à la disposition du candidat (par exemple l'outillage, les effectifs ou la qualification des collaborateurs) ;
– **professionnelles :** savoir-faire du candidat justifié au moyen de certificats, de brevets ou de références établissant l'expérience ou le savoir-faire technique du candidat.

À RETENIR

L'acheteur peut imposer l'usage du formulaire facultatif DC2, « Déclaration du candidat individuel ou du membre du groupement », disponible en téléchargement à l'adresse suivante : http://www.economie.gouv.fr/daj/formulaires-marches-publics. Il peut également, désormais, recourir au « document unique de marché européen » (Dume, voir § 45.1 et suivants), qui est un formulaire dématérialisé qu'il convient de compléter depuis l'adresse suivante : https://ec.europa.eu/growth/tools-databases/espd/filter?lang=fr.

44.2 Pièces justifiant des capacités

L'acheteur doit impérativement vérifier chacune des trois catégories de capacités, c'est pourquoi il doit demander au moins une pièce à l'appui de chacune d'elles.

L'acheteur ne peut demander aux candidats que la fourniture des renseignements et documents figurant sur les listes détaillées dans les tableaux suivants. Cette liste présente un caractère limitatif : il n'est pas possible de demander des renseignements ou documents qui ne figurent pas sur cette liste.

Pour autant, il est également possible d'exiger des candidats :
– une inscription sur un registre professionnel ;
– un niveau approprié d'assurance des risques professionnels ;

Tab. 44.1. Justificatifs des capacités financières

Renseignements ou documents	Observations
Déclaration concernant le chiffre d'affaires global du candidat et, le cas échéant, le chiffre d'affaires du domaine d'activité faisant l'objet du marché public, portant au maximum sur les trois derniers exercices disponibles en fonction de la date de création de l'entreprise ou du début d'activité de l'opérateur économique, dans la mesure où les informations sur ces chiffres d'affaires sont disponibles	Nécessité de se limiter à trois années
Déclaration appropriée de banques ou preuve d'une assurance pour les risques professionnels pertinents	Une attestation de bonne tenue de compte n'est pas suffisante. La déclaration peut être remplacée par une garantie bancaire.
Bilans ou extraits de bilan, concernant les trois dernières années, des opérateurs économiques pour lesquels l'établissement des bilans est obligatoire en vertu de la loi	Nécessité de se limiter à trois années

Tab. 44.2 Justificatifs des capacités techniques

Renseignements ou documents	Observations
Déclaration indiquant les effectifs moyens annuels du candidat et l'importance du personnel d'encadrement pendant les trois dernières années	Nécessité de se limiter à trois années.
Pour les marchés publics de travaux, de services ou pour les marchés publics de fournitures comportant également des travaux de pose et d'installation ou des prestations de services, l'indication des titres d'études et professionnels du candidat ou des cadres de l'entreprise, et notamment des responsables de prestation de services ou de conduite des travaux de même nature que celle du marché public	Information relative à la qualification du personnel en charge de l'exécution des prestations.
Indication des techniciens ou des organismes techniques, qu'ils soient ou non intégrés au candidat, en particulier de ceux qui sont responsables du contrôle de la qualité et, lorsqu'il s'agit de marchés publics de travaux, auquel le candidat pourra faire appel pour l'exécution de l'ouvrage	Information relative au personnel en charge de l'exécution des prestations, notamment sur les aspects qualité à la disposition du candidat.
Déclaration indiquant l'outillage, le matériel et l'équipement technique dont le candidat disposera pour la réalisation du marché	
Description de l'équipement technique ainsi que des mesures employées par le candidat pour s'assurer de la qualité et des moyens d'étude et de recherche de son entreprise	
Indication des systèmes de gestion et de suivi de la chaîne d'approvisionnement que le candidat pourra mettre en œuvre lors de l'exécution du marché	
Indication des mesures de gestion environnementale que le candidat pourra appliquer lors de l'exécution du marché	

– des informations sur les comptes annuels des candidats indiquant notamment le rapport entre les éléments d'actif et de passif. Les méthodes et les critères, objectifs et non-discriminatoires, appliqués pour prendre en compte ces informations sont mentionnés dans les documents de la consultation.

Le cas échéant, les acheteurs utilisent la base de données e-Certis (voir § 43.2.2) pour procéder aux vérifications des formes des documents de preuve ou des pièces justificatives des candidats.

À RETENIR

L'acheteur exige principalement celles de ces pièces justificatives qui sont référencées dans e-Certis à compter du 1er octobre 2018.

Les renseignements ou documents doivent être interprétés de manière restrictive. Par exemple, s'il est possible de demander aux candidats un extrait de bilan pour les trois dernières années, il est interdit de l'exiger sur une antériorité supérieure à trois ans.

À RETENIR

La liste est plus longue pour les marchés de défense ou de sécurité.

En tout état de cause, le candidat peut justifier de ses capacités par tout moyen, en particulier en les complétant des capacités de ses cotraitants (voir § 48.1 et suivants) ou de sous-traitants (voir § 49.1 et suivants).

44.2.1 Capacités financières

L'acheteur peut demander les renseignements ou documents suivants (tab. 44.1).

L'acheteur ne peut écarter une entreprise au motif qu'elle ne dispose pas d'une antériorité d'activité de trois années, une telle exigence aurait pour effet d'écarter des marchés publics les entreprises nouvelles. Dans leur cas, la capacité financière peut être établie par tout moyen, dès lors que le moyen utilisé présente aux yeux de l'acheteur un caractère équivalent. Tel est le cas d'une garantie bancaire, par exemple une garantie à première demande, mais cette garantie est payante.

44.2.2 Capacités techniques

L'acheteur peut demander les renseignements ou documents suivants (tab. 44.2).

En dehors du cas des marchés de défense ou de sécurité, les équivalences des documents ou informations exigées à l'appui des capacités techniques ne sont pas admises.

44.2.3 Capacités professionnelles

L'acheteur peut demander les renseignements ou documents suivants (tab. 44.3).

Les équivalences des documents ou informations exigées à l'appui des capacités professionnelles sont admises, certains candidats ne disposant pas nécessairement de l'antériorité requise.

Tab. 44.3. Justificatifs des capacités professionnelles

Renseignements ou documents	Observations
Liste des travaux exécutés au cours des cinq dernières années, assortie d'attestations de bonne exécution pour les travaux les plus importants. Ces attestations indiquent le montant, la date et le lieu d'exécution des travaux et précisent s'ils ont été effectués selon les règles de l'art et menés régulièrement à bonne fin	Expérience du candidat. Le cas échéant, afin de garantir un niveau de concurrence suffisant, l'acheteur peut indiquer que les éléments de preuve relatifs à des travaux exécutés il y a plus de cinq ans seront pris en compte. Les prestataires de services juridiques, avocats, doivent à leurs clients le secret professionnel. L'identité de leur client ne peut être communiquée, sauf à solliciter d'eux un accord préalable.

Renseignements ou documents	Observations
Liste des principales livraisons effectuées ou des principaux services fournis au cours des trois dernières années, indiquant le montant, la date et le destinataire public ou privé. Les livraisons et les prestations de services sont prouvées par des attestations du destinataire ou, à défaut, par une déclaration de l'opérateur économique	Expérience du candidat. Le cas échéant, afin de garantir un niveau de concurrence suffisant, l'acheteur peut indiquer que les éléments de preuve relatifs à des produits ou services pertinents fournis il y a plus de trois ans seront pris en compte.
Échantillons, descriptions ou photographies des fournitures	
Certificats établis par des services chargés du contrôle de la qualité et habilités à attester la conformité des fournitures par des références à des spécifications techniques	D'autres preuves de mesures équivalentes de garantie de la qualité sont acceptées, si les candidats n'ont pas accès à ces certificats ou n'ont aucune possibilité de les obtenir dans les délais fixés.
Certificats de qualifications professionnelles	Ces certificats sont délivrés par les organismes professionnels. Des équivalences sont toujours recevables, ainsi que les certificats équivalents d'organismes établis dans d'autres États membres.
Contrôle effectué par l'acheteur ou, au nom de celui-ci, par un organisme officiel compétent du pays dans lequel le fournisseur ou le prestataire de services est établi, sous réserve de l'accord de cet organisme.	Hypothèse réservée aux cas dans lesquels les produits ou les services à fournir sont complexes ou que, à titre exceptionnel, ils doivent répondre à un but particulier. Le contrôle porte sur les capacités de production du fournisseur ou sur la capacité technique du prestataire de services et, si nécessaire, sur les moyens d'étude et de recherche dont il dispose ainsi que sur les mesures qu'il prendra pour contrôler la qualité.
Certificats de qualité attestant que l'opérateur économique se conforme à certaines normes d'assurance de qualité, y compris en ce qui concerne l'accessibilité pour les personnes handicapées.	Certificats délivrés par des organismes indépendants, fondés sur les normes européennes et certifiés par des organismes accrédités. L'acheteur accepte les certificats équivalents d'organismes établis dans d'autres États membres ou lorsque le candidat n'a pas la possibilité d'obtenir ces certificats dans les délais fixés pour des motifs qui ne lui sont pas imputables.

APPLICATION

Une entreprise créée l'année précédant la mise en œuvre de la procédure d'attribution pourra établir ses capacités professionnelles au regard de l'expérience des personnels, et spécialement des cadres techniques, qu'elle a pu recruter.

Le tableau 44.4 résume les principaux changements concernant la recevabilité des candidatures.

Tab. 44.4 Concordance ancienne et nouvelle réglementation

Nouvelles références	Anciennes références	Objet et apports essentiels
Art. 51 O. 2015	Art. 52 CMP	Principes applicables à la sélection des candidats.
Art. 48 et 50 D. 2016	Art. 45 et 46 CMP	Régime des capacités des candidats.
CMP : Code des marchés publics 2006 O. 2015 : Ordonnance n° 2015-899 relative aux marchés publics D. 2016 : Décret n° 2016-360 relatif aux marchés publics		

45 Dume

***Références :** art. 49 du décret n° 2016-360*

Au-delà des apparences, le document unique de marché européen constitue un élément important de simplification des dossiers de candidature. En apparence, en effet, il faut regretter son volume important, le formulaire compte 13 pages, et son côté technocratique. En première lecture, le Dume est difficile d'accès.

Le Dume est une déclaration sur l'honneur mentionnant les informations nécessaires au dossier de candidature. Il est accompagné des pièces justificatives établissant les capacités des candidats. Il est destiné à se substituer aux formulaires actuellement utilisés pour établir le dossier de candidature (formulaires DC1, relatif à la recevabilité de la candidature, et DC2, relatif aux capacités des candidats).

L'usage du Dume n'est pas obligatoire et sa valeur ajoutée est plus que contestable s'il est utilisé sous forme papier.

En revanche, il est destiné à être utilisé sous forme entièrement dématérialisée et à présenter les informations qu'il contient sous la forme d'un échange de données structurées. Sous cette forme, son utilisation présente des avantages manifestes, puisqu'il va permettre l'application effective du principe « Ne nous dites pas ce que nous savons déjà ».

Ce principe consiste à ne pas exiger des opérateurs économiques les informations dont l'acheteur dispose déjà ou qu'il est à même de se procurer directement et sans restriction par voie électronique (cf. chapitre 43).

Le Dume est un formulaire réutilisable qui, utilisé depuis le portail de la Commission européenne e-Dume, concrétise l'usage du « coffre-fort électronique ».

APPLICATION

Le portail e-Dume est disponible à cette adresse : https://ec.europa.eu/growth/tools-databases/espd/filter?lang=fr.

45.1 Principes d'application

Aux yeux de la Commission européenne, le Dume est avant tout un formulaire européen, mais il permet surtout de simplifier le contenu des dossiers de candidature.

45.1.1 Formulaire européen

Disponible dans toutes les langues de l'Union, il est destiné à harmoniser de manière concrète les informations exigées des opérateurs économiques par les acheteurs, auprès desquels il est censé établir que les conditions requises pour participer aux procédures de passation de marchés publics dans l'Union sont remplies.

En particulier, les formulaires DC1 et DC2 utilisés en France n'étaient familiers qu'aux opérateurs français. Tous les opérateurs économiques européens disposent ainsi d'un outil facilitant leur activité dans les autres États membres.

À RETENIR

L'acheteur peut exiger l'emploi de la langue française pour le Dume, ce qui est, bien entendu, recommandé. Il l'indique alors dans les documents de la consultation.

45.1.2 Formulaire dématérialisé

Aux yeux de ces opérateurs économiques, le Dume permet de ne fournir qu'une seule fois les informations requises. Il est réutilisable, pour peu qu'il soit tenu à jour, et les soumissionnaires ne doivent plus fournir ni justificatifs, ni les différents formulaires utilisés antérieurement.

La plate-forme e-Dume permet de remplir le formulaire en ligne et ainsi :
– soit de le télécharger et l'envoyer par voie papier ;
– soit de l'envoyer directement en ligne dans le cadre d'une procédure dématérialisée

Si la procédure est gérée par voie électronique, le Dume peut être exporté, stocké et envoyé par voie électronique. À partir du 1er octobre 2018, le Dume ne sera plus disponible que sous format électronique.

Obligations de l'acheteur

Les obligations de l'acheteur varient en fonction de la manière dont le Dume est utilisé.

Pour les marchés publics pour lesquels une consultation aura été lancée, à compter du 1er avril 2017 pour les centrales d'achat, à compter du 1er avril 2018 pour les autres acheteurs, l'acheteur est tenu d'accepter le Dume utilisé comme moyen d'échange de données structurées.

Avant ces dates, il n'y est pas tenu.

Lorsque le Dume n'est pas utilisé comme moyen d'échange de données structuré, mais par voie papier ou sous format pdf, l'acheteur est tenu d'accepter que le candidat l'utilise pour présenter sa candidature.

L'acheteur peut :
– autoriser les candidats à se limiter à indiquer dans le Dume qu'ils disposent de l'aptitude et des capacités requises, sans fournir d'informations particulières sur celles-ci. Il mentionne cette faculté dans les documents de la consultation ;
– refuser cette faculté aux candidats. Dans le silence du u dossier de la consultation sur ce point, c'est cette dernière solution qui doit être retenue.

Obligations du candidat

Il incombe aux candidats de veiller à tenir à jours les informations présentées dans le Dume et de le remplir sans dissimuler d'informations, le contenu du Dume engageant leur responsabilité contractuelle.

S'il est tenu à jour, le Dume peut être réutilisé.

45.2 Contenu du formulaire

Le Dume est structuré en cinq parties et une déclaration finale, le tableau 45.1 en récapitule et en commente le contenu (Tab. 45.1).

L'acheteur remplit la partie I (« Informations concernant la procédure de passation de marché et le pouvoir adjudicateur ou l'entité adjudicatrice »). Il s'agit seulement de la première page. Les autres parties sont renseignées par l'opérateur économique.

Tab. 45.1. Contenu commenté du Dume

Rubriques	Informations	Observations
I. Informations concernant la procédure de passation de marché et le pouvoir adjudicateur ou l'entité´ adjudicatrice		
Informations relatives à la procédure de passation de marché	Identité de l'acheteur	
	Marché concerné	Brève description de l'objet du marché, ainsi que le numéro qui lui est attribué
II. Informations concernant l'opérateur économique		
A. Informations concernant l'opérateur économique		
Identification	Nom de l'opérateur, n° de TVA, coordonnées e la personne à contacter	
Informations générales	L'opérateur est-il une PME ?	Une PME est une entreprise de moins de 250 salariés, dont le chiffre d'affaires est inférieur à 550 € ou le total du bilan annuel n'excède pas 443 €, et qui n'appartient pas à une entreprise dépassant ces seuils.
	L'opérateur est-il susceptible d'obtenir un marché réservé ?	Cf. chapitre 34
	L'opérateur est-il inscrit sur une liste officielle d'opérateurs agréés ?	
	Fourniture d'attestations fiscales et sociales	Les opérateurs économiques français sont susceptibles de répondre par l'affirmative à cette question
Forme de participation	Forme de la réponse à la consultation, groupée ou non	Précisions requises sur la forme du groupement, l'identité de son mandataire et la répartition des tâches, les noms des membres du groupement
	Allotissement	Identification des lots à l'attribution desquels l'opérateur est candidat
B. Informations relatives aux représentants de l'opérateur économique		
Représentation	Noms, fonctions et coordonnées du représentant de l'opérateur	
C. Informations relatives au recours aux capacités d'autres entités		
Recours	Recours aux capacités d'autres opérateurs pour satisfaire aux conditions de participation à la procédure	Un Dume est fourni pour chacun des membres du groupement, des filiales du groupe ou des sous-traitants dont les capacités sont requises
D. Informations concernant les sous-traitants aux capacités desquels l'opérateur économique n'a pas recours		
Sous-traitance	Intention de sous-traiter une partie du marché à des tiers	Liste des sous-traitants pressentis, dans la mesure où elle est connue

Rubriques	Informations	Observations
III. Informations concernant l'opérateur économique		
A. Motifs liés à des condamnations pénales		
Motifs liés à des condamnations pour participation à une organisation criminelle, corruption, fraude, infractions terroristes ou travail des enfants	Existence d'une condamnation frappant l'opérateur ou les membres de ses organes de direction	Précision des décisions, de leurs motifs, de la durée de l'exclusion
	Auto-réhabilitation	Mention des mesures prises démontrant que, désormais, l'opérateur est fiable nonobstant l'exclusion
B. Motifs liés au paiement d'impôts et taxes ou de cotisations de sécurité sociale		
Paiement des impôts et taxes ou de sécurité sociale	Satisfaction des obligations de paiement	Mention de la satisfaction de ces obligations
	À défaut de paiement	Mention des États membres concernés, du montant, de la nature de la sanction
C. Motifs liés à l'insolvabilité, aux conflits d'intérêts ou à une faute professionnelle		
Informations concernant une éventuelle insolvabilité, d'éventuels conflits d'intérêts ou une éventuelle faute professionnelle	Non-respect des obligations dans le domaine du droit environnemental, social ou du travail	
	Auto-réhabilitation	Mention des mesures prises démontrant que, désormais, l'opérateur est fiable
	Situation d'insolvabilité	Précisions à donner en cas de situation de liquidation ou de redressement judiciaire
	Faute professionnelle grave	Mention du versement de dommages et intérêts, d'une résiliation ou dc sanction comparable du fait d'un manquement grave ou persistant à ses obligations contractuelles lors de l'exécution d'un contrat de concession ou d'un marché public antérieurs
	Fausses déclarations	
D. Autres motifs d'exclusion pouvant être prévus par le droit interne de l'État membre du pouvoir adjudicateur ou de l'entité adjudicatrice		
Motifs d'exclusion purement nationaux	Application d'un autre motif d'exclusion	
	Auto-réhabilitation	Mention des mesures prises démontrant que, désormais, l'opérateur est fiable
IV. Critères de sélection		
A. Indication globale pour tous les critères de sélection		
Respect de tous les critères de sélection requis	Existence d'une condamnation frappant l'opérateur ou les membres de ses organes de direction	Précision des décisions, de leurs motifs, de la durée de l'exclusion
	Auto-réhabilitation	Mention des mesures prises démontrant que, désormais, l'opérateur est fiable nonobstant l'exclusion

Rubriques	Informations	Observations
A. Aptitude		
Aptitude	Inscription au registre professionnel ou du commerce pertinent	Mention du numéro d'inscription au registre du commerce et des sociétés ou au répertoire des métiers, mention de l'autorité ayant enregistré l'inscription
	Nécessité d'une autorisation spécifique ou d'être membre d'une organisation spécifique pour pouvoir fournir le service requis	Pour les marchés de services, mention de l'autorisation nécessaire, mention de l'organisation d'appartenance (ordre professionnel par exemple)
B. Capacités économiques et financières		
Capacités économiques et financières	Chiffre d'affaires annuel ou chiffre d'affaires annuel moyen pour le nombre d'exercices requis	Mention du chiffre d'affaires, pour les années requises, ou du chiffre d'affaires moyen pour la période requise
	Chiffre d'affaires annuel dans le domaine d'activité couvert par le marché ou chiffre d'affaires annuel moyen pour ce domaine et pour le nombre d'exercices requis	Mention du chiffre d'affaires pertinent, pour les années requises, ou du chiffre d'affaires moyen pertinent pour la période requise
	Date de création de l'opérateur économique	À renseigner dans l'hypothèse où les données relatives au chiffre d'affaires ne sont pas disponibles
	Ratios financiers	Informations sur les comptes annuels des candidats indiquant notamment le rapport entre les éléments d'actif et de passif
	Montant couvert par l'assurance contre les risques professionnels	À renseigner dans l'hypothèse où l'acheteur exige un niveau approprié d'assurance des risques professionnels
	Autres exigences économiques ou financières éventuelles	À renseigner si de telles informations sont requises dans les documents de la consultation
C. Capacités techniques et professionnelles		
Capacités techniques et professionnelles	Références des travaux du type spécifié	Pour les marchés publics de travaux, mention de la liste des références acquises pour les travaux du type de celui faisant l'objet du marché
	Références des fournitures principales du type spécifié	Pour les marchés de fournitures ou de services, mention de la liste des références acquises pour les travaux du type de celui faisant l'objet du marché
	Techniciens ou des organismes techniques	Mention de la liste des techniciens ou des organismes techniques, qu'ils soient ou non intégrés au candidat, en particulier de ceux qui sont responsables du contrôle de la qualité et, lorsqu'il s'agit de marchés publics de travaux, auquel le candidat pourra faire appel pour l'exécution de l'ouvrage

Rubriques	Informations	Observations
Capacités techniques et professionnelles	Équipement technique et mesures pour s'assurer de la qualité, moyens d'études et de recherches	Description de l'équipement technique ainsi que des mesures employées par le candidat pour s'assurer de la qualité et des moyens d'étude et de recherche de son entreprise
	Systèmes de gestion et de suivi de la chaîne d'approvisionnement	Indication des systèmes de gestion et de suivi de la chaîne d'approvisionnement que le candidat pourra mettre en œuvre lors de l'exécution du marché
	Contrôles portant sur les capacités de production ou sur sa capacité technique, ainsi que sur les moyens d'études ou de recherche dont il dispose	Contrôle effectué par l'acheteur ou, au nom de celui-ci, par un organisme officiel compétent du pays dans lequel le fournisseur ou le prestataire de services est établi, sous réserve de l'accord de cet organisme si les produits ou les services à fournir sont complexes ou que, à titre exceptionnel, ils doivent répondre à un but particulier.
	Titre d'études et professionnels	Pour les marchés publics de travaux, de services ou pour les marchés publics de fournitures comportant également des travaux de pose et d'installation ou des prestations de services, l'indication des titres d'études et professionnels du candidat ou des cadres de l'entreprise, et notamment des responsables de prestation de services ou de conduite des travaux de même nature que celle du marché public
	Mesures de gestion environnementale	Indication des mesures de gestion environnementale que le candidat pourra appliquer lors de l'exécution du marché
	Effectifs moyens annuels	Déclaration indiquant les effectifs moyens annuels du candidat et l'importance du personnel d'encadrement pendant les trois dernières années
	Outillage, matériel et équipement technique	Déclaration indiquant l'outillage, le matériel et l'équipement technique dont le candidat disposera pour la réalisation du marché
	Intention de sous-traiter	Indication du pourcentage du marché que l'opérateur déclare avoir l'intention de sous-traiter
	Échantillons descriptions ou photographies	Pour les marchés de fournitures, mention de la volonté de fournir ces échantillons, descriptions ou photographies, ainsi que, le cas échéant, des certificats d'authenticité
	Certificats établis par des instituts, ou services officiels chargés du contrôle de la qualité	Pour les marchés de fournitures, certificats établis par des services chargés du contrôle de la qualité et habilités à attester la conformité des fournitures par des références à des spécifications techniques. Le cas échéant, mention des autres preuves de mesures équivalentes.

Rubriques	Informations	Observations
D. Dispositifs d'assurance de la qualité et normes de gestion environnementale		
Dispositifs d'assurance de la qualité et normes de gestion environnementale	Certificats de conformité aux normes d'assurance de la qualité	Certificats de qualité attestant que l'opérateur économique se conforme à certaines normes d'assurance de qualité, y compris en ce qui concerne l'accessibilité pour les personnes handicapées. Le cas échéant, mention des autres preuves de mesures équivalentes.
	Certificats de conformité aux normes de gestion environnementale requises	Certificats de qualité attestant que l'opérateur économique se conforme à certaines normes de gestion environnementale. Le cas échéant, mention des autres preuves de mesures équivalentes
	Date de création de l'opérateur économique	À renseigner dans l'hypothèse où les données relatives au chiffre d'affaires ne sont pas disponibles
V. Réduction du nombre de candidats qualifiés		
Réduction du nombre	Respect des critères de sélection des candidatures présidant à la sélection des soumissionnaires lorsque leur nombre est limité.	Mention la détention de chacun des certificats ou documents requis par l'opérateur économique.
Déclaration finale		
Texte de la déclaration sur l'honneur	Date, lieu et signature	La signature de la déclaration sur l'honneur constituant le dossier de candidature n'est plus requise dans le cadre des procédures françaises, le Dume n'a donc pas à être signé, sauf exigence en ce sens de l'acheteur, qui doit être explicite dans les documents de la consultation.

Le tableau 45.2 rappelle les références réglementaires du Dume.

Tab. 45.2 Apport de la nouvelle réglementation

Nouvelles références	Anciennes références	Objet et apports essentiels
Art. 49 D. 2016	–	Régime nouveau du document unique de marché européen (Dume)
D. 2016 : Décret n° 2016-360 relatif aux marchés publics		

Marchés publics simplifiés 46

Références : -

Les acheteurs peuvent identifier leur marché comme « marché public simplifié » (MPS). Il s'agit d'un service permettant aux entreprises de répondre à un marché public avec leur seul numéro Siret dès lors que l'acheteur public a identifié ce marché comme éligible au dispositif.

APPLICATION

L'acheteur mentionne le logo MPS, signalant l'ouverture de son marché au dispositif, dans l'avis de marché.

Le MPS est un dispositif qui répond à trois objectifs :
– alléger la charge des opérateurs économiques ;
– diminuer le risque de rejet de la candidature ;
– faciliter le travail de l'acheteur.

De ce point de vue, il constitue l'un des plus intéressants dispositifs mis en place pour faciliter l'accès des PME à la commande publique. Les procédures de participation aux consultations sont en effet regardées, à juste titre, comme complexes, chronophages et coûteuses pour les entreprises. Il s'agit ici d'alléger autant que faire se peut cette procédure à l'égard de ces entreprises.

À RETENIR

En 2015, le SGMAP comptabilisait 1 200 consultations et 1 800 candidatures MPS depuis 2014, date de mise en place de la version expérimentale du dispositif, pour 450 acheteurs impliqués et 11 profils d'acheteurs partenaires. L'objectif en 2016 est d'atteindre 50 000 consultations, sur un total de 300 000 chaque année. L'enjeu étant de mettre un terme à la situation dans laquelle 74 % des informations demandées des candidats sont en réalité détenues par l'administration. L'économie potentielle estimée serait de 60 millions d'euros pour les entreprises, le MPS représentant, au-delà de la simplification de la procédure, un gain de temps effectif de deux heures, en moyenne, par consultation, et de 30 millions d'euros pour les acheteurs, grâce au temps gagné lors du dépouillement des dossiers.

Son usage est donc vivement recommandé aux acheteurs souhaitant faciliter l'accès à la commande publique des petits opérateurs de proximité.

APPLICATION

Il convient de rappeler que les PME, qui constituent 99 % des entreprises dans l'ensemble de l'Union européenne, sont attributaires, en volume, de 58 % des marchés publics en volume, ce qui ne représente en valeur que 27 % de ces marchés.

Le MPS s'appuie sur le principe « ne nous dites pas ce que nous savons déjà », qui consiste à ne pas exiger des opérateurs économiques les informations dont l'acheteur dispose déjà ou qu'il est à même de se procurer directement et sans restriction par des moyens électroniques. Au-delà, l'extrême simplicité de la constitution du dossier de réponse apporte une solution intelligente, efficiente, rapide et ergonomique aux opérateurs économiques, tout en diminuant substantiellement temps passé, et donc le coût, de leurs réponses.

APPLICATION

Les informations sur ce dispositif sont disponibles sur le portail du Secrétariat général à la modernisation de l'action publique (SGMAP), qui est un service du Premier ministre accompagnant le Gouvernement dans la mise en œuvre de la réforme de l'État et soutenant les administrations dans leurs projets de modernisation, à l'adresse suivante : http://www.modernisation.gouv.fr/les-services-publics-se-simplifient-et-innovent/par-des-simplifications-pour-les-entreprises/marche-public-simplifie.

Tab. 46.1. Dispositif de transmission des informations concernées par le dispositif MPS

Type d'information	Contenu	Informations générales	Informations spécifiques à la consultation
Identification du candidat	Raison sociale	Insee, Ministère de l'intérieur	
	Siret	Candidat	
Informations juridiques	Attestation sur l'honneur	Candidat	
Informations fiscales	Attestation fiscale	DGFiP	
	Attestation sociale et attestation de vigilance	Acoss, Audiens, MSA	
Capacités financières	Chiffre d'affaires	Infogreffe	
	Chiffres d'affaires réalisé dans l'activité faisant l'objet du contrat		Candidat
	Bilan ou extrait de bilan à partir de la liasse fiscale	Candidat	
	Attestation appropriée de banque		Candidat
Capacités professionnelles	Certificats qualités	FNTPO, OPQIBI, Pro-BTP, Qualibat Candidat	
	Certificats de qualification		
	Équivalences aux certificats		Candidat
	Références		
Capacités techniques	Effectif moyen et importance du personnel d'encadrement	Candidat	Candidat
	Indication des titres d'études (en rapport avec l'objet du marché)		
	Description de l'outillage, du matériel et équipement technique		
	Description des équipements techniques		
	Description des systèmes de gestion et de suivi de la chaîne d'approvisionnement		
	Indication des mesures de gestion environnementale		

46.1 Modalités

Tous les marchés publics ne sont pas simplifiés. Les marchés concernés sont signalés dans les avis de marchés et sur les profils d'acheteurs par le logo « MPS ». Lorsqu'un marché est identifié MPS par l'acheteur, les opérateurs économiques peuvent soumissionner en utilisant :
– le formulaire MPS disponible sur la plate-forme de dématérialisation ;
– le mode de réponse classique proposé par la plate-forme.

À RETENIR

Le dispositif MPS est ouvert aux candidatures avec sous-traitants, le candidat joint à son dossier dématérialisé l'acte spécial de sous-traitance, qui peut prendre la forme du DC4 (voir § 49.1 et suivants).

46.1.1 Utilisation du formulaire MPS

Lorsque les entreprises utilisent le formulaire, ce dernier est rempli automatiquement grâce au numéro SIRET, ce formulaire en ligne permet à l'entreprise et, le cas échéant, à ses cotraitants, de bénéficier d'une reprise de ses données d'identité si elles sont disponibles : raison sociale, forme juridique, dirigeant principal, adresse, chiffres d'affaires, etc.

Le système permet de collecter auprès des administrations de référence les attestations et certificats. Les administrations et organismes qui fournissent ces données sont les suivants :
– Acoss : attestation de régularité sociale et attestation de vigilance ;
– Audiens : attestation de régularité sociale ;
– DGFiP : attestation de régularité fiscale ;
– FNTP : attestation professionnelle FNTP ;
– Infogreffe : informations juridiques ;
– Insee : informations administratives ;
– Ministère de l'Intérieur : informations relatives aux associations ;
– Mutualité sociale agricole (MSA) : attestation de régularité sociale ;
– OPQIBI : attestation de capacité OPQIBI ;
– Pro-BTP : attestation de retraite Pro BTP ;
– Qualibat : attestation professionnelle Qualibat.

L'entreprise complète ce formulaire en joignant les éléments d'appréciation des capacités professionnelles, techniques et financières demandés par l'acheteur qui ne seraient pas fournis par MPS, ainsi que son offre technique et commerciale.

Le tableau suivant récapitule le dispositif de transmission des informations concernées par le dispositif MPS (tab. 46.1) :

46.1.2 Utilisation des services du profil d'acheteur

Lorsque les opérateurs économiques utilisent le mode de réponse classique proposé par le profil d'acheteur, ils transmettent l'ensemble des éléments demandés par l'acheteur au titre de la candidature et de l'offre. Si l'opérateur est déclaré attributaire, il doit alors fournir à l'acheteur les attestations et certificats fiscaux et sociaux obtenus auprès des administrations concernées.

46.2 Régime

L'acheteur veille, dans son avis de marché ou dans le dossier de la consultation, à exiger les mêmes informations des candidats, quel que soit le mode de réponse choisi par lui.

Le MPS ne dispense pas l'acheteur de vérifier les justificatifs conditionnant la participation à la procédure. Il doit demander les renseignements et documents permettant d'apprécier la candidature et l'offre et procéder à leur analyse.

Seule l'offre de l'attributaire est signée au terme de la procédure, par l'acheteur public et l'entreprise, soit de manière manuscrite, soit de manière électronique si les deux parties disposent d'un certificat de signature conforme.

Le tableau 46.2 résume les principaux changements concernant le principe « ne nous dites pas ce que nous savons déjà ».

Tab. 46.2 Concordance ancienne et nouvelle réglementation

Nouvelles références	Anciennes références	Objet et apports essentiels
Art. 53 D. 2016	Art. 45 CMP	Principe « ne nous dites pas ce que nous savons déjà ».
D. 2016 : Décret n° 2016-360 relatif aux marchés publics CMP : Code des marchés publics 2006		

Choix des candidatures 47

Références : *art. 51 et 55 de l'ordonnance n° 2015-899 – art. 44 du décret n° 2016-360*

L'acheteur est toujours tenu d'opérer un choix sur les candidatures avant l'attribution du marché. La logique du choix des candidatures diffère selon le caractère ouvert ou restreint de la procédure.

Cet examen peut intervenir à divers moments de la procédure : en procédure ouverte, elle peut intervenir après le classement des offres. Dans tous les cas, l'analyse des candidatures est préparée par les services du pouvoir adjudicateur chargés de l'organisation de la procédure.

À RETENIR

Le rapport d'analyse des candidatures constitue un document préparatoire tant que le marché n'est pas signé. Il n'a pas à être communiqué tant que tel n'est pas le cas, par exemple à l'appui de la réponse à une demande écrite de communication des motifs de rejet de la candidature.

L'acheteur peut utiliser le formulaire facultatif OUV3, « Rapport d'analyse des candidatures », disponible en téléchargement à l'adresse suivante : http://www.economie.gouv.fr/daj/formulaires-marches-publics.

47.1 Choix des candidatures en procédure restreinte

Les procédures restreintes se caractérisent par le fait que l'acheteur soumet le dépôt des offres à conditions. L'acheteur peut également décider de restreindre le nombre de candidats admis à présenter une offre (voir § 18.1.4). Il sélectionne, dans ce cas, les candidats sur la base de critères de sélection relatifs à leurs capacités professionnelles, techniques et financières. Ces critères de sélection des candidatures répondent à deux conditions de validité. Ils sont :

– non discriminatoires ;
– liés et proportionnés à l'objet du marché.

Ces critères, qui ne sont pas nécessairement pondérés, doivent avoir été publiés dans l'avis de marché ou, à défaut de la publication d'un tel avis, dans un autre document de la consultation, en pratique dans le règlement de la consultation.

APPLICATION

Le ministère de la Défense passe un important marché de travaux et souhaite restreindre la diffusion du dossier de la consultation, qui contient des documents classifiés « Confidentiel défense », aux seuls opérateurs économiques habilités à accéder à de tels documents. Il exige des candidats, au titre de la recevabilité des candidatures (voir § 47.1 et suivants), la production de l'habilitation « Confidentiel défense » et procède à la sélection des cinq meilleures candidatures sur le fondement des critères suivants :

– chiffre d'affaires réalisé au cours des trois dernières années ;
– effectifs moyens annuels du candidat au cours des trois dernières années ;
– présentation d'une liste des travaux exécutés au cours des cinq dernières années.

En cas d'allotissement, l'examen des candidatures se fait lot par lot.

L'acheteur classe les candidatures et retient les meilleures, dans la limite du nombre fixé dans l'avis de marché ou les autres documents de la consultation.

Il est également possible d'utiliser, en procédure restreinte et en complément aux critères de sélection des candidatures, des niveaux minimaux de capacités (voir ci-dessous).

APPLICATION

Dans l'exemple ci-dessus, le Ministère de la Défense souhaite s'assurer de l'expérience des candidats, compte tenu de l'objet du marché. Il complète ses critères de sélection par l'exigence d'un niveau minimal de capacités, liées à un niveau minimal de compétences justifié par la production d'un certificat établi par des services chargés du contrôle de la qualité et habilités à attester la conformité des fournitures, par des références à des spécifications techniques directement liées et justifiées par l'objet du marché. Tous les candidats qui ne fourniront pas ce certificat ou des documents ou informations attestant de l'équivalence de leurs capacités seront éliminés, sans être admis au classement des candidatures.

47.2 Choix des candidatures en procédure ouverte

En procédure ouverte, le choix des candidatures repose sur une logique d'élimination, opposée à celle qui prévaut en procédure restreinte. Il n'est pas question de sélectionner, ici, les meilleures candidatures, mais d'éliminer les plus mauvaises. Toutes les autres sont retenues.

47.2.1 Niveaux minimaux de capacités

L'acheteur a pu exiger des candidats des niveaux minimaux de capacités, qui sont nécessairement mentionnés dans l'avis d'appel public à la concurrence, à défaut de la publication d'un tel avis, dans le règlement de la consultation.

Ces niveaux minimaux ne doivent pas présenter de caractère discriminatoire. Leur régularité est en conséquence, soumise à trois conditions. Ils sont :
- non discriminatoires ;
- liés à l'objet du marché ;
- proportionnés à cet objet, de manière à ne pas favoriser les entreprises de grande taille par rapport aux PME, lorsque ce n'est pas justifié par la taille du marché ou du lot.

Tous les candidats qui ne présentent pas des capacités atteignant ces niveaux minimaux sont éliminés.

APPLICATION

Une commune souhaite s'assurer de garanties financières dans le cadre de la passation d'un marché de travaux en sous-œuvre, en raison du risque technique associé à l'exécution de ce type de prestations. Il fixe le niveau minimal de capacités financières au fait d'avoir réalisé, chaque année, au moins 10 millions d'euros de chiffre d'affaires au cours des trois dernières années. Les candidats n'atteignant pas ce niveau de chiffre d'affaires sont éliminés.

La réalisation d'un chiffre d'affaires minimal, notamment dans le domaine relevant de l'objet du marché, peut être requis. L'acheteur ne peut toutefois exiger un niveau de capacités financières supérieur à deux fois le montant estimé du marché ou du lot, sauf justifications liées à l'objet du marché ou à ses conditions d'exécution. Ces justifications sont mentionnées dans le rapport de présentation. Pour les accords-cadres ou les systèmes d'acquisition dynamique, le montant du marché à retenir est le montant cumulé de tous les marchés subséquents, bons de commande ou marchés spécifiques susceptibles d'être attribués ou adressés au titulaire du contrat.

À RETENIR

L'acheteur peut exiger un niveau minimal de capacités pour des groupes de lots dans l'hypothèse où un soumissionnaire pourrait se voir attribuer plusieurs lots. Cette règle est destinée à éviter la situation dans laquelle un candidat présenterait des capacités suffisantes pour l'exécution d'un lot, mais pas de plusieurs.

Il est également possible d'exiger des candidats :
- une inscription sur un registre professionnel ;
- un niveau approprié d'assurance des risques professionnels ;
- des informations sur les comptes annuels des candidats indiquant notamment le rapport entre les éléments d'actif et de passif. Les méthodes et les critères, objectifs et non-discriminatoires, appliqués pour prendre en compte ces informations sont mentionnés dans les documents de la consultation.

47.2.2 Absence de niveaux minimaux de capacités

Dans le silence des documents de la consultation, l'acheteur ne peut s'appuyer sur des niveaux minimaux de capacités. Il n'en est pas moins tenu à faire un tri parmi les candidatures, sur le fondement des pièces fournies par les candidats.

Il élimine les seuls candidats qui, manifestement, ne présentent pas les capacités suffisantes pour exécuter le marché.

APPLICATION

Une commune passe un marché de travaux, portant sur la rénovation de la couverture de trois bâtiments publics, selon une procédure adaptée pour un montant estimé à 80 000 euros HT. Elle n'a pas fixé de niveaux minimaux de capacités et l'analyse des candidatures fait ressortir le cas d'une entreprise générale de bâtiment qui ne semble pas disposer d'une expérience importante dans la réalisation de travaux de couverture. Dans le doute, le maire est obligé d'admettre la candidature et d'examiner son offre.

47.3 Autorité compétente

L'autorité compétente pour procéder au choix des candidatures dépend de la nature du pouvoir adjudicateur :
– l'État organise cet examen conformément à son organisation interne ;
– les collectivités territoriales et les établissements publics locaux s'appuient sur leurs services, la commission d'appel d'offres n'intervenant plus que pour attribuer le marché (voir § 39.2) ;
– les établissements publics de l'État organisent l'examen des offres conformément à leurs statuts.

À RETENIR

L'acheteur peut utiliser les formulaires facultatifs OUV3, « Rapport d'analyse des candidatures », OUV4, « Procès-verbal de la commission d'appel d'offres – Admission des candidatures », ou OUV5, « Admission des candidatures », disponibles en téléchargement à l'adresse suivante : http://www.economie.gouv.fr/daj/formulaires-marches-publics.

47.4 Information des candidats non retenus

Les candidats non retenus sont informés sans délai du rejet de leur candidature et du motif de ce rejet. Cette information est obligatoire dans tous les cas. Elle est accompagnée des motifs de la décision prise par l'acheteur dans les procédures faisant l'objet de la publication obligatoire d'un avis de marché au *Journal officiel de l'Union européenne* (*JOUE*). Elle prend la forme d'une notification, par voie électronique, par voie postale, par envoi en recommandé avec avis de réception, voire par remise en mains propres, contre remise d'un récépissé.

À RETENIR

L'obligation de notification des candidats ou des soumissionnaires évincés est désormais systématiquement obligatoire dans toutes les procédures. C'est l'application du principe de transparence. Elle s'impose également dans le cadre de la procédure négociée sans publicité ni mise en concurrence préalables si plusieurs candidats ont été consultés.

L'acheteur, s'il ne procède pas à cette information à ce stade de la procédure, peut le faire après l'examen des offres, dans les mêmes conditions que celles applicables aux soumissionnaires évincés (voir § 51.1 et suivants). Néanmoins, il est toujours préférable de ne pas faire attendre les candidats, afin d'éviter la mobilisation inutile du planning de ces entreprises.

Le tableau 47.1 résume les principaux changements concernant le choix des candidatures.

Tab. 47.1 Concordance ancienne et nouvelle réglementation

Nouvelles références	Anciennes références	Objet et apports essentiels
Art. 51 O. 2015	Art. 52 CMP	Principes applicables à la sélection des candidats.
Art. 55 O. 2015	Art. 83 CMP	Régime de l'information des candidats évincés. Principe nouveau de l'information systématique, quelle que soit la procédure, des candidats ou des soumissionnaires dont la candidature ou l'offre n'a pas été retenue.
Art. 44 D. 2016	Art. 52 CMP	Régime de la sélection des candidats et des niveaux minimaux de capacités.
CMP : Code des marchés publics 2006 O. 2015 : Ordonnance n° 2015-899 relative aux marchés publics D. 2016 : Décret n° 2016-360 relatif aux marchés publics		

48 Cotraitance

Références : *art. 13 de l'ordonnance n° 2015-899 – art. 44 et 45 du décret n° 2016-360*

La cotraitance est un groupement d'opérateurs économiques, dit aussi « groupement momentané d'entreprises », non doté de la personnalité morale. Les entreprises ont le droit de se regrouper pour mettre en commun leurs capacités, de manière à acquérir la capacité d'exécuter les prestations. L'appréciation de ces capacités est globale, peu importe que chaque entreprise ne dispose pas à elle seule de la totalité des capacités requises.

À RETENIR

Les entreprises peuvent se regrouper et donner à leur regroupement la personnalité juridique. C'est la création d'une société de projet, ou société dédiée. Ce montage est fréquent dans les contrats de partenariat public-privé, qu'il s'agisse d'un marché de partenariat ou d'une concession. Il n'interdit pas, lorsque le contrat externalise une partie du financement du projet, une prise de participation de l'acheteur dans la société, ce qui lui permet à la fois d'améliorer le contrôle de l'exécution du contrat et de percevoir une partie des fruits de l'exploitation. Le montage est alors qualifié de partenariat public-privé institutionnalisé (PPP-I).

APPLICATION

Un marché public de services ou une concession de services peut donner lieu, en pratique, à la création d'une société dédiée, que l'opérateur réponde seul ou à plusieurs, en groupement. Les activités faisant l'objet du contrat constituent l'objet social de la société. La constitution de cette société, prévue par le contrat ou l'offre technique du soumissionnaire, est réalisée après la notification du contrat. En pratique, il est souvent nécessaire de stipuler que l'attributaire, l'un des attributaires ou chacun d'eux, viennent garantir la société dédiée, dont ils détiennent le capital, et par là même la bonne fin du marché. La formule de la société dédiée présente l'avantage d'isoler l'exploitation du service, ce qui en facilite le suivi, notamment comptable et financier, et la gestion, notamment le portage salarial. Cette solution est très utile en présence d'une obligation de reprise des contrats de travail. En revanche, elle a nécessairement un coût, qui vient renchérir celui du contrat, et n'est donc à réserver qu'à ceux présentant une valeur suffisante pour compenser ce coût.

De nombreuses raisons peuvent conduire à présenter une candidature en cotraitance. Il peut, notamment, s'agir :
– de faire face à un marché dont l'importance ne permet aux membres du groupement de pouvoir l'exécuter qu'ensemble ;
– de faire face à des délais d'exécution serrés au point de faire obstacle aux candidats de déployer seuls les moyens techniques nécessaires dans ce laps de temps ;
– pour les candidats, de compléter leurs capacités avec le savoir-faire d'une entreprise innovante ;
– de pourvoir à l'exigence d'un agrément administratif nécessaire à l'exercice d'une activité réglementée constituant une partie de l'objet du marché, cette activité étant dévolue au membre du groupement détenant cet agrément, etc.

À la différence d'une société dédiée, le groupement ne dispose pas de la personnalité juridique. Des entreprises contractualisent, entre elles, leurs apports et responsabilités respectives, au moyen d'une convention constitutive de groupement. Cette convention est un contrat de droit privé auquel l'acheteur n'est pas partie, à l'instar des conventions de sous-traitance. Il ne lui est généralement pas communiqué et est couvert par le secret des affaires.

Le mandataire du groupement est désigné dans la convention constitutive du groupement, il est l'interlocuteur unique du pouvoir adjudicateur, auprès de qui il représente l'ensemble des membres du groupement, dont il coordonne, par ailleurs, les prestations.

48.1 Forme du groupement

Le groupement peut être conjoint ou solidaire.

48.1.1 Groupement conjoint

Le groupement conjoint est le plus favorable aux candidats qui souhaitent présenter une candidature groupée, parce que chacun des membres du groupement maîtrise la hauteur de son engagement. Il est la forme de groupement la plus adaptée, en particulier, aux PME, qui ne pourraient pas nécessairement accéder au marché en groupement solidaire. Chaque membre du groupement s'engage à exécuter la ou les prestations qui sont susceptibles de lui être attribuées dans le marché.

Les caractéristiques du groupement conjoint sont les suivantes :
– chaque membre n'est engagé qu'à hauteur des prestations qui lui ont été attribuées ;
– le mandataire représente le groupement ;
– le mandataire est solidaire avec les autres membres du groupement s'il en est stipulé ainsi au marché ;
– le marché, en pratique l'acte d'engagement, précise le montant et la répartition des prestations dévolues à chacun des membres du groupement.

Les membres d'un groupement conjoint doivent, en pratique, toujours préciser les prestations pour lesquelles ils s'engagent : leur responsabilité ne pourra être recherchée que dans cette limite.

À RETENIR

Par hypothèse, un marché à bons de commande ou un accord-cadre, même pourvu d'un minimum ou d'un maximum, ne permet pas au titulaire du marché de connaître à l'avance le volume des prestations qui lui seront commandées. Les membres d'un groupement conjoint ne peuvent donc préciser, au moment du dépôt de leur offre, la quantité maximale des prestations sur laquelle ils s'engagent. La mention de cette part maximale, en quantité, n'est plus exigée. Pour garantir la limitation de leur responsabilité, les membres du groupement conjoint identifient, en revanche, la ou les prestations dont ils auraient la charge dans le cadre de l'exécution.

48.1.2 Groupement conjoint avec mandataire solidaire

L'acheteur peut imposer que le mandataire du groupement soit solidaire. Il s'agit d'une formule qui concilie la protection des intérêts du pouvoir adjudicateur tout en permettant le recours à la formule du groupement conjoint, moins contraignante pour les entreprises. Partant, le groupement conjoint avec mandataire solidaire favorise une plus large concurrence que le groupement solidaire.

Le mandataire, toutefois, n'est alors solidaire des autres membres du groupement qu'à l'égard des obligations de ce groupement vis-à-vis de l'acheteur.

APPLICATION

Répartition des responsabilités au sein du groupement

Une entreprise A est mandataire solidaire d'un groupement solidaire dans le cadre duquel une faute, qui engage la responsabilité contractuelle du groupement, est commise par deux entreprises B et C. L'acheteur engage la responsabilité de l'entreprise A pour réparer la totalité du dommage. L'entreprise A se tourne, ensuite, à titre récursoire, contre les entreprises B et C, et engage leur responsabilité en réparation de ce dommage, chacune à hauteur de la part du dommage auquel elle a contribué.

La convention constitutive du groupement peut prévoir l'absence de solidarité, même de la part du mandataire.

48.1.3 Groupement solidaire

Le groupement solidaire est la formule la plus protectrice, sur le plan des risques, des intérêts de l'acheteur, puisque ce dernier peut se retourner, indifféremment, contre chacun des membres du groupement pour rechercher sa responsabilité pour l'ensemble des prestations qui font l'objet du marché. C'est aussi, en conséquence, la formule la plus restrictive sur le plan de l'ouverture de la concurrence :
– chaque membre est engagé financièrement pour la totalité du marché ;

– le mandataire représente le groupement ;
– le marché, en pratique l'acte d'engagement indique le montant total du marché et l'ensemble des prestations réalisées par le groupement.

À RETENIR

La répartition de leur responsabilité du groupement solidaire est réglée par la conventions constitutive du groupement. Le groupement sera solidaire vis-à-vis de la personne publique, mais le groupement présente toujours un caractère conjoint vis-à-vis de ses membres. Chacun des membres du groupement n'est donc tenu, vis-à-vis des autres, qu'à concurrence de la hauteur des engagements qu'il a souscrits. D'où le caractère très sensible de la négociation de cette convention. Si l'acheteur met en jeu la responsabilité contractuelle de l'un au titre de la solidarité du groupement, l'intéressé sera ainsi fondé à rechercher, le cas échéant, la responsabilité contractuelle des autres membres du groupement au moyen d'une action récursoire. La convention constitutive du groupement étant, nécessairement, un contrat de droit privé, une telle action relèverait de la compétence du juge judiciaire.

Le tableau 48.1 synthétise les obligations de chaque groupement (Tab. 48.1).

48.2 Intangibilité des groupements

Une fois atteinte la date limite de réception des candidatures, ces candidatures sont intangibles jusqu'à la signature du marché.

Il en est de même pour la candidature en groupement. Il est toutefois possible d'en modifier la composition que dans deux séries d'hypothèses.

En premier lieu, si l'un de ses membres est frappé d'une interdiction de soumissionner, l'acheteur exige son remplacement par une personne qui ne fait pas l'objet d'un motif d'exclusion dans un délai de 10 jours à compter de la réception de la réception de cette demande par le mandataire du groupement candidat. À défaut de remplacement à l'expiration de ce délai, le groupement est éliminé. Cette procédure ne constitue pas une faculté pour l'acheteur, qui est tenu de l'appliquer et de donner droit à la candidature du groupement valablement modifié, en application du principe de liberté d'accès à la commande publique.

En second lieu, l'acheteur peut autoriser la modification du groupement candidat en cas d'opération de restructuration affectant l'un de ses membres ou dont l'un des membres est placé dans l'incapacité d'accomplir les prestations qui lui ont été dévolues, sans que cette situation ne lui soit imputable. Il s'agit ici d'une simple faculté pour l'acheteur. Le groupement lui présente une demande de modification de la candidature et propose le cas échéant le remplacement du membre du groupement concerné par un ou plusieurs nouveaux membres, sous-traitants ou entreprises liées.

L'acheteur prend sa décision après vérification des capacités du nouveau groupement et des sous-traitants et entreprises liées présentées.

APPLICATION

Un des membres du groupement dépose une demande d'habilitation « secret défense » en prévision de l'exécution du marché et, cette habilitation lui est refusée. Les autres membres du groupement peuvent être admis à continuer à participer à la procédure d'attribution du marché, à la condition de continuer à présenter des capacités suffisantes pour exécuter les prestations. Le cas échéant, ils peuvent compléter leurs capacités en présentant un ou plusieurs sous-traitants. Quoi qu'il en soit, la modification dans la composition du groupement est, toujours, subordonnée à l'accord de l'acheteur.

Tab. 48.1 Récapitulatif des obligations des groupements d'entreprises

	Groupement conjoint	Groupement conjoint avec mandataire solidaire	Groupement solidaire
Responsabilité	Chaque membre est engagé pour les seules prestations qui lui ont été attribuées.	Chaque membre est engagé pour les seules prestations qui lui ont été attribuées.	Responsabilité financière de chaque membre pour l'ensemble des prestations
Mandataire	Représente le groupement si le groupement en désigne un.	Représente le groupement et est responsable financièrement des autres membres	Représente le groupement si le groupement en désigne un.
Marché	Indique en pratique la répartition des prestations dévolues à chaque entreprise.	Indique en pratique la répartition des prestations dévolues à chaque entreprise.	Indique les prestations réalisées au titre du marché

48.3 Modalités de la candidature en groupement

48.3.1 Présentation de la candidature en groupement

La candidature en groupement suppose de préciser un certain nombre de points, récapitulés dans le formulaire à usage facultatif DC1 (téléchargeable à l'adresse suivante : http://www.economie.gouv.fr/daj/formulaires-marches-publics), qui contient toutes les mentions détaillant les modalités de la candidature en groupement :

– la rubrique D permet de préciser si la candidature s'effectue en groupement, la forme du groupement en cas de réponse affirmative et, le cas échéant, la solidarité du mandataire du groupement conjoint ;

– la rubrique E permet l'identification de chaque membre du groupement et précise, en cas de groupement conjoint, la répartition des prestations, c'est-à-dire la portée de l'engagement de chacun des membres du groupement en cas de groupement conjoint ;

– la rubrique F permet de contrôler la recevabilité de la candidature de chacun des membres du groupement ;

– la rubrique G désigne le mandataire du groupement et précise la portée de son mandat pour engager l'ensemble des membres du groupement.

À RETENIR

La signature du formulaire DC1 n'est plus exigée. La rurique H a été supprimée.

48.3.2 Forme exigée du groupement

Le groupement solidaire n'est pas à la portée de tous les candidats, certains ne pourront se risquer à un engagement solidaire pour garantir la bonne fin du marché. Or, la forme solidaire du groupement est parfois regardée par l'acheteur comme nécessaire à la bonne fin du marché. Il est, ainsi, en mesure de l'exiger.

Il ne peut toutefois le faire qu'au stade de l'attribution, afin de garantir le respect du principe d'égalité de traitement des candidats. L'acheteur qui veut imposer la forme d'un groupement doit indiquer dans les documents de la consultation que, si la forme des groupements n'est pas limitée au stade du dépôt des candidatures, le groupement sera tenu, si le marché lui est attribué, de se transformer en groupement solidaire, ou en groupement conjoint dont le mandataire sera solidaire. L'exigence d'un groupement conjoint avec mandataire solidaire serait moins toxique pour la concurrence et, dans la plupart des cas, n'apporte pas moins de garantie à l'acheteur.

En pratique en effet, les acheteurs ont toutefois tendance à se couvrir au-delà du nécessaire en exigeant, sans doute de manière trop systématique, la transformation des groupements conjoints en groupements solidaires. Or, il a été dit que la forme du groupement a un impact sur la concurrence. Elle a également pour effet de priver les membres du groupement solidaire de toute possibilité de financement par cession ou nantissement de créance (voir § 69.1 et suivants). En effet, les établissements de crédit regardent généralement comme trop risqué le financement en cession ou nantissement de créance d'un membre du groupement solidaire. Le financement leur sera refusé et l'opérateur économique perd ainsi un moyen de faire face aux besoins de trésorerie générés par les retards de paiement des acheteurs.

C'est pourquoi cette exigence doit être solidement justifiée par la nécessité de la bonne exécution du marché, cette justification étant mentionnée dans les documents de la consultation.

À RETENIR

À défaut de justification ou en cas de justification insuffisante ou irrégulière, la responsabilité conjointe du groupement pourrait être opposée à l'acheteur. En particulier, sa décision d'écarter l'attributaire, groupement conjoint, au motif de son refus de devenir solidaire, serait susceptible d'engager sa responsabilité.

APPLICATION

La justification libellée « afin de garantir la bonne fin du marché » est manifestement insuffisante. Il convient de préciser les motifs pour lesquels la limitation de la liberté du commerce et de l'industrie que constitue l'élimination des candidats qui ne consentiraient pas à cette exigence est nécessaire aux yeux de l'acheteur, dans les circonstances du marché. Il peut s'agir, par exemple, d'un marché dont le montant est conséquent ou dans l'exécution duquel un sinistre donnerait vraisemblablement lieu à un enchevêtrement des responsabilités des membres du groupement.

48.3.3 Encadrement de la candidature en groupement

Les groupements sont facteurs d'une plus large concurrence, mais peuvent, par eux-mêmes, poser des difficultés en termes de concurrence. L'acheteur, en particulier, ne connaît pas les conditions auxquelles a été conclue la convention de groupement, qui peut avoir été utilisé pour mettre en œuvre des pratiques concertées anticoncurrentielles.

APPLICATION

Groupement et pratiques anticoncurrentielles

Une réponse récurrente en groupement à des procédures de mise en concurrence peut être le vecteur d'une entente prohibée par le droit de la concurrence. Les membres du groupement assèchent la concurrence en s'associant pour ne présenter, au pouvoir adjudicateur, qu'une seule offre là où elles auraient pu concourir chacune de leur côté.

L'acheteur doit pouvoir vérifier l'utilité du groupement, le cas échéant en se livrant à une analyse attentive des documents apportés par chacune des entreprises qui le composent, en particulier en termes de complémentarité des capacités techniques, professionnelles et financières au regard de l'objet du marché.

C'est pour ces raisons que le groupement doit demeurer intangible durant la procédure de dévolution du marché.

L'acheteur peut interdire, dans l'avis de marché ou un autre document de la consultation, qu'un candidat soumissionne en qualité de membre de plusieurs groupements, ou à la fois seul et membre d'un ou de plusieurs groupements.

La question est cruciale en ce qui concerne le mandataire : par hypothèse, il connaît la portée de l'engagement et les offres de chacun des membres de son groupement. S'il pouvait être mandataire de plusieurs groupements, il disposerait d'informations le plaçant en position de fausser la concurrence. C'est la raison pour laquelle il est interdit d'être le mandataire de plusieurs groupements pour un même marché.

48.4 Obligation personnelle d'exécution

L'acheteur peut exiger que certaines tâches essentielles soient effectuées par l'un des membres du groupement s'il a mentionné cette possibilité dans les documents de la consultation.

APPLICATION

Cette faculté permet de s'assurer de l'exécution personnelle d'une tâche particulière par l'un des membres du groupement est également ouverte à l'égard des candidatures présentant des sous-traitants (voir § 49.1 et suivants). La mention insérée dans les documents de la consultation peut, par exemple, concerner une activité dont l'exécution suppose la détention d'une autorisation ou d'un agrément administratif nécessaire à l'exécution de la tâche en cause, la prestation ne pouvant être exécutée que par le membre du groupement qui détient cette autorisation ou cet agrément. Il peut également s'agir d'une tâche délicate dont la bonne exécution suppose une expérience ou des références minimales. Elle ne peut être une obligation d'exécution de la totalité des prestations du marché, et ne peut concerner que des prestations qui sont au cœur de son objet. Il en résulte sa justification par l'objet du marché ou, à tout le moins, de la tâche dont l'exécution est réservée.

Le tableau 48.2 résume les principaux changements concernant la cotraitance.

Tab. 48.2 Concordance ancienne et nouvelle réglementation

Nouvelles références	Anciennes références	Objet et apports essentiels
Art. 13 O. 2015	Art. 51 CMP	Notion d'opérateur économique.
Art. 50 O. 2015	Art. 51 CMP	Régime nouveau de la modification de la candidature en groupement dont l'un des membres est frappé par une interdiction de soumissionner.
Art. 44 D. 2016	Art. 52 CMP	Régime de la sélection des candidats et des niveaux minimaux de capacités. Principe de l'appréciation globale des capacités des opérateurs économiques.
Art. 45 D. 2016	Art. 51 CMP	Régime des groupements d'opérateurs économiques. Nouveau régime de l'intangibilité des groupements. Limitation de la possibilité d'imposer la forme du groupement. Possibilité d'obliger un membre du groupement à exécuter directement une part essentielle des prestations.
CMP : Code des marchés publics 2006 O. 2015 : Ordonnance n° 2015-899 relative aux marchés publics D. 2016 : Décret n° 2016-360 relatif aux marchés publics		

49 Sous-traitance

***Références :** art. 50 et 62 de l'ordonnance n° 2015-899 – art. 60 et 133 à 137 du décret n° 2016-360*

Un contrat de sous-traitance est un contrat de droit privé conclu entre le soumissionnaire ou le titulaire du marché et un tiers, par lequel ce dernier est chargé sous la responsabilité du titulaire de l'exécution d'une partie des prestations prévues au marché. Comme pour la cotraitance, la sous-traitance a pour objet de compléter les capacités du soumissionnaire, soit dans le cadre du dossier de candidature, soit durant l'exécution du marché.

Le sous-traitant n'est lié au pouvoir adjudicateur par aucun contrat. Il est le cocontractant du titulaire du marché, qui est, toujours, le seul responsable de l'exécution des prestations. Le régime de la sous-traitance prévoit, toutefois, un dispositif de protection du sous-traitant destiné à le prémunir contre la défaillance du titulaire, en aménageant à son profit un mécanisme de paiement direct (voir § 67.1 et suivants).

À RETENIR

L'acheteur peut se retourner contre le sous-traitant, en cas de défaillance du titulaire du marché, en invoquant une faute commise, dans le cadre de l'exécution du contrat de sous-traitance, à l'occasion de l'exécution du marché. L'absence de lien contractuel avec le sous-traitant l'empêche d'utiliser le régime de la responsabilité contractuelle. Il s'agit d'une action en responsabilité quasi-délictuelle, pour faute, à raison d'un manquement à ses obligations contractuelles ou, dans le cadre d'une action « oblique » lorsque le sous-traitant dispose d'une dette à l'égard du titulaire du marché, lui-même débiteur du pouvoir adjudicateur. Une telle action est diligentée devant le juge judiciaire.

49.1 Principes

49.1.1 Principe d'exécution personnelle du marché

Le titulaire d'un marché public est soumis au principe de l'obligation d'exécution personnelle des prestations. Ce principe se justifie à deux égards :

– l'acheteur a choisi le titulaire du marché aux termes d'une procédure durant laquelle il a vérifié ses capacités (voir § 44.1 et suivants) et, surtout, la recevabilité de sa candidature (voir § 43.1 et suivants) ;

– le titulaire du marché est contractuellement lié au pouvoir adjudicateur qui mène une activité d'intérêt général.

49.1.2 Droit de sous-traiter le marché

Il résulte du principe de la liberté du commerce et de l'industrie que le titulaire du marché a le droit de sous-traiter une partie des prestations. L'acheteur ne peut s'y opposer.

À RETENIR

Les entreprises ont le droit d'organiser leur modèle économique comme elles l'entendent. L'acheteur ne peut s'immiscer dans leurs choix économiques sans adopter un comportement discriminatoire. Seuls les achats de défense ou de sécurité (cf. chapitre 3) leur permettent, dans une certaine mesure, d'imposer leurs choix en matière de sous-traitance, notamment pour la rendre obligatoire. Il s'agit, par exemple, de s'assurer de la diffusion du savoir-faire technologique pour garantir la sécurité de ses approvisionnements en cas de défaillance d'un opérateur économique. Mais même dans ce secteur, ces prérogatives sont encadrées : le principe de la liberté du commerce et de l'industrie reste applicable.

Le titulaire reste, cependant, soumis à l'obligation d'exécuter personnellement les prestations du marché. Il en résulte deux limitations au principe de la liberté du commerce et de l'industrie.
– le titulaire ne peut sous-traiter son marché en totalité.
– l'acheteur peut exiger que certaines tâches essentielles soient effectuées directement par le titulaire.

À RETENIR

Il n'y a pas de pourcentage minimal du marché à exécuter personnellement, cette part d'exécution personnelle pouvant être minime. En revanche le titulaire est tenu de prendre une part personnelle et effective à cette exécution, ne pouvant par exemple se contenter d'une activité de holding. Il peut s'agir, en revanche, des missions de coordination des prestations.

La possibilité de s'assurer de l'exécution personnelle d'une tâche particulière par l'un des membres du groupement est également ouverte à l'égard d'un autre membre du groupement (voir § 48.1 et suivants). Cette exigence, qui ne peut être que contractuelle, est mentionnée dans le marché. Elle ne peut être une obligation d'exécution de la totalité des prestations du marché, et ne peut concerner que des prestations « essentielles », c'est-à-dire qui constituent le cœur de son objet. Il en résulte sa justification par l'objet du marché ou, à tout le moins, celui de la tâche dont l'exécution doit être effectuée directement par le titulaire.

49.1.3 Obligation de déclarer le sous-traitant

L'acheteur, garant du bon usage des deniers publics, est soumis à d'importantes responsabilités en sa qualité de maître d'ouvrage, notamment en matière de travaux. Il dispose, en conséquence, de prérogatives étendues de direction et de contrôle de l'exécution du marché. La mise en œuvre de ces prérogatives constitue, pour lui, une obligation susceptible d'engager sa responsabilité (voir tab. 61.1).

Il importe qu'il connaisse les entreprises impliquées dans l'exécution des prestations. Le titulaire du marché a l'obligation de déclarer ses sous-traitants au pouvoir adjudicateur, la sous-traitance occulte est interdite. L'obligation de déclaration repose, aussi, sur le sous-traitant lui-même.

Le sous-traitant ne peut, en effet, bénéficier du paiement direct qu'à une double condition :
– d'avoir été préalablement déclaré au pouvoir adjudicateur ;
– que l'acheteur ait agréé ses conditions de paiement.

À RETENIR

La mise en œuvre du droit au paiement direct du sous-traitant ne peut, donc, être exercée si ce sous-traitant n'a pas été déclaré au pouvoir adjudicateur avant l'exécution des prestations.

L'acheteur qui a connaissance de sous-traitance occulte dans le cadre de l'exécution du marché doit enjoindre au titulaire du marché de procéder à la déclaration de ses sous-traitants.

APPLICATION

Les agents d'une commune qui a passé un marché de travaux pour la construction d'un bâtiment participent à plusieurs réunions de chantier auxquelles prennent part les salariés d'une entreprise qu'ils ne connaissent pas. L'acheteur, maître d'ouvrage, ne peut ignorer l'intervention de ce sous-traitant, il est regardé comme en ayant la connaissance acquise. Le cas échéant, sa responsabilité peut être engagée, par exemple, en cas de défaillance du titulaire : le sous-traitant non déclaré est privé du droit au paiement direct, mais il peut se prévaloir de la connaissance acquise par le maître d'ouvrage pour obtenir de lui le paiement de ses prestations.

CHAMP D'APPLICATION

Toute prestation externalisée à une entreprise par le titulaire ne donne pas lieu à l'application du régime de la sous-traitance. La sous-traitance est un contrat d'entreprise, dans le cadre duquel le sous-traitant dispose de l'autonomie nécessaire à l'exécution des prestations. Il reste indépendant de son donneur d'ordre et, n'est soumis à ses instructions que dans la limite de son engagement contractuel.

Cette autonomie justifie qu'il soit responsable, vis-à-vis de son donneur d'ordre, de la bonne exécution des prestations.

À RETENIR

Le titulaire du marché qui se montre directif au point de priver son sous-traitant de toute autonomie dénature le contrat d'entreprise. Ce contrat peut être requalifié en contrat de travail et le titulaire du marché est susceptible de devoir assumer, envers les salariés du sous-traitant, toutes les responsabilités de l'employeur.

Seuls les marchés de services, les marchés de travaux, les marchés industriels peuvent donner lieu à la conclusion d'un accord de sous-traitance, ainsi que les prestations de services ou de travaux de pose ou d'installation accomplies dans le cadre de marchés de fournitures.

Un marché industriel est un marché ayant pour objet la fourniture d'équipements ou de prototypes conçus et réalisés spécialement pour répondre aux besoins du pouvoir adjudicateur :
– les fournisseurs du titulaire des marchés industriels, de services et de travaux ne sont jamais des sous-traitants, ils ne peuvent bénéficier du régime du paiement direct ;
– les marchés de fourniture ne peuvent donner lieu à sous-traitance.

La législation sur la sous-traitance ne s'applique, en effet, qu'aux contrats d'entreprises, c'est-à-dire des contrats qui délèguent l'exécution de prestations à un tiers, qui est responsable de sa bonne fin vis-à-vis de son donneur d'ordre. Un contrat de fournitures est un contrat de vente, le fournisseur n'apportant par lui-même aucune valeur ajoutée à la prestation.

APPLICATION

Dans le cadre de l'exécution d'un marché de travaux, les fournisseurs de matériaux de construction ne sont pas des sous-traitants. Il en va de même de l'entreprise qui installe un échafaudage : cette prestation est regardée comme la simple fourniture, temporaire, de l'échafaudage, la pose ne constitue que l'accessoire de l'objet du contrat. Il ne s'agit pas d'un contrat d'entreprise : la fourniture de l'échafaudage ne constitue qu'un support logistique, elle ne participe pas directement à l'exécution des prestations, objet du marché, et le fournisseur ne dispose pas d'autonomie dans l'exécution de ses obligations.

À RETENIR

Dans le cadre des marchés de défense ou de sécurité (voir § 3.2.2), l'acheteur peut mener des actions de politique industrielle vis-à-vis des sous-traitants et des fournisseurs du titulaire du marché. Il est, alors, question de « sous-contractants ». La notion de sous-traitant se distingue de la notion de sous-contractant, spécifique au régime des marchés de défense ou de sécurité. Les sous-contractants regroupent, à la fois, les sous-traitants et les fournisseurs.

La figure 49.1 illustre les relations entre l'acheteur, le titulaire du marché et le sous-traitant.

49.2 Déclaration du sous-traitant

La déclaration du sous-traitant peut intervenir, indifféremment, avant l'attribution du marché ou au cours de son exécution. Si le candidat a besoin de se prévaloir des capacités du sous-traitant pour compléter son dossier de candidature, il doit justifier du contrat de sous-traitance dès le dépôt de son dossier de candidature.

49.2.1 Déclaration du sous-traitant dans le dossier de candidature

Les informations et pièces nécessaires à l'agrément du sous-traitant sont fournies, par le titulaire, dans son dossier de candidature. La notification du marché vaut acceptation du sous-traitant et acceptation de ses conditions de paiement.

Les éléments à fournir sont les suivants :
– une description de la nature des prestations sous-traitées ;
– le nom, la raison ou la dénomination sociale et l'adresse du sous-traitant proposé ;
– le montant maximum des sommes à verser par paiement direct au sous-traitant ;
– les conditions de paiement prévues par le projet de contrat de sous-traitance et, le cas échéant, les modalités de variation des prix ;
– les capacités techniques, professionnelles et financières du sous-traitant ;
– une déclaration du sous-traitant indiquant qu'il ne tombe pas sous le coup d'une interdiction d'accéder aux marchés publics.

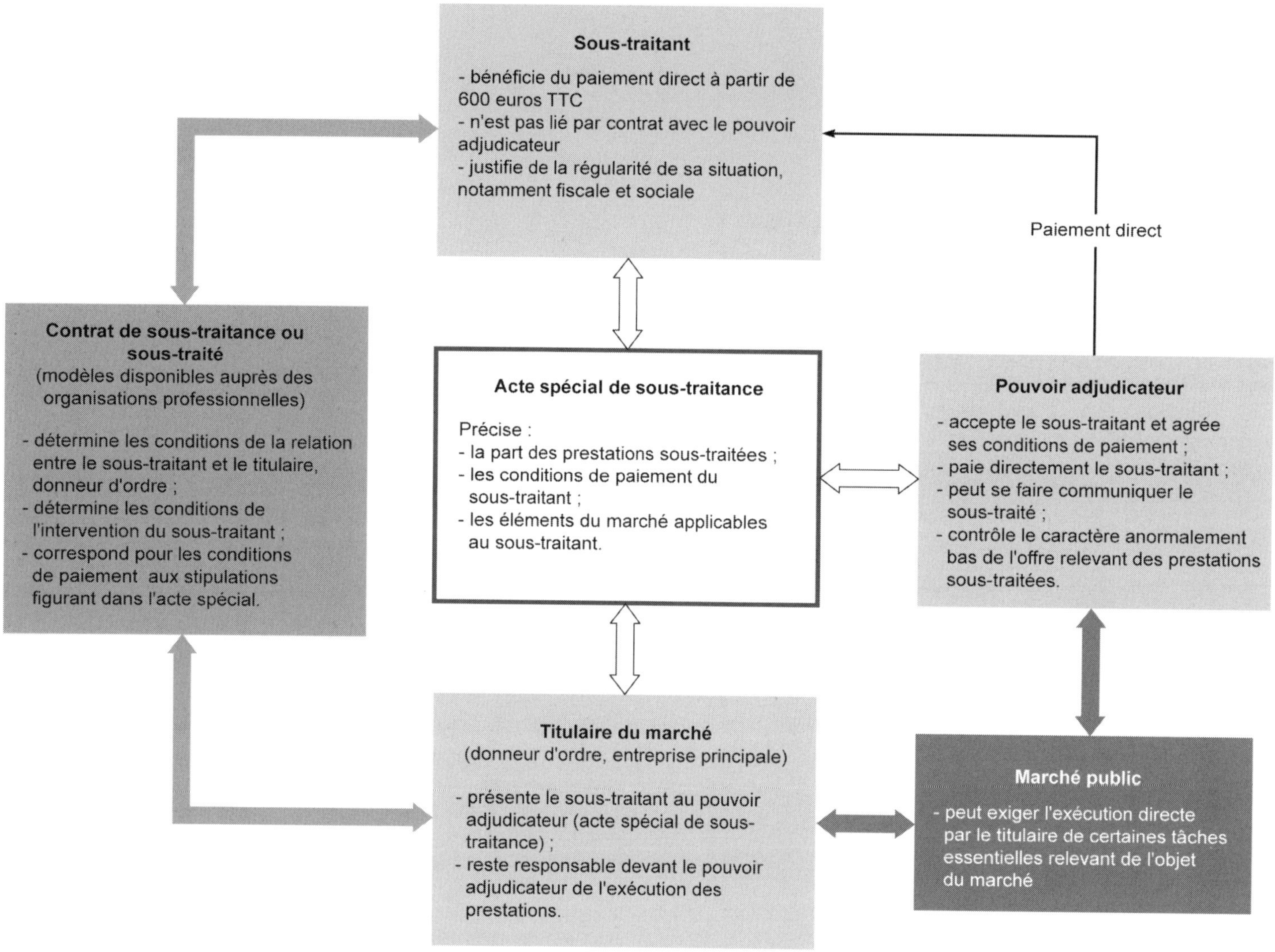

Fig. 49.1 Relations entre les cocontractants incluant un sous-traitant

À RETENIR

Le candidat peut utiliser le formulaire DC4, « Déclaration de sous-traitance », disponible en téléchargement à l'adresse suivante : http://www.economie.gouv.fr/daj/formulaires-marches-publics.

Les informations et pièces nécessaires à l'agrément du sous-traitant sont fournies, par le titulaire, dans son dossier de candidature.

La notification du marché vaut acceptation du sous-traitant et acceptation de ses conditions de paiement.

Lorsque l'un des sous-traitants présentés dans le dossier de candidature est frappé d'une interdiction de soumissionner, l'acheteur exige son remplacement par une personne qui ne fait pas l'objet d'un motif d'exclusion dans un délai de 10 jours à compter de la réception de la réception de cette demande par le mandataire du groupement candidat. À défaut de remplacement à l'expiration de ce délai, la candidature est éliminée si le sous-traitant en cause était nécessaire à la démonstration des capacités du candidat. Cette procédure ne constitue pas une faculté pour l'acheteur, qui est tenu de l'appliquer et de donner droit à la candidature valablement complétée, en application du principe de liberté d'accès à la commande publique.

49.2.2 Déclaration du sous-traitant en cours d'exécution du marché

L'acceptation du sous-traitant et l'agrément de ses conditions de paiement sont constatés par un acte spécial, signé par l'acheteur et le titulaire du marché. Cet acte spécial désigne le sous-traitant comme admis au paiement direct.

L'acheteur doit pouvoir suivre l'exécution financière du marché, en s'assurant que rien ne s'oppose au paiement direct du sous-traitant proposé en cours d'exécution. Afin de l'établir, le titulaire du marché fournit, contre récépissé ou par envoi recommandé avec avis de réception :
– fournit un dossier contenant les mêmes éléments que ceux fournis dans la déclaration de sous-traitance lorsqu'elle est intégrée au dossier de candidature ;
– les pièces permettant d'établir qu'aucune cession ni aucun nantissement de créances résultant du marché ne font obstacle au paiement direct du sous-traitant (voit § 67.3).

À RETENIR

L'acheteur et le titulaire du marché peuvent utiliser le formulaire DC4, « Déclaration de sous-traitance », qui peut constituer l'acte spécial de déclaration de sous-traitance, et qui est disponible en téléchargement à l'adresse suivante : http://www.economie.gouv.fr/daj/formulaires-marches-publics.

49.2.3 Refus du sous-traitant ou de ses conditions de paiement

L'acheteur peut refuser le sous-traitant si celui-ci ne remplit pas les conditions d'accès à la commande publique, c'est-à-dire s'il est frappé par une interdiction de soumissionner (voir § 43.2.1). Cette décision fait obstacle à l'intervention du sous-traitant pour l'exécution des prestations.

Il peut, également, refuser d'agréer ses conditions de paiement, si elles ne lui paraissent pas garantir la bonne fin du marché.

Le sous-traitant peut contester cette décision devant le juge administratif.

49.2.4 Sous-traitant et offre anormalement basse

L'offre qui présente un caractère anormalement bas est irrégulière, cette irrégularité ne pouvant pas faire l'objet d'une régularisation (voir § 50.3). L'élimination de cette offre est obligatoire, même si son caractère anormalement bas ne concerne que la part des prestations que le soumissionnaire entendait sous-traiter.

Cette élimination ne peut toutefois avoir lieu sans que l'acheteur ait mis en œuvre une procédure de demande d'explication. Si la demande de sous-traitance intervient au stade de la procédure d'attribution, l'offre est éliminée dès lors que le soumissionnaire ne peut justifier le caractère très bas de son offre. Si la demande de sous-traitance intervient pendant l'exécution du marché, le sous-traitant n'est pas accepté.

49.3 Pratique

Les accords de sous-traitance couvrent le plus souvent deux hypothèses qui ne reflètent pas la même réalité économique.

Dans un premier cas, la sous-traitance se présente comme purement technique. Cette sous-traitance, dite aussi « de spécialité » est parfaitement alternative à la cotraitance. Titulaire et sous-traitant sont interchangeables ou, auraient pu former un groupement pour répondre à la consultation en cotraitance. Leur choix relève de considérations pratiques ou de critères commerciaux de présentation de l'offre.

Il en est ainsi lorsque les activités du titulaire et du sous-traitant sont complémentaires, le sous-traitant assurant la part des prestations que le titulaire du marché ne sait pas faire.

Dans cette première hypothèse, la relation économique entre le titulaire du marché et, son sous-traitant, est équilibrée, le prix des prestations est ventilé entre eux sans que la marge bénéficiaire du sous-traitant n'en soit sensiblement affectée.

APPLICATION

Une importante société de services en ingénierie informatique SSII assure, en sous-traitance, les prestations d'infogérance d'un système d'information conçu et exploité dans le cadre d'un marché informatique relatif à l'acquisition et l'exploitation d'un système automatisé de prise en charge des patients d'un établissement hospitalier.

Il pourrait en aller de même lorsqu'un cabinet d'ingénierie soumissionne à un marché d'assistance technique et juridique à maîtrise d'ouvrage, intégrant à son dossier de candidature les capacités d'un cabinet d'avocats qui exécutera les prestations juridiques. Toutefois, dans ce cas particulier, le régime de responsabilité attaché à la profession, réglementée, d'avocat, interdit à ce dernier d'intervenir en sous-traitance. La réponse sera nécessairement présentée en cotraitance et le groupement sera conjoint (voir § 48.1.1), la responsabilité professionnelle de l'avocat ne pouvant couvrir les prestations de ses partenaires.

Dans un second cas, la sous-traitance constitue, pour le titulaire du marché, le moyen de renforcer sa capacité technique, en termes de main-d'œuvre ou de matériel. Dans une telle hypothèse, le sous-traitant est économiquement soumis au titulaire, qui est une entreprise de plus grande taille. Leur relation n'est pas équilibrée.

Dans cette seconde hypothèse, la sous-traitance constitue une modalité d'accès des PME à la commande publique, mais elle n'est pas la plus confortable. Le sous-traitant ne travaille pas aux mêmes conditions financières que le titulaire du marché, sa marge bénéficiaire est, en pratique, inférieure à ce qu'elle aurait été s'il avait été titulaire.

L'acheteur, maître d'ouvrage, a tout intérêt à s'assurer que les conditions de la sous-traitance permettent la bonne exécution des prestations. Il a une responsabilité particulière lorsqu'il agrée les conditions de paiement du sous-traitant, qu'il peut rejeter si elles lui semblent compromettre cette bonne exécution.

APPLICATION

Lorsqu'il consent à une avance importante pour permettre l'ouverture du chantier, l'acheteur a intérêt à s'assurer que cette avance soit répercutée au sous-traitant si celui-ci supporte, dans les faits, le coût des prestations de mise en place du chantier.

Le tableau 49.1 résume les principaux changements concernant la sous-traitance.

Tab. 49.1 Concordance ancienne et nouvelle réglementation

Nouvelles références	Anciennes références	Objet et apports essentiels
Art. 50 O. 2015	Art. 114 CMP	Régime nouveau de la modification de la candidature présentant des sous-traitants lorsque l'un d'eux est frappé par une interdiction de soumissionner.
Art. 62 O. 2015 – art. 133 à 137 D. 2016	Art. 45, 112 à 114 et 275 à 278 CMP	Régime de la sous-traitance. Régime nouveau de la modification de la candidature présentant des sous-traitants lorsque l'un d'eux est frappé par une interdiction de soumissionner. Possibilité d'obliger le titulaire du marché à exécuter directement une part essentielle des prestations.
Art. 60 D. 2016	Art. 55 CMP	Régime des offres anormalement basses. Régime nouveau de l'offre anormalement basse affectant la partie des prestations sous-traitées.
CMP : Code des marchés publics 2006 O. 2015 : Ordonnance n° 2015-899 relative aux marchés publics D. 2016 : Décret n° 2016-360 relatif aux marchés publics		

50 Recevabilité des offres

Références : *art. 53 de l'ordonnance n° 2015-899 – art. 43, 57, 58, 59 et 60 du décret n° 2016-360*

Les offres sont classées par ordre décroissant. Elles sont choisies par l'autorité compétente pour passer le marché.

Les services techniques de l'acheteur réalisent l'analyse technique des offres. Cette analyse porte sur la vérification de la conformité de l'offre par rapport au cahier des clauses techniques particulières (CCTP). Cette vérification permet de détecter les omissions ou la non-conformité de certaines offres, les surévaluations et les sous-évaluations.

L'acheteur peut demander au candidat des informations ou des précisions sur son offre, jamais davantage.

À RETENIR

Il convient de proscrire toute question verbale ou téléphonique aux candidats, pour des raisons de traçabilité. Il est recommandé aux acheteurs publics de demander aux entreprises qu'elles posent leurs questions par l'intermédiaire du profil d'acheteur ou, si la procédure d'attribution ne prévoit pas l'usage du profil d'acheteur du pouvoir adjudicateur, par exemple parce que le montant estimé du marché n'atteint pas 90 000 € HT, par courriel.

Les offres ne sont pas ouvertes avant la date de réception des offres, elles ne sont d'ailleurs pas accessibles aux acheteurs avant cette date sur les profils d'acheteur. Les soumissionnaires peuvent en déposer successivement plusieurs, l'offre prise en compte est alors la dernière, les offres précédentes sont supprimées. Elles sont intangibles à compter de l'heure limite de réception des offres.

Ce principe d'intangibilité est relativisé par deux mécanismes.

Il est, d'abord, possible de rectifier une erreur matérielle, à la condition qu'elle soit manifeste : une erreur purement matérielle est une erreur dont aucune des parties ne peut se prévaloir de bonne foi.

APPLICATION

Une erreur purement matérielle dans le bordereau de prix peut par exemple être rectifiée si elle a pour effet de donner à l'offre l'apparence d'une offre anormalement basse, ce qui peut arriver en cas d'erreur dans la computation d'un total ou dans le détail de prix. Il est néanmoins nécessaire que cette erreur apparaisse comme telle : elle est isolée et évidente ou se manifeste par une différence entre le détail des prix et l'offre globale. Le classement, évidemment, se fait avec l'offre rectifiée. Dans tous les cas :

– la rectification fait l'objet d'un échange avec le soumissionnaire, l'offre n'est pas rectifiée sans la confirmation de ce dernier qu'il s'agit bien d'une erreur ;

– l'incident et la correction sont mentionnés dans le rapport de présentation s'il en est établi un (voir § 52.5) ;

– une véritable offre anormalement basse, c'est-à-dire celle qui n'est pas une erreur purement matérielle, ne peut jamais être régularisée (voir § 50.3).

Il est, ensuite, désormais possible de procéder à la régularisation des offres (voir § 50.1.2).

50.1 Offres irrégulières, inacceptables ou inappropriées

Certaines offres ne peuvent être choisies parce qu'elles ne peuvent satisfaire aux besoins de l'acheteur ou méconnaissent la réglementation en vigueur. Elles doivent être éliminées avant le classement, elles ne peuvent être classées. Ces offres sont qualifiées d'offres :
– irrégulières ;
– inacceptables ;
– inappropriées.

50.1.1 Notions

Une offre irrégulière est une offre qui, tout en apportant une réponse au besoin du pouvoir adjudicateur, est incomplète ou ne respecte pas les exigences formulées dans les documents de la consultation, en particulier celles des cahiers des charges, ou si les conditions qui sont prévues pour son exécution méconnaissent la législation en vigueur.

APPLICATION

L'offre est conforme en tout point sur ses aspects techniques, mais propose une durée d'exécution de deux mois alors que le CCTP exigeait un délai d'un mois. L'acheteur est tenu d'éliminer une telle offre, irrégulière.

L'offre d'un opérateur de prestations de télédiagnostic est conforme à l'ensemble des prescriptions du cahier des charges d'un marché de télémédecine passé par un groupement hospitalier, elle est complète, mais elle ne permet pas le respect de la réglementation relative à la télémédecine. Une telle offre est irrégulière.

Une offre est inacceptable si les crédits budgétaires alloués au marché après évaluation du besoin à satisfaire ne permettent pas au pouvoir adjudicateur de la financer, elle excède les crédits budgétaires alloués au marché, tels qu'ils ont été déterminés et établis avant le lancement de la procédure.

APPLICATION

Une offre supérieure au montant estimé du marché n'est pas inacceptable si elle est inférieure à l'enveloppe budgétaire prévue pour son financement.

À RETENIR

La notion d'offre inacceptable a connu un glissement sémantique : désormais, les offres ne respectant pas la réglementation sont irrégulières, les offres inacceptables sont uniquement les offres dépassant les crédits alloués au marché. Une offre anormalement basse est irrégulière.

Une offre est inappropriée si elle apporte une réponse sans rapport avec les besoins exprimés par l'acheteur, auxquels elle ne pourrait répondre sans modification substantielle. Elle peut en conséquence être assimilée à une absence d'offre.

APPLICATION

Un établissement public de recherches océanographiques souhaite acheter un bateau monocoque, l'offre d'un candidat lui propose un bateau multicoques. Cette offre est inappropriée.

50.1.2 Régularisation des offres

Le principe demeure entier : les offres irrégulières, inacceptables ou inappropriées sont éliminées. Toutefois, apport substantiel de la réglementation, il est désormais possible de régulariser les offres irrégulières. Cette faculté, ce n'est jamais obligatoire, est encadrée.

Offres reçues hors délai

La réception hors délai ne peut jamais donner lieu à régularisation, en raison du principe d'égalité de traitement des candidats. Ce principe est également applicable aux candidatures.

À RETENIR

Le problème aurait été de savoir jusqu'à quand régulariser : quelques minutes, une semaine, plus longtemps ? La règle est intangible, elle est d'ailleurs, par hypothèse, strictement respectée par les profils d'acheteurs, qui sont paramétrés pour ne pas enregistrer les candidatures ou les offres tardives, même lorsque leur télétransmission a été engagée avant l'expiration du délai. Il revient donc aux candidats et aux soumissionnaires de prendre la précaution de ne pas commencer leur dépôt au dernier moment. Il peut être recommandé aux opérateurs économiques, par exemple, d'intégrer systématiquement dans leurs procédures internes le principe de retirer 24 heures au délai de réception mentionné dans les documents de la consultation.

Procédures sans négociation

L'appel d'offres ou les procédures adaptées pour lesquelles il n'est prévu aucune négociation autorisent la régularisation des offres dans les conditions suivantes :

– les offres irrégulières (voir § 50.1.1) peuvent être régularisées. Les offres inacceptables ou inappropriées sont exclues de ce dispositif ;
– les offres anormalement basses sont également exclues de ce dispositif, bien qu'elles constituent des offres irrégulières ;
– l'acheteur peut autoriser cette régularisation, mais il doit alors le faire pour tous les soumissionnaires ayant présenté une offre irrégulière ;
– la demande de régularisation est adressée simultanément à tous les soumissionnaires concernés, et leur fixe un délai « approprié » pour y procéder ;
– la régularisation ne peut avoir pour effet une modification substantielle de l'offre. Si une telle modification est nécessaire, c'est que l'offre était inappropriée, et pas seulement irrégulière ;
– la procédure et le résultat de la régularisation devraient être mentionnés dans le rapport de présentation s'il en est établi un. À défaut, la traçabilité de cette opération est assurée par des mentions inscrites au dossier.

À RETENIR

L'impossibilité de régulariser les offres anormalement basses se justifie d'une part en raison de l'existence de la procédure contradictoire de demande d'explication (voir § 50.3), et du fait de la gravité des conséquences de cette pratique anticoncurrentielle, véritable fléau de la commande publique. Il est possible de voir dans cette exclusion l'expression de la réaction des pouvoirs publics à l'égard des offres anormalement basses, ce point ayant fait l'objet d'une ligne dure des autorités nationales françaises dans le cadre des négociations des directives européennes relatives aux marchés publics.

Procédures avec négociation ou dialogue compétitif

La négociation a pour objet, le cas échéant, de régulariser les offres irrégulières ou inacceptables. Les offres inappropriées ne sont pas admises à la négociation, en raison de l'impossibilité d'accepter des modifications substantielles de l'offre.

Au terme de la négociation ou du dialogue, c'est-à-dire après la remise de la dernière et meilleure offre ou de l'offre finale, après dialogue, l'acheteur peut encore actionner sa faculté de demander la régularisation des offres demeurées irrégulières, dans les conditions qui viennent d'être décrites (voir ci-dessus).

50.2 Variantes

Les variantes sont des offres complémentaires, déposées, ou non, avec l'offre de base, à l'initiative du soumissionnaire ou à la demande de l'acheteur, permettant au soumissionnaire de faire valoir une solution s'écartant de certaines spécifications du cahier des charges, dans le respect de l'objet du marché et de ses spécifications substantielles.

À RETENIR

Les PME innovantes ne sont, le plus souvent, compétitives que lorsqu'elles répondent à une consultation en utilisant leur procédé innovant. Ce procédé, par hypothèse, n'est pas encore très connu, de sorte qu'il est probable que l'acheteur ne l'ait pas pris en compte au moment où il a rédigé ses cahiers des charges. S'il interdit les variantes, il exclut, de fait, l'entreprise en cause de la consultation. Or, le procédé nouveau est peut-être à même de répondre parfaitement aux besoins de l'administration, à des conditions très compétitives.

50.2.1 Variantes présentées à l'initiative du soumissionnaire

Dans les procédures formalisées, l'acheteur peut choisir d'autoriser les offres variantes. Il doit le préciser expressément dans l'avis de marché.

À RETENIR

Cette mention figure nécessairement dans l'avis de marché, ou dans l'invitation à confirmer l'intérêt (voir § 37.2.3). Les opérateurs économiques doivent, en effet, immédiatement pouvoir décider s'il est utile pour eux d'accéder au dossier de la consultation. Certains d'entre eux, les entreprises innovantes, ne pourront, en effet, répondre que sous forme de variante. À défaut de cette mention, les variantes ne sont pas autorisées, et l'acheteur qui les autoriserait dans les autres documents de la consultation ouvrirait un risque contentieux.

Dans les procédures adaptées, les candidats peuvent proposer des variantes, dès lors que cette possibilité n'est pas proscrite par les documents de la consultation.

À RETENIR

Attention à ne pas rester silencieux sur les variantes en procédure adaptée et à les encadrer en précisant les éléments intangibles du cahier des charges, la procédure peut être irrégulière et les offres risqueraient de ne pas pouvoir être comparées (voir § 50.1). Pour cette raison, en pratique, l'acheteur préfère le plus souvent interdire les variantes, mais se prive ainsi des évolutions de l'état de l'art.

Les variantes sont désormais autorisées lorsque le prix ou le coût global de l'offre est le seul critère de choix des offres.

APPLICATION

Il est, en effet, possible de présenter une offre technique alternative, par exemple un autre modèle d'un produit sur étagère, si les variantes sont autorisées. Le critère du coût global autorise, en outre, les variantes portant sur le cycle de vie du produit, du service ou des travaux courants.

50.2.2 Variantes présentées à la demande de l'acheteur

L'acheteur peut exiger le dépôt obligatoire d'une variante, en l'absence de laquelle l'offre sera regardée comme incomplète, et donc irrégulière. Il doit, dans ce cas, l'indiquer dans l'avis de marché ou les autres documents de la consultation.

Une variante ne doit pas être confondue avec les « options », ou « prestations supplémentaires éventuelles ». La remise d'une option, qui peut être obligatoire, suppose que l'acheteur décide, de manière discrétionnaire, au moment de l'attribution du marché, s'il lève l'option et décide de l'intégrer au marché. Le plus souvent, il s'agit d'un choix motivé par des considérations budgétaires.

Une variante obligatoire n'ouvre pas la place à une appréciation discrétionnaire de l'acheteur. Les offres de base sont comparées et les variantes sont comparées. L'offre classée en première position, économiquement la plus avantageuse, l'emporte, qu'il s'agisse d'une offre de base ou d'une variante.

APPLICATION

Une communauté urbaine décide l'acquisition d'une installation de climatisation destinée à desservir un bâtiment. Elle exige la production d'une option, résidant dans l'extension de cette installation au bâtiment voisin. Les offres sont analysées en tenant compte des options remises par les soumissionnaires, l'acheteur décide de lever l'option et de procéder à cette extension, car les prix proposés par les candidats sont compatibles avec son enveloppe budgétaire.

Pour la même opération, elle a exigé la remise d'une variante obligatoire en lieu et place de l'option. Les offres de base (sans l'extension), sont analysées et classées, puis les offres variantes, et enfin les deux offres arrivées premières. L'acheteur est tenu de choisir l'offre économiquement la plus avantageuse identifiée au terme de ce processus de choix.

50.2.3 Régime des variantes

L'acheteur doit, dans tous les cas, préciser dans les documents de la consultation les éléments du cahier des charges qui présentent un caractère intangible et ne peuvent en conséquence donner lieu à une offre variante, ainsi que les modalités de leur présentation.

Il s'agit d'encadrer les variantes, de manière à identifier les éléments substantiels du cahier des charges, voire les éléments sur lesquels des offres variantes sont espérées, et donner ainsi suffisamment d'informations aux candidats pour qu'ils puissent élaborer leurs offres en toute connaissance de cause. À défaut de cette mention, les variantes ne sont pas recevables et l'acheteur s'expose à un risque contentieux pour imprécision de la procédure.

Dans le silence des documents de la consultation et, quelle que soit la procédure d'attribution utilisée, l'offre variante peut être présentée seule, sans offre de base. Il est possible, toutefois, d'exiger le dépôt systématique d'une offre de base, en le précisant expressément, par exemple dans le règlement de la consultation. Si une offre de base est exigée, une offre variante déposée seule est regardée comme une offre incomplète : elle est irrégulière (voir § 50.1.1).

À RETENIR

Si les PME innovantes ne sont, le plus souvent, compétitives que lorsqu'elles répondent à une consultation en utilisant leur procédé innovant, elles sont parfois dans l'incapacité de répondre à la consultation en offre de base, qui est un procédé qu'elles n'ont pas développé. Exiger une offre de base équivaut à exclure ces entreprises de la consultation.

Le fait que le choix de retenir une variante aboutisse à la transformation d'un marché de services en marché de fournitures, ou inversement, n'est pas un motif valable du rejet de cette variante. Le jugement des offres ne doit pas donner lieu à la distinction entre les offres de base ou les variantes : pour les soumissionnaires, l'offre en variante constitue leur offre. Il convient donc d'examiner, dans le cadre d'un même classement, offres de base et variantes, au moyen des critères d'attribution qui auront été anticipés à cette fin. D'où la nécessité, au stade de la définition des besoins, d'encadrer judicieusement les réponses en variante en précisant les éléments de la consultation que toutes les propositions devront respecter, notamment en termes de délais, de modalités de livraison, de compatibilité avec l'existant, de contraintes de personnel ou de formation, et d'anticiper l'analyse des offres en prenant en compte, dans l'élaboration des critères, le dépôt des variantes, de manière à procéder à leur examen selon la même grille d'analyse que les offres de base.

À RETENIR

Si les offres de base et les variantes sont autorisées, il est fréquent que les soumissionnaires présentent l'une et l'autre, ce qui a pour conséquence de classer plusieurs offres émanant de mêmes opérateurs économiques. Cette particularité, propre au régime des variantes, est parfaitement admise.

APPLICATION

Une pratique consiste à comparer les offres de base entre elles, puis les variantes entre elles. L'offre classée en première position est ensuite comparée avec l'offre variante classée première pour déterminer l'offre économiquement la plus avantageuse. Cette pratique peut aboutir à désavantager les soumissionnaires ne présentant qu'une offre en variante, car l'attributaire dont l'offre arrive en tête ne sera pas nécessairement retenu, par exemple s'il ne fournit pas les documents attestant de sa régularité fiscale ou sociale. Dans ce système, l'offre classée en deuxième position est nécessairement une offre de base, alors que la variante arrivée en deuxième position est peut être meilleure.

Le tableau 50.1 récapitule la recevabilité des variantes (Tab. 50.1).

Tab. 50.1 Recevabilité des variantes

Dans le silence des documents de la consultation	Dépôt d'une variante	Variante sans offre de base
Procédure formalisée	Irrecevable	Recevable
Procédure adaptée	Recevable	Recevable

50.3 Offres anormalement basses

La question des offres anormalement basses est très sensible, en tant que cette pratique fausse la concurrence et menace la bonne exécution du marché. Elle a été regardée comme un point dur de la négociation des directives européennes par la France, qui en avait fait le seul point sur lequel elle exigeait un durcissement des textes. En particulier, le régime insiste aujourd'hui sur le respect de la réglementation sociale, de nombreux abus ayant été constatés en matière de travailleurs détachés.

Une entreprise qui propose un prix trop bas ne sera pas en mesure de faire face à ses charges et ses coûts de production. Elle ne pourra se tirer de cette situation qu'en fraudant, par exemple en ayant recours à de la main-d'œuvre dissimulée ou, à des fournitures de mauvaise qualité en négligeant les règles de l'art et en bâclant l'exécution des prestations ou, en s'efforçant d'imposer à l'acheteur une modification des conditions financières du marché, par exemple sous la forme d'un avenant destiné à renchérir le prix des prestations, directement ou indirectement.

À RETENIR

À première victime de l'offre anormalement basse est l'acheteur, la bonne fin du marché est menacée.

Il en résulte que les offres anormalement basses, parce qu'elles constituent une distorsion de concurrence et menacent la bonne fin du marché, sont irrecevables : elles sont irrégulières, ne sont jamais régularisables et doivent être éliminées avant le classement des offres.

50.3.1 Notion

Une offre anormalement basse est une offre dont le prix ne correspond à aucune réalité économique. Elle fait apparaître que le soumissionnaire ne sera pas placé en mesure d'exécuter les prestations en payant ses charges et, en particulier, en respectant ses obligations fiscales et sociales.

50.3.2 Régime

Deux obligations pèsent désormais sur l'acheteur :
– lorsqu'il suspecte une offre d'être anormalement basse, il est tenu de mettre en œuvre la procédure de demande d'explications au soumissionnaire, préalable, le cas échéant, à l'élimination de l'offre ;
– il est tenu de rejeter une offre dont il apparaît, malgré les explications du soumissionnaire, qu'elle présente un caractère anormalement bas.

Il est toutefois interdit de rejeter une offre anormalement basse sans avoir demandé au soumissionnaire, par écrit, de s'en justifier : une offre peut être basse, sans pour autant l'être anormalement.

APPLICATION

Un artisan répond avec un prix très compétitif à une consultation de rénovation d'un bâtiment classé, en pierre de taille. Il peut justifier de son prix très bas par la détention d'un stock de pierres de taille, déjà amorties, tandis que ses concurrents sont tenus de se fournir en pierres de taille pour l'exécution des prestations. L'offre est régulière.

Lorsque l'acheteur a détecté une offre susceptible de présenter un caractère anormalement bas, il est tenu de demander des précisions permettant d'en justifier la pertinence au candidat qui l'a présenté, même en procédure adaptée.

Le candidat doit alors justifier de son niveau de prix, en invoquant, par exemple, les éléments suivants :
– le mode de fabrication des produits, les modalités de la prestation des services, le procédé de construction ;
– les solutions techniques adoptées ou les conditions exceptionnellement favorables dont dispose le soumissionnaire pour exécuter le marché ;
– l'originalité de l'offre ;
– la règlementation applicable en matière environnementale, sociale et du travail en vigueur sur le lieu d'exécution des prestations ;
– l'obtention éventuelle d'une aide d'État, régulière, par le soumissionnaire.

Ce n'est que si l'entreprise n'est pas en mesure de justifier de manière satisfaisante le montant de son offre que cette offre doit être éliminée sans avoir été classée.

L'offre est également éliminée dès lors qu'il apparaît qu'elle méconnaît les obligations applicables dans les domaines du droit de l'environnement, social et du travail, établies par le droit français, y compris les accords collectifs de travail, le droit de l'Union européenne, ou l'un des accords internationaux suivants :
– convention n° 87 de l'Organisation internationale du travail concernant la liberté syndicale et la protection du droit syndical ;
– convention collective n° 98 de l'Organisation internationale du travail sur le droit d'organisation et de négociation ;
– convention n° 29 de l'Organisation internationale du travail sur le travail forcé ;
– convention n° 105 de l'Organisation internationale du travail sur l'abolition du travail forcé ;
– convention n° 138 de l'Organisation internationale du travail concernant l'âge minimum d'admission à l'emploi ;
– convention n° 111 de l'Organisation internationale du travail concernant la discrimination (emploi et profession) ;
– convention n° 100 de l'Organisation internationale du travail sur l'égalité de rémunération ;
– convention n° 182 de l'Organisation internationale du travail sur les pires formes de travail des enfants ;
– convention de Vienne pour la protection de la couche d'ozone et son protocole de Montréal relatif à des substances qui appauvrissent la couche d'ozone ;
– convention de Bâle sur le contrôle des mouvements transfrontières de déchets dangereux et de leur élimination (convention de Bâle) ;
– convention de Stockholm sur les polluants organiques persistants ;
– convention de Rotterdam du 10 septembre 1998 sur la procédure de consentement préalable en connaissance de cause applicable à certains produits chimiques et pesticides dangereux qui font l'objet du commerce international (Programme des Nations unies pour l'environnement - Food and Agriculture Organization) (Convention PIC) et ses trois protocoles régionaux.

Le tableau 50.2 résume les principaux changements concernant la recevabilité des offres.

Tab. 50.2 Concordance ancienne et nouvelle réglementation

Nouvelles références	Anciennes références	Objet et apports essentiels
art. 53 O. 2015 – art. 60 D. 2016	*art. 55 CMP*	Régime des offres anormalement basses. Obligation de mettre en œuvre la procédure de demande d'explication en cas de suspicion du caractère anormalement bas d'une offre.
art. 43 D. 2016	*art. 35 CMP*	Régime du délai de réception des candidatures et des offres. Principe de l'élimination des candidatures et des offres arrivées hors délai.
art. 57 D. 2016	*art. 48 et 49 CMP*	Régime de la présentation des offres. Abandon de l'obligation de présenter l'offre dans un acte d'engagement.
art. 58. D. 2016	*art. 50 CMP*	Régime des variantes. Régime nouveau des variantes obligatoires. Autorisation des variantes en cas de critère unique d'attribution.
art. 59 D. 2016	–	Régime nouveau de la régularisation des offres.

CMP : Code des marchés publics 2006
O. 2015 : Ordonnance n° 2015-899 relative aux marchés publics
D. 2016 : Décret n° 2016-360 relatif aux marchés publics

51 Examen des offres et attribution du marché

Références : *art. 59 et 66 à 76 du décret n° 2016-360*

Les offres inacceptables, irrégulières ou inappropriées sont éliminées, en particulier les offres anormalement basses au terme de la procédure contradictoire obligatoire, et sous réserve, le cas échéant, du résultat de la mise en œuvre de la procédure de régularisation des offres irrégulières (voir § 50.1.2).

Dans tous les cas, l'analyse des offres est préparée par les services chargés de l'achat. L'examen des offres donne lieu à leur classement, explicité dans un rapport d'analyse des offres.

À RETENIR

Le rapport d'analyse des offres constitue un document préparatoire tant que le marché n'est pas signé. Il n'a pas à être communiqué aux candidats, par exemple à l'appui de la réponse à une demande écrite de communication des motifs de rejet d'une offre. L'acheteur peut utiliser les formulaires facultatifs, relatifs à l'ouverture des plis (OUV), disponibles en téléchargement à l'adresse suivante : http://www.economie.gouv.fr/daj/formulaires-marches-publics.

Le marché est attribué à l'offre économiquement la plus avantageuse en application des critères énoncés dans l'avis de marché ou les autres documents de la consultation, l'attribution ne devenant définitive qu'une fois les attestations fiscales et sociales fournies (voir § 43.2.2).

À RETENIR

La commission d'appel d'offres n'est plus compétente pour procéder à l'examen des offres, mais seulement pour l'attribution du marché. Elle peut toutefois être réunie et consultée sur le sujet, bien qu'elle ne soit plus décisionnaire. En revanche, elle est compétente pour attribuer le marché quelle que soit la procédure appliquée, formalisée ou adaptée, dès lors que le montant estimé de ce marché atteint les seuils de procédure européens (voir § 39.2).

L'autorité compétente pour analyser les offres relève de l'organisation interne de l'acheteur. L'attribution du marché dépend, pour sa part, de la nature de l'acheteur :

– l'État organise cet examen conformément à son organisation interne ;

– la commission d'appel d'offres est compétente pour les marchés des collectivités territoriales et des établissements publics locaux atteignant les seuils de procédure européens. Cette commission est décisionnaire, elle peut revenir sur l'analyse et l'examen des offres, si elle s'estime fondée à le faire, dans la limite du respect, bien entendu, des règles présidant à l'organisation de la procédure (voir § 39.1 et suivants) ;

– les établissements publics de l'État organisent l'examen des offres conformément à leurs statuts.

51.1 Appels d'offres ouvert et restreint

Il ne peut y avoir aucune négociation avec les soumissionnaires.

En tant que de besoin, l'acheteur peut demander au soumissionnaire des précisions et compléments d'information sur son offre, sans que cette demande ne puisse conduire à une modification de cette offre. Les précisions et compléments peuvent porter, par exemple, sur l'interprétation à donner à l'offre, la ventilation ou le périmètre d'un prix, la portée d'un engagement.

À RETENIR

L'acheteur peut utiliser les formulaires facultatifs, relatifs à l'ouverture des plis (OUV), disponibles en téléchargement à l'adresse suivante : http://www.economie.gouv.fr/daj/formulaires-marches-publics.

51.2 Procédure concurrentielle avec négociation

La durée de la négociation n'est pas limitée. Il est possible de prévoir des phases successives pour réduire le nombre d'offres à négocier en fonction des critères, à condition d'avoir mentionné cette méthode dans l'avis de marché. Le pouvoir adjudicateur s'assure, en outre, d'un nombre final de concurrents suffisants pour garantir une concurrence effective.

La négociation porte sur tous les aspects de l'offre initiale, mais ne remet pas en cause les éléments substantiels du dossier de la consultation. Sur la négociation, voir § 23.1 et suivants.

L'autorité compétente choisit l'offre économiquement la plus avantageuse en application des critères énoncés dans l'avis de marché ou les autres documents de la consultation.

51.3 Dialogue compétitif

L'acheteur engage le dialogue avec les candidats sélectionnés. Tous les aspects du marché sont discutés, chaque candidat est entendu dans des conditions d'égalité de traitement. Ces conditions sont définies par le règlement de la consultation.

Il est possible de prévoir des phases successives pour réduire le nombre d'offres à négocier en fonction des critères, à la condition que ce phasage ait été prévu dans l'avis de marché ou, en pratique, le règlement de la consultation.

L'acheteur décide de la fin du dialogue lorsqu'il estime que les discussions sont arrivées à leur terme. Il invite alors les candidats à lui remettre une offre définitive. Il peut seulement leur demander de préciser cette offre.

L'acheteur choisit l'offre économiquement la plus avantageuse et attribue le marché. Pour les marchés locaux, cette compétence est celle de la commission d'appel d'offres.

Il peut décider d'octroyer des primes aux candidats, la rémunération du titulaire tiendra compte du versement de cette prime.

51.4 Procédures adaptées

Les procédures adaptées se caractérisent par la marge de manœuvre dont dispose l'acheteur, qui peut organiser une phase de négociation, à la condition d'avoir mentionné dans l'avis de marché ou les autres documents de la consultation. La négociation peut porter sur l'ensemble des éléments du marché, à commencer par le prix. Elle est organisée dans des conditions garantissant l'égalité de traitement des candidats (voir § 23.1, § 29.1 et suivants).

Le marché est attribué à l'offre économiquement la plus avantageuse, sur la base des critères de choix des offres publiés dans l'avis de marché ou les autres documents de la consultation.

Le tableau 51.1 résume les principaux changements concernant l'examen des offres et l'attribution du marché.

Tab. 51.1 Concordance ancienne et nouvelle réglementation

Nouvelles références	Anciennes références	Objet et apports essentiels
Art. 59 D. 2016	–	Régime nouveau de la régularisation des offres.
Art. 66 à 76. D. 2016	Art. 59, 64, 66 et 67 CMP	Procédures formalisées.
CMP : Code des marchés publics 2006 D. 2016 : Décret n° 2016-360 relatif aux marchés publics		

52 Achèvement de la procédure

Références : *art. 55 de l'ordonnance n° 2015-899 – 64, 98 et 105 du décret n° 2016-360*

Les différentes phases d'achèvement de la procédure doivent être accomplies dans le bon ordre, elles s'appliquent en principe à toutes les procédures.

52.1 Mise au point du marché

La mise au point du marché est la phase de discussion utile à la finalisation de certaines clauses du marché, à la condition de ne pas remettre en cause la mise en concurrence. Il s'agit très souvent d'une nécessité en appel d'offres, qui ne comprend aucune négociation, mais elle est le plus souvent indispensable au terme de la procédure de dialogue compétitif ou, même, en procédure négociée.

La mise au point permet de préciser les clauses du marché sur des points de détail ou, en tout état de cause, qui ne sont pas susceptibles de remettre en cause le périmètre de la mise en concurrence : il ne s'agit pas d'une négociation portant, par exemple, sur le contenu de l'offre ou sur le prix des prestations. Un tel marchandage est interdit, sanctionné par la nullité de la procédure et est susceptible d'engager la responsabilité de l'acheteur. Elle ne peut porter sur des caractéristiques substantielles de l'offre et ne doit pas, bien entendu, aboutir à la remise en cause du classement des offres.

APPLICATION

La mise au point du marché peut porter sur la définition des modalités de la livraison ou des horaires d'intervention, dès lors que cette définition ne présente pas de caractère substantiel, les modalités d'exécution des prestations, un report du calendrier d'exécution quand la procédure a été longue, la définition d'une procédure de règlement amiable des différends…

La mise au point n'a donc lieu qu'en tant que nécessaire et, est réalisée en accord avec l'attributaire.

À RETENIR

L'acheteur peut utiliser les formulaires facultatifs, relatifs à l'ouverture des plis (OUV), disponibles en téléchargement à l'adresse suivante : http://www.economie.gouv.fr/daj/formulaires-marches-publics.

52.2 Vérification de la recevabilité de la candidature

Lors du dépôt de son dossier de candidature, l'opérateur économique a remis, pour justifier de la régularité de sa situation au regard des interdictions de soumissionner, une attestation sur l'honneur. Les pièces justificatives, attestations et certificats sont demandés au seul l'attributaire pressenti (voir § 43.2.2).

L'acheteur prescrit un délai à l'attributaire pressenti pour fourni ces documents.

À RETENIR

Compte tenu des délais d'obtention de certains de ces documents et malgré la diligence de l'administration à les fournir, il est recommandé aux entreprises de les demander à l'avance, avant d'être sollicitée. Le respect du délai prescrit est en effet, impératif. Ces formalités sont toutefois facilitées par la délivrance instantanée de la plupart de ces pièces par voie électronique (voir § 43.1 et suivants).

Si l'attributaire ne fournit pas ces pièces dans le délai prescrit, l'acheteur est tenu de l'éliminer et d'attribuer le marché au candidat suivant sur la liste du classement des offres. L'opération est répétée en tant que nécessaire dans l'ordre du classement, jusqu'à épuisement de la liste des offres.

Ce n'est que lorsque l'acheteur est certain de tenir son attributaire, c'est-à-dire après la fourniture de ces certificats et de ces attestations, que les candidats non retenus sont informés du rejet de leurs candidatures ou de leurs offres, le cas échéant au moyen de la notification de la décision d'attribution (voir § 53.1 et suivants).

52.3 Information des candidats non retenus

La décision du rejet de leur candidature ou de leur offre est notifiée à chacun des candidats ayant transmis un dossier de candidature et d'offre (voir § 53.1 et suivants). Les candidats non admis à participer au dialogue peuvent être informés, à ce stade de la procédure, du rejet de leur candidature.

Cette formalité est désormais obligatoire, quelle que soit la procédure appliquée.

APPLICATION

En procédure adaptée, cette formalité n'est pas liée aux procédures de recours contentieux et l'information peut être délivrée après la signature du marché. En revanche, elle fait application du principe de transparence des procédures. Quoi qu'il en soit, elle est en pratique indispensable au maintien de la concurrence et, au passage, relève d'une courtoisie assez élémentaire : une entreprise qui s'est investie dans la réponse à la consultation et ignore ce qu'il est advenu de son offre ne prendra plus la peine de tenter à nouveau l'expérience.

La notification de la décision d'attribution aux candidats non retenus les délivre de leur engagement : ils ne sont plus tenus par leur offre. C'est la raison pour laquelle cette action ne doit être accomplie qu'une fois l'acheteur en possession de l'ensemble des pièces nécessaires à la signature du marché.

À RETENIR

L'acheteur peut utiliser le formulaire NOTI1, « Information des candidats non retenus », téléchargeable à l'adresse suivante : http://www.economie.gouv.fr/daj/formulaires-marches-publics.

52.4 Transmission du marché aux autorités de contrôle

Il est procédé à la transmission au contrôle budgétaire et comptable ministériel pour les marchés de l'État. Le dossier transmis comprend le rapport de présentation s'il en est établi un, il en est une pièce essentielle.

52.5 Rapport de présentation

Tout marché ou accord-cadre dont le montant estimé atteint les seuils de procédure européens fait l'objet de la rédaction d'un rapport de présentation, qui retrace l'historique de l'opération et de la procédure et apporte la justification des choix de l'acheteur. Cette formalité s'applique lorsque ces seuils sont atteints, y compris pour les procédures adaptées.

À RETENIR

Les procédures adaptées dont le montant estimé est supérieur aux seuils de procédure européens sont les marchés de services sociaux et les marchés de représentation juridique. Le seuil européen applicable est celui de 750 000 € HT (1 000 000 € HT pour les entités adjudicatrices). Les marchés de services de représentation juridiques, dont le régime est spécifique, ne sont pas soumis à l'obligation de publier un avis d'attribution (voir § 29.3.4).

En deçà de ces montants, la rédaction du rapport de présentation n'est pas obligatoire, mais il est recommandé de s'assurer de la traçabilité de la procédure, en particulier à l'égard des services d'audit et de contrôle.

En revanche, les marchés subséquents conclus sans mise en concurrence, par exemple lorsqu'ils relèvent d'un accord-cadre mono-attributaire, sont dispensés de cette obligation.

À RETENIR

Le rapport de présentation constitue un document préparatoire tant que le marché n'est pas signé. Il n'a pas à être communiqué aux candidats, par exemple à l'appui de la réponse à une demande écrite de communication des motifs de rejet d'une offre.

Le contenu du rapport est réglementé, même s'il peut renvoyer à l'avis d'attribution publié pour certaines informations qui sont déjà mentionnées dans cet avis. Pour les pouvoirs adjudicateurs, le rapport présente nécessairement les informations suivantes :
– nom et l'adresse du pouvoir adjudicateur, l'objet et la valeur du marché public ou du système d'acquisition dynamique ;
– nom des candidats exclus et les motifs du rejet de leur candidature ;
– nom des candidats sélectionnés et les motifs de ce choix ;
– nom des soumissionnaires dont l'offre a été rejetée et les motifs de ce rejet y compris, le cas échéant, les raisons qui ont amené l'acheteur à la juger anormalement basse ;
– nom du titulaire et les motifs du choix de son offre, ainsi que, si ces informations sont connues, la part du marché public que le titulaire a l'intention de sous-traiter à des tiers et le nom des sous-traitants.

À RETENIR

Le rapport de présentation n'est pas imposé aux entités adjudicatrices, qui appliquent simplement une obligation de conserver dans leurs dossiers une liste d'informations, plus succincte.

Selon les cas, il est également nécessaire d'y faire figurer les mentions suivantes :
– motifs de la passation d'un marché public négocié sans publicité ni mise en concurrence préalables ou du recours à la procédure concurrentielle avec négociation ou au dialogue compétitif ;
– motifs pour lesquels le pouvoir adjudicateur n'a pas alloti le marché public, s'il ne les a pas indiqués dans les documents de la consultation ;
– raisons pour lesquelles un chiffre d'affaires annuel minimal supérieur au à deux fois le montant estimé du marché a été exigé, si celles-ci n'ont pas été indiquées dans les documents de la consultation ;
– raisons pour lesquelles le pouvoir adjudicateur a sollicité l'utilisation de moyens de communication autres que les moyens électroniques pour la transmission des offres ;
– description des mesures appropriées prises par le pouvoir adjudicateur pour s'assurer que la concurrence n'a pas été faussée par des études et échanges préalables avec des opérateurs économiques ou par la participation d'un opérateur économique à la préparation du marché public ;
– conflits d'intérêts décelés et les mesures prises en conséquence ;
– raisons pour lesquelles le pouvoir adjudicateur a renoncé à passer un marché public ou à mettre en place un système d'acquisition dynamique.

Ces éléments ne sont pas exhaustifs, l'acheteur a intérêt à mentionner dans le rapport de présentation tous les éléments qui lui semblent relever du principe de transparence de la procédure, c'est-à-dire expliquant les choix qu'il a été amené à faire dans le cadre de celle-ci. La Commission européenne peut demander la communication du rapport de présentation ou ses principaux éléments. Il en est de même des diverses autorités de contrôle.

À RETENIR

L'acheteur peut utiliser le formulaire NOTI4, « Rapport de présentation d'une consultation », téléchargeable à l'adresse suivante : http://www.economie.gouv.fr/daj/formulaires-marches-publics.

52.6 Abandon de la procédure

En tout état de cause et à tout moment, l'acheteur peut renoncer à la procédure et la déclarer sans suite. Il peut décider de la recommencer. Il en communique les motifs, qui sont également mentionnés dans le rapport de présentation, aux opérateurs économiques qui ont participé à la procédure.

À RETENIR

Il n'est plus exigé pour justifier une telle décision de la justifier par un motif d'intérêt général, cette exigence n'ayant que peu d'incidence en pratique et ne voulait plus dire grand-chose, tout ou presque étant prétexte à constituer l'intérêt général. La décision de déclaration sans suite ne pouvait être utilement contestée que lorsqu'il était possible d'établir un détournement de procédure, par exemple lorsque la manœuvre n'avait pour objet que de repêcher un candidat. Il convient de souligner que le détournement de procédure peut toujours être invoqué.

52.7 Signature et notification du marché

Le marché attribué peut, ensuite, être signé par l'acheteur. Le marché entre en vigueur au moment de sa notification à son titulaire (voir § 57.2).

52.8 Transmission au représentant de l'État

Les marchés locaux sont transmis au représentant de l'État au titre du contrôle de légalité lorsque leur montant estimé atteint les seuils de procédure européens.

Le tableau 52.1 résume les principaux changements concernant l'achèvement de la procédure.

Tab. 52.1 Concordance ancienne et nouvelle réglementation

Nouvelles références	Anciennes références	Objet et apports essentiels
Art. 55 O. 2015	*Art. 80 et 83 CMP*	Principe de l'information systématique des candidats et des soumissionnaires évincés, quelle que soit la procédure.
Art. 55 D. 2016	*Art. 59, 64, 66 et 67 CMP*	Régime de la vérification de la recevabilité de la candidature.
Art. 98 D. 2016	*Art. 59, 64, 66 et 67 CMP*	Régime de l'abandon de la procédure. Suppression de l'exigence d'un motif d'intérêt général.
Art. 105 D. 2016	*Art. 79 CMP*	Régime du rapport de présentation. Obligation de l'établir lorsque le montant estimé du marché atteint les seuils de procédure européens, quelle que soit la procédure.
CMP : Code des marchés publics 2006 O. 2015 : Ordonnance n° 2015-899 relative aux marchés publics D. 2016 : Décret n° 2016-360 relatif aux marchés publics		

53 L'information des candidats et des soumissionnaires

***Références** : art. 55 de l'ordonnance n° 2015-899 – art. 99 et 101 du décret n° 2016-360 – art. L. 551-15 et R. 551-7-1 du Code de justice administrative*

Les marchés publics, comme tous les contrats de commande publique (voir § 3.1 et suivants), sont soumis à deux principes essentiels :
– le principe de mise en concurrence ;
– l'existence d'un droit de recours effectif permettant de sanctionner le non-respect du principe de mise en concurrence.

Le candidat doit pouvoir accéder à un juge. L'effectivité de ce droit de recours repose sur un mécanisme de suspension de la procédure de passation du marché pendant un délai durant lequel les candidats non retenus ont la possibilité de saisir le juge du référé précontractuel (voir § 54.1 et suivants). La seule mission de ce juge est de sanctionner les manquements commis par l'acheteur à ses obligations de publicité et de mise en concurrence.

Au-delà de cette exigence, il est également nécessaire d'assurer l'effectivité du principe de transparence. Tous les marchés, quelle que soit la procédure, sont désormais soumis à une obligation d'information des candidats et des soumissionnaires évincés.

53.1 Le principe de l'information obligatoire des candidats et soumissionnaires

Les candidats et les soumissionnaires doivent être informés du choix des acheteurs à l'issue de la procédure de passation. Cette information fait l'objet, en pratique, d'une notification, transmise aux intéressés par voie électronique ou postale. S'agissant de l'application d'un principe, celui de la transparence des procédures, il est recommandé l'usage d'un moyen garantissant la traçabilité de cette notification. Elle est donc réalisée avec avis de réception.

APPLICATION

L'utilisation d'un profil d'acheteur permet de garantir cette traçabilité, l'avis de réception est systématiquement sollicité et archivé au dossier.

À RETENIR

Le cas échéant, l'acheteur informe également les candidats des motifs de l'abandon de la procédure, tel qu'un classement sans suite ou une relance de la procédure (voir § 52.3).

Les informations communiquées varient en fonction de la nature de la procédure.

53.2 L'information en procédure formalisée

Les marchés publics sont soumis au principe de mise en concurrence et à l'existence d'un droit de recours effectif permettant de sanctionner le non-respect du principe de mise en concurrence. L'effectivité de ce droit de recours repose sur un mécanisme de suspension de la procédure de passation du marché durant un délai durant lequel les candidats non retenus ont la possibilité de saisir le juge du référé précontractuel, dont la mission est de sanctionner les manquements commis par l'acheteur à ses obligations de publicité et de mise en concurrence (voir § 54.1 et suivants). Durant ce délai de suspension (voir § 53.5), il est interdit au pouvoir adjudicateur de signer le marché.

L'information des candidats évincés a donc pour objet de fournir aux opérateurs économiques les explications dont ils ont besoin pour savoir si un tel recours est justifié. Elle est inopérante si elle n'est pas complète : le délai de suspension ne commence pas à courir.

L'acheteur notifie à chaque candidat ou soumissionnaire concerné le rejet de sa candidature ou de son offre en lui indiquant les motifs de ce rejet, aussitôt que la décision de rejet est prise.

53.2.1 Information minimale en procédure formalisée

Cette information prend la forme d'une notification dont le contenu est réglementé.

Notification de la décision d'attribution

L'acheteur doit informer les candidats et les soumissionnaires aussitôt qu'il exclut certains d'entre eux de la procédure de consultation.

Il doit d'abord, au stade du choix des candidatures, informer les candidats écartés dès la fin de l'examen des candidatures, en précisant les motifs de cette décision.

Il doit, ensuite, dès l'attribution du marché, informer les soumissionnaires dont l'offre n'a pas été retenue. La notification de la décision d'attribution du marché ou de l'accord-cadre doit comporter les informations suivantes :
– la décision de rejet de l'offre et des motifs de ce rejet ;
– le nom de l'attributaire ;
– les motifs qui ont conduit au choix de son offre ;
– la date à compter de laquelle l'acheteur est susceptible de signer le marché public ou l'accord-cadre.

À RETENIR

La mention du délai de suspension de la procédure (voir § 53.5) était requise. C'est désormais la date à laquelle le marché peut être signé qui doit être mentionnée. Sur le calcul de cette date, voir ci-dessous. À défaut de cette mention, le délai de suspension ne commence pas à courir, de sorte que l'acheteur ne peut signer le marché sans s'exposer à un risque contentieux réel.

Si l'acheteur a omis d'informer les candidats écartés au stade de l'examen des candidatures, il doit réparer cette omission, en leur notifiant la décision d'attribution. Il leur communique alors les mêmes informations qu'aux soumissionnaires évincés.

À RETENIR

Les motifs communiqués ne doivent pas conduire à divulguer des informations couvertes par la protection du secret commercial et industriel de l'attributaire. Ces informations protégées peuvent porter sur :
– la situation économique d'une entreprise, sa santé financière, l'état de son crédit, son chiffre d'affaires, ses documents comptables, ses effectifs sont, notamment, le détail du bordereau de prix unitaire et les détails de son offre technique ;
– la stratégie technique et financière de cette entreprise, ses investissements matériels, le nombre de personnes affectées aux prestations, son plan de financement, son actionnariat, le détail technique des prestations.

Peuvent être communiquées les informations financières de l'offre de l'attributaire, qui reflètent le coût de la prestation pour l'acheteur : l'offre de prix globale et l'offre de prix détaillée, le bordereau des prix unitaires et le détail estimatif des prix ne sont pas couverts par le secret commercial et industriel. En revanche, les mêmes informations sont couvertes par le secret dès lors qu'elles sont tirées des offres des candidats non retenus. Le marché ne leur étant pas attribué, ces informations n'acquièrent pas de caractère public.

Portée de l'obligation de motivation

L'acheteur peut s'appuyer sur le rapport d'analyse des candidatures ou le rapport d'analyse des offres pour rédiger la lettre qu'il doit notifier. Il convient d'apporter un soin particulier à cette rédaction, de manière, notamment, à ne pas, par maladresse, donner l'impression d'avoir utilisé un critère d'attribution non porté à la connaissance des candidats par le dossier de la consultation.

La motivation, en effet, doit refléter l'application des critères d'attribution tels qu'ils ont été portés à la connaissance des candidats dans les documents de la consultation.

La communication des rapports d'analyse, en revanche, n'est pas obligatoire avant la signature du marché. Elle ne le sera qu'une fois le marché signé, puisqu'ils acquièrent, alors, la qualité de document administratif. Tant que le marché n'est pas signé, ces documents sont des documents préparatoires. L'acheteur, en particulier, peut encore changer d'avis et renoncer, par exemple, à l'attribution du marché.

En revanche, une motivation insuffisante ne fait pas courir le délai de suspension (voir § 53.5).

APPLICATION

L'acheteur ne peut se contenter de communiquer les notes obtenues lors du classement des offres, une telle mention n'apporte seule aucune information susceptible d'éclairer le candidat. De même, la seule mention du rang de classement équivaut à une absence totale de motivation. Il convient d'indiquer les points sur lesquels l'offre de l'attributaire s'est révélée supérieure à celle du candidat évincé : délai d'exécution plus court, offre financière, que l'on peut divulguer, plus compétitive, meilleure qualité des matériaux mis en œuvre, meilleure compréhension des besoins du pouvoir adjudicateur, meilleurs profils des intervenants affectés à l'exécution des prestations, etc. Toutefois, il est admis que la communication des notes obtenues par l'offre soit suffisante, à la condition que les éléments d'information permettant d'en comprendre la portée figurent dans les documents de la consultation. C'est évident pour les consultations simples, où le critère du prix est largement prépondérant.

53.2.2 Information complémentaire en procédure formalisée

À la demande de tout soumissionnaire ayant fait une offre qui n'a pas été rejetée au motif qu'elle était irrégulière, inacceptable ou inappropriée, l'acheteur communique dans les meilleurs délais et au plus tard quinze jours à compter de la réception de cette demande :
– lorsque les négociations ou le dialogue ne sont pas encore achevés, les informations relatives au déroulement et à l'avancement des négociations ou du dialogue ;
– lorsque le marché public a été attribué, les caractéristiques et les avantages de l'offre retenue.

À RETENIR

Cette obligation relève du principe de transparence, elle n'a aucun impact sur les voies de recours.

53.3 L'information en procédure adaptée

En procédure adaptée, l'information est surtout dédiée à assurer la transparence des procédures.

53.3.1 Information minimale en procédure adaptée

L'acheteur est désormais tenu à une information minimale, qui consiste à notifier à chaque candidat ou soumissionnaire concerné le rejet de sa candidature ou de son offre à la fin de la procédure. Il n'est pas tenu, en revanche, de lui communiquer les motifs de cette décision.

À RETENIR

Cette notification intervient en fin de procédure, et peut donc avoir lieu après la signature du marché, ce qui, en procédure adaptée, permet d'écarter toute possibilité de recours en référé précontractuel et, à moins d'un manquement aux obligations de publicité, en référé contractuel.

APPLICATION

Rien n'interdit à l'acheteur de motiver sa décision. En pratique, les intéressés vont, le plus souvent, lui adresser une demande écrite de communication de ces motifs, de sorte qu'il sera finalement tenu de le faire. En tout état de cause, il s'agit surtout d'entretenir la concurrence, l'opacité a pour effet de décourager les candidats pour les procédures suivantes. Il est, de manière générale, judicieux d'informer les candidats évincés d'une procédure adaptée du rejet de leur candidature ou de leur offre en dehors de toute considération sur les voies de recours. Le fait de montrer aux candidats que la décision prise est objectivement justifiée est de nature à les encourager à participer aux prochaines consultations, en améliorant leur offre.

53.3.2 Information complémentaire en procédure adaptée

L'acheteur communique aux candidats et aux soumissionnaires qui en font la demande écrite :
– les motifs du rejet de leur candidature ou de leur offre,
– dans un délai de quinze jours à compter de la réception de cette demande.

En réponse à cette demande, si le soumissionnaire a vu son offre écartée alors qu'elle n'était ni inappropriée ni irrégulière ni inacceptable l'acheteur lui communique, en outre :
– les caractéristiques et avantages de l'offre retenue ;
– le nom de l'attributaire du marché public.

53.4 L'information facultative des candidats et soumissionnaires

Le régime des recours prévoit également un dispositif d'information facultatif impactant la sécurité juridique du contrat.

53.4.1 Cas général

Pour les procédures adaptées (voir § 29.1 et suivants), les procédures négociées sans publicité ni mise en concurrence préalables (voir § 24.1 et suivants) et les contrats exclus du champ d'application de l'ordonnance (voir § 4.1 et suivants), l'acheteur dispose d'un moyen de gérer le risque contentieux en écartant tout risque de recours en référé contractuel (voir § 55.1 et suivants).

Il publie un avis de publicité et accompagne cette publication du respect du délai de suspension de la procédure. Il convient alors :
– d'envoyer au *Journal officiel* de l'Union européenne un avis relatif à l'intention de conclure le contrat. Cet avis tient lieu de notification de la décision d'attribution et est établi conformément à un modèle européen.
– de respecter un délai de onze jours, entre la date de publication de cet avis et la signature du marché.

À RETENIR

L'avis d'intention de conclure le contrat est dit « avis de transparence ex ante volontaire » en droit européen.

APPLICATION

Le modèle européen d'avis d'intention de conclure est accessible depuis l'adresse suivante : http://simap.europa.eu/buyer/forms-standard/index_fr.htm.

Si ces deux formalités sont respectées, le contrat ne pourra pas être contesté par la voie du référé contractuel. Les candidats évincés ne disposent dans ce cas que du recours en référé précontractuel.

Cette démarche facultative permet ainsi de sécuriser juridiquement le marché. En réalité, compte tenu du fait que le délai de suspension n'est pas applicable à ces marchés, elle ne présente un véritable intérêt qu'à l'égard des marchés n'ayant fait l'objet d'aucune mesure de publicité. L'absence totale de publicité constitue à leur égard, en effet, le seul cas d'ouverture invocable devant le juge du référé contractuel (cf. chapitre 55). Les marchés en cause sont :
– les marchés relevant d'une exclusion de l'application du régime des marchés publics (voir § 4.1 et suivants) ;
– les marchés négociés sans publicité préalable et sans mise en concurrence (voir § 24.1 et suivants) ;
– les marchés passés selon une procédure adaptée, dès lors qu'ils n'ont fait l'objet d'aucune mesure de publicité (voir § 29.1 et suivants).

La publication d'un avis d'attribution permet, également, de restreindre la voie de recours du référé contractuel (voir § 55.1.5 et § 58.1.5) : une telle publication ramène le délai de recours de six mois à compter de la signature du marché à 31 jours à compter de la publication de cet avis d'attribution.

53.4.2 Cas des marchés subséquents et des marchés spécifiques

Pour les marchés passés en application des accords-cadres à marchés subséquents (voir § 14.1 et suivants) et des systèmes d'acquisition dynamique, les « marchés spécifiques » (voir § 32.1 et suivants), la décision d'attribution peut être notifiée à tous les titulaires de l'accord-cadre ou du système d'acquisition dynamique. Si elle s'accompagne du respect du délai de suspension de la procédure, elle a pour effet de fermer définitivement la voie du recours en référé contractuel.

À RETENIR

Seuls les titulaires de l'accord-cadre ou du système d'acquisition dynamique ont vocation à pouvoir obtenir l'attribution d'un marché subséquent ou d'un marché spécifique et, en conséquence, intérêt leur donnant qualité pour agir contre la procédure d'attribution du marché. Il est, donc, ici, inutile de procéder à une publication au Journal officiel de l'Union européenne. Dans leur cas, la notification de la décision d'attribution aux seuls titulaires de l'accord-cadre ou du système d'acquisition dynamique est suffisante.

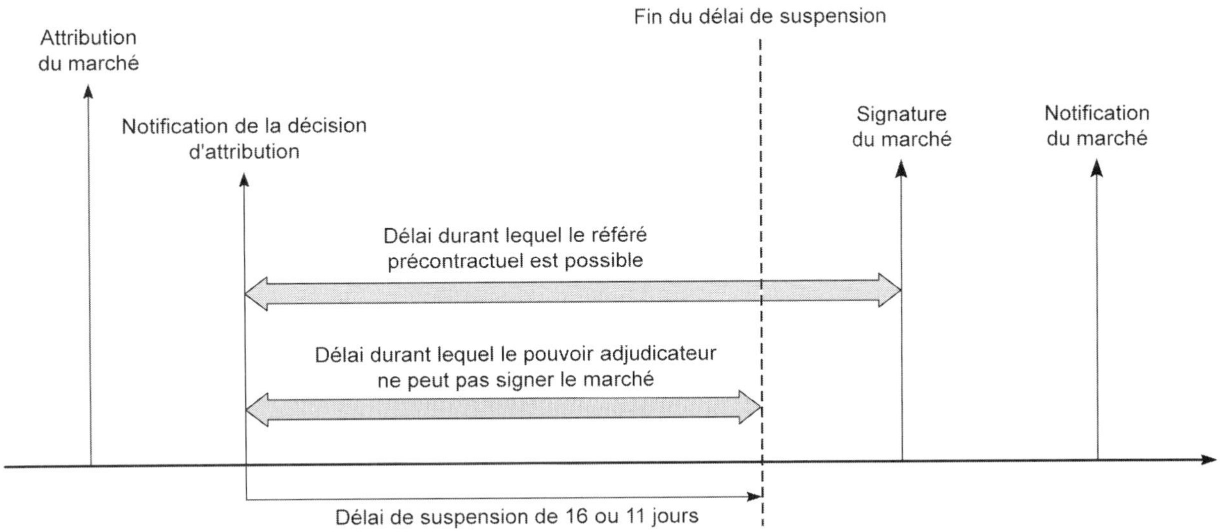

Fig. 50.1 Information des candidats, délai de suspension et signature du marché

La décision d'attribution doit comporter les informations suivantes :
– le nom du titulaire du marché ;
– les motifs ayant conduit au choix de son offre ;
– la date à partir de laquelle le marché pourra être signé.

53.5 Délai de suspension

La notification de la décision d'attribution fait courir le délai de suspension de la procédure, qui est de :
– 16 jours à compter de l'envoi postal, en recommandé avec avis de réception, de la notification de l'avis d'attribution ;
– 11 jours si cette notification a été réalisée par voie électronique, c'est-à-dire par l'intermédiaire de la plate-forme électronique utilisée par l'acheteur pour la passation du marché, par courriel ou par télécopie.

Le délai de suspension de seize jours ou onze jours est un délai calendaire, il court à compter de la date d'envoi de la notification et expire le dix-septième ou le douzième jour. Le délai calendaire est un délai qui inclut les jours fériés. Les jours calendaires correspondent donc au calendrier, soit sept jours par semaine et non pas les cinq jours ouvrés par semaine.

Il s'agit donc d'un délai de date à date, pas d'un délai franc.

APPLICATION

L'acheteur envoie la notification par voie postale le 10 janvier. Le délai applicable est le délai de 16 jours. On compte le jour de l'envoi de cette notification, le délai expire le dix-septième jour, soit le 26 janvier, à 0 heure. L'acheteur peut signer le marché à compter du 26 janvier.

Le respect du délai n'est pas exigé :
– en procédure adaptée ;
– lorsque le marché public est attribué au seul opérateur ayant participé à la consultation ;
– pour l'attribution des marchés subséquents, fondés sur un accord-cadre, ou des marchés spécifiques fondés sur un système d'acquisition dynamique.

Le délai de suspension ne court pas si le contenu de la notification est incomplet. Il en est ainsi, en particulier, si l'acheteur néglige d'y mentionner la date à partir de laquelle il pourra signer le marché ou se contente de renvoyer au principe d'un délai de suspension (fig. 53.1).

53.6 L'information spontanée des candidats non retenus

53.6.1 Délai de suspension

Le tableau 53.1 synthétise les formalités d'information ayant un effet sur le référé contractuel (Tab. 53.1).

Tab. 53.1 Récapitulatif des formalités d'information ayant un effet sur le référé contractuel

Procédure	Mode de publicité	Publication	Effets sur les voies de recours
Procédures formalisées	Avis d'attribution obligatoire	Publication	Référé contractuel : délai 31 jours
		Absence de publication	Référé contractuel : délai 6 mois
Procédures adaptées	SOIT Avis d'attribution (*JOUE*) (obligatoire si le marché atteint les seuils de procédure européens)	Publication	Référé contractuel : délai 31 jours
		Absence de publication	Référé contractuel : délai 6 mois
	SOIT Avis d'intention de conclure (*JOUE*) Respect du délai de suspension (11 jours)	Publication	Permet le référé précontractuel Fermeture de la voie du référé contractuel
Marchés subséquents et spécifiques	SOIT Notification facultative de la conclusion du marché aux titulaires de l'accord-cadre ou du système d'acquisition dynamique	Notification	Référé contractuel : délai 31 jours
		Absence de notification	Référé contractuel : délai 6 mois
	SOIT Notification du nom de l'attributaire et des motifs qui ont conduit au choix de son offre aux titulaires de l'accord-cadre ou du système d'acquisition dynamique. Respect du délai de suspension (11 ou 16 jours)	Notification	Permet le référé précontractuel Fermeture de la voie du référé contractuel
Contrats relevant de l'exclusion de l'application de la réglementation des marchés publics	SOIT Avis d'attribution (*JOUE*) (obligatoire si le marché atteint les seuils de procédure européens)	Publication	Référé contractuel : délai 31 jours
		Absence de notification	Référé contractuel : délai 6 mois
	SOIT Avis d'intention de conclure (*JOUE*) Respect du délai de suspension (11 jours)	Publication	Permet le référé précontractuel Fermeture de la voie du référé contractuel

Le tableau 53.2 résume les principaux changements concernant l'information des candidats et des soumissionnaires.

Tab. 53.2 Concordance ancienne et nouvelle réglementation

Nouvelles références	Anciennes références	Objet et apports essentiels
Art. 55 O. 2015 – art. 99 D. 2016 – art. R. 551-7-1 code de justice administrative	Art. 80 et 83 CMP	Principe nouveau de l'information systématique des candidats et des soumissionnaires évincés, quelle que soit la procédure. Régime de l'information des candidats et des soumissionnaires. Mention obligatoire de la date à laquelle l'acheteur pourra signer le marché.
Art. 101 D. 2016	Art. 80 CMP	Régime de la signature et du délai de suspension de la procédure
Art. L. 551-15 Code de justice administrative		Mécanisme de l'information facultative des candidats et des soumissionnaires évincés.
CMP : Code des marchés publics 2006 O. 2015 : Ordonnance n° 2015-899 relative aux marchés publics D. 2016 : Décret n° 2016-360 relatif aux marchés publics		

54 Référé précontractuel

***Références :** art. L. 551-1 et suivants Code de justice administrative*

Le référé précontractuel est une voie de recours ouverte aux opérateurs économiques à un marché public leur permettant de saisir le juge administratif ou judiciaire d'un manquement aux obligations de publicité et de mise en concurrence qui s'imposent aux personnes publiques lors de la passation des contrats de commande publique.

À RETENIR

Les marchés publics de droit privé, passés par les acheteurs qui sont des personnes morales de droit privé, relèvent de la compétence du juge judiciaire, mais le régime juridique du recours est identique.

54.1 Recevabilité

54.1.1 Délai

Il n'y a pas de délai pour saisir le juge du référé précontractuel, celui-ci peut l'être jusqu'à ce que le contrat soit signé. En revanche, une fois le contrat signé, le juge ne peut plus intervenir.

Pour garantir l'effectivité du droit de recours, les textes prévoient un délai de suspension durant lequel l'acheteur ne peut signer le contrat, ce qui constitue un « délai minimum » de recours. Ce délai de suspension des procédures est fixé à seize jours, onze jours en cas de notification par voie électronique (voir § 53.5).

Tant que la signature n'est pas intervenue, le juge du référé précontractuel peut être saisi. En revanche, la signature du marché dessaisit le juge, qui est tenu de prononcer un non-lieu à statuer ou l'irrecevabilité du recours.

Le délai de seize ou onze jours n'est pas un délai franc, mais un délai calendaire, c'est-à-dire qu'il se calcule de date à date : il court à compter de la date d'envoi de la notification et expire le dernier jour du délai, à minuit.

APPLICATION

La notification est adressée par voie postale le 20 décembre par voie postale aux entreprises non retenues. Le délai est de seize jours, il expire le 4 janvier, à minuit. Le pouvoir peut signer le marché à compter du 5 janvier.

54.1.2 Intérêt donnant qualité pour agir

Une entreprise doit avoir un intérêt à attaquer la procédure de passation du marché pour pouvoir accéder au juge. Elle justifie de cet intérêt, qui lui donne « qualité pour agir », dès lors qu'elle a vocation à conclure le marché, dont l'objet relève de son activité. Peu importe qu'elle ait, ou non, déposé un dossier de candidature ou d'offre dans le cadre de la procédure en cause.

À RETENIR

Le préfet a toujours qualité pour saisir le juge du référé précontractuel des procédures de passation des marchés locaux.

54.1.3 Ministère d'avocat

Le recours peut être introduit par le représentant légal du candidat.

Le recours en référé précontractuel n'est pas au nombre de ceux pour lesquels le recours à un avocat est obligatoire. En pratique, néanmoins, la grande technicité des arguments développés justifie le plus souvent qu'il soit fait appel à un avocat rompu au droit de la commande publique.

54.2 Régime

54.2.1 Suspension automatique

Le recours doit être introduit avant la signature du marché.

Cette signature est automatiquement suspendue jusqu'à la notification de la décision du juge du référé. Néanmoins, encore faut-il que l'acheteur ait la connaissance acquise du recours et apprendre, ainsi, la suspension de la procédure du fait de la saisine du juge. C'est la raison pour laquelle le requérant doit, en même temps qu'il saisit le juge, notifier son recours à l'acheteur.

À RETENIR

Si le requérant ne notifie pas son recours à l'acheteur, il ne fait pas obstacle à ce que le juge se prononce, le recours restant recevable, mais il permet à l'acheteur de signer le marché sans que cette signature ne puisse lui être reprochée. Si la signature intervient, le juge du référé précontractuel ne peut que prononcer un non-lieu à statuer tandis que la voie du référé contractuel reste fermée (voir § 55.1 et suivants).

54.2.2 Moyens invocables

Le requérant ne peut invoquer que des moyens tirés du manquement de l'acheteur à ses obligations de publicité et de mise en concurrence.

Il doit, en outre, établir que ces manquements ont lésé ses intérêts, de manière réelle ou seulement potentielle eu égard à leur portée et au stade de la procédure auquel ces manquements se rapportent. L'analyse du juge est subjective et très concrète.

APPLICATION

Une entreprise a déposé une offre qui a été classée en deuxième position. Elle ne peut se plaindre du manquement commis par l'acheteur au stade de la sélection des candidatures, puisque sa candidature a été admise et qu'elle a pu présenter une offre. Elle n'a pas subi de préjudice du fait de ce manquement, qui s'apprécie au stade de la procédure auquel il est commis. En revanche, la même entreprise pourra se prévaloir du même manquement, si celui-ci a eu pour effet de permettre, à son concurrent classé premier, de franchir indûment le filtre de l'examen des candidatures et d'obtenir le marché. Dans ces conditions, le manquement a bien lésé les intérêts de l'entreprise requérante.

En pratique :
– si elle n'est pas évidente, la lésion potentielle de l'opérateur peut être reconnue par le juge dès lors que le défendeur reste inactif ;
– si le requérant n'apporte aucun élément d'explication, la lésion ne peut être reconnue.

54.2.3 Procédure

Le juge statue, seul, dans un délai maximal de 20 jours à compter de l'enregistrement de la requête, de manière à ne pas faire trop longtemps obstacle à la signature du marché. Mais il ne peut statuer avant l'expiration du délai de suspension administratif, c'est-à-dire le délai de seize jours ou de onze jours à compter de la date d'envoi de la décision d'attribution aux candidats non retenus, de manière à pouvoir statuer sur toutes les requêtes frappant la procédure, s'il devait y en avoir plusieurs (fig. 54.1).

L'audience publique permet de garantir le contradictoire et l'efficacité de l'instruction. Les parties sont :
– le ou les requérants ;
– l'acheteur ;
– l'entreprise attributaire du marché, qui est invitée à présenter ses observations en défense.

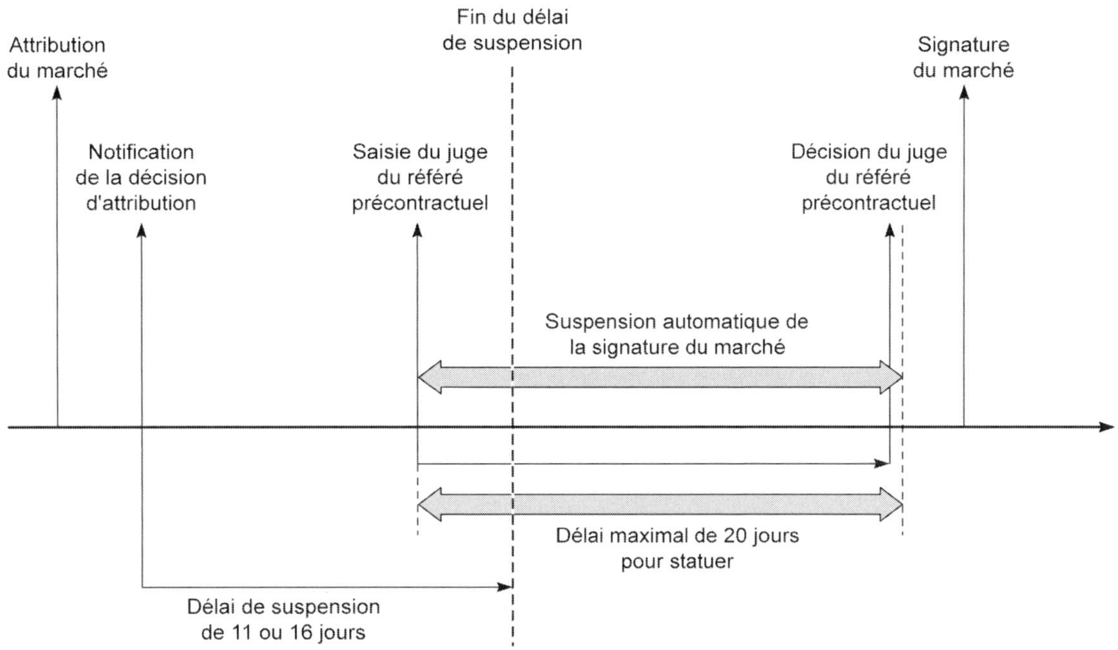

Fig. 54.1 Signature du marché et référé précontractuel

La procédure est écrite et orale, les parties étant invitées à venir présenter leurs observations à la barre.

Le juge ne peut se prononcer sur la requête et doit prononcer un non-lieu si le marché a été signé après sa saisine. Cette signature l'empêche de statuer, mais peut ouvrir au requérant la voie du référé contractuel (voir § 55.1 et suivants).

À RETENIR

Techniquement, le recours est irrecevable si le marché a été signé avant la saisine du juge, tandis que le juge prononce un non-lieu à statuer lorsque la signature est intervenue après cette saisine.

54.2.4 Recours

Le juge statue en premier et dernier ressort. Il n'y a pas d'appel. L'ordonnance du juge peut, en revanche, être contestée en cassation, devant le Conseil d'État, qui vérifie que le juge n'a pas commis d'erreur de droit en rendant son ordonnance.

54.3 Pouvoirs du juge

Le juge exerce un contrôle de plein contentieux c'est-à-dire qu'il a des prérogatives étendues. Il peut, notamment :
– ordonner à l'auteur du manquement aux obligations de publicité et de mise en concurrence de se conformer à ses obligations et, notamment, enjoindre à l'administration de communiquer les motifs des décisions prises, en différant au besoin la signature du marché ;
– annuler des décisions relatives à la passation des marchés en cause, voire la totalité de la procédure ;
– supprimer les clauses destinées à figurer dans ces contrats et contraires aux obligations en cause.

APPLICATION

Un requérant se plaint que son offre ait été jugée irrégulière en tant que non conforme au CCTP et éliminée avant le classement des offres. Il estime que les clauses du CCTP auxquelles son offre ne se conformait pas présentaient un caractère discriminatoire, en mentionnant la marque d'un fabricant distribuée seulement par un concurrent, qui a d'ailleurs obtenu le marché. Ce faisant, il établit le manquement (la clause est bien discriminatoire) et le fait que ce manquement lèse ses intérêts (il ne distribue pas le produit dont la marque est mentionnée). Le juge peut décider de supprimer les éléments discriminatoires du cahier des charges (la mention de la marque) et ordonner au pouvoir adjudicateur de prendre une nouvelle décision de classement des offres en incluant celle du requérant, désormais conforme.

La voie de recours ouverte contre les manquements des entités adjudicatrices et, ceux commis dans le cadre d'achats de défense ou de sécurité, laisse moins de pouvoir au juge. Celui-ci ne peut pas annuler la procédure, mais peut seulement :
– ordonner à l'auteur du manquement aux obligations de publicité et de mise en concurrence de se conformer à ses obligations ;
– prononcer une astreinte.

En revanche, le juge du référé précontractuel n'est pas compétent pour :
– contrôler les mérites respectifs des candidats et des offres ;
– statuer sur le respect par l'acheteur d'autres règles que celles de la procédure de passation des marchés publics ;
– indemniser le requérant.

À RETENIR

Il est possible à l'entreprise qui a irrégulièrement été écartée d'une procédure d'attribution d'obtenir réparation de cette éviction irrégulière, mais l'indemnisation ne pourra être accordée que dans le cadre d'un autre recours.

Le tableau 54.1 rappelle les références législatives du référé précontractuel.

Tab. 54.1 Objet de la réglementation

Référence	Objet
Art. L 551-1 et suivants code de justice administrative	Régime du référé précontractuel.

55 Référé contractuel

***Références :** art. L. 551-13 et suivants du Code de justice administrative*

Le référé contractuel est un recours d'urgence dirigé contre le contrat, une fois celui-ci signé (voir § 57.1 et suivants), complémentaire au référé précontractuel, ouvert aux seuls candidats évincés et au préfet. Il n'est pas symétrique du référé précontractuel, le juge n'a ici que de pouvoirs très encadrés : le référé contractuel n'existe que pour garantir l'accès à un juge, dans l'hypothèse dans laquelle les entreprises n'y auraient pas eu accès :

– en l'absence de publicité suffisante, elles n'étaient pas informées de la passation du marché ;

en l'absence d'un délai suffisant pour saisir le juge, l'acheteur n'ayant pas respecté le délai de suspension de la procédure (voir § 53.5) ;

– en présence de manquements particulièrement graves commis par l'acheteur à ses obligations de mise en concurrence.

À RETENIR

Les marchés publics de droit privé, passés par les acheteurs qui sont des personnes morales de droit privé, relèvent de la compétence du juge judiciaire, mais le régime juridique du recours est identique.

55.1 Recevabilité

Les conditions de recevabilité du référé contractuel sont identiques à celles du référé précontractuel, sauf, par hypothèse, pour ce qui concerne les délais de recours.

55.1.1 Cas d'irrecevabilité automatique

Dans les hypothèses dans lesquelles l'information des candidats non retenus et, le respect d'un délai de suspension, ne sont pas obligatoires, l'acheteur a pu publier un avis d'intention de conclure et s'astreindre au respect d'un délai de suspension de onze jours. Dans ces hypothèses, le référé contractuel est définitivement fermé.

Il en est de même pour les marchés subséquents (voir § 14.1 et suivants) et les marchés spécifiques (voir § 32.1 et suivants), lorsque l'acheteur s'est astreint, alors qu'il n'y est pas tenu :

– à la notification de la décision d'attribution à l'ensemble des titulaires, selon les cas, de l'accord-cadre ou du système d'acquisition dynamique ;

– au respect d'un délai de suspension, selon les cas, de seize jours ou de onze jours (voir § 53.5).

Dans l'ensemble de ces hypothèses, le référé contractuel est irrecevable (cf. tab. 53.1 Tableau récapitulatif des formalités d'information ayant un effet sur le référé contractuel).

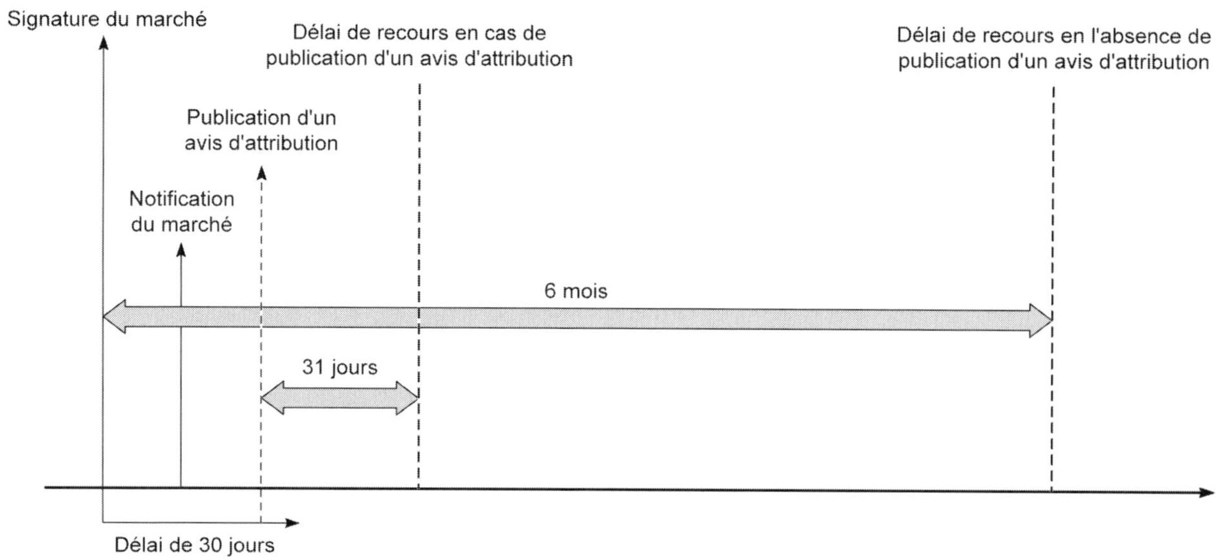

Fig. 55.1 Délais de saisine du juge du référé contractuel

55.1.2 Articulation avec le référé précontractuel

Le candidat doit pouvoir accéder à un juge, c'est la raison pour laquelle l'acheteur lui laisse, pour ce faire, un délai de seize ou onze jours avant de signer le marché (voir § 53.5). Dès lors, si ce délai a expiré sans que le candidat non retenu ait saisi le juge du référé précontractuel et, que l'acheteur a signé le marché, le référé contractuel n'est plus possible.

Un requérant qui aurait exercé un référé précontractuel ne sera pas davantage recevable à exercer le référé contractuel :
– si l'acheteur s'est conformé à la décision rendue sur ce recours ;
– et s'il a respecté l'effet suspensif de ce recours.

55.1.3 Intérêt donnant qualité pour agir

Pour garantir un recours efficace, notamment sur le plan économique, le recours contre le contrat est envisagé dans la continuité du référé précontractuel : il est ouvert aux mêmes personnes (voir § 54.1.2).

55.1.4 Ministère d'avocat

Comme le référé précontractuel, le concours d'un avocat n'est pas obligatoire (voir § 54.1.3).

55.1.5 Délai de recours

L'objet du référé contractuel est d'assurer la sécurité juridique des contrats en purgeant les recours au terme d'un délai relativement bref. L'acheteur a la possibilité, par son intervention, de faire varier ce délai et, ainsi, de gérer le risque contentieux.

Le délai de recours du référé contractuel est de 31 jours à compter de la publication de l'avis d'attribution du marché au *Journal officiel de l'Union européenne* (voir § 58.1.3), quelle que soit la procédure de passation utilisée.

À défaut d'une telle publication, le délai de recours est de 6 mois à compter de la signature du marché (fig. 55.1).

55.2 Régime

55.2.1 Moyens invocables

Le référé contractuel n'est destiné qu'à sanctionner les irrégularités les plus graves, c'est pourquoi tous les moyens ne peuvent être invoqués devant le juge.

Le référé contractuel est ouvert pour les manquements aux obligations de publicité et de mise en concurrence suivants :
– violation du délai de suspension de la procédure ou de la suspension de la signature du contrat liée à la saisine du juge du référé précontractuel ;
– absence de toute publicité ou absence de publicité obligatoire au *Journal officiel de l'Union européenne* ;
– absence de mise en concurrence pour l'attribution de marchés subséquents (voir § 14.1 et suivants) ou de marchés spécifiques (voir § 32.1 et suivants).

55.2.2 Procédure

Le juge statue, seul, dans un délai maximal d'un mois à compter de l'enregistrement de la requête, de manière à ne pas faire trop longtemps obstacle à la signature du marché. Il peut suspendre le marché, à la demande du requérant, dans l'attente de sa décision.

L'audience publique permet de garantir le contradictoire et l'efficacité de l'instruction. Les parties sont :
– le ou les requérants ;
– l'acheteur ;
– l'entreprise titulaire du marché, qui est invitée à présenter ses observations en défense.

La procédure est écrite et orale, les parties étant invitées à venir présenter leurs observations à la barre.

55.2.3 Recours

Comme le référé précontractuel, le juge statue en premier et dernier ressort. Le référé contractuel n'est pas susceptible d'appel, mais seulement d'un recours en cassation, devant le Conseil d'État.

55.3 Pouvoirs du juge

Le juge peut prononcer la suspension de l'exécution du contrat, dans l'attente de sa décision au fond.

Il dispose en outre de deux séries de pouvoirs, limitativement énumérés :

55.3.1 Sanctionner la violation du délai de suspension

Dès lors que l'acheteur a signé le marché sans respecter le délai de suspension, le juge du référé contractuel prononce l'une des sanctions suivantes :
– la nullité du contrat ;
– la résiliation du contrat, c'est-à-dire sa disparition pour l'avenir ;
– l'abrégement de la durée du contrat ;
– des pénalités financières, proportionnelles à la faute commise et à hauteur, au maximum, de 20 % du montant HT du marché.

À RETENIR

Le délai de suspension de seize jours ou onze jours n'est applicable qu'aux marchés passés selon une procédure formalisée, à l'exception de ceux passés selon une procédure négociée sans publicité préalable et sans mise en concurrence. Il n'est pas applicable, en particulier, aux marchés passés selon une procédure adaptée (MAPA). Il en résulte que le juge ne peut atteindre les MAPA que dans les seuls cas dans lesquels l'acheteur a signé le marché en sachant que le juge du référé précontractuel en était saisi ou, en cas d'une publicité inexistante ou gravement insuffisante.

Pour déterminer la sanction, le juge du référé contractuel doit, dans la mesure du possible, priver le marché de ses effets. Il peut prendre en compte, notamment :
– la nature et l'ampleur de la méconnaissance constatée,
– ses conséquences pour l'auteur du recours ;
– la nature, le montant et la durée du contrat en cause ;
– le comportement du pouvoir adjudicateur.

55.3.2 Sanctionner par la disparition du marché les irrégularités les plus graves

En cas de manquement particulièrement grave aux obligations de publicité et de mise en concurrence, tels que les cas d'absence de publicité ou de mise en concurrence ou, de publicité ou de procédure indigente, le juge est tenu de prononcer la nullité du marché, sauf si l'acheteur est en mesure de justifier de raisons impérieuses d'intérêt général.

APPLICATION

L'acheteur a passé un marché négocié sans publicité préalable et sans mise en concurrence alors qu'il aurait dû mettre en œuvre une procédure d'appel d'offres : en l'absence de toute publicité, le juge va prononcer la nullité du marché. Pour l'éviter, l'acheteur va invoquer un motif impérieux d'intérêt général, tenant, en particulier, à la sécurité des personnes. Si le juge admet son argument, il infligera une autre sanction, telle qu'une pénalité financière.

Cette obligation lui est imposée dans l'une des trois hypothèses suivantes :
– graves insuffisances de publicité ;
– absence de mise en concurrence pour l'attribution de marchés subséquents (voir § 14.1 et suivants) ou de marchés spécifiques (voir § 32.1 et suivants) ;
– réunion de trois conditions cumulatives (non-respect du délai de suspension, impossibilité pour le requérant d'exercer un référé précontractuel du fait de ce non-respect, existence d'autres manquements ayant obéré ses chances d'obtenir le marché).

Le tableau 55.1 rappelle les références législatives du référé contractuel.

Tab. 55.1 Objet de la réglementation

Référence	Objet
Art. L 551-13 et suivants code de justice administrative	Régime du référé contractuel.

Recours en contestation de validité du contrat 56

Références : *Conseil d'État, Assemblée, 4 avril 2014, Département de Tarn et Garonne, req. n° 358994 – art. 72 de la Constitution*

Le recours en contestation de la validité d'un contrat est un recours de plein contentieux, ouvert aux tiers au contrat, y compris au préfet dans le cadre du déféré préfectoral.

À RETENIR

Le recours en contestation de validité du contrat n'affecte que les marchés publics présentant le caractère de contrat administratif, c'est-à-dire ceux passés par une personne publique. Les marchés publics passés par des personnes morales de droit privé, qui sont des contrats de droit privé, relèvent de la juridiction du juge judiciaire. Les tiers qui présentent un intérêt pour agir peuvent présenter un recours en nullité ou un recours indemnitaire, sur le fondement de la responsabilité pour faute. Les candidats évincés ne sont toutefois pas recevables à invoquer devant le juge de la nullité du contrat des moyens tirés des manquements commis dans le cadre de la procédure de passation, de sorte qu'en pratique, seul le recours indemnitaire leur est ouvert.

56.1 Recevabilité

56.1.1 Intérêt donnant qualité pour agir

Le recours est ouvert aux tiers disposant d'un intérêt suffisamment direct et certain pour agir à l'encontre du contrat. Parmi ces tiers figurent les concurrents évincés, qui sont les opérateurs économiques ayant vocation à conclure le marché, en tant que l'objet du marché relève de leur activité :

– ceux qui ont participé à la procédure, en déposant, ou non, une offre ;

– ceux qui estiment avoir irrégulièrement été empêchés d'y participer.

Le préfet (voir § 56.4) et les membres des assemblées délibérantes pour les marchés locaux n'ont pas à justifier d'intérêt pour agir.

À RETENIR

Le préfet peut déférer au juge du plein contentieux un marché local dans le cadre de ses attributions de contrôle de légalité. Le juge dispose de toutes les attributions du juge de la contestation de la validité d'un contrat, à l'exception de celui d'indemniser le requérant, le préfet n'ayant, en tant que tel, pas subi de préjudice du fait de l'illégalité de la procédure d'attribution du marché.

56.1.2 Ministère d'avocat

S'agissant d'un recours de plein contentieux, ainsi qualifié parce que le juge dispose des prérogatives les plus étendues, ce recours ne peut être déposé que par un avocat, à défaut de quoi il serait irrecevable.

À RETENIR

Le préfet et les membres des assemblées délibérantes sont dispensés d'obligation de ministère d'avocat.

56.1.3 Délai de recours

Le délai est de 2 mois à compter de l'accomplissement des mesures de publicité appropriées.

Une mesure de publicité appropriée est :
– en règle générale, un avis d'attribution (voir § 58.1 et suivants), pour autant que cet avis mentionne la conclusion du marché et les modalités de sa consultation, dans le respect des secrets protégés par la loi, c'est-à-dire les modalités selon lesquelles la copie du marché peut être obtenue du pouvoir adjudicateur au titre du droit à la communication des documents administratifs (ces informations peuvent être renseignées dans la rubrique « autres informations » de l'avis d'attribution) ;
– pour les marchés subséquents et les marchés spécifiques, la notification de la conclusion du marché et les modalités de sa consultation (cf. ci-dessus) à chacun des titulaires, respectivement, de l'accord-cadre (voir § 14.1 et suivants) et du système d'acquisition dynamique (cf. chapitre 32).

L'absence de recours dans ce délai rend irrecevable tout recours ultérieur contre le marché, mais ne fait pas obstacle à un recours indemnitaire.

À RETENIR

Un recours ultérieurement engagé contre un marché modifié de manière irrégulière est possible, dès lors que le caractère substantiel de cette modification affecte le périmètre de la mise en concurrence initiale : le marché exécuté n'est pas celui qui a été présenté lors de la mise en concurrence, la procédure est faussée a posteriori. Le délai de recours est de 2 mois à compter de la publication d'une mesure de publicité appropriée. À défaut de publicité de cette modification (voir § 70.3.3), le marché peut être attaqué durant toute la durée de l'exécution qui reste à courir.

Le délai ne court pas en l'absence de cette mesure de publicité appropriée. C'est dire, dans ce cas, que le marché peut être attaqué durant toute la durée de son exécution.

56.2 Régime

56.2.1 Moyens invocables

Le requérant ne peut invoquer que des moyens liés à son intérêt à agir. Les candidats évincés ne peuvent, dès lors, invoquer que des moyens tirés de la violation des règles de mise en concurrence, ce qui fait à leur égard du juge de la contestation de la validité du contrat l'un des gardiens du respect des obligations de publicité et de mise en concurrence.

Les autres tiers, tels que les contribuables locaux ou les membres des assemblées délibérantes pour les marchés locaux, ne peuvent respectivement invoquer que des moyens tirés de la méconnaissance des règles de la dépense publique ou de la protection des deniers publics, ou de la violation des règles consultatives, de compétence ou, plus généralement de procédure de conclusion des contrats locaux.

Des prétentions indemnitaires peuvent aussi être présentées au juge, leur recevabilité est conditionnée à la présentation d'une demande préalable à l'acheteur. Le préjudice indemnisable réside dans les frais engagés pour répondre à la consultation et le manque à gagner du candidat évincé.

56.2.2 Demande de suspension de l'exécution du marché

Le recours en contestation de validité du contrat peut être accompagné d'une demande de suspension de l'exécution du contrat, le juge se prononçant, alors, très rapidement par voie d'ordonnance de référé. Le succès de cette demande de suspension est, notamment, soumis à la justification d'une condition d'urgence, très difficile à établir en pratique, compte tenu, en particulier, des exigences propres au service public.

56.2.3 Procédure

La procédure est exclusivement écrite.

Le délai moyen de jugement est en pratique supérieur à deux ans, de sorte que, le plus souvent, l'intérêt de la procédure est, pour les opérateurs économiques, devenu le plus souvent indemnitaire, sauf à avoir obtenu la suspension de l'exécution du marché, ce qui est très exceptionnel.

Le jugement peut être frappé d'appel, un recours en cassation est, ensuite, possible.

56.3 Pouvoirs du juge

Il appartient au juge d'apprécier les conséquences des vices entachant le contrat. Il doit prendre en compte la nature de l'illégalité éventuellement commise.

Le juge peut :
– résilier le contrat pour l'avenir ;
– modifier certaines de ses clauses ;
– décider de la poursuite de l'exécution du marché moyennant, le cas échéant, certaines régularisations ;
– indemniser le demandeur du préjudice découlant de l'atteinte à des droits lésés ;
– annuler en tout ou partie le contrat, le cas échéant avec effet différé, si les vices constatés le justifient, et après avoir vérifié si cette annulation ne porterait pas une atteinte excessive à l'intérêt général ou aux droits des cocontractants.

56.4 Déféré préfectoral

En principe, les tiers ne sont pas recevables à demander au juge l'annulation d'un contrat. Mais le préfet n'est pas un tiers comme les autres : il tient directement de la Constitution une mission de contrôle de légalité, permettant d'assurer à la République son caractère unitaire, malgré son organisation décentralisée.

Le préfet peut agir à l'encontre d'un marché d'une collectivité locale ou d'un établissement public local dans le cadre d'un recours en contestation de la validité d'un contrat, mais ne pourra pas obtenir d'indemnisation : il n'a pas, en tant que tel, subi un préjudice du fait de l'irrégularité de la passation du marché public.

56.4.1 Régime

Recevabilité

Le préfet n'a pas à justifier d'un intérêt lui donnant qualité pour agir. Il tient cette qualité de la mission que lui confie la Constitution. Il est, ainsi, recevable à déférer les marchés passés par les collectivités territoriales et les établissements publics locaux du département dont il a la charge, dans le cadre du contrôle de légalité qui lui incombe :
– recevabilité du déféré contre les marchés, qu'ils soient ou non soumis à l'obligation de transmission ;
– recevabilité du déféré contre tous les actes de la procédure, soumis ou non à l'obligation de transmission.

À RETENIR

Le préfet peut, également, présenter un référé précontractuel, sans avoir, évidemment, à démontrer qu'il ait été lésé ou soit susceptible de l'être par le manquement aux obligations de publicité et de mise en concurrence. Il est tout aussi recevable à saisir le juge du référé contractuel.

Le délai de recours contentieux du déféré préfectoral est de deux mois. Il peut être prorogé deux fois :
– au motif, le cas échéant, d'un recours gracieux ;
– en raison de la demande de documents complémentaires nécessaires à l'instruction du dossier, le délai ne commençant à courir qu'à compter de la réception de ces documents.

Ce délai court à compter de la date à laquelle le préfet prend connaissance de l'existence de l'acte : c'est la date de la réception du document, ou celle de la communication qui lui en est faite par l'acheteur ou par un tiers.

Moyens invocables

Le préfet ne peut invoquer que des moyens de légalité, tirés soit de l'illégalité du contenu du marché, soit de celle de la procédure de passation de ce marché.

Il est dispensé de démontrer l'urgence à l'appui d'une demande de suspension d'un acte s'il saisit le juge dans les 10 jours à compter de la date de la réception de l'acte déféré.

Pouvoirs du juge

Le juge détient à l'égard du marché toutes les prérogatives attachées au recours en contestation de la validité du contrat, à l'exception de celle, évidemment, d'indemniser le préfet.

Lorsque le préfet présente une demande de suspension du marché, cette suspension lui est automatiquement octroyée pendant un mois si le recours est formé dans les 10 jours de la réception de l'acte.

56.4.2 Pratique

Le dialogue préventif occupe une place considérable dans les rapports entre les collectivités territoriales et le représentant de l'État :
– recours gracieux (« lettres d'observations »)

Tab. 56.1 Comparatif entre le référé contractuel et le recours en contestation de la validité d'un contrat

	Référé contractuel	Recours en contestation de la validité d'un contrat
Contrats concernés	Contrats de commande publique	Contrats administratifs
Requérant présentant l'intérêt leur donnant qualité pour agir	Concurrents évincés Préfet pour les marchés locaux	Tous tiers au contrat présentant un intérêt leur donnant qualité pour agir Les préfets et les membres des assemblées délibérantes pour les marchés locaux sont dispensés d'établir un intérêt leur donnant qualité pour agir
Ministère d'avocat	Pas obligatoire	Obligatoire
Délais de recours	31 jours à compter de la publication d'un avis d'attribution au JOUE, 6 mois à compter de la conclusion du contrat à défaut de cette publication	2 mois à compter de la publication de mesures de publicité appropriées, à défaut, toute la durée de l'exécution du contrat
Moyens invocables	Absence de publicité ou absence de publication au JOUE lorsqu'une telle publication est obligatoire Violation du délai de suspension Absence de mise en concurrence pour l'attribution des marchés passés sur le fondement d'un accord-cadre ou d'un système d'acquisition dynamique	Moyen pouvant être invoqué au regard de l'intérêt à agir du requérant Pour les candidats évincés : vice pouvant entacher la formation ou la validité du contrat, irrégularités affectant le contenu des obligations contractuelles Pour le préfet : moyens tirés de la légalité du marché
Pouvoirs du juge	Pouvoirs encadrés par les textes : – annulation du marché, le cas échéant avec un effet différé ; – résiliation du marché ; – réduction de la durée d'exécution du marché ; – pénalités financières ; – suspension de l'exécution du marché.	Prérogatives très étendues : – modification de clauses du contrat ; – annulation des clauses divisibles du contrat ; – résiliation du contrat ; – maintien du contrat, éventuellement sous réserve de régularisations ; – annulation totale ou partielle, le cas échéant avec un effet différé ; – indemnisation en réparation des droits lésés (sauf pour le préfet dans le cadre du contrôle de légalité) ; – suspension de l'exécution du contrat à la demande du requérant.

– échanges fréquents liés aux demandes de documents nécessaires à l'exercice du contrôle de légalité, lesquels aboutissent souvent à une régularisation de l'illégalité constatée avant même que le juge ne soit saisi.

Les déférés préfectoraux sont peu fréquents en pratique. Au-delà de la question des moyens limités dont il dispose pour remplir sa mission de contrôle de légalité, le représentant de l'État préfère le plus souvent parvenir à une solution négociée avec les collectivités territoriales concernées.

Le tableau 56.1 explicite les différences entre le recours en contestation de la validité du contrat et le référé précontractuel.

Le tableau 56.2 rappelle les références réglementaires du recours en contestation de la validité du contrat.

Tab. 56.2 Objet de la réglementation

Références	objet
Conseil d'État, Assemblée, 4 avril 2014, Département de Tarn et Garonne, req. n° 358994	Régime du référé contractuel.
art. 72 de la Constitution	Principe du déféré préfectoral

Signature et notification du marché 57

Références : *art. 15, 101, 102 et 103 du décret n° 2016-360*

La signature du marché forme le contrat, sa notification marque son entrée en vigueur.

57.1 Signer le marché

La signature intervient à la date à laquelle le représentant, habilité, de l'acheteur appose sa signature sur l'acte d'engagement ou le contrat lui-même, antérieurement signé par le candidat. Ce document constitue désormais l'exemplaire original du marché.

Si la procédure est dématérialisée, le marché peut être signé par voie électronique, ce qui implique l'usage d'un certificat électronique de signature, permettant aux parties de s'authentifier de façon certaine et de matérialiser leur consentement en signant le contrat.

À RETENIR

Le format de signature est conforme au référentiel général d'interopérabilité, défini par la réglementation. Le document signé est transmis avec le mode d'emploi, expliquant comment procéder aux vérifications nécessaires et présentant, notamment, la procédure permettant la vérification de la validité de la signature.

Une fois le marché signé, l'attributaire, devenu titulaire, et l'acheteur, sont liés l'un à l'autre par les obligations contractuelles stipulées dans les cahiers des charges et les autres documents auxquels ont été attribués une valeur contractuelle (voir § 8.1 et suivants).

L'accès au juge du référé précontractuel est fermé (voir § 54.1 et suivants). En revanche, si le délai de suspension n'a pas été respecté, la voie du référé contractuel est ouverte, pendant un délai pouvant aller jusqu'à six mois à compter du lendemain du jour de la conclusion du contrat (voir § 55.1.5), tandis que le marché peut encore être attaqué devant le juge de la contestation de validité du contrat (voir § 56.1 et suivants).

La signature emporte des obligations pour les deux parties :
– l'acheteur ne peut empêcher ou retarder la suite de la procédure, à commencer par la notification, sans engager sa responsabilité contractuelle ;
– le titulaire du marché est engagé et ne peut se prévaloir de ces retards, le cas échéant, pour tenter d'échapper à ses obligations.

En revanche, l'exécution du marché ne commence pas encore, elle est liée à la notification du marché : un marché signé, mais non notifié, n'est pas encore entré en vigueur.

57.2 Notifier le marché

57.2.1 Régime

La notification du marché doit précéder tout commencement d'exécution. L'administration peut, en effet, encore changer d'avis, le marché n'est pas encore entré en vigueur.

Il en résulte que toute prestation exécutée avant la notification ne peut être payée en application du marché, mais seulement, le cas échéant, sur le fondement de l'enrichissement sans cause : le titulaire se fait rembourser les frais engagés pour ce commencement d'exécution.

À RETENIR

Le titulaire d'un marché qui commence l'exécution sans attendre la notification du marché ou, s'il est rendu obligatoire par les stipulations du marché, l'ordre de service commandant le début de l'exécution des prestations, engage sa responsabilité et exécute les prestations à ses risques et périls : si la notification n'intervient pas, il ne peut être payé, mais sera seulement défrayé de ses dépenses à la condition que l'acheteur se soit enrichi de manière corrélative. La mise en place du chantier, par exemple, ne pourra vraisemblablement déboucher sur aucune indemnisation. Il n'en va autrement que si l'entreprise peut prouver, en produisant par exemple un ordre écrit, tel qu'un fax ou un courriel, que l'acheteur l'a invité à commencer l'exécution des prestations sans attendre la notification ou l'ordre de service.

En principe, le marché entre en vigueur à cette date ; sauf s'il en est prévu autrement dans le marché, les délais d'exécution courent à compter de cette date.

Pour les marchés locaux et lorsque cette transmission est obligatoire, la notification ne peut avoir lieu qu'après la transmission du marché et de l'ensemble des pièces justificatives au représentant de l'État au titre du contrôle de légalité (voir § 52.8).

À RETENIR

Le CCAP peut prévoir que le commencement d'exécution intervient à compter de l'émission d'un ordre de service par l'acheteur. Dans cette hypothèse, la notification n'emporte pas commencement d'exécution. C'est généralement le cas dans les marchés de travaux, pour lesquels il n'est pas opportun de commencer l'exécution avant l'obtention d'autorisations administratives, à commencer par les autorisations d'urbanisme, la mise en œuvre de mesures de police organisant la circulation aux abords du chantier, la réalisation, par le maître d'ouvrage, de ses propres obligations de sécurité, prévues par le droit du travail et pénalement sanctionnées, l'éventualité de prescriptions d'archéologie préventive ou, la purge des délais de recours. C'est la raison pour laquelle le CCAG Travaux conditionne de manière systématique le commencement d'exécution à l'émission d'un ordre de service.

57.2.2 Procédure

En procédure formalisée, la notification est l'envoi d'une copie en original du marché ou de l'accord-cadre signé au titulaire. La date de notification est la date de réception de cette copie par le titulaire.

La notification des marchés passés selon une procédure adaptée peut être réalisée par tout moyen, y compris par courriel ou fax. Toutefois, il est recommandé de procéder à la notification en utilisant un moyen qui ménage une preuve de la date de cette notification : l'ensemble des obligations contractuelles découle de cette formalité.

Le tableau 57.1 résume les principaux changements concernant l'achèvement de la procédure.

Tab. 57.1 Concordance ancienne et nouvelle réglementation

Nouvelles références	Anciennes références	Objet et apports essentiels
Art. 15 D. 2016	Art. 11 CMP	Seuil à compter duquel le marché est écrit.
Art. 101 et 102 D. 2016	Art. 11 CMP	Régime de la signature et du délai de suspension de la procédure. Possibilité de signer le marché par voie électronique.
Art. 103 D. 2016	Art. 81 CMP	Régime de la notification. Abandon du régime de l'échange de lettres pour les cas de marchés passés en urgence impérieuse.
CMP : Code des marchés publics 2006 D. 2016 : Décret n° 2016-360 relatif aux marchés publics		

58 Avis d'attribution

Références : *art. 104 du décret n° 2016-360 - art. R. 551-7 Code de justice administrative*

L'avis d'attribution permet d'informer les opérateurs économiques de la conclusion du marché, des conditions auxquelles il a été conclu et du nom de son ou ses titulaires.

Sa publication relève de l'obligation de transparence qui s'impose au pouvoir adjudicateur, l'avis d'attribution rend compte des conditions dans lesquelles a été attribué le marché. Il joue également un rôle dans la gestion du contentieux, puisque sa publication encadre les délais durant lesquels le juge peut être saisi par les candidats évincés (voir § 55.1, § 56.1 et suivants).

58.1 Régime

58.1.1 Champ d'application de l'obligation de publication

La publication d'un avis d'attribution est obligatoire lorsque le montant estimé du marché atteint les seuils de procédure européens, quelle que soit la procédure utilisée.

L'acheteur doit procéder à cette publication dans un délai de 30 jours à compter de la signature du marché ou de l'accord-cadre lorsque les seuls sont atteints.

À RETENIR

Les marchés passés selon une procédure négociée sans publicité ni mise en concurrence préalables peuvent être soumis à cette obligation si leur montant le justifie. La dispense de publicité ne vaut que si elle précède sa conclusion. Le principe de transparence et l'obligation de rendre les voies de recours effectives impliquent l'un et l'autre de satisfaire aux obligations de publicité postérieures à cette conclusion. Les raisons qui permettent de recourir à cette procédure ne justifient pas, en effet, que les principes susmentionnés soient négligés. Par exemple, l'urgence impérieuse justifie que l'acheteur conclue le marché immédiatement, mais ne justifie pas qu'il s'abstienne d'en rendre compte.

La publication de l'avis d'attribution est facultative en dessous de ces seuils. Comme pour l'obligation d'établir un rapport de présentation (voir § 52.5), les marchés de services sociaux, qui peuvent être passés selon une procédure adaptée quel que soit leur montant, peuvent donc relever de cette obligation (voir § 29.1.2). En revanche, cette obligation n'est opposable qu'à l'égard des marchés dont le montant estimé du marché atteint le seuil européen qui leur est applicable, à savoir celui de 750 000 € HT (1 000 000 € HT pour les entités adjudicatrices).

À RETENIR

Les marchés de services de représentation juridiques, dont le régime est spécifique, ne sont pas soumis à l'obligation de publier un avis d'attribution (voir § 29.1.3).

58.1.2 Modalités de la publication

L'avis d'attribution est publié dans les mêmes conditions et selon les mêmes formes que l'avis de marché. Les modalités de la publication varient, à la fois, en fonction de la nature de l'acheteur et de celle des marchés.

Incidence de la nature de l'acheteur

Un régime de la publicité particulier est applicable aux acheteurs suivants :
– l'État et ses établissements publics n'ayant pas un caractère industriel ou commercial ;
– les collectivités territoriales et leurs établissements publics.

À RETENIR

Ces acheteurs étaient ceux auxquels était applicable le code des marchés publics. Comme pour les prix (voir § 9.1 et suivants), la réglementation n'a pas étendu le régime de la publicité fixé par le code des marchés publics aux autres acheteurs.

Ces acheteurs publient l'avis d'attribution sur deux supports :
– le Bulletin officiel des annonces de marchés publics ;
– le Journal officiel de l'Union européenne.

Pour les autres acheteurs, parmi lesquels les établissements publics de l'État à caractère industriels ou commercial, le régime est plus souple : l'avis ne doit être publié qu'au *Journal officiel* de l'Union européenne.

58.1.3 Formalités de la publication

L'avis conforme aux modèles d'avis mis en ligne sur le site de l'office des publications de l'Union européenne (http://simap.europa.eu/buyer/forms-standard/index_fr.htm) :
– le formulaire standard 3 dans les secteurs classiques ;
– le formulaire standard 6 dans les secteurs de l'eau, de l'énergie, des transports et des services postaux ;
– le formulaire standard 18 pour les marchés de défense ou de sécurité.

Il peut-être simplifié lorsque le marché n'atteint pas les seuils de procédure européens.

À RETENIR

La question du choix des formulaires est transparente dès lors que l'on utilise les services d'une « passerelle », notamment fourni par le site du *Bulletin officiel des annonces de marchés publics* (BOAMP). L'acheteur remplit, en ligne, un masque de saisie qu'il a préalablement paramétré en renseignant, notamment, les choix qu'il a opéré sur la procédure, et l'application ventile les informations dans les bons formulaires, qui sont ensuite automatiquement adressés, le cas échéant, pour publication au *Journal officiel* de l'Union européenne.

Incidence de la nature des marchés

Lorsqu'il conclut des marchés de services sociaux ou des marchés spécifiques, conclus en application d'un système d'acquisition dynamique (voir § 32.1 et suivants), l'acheteur peut regrouper les avis d'attribution de manière trimestrielle. L'envoi pour publication de ces avis est groupé et doit être opéré au plus tard 30 jours avant la fin du trimestre.

Pour les marchés subséquents, passés en application d'un accord-cadre, l'avis d'attribution n'a aucun intérêt. Seuls les titulaires de l'accord-cadre ou du système d'acquisition dynamique sont concernés par l'attribution du marché. Il est, donc, inutile d'informer les autres opérateurs économiques au moyen d'une publication. C'est pourquoi l'avis d'attribution n'est pas obligatoire. En revanche, il reste nécessaire de faire courir les délais de recours contentieux. En pratique, l'avis peut pour ce faire être utilement remplacé par une notification de la décision d'attribution aux titulaires de l'accord-cadre. Cette notification mentionne le nom du titulaire et les motifs qui ont conduit au choix de son offre (voir § 53.4.2).

Les marchés spécifiques, conclus en application d'un système d'acquisition dynamique (voir § 32.1 et suivants), relèvent d'un régime singulier. Ils ne sont pas dispensés de la publication de l'avis d'attribution. Celle-ci est donc obligatoire lorsque le montant estimé de ce marché atteint les seuils de procédure européens. En revanche, cette publication n'a pas d'effet à l'égard du délai de recours du référé contractuel, qui ne peuvent être réduits que par la notification de la décision d'attribution aux participants au système d'acquisition dynamique (voir § 55.1.1). La publication de l'avis d'attribution n'aurait donc pour effet, au mieux, que de faire courir le délai de recours en contestation de validité du contrat (voir § 56.1 et suivants). Elle n'en demeure pas moins obligatoire.

APPLICATION

L'acheteur qui souhaite gérer le risque contentieux associé à l'attribution d'un marché spécifique doit envisager de procéder aux deux formalités. Le maintien de l'obligation de publier un avis d'attribution s'explique par le fait que le système d'acquisition dynamique, à la différence de l'accord-cadre, reste ouvert aux nouveaux entrants.

58.1.4 Contenu de l'avis

L'avis d'attribution contient les mêmes rubriques que l'avis de marché, auxquelles s'ajoute une partie mentionnant le nom du ou des attributaires ainsi que les conditions auxquelles le marché a été conclu, notamment son prix.

Dans le cas de l'utilisation de l'avis de préinformation (ou de l'avis périodique indicatif pour les entités adjudicatrices) en substitution à l'avis de marché (voir § 37.2.2), l'acheteur qui décide de ne plus attribuer de nouveaux marchés sur la période couverte par cet avis le mentionne dans l'avis d'attribution.

Il est possible de ne pas publier certaines informations, lorsque cette publication compromettrait l'intérêt public, les intérêts commerciaux légitimes de l'attributaire du marché ou les conditions du maintien d'une concurrence loyale entre les opérateurs économiques.

APPLICATION

Dans le cas de marchés récurrents à prix unitaires de fournitures courantes, la publication du prix auquel le marché a été conclu peut être néfaste pour la concurrence. Dans ce genre d'hypothèses, il peut être préférable de ne pas publier le prix du marché. La commission d'accès aux documents administratifs estime toutefois qu'au-delà d'une période de deux ans, ces informations économiques sont périmées et peuvent être rendues publiques.

58.1.5 Effets de la publication

La publication de l'avis d'attribution fait courir le délai de recours réduit du référé contractuel, qui est de 31 jours à compter de la publication (voir § 55.1.5).

La publication de l'avis d'attribution constitue, également, la mesure de publicité appropriée qui fait courir le délai de deux mois durant lequel un candidat évincé peut présenter au juge une requête en contestation de la validité du contrat, pour autant que cet avis mentionne :
– la conclusion du contrat ;
– les modalités de sa consultation dans le respect des secrets protégés par la loi.

Le délai de deux mois court à compter de la date de cette publication.

Pour les marchés subséquents ou les marchés spécifiques, le délai de 31 jours court à compter de la notification de la conclusion du marché aux titulaires de l'accord-cadre ou du système d'acquisition dynamique : la publication d'un avis d'attribution ne peut faire courir le délai de 31 jours.

À RETENIR

L'acheteur qui publie un avis d'attribution d'un marché subséquent ou spécifique, mais ne procède pas à la notification de la conclusion du marché aux titulaires de l'accord-cadre ou du système d'acquisition dynamique ne satisfait pas à ses obligations et n'obtient aucun effet sur les délais de recours contentieux.

Le tableau 58.1 synthétise le régime de la publication de l'avis d'attribution.

58.2 Sanction du défaut de publication

Le défaut de publicité de l'attribution du marché a des conséquences sur les délais de recours contentieux et partant, sur la sécurité juridique du marché lui-même.

À défaut de la publication de l'avis d'attribution, le délai de recours du référé contractuel est de six mois à compter de la conclusion du marché.

En l'absence d'une mesure de publicité appropriée, le délai de deux mois durant lequel les candidats évincés de l'attribution peuvent déférer le marché devant le juge de la contestation de la validité du contrat (voir § 56.1.3) ne court pas : le marché peut être attaqué durant toute la durée de son exécution, ce qui présente une menace substantielle pour sa sécurité juridique.

Tab. 58.1. Régime de la publication de l'avis d'attribution

Montant estimé du marché	Nature du marché	Portée de l'obligation de publication	Caractéristiques
À partir des seuils de procédure européens	Cas général	Obligatoire	Effet sur les délais de recours du référé contractuel et de la contestation de la validité du contrat.
	Marchés de services sociaux		Seuil à 750 000 € HT Possibilité de publier un avis trimestriel.
	Marchés spécifiques		Possibilité de publier un avis trimestriel. Possibilité de gérer le risque contentieux en notifiant la décision d'attribution à chacun des participants au système d'acquisition dynamique.
	Marchés de services de représentation juridique	Facultatif	La publication permet de gérer le risque contentieux.
	Marchés subséquents		Possibilité de gérer le risque contentieux en notifiant la décision d'attribution à chacun des titulaires de l'accord-cadre.
Jusqu'aux seuils de procédure européens	Tous les marchés		La publication permet de gérer le risque contentieux. Pour les marchés subséquents, ce risque peut être géré en notifiant la décision d'attribution à chacun des titulaires de l'accord-cadre ayant vocation à se voir attribuer le marché.

À RETENIR

Il est judicieux de veiller à la publication d'un avis d'attribution pour écarter, surtout, le risque d'un contentieux en contestation de la validité du contrat, lequel peut se révéler particulièrement redoutable. Il sera possible, toutefois, de s'en dispenser, dans les cas où la publication est facultative, lorsque le marché présente une faible durée d'exécution, qui diminue d'autant le délai de recours contentieux et rend cette précaution inutile.

Dans le cas des marchés subséquents et spécifiques, c'est la notification de la conclusion du marché à chacun des titulaires de l'accord-cadre ou des participants au système d'acquisition dynamique qui, seule, fait courir le délai de 31 jours. À défaut de cette notification, le délai de recours en référé contractuel sera de six mois à compter de la date de la signature du marché. Cette notification, qui mentionne le nom de l'attributaire et les motifs de l'attribution, constitue la mesure de publicité appropriée qui fait courir le délai de deux mois du recours en contestation de la validité du contrat.

Le tableau 58.2 résume les principaux changements concernant l'avis d'attribution.

Tab. 58.2 Concordance ancienne et nouvelle réglementation

Nouvelles références	Anciennes références	Objet et apports essentiels
Art. 104 D. 2016	Art. 85 et 85-1 CMP	Régime de la publication des avis d'attribution. Le champ d'application est déterminé par le montant du marché, et non plus par le caractère, formalisé ou non, de la procédure d'attribution.
Art. R. 551-7 Code de justice administrative		Régime de la publication de l'avis d'attribution sur la recevabilité du référé contractuel
CMP : Code des marchés publics 2006 D. 2016 : Décret n° 2016-360 relatif aux marchés publics		

Traitement des données des marchés 59

Références : art. 56 et 57 O. 2015 – art. 107, 108 et 141 du décret n° 2016-360

La réglementation prévoit désormais des dispositifs inédits d'exploitation des données issues des marchés publics conclus par les acheteurs. Présentés comme l'application du principe de transparence, ils résident dans l'organisation de l'accès électronique du public aux données essentielles des marchés publics, et dans l'encadrement du régime de l'archivage des dossiers. Les données des marchés sont, par ailleurs, toujours exploitées à des fins statistiques.

À RETENIR

La publication annuelle de la liste des marchés publics passés par l'acheteur n'est plus exigée. Cette obligation n'était, en tout état de cause, que peu respectée.

59.1 Accès public aux données essentielles des marchés publics

Un ambitieux dispositif, dit « open data », ouvrant l'accès électronique du public aux données essentielles des marchés publics est mis en place, il sera obligatoire à compter du 1er octobre 2018, cette date étant la date retenue pour généraliser la dématérialisation obligatoire de toutes les procédures d'attribution des marchés publics.

Au plus tard à compter de cette date, l'acheteur rend public le choix de l'offre retenue et rend accessible les données essentielles des marchés publics sous un format ouvert et librement réutilisable. À cette fin, il offre sur son profil d'acheteur, un accès libre, direct et complet à ces données essentielles. Seules, parmi ces données, sont exclues du dispositif les informations dont la divulgation serait contraire à l'ordre public.

Ces données essentielles comprennent les informations mentionnées dans le tableau 59.1 suivant (tab. 59.1).

Le numéro d'identification unique et les données relatives à l'attribution du marché sont publiés dans un délai maximal de deux mois à compter de la notification du marché.

La publication des données relatives à chacune des modifications du marché n'est pas assortie d'un délai maximal, non plus que de la justification de la modification, le régime des modifications des marchés étant désormais encadré (voir § 70.1 et suivants).

APPLICATION

L'open data fait aujourd'hui l'objet d'une expérimentation, pilotée par la Région Bretagne. Cependant d'autres collectivités se sont d'ores et déjà lancées en prévoyant, dans les cahiers des charges, la mise à disposition du public de certaines données issues de l'exécution du contrat.

À RETENIR

Il s'agit ici de tirer les conséquences, pour la commande publique, du gisement économique et des opportunités d'innovation que constituent ou recèlent les données qui en sont issues. Les modalités d'application de ce dispositif restent à préciser par le ministre chargé de l'économie. Il semble nécessaire, puisque l'accès doit être libre, direct et certain, de prévoir qu'il puisse être anonyme.

Tab. 59.1. Données essentielles des marchés publics

Catégories de données	Données
Numéro d'identification unique attribué au marché public	Numéro d'identification unique
Données relatives à l'attribution du marché public	Identification de l'acheteur
	Nature et objet du marché public
	Procédure de passation utilisée
	Lieu principal d'exécution des services ou travaux faisant l'objet du marché public
	Durée du marché public
	Montant et les principales conditions financières du marché public
	Identification du titulaire
	Date de signature du marché public par l'acheteur
Données relatives à chaque modification apportée au marché public	Objet de la modification
	Incidences de la modification sur la durée ou le montant du marché public
	Date de signature par l'acheteur de la modification du marché public

59.2 Archivage

59.2.1 Principes

Les personnes publiques sont soumises au régime de l'archivage public. L'obligation d'archivage que ce régime prévoit, notamment à des fins de contrôle, d'études ou historiques, obéit à des règles précises. Les dossiers des marchés publics, qui sont des documents administratifs, relèvent de cette obligation, mais aucun régime particulier n'était jusqu'ici prévu. Il leur est appliqué, comme à tout document administratif un régime identifiant, par catégorie de documents, la durée d'utilité administrative (DUA) des dossiers. Les dossiers doivent être conservés dans les locaux de l'administration pendant cette durée parce que, même clos, ils lui sont encore utiles.

À RETENIR

La DUA prend effet à la date de la clôture du dossier. Elle correspond au temps pendant lequel les documents doivent être conservés dans les bureaux des services administratifs, soit en vertu de prescriptions réglementaires, soit parce qu'ils restent nécessaires et utiles à la bonne marche des services ou à leur information. Elle est définie en accord entre l'administration concernée et la direction des Archives de France.

Les personnes privées ne sont pas soumises au même régime, mais appliquent les règles d'archivage nécessaire à la gestion et au contrôle de leurs dossiers. La différence réside dans le fait que les documents publics sont ensuite versés aux archives nationales ou départementales, pour être triées et conservées dans l'intérêt de la recherche, alors que les archives privées peuvent être détruites.

Le régime de l'archivage des dossiers de marchés publics a pour objet de fixer la durée d'utilisation administrative des dossiers, cette durée étant applicable aux acheteurs publics et privés.

59.2.2 Régime

L'acheteur est désormais tenu à la conservation, dans ses locaux, des pièces constitutives du marché public pendant une durée minimale à compter de la fin de son exécution :
– de cinq ans pour les marchés publics de fournitures ou de services ;
– de dix ans pour les marchés publics de travaux, de maîtrise d'œuvre ou de contrôle technique.

L'acheteur conserve les candidatures et les offres ainsi que les documents relatifs à la procédure de passation pendant une période minimale de cinq ans à compter de la date de signature du marché public.

APPLICATION

La contrainte se déplace, en raison de l'obligation de dématérialiser les procédures de marchés publics, d'une contrainte de volume de stockage physique à une contrainte de volume de stockage numérique. L'acheteur doit s'assurer de la sécurisation de ce stockage.

59.3 Études statistiques

Le marché fait l'objet d'une fiche statistique, dressée par l'acheteur et transmise à l'Observatoire économique de la commande publique (OECP), le plus souvent par l'intermédiaire du réseau des comptables publics. Cette fiche sert à alimenter les travaux pilotés par cet observatoire, rattaché à la direction des affaires juridiques du ministère chargé de l'économie. Elles alimentent, en particulier, un recensement annuel des marchés publics.

À RETENIR

Les chiffres et les travaux de l'Observatoire économique de la commande publique sont disponibles à l'adresse suivante : http://www.economie.gouv.fr/daj/observatoire-economique-commande-publique.

Le tableau 59.2 résume les principaux changements concernant le traitement des données des marchés.

Tab. 59.2 Concordance ancienne et nouvelle réglementation

Nouvelles références	Anciennes références	Objet et apports essentiels
Art. 56 O. 2015 – art. 107 D. 2016	–	Régime nouveau de l'accès aux données essentielles des marchés public.
Art. 57 O. 2015 – art. 108 D. 2016	–	Régime nouveau de l'archivage des dossiers des marchés publics.
Art. 141 D. 2016	Art. 84 CMP	Régime des études statistiques établies par l'Observatoire économique de l'achat public.
CMP : Code des marchés publics 2006 D. 2016 : Décret n° 2016-360 relatif aux marchés publics		

60 Obligations du titulaire du marché

Références : *art. 62 de l'ordonnance n° 2015-899 – art. 45 du décret n° 2016-360 – clauses du contrat*

Le titulaire d'un marché public assume des obligations contraignantes, dont certaines sont inhérentes au caractère administratif du contrat.

60.1 Exécution des prestations conformément au cahier des charges

La première des obligations du titulaire d'un marché public est d'exécuter les prestations qui font l'objet du marché, conformément au cahier des charges et aux autres documents contractuels.

60.1.1 Exécution conforme aux spécifications techniques

Le marché prévoit une procédure destinée à vérifier l'accomplissement intégral des obligations du titulaire du marché et à constater que les fournitures ont été livrées, les services exécutés ou les travaux réalisés conformément aux stipulations du cahier des charges. Elle est destinée à vérifier la qualité des prestations.

Ces opérations, dont la dénomination, varie et peut s'appeler livraison, admission, vérification d'aptitude ou de service régulier, ou réception, mettent fin aux relations contractuelles (sur ces opérations, voir § 74.1 et suivants).

Dans le silence du marché, la réception des prestations reste nécessaire, quelle qu'en soit la forme : c'est la phase d'exécution budgétaire de la vérification du service fait, qui permet de constater l'exécution conforme au cahier des charges, la fin des obligations contractuelles qui en résulte et, d'obtenir le paiement du marché.

À RETENIR

Laisser sans réagir le titulaire du marché s'écarter du cahier des charges peut menacer la sécurité juridique du marché, dès lors que cette modification de ses obligations présente un caractère substantiel : elle peut constituer la remise en cause du périmètre de la mise en concurrence initiale.

60.1.2 Exécution dans les délais

Un délai d'exécution peut être prévu pour chaque prestation mentionnée au marché, ou pour chaque partie de ces prestations.

Fixation du point de départ des délais d'exécution

La détermination de cette date conditionne le caractère exécutoire du marché.

Le marché ne peut prévoir un commencement de l'exécution antérieur à la date à laquelle le marché a été notifié et, pour les collectivités territoriales, transmis au préfet dans le cadre du contrôle de légalité.

Sous cette réserve, les parties peuvent convenir de n'importe quelle date de commencement d'exécution. En pratique, l'acheteur se réserve le droit de fixer la date de commencement de l'exécution. Cette date peut être déterminée par la date de notification, qui commande généralement l'entrée en vigueur du marché, ou par un ordre de service ultérieur. Elle peut également être postérieure à l'accomplissement de formalités ou à l'obtention d'autorisations administratives.

Modalité de l'ordre de commencer l'exécution

Dans la grande majorité des cas, le point de départ du délai d'exécution du marché est la date de sa notification, qui vaut alors ordre de commencer les prestations (voir § 57.2). Mais un ordre de service est parfois exigé. Le CCAG-Travaux l'exige systématiquement. Il ne faut, alors, pas confondre la date d'émission de l'ordre de service et la date qu'il fixe pour commencer les travaux.

À RETENIR

Dans les marchés de travaux, il n'est pas opportun de commencer l'exécution avant l'obtention d'autorisations administratives, à commencer par les autorisations d'urbanisme, la publication et la mise en œuvre des mesures de police organisant la circulation aux abords du chantier, l'éventualité de prescriptions d'archéologie préventive ou la purge des délais de recours. Le maître d'ouvrage, en particulier, doit s'assurer de ses propres obligations de sécurité, prévues par le droit du travail et pénalement sanctionnées (voir § 61.1.3).

Travaux commencés sans ordre de service

Il arrive que les travaux commencent sans ordre de service, alors même que le marché impose cet ordre de service.

Lorsque l'ordre de service prévu au marché n'a pas été émis, le point de départ du délai est :
– soit la date de commencement effectif des travaux ;
– soit la date proposée par l'entreprise.

Cas particuliers des accords-cadres à bons de commande et des marchés à tranches

Dans le cas d'un marché à bons de commande, le délai d'exécution d'un bon court habituellement à compter de la date de la réception de sa notification.

Dans le cas d'un marché à tranches, le délai court à compter de la notification de l'affermissement de la tranche conditionnelle en cause.

À RETENIR

Il est possible de fixer une autre date dans le marché.

60.2 L'exécution personnelle des prestations

Un marché public doit être personnellement exécuté par son titulaire.

Celui-ci a, en effet, été choisi aux termes d'une procédure durant laquelle aura, au minimum, été vérifiée la recevabilité de sa candidature, notamment la régularité de sa situation fiscale et sociale, ainsi que ses capacités à exécuter les prestations. Les marchés publics sont, donc, fortement marqués par l'idée de l'importance de la personne même du cocontractant de l'acheteur.

Dans certains cas, l'objet du marché même a imposé aux candidats la production d'autorisations administratives ou d'agréments, voire une habilitation secret défense.

Il résulte de cette obligation l'interdiction, dans tous les cas, de sous-traiter la totalité du marché (voir § 49.1.1).

L'obligation d'exécution personnelle justifie également que l'acheteur puisse exiger que le titulaire du marché exécute directement certaines tâches essentielles des prestations faisant l'objet du marché (voir § 49.1.1), ou ait la même exigence à l'égard de l'un des membres du groupement titulaire du marché (voir § 48.4).

APPLICATION

Cette faculté peut s'appliquer aux marchés de travaux, aux marchés de services ou aux marchés de fournitures comportant des services ou des travaux de pose ou d'installation.

60.3 La limitation de la faculté de céder le marché

Le titulaire dispose de la faculté de céder son marché, mais elle est limitée pour les mêmes raisons que celles qui l'obligent à exécuter personnellement les prestations. La cession est soumise à autorisation expresse et préalable de l'acheteur (sur la cession des marchés publics, voir § 73.1 et suivants).

Toutefois, le principe applicable reste celui de la liberté du commerce et de l'industrie. C'est pourquoi un refus d'autorisation ne peut être admis qu'au motif de la dégradation des garanties apportées par le nouveau titulaire du marché à la bonne fin du marché.

60.4 L'obligation d'exécution continue

L'exception d'inexécution est un mécanisme qui permet aux créanciers de suspendre l'exécution d'un contrat tant que leur cocontractant ne s'est pas acquitté de ses propres obligations. Elle ne peut être que temporaire, le contrat reste valable, de sorte que sitôt que l'autre partie se sera exécutée, le créancier devra lui aussi reprendre l'exécution.

L'exception d'inexécution peut être invoquée par le titulaire d'un marché public passé par un acheteur privé : le marché est un contrat de droit privé.

À RETENIR

La distinction entre contrat administratif et contrat de droit privé est artificielle, puisqu'elle découle du critère retenu par le texte, à savoir le caractère public ou privé de la personne de l'acheteur. Elle atteint une limite, car des marchés passés par des personnes privées peuvent être parfaitement indispensable à la continuité du service public dont ces acheteurs sont chargés. Un ajustement du régime de l'exécution de ces marchés publics de droit privé semble souhaitable.

L'exécution des contrats administratifs, parmi lesquels les marchés publics passés par des personnes publiques, permettent la continuité des services publics et sont soumis à un régime dérogatoire, qui déséquilibre le contrat au profit de la personne publique. À ce titre, le titulaire du marché ne peut se prévaloir de l'exception d'inexécution, alors même que l'acheteur ne satisferait pas à ses propres obligations.

Le titulaire d'un marché public doit en assurer continûment l'exécution.

APPLICATION

L'État a connu, lors de la mise en place de son système d'information facturier, CHORUS, des incidents de paiement récurrents et substantiels, au point de provoquer la faillite de certains de ses fournisseurs. Ces derniers ne pouvaient suspendre l'exécution des prestations, malgré l'absence de versement des acomptes dont ils avaient besoin pour financer leur activité. Il est admis, toutefois, que l'absence prolongée de paiement puisse justifier la suspension de l'exécution du marché.

Afin d'offrir, toutefois, une protection financière aux cocontractants de l'administration, des mécanismes sont destinés à leur assurer l'indemnisation du préjudice qu'ils subissent, le cas échéant, à cause de cette obligation d'assurer une exécution continue du marché. C'est le cas, par exemple, de la force majeure ou de l'imprévision (voir § 72.1 et suivants).

Il n'en va ainsi, cependant, que dans le silence du marché. Une clause expresse du CCAP peut, en effet, reconnaître au titulaire du marché cette faculté de suspendre son exécution si l'autre partie ne remplit pas ses obligations.

Par ailleurs, le titulaire d'un marché public présentant le caractère d'un contrat administratif peut désormais résilier unilatéralement le marché, à certaines conditions (voir § 76.1.1).

Le tableau 60.1 résume les principaux changements concernant les obligations du titulaire du marché.

Tab. 60.1 Concordance ancienne et nouvelle réglementation

Nouvelles références	Anciennes références	Objet et apports essentiels
Art. 62 O. 2015	Art. 112 à 114 CMP	Régime de la sous-traitance. Possibilité d'obliger le titulaire du marché à exécuter directement une part essentielle des prestations.
Art. 45 D. 2016	Art. 51 CMP	Régime des groupements d'opérateurs économiques. Nouveau régime de l'intangibilité des groupements. Limitation de la possibilité d'imposer la forme du groupement. Possibilité d'obliger un membre du groupement à exécuter directement une part essentielle des prestations.
CMP : Code des marchés publics 2006 O. 2015 : Ordonnance n° 2015-899 relative aux marchés publics D. 2016 : Décret n° 2016-360 relatif aux marchés publics		

61 Obligations de l'acheteur

Références : art. 1 et 2 de la loi n° 85-704 du 12 juillet 1985 (loi Mop)

L'acheteur a des obligations, dont la première est de respecter ses engagements contractuels, à commencer par celle consistant à payer le prix.

Le marché peut prévoir, par ailleurs, des obligations à sa charge, mais il assume, également, un certain nombre d'obligations même dans le silence des clauses du marché. En particulier, il doit exécuter le marché de bonne foi et faire en sorte que le titulaire du marché soit en mesure d'assurer ses obligations dans le respect des stipulations contractuelles et sans retard.

Il dispose toujours du pouvoir de contrôle et du pouvoir de direction du marché.

La mise en œuvre de ces obligations peut être très simple, ainsi pour l'exécution d'un marché de fournitures : le pouvoir de contrôle se limite à la vérification du service fait, au moment de la livraison.

Tout est beaucoup plus compliqué pour les marchés de plus longue durée, ou qui font intervenir un grand nombre d'opérateurs. C'est le cas des marchés de travaux, pour lesquels l'acheteur présente la qualité de maître d'ouvrage.

Le maître de l'ouvrage est la personne pour laquelle l'ouvrage est construit ou pour le compte de laquelle les travaux sont effectués. Il est le cocontractant de tous les intervenants à l'opération, à l'exception des sous-traitants, et attributaire de prérogatives de puissance publique. Aussi doit-il assumer un certain nombre d'obligations, dont le non-respect engage sa responsabilité en cas de dommage. Il remplit, ainsi, une fonction d'intérêt général, dont il ne peut se démettre.

Cette fonction concerne la conception de l'opération et la passation des contrats. Elle recouvre également le suivi de l'opération en cours d'exécution.

Les maîtres d'ouvrage publics ne peuvent se démettre de ces obligations, tout au plus en déléguer une part, sous certaines conditions.

À RETENIR

Certaines de ces missions peuvent être confiées à un maître d'ouvrage délégué, qui l'assume au nom de la personne publique délégante, dans le cadre d'un mandat.

61.1 Pouvoir de contrôle

Il consiste à s'assurer du respect, par le titulaire du marché, de ses obligations contractuelles en général, mais plus particulièrement de celles portant sur les conditions de l'exécution technique du marché, sur les ouvrages achevés et sur le respect des règles de sécurité. En particulier, l'acheteur doit vérifier que le titulaire s'acquitte bien de ses obligations aux conditions qui ont conduit à lui confier le marché. Par exemple, lorsque les procédés de recyclage des déchets de chantier figuraient parmi les critères examinés lors de la mise en concurrence, il importe que l'acheteur veille en particulier à la bonne exécution de cette partie du marché.

61.1.1 Contrôle de l'exécution des prestations

Le contrôle de l'exécution technique couvre par exemple le choix des matériaux, qui doivent répondre aux normes en vigueur (documents techniques unifiés – DTU –, normes agréées...) ou le choix des procédés techniques de fabrication, répondant eux-mêmes à des normes ou respectant les « règles de l'art » en usage dans la profession.

À RETENIR

Toute proposition de modification du contrat sur ces points doit, en particulier, faire l'objet d'un examen attentif, qu'elles émanent de l'entrepreneur ou du maître d'œuvre.

En cas de dommage, la responsabilité du maître d'ouvrage peut être engagée à raison d'une carence dans l'exercice de son obligation de contrôle.

Elle ne le sera cependant qu'à raison d'une faute d'une particulière gravité, dans la mesure où il ne dispose pas forcément des compétences techniques propres à lui permettre de mener à bien sa surveillance. Sa responsabilité sera appréciée en fonction des moyens dont il dispose réellement.

APPLICATION

Une collectivité publique, telle qu'une communauté urbaine, dotée de services techniques compétents et bénéficiant de l'assistance d'un bureau de contrôle pourra très difficilement dégager sa responsabilité en cas de dommage causé par une grave négligence de sa part.

Le contrôle des ouvrages achevés intervient avant la réception définitive, à mesure de cet achèvement. Le marché en répartit les charges inhérentes à ces opérations de contrôle et en prévoit les modalités. Ces clauses figurent au CCAG.

61.1.2 Contrôle technique

Pour les constructions présentant des risques particuliers pour la sécurité des personnes en raison de leur nature ou de leur importance, le maître d'ouvrage doit avoir recours au contrôle technique. La mission du contrôleur technique est distincte de celle du coordinateur de la sécurité. Elle consiste à s'assurer de la solidité des éléments composant la responsabilité décennale et des conditions de sécurité des utilisateurs.

À RETENIR

Parmi les constructions présentant des risques particuliers pour la sécurité des personnes en raison de leur nature ou de leur importance, figurent les établissements recevant du public ou les immeubles de plus de 28 mètres de haut.

61.1.3 Contrôle du respect des obligations de sécurité

Le contrôle du respect des obligations de sécurité pendant les travaux incombe avant tout au maître d'ouvrage. Celui-ci doit assumer personnellement cette obligation, et particulièrement :
– déclarer le chantier ;
– désigner un coordonnateur en matière de sécurité et de santé ;
– veiller à la mise en œuvre des éléments de sécurité dans les ouvrages.

Le non-respect de ces dispositions est pénalement sanctionné.

À RETENIR

Des poursuites pénales peuvent, en outre, être dirigées contre les collectivités territoriales ou les établissements publics, en qualité de personnes morales, sous les chefs d'homicide par imprudence, de blessures involontaires ou de mise en danger de la vie d'autrui.

61.2 Pouvoir de direction

61.2.1 Principe

Le pouvoir de direction du maître d'ouvrage consiste à arrêter les modalités d'exécution de la prestation et à donner des instructions afférentes.

Il existe de plein droit et ne nécessite donc pas une stipulation expresse dans le contrat. Celui-ci peut toutefois en restreindre la portée, voire le supprimer (achats de produits « sur étagère », c'est-à-dire lorsque le marché ne prévoit aucune spécification technique spécifique, contrats « clés en main », dans lesquels le maître d'ouvrage délègue jusqu'à ses prérogatives de direction de l'exécution des prestations ou, stipulant une obligation de résultat).

61.2.2 Modalités

Le pouvoir de direction se matérialise par les ordres de service (voir § 62.1 et suivants).

61.2.3 Sanctions

L'entreprise qui refuse d'exécuter des ordres de service justifiés engage sa responsabilité contractuelle et s'expose à des sanctions contractuelles.

L'acheteur peut mettre en œuvre le pouvoir de sanction prévu au contrat, dont les effets doivent être proportionnés à la faute commise. Une sanction ne peut être prise qu'après que le titulaire ait pu, en défense, faire valoir ses observations. En général, les clauses du marché prévoient une procédure de notification de l'intention de sanctionner l'entreprise qui laisse à celle-ci un délai pour y répondre. Dans le silence du marché, il demeure essentiel de respecter ces droits de la défense, à défaut de quoi la sanction serait irrégulière.

APPLICATION

Le marché peut prévoir que l'acheteur puisse, après mise en demeure :
- prononcer une mise en régie provisoire : il se substitue momentanément au titulaire du marché à ses frais et risques pour procéder, lui-même, à l'exécution de ses directives ;
- résilier le marché ;
- émettre à son encontre un état exécutoire d'un montant correspondant au préjudice qu'il aura subi du fait de l'inexécution de ses instructions ou du montant des intérêts de retard, calculé conformément aux stipulations du marché.

61.2.4 Limites

Le pouvoir de direction du maître d'ouvrage ne l'autorise pas à intervenir dans l'exécution des prestations pour, par exemple, imposer un procédé technique, un emplacement, l'utilisation de son personnel ou de son matériel… Une telle immixtion est considérée comme une faute et engage la responsabilité de la collectivité dès lors que la survenance d'un dommage est imputable, au moins partiellement, à son intervention.

Dans les cas où le marché prévoit une limitation substantielle du pouvoir de direction de l'acheteur, la responsabilité de ce dernier ne peut être engagée que s'il commet une faute d'une particulière gravité.

61.3 Obligations particulières

Le maître d'ouvrage doit assumer diverses obligations indispensables au bon déroulement de l'opération.

61.3.1 Coordination des marchés

Dans les cas, très fréquents, où l'opération est exécutée en plusieurs marchés séparés, il incombe de plein droit au maître d'ouvrage d'assurer la coordination des travaux et la programmation des chantiers. Le maître d'œuvre ou une entreprise spécialisée dans le pilotage des chantiers peut être chargé de cette tâche.

61.3.2 Information des intervenants

Au-delà de ce qui peut être stipulé au marché, le maître d'ouvrage doit transmettre en temps utile toutes les informations d'ordre juridique, administratif ou technique dont il dispose à l'entrepreneur comme au maitre d'œuvre. Tout manquement à ce devoir d'information est susceptible d'engager sa responsabilité.

Cette obligation générale découle directement de l'obligation d'exécuter le contrat de bonne foi. Elle concerne tout particulièrement les études préalables, particulièrement importantes dans les cas où est invoquée la théorie des sujétions imprévues (voir § 70.4).

61.3.3 Pouvoirs de police

Il appartient à l'entrepreneur d'assurer la protection des tiers sur le chantier et la signalisation. Le plus souvent, ces obligations sont d'ailleurs souvent stipulées au contrat et leur coût réputé inclus dans le prix. Elles sont parfois même soulignées par

Tab. 61.1. Récapitulatif de la nature et de la portée des obligations du maître d'ouvrage

Obligations	Nature	Possibilité de délégation	Conditions de mise en œuvre de sa responsabilité
Direction et contrôle	Contrôle de l'exécution technique	Maître d'œuvre	Faute lourde, mais responsabilité accrue si services techniques compétents
	Contrôle des ouvrages achevés	Maître d'œuvre, contrôleur technique	Faute lourde, mais responsabilité accrue si services techniques compétents
	Sécurité	***Impossible***	Faute, responsabilité pénale
	Direction	Maître d'œuvre ou entrepreneur	Faute ou faute lourde (si le contrat restreint ce pouvoir) ; sans faute dans certains cas (« fait du Prince »)
Obligations particulières	Coordination	Maître d'œuvre ou mandataire du groupement d'entreprises ou entreprise spécialisée	Faute, mais responsabilité fortement diminuée en cas de délégation
	Information	***Impossible***	Faute
	Pouvoirs de police	***Impossible***	Faute lourde
	Réalisation de prestations en régie	Non par hypothèse	Faute, dans les mêmes conditions que les professionnels

un critère d'attribution, qui permet de valoriser les efforts des candidats pour améliorer la sécurité des chantiers.

Elles ne sont toutefois pas exclusives de l'usage par le maître d'ouvrage de ses pouvoirs de police. Une carence de la part de ce dernier en la matière peut être constitutive d'une faute lourde, susceptible d'engager sa responsabilité.

61.3.4 Réalisation de prestations

Le maître d'ouvrage qui assume une partie des prestations en régie, par exemple des fournitures, des travaux ou des prestations de maîtrise d'œuvre, doit s'assurer de leur bonne exécution. Il répond des dommages induits par les désordres causés par ses propres ouvrages et assume, en particulier, les responsabilités correspondantes.

À RETENIR

Dans le cadre d'un projet bâtimentaire, dès lors que le maître d'ouvrage externalise les missions de maîtrise d'œuvre, il ne peut assumer en régie les missions de base du maître d'œuvre, qui doivent n'être confiées qu'au même maître d'œuvre. Ces missions de base sont :

– les études d'esquisse ;
– les études d'avant-projet ;
– le projet ;
– l'assistance à la passation de marchés de travaux ;
– les études d'exécution ou leur visa si elles sont réalisées par un autre prestataire ;
– la direction de travaux ;
– l'assistance apportée au maître d'ouvrage lors des opérations de réception et pendant la garantie de parfait achèvement.

Le tableau 61.1 synthétise le régime des obligations du maître d'ouvrage.

Le tableau 61.2 rappelle les références législatives de la maîtrise d'ouvrage publique.

Tab. 61.2 Objet de la réglementation

Références	Objet
Art. 1 et 2 de la loi n° 85-704 du 12 juillet 1985	Régime de la maîtrise d'ouvrage publique.

Ordres de service 62

Références : *CCAG, art. 139 et 140 du décret n° 2016-360*

Le pouvoir de direction, de contrôle ou de coordination du pouvoir adjudicateur se matérialise par les mesures unilatérales qu'il est amené à prendre en sa qualité de donneur d'ordre et de maître d'ouvrage, tels que les arrêtés de police organisant la circulation aux abords du chantier ou, lorsque ces mesures sont prises en application du marché, des ordres de service. Les ordres de service sont les décisions du maître d'ouvrage ou, pour les marchés de travaux, du maître d'œuvre, qui précisent les modalités d'exécution de tout ou partie des prestations qui constituent l'objet du marché.

Ce sont des actes unilatéraux à caractère obligatoire adressés au titulaire du marché ou, au mandataire en cas de groupement d'entreprises, et dont le non-respect est constitutif d'une faute engageant la responsabilité de son destinataire.

Par ce moyen, le maître d'ouvrage ordonne le commencement de l'exécution des prestations, leur interruption, le respect des stipulations techniques ou de règles de sécurité après un contrôle, etc.

APPLICATION

Les ordres de service peuvent avoir pour objet :
– de démarrer l'exécution des prestations, lorsque le marché le prévoit (par exemple, art. 19.1.1 CCAG-Travaux) ;
– de suspendre l'exécution des prestations, ce qui suspend aussi le délai d'exécution des prestations, par exemple en cas de découverte de vestiges archéologiques sur un chantier ou d'une fresque ancienne sur le mur d'un immeuble dont la rénovation est l'objet du marché ;
– de réaliser des prestations supplémentaires prises en charge par le marché au moyen d'un prix unitaire ;
– ordonner au titulaire du marché de produire, dans un certain délai, la décomposition d'un prix forfaitaire ou le sous-détail d'un prix unitaire qui ne figure pas parmi les pièces contractuelles et dont la production n'est pas prévue par le cahier des clauses administratives particulières du marché ;
– de convoquer le prestataire à des réunions de chantier ;
– d'enjoindre au titulaire du marché de respecter le calendrier d'exécution des prestations ;
– d'enjoindre au titulaire du marché de refaire certaines prestations dont il a été constaté qu'elles n'avaient pas respecté les spécifications techniques ou les règles de l'art ;
– d'affermir une tranche conditionnelle ;
– d'ordonner l'exécution de prestations non prévues au marché, mais nécessaires à sa bonne exécution ;
– de demander au titulaire du marché la communication des informations nécessaires à la mise en concurrence du marché suivant ;
– de donner au titulaire du marché la date d'une livraison ;
– de dresser la liste des personnes autorisées à accéder aux locaux.

Un ordre de service n'est pas une modification du contrat, mais un acte pris pour son exécution : il doit en respecter les clauses. Son caractère unilatéral le distingue de l'avenant (voir § 71.1 et suivants), qui modifie le contrat et implique, en conséquence, l'accord des deux parties. Si les prestations que l'acheteur souhaite voir réaliser ne sont pas prévues ou ne peuvent l'être par le cahier des charges, elles doivent faire l'objet d'un avenant, car elles nécessitent l'accord du titulaire du marché. Ce dernier n'est, en effet, engagé qu'à hauteur de ce que prévoit le cahier des charges. Un ordre de service portant sur de telles prestations est susceptible d'engager la responsabilité du pouvoir adjudicateur.

En revanche, un ordre de service portant sur des prestations supplémentaires non prévues par le marché mais nécessaires à sa bonne exécution est légitime, il constitue alors le fondement du paiement du prix des prestations auquel a droit le titulaire.

Le marché peut prévoir la poursuite de l'exécution des prestations alors même que, le montant des prestations déjà exécutées atteint le montant prévu par le marché. Dans cette hypothèse, l'acheteur peut prendre un ordre de service valant décision de poursuivre les prestations. Dans le silence du marché sur ce point, seul un avenant peut en étendre le volume.

À RETENIR

L'acheteur peut utiliser le formulaire EXE1, « Ordre de service », ou EXE1-T, « Ordre de service pour les marchés de travaux », téléchargeables à l'adresse suivante : http://www.economie.gouv.fr/daj/formulaires-marches-publics.

Les ordres de service sont en principe écrits, notifiés et, respecter, le cas échéant, les formes stipulées au marché. Les clauses du marché peuvent prévoir une procédure de contestation du contenu de ces ordres de services, qui peuvent ne pas être conformes au cahier des charges et engager, alors, la responsabilité de l'acheteur. Le titulaire du marché est engagé s'il n'émet pas des réserves dans les conditions et le délai, prévu au marché.

APPLICATION

Le cahier des clauses administratives particulières peut prévoir que le titulaire dispose d'un délai, par exemple de quinze jours (art. 3.8.2 CCAG-Travaux), pour les contester ou émettre des réserves, lesquelles doivent être formulées auprès de l'autorité compétente et n'ont pas d'effet suspensif. Ce faisant, l'entrepreneur peut cependant dégager utilement sa responsabilité si ces réserves portent précisément sur la cause d'un désordre.

Le tableau 62.1 résume les principaux changements concernant les obligations du titulaire du marché.

Tab. 62.1 Concordance ancienne et nouvelle réglementation

Nouvelles références	Anciennes références	Objet et apports essentiels
art. 139 et 140 D. 2016	art. 20 et 118 CMP	Régime nouveau de la modification du contrat.
CMP : Code des marchés publics 2006 D. 2016 : Décret n° 2016-360 relatif aux marchés publics		

Avances 63

Références : *art. 59 de l'ordonnance n° 2015-899 – art. 110, 111, 112 et 113 du décret n° 2016-360*

Les avances constituent l'un des leviers efficients à la disposition des pouvoirs adjudicateurs pour intervenir efficacement dans l'économie. Elles jouent un rôle sur la trésorerie des entreprises et peuvent, dans ces conditions, affecter tant la concurrence elle-même que la bonne fin du marché.

À RETENIR

La trésorerie est un élément fondamental dans la gestion d'une entreprise. Les résultats des filiales sont aujourd'hui évalués par leurs holdings, non plus sur leur chiffre d'affaires, mais sur le cash-flow, c'est-à-dire sur la vitesse à laquelle elles encaissent leurs créances.

63.1 Avantages et inconvénients de l'octroi de l'avance

Les avances sont une source d'économies budgétaires pour l'acheteur et peuvent conditionner la bonne exécution des prestations par le titulaire du marché.

L'acheteur qui consent à de bonnes conditions en termes d'avances contribue à élargir la concurrence dans le cadre de sa consultation, les entreprises étant toutes garanties de pouvoir disposer de la trésorerie nécessaire au lancement d'un chantier ou au démarrage d'une nouvelle ligne de production. À l'inverse, une consultation impliquant des frais de démarrage de chantier importants mais, dans le cadre de laquelle les conditions d'avances sont insuffisantes, ne peut concerner que les entreprises disposant, au moment de la consultation, des fonds propres suffisants pour assumer le portage de trésorerie. Si tel n'est pas le cas, l'entreprise se tourne vers les établissements de crédit pour financer les investissements nécessaires au lancement de l'exécution de la prestation. Elle reporte, évidemment, ce surcoût dans son offre, ce qui renchérit d'autant le prix finalement payé par l'acheteur.

De même, le versement d'une avance permet à l'entreprise de lancer l'exécution du marché dans de bonnes conditions financières, spécialement de trésorerie. Grâce à cet effet de levier financier, la bonne fin du marché est facilitée et le risque de défaillance de l'entreprise est diminué, ce qui est conforme à l'intérêt du pouvoir adjudicateur.

Pour autant, le versement d'avance n'est pas sans inconvénient pour l'acheteur :

– le portage de la trésorerie a un coût, l'acheteur peut, par exemple, être lui-même amené à se financer auprès d'établissements de crédits ;

– si l'entreprise qui perçoit l'avance se trouve défaillante en cours d'exécution, l'acheteur est exposé à une perte préjudiciable pour les deniers publics. Toutefois, ce risque peut être limité si l'acheteur exige du titulaire des garanties en contrepartie du versement de l'avance.

La mise en œuvre d'une politique volontariste en faveur des entreprises est facilitée par le fait qu'il ne s'agisse pas, à proprement parler d'une dépense budgétaire, pour l'acheteur, mais d'une simple avance de trésorerie. L'avance n'est pas un paiement, elle se distingue sur ce point de l'acompte (voir § 64.1 et suivants).

À RETENIR

Les pouvoirs publics ont utilisé l'avance avec succès dans le cadre de la politique de relance économique mise en œuvre en décembre 2008. L'État l'a rendu obligatoire, pour la plupart de ses marchés et une durée d'un peu plus d'une année. Il a ainsi permis l'injection immédiate et massive de liquidités dans l'économie, ce qui était nécessaire du fait du tarissement des marchés financiers et le coup d'arrêt brutal marqué par les prêts des établissements bancaires envers les entreprises.

Un régime comparable a été mis en place en décembre 2010, pour une durée de cinq ans, dans les départements et territoires d'outre-mer, dans le but de soutenir les petites et moyennes entreprises de ces collectivités et territoires. Ce régime transitoire a pris fin le 31 décembre 2014.

Le principe est que le marché peut, c'est une faculté, donner lieu au versement d'une avance.

Le régime de l'exécution financière des marchés de certains acheteurs est, toutefois, encadré. À leur égard, le versement des avances n'est pas entièrement libre :
– il s'agit parfois d'une obligation : le titulaire d'un marché public a droit au versement d'une avance dans certaines conditions ;
– le montant de l'avance est encadré par un minimum et par un plafond.

Ces acheteurs sont les suivants :
– l'État et ses établissements publics n'ayant pas un caractère industriel ou commercial ;
– les collectivités territoriales et leurs établissements publics.

À RETENIR

Ces acheteurs étaient ceux auxquels était applicable le code des marchés publics. Comme pour les prix (voir § 9.1), la réglementation n'a pas étendu le régime de l'exécution financière fixé par le code des marchés publics aux autres acheteurs. La Caisse des Dépôts et consignations, catégorie spécifique d'établissement public dont elle est la seule représentante, n'est pas soumise à ce régime de l'exécution financière des marchés publics.

Le titulaire du marché peut toujours refuser le bénéfice de l'avance. En revanche, il est, bien évidemment, interdit d'avantager les entreprises qui refuseraient le bénéfice de l'avance lors de l'attribution du marché.

Les modalités d'octroi des avances s'appliquent aux marchés reconductibles, aux marchés à tranches, et à la partie sous-traitée du marché.

Les développements suivants décrivent le régime des avances applicable aux acheteurs publics mentionnés ci-dessus.

63.2 Champ d'application de l'obligation de versement de l'avance

Dans le cas où elle est obligatoire, l'avance est un droit pour le titulaire du marché. Ce dernier est libre, toutefois, de la refuser.

Le marché donne droit au versement d'une avance si :
– le montant du marché ou de la tranche affermie est supérieur à 50 000 € HT ;
– le délai d'exécution est supérieur à 2 mois.

À RETENIR

Le seuil ouvrant droit au versement de l'avance est exprimé dans un montant hors taxe (HT). Le montant du marché permettant le calcul de l'avance est exprimé dans un montant toutes taxes comprises (TTC).

Pour les accords-cadres à bons de commande, le montant de l'avance est fonction de la fixation, ou non, d'un minimum :
– si le montant minimum est supérieur à 50 000 € HT et que la durée d'exécution du marché est supérieure à 2 mois, l'avance est accordée en une seule fois sur la base de ce montant minimum ;
– si l'accord-cadre ne comporte pas de minimum fixé en valeur, l'avance est accordée pour chaque bon de commande d'un montant supérieur à 50 000 € HT et dont la durée d'exécution est supérieure à 2 mois.

Le versement d'une avance peut, en outre, toujours être prévu par le marché dans les cas où elle n'est pas obligatoire.

À RETENIR

Il arrive que les entreprises refusent l'avance proposée par l'acheteur dans le dossier de la consultation. Trois séries de raisons peuvent l'expliquer.

L'entreprise peut être conduite à refuser l'avance lorsque l'acheteur exige la constitution d'une garantie en contrepartie du versement de l'avance. Ce cas de figure concerne, en particulier, les marchés de montant modéré, pour lesquels le coût de la constitution d'une garantie à première demande, facturée par la banque qui l'émettrait, compromettrait la marge de l'entreprise. Pour ces mêmes marchés, les entrepreneurs ne souhaitent pas nécessairement engager leur patrimoine personnel pour garantir l'avance dans le cadre d'une caution personnelle et solidaire. Les collectivités territoriales, dont les marchés peuvent être de montant modeste, peuvent ainsi dissuader les candidats de solliciter le versement d'une avance puisqu'elles peuvent conditionner ce versement à la présentation d'une garantie. En pratique, elles ont tendance à systématiser cette exigence, de sorte que la candidature des PME s'en trouve pénalisée.

Le traitement comptable de l'avance est particulièrement complexe. L'avance est remboursée par précompte lors du paiement des acomptes, à mesure de l'exécution des prestations. Cette complexité rebute certaines entreprises, non nécessairement dotées des ressources administratives et comptables suffisantes pour gérer ce traitement de manière fluide.

Les candidats refusent, parfois, l'avance, en raison de la crainte d'être pénalisés, lors de l'attribution du marché, si elles ne déclarent pas refuser le bénéfice de l'avance. Cette crainte, pour infondée qu'elle soit sur un plan juridique, se révèle extrêmement fréquente en pratique. Il faut dire qu'elle rejoint une certaine pratique, consistant, pour l'acheteur, à pré-renseigner le formulaire en cause en indiquant que le bénéfice de l'avance est refusé. Pour manifestement illégale que soit cette pratique, son caractère dissuasif se révèle efficace : aucune entreprise ne prend jamais le risque de corriger le formulaire. Reste que cette pratique est discriminatoire, compromet la sécurité juridique du marché et, pour les raisons évoquées, dessert les intérêts de l'acheteur.

63.3 Montant de l'avance

Le montant de l'avance est fixé par les clauses du marché, ainsi que les conditions de son versement.

Ce montant est encadré. Il se réfère toujours au montant initial du marché et n'est jamais affecté par les clauses de révision des prix : il n'y a pas lieu, en effet de tenir compte de l'évolution des conditions économiques du marché, dès lors que l'objet de l'avance est de permettre au titulaire d'engager les frais que nécessite le lancement de l'exécution des prestations : installation du chantier, acquisition d'outils de production, etc.

Pour les marchés à tranches, le montant se calcule au regard de la tranche affermie.

Les marchés reconductibles donnent lieu au versement, ainsi d'ailleurs qu'au remboursement, de l'avance au titre de la période initiale, puis au titre de chaque reconduction.

À RETENIR

Le montant du marché permettant le calcul de l'avance est exprimé dans un montant toutes taxes comprises (TTC).

63.3.1 Montant minimal

Le tableau 63.1 synthétise les différents cas de versement des avances.

Tab. 63.1. Récapitulatif des montants minimaux des avances

Type de marché	Durée du marché	Montant de l'avance
Marché ferme	Durée d'exécution inférieure ou égale à 12 mois	5 % du montant initial du marché TTC
	Durée d'exécution supérieure à 12 mois	(Montant du initial marché × 5 % × 12 mois) / nombre de mois du marché
Marché à tranches	Durée de la tranche affermie inférieure ou égale à 12 mois	5 % du montant initial de la tranche TTC
	Durée de la tranche affermie supérieure à 12 mois	(Montant initial de la tranche × 5 % × 12 mois) / nombre de mois de la tranche

Les montants de l'avance obligatoire sont des montants minimums : il peut être prévu au marché le versement d'une somme plus importante, mais le montant est plafonné à 60 % du montant initial TTC du marché dans un souci de protection des deniers publics.

APPLICATION

Soit un marché d'un montant de 500 000 € TTC conclu sur une durée de 18 mois. Le montant minimal de l'avance sera de :

$$(500\,000 \times 5\,\%)\frac{12}{18} = 16\,666{,}67\text{ €}$$

Cas des accords-cadres à bons de commande

Pour les accords-cadres à bons de commande, le montant de l'avance se calcule au regard du minimum prévu par le marché. Si le marché ne comporte pas de montant minimum de commande fixé en valeur, il se calcule en fonction du montant de chaque bon de commande.

Le tableau 63.2 synthétise les différentes modalités de calcul du montant des avances pour les accords-cadres.

Tab. 63.2. Récapitulatif des montants minimaux des avances des accords-cadres à bons de commande

Type de contrat	Durée	Montant de l'avance
Accord-cadre à bons de commande avec minimum en valeur	Durée d'exécution du bon de commande inférieure ou égale à 12 mois	5 % du montant minimum TTC
	Durée d'exécution du bon de commande supérieure à 12 mois	(Montant minimum TTC × 5 % × 12 mois) / nombre de mois du marché
Accord-cadre à bons de commande sans minimum ou avec un minimum en quantité	Durée d'exécution inférieure ou égale à 12 mois	5 % du montant initial du bon de commande TTC
	Durée d'exécution supérieure à 12 mois	(Montant initial du bon de commande × 5 % × 12 mois) / nombre de mois du bon de commande

63.3.2 Le plafonnement de l'avance

Lorsque le versement de l'avance atteint 30 % du montant du marché, de la tranche ou du bon de commande, son octroi est nécessairement assortie d'une garantie à première demande (voir § 63.3). Le tableau 63.3 synthétise les cas de plafonnement de l'avance.

Tab. 63.3. Récapitulatif du plafonnement de l'avance

	Montant maximum
Cas général (versement de l'avance non conditionné)	30 % du montant du marché TTC
Condition de la constitution par le titulaire d'une garantie à première demande au bénéfice de l'acheteur	60 % du montant du marché TTC

63.3.3 Intangibilité du montant de l'avance

Le montant de l'avance n'est jamais affecté par la mise en œuvre d'une clause de variation du prix du marché. Le taux et les modalités de versement de l'avance sont fixés au marché. Ils ne sont pas modifiables par avenant. Puisque ces éléments ont un effet déterminant sur la concurrence, les modifier en cours d'exécution du marché compromettrait inévitablement le périmètre de la mise en concurrence initiale et, partant, la régularité de la procédure de passation du marché en cause.

63.4 Remboursement de l'avance

C'est dans le marché qu'il faut chercher les modalités de remboursement de l'avance. Il s'effectue par précompte sur les sommes dues au titulaire, que ces sommes soient dues au titre des acomptes, de paiement partiels définitifs ou du règlement du solde.

Dans le silence du marché, ce remboursement démarre lorsque les prestations atteignent 65 % d'exécution.

L'avance doit être remboursée lorsque l'exécution atteint 80 % TTC des prestations au titre de l'exécution, selon le cas :
– du marché ;
– de la tranche ;
– du bon de commande dans le cas d'un accord-cadre à bons de commande ne comportant pas de minimum fixé en valeur ;
– du montant minimum dans le cas d'un accord-cadre comportant un minimum.

63.5 Avance et sous-traitance

Il est logique que les sous-traitants bénéficient des mêmes facilités de trésorerie que les titulaires des marchés dès lors que c'est le sous-traitant, et non le titulaire, qui porte les investissements financés par l'avance. C'est pourquoi l'assiette de l'avance versée au titulaire est égale au montant des prestations qu'il exécute directement, déduction faite, le cas échéant, du montant des prestations confiées aux sous-traitants. Le remboursement des sommes versées au titre de l'avance versée aux sous-traitants est réalisé selon les mêmes modalités que celles versées au titulaire du marché.

Encore faut-il que ces sous-traitants bénéficient du droit au paiement direct, c'est-à-dire qu'ils aient été déclarés et leurs conditions de paiement agréées (voir § 49.2).

Le tableau 63.4 résume les principaux changements concernant les obligations du titulaire du marché.

Tab. 63.4 Concordance ancienne et nouvelle réglementation

Nouvelles références	Anciennes références	Objet et apports essentiels
Art. 59 O. 2015 – art. 110, 111, 112 et 113 D. 2016	Art. 87, 88, 89 et 90 CMP	Régime des avances.
CMP : Code des marchés publics 2006 O. 2015 : Ordonnance n° 2015-899 relative aux marchés publics D. 2016 : Décret n° 2016-360 relatif aux marchés publics		

Acomptes 64

Références : *art. 59 et 60 de l'ordonnance n° 2015-899 – art. 114 et 115 du décret n° 2016-360*

En principe, tout commencement d'exécution ouvre droit au paiement d'acomptes, dont le montant ne peut, en revanche, excéder la valeur des prestations auxquelles il se rapporte. Il est possible de déroger à ce principe dans le marché, en y insérant, par exemple, une clause de paiement différé. Toutefois, ces clauses de paiement différé sont interdites à l'État, aux collectivités territoriales et à tous leurs établissements publics, elles sont réputées non écrites.

Par ailleurs, le régime de l'exécution financière des marchés de certains acheteurs n'est pas libre. Ces acheteurs sont les suivants :
– l'État et ses établissements publics n'ayant pas un caractère industriel ou commercial ;
– les collectivités territoriales et leurs établissements publics.

À RETENIR

Ces acheteurs étaient ceux auxquels était applicable le code des marchés publics. La réglementation n'a pas étendu le régime de l'exécution financière fixé par le code des marchés publics aux autres acheteurs.

Cela signifie que ces acheteurs versent nécessairement le paiement des prestations au titulaire du marché au cours de son exécution :
– par règlements partiels définitifs ;
– par acomptes.

À RETENIR

Les règlements partiels définitifs, exclus pour les marchés de travaux, sont les règlements intervenant tout au long du marché en contrepartie de l'exécution de prestations précisément définies, et qui ne peuvent être remis en cause après leur paiement par les parties, y compris lors de l'établissement du solde. Le paiement d'un acompte peut toujours être remis en cause, au plus tard au moment du décompte.

Les développements suivants sont applicables à ces acheteurs publics.

64.1 Principes

Le marché commence à s'exécuter à compter de sa notification. Tout commencement d'exécution donne droit à des acomptes.

Le titulaire du marché n'a, toutefois, droit au versement d'acomptes que si la durée du marché excède le délai de périodicité de versement des acomptes.

À RETENIR

Les acomptes constituent le paiement de prestations en cours d'exécution, la part des prestations correspondante à l'acompte a bien été exécutée ou a bien reçu un commencement d'exécution, mais le service fait n'a pas encore nécessairement été constaté conformément aux stipulations du marché. Le paiement ne revêt pas, en conséquence, le caractère d'un paiement non susceptible d'être remis en cause.

L'acompte se distingue, néanmoins, des avances, qui ne constituent qu'une simple facilité de trésorerie sur un service « à faire » et doivent être remboursées (voir § 63.4).

64.1.1 Périodicité

Les acomptes sont versés tous les trois mois maximum, mais il est fréquent qu'en dehors de toute obligation, les acheteurs procèdent à un versement mensuel des acomptes.

À RETENIR

La périodicité des acomptes peut être portée à six mois, au maximum, pour les marchés de défense ou de sécurité. Cette périodicité constitue un maximum, qui ne peut être opposé au titulaire du marché que si elle peut être justifiée, en particulier au motif qu'il est difficile d'estimer la valeur de la prestation exécutée tous les trois mois. Cette justification est explicitée dans le rapport de présentation du marché.

Ce délai maximum est ramené à un mois, systématiquement pour les marchés de travaux et à la demande du titulaire pour les marchés de fournitures et de services, dont le titulaire est :
- une petite ou moyenne entreprise (PME) ;
- une société coopérative ouvrière de production (SCOP) ;
- un groupement de producteurs agricoles ;
- un artisan ;
- une société coopérative d'artisans ;
- une société coopérative d'artistes ;
- une entreprise adaptée (voir § 34.1).

À RETENIR

Les PME constituent 99 % des entreprises dans l'Union européenne. Une PME est une entreprise :
- qui emploie moins de 250 personnes ;
- dont le chiffre d'affaires annuel n'excède pas 50 millions d'euros ou dont le total du bilan annuel n'excède pas 43 millions d'euros ;
- dont le capital n'est pas détenu par une entreprise qui ne remplit pas ces conditions.

Les PME sont attributaires d'environ 58 % des marchés publics en volume, 27 % en valeur.

64.1.2 Montant

Un acompte est, en principe, précédé de décomptes provisoires, qui déterminent les droits du titulaire du marché. Ce décompte provisoire, ou « état de situation », fait application, le cas échéant, des clauses de révision de prix.

Le montant d'un acompte correspond à la valeur des prestations exécutées ou, ayant reçu un commencement d'exécution. Le montant de l'acompte ne peut dépasser la valeur des prestations exécutées.

64.2 Les précomptes

Le précompte répond à la situation dans laquelle le titulaire du marché doit à l'administration des sommes qui sont prélevées, par compensation, du montant de l'acompte qui devrait lui être versé. C'est le cas, par exemple, lorsque des pénalités de retard sont infligées au titulaire du marché ou, que ce dernier a perçu une avance, avant le commencement d'exécution, qu'il est temps de rembourser (voir § 63.4).

En principe, un précompte ne donne pas lieu au versement d'une somme d'argent par le titulaire à l'administration : les acomptes sont un moyen de financer les entreprises en leur assurant un paiement régulier tout au long de l'exécution, ils n'ont pas pour objet de les asphyxier financièrement, ce qui menacerait, par ailleurs, la bonne fin du marché. Un solde négatif éventuel est reporté sur le prochain acompte.

Le solde du marché est réglé dans le décompte général, en fin d'exécution (voir § 75.2).

Le tableau 64.1 résume les principaux changements concernant les acomptes.

Tab. 64.1 Concordance ancienne et nouvelle réglementation

Nouvelles références	Anciennes références	Objet et apports essentiels
art. 59 O. 2015 – art. 114 D. 2016	art. 91 CMP	Régime des acomptes.
art. 59 O. 2015 – 115 D. 2016	art. 92 CMP	Régime des règlements partiels définitifs.
art. 60 O. 2015	art. 96 CMP	Régime des clauses de paiement différé.
CMP : Code des marchés publics 2006 O. 2015 : Ordonnance n° 2015-899 relative aux marchés publics D. 2016 : Décret n° 2016-360 relatif aux marchés publics		

Paiement 65

Références : *art. 37 à 44 de la loi n° 2013-100 du 28 janvier 2013 – art. 59 et 60 de l'ordonnance n° 2015-899 – art. 115 à 121 du décret n° 2016-360*

La problématique des paiements se caractérise par la situation préoccupante des délais de paiement, qui constitue une question très sensible relevant du financement de l'économie, de celui des PME et, intervient dans un contexte dans lequel les acheteurs, et spécialement les personnes publiques n'ont pas toujours un comportement exemplaire.

La situation s'est globalement détériorée ces dernières années, au-delà des difficultés structurelles, qui ont toujours existé, notamment en raison des errements qui ont accompagné la mise en place du système automatisé de traitement facturier de l'État, Chorus. Cette détérioration s'explique notamment par la crise des budgets publics et la baisse des dotations de l'État aux collectivités territoriales. Elle n'est malheureusement pas propre aux marchés publics.

APPLICATION

Cette dégradation peut notamment être établie par la croissance de l'activité des départements marchés publics des filiales bancaires que sont les sociétés d'affacturage, qui témoigne des besoins de trésorerie des entreprises titulaires de marchés publics. Le respect des délais de paiement rendrait l'intervention des factors superflue.

65.1 Régime des paiements

Le régime des paiements spécifique aux marchés publics s'applique aux acheteurs suivants :
– l'État et ses établissements publics n'ayant pas un caractère industriel ou commercial ;
– les collectivités territoriales et leurs établissements publics.

À RETENIR

Ces acheteurs étaient ceux auxquels était applicable le code des marchés publics. La réglementation n'a pas étendu le régime de l'exécution financière fixé par le code des marchés publics aux autres acheteurs, qui appliquent le régime du droit civil ou du code de commerce.

Il est distingué entre les acomptes (voir § 64.1 et suivants), les paiements de solde et les règlements partiels définitifs. Le paiement du solde intervient en fin de marché, en application du décompte (voir § 75.2).

Les règlements partiels définitifs, exclus pour les marchés de travaux, sont les règlements intervenant tout au long du marché en contrepartie de l'exécution de prestations précisément définies, et qui ne peuvent être remis en cause après leur paiement par les parties, y compris lors de l'établissement du solde. Le paiement d'un acompte peut toujours être remis en cause, au plus tard au moment du décompte.

Les opérations ouvrant droit à la demande de paiement sont constatées par écrit établi ou vérifié et accepté par l'acheteur. C'est le constat du service fait.

Afin d'assurer la traçabilité de l'origine de la créance de l'acheteur, le titulaire de plusieurs lots d'un marché alloti distingue les lots au titre desquels il demande le paiement, soit dans des factures distinctes, soit dans une facture globale identifiant distinctement les différents lots.

65.2 Procédure de paiement

Lorsque l'acheteur est soumis au régime de la comptabilité publique, le régime des paiements prévoit la succession de deux phases, faisant chacun intervenir deux autorités indépendantes l'une de l'autre.

La phase administrative fait intervenir l'ordonnateur, qui engage la dépense, la liquide puis l'ordonnance ou la mandate. L'ordonnateur est l'acheteur.

La phase comptable fait intervenir le comptable public, qui est un agent de la direction générale des finances publiques (DGFiP) et dont le rôle consiste contrôler les opérations administratives, tenir la comptabilité et procéder au paiement libératoire. Le comptable en charge du marché est désigné dans celui-ci, c'est le comptable assignataire.

À RETENIR

L'engagement de la dépense est la conclusion du contrat.

La liquidation est la vérification de la réalité de la dette, c'est-à-dire du service fait, sur la base des pièces justificatives.

L'ordonnancement ou, mandatement est l'ordre donné au comptable public, par l'acheteur, de payer.

Le paiement est un acte par lequel l'organisme se libère de sa dette.

Le comptable vérifie l'exactitude des calculs de liquidation, contrôle la justification du service fait, vérifie l'intervention préalable des contrôles réglementaires, tels que le contrôle budgétaire et financier pour les marchés de l'État, ainsi que la production des pièces justificatives. En revanche, il ne dispose pas du pouvoir d'apprécier la légalité du marché.

Si au terme de ses contrôles, le comptable public constate des irrégularités, il refuse le paiement, ce qui n'est pas rare : le comptable public, bien que couvert par une assurance professionnelle, est soumis à une responsabilité personnelle et pécuniaire. Il est responsable du trop payé sur ses deniers personnels.

65.3 Délais de paiement

Les délais de paiement sont différents selon la nature du pouvoir adjudicateur :
– acheteurs non mentionnés ci-dessous : 30 jours ;
– hôpitaux et service de santé des armées : 50 jours ;
– entreprises publiques : 60 jours.

À RETENIR

L'État projette d'imposer à l'ensemble de ses services un délai de paiement de 20 jours à l'horizon 2017. Les entreprises publiques qui ont la nature d'établissements publics locaux sont soumises au délai de 30 jours.

Le point de départ du délai est la date de réception de la demande de paiement par les services de la personne publique cocontractante ou la date d'exécution des prestations si elle est postérieure à cette demande.

65.4 Retards de paiement

Le retard de paiement est constitué lorsque les sommes dues au titulaire du marché, ou au sous-traitant au titre du paiement direct (voir § 67.1 et suivants), qui a rempli ses obligations légales et contractuelles, ne sont pas versées par l'acheteur à l'échéance prévue par le marché ou à l'expiration du délai de paiement. Ce dispositif est applicable à tous les acheteurs soumis à la réglementation des marchés publics.

À RETENIR

Les sous-traitants indirects admis au titre d'une délégation de paiement (voir introduction § 67) ne sont pas inclus dans le dispositif.

65.4.1 Intérêts de retard

Des intérêts de retard courent de plein droit, sans autre formalité, à partir du jour suivant celui de l'expiration du délai global ou de l'échéance prévue par le marché, jusqu'à la date de mise en paiement du principal. En principe, il est mandaté d'office par l'acheteur. C'est le cas pour l'État, le système d'information présidant au traitement automatique des factures, Chorus, le calculant et le mandatant de manière automatique.

Un dispositif coercitif est prévu lorsque l'acheteur ne mandate pas d'office ces intérêts moratoires :

– si l'acheteur est une collectivité territoriale ou un établissement public local, le préfet adresse à l'ordonnateur, dans un délai de quinze jours après signalement par le créancier, le comptable public ou tout autre tiers, une mise en demeure de mandatement. À défaut d'exécution dans un délai d'un mois à compter de cette mise en demeure, le préfet procède d'office, dans un délai de dix jours, au mandatement de la dépense ;

– le directeur de l'agence régionale de santé dispose des mêmes prérogatives si l'acheteur est un établissement public de santé. En cas d'insuffisance des crédits disponibles, l'état des prévisions de recettes et de dépenses de l'établissement est modifié par son ordonnateur. Le directeur de l'agence régionale de santé procède, le cas échéant, à cette modification d'office.

Le taux présente un caractère, à la fois dissuasif et coercitif, il est assumé comme tel par les pouvoirs publics. C'est le taux d'intérêt de la principale facilité de refinancement de la banque centrale européenne majoré de 8 points. Ce taux est aujourd'hui fixé au plus bas, ce qui souligne le caractère coercitif du dispositif.

APPLICATION

0,000 % au 10 mars 2016 + 8 % = 8,000 %.

La responsabilité des retards de paiement est partagée entre l'acheteur, ordonnateur, et le comptable public : chacun assume, au prorata, les conséquences du retard qui lui incombe. Pour ce faire, une part du délai de paiement est attribuée au comptable pour exécuter ses diligences et contrôler les pièces justificatives du paiement, le comptable assumant le dépassement de ce délai. Le délai imparti au comptable est le suivant :

– État, collectivités territoriales et leurs établissements publics : 10 jours ;

– Hôpitaux et service de santé des armées : 15 jours.

À RETENIR

Les entreprises publiques ne sont pas dotées d'un comptable public, elles assument seules la responsabilité du retard de paiement. Pour les acheteurs dotés d'un comptable public, l'État lui rembourse, à titre récursoire, la part des intérêts moratoires versés imputable au dépassement du délai par un comptable de l'État. Si l'acheteur est l'État, la DGFiP rembourse le service concerné.

65.4.2 Indemnité pour frais de recouvrement

Traduisant l'importance accordée à la question des délais de paiement par les pouvoirs publics, l'acheteur paie, en plus des intérêts de retard, une indemnité forfaitaire de 40 euros, pour frais de recouvrement, pour chaque incident de paiement.

Lorsque les frais de recouvrement exposés par le titulaire du marché ou, le sous-traitant bénéficiaire du paiement direct (cf. chapitre 67), sont supérieurs au montant de cette indemnité forfaitaire, le créancier peut demander une indemnisation complémentaire. Cette indemnisation complémentaire est, alors, versée au vu des justificatifs des frais réellement engagés.

À RETENIR

Comme pour les intérêts de retard, l'État rembourse à l'acheteur, à titre récursoire, la part de l'indemnité forfaitaire versée et, le cas échéant, de l'indemnité compensatrice, imputable au dépassement du délai par le comptable public.

Le tableau 65.1 résume les principaux changements concernant le paiement.

Tab. 65.1 Concordance ancienne et nouvelle réglementation

Nouvelles références	Anciennes références	Objet et apports essentiels
Art. 59 O. 2015 – art. 115 à 121 D. 2016	Art. 92 à 100 CMP	Régime des paiements.
Art. 59 O. 2015 – 115 D. 2016	Art. 92 CMP	Régime des règlements partiels définitifs.
Art. 60 O. 2015	Art. 96 CMP	Régime des clauses de paiement différé.

CMP : Code des marchés publics 2006
O. 2015 : Ordonnance n° 2015-899 relative aux marchés publics
D. 2016 : Décret n° 2016-360 relatif aux marchés publics

66 Carte d'achat

Références : -

La carte d'achat est un moyen d'exécution des marchés publics réservé aux marchés récurrents, de faible montant pour des achats courants.

C'est un moyen de paiement des biens et services, pour des commandes de faibles montants, mais générant un nombre important de factures : 65 % des actes de commande correspondent à 4 % des montants.

D'où son intérêt, multiple, pour chacun des intervenants.

L'acheteur :
– optimise la gestion quotidienne des achats de fonctionnement ;
– allège les procédures administratives et comptables ;
– offre un meilleur suivi des dépenses ;
– alimente de manière automatique les systèmes de gestion comptable ;
– optimise le processus d'achat avec la dématérialisation fiscale de la facture ;
– génère des économies sur le traitement administratif des commandes.

À RETENIR

Le coût moyen total de traitement d'une facture dans le cadre d'un circuit traditionnel est généralement estimé à environ 70 à 80 € pour l'administration. L'utilisation d'une carte achat permettrait l'économie d'environ 50 euros par commande.

Le porteur de la carte :
– bénéficie d'une plus grande réactivité opérationnelle ;
– bénéficie d'un allégement des procédures de gestion administrative ;
– dispose d'un moyen de règlement fonctionnel et universel ;
– constate un renforcement de l'efficacité de la relation entre l'acheteur et le fournisseur.

Les fournisseurs (« accepteurs ») :
– bénéficient d'une garantie financière sur le paiement de ses factures (suppression des relances) ;
– bénéficient d'un paiement rapide après émission de la facture, ce paiement intervenant en moyenne dans les 4 jours ;
– profitent d'une simplification administrative et comptable.

À RETENIR

Le coût moyen total du traitement traditionnel d'une facture par le fournisseur est estimé à environ 20 €.

66.1 Fonctionnement

La carte permet à l'acheteur de régler tous ses achats courants de faible montant. Les paramètres d'utilisation sont définis préalablement :

– les fournisseurs autorisés sont définis ;
– il est fixé des plafonds, par exemple par opération, période, type de biens ou services ;
– les produits ou services retenus sont référencés.

L'exécution par carte d'achat éteint la créance née du marché, y compris d'un bon de commande, et clôture le délai de paiement.

La possibilité de procéder à l'acte d'achat est déléguée aux utilisateurs directement concernés, au moyen de délégations de signature, le respect des procédures est assuré. Chaque service peut donc passer ses propres commandes selon ses besoins.

La carte d'achat est confiée directement au porteur, qui en est l'utilisateur final. Celui-ci peut l'employer comme une carte bancaire courante, aussi bien pour un règlement sur place que pour des achats à distance, quel que soit le mode de commande.

Le porteur se fait remettre ou livrer les fournitures et services en contrepartie du paiement, il constate ainsi le service fait.

66.2 Limites

Ne peuvent faire l'objet d'une exécution par carte d'achat :
– les marchés de travaux, sauf décision de l'acheteur motivée par des besoins d'entretien et de réparation courants n'ayant pas fait l'objet d'un programme ;
– les marchés faisant l'objet d'une avance forfaitaire ou facultative.

66.3 Traitement comptable et financier

L'utilisation de la carte n'est possible qu'après service fait : le porteur de la carte doit donc procéder au contrôle et à la validation du service fait.

La carte est mise à la disposition de l'acheteur par l'établissement de crédit (« l'émetteur »). L'émetteur paie à l'accepteur toute créance née d'un marché exécuté par carte d'achat, dans un délai inférieur au délai maximum de paiement prévue par la réglementation (voir § 65.3). Le paiement par l'émetteur est opposable aux tiers.

L'émetteur transcrit toutes les utilisations de la carte sur un relevé d'opérations, au débit d'un compte technique dédié au contrat passé avec l'acheteur.

66.4 Contrat liant l'émetteur et l'acheteur

Ce contrat est un marché public, passé par l'acheteur avec l'émetteur, qui est un établissement de crédit. Il s'agit d'un marché de service bancaire, relevant des procédures de droit commun (voir § 18.1 et suivants).

Ce contrat fixe les conditions et les modalités de fonctionnement du compte technique et les délais dans lesquels sont approuvés les montants qui y sont reportés. Il contient des clauses obligatoires et prévoit :
– que chaque créance née d'une exécution par carte d'achat est portée sur un relevé d'opérations établi par l'émetteur ;
– que ce relevé fait foi des transferts de fonds entre les livres de l'émetteur et ceux de l'accepteur ;
– que ce relevé appuie la demande de paiement de l'émetteur au pouvoir adjudicateur.

Le relevé d'opérations prévu par le contrat mentionne le nom ou la raison sociale de l'émetteur et le nom de l'entité débitrice.

Pour chaque créance née d'une exécution par carte d'achat porté par l'émetteur sur le relevé d'opérations, l'accepteur ou l'acheteur précise :
– le nom ou la raison sociale, le numéro unique d'identification de l'accepteur ;
– l'identification de la carte utilisée ou de son porteur ;
– la date d'utilisation de la carte d'achat ;
– le montant de la créance née et, le cas échéant, l'indication de la TVA ;
– la nature de la dépense ou, pour les marchés écrits exécutés par carte d'achat et conclus aux conditions prévues par une convention de prix, le décompte des sommes dues : nature des fournitures ou services, prix et, le cas échéant, quantité.

L'acheteur procède aux contrôles comptables et fait créditer le compte technique du montant de la créance née et approuvée. Le paiement est effectué à l'émetteur par le comptable dans les conditions relatives aux paiements des marchés publics (voir § 65.2).

Les utilisations de la carte d'achat sont regroupées par l'acheteur :
– par marché ;
– par budget ou état des prévisions de recettes et de dépenses ;
– par nature de dépenses.

Paiement direct du sous-traitant 67

Références : *art. 135, 136 et 137 du décret n° 2016-360*

Les sous-traitants déclarés, et dont les conditions de paiement ont été agréées, ont droit au paiement direct du marché qu'ils ont personnellement exécuté.

Il ne peut être fait obstacle à ce droit. Toute clause tendant à y faire obstacle ou à en réduire la portée dans l'accord de sous-traitance est nulle et réputée non écrite.

Il s'agit d'un droit au profit du sous-traitant, et d'une obligation pour leurs donneurs d'ordres et les acheteurs. En pratique, les sous-traitants peuvent renoncer à s'en prévaloir et se faire payer par leur donneur d'ordre, le titulaire du marché. Le paiement du sous-traitant par son donneur d'ordre éteint la créance, et libère l'acheteur de ses obligations vis-à-vis du sous-traitant. Le titulaire du marché doit justifier du paiement auprès de l'acheteur.

À RETENIR

Il arrive fréquemment que le sous-traitant renonce à l'exercice de son droit au paiement direct, lorsque le titulaire du marché lui assure de meilleures conditions de paiement, notamment en termes de délai, ce qui n'est pas rare. Néanmoins, le grand nombre de défaillances d'entreprises enregistré ces dernières années, un pic ayant été constaté en 2013, a rendu au régime du paiement direct des sous-traitants toute sa pertinence.

Les sous-traitants bénéficient du droit au paiement direct dès lors que le montant des prestations exécutées en application du marché est supérieur à 600 € TTC

Le droit au paiement direct est réservé aux sous-traitants directs, dits de premier rang, c'est-à-dire les sous-traitants du titulaire du marché. Les sous-traitants indirects, de rang inférieur, c'est-à-dire les sous-traitants des sous-traitants, peuvent obtenir la protection d'une caution ou d'une délégation de paiement. La délégation de paiement est un mécanisme comparable à celui du paiement direct, mais présente une nature purement contractuelle. L'acheteur qui accepte la délégation de paiement se libère de la dette qu'il a contractée auprès du titulaire du marché en délivrant le paiement entre les mains du sous-traitant indirect qui en bénéficie.

À RETENIR

La mise en place d'une délégation de paiement au profit d'un sous-traitant indirect est conforme aux intérêts de l'acheteur : il importe, pour la bonne fin du marché, que les sous-traitants de rang inférieurs puissent sécuriser le paiement de leurs prestations. L'acceptation des délégations de paiement permet, par ailleurs, à l'acheteur de mieux connaître les sous-traitants indirects qui interviennent dans le cadre de l'exécution des prestations selon les mêmes modalités que les sous-traitants directs.

67.1 Modalités du paiement direct

Le sous-traitant notifie sa demande de paiement, contre récépissé ou envoi en recommandé avec avis de réception :
– au titulaire du marché, qui dispose d'un délai de quinze jours pour donner son accord ou lui notifier son refus ;
– au pouvoir adjudicateur, avec ses factures et la preuve de la remise ou du dépôt de la notification de sa demande adressée au titulaire du marché.

Dès la réception de ces pièces, l'acheteur adresse les copies des factures du sous-traitant au titulaire du marché, procède au paiement dans le délai de 30 jours et informe le titulaire du marché du paiement réalisé.

À RETENIR

Ce délai est de 50 jours pour les établissements publics de santé et les établissements du service de santé des armées, de 60 jours pour les entreprises publiques.

Le titulaire du marché peut s'opposer au paiement direct des prestations :
– en totalité s'il estime que celles-ci n'ont pas été réalisées conformément au cahier des charges ;
– ou en partie, par exemple lorsqu'il est en droit d'infliger des pénalités de retard à son sous-traitant en application de l'accord de sous-traitance.

Il le justifie auprès de l'acheteur.

La figure 67.1 illustre le processus de paiement direct des sous-traitants.

67.2 Paiement direct et avances

Lorsque le titulaire du marché remplit les conditions pour obtenir le versement d'une avance (voir § 63.2), le montant de cette avance lui est versé proportionnellement au montant des prestations qu'il assure personnellement : elle est diminuée du montant des prestations sous-traitées et ouvrant droit au paiement direct.

Les sous-traitants bénéficiaires du paiement direct dans le cadre d'un marché ouvrant droit au versement d'une avance, ont droit à ce versement en proportion du montant des prestations qui leur sont confiées. Ce droit est ouvert à la date de la notification du marché ou de l'acte spécial de déclaration de sous-traitance signé par l'acheteur et le titulaire du marché (voir § 49.2.2).

67.3 Paiement direct et cession ou nantissement de créance

67.3.1 Cession ou nantissement de créance du titulaire du marché

Pour justifier l'absence d'obstacle au paiement direct, le sous-traitant accepté et dont les conditions de paiement ont été agréées fournit soit l'exemplaire unique, le certificat de cessibilité du marché qui lui a été délivré ou l'acte spécial de sous-traitance, soit une attestation ou une mainlevée du bénéficiaire de la cession ou du nantissement des créances (voir § 69.1 et suivants).

À RETENIR

Le montant des prestations éligible au paiement direct ne peut être supérieur au montant indiqué dans le marché ou l'acte spécial. L'exemplaire unique ou l'acte spécial doivent être mis à jour. S'il a été remis à un établissement de crédit en garantie d'un nantissement ou dans le cadre d'une cession de créance, cet établissement de crédit émet une attestation justifiant que le montant nanti ou cédé ne fait pas obstacle au paiement direct des prestations sous-traitées.

APPLICATION

L'acheteur peut délivrer au sous-traitant l'acte spécial de sous-traitance revêtu des mentions indiquant qu'il a été établi en un unique exemplaire, en utilisant le formulaire DC4, « Acte spécial de sous-traitance », consultable et téléchargeable à l'adresse suivante : http://www.economie.gouv.fr/daj/formulaires-marches-publics.

De manière générale, toute modification de la répartition des prestations entre le titulaire du marché et le sous-traitant ou, entre sous-traitants, donne lieu à la mise à jour de l'exemplaire unique ou du certificat de cessibilité (voir § 69.1.1).

67.3.2 Cession ou nantissement de créance du sous-traitant

Les sous-traitants déclarés et dont les conditions de paiement ont été agréées ont droit de céder ou de nantir leur créance, au même titre que le titulaire du marché (voir § 69.2).

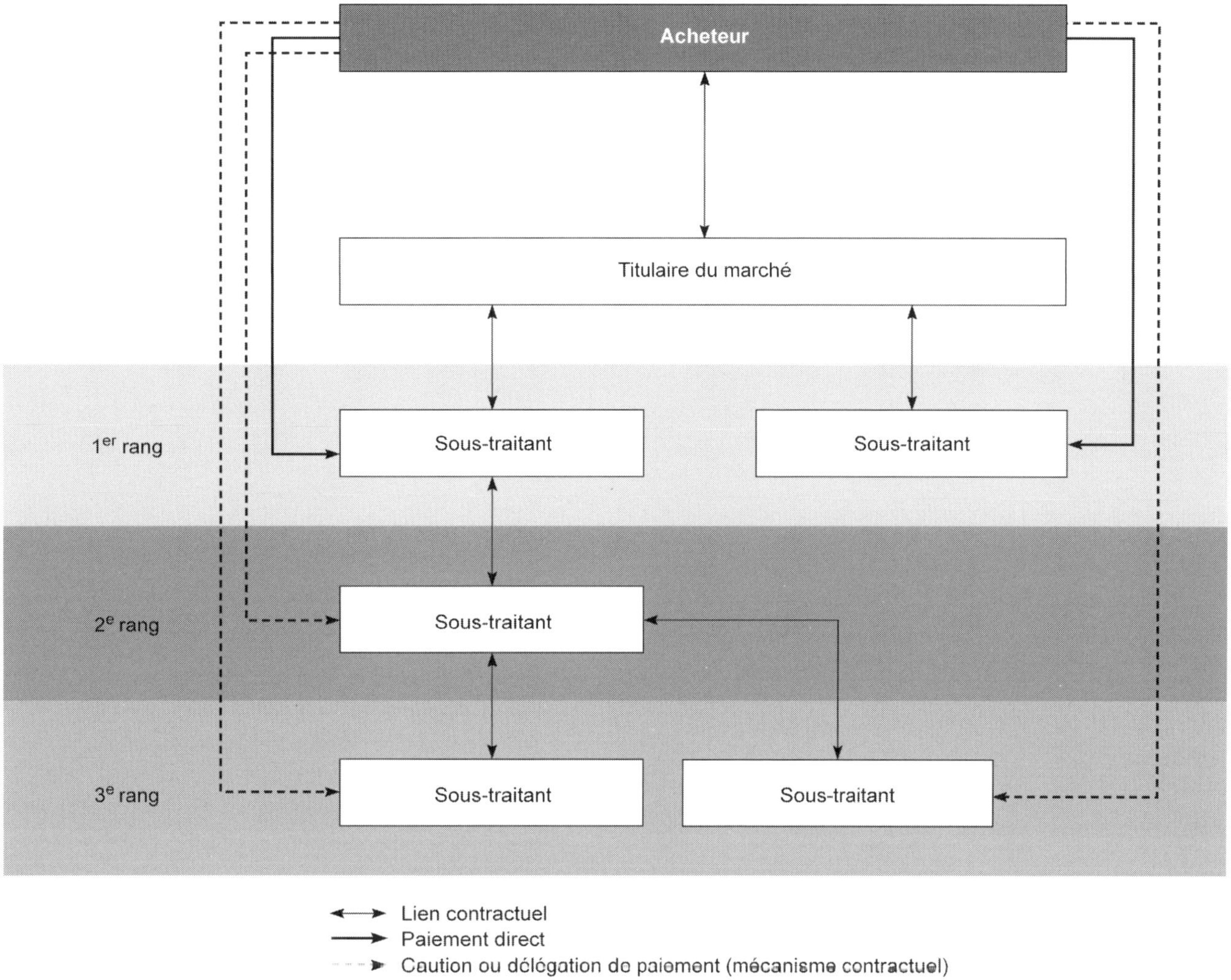

Fig. 67.1 Paiement direct des sous-traitants

Afin de leur permettre l'exercice de ce droit, l'acheteur leur remet une copie de l'original du marché, du certificat de cessibilité ou de l'acte spécial de déclaration de sous-traitance (voir § 49.1 et suivants).

Le tableau 67.1 résume les principaux changements concernant le paiement direct du sous-traitant.

Tab. 67.1 Concordance ancienne et nouvelle réglementation

Nouvelles références	Anciennes références	Objet et apports essentiels
Art. 135, 136 et 137 D. 2016	Art. 114 à 117 CMP	Régime du paiement direct du sous-traitant et de son droit à céder ou nantir sa créance.
CMP : Code des marchés publics 2006 D. 2016 : Décret n° 2016-360 relatif aux marchés publics		

68 Garanties

Références : *art. 61 de l'ordonnance n° 2015-899 – art. 122, 123, 124, 125 et 126 du décret n° 2016-360*

L'acheteur peut se prémunir contre les malfaçons des prestations faisant l'objet du marché au moyen de garanties.

68.1 Retenue de garantie

L'acheteur est tenu au paiement des prestations exécutées, mais il peut, toutefois, prévoir une retenue de garantie d'un montant maximum égal à 5 % du montant global du marché, c'est-à-dire du montant du marché initial augmenté, le cas échéant, de celui de ses avenants.

Le montant de garantie a pour objet exclusif de couvrir le montant des réserves éventuellement émises à la réception des prestations ou durant le délai de garantie. Ce délai est celui dans lequel l'acheteur peut formuler des réserves sur les malfaçons non apparentes ou on identifiables au moment de la réception des prestations. Il est le délai de parfait achèvement d'un an, de six mois si le marché ne concerne que des travaux d'entretien ou des terrassements, ou le délai qui est prévu par le marché, le cas échéant.

La garantie couvre la réparation de tous les désordres ou défauts de conformité des prestations, en dehors de l'usure normale. Les dommages doivent être notifiés au constructeur ou à l'entrepreneur par lettre recommandée avec accusé de réception.

À RETENIR

La garantie n'est pas opposable au titulaire du marché si celui-ci est une personne publique.

Si la somme retenue n'est pas suffisante pour couvrir les malfaçons, le titulaire doit constituer une garantie à première demande.

À RETENIR

En cas de groupement d'entreprises (voir § 48.1 et suivants), la garantie est fournie dans les conditions suivantes :
- en cas de groupement solidaire, c'est le mandataire du groupement qui fournit la garantie ;
- en cas de groupement conjoint, chaque membre du groupement fournit une garantie à hauteur des prestations pour lesquelles il est engagé ;
- en cas de groupement conjoint avec mandataire solidaire, il peut être prévu que le mandataire fournisse la garantie.

La retenue de garantie peut être remplacée, à la demande du titulaire :
– par une garantie à première demande ;
– ou une caution personnelle et solidaire, sous réserve de l'accord du pouvoir adjudicateur.

La retenue de garantie est remboursée un mois au plus tard après la fin du délai de garantie. Tout retard dans ce remboursement donne lieu à l'application du régime des intérêts moratoires applicable aux retards de paiement (voir § 65.4).

68.2 Autres garanties

Le marché peut prévoir l'obligation, pour le titulaire du marché, de garantir l'exécution d'un engagement particulier. Le titulaire peut, par exemple, constituer une garantie à première demande ou une caution personnelle et solidaire.

La garantie à première demande est une garantie souscrite, par le titulaire du marché au profit de l'acheteur, auprès d'un établissement de crédit, le garant. Elle doit être exécutée par le garant dès lors que le bénéficiaire décide de l'appeler. Il s'agit d'un service bancaire payant.

Le garant ne s'engage pas à payer l'intégralité de la dette du titulaire du marché, c'est ce qui la distingue de la caution. Par ailleurs, toujours à la différence de la caution, le garant ne peut opposer aucune exception tirée du contrat de base pour s'exonérer de son obligation de paiement, sauf cas de fraude ou d'abus manifeste.

À RETENIR

La constitution d'une garantie à première demande par le titulaire est obligatoire lorsque lui est octroyée une avance supérieure à 30 % du montant du marché (voir § 63.3.2). L'acheteur a la faculté de la demander en deçà de ce seuil, le titulaire pouvant, dans ce cas, lui substituer une caution personnelle et solidaire.

La caution personnelle et solidaire est l'engagement solidaire du titulaire sur ses biens personnels.

Le tableau 68.1 résume les principaux changements concernant les garanties

Tab. 68.1 Concordance ancienne et nouvelle réglementation

Nouvelles références	Anciennes références	Objet et apports essentiels
Art. 61 O. 2015 – art. 122 à 124 D. 2016	Art. 114 à 117 CMP	Régime de la retenue de garantie.
Art. 61 O. 2015 – art. 125 et 126 D. 2016	Art. 104 et 105 CMP	Régime des autres garanties.
CMP : Code des marchés publics 2006 O. 2015 : Ordonnance n° 2015-899 relative aux marchés publics D. 2016 : Décret n° 2016-360 relatif aux marchés publics		

Financement des marchés publics 69

Références : *art. 127, 128, 129, 130 et 131 du décret n° 2016-360*

Les entreprises peuvent obtenir un paiement du marché sans même attendre la fin de l'exécution des prestations, en procédant à la cession de leur créance auprès de leur banque, ou en apportant cette créance en garantie d'un emprunt.

Il s'agit de permettre aux entreprises, spécialement aux PME, de protéger leur trésorerie et de mobiliser de nouvelles capacités financières en vue de répondre à de nouvelles commandes. C'est, donc, avant tout, un moyen de financement de l'économie et il doit être regardé comme tel par l'acheteur. Les établissements de crédits qui achètent ou nantissent les créances des titulaires des marchés publics sont des auxiliaires de l'acheteur et facilitent la bonne fin du marché. Leur rôle, en particulier, est particulièrement important, et d'utilité publique, en cas de retard de paiement.

69.1 La cession de créance

La cession de créances est un dispositif qui permet au titulaire d'un contrat public de céder à un établissement financier la créance qu'il détient sur la personne publique, de manière à pouvoir en percevoir le prix durant l'exécution même du contrat, avant la date du paiement. Il ne s'agit pas de la cession du marché, le cocontractant de l'administration est toujours lié par ses obligations contractuelles, mais d'une cession de la créance qu'il tire de ce marché.

L'établissement de crédit se substitue au titulaire dans les droits qu'il détenait auprès de l'acheteur.

69.1.1 Exemplaire unique et certificat de cessibilité

Le titulaire du marché public demande à l'acheteur de lui remettre un certificat de cessibilité ou, l'« exemplaire unique » du marché. L'exemplaire unique est d'une copie de l'original du marché revêtue d'une mention selon laquelle cette copie est délivrée en un unique exemplaire pour permettre au titulaire de céder ou de nantir sa créance. Le certificat de cessibilité est un document conforme à un modèle approuvé par arrêté ministériel et comportant les mentions nécessaires à la preuve de la créance.

APPLICATION

L'exemplaire unique peut être une copie du marché, ou, en général, une copie de l'acte d'engagement, revêtue de la mention requise. Pour le sous-traitant, il s'agit en pratique de la copie de l'acte spécial de sous-traitante, le formulaire DC4 pouvant être utilisé. Ce formulaire est téléchargeable à l'adresse suivante : http://www.economie.gouv.fr/daj/formulaires-marches-publics.

En cas de modification de la créance, par exemple lorsque l'acheteur verse un acompte au détenteur de l'exemplaire unique, celui-ci lui retourne le certificat de cessibilité ou l'exemplaire unique. L'acheteur complète, rectifie et signe à nouveau le document, avant de le restituer au titulaire.

Le titulaire d'un marché à tranches ou d'un marché à bons de commande peut demander un exemplaire unique ou un certificat de cessibilité par tranche ou par bon de commande.

Dans le cas des groupements conjoints, ce document est délivré à chacun des membres du groupement, pour un montant limité au montant des prestations qui leur sont confiées. Dans le cas des groupements solidaires, il n'est pas toujours possible de connaître à l'avance le montant des prestations auquel chacun des membres du groupement s'engage, chacun étant responsable, solidairement, pour la totalité de l'exécution du marché. Un document est délivré :
– au nom du groupement, à son mandataire, lorsque les prestations ne peuvent pas être individualisées ;
– à chacun des membres du groupement lorsque les prestations sont individualisées.

À RETENIR

Les établissements de crédit regardent généralement le risque pris dans le cadre d'une cession ou d'un nantissement de la créance d'un membre du groupement solidaire comme trop important. En pratique, le financement leur sera refusé. C'est l'une des raisons pour lesquelles les acheteurs ne doivent pas imposer la forme solidaire du groupement à la légère.

69.1.2 Modalités de la cession

Le titulaire du contrat remet à l'établissement de crédit le certificat de cessibilité ou l'« exemplaire unique » attestant de sa qualité de créancier et de l'étendue de sa créance.

Le créancier notifie ensuite le nantissement au comptable assignataire du marché qui lui règle directement, le moment venu et sur présentation de l'exemplaire unique, les sommes dues pour l'exécution du marché.

À RETENIR

Si le comptable verse le paiement au titulaire du marché ou au sous-traitant qui a cédé ou nanti sa créance sans tenir compte de la notification, il ne libère l'acheteur de sa dette et peut être contraint à réaliser un second paiement, engageant alors sa responsabilité personnelle et pécuniaire.

69.2 Le nantissement

Le nantissement est le contrat par lequel le titulaire d'un marché ou chaque sous-traitant admis au paiement direct remet à son créancier l'exemplaire unique du marché qui lui est délivré par l'acheteur, en garantie d'une dette.

Le créancier notifie ensuite le nantissement au comptable assignataire de la personne publique qui lui règle directement, sur présentation de l'exemplaire unique, les sommes dues pour l'exécution du marché.

À RETENIR

Le nantissement de créances, plus souple, est couramment utilisé par les sociétés d'affacturage pour garantir l'achat des factures émises par le titulaire. Elles notifient ensuite leur créance au comptable assignataire, qui ne peut se libérer de sa dette qu'en payant le montant dû au titulaire ou au sous-traitant du marché public entre les mains du factor.

Le tableau 69.1 résume les principaux changements concernant le financement des marchés publics.

Tab. 69.1 Concordance ancienne et nouvelle réglementation

Nouvelles références	Anciennes références	Objet et apports essentiels
Art. 127 à 131 D. 2016	Art. 106 à 110 CMP	Régime de la cession et du nantissement des créances.
CMP : Code des marchés publics 2006 D. 2016 : Décret n° 2016-360 relatif aux marchés publics		

70 Modification du marché ou de l'accord-cadre

***Références :** art. 65 de l'ordonnance n° 2015-899 – art. 139 et 140 du décret n° 2016-360*

Le régime de la modification du marché a été profondément bouleversé. Jusqu'ici, cette modification relevait de la liberté contractuelle, encadrée par le respect dû à l'objet du marché et au périmètre initial de la mise en concurrence. De sorte que le marché pouvait être modifié, notamment pour tenir compte de la survenance de contraintes techniques imprévues pendant son exécution, dans les autres cas dans la limite d'une modification substantielle prohibée. La modification de l'objet du marché était interdite.

70.1 Principes

Désormais, le marché ou l'accord-cadre peut être modifié, dans une double limite :
– les modifications ne peuvent changer la nature du contrat ;
– elles ne sont possibles que si les parties se trouvent dans l'un des cas d'ouverture décrits ci-dessous.

70.1.1 Notion de nature globale du contrat

Le régime de la modification des marchés ne fait plus référence à l'interdiction de toute modification de l'objet du marché ou de l'accord-cadre, mais à celle de la « nature globale du marché public », ce qui peut sembler différent.

L'objet du marché est mentionné en tant que tel dans le dossier de la consultation.

APPLICATION

Une commune utilise un avenant pour faire réaliser à l'entreprise cocontractante d'importants travaux de rénovation d'une école alors que le marché initial ne portait que sur des travaux de voirie et d'assainissement : l'objet du marché est modifié au point de modifier la nature globale de celui-ci, l'avenant est irrégulier.

La nature globale du marché public fait référence à la nature du marché pris dans son ensemble, par exemple :
– lorsque les travaux, fournitures ou services faisant l'objet du marché sont remplacés par une commande différente ;
– lorsque le type de marché est fondamentalement modifié, par exemple lorsque la modification a pour effet de transformer un marché de services en marché de fournitures, lorsqu'un accord-cadre à bons de commande fait place à des commandes fermes ou qu'un montant minimum est inséré dans le marché alors qu'il n'en était initialement pas prévu.

Une modification qui altère la nature globale d'un marché est donc une modification telle qu'il est possible présumer qu'elle serait de nature à influer éventuellement sur l'issue du marché.

La notion d'objet du marché recoupe donc celle de « nature globale du marché », mais elle est plus stricte. La notion de « nature globale du marché » implique la prise en compte du périmètre initial de la mise en concurrence. En d'autres termes, le respect de la nature globale du marché signifie que la modification ne peut avoir pour effet de remettre en cause ce périmètre et de fausser ainsi ultérieurement, en cours d'exécution du contrat, la validité de la mise en concurrence. De sorte que l'acheteur peut, de manière non substantielle, s'écarter de l'objet du marché : une modification de l'objet du marché pourrait être tolérée dans cette mesure, seule une modification « considérable » de l'objet du marché public étant regardée comme substantielle (voir ci-dessous).

Tel est le cas si la mise en concurrence s'adressait à certaines catégories d'entreprises, et que la modification aboutit à ce que le marché modifié puisse s'adresser à d'autres entreprises, dont les spécialités sont différentes. Pour changer la nature globale du marché, la modification en cause doit donc présenter un caractère suffisant pour affecter le périmètre de la mise en concurrence. Elle doit être substantielle, à défaut de quoi le périmètre de la mise en concurrence n'en serait pas affecté.

L'acheteur peut donc modifier l'objet du marché, s'il le fait de manière non substantielle.

APPLICATION

Un marché de travaux publics s'adresse à des candidats disposant de certaines capacités et de moyens techniques spécifiques. Ajouter des prestations s'adressant plutôt à des entreprises générales de bâtiment peut être regardé comme une modification de la nature globale du marché, les candidatures auraient été différentes si cette modification avait été connue lors de la mise en concurrence. Si cet ajout est marginal, en revanche, la nature globale du marché n'est pas changée.

70.1.2 Encadrement du principe de la liberté contractuelle

Le principe de la liberté contractuelle s'en trouve fortement encadré. Si le marché nécessitait une modification non couverte par le champ d'application du régime de la modification, l'acheteur pourrait être contraint de le résilier et de relancer une procédure de mise en concurrence sur le nouveau périmètre. La résiliation, dans ce cas, n'est toutefois pas automatique, elle relève du choix de l'acheteur, qui peut décider de continuer l'exécution, en renonçant à la modification.

Le marché peut être modifié uniquement dans six hypothèses. Ces cas d'ouverture, très précis, doivent être interprétés strictement et dans la limite de l'interdiction de modifier la nature globale du marché, mais ils sont assez larges pour ouvrir des possibilités jusqu'alors inconnues des acheteurs. Ces cas sont les suivants.

70.2 Modifications prévues par le contrat

La modification du contrat est possible lorsqu'elle est prévue par le contrat lui-même. Le contrat peut contenir, en effet, des clauses de réexamen, et donc de modifications potentielles, des conditions de son exécution. Une clause de révision de prix est un bon exemple, abondamment utilisé, de ce qu'est une clause de réexamen (voir § 9.1 et suivants). Une clause d'option, ou fixant les modalités de détermination d'un prix lorsque le marché est conclu à prix provisoire (voir § 9.1 et suivants), en constituent d'autres exemples.

70.2.1 Principe

Les clauses du cahier des charges initial, tel qu'il a été diffusé auprès des soumissionnaires lors de la procédure de passation du marché ou de l'accord-cadre, constituent, avec les paramètres de la procédure de mise en concurrence, le périmètre de la mise en concurrence. La clause de réexamen qui vient justifier la modification du marché était incluse, dès l'origine, dans ce périmètre. C'est pourquoi la modification est possible sans autres conditions que celles prévues par la clause elle-même et le respect de la nature globale du marché. En particulier, la valeur de la modification n'est pas plafonnée.

70.2.2 Régime

La modification est la mise en œuvre d'une clause de réexamen, qui doit être contenue dans le marché initial. Une clause de réexamen qui aboutirait à changer la nature globale du marché est, en elle-même, irrégulière.

À RETENIR

Il n'est pas possible d'insérer ou de modifier une telle clause de réexamen dans un marché en cours d'exécution. Cette règle est constante s'agissant, en particulier, des clauses de révision de prix, qui ne peuvent jamais être modifiées et constituent un élément substantiel de l'équilibre du contrat. Dans ces conditions, la question des clauses de réexamen doit être sérieusement réfléchie au stade de la définition des besoins (voir § 5.1 et suivants).

Conditions

La clause ne doit pas conduire à la mise en œuvre d'un pouvoir discrétionnaire des parties : elles sont liées par la clause, qui doit être :

– claire ;
– précise ;
– sans équivoque.

La clause doit fixer :
– le champ d'application des modifications ou des options envisageables ;
– la nature de ces modifications ou options ;
– les conditions dans lesquelles elle peut être actionnée.

APPLICATION

Il peut s'agir, par exemple, d'une clause prévoyant :
– le transfert du marché à une société dédiée à l'exécution du marché que le titulaire doit mettre en place en exécution de ses obligations contractuelles, la clause pouvant prévoir un délai, les modalités pratiques de ce transfert et le fait que le titulaire reste solidairement responsable avec sa société dédiée au titre de l'exécution du marché (cf. chapitre 73) ;
– la prise en compte, le cas échéant, de l'augmentation potentielle du prix d'approvisionnement d'un élément entrant de manière importante dans les coûts de production du marché et dont les prix sont soumis à de fortes et imprévisibles fluctuations. La clause peut prévoir un seuil de déclenchement, exprimée en pourcentage d'augmentation par rapport à un prix de référence fixé au marché, et les modalités de répartition de cette augmentation entre les parties ;
– une décision de poursuivre si le montant maximal du marché est atteint, dans la limite d'un plafond (voir § 70.2.3).

Modalités de mise en œuvre

La modification du contrat est ici fondée sur le contrat lui-même, dont elle constitue une simple application. Elle ne prend pas, dans ces conditions, la forme d'un avenant.

70.2.3 Décisions de poursuivre

Une décision de poursuivre permet, comme son nom l'indique, la poursuite de l'exécution des prestations lorsque le marché a expiré, dans le cas particulier dans lequel le montant des prestations exécutées atteint le montant prévu par le marché.

À la différence d'un avenant, la décision de poursuivre prise par l'acheteur est un acte unilatéral, pris pour l'exécution et, en application, du marché. La décision de poursuivre a pour seul objet de permettre la poursuite de l'exécution du contrat au-delà du montant initialement prévu par celui-ci et jusqu'à une limite qu'il lui revient d'imposer.

Les décisions de poursuivre relèvent entièrement de la liberté contractuelle et doivent être prévues par une clause du marché, à défaut de quoi elles ne peuvent être mises en œuvre. Cette clause doit répondre aux conditions de validité des clauses de réexamen. Elles ont, de ce fait, été incluses dans le périmètre de la mise en concurrence initiale, ce qui est conforme au régime de la modification des marchés.

À RETENIR

Le CCAG-Travaux prévoit de manière systématique la possibilité d'avoir recours à une décision de poursuivre. Dès lors que le marché de travaux renvoie à ce CCAG sans déroger à cette clause, l'acheteur peut recourir à une décision de poursuivre. Il est possible de prévoir l'usage de décisions de poursuivre dans les marchés de fournitures ou de services, mais il convient, alors, de le stipuler expressément au CCAP.

70.2.4 Cas du pouvoir de modification unilatérale de l'acheteur

Lorsque le marché public présente le caractère d'un contrat administratif, c'est-à-dire qu'il est passé par une personne publique, il confère à l'acheteur des prérogatives que ne peut posséder une personne privée dans le cadre de l'exécution d'un contrat.

À RETENIR

Cette question ne concerne pas les marchés publics de droit privé.

L'une de ces prérogatives consiste en la possibilité de modifier, unilatéralement, le contenu du marché et, donc, les obligations à la charge de son titulaire, sans que ce dernier puisse s'y opposer. L'acheteur ne peut y procéder que dans la stricte limite de la satisfaction d'un but d'intérêt général et, doit indemniser son cocontractant du préjudice que subit celui-ci du fait de cette décision.

En règle générale, ces prérogatives sont prévues et encadrées, dans le cahier des clauses administratives générales CCAG. Elles existent, toutefois, même dans le silence du marché.

La question de la compatibilité avec le régime de la modification des marchés publics se pose. Dès lors, toutefois, que le pouvoir de modification unilatérale du marché est inhérent au régime des contrats administratifs, il entre nécessairement dans la composition du périmètre de la mise en concurrence initiale. C'est une clause de réexamen le cas échéant non écrite, mais systématique.

Son contenu est précis et répond aux conditions du régime de modification du marché :
– les conditions de sa mise en œuvre résident dans la survenance d'une sujétion d'intérêt général, qui traduit le principe de l'adaptabilité du service public (condition de sa mise en œuvre) ;
– son champ d'application est fixé par le fait qu'elle doit être justifiée par cette sujétion
– la nature de la modification est fixée par le fait qu'elle est proportionnée à la satisfaction de la sujétion d'intérêt général ;
– sa mise en œuvre est unilatérale et procède d'une application des clauses, le cas échéant non écrites, du marché ;
– le titulaire ne peut s'opposer à cette modification ;
– le titulaire est indemnisé des conséquences pécuniaires de sa mise en œuvre, notamment lorsque la clause a pour effet de réduire le périmètre du marché.

Le pouvoir de modification unilatéral du marché pour motif d'intérêt général est soumis à deux limites :
– il ne peut aboutir à changer la nature globale du marché ;
– il ne peut avoir pour objet de contourner les règles de la mise en concurrence, il s'agirait d'un détournement de procédure.

APPLICATION

La mise en œuvre de la modification unilatérale du contrat ne comporte pas de risque lorsque la modification du marché augmente faiblement le montant du marché (voir § 70.7). Il est toutefois recommandé aux acheteurs d'insérer une clause de modification unilatérale expresse dans le CCAP, de manière à garantir la sécurité juridique de cette modification si l'augmentation devait être plus importante.

70.3 Prestations supplémentaires

La modification du marché est possible lorsque des travaux, fournitures ou services supplémentaires sont devenus nécessaires et ne figuraient pas dans le marché public initial.

Cette possibilité est soumise à conditions et à des modalités de mise en œuvre précises.

À RETENIR

Cette hypothèse répond au régime, supprimé pour les services et les travaux, du marché supplémentaire, qu'il était antérieurement possible de passer sous la forme d'un marché négocié sans publicité préalable et sans mise en concurrence. Cette possibilité, qui existe toujours pour les marchés de fournitures (voir § 24.1 et suivants) est désormais gérée pour les services et les travaux par la modification du marché.

70.3.1 Conditions

Les modifications destinées à la commande de travaux, services ou fournitures supplémentaires, ne sont possibles qu'à trois conditions. Ces conditions sont cumulatives et sont les suivantes :
– les travaux, fournitures ou services doivent être « devenus nécessaires », c'est-à-dire qu'ils ne l'étaient pas lors de la signature du marché, qui ne les prévoyait pas ;
– un changement de titulaire est impossible pour des raisons économiques ou techniques ;

À RETENIR

Ces raisons peuvent tenir à des exigences d'interchangeabilité ou d'interopérabilité avec les équipements, services ou installations existants achetés dans le cadre du marché public initial.

– un changement de titulaire présenterait un inconvénient majeur ou entraînerait une augmentation substantielle des coûts pour l'acheteur.

APPLICATION

Une augmentation de l'ordre de 2 à 3 % des coûts n'est pas regardée comme substantielle.

70.3.2 Modalités de mise en œuvre

La modification, qui n'est par hypothèse pas liée à la mise en œuvre d'une clause du marché, intervient par avenant.

Pour les pouvoirs adjudicateurs, la valeur de l'augmentation du montant du marché ne peut être supérieure à 50 % du montant du marché public initial. Cette limite s'applique au montant de chaque modification lorsque plusieurs modifications successives sont effectuées.

APPLICATION

Dans le cadre de l'exécution d'un marché de travaux, le titulaire du lot de gros œuvre et terrassement édifie une dalle trop haute d'une cinquantaine de centimètres. La mise à niveau de l'ouvrage jouxtant la dalle devient nécessaire et donne lieu à un avenant augmentant le montant du marché de 35 %. Un second avenant est rendu nécessaire par l'exigence d'une intervention en sous-œuvre destinée à conforter un ouvrage voisin au chantier dont la solidité a été affectée par les fouilles réalisées. La deuxième augmentation du montant du marché atteint 25 % du montant initial du marché. Les deux avenants sont possibles, malgré un montant cumulé atteignant 60 % du montant du marché, l'un et l'autre étant inférieurs au plafond de 50 %.

À RETENIR

Cette condition de montant plafonné par avenant n'est pas applicable aux entités adjudicatrices.

La modification ne doit pas avoir pour objet de contourner les obligations de publicité et de mise en concurrence.

70.3.3 Publicité

La mise en œuvre de cette faculté est soumise à une obligation de publicité, applicable à tous les acheteurs lorsque le marché initial a été passé selon une procédure formalisée. L'acheteur doit publier un avis de modification, conforme au modèle européen, au *Journal officiel* de l'Union européenne (voir § 38.2.4).

APPLICATION

L'avis est conforme aux modèles d'avis mis en ligne sur le site de l'office des publications de l'Union européenne, disponibles à l'adresse suivante : http://simap.ted.europa.eu/web/simap/standard-forms-for-public-procurement.

À RETENIR

Le principe de transparence, sans doute le plus efficient des trois principes généraux du droit de la commande publique (voir § 1.1 et suivants) participe à prévenir les abus qui pourraient être faits de cette faculté. Il induit un risque contentieux, et c'est bien l'objectif recherché, les autorités européennes ayant constaté des abus nombreux dans la mise en œuvre de la passation des avenants, qui jusqu'ici pouvait intervenir en toute discrétion.

70.4 Sujétions imprévues

Le marché peut être modifié lorsque cette modification est rendue nécessaire par des circonstances qu'un acheteur diligent ne pouvait pas prévoir.

Cette situation équivaut à la notion de « sujétion imprévue » (voir § 72.3), la difficulté tient en ce que la modification ne doit pas avoir pu être anticipée lors de la définition des besoins et ne pouvait être prévue à la date de la signature du marché. Il peut s'agir d'éléments imprévisibles impliquant :
– soit l'utilisation de techniques plus onéreuses ;
– soit des travaux supplémentaires indispensables de même nature que ceux initialement prévus.

La notion de sujétions imprévues doit être utilisée avec précaution et ses conditions doivent être strictement interprétées.

À RETENIR

Le texte ne conditionne pas sa mise en œuvre à une condition d'extériorité aux parties, jusqu'ici exigée pour justifier qu'un avenant puisse modifier le marché sans limitation de montant.

En particulier, le caractère imprévisible, très contraignant, suppose que l'acheteur, le titulaire et, le cas échéant, le maître d'œuvre ou les bureaux d'études intervenant en assistance à maîtrise d'ouvrage aient exécuté toutes les diligences nécessaires à la préparation du projet, dans les règles de l'art. Malgré ces précautions, le marché doit être modifié pour tenir compte de la survenance d'un incident qu'aucun d'eux ne pouvaient raisonnablement prévoir.

APPLICATION

Cette appréciation relève toujours du cas par cas.

À RETENIR

L'intervenant qui n'aurait pas réalisé ses diligences et négligé les règles de l'art engagerait sa responsabilité.

70.4.1 Modalités de mise en œuvre

La modification, imprévue à la date de la signature du marché, intervient par avenant.

Comme dans le cas précédent, pour les pouvoirs adjudicateurs, la valeur de l'augmentation du montant du marché ne peut être supérieure à 50 % du montant du marché public initial. Cette limite s'applique également au montant de chaque modification lorsque plusieurs modifications successives sont effectuées.

À RETENIR

Cette condition de montant plafonné par avenant n'est pas applicable aux entités adjudicatrices.

Elle ne doit pas avoir pour objet de contourner les obligations de publicité et de mise en concurrence.

70.4.2 Publicité

Comme pour l'hypothèse précédente, la mise en œuvre de cette faculté est soumise à une obligation de publicité, applicable à tous les acheteurs lorsque le marché initial a été passé selon une procédure formalisée. L'acheteur doit publier un avis de modification, conforme au modèle européen, au *Journal officiel* de l'Union européenne (voir § 38.2.4).

À RETENIR

L'avis est conforme aux modèles d'avis mis en ligne sur le site de l'office des publications de l'Union européenne, disponibles à l'adresse suivante : http://simap.ted.europa.eu/web/simap/standard-forms-for-public-procurement.

70.5 Changement de titulaire

Un avenant de transfert est autorisé lorsqu'un nouveau titulaire remplace le titulaire initial du marché public (pour des développements sur la mise en œuvre de cette hypothèse, voir § 73.1 et suivants). Cette modification est toutefois limitée aux deux cas suivants :
– la substitution de l'ancien titulaire par le nouveau était prévue par le marché, et constitue l'application d'une clause de réexamen ou d'une option. Ce cas de figure rejoint le premier cas d'ouverture (voir § 70.2) ;
– cette substitution est la conséquence d'une cession du marché public, à la suite d'une opération de restructuration du titulaire initial.

À RETENIR

Cette cession ne doit pas donner lieu à d'autres modifications substantielles, ni réalisée dans le but de contourner les règles de mise en concurrence. Le nouveau titulaire doit, en particulier, remplir les conditions qui avaient été fixées par l'acheteur pour la participation à la procédure de passation du marché public initial.

70.6 Modifications non substantielles

Les modifications du marché sans incidence sur la concurrence sont toujours autorisées, le principe applicable demeure la liberté contractuelle. Il est donc toujours possible de conclure un avenant ne modifiant pas substantiellement le marché.

Une modification est substantielle :
– lorsqu'elle change la nature globale du marché public ;
– lorsqu'elle affecte le périmètre de la mise en concurrence au point de changer le nombre ou la nature des candidats si la modification leur avait été connue.

En tout état de cause, une modification est substantielle lorsqu'elle :
– introduit des conditions qui, si elles avaient été incluses dans le périmètre de la mise en concurrence, auraient attiré ou permis l'admission à soumissionner d'autres candidats ou le choix d'une autre offre ;
– modifie l'équilibre économique du marché public en faveur du titulaire d'une manière qui n'était pas prévue dans le marché public initial ;
– modifie considérablement l'objet du marché public ;
– modifie l'étendue et le contenu des droits et obligations réciproques des parties, y compris l'attribution de droits de propriété intellectuelle ;
– ou a pour effet de remplacer le titulaire initial par un nouveau titulaire en dehors des hypothèses autorisées dans le cas précédent.

De telles modifications attestent l'intention des parties de renégocier les conditions essentielles du marché. Elles sont prohibées.

70.7 Modifications de faible montant

Les modifications de faible montant, qui n'affectent pas l'économie générale du marché et, par voie de conséquence, le périmètre de la mise en concurrence, sont autorisées, alors même qu'elle sortiraient de l'objet du marché.

À RETENIR

Cette hypothèse est proche du régime antérieur des avenants, qui autorisait ces derniers lorsqu'ils n'avaient pas pour effet de bouleverser l'économie générale du marché. Il était alors établi qu'une augmentation de la rémunération du titulaire du marché ne bouleversait pas l'économie générale du marché si elle n'atteignait pas 15 à 18 % de son montant initial.

70.7.1 Conditions

Pour satisfaire à cette exigence, l'augmentation du montant du marché n'atteint pas le double plafond suivant :
– les seuils de procédure européens ;
– 10 % du montant du marché initial pour les marchés publics de services et de fournitures ou 15 % de ce montant pour les marchés publics de travaux.

Si cette condition est satisfaite, peu importe que la modification puisse être substantielle. En principe, la nature globale du marché ne s'en trouve pas affectée.

70.7.2 Modalités de mise en œuvre

Pour le calcul du montant à comparer aux plafonds, l'acheteur tient compte de la mise en œuvre de la clause de variation des prix. Lorsque plusieurs modifications successives sont mises en œuvre, l'acheteur prend en compte leur montant cumulé : celui-ci ne doit pas atteindre les plafonds.

70.8 Récapitulation

Le tableau 70.1 récapitule les cas d'ouverture ouvrant droit à la modification des marchés publics.

Tab. 70.1. Récapitulatif des cas permettant la modification du marché public

Cas d'ouverture	Conditions	Modalités de la modification	Transparence
Modification prévue par le marché	Clause de réexamen	Mise en œuvre du contrat	Non
Prestations supplémentaires	Prestations devenues nécessaires et rendant un changement de titulaire impossible et présentant des inconvénients majeurs ou une augmentation substantielle des coûts. Pouvoirs adjudicateurs : limitation de chaque avenant à 50 % du montant initial du marché.	Avenant	Avis de modification au *JOUE*
Sujétions imprévues	Prestations rendues nécessaires par des circonstances imprévisibles. Pouvoirs adjudicateurs : limitation de chaque avenant à 50 % du montant initial du marché.	Avenant	Avis de modification au *JOUE*
Changement de titulaire	Clause de réexamen ou cession du marché conséquence d'une restructuration du titulaire.	Avenant	Non
Modification non substantielle	Modification sans incidence sur la concurrence.	Avenant	Non
Modification de faible montant	Montant cumulé des avenants n'atteignant pas les seuils de procédure européens et : – 10 % du montant du marché pour les marchés de fournitures et de services, – 15 % pour les marchés de travaux.	Avenant	Non

Le tableau 70.2 résume les principaux changements concernant les modifications du marché.

Tab. 70.2 Concordance ancienne et nouvelle réglementation

Nouvelles références	Anciennes références	Objet et apports essentiels
Art. 65 O. 2015 – art. 139 et 140 D. 2016	Art. 20 et 118 CMP	Régime nouveau de la modification du contrat
CMP : Code des marchés publics 2006 O. 2015 : Ordonnance n° 2015-899 relative aux marchés publics D. 2016 : Décret n° 2016-360 relatif aux marchés publics		

71 Avenants

Références : *art. 65 de l'ordonnance n° 2015-899 – art. 139 et 140 du décret n° 2016-360*

Les avenants sont l'une des modalités de modification du marché (voir § 70.1 et suivants).

Un avenant nécessite l'aval des deux parties. Il se définit comme un accord constatant la volonté commune des parties au marché de modifier une ou plusieurs des dispositions de ce marché. Il en résulte qu'aucune des parties n'est jamais contrainte de signer un avenant.

Dans le cadre du régime de la modification du marché, l'avenant est régi par le principe de la liberté contractuelle, mais n'est pas un acte autonome : il reste un élément à part entière du marché qu'il modifie et auquel il renvoie. Il constitue ainsi une pièce contractuelle, signée par les deux parties au contrat, en fonction de l'évolution de leurs besoins, postérieurement à la conclusion du marché et ayant strictement pour objet d'en modifier certaines clauses.

La conclusion d'un avenant implique donc que le marché modifié soit toujours en vigueur.

À RETENIR

L'utilisation des avenants aux fins de détourner les règles de mise en concurrence est constitutive du délit d'octroi d'avantages injustifié prévu et sanctionné par le code pénal.

71.1 Conditions de validité

71.1.1 Principe de la liberté contractuelle

Le principe applicable est celui de la liberté contractuelle, qui est un principe général du droit : toute dérogation doit être interprétée strictement.

À RETENIR

C'est également le cas du régime de la modification des marchés.

L'acheteur peut donc modifier par avenant les clauses du contrat, par exemple celles se rapportant au modalités d'exécution du marché ou aux délais d'exécution. Ils peuvent ainsi prévoir un dépassement du montant initial du marché, dès lors que leur objet est de permettre l'exécution de prestations identiques à celles initialement prévues.

71.1.2 Limites

L'avenant ne peut être conclu que dans le cadre des cas d'ouverture du régime de la modification du marché ou de l'accord-cadre.

Les avenants sont soumis à deux limites, à défaut de quoi ils viendraient remettre en cause le périmètre de la mise en concurrence initiale : un autre marché aurait dû être passé et, en conséquence, une procédure de publicité et de mise en concurrence aurait dû être engagée préalablement à la conclusion de ce qui s'analyse comme un nouveau contrat.

L'avenant ne doit, en effet, constituer qu'une modification du contrat initial en cours d'exécution. S'il en affecte la nature ou l'équilibre, il constitue un contrat nouveau, dont la passation est soumise aux règles de publicité et de mise en concurrence préalable applicables. L'avenant ne doit constituer qu'une modification du contrat initial en cours d'exécution. Un tel contrat nouveau passé sous forme d'avenant est donc illégal. S'il était nécessaire de modifier le marché en dehors des cas prévus, l'acheteur devrait résilier ce marché et relancer une procédure de mise en concurrence sur la base du nouveau périmètre.

La modification de l'économie du marché renvoie à l'idée d'équilibre du marché. L'économie du marché s'apprécie d'un point de vue :
– quantitatif (relèvement du prix excédant un certain seuil par rapport au prix initial) ;
– qualitatif (suppression de la clause stipulant expressément le caractère intangible du prix, prorogation des délais d'exécution, modification du régime de la propriété intellectuelle, etc.).

Le régime pose comme postulat que, dès lors que la modification du marché entre dans l'un de ses cas d'ouverture, l'économie du marché ne peut être bouleversée.

Ces deux limites tiennent en deux interdictions (voir § 70.1 et § 70.2) :
– interdiction de changer la nature globale du contrat ;
– interdiction de conclure un avenant en dehors de l'un des cas d'ouverture du régime de la modification du marché ou de l'accord-cadre.

71.2 Procédure

La conclusion d'un avenant suppose un certain nombre de contraintes, dont certaines sont propres à certaines catégories d'acheteurs, à commencer, pour les services de l'État, au recueil de l'avis ou du visa du contrôleur budgétaire et comptable ministériel.

APPLICATION

L'acheteur peut, pour formaliser l'avenant, utiliser un formulaire EXE10, « Avenant », disponible à l'adresse suivante : http://www.economie.gouv.fr/daj/formulaires-marches-publics.

71.2.1 Existence préalable des crédits

La passation d'un avenant ayant pour effet une augmentation des charges de la collectivité implique que cette dernière s'assure de l'existence préalable des crédits. Le respect de cette règle conditionne le paiement des sommes en cause par le comptable.

71.2.2 Cas de l'augmentation de plus de 5 % du montant global du marché

Les avenants modifiant les marchés passés par une collectivité territoriale ou un établissement public local sont soumis, dès lors qu'ils ont pour effet d'augmenter de plus de 5 % du montant global du marché, à une procédure particulière :
– le projet d'avenant doit être soumis pour avis à la commission d'appel d'offres ;
– cet avis, qui ne lie pas l'autorité compétente pour décider de la passation de l'avenant, est transmis à l'assemblée délibérante qui se prononce sur le projet.

Le respect de cette procédure conditionne la légalité des avenants concernés. Il s'impose lorsque l'avenant modifie un marché ou un accord-cadre soumis à la compétence de la commission d'appel d'offres.

À RETENIR

La commission d'appel d'offres est compétente lorsque le montant estimé du contrat atteint les seuils de procédure européens.

71.2.3 Signature

L'avenant doit être écrit si le marché initial devait l'être et, signé par les deux parties.

71.2.4 Transmission au représentant de l'État

L'avenant modifiant un marché local doit faire l'objet d'une transmission au représentant de l'État dans le cadre du contrôle de légalité. Cette formalité conditionne son entrée en vigueur.

71.3 Régime

La validité d'un avenant est liée à celle du contrat modifié : si ce dernier est annulé, sa nullité prive ses avenants de base légale. Un avenant ne peut être passé que pour l'avenir : il doit être notifié avant tout commencement d'exécution et ne peut jamais avoir d'effet rétroactif.

71.3.1 Avenants de régularisation

Ils sont conclus pour permettre le paiement par le comptable de prestations déjà exécutées et non prévues au contrat initial. Ils sont rétroactifs et, donc, illégaux.

71.3.2 Avenants entraînant un dépassement de seuil

L'avenant peut, sans modifier l'objet du marché ni en bouleverser l'économie, avoir pour effet de provoquer le dépassement d'un seuil de mise en concurrence. Cette situation n'affecte pas sa régularité à la condition qu'il ait pour objet et pour seul effet la poursuite des prestations initialement prévues au contrat.

71.3.3 Avenants successifs

Lorsqu'un contrat est modifié à plusieurs reprises par une succession d'avenants, leur légalité s'apprécie :
– avenant par avenant lorsqu'ils ont pour objet la commande de prestations supplémentaires ou rendues nécessaires par des circonstances imprévisibles ;
– en tenant compte de l'ensemble des modifications lorsqu'ils sont justifiés par leur faible montant.

Le tableau 71.1 résume les principaux changements concernant les modifications du marché

Tab. 71.1 Concordance ancienne et nouvelle réglementation

Nouvelles références	Anciennes références	Objet et apports essentiels
Art. 65 O. 2015 – art. 139 et 140 D. 2016	Art. 20 et 118 CMP	Régime nouveau de la modification du contrat.
CMP : Code des marchés publics 2006 O. 2015 : Ordonnance n° 2015-899 relative aux marchés publics D. 2016 : Décret n° 2016-360 relatif aux marchés publics		

72 Protection financière du titulaire du marché

Références :

72.1 Évolution du prix en raison de causes extérieures au marché

Le principe d'intangibilité du prix initial s'impose aux parties. Celles-ci ne peuvent, hors les hypothèses contractuelles d'évolution des prix, en obtenir la modification à quelque raison que ce soit. Ce principe conditionne le respect du périmètre de la mise en concurrence initiale.

La règle de l'intangibilité du prix trouve cinq exceptions. :
– lorsque la modification de prix est rendue nécessaire par l'exécution même du marché, cette hypothèse recouvrant le cas de la disparition d'un index ou d'un indice utilisé dans les clauses contractuelles de variation du prix, ou en cas de disparition ou d'obsolescence d'un produit ou d'un service ;
– en cas de prestations supplémentaires (voir § 70.3) ;
– dans le cas d'une décision de poursuivre, le marché devant prévoir la possibilité d'y recourir (voir § 70.2.3) ;
– dans le cas de sujétions techniques imprévues (voir § 70.4) ;
– en cas de survenance d'évènements ayant un impact substantiel sur l'équilibre financier du marché, au point d'en bouleverser l'économie (voir ci-dessous).

Les parties peuvent être confrontées, au cours de l'exécution, à la survenance d'événements imprévisibles au moment de la passation et de nature à affecter l'équilibre financier du contrat de manière durable et parfois définitive :
– augmentation substantielle des coûts du titulaire ;
– retards importants dans l'exécution ;
– exécution rendue temporairement ou définitivement impossible…

À la différence des marchés de droit privé, les marchés publics passés par une personne publique sont des contrats administratifs et sont soumis à un régime de droit public qui prive le titulaire de moyens de rétablir la situation :
le titulaire du marché ne peut en interrompre l'exécution ;
– il ne peut prendre des mesures de rétorsion envers l'administration.

C'est la raison pour laquelle il bénéficie d'un droit à l'équilibre financier du contrat.

C'est pour protéger cet équilibre financier, mais aussi pour assurer, lorsque cela est possible, la continuité du service public que des mécanismes protecteurs peuvent intervenir. Ils permettent au titulaire du marché d'engager la responsabilité de l'acheteur en l'absence de toute faute de sa part et d'obtenir de lui l'indemnisation de son préjudice. La mise en œuvre de ces mécanismes peut toujours avoir lieu, même s'ils ne sont pas prévus dans les clauses du marché.

72.2 Aléas administratifs : le « fait du Prince »

72.2.1 Notion

Les interventions normatives de la collectivité publique contractante, qui intervient, alors, en qualité de puissance publique, peuvent affecter les conditions de l'exécution du contrat :
– elle peut en aggraver les charges ;
– elle peut en diminuer les ressources.

72.2.2 Conditions

Condition tenant à l'auteur de la mesure

Le fait générateur du préjudice doit être celui de l'acheteur public, agissant en une autre qualité que celle de partie au contrat.

L'intervention de la personne publique en qualité de partie au contrat n'est pas un cas d'ouverture de la théorie du fait du Prince, elle relève du pouvoir de modification unilatérale des clauses du contrat. Cette prérogative, qui est une prérogative de puissance publique, est détenue, même dans le silence du contrat, par la personne publique et engage, le cas échéant, sa responsabilité contractuelle.

APPLICATION

La réalisation d'une clause suspensive à un contrat de vente ne constitue pas un cas d'application de la théorie du fait du Prince. Il en va de même de la modification des conditions d'accès au service de transport urbain de voyageurs ou de restauration collective exploité dans le cadre d'un marché public. À l'inverse, l'instauration d'un couvre-feu pour les mineurs, dans certains quartiers d'une commune, peut avoir des répercussions dans la fréquentation de certains services publics : elle n'est pas décidée par le maire en sa qualité de partie au contrat, mais en celle d'autorité de police. L'indemnisation sur le fondement de la théorie du fait du Prince devient possible.

Dans le cas où la mesure a été prise par une autorité extérieure au marché, elle ne pourra donner lieu à l'application du fait du Prince. Le titulaire du marché son titulaire pourrait tourner son action en responsabilité contre cette autorité sur le terrain de la responsabilité de la puissance publique, mais une telle action est vaine en l'absence de faute. Il peut également se tourner vers l'autorité contractante sur le terrain de l'imprévision si les conditions de mise en œuvre de ce mécanisme sont remplies (voir § 72.4).

Conditions tenant à la mesure

La mesure en cause doit :
– être légale et régulière. À défaut, le droit à indemnité relèvera de la responsabilité contractuelle, pour faute ;
– avoir été imprévisible au moment de la signature du contrat ;
– toucher soit aux stipulations mêmes du contrat, soit en affecter une donnée ayant joué un rôle déterminant au moment de sa signature ;
– le surcoût constaté bouleverse l'économie du marché.

APPLICATION

La modification du schéma de circulation d'une commune, mise en œuvre par le maire au moyen de ses pouvoirs de police, peut affecter les conditions d'exécution et d'un marché de transports urbains. L'interdiction de la mise en place d'une grue en période électorale peut, également, surenchérir le coût du marché ou en retarder l'exécution.

Les marchés publics relèvent du risque attaché aux aléas des affaires : le titulaire doit accepter de supporter ce risque économique, inhérent à tout contrat d'affaire. En particulier, nul n'a droit à l'intangibilité de la réglementation. Dès lors, si le surcoût ne bouleverse pas l'économie du marché, il ne donne lieu à aucune indemnisation, quel qu'en soit le montant. Le bouleversement de l'économie du marché implique un surcoût d'une certaine importance au regard du montant initial du marché et qui soit la conséquence directe de la décision prise.

APPLICATION

Un surcoût établi à 3 % du montant initial du marché ne suffit pas à justifier pas la mise en œuvre de la théorie du fait du Prince.

72.2.3 Effets

Le fait du Prince donne lieu à l'indemnisation intégrale du préjudice subi par le titulaire du marché dès lors que la décision affecte les modalités substantielles de son exécution :
– perte financière ;
– manque à gagner.

APPLICATION

Ainsi, ne constitue pas un fait du Prince l'augmentation de la taxe professionnelle, dès lors que le règlement de la consultation ne comportait aucune indication sur le régime fiscal.

Lorsqu'il rend l'exécution impossible, il constitue un fait justifiant que le titulaire du marché en cesse l'exécution et, lui ouvre droit d'en demander la résiliation.

72.3 Aléas techniques : les sujétions imprévues

72.3.1 Notion

Les sujétions imprévues sont des difficultés techniques apparues au cours de l'exécution du marché et ayant pour effet de la rendre plus difficile ou plus onéreuse. Elles impliquent, par exemple, des travaux supplémentaires, indispensables et de même nature que ceux initialement prévus au contrat.

72.3.2 Conditions

Les sujétions imprévues sont :
– exceptionnelles ;
– imprévisibles au moment de la conclusion du contrat ;
– extérieures aux parties contractantes.

Elles se distinguent ainsi des travaux effectués sans ordre de service régulier.

Elles ne présentent pas de caractère irrésistible et ne relèvent pas de la force majeure.

Elles s'appliquent aux marchés à forfait, mais il faut alors que les difficultés rencontrées aient pour effet de bouleverser l'économie du contrat.

APPLICATION

Constituent des sujétions imprévues :
– la composition du sous-sol rendant plus difficile l'édification des fondations d'un pont ;
– l'instabilité du sol nécessitant des fondations trois fois plus profondes ;
– la dureté imprévue de la roche lors de travaux de déroctage d'un port ;
– des pluies anormalement abondantes en région parisienne pour des travaux de terrassement.
Ne constituent pas des sujétions imprévues :
– l'état du sous-sol lorsque, compte tenu des stipulations du marché, l'entrepreneur était censé le connaître malgré les imprécisions du devis descriptif ;
– un hiver qui, pour être particulièrement humide, ne présente pas un caractère exceptionnel.

Le titulaire du marché ne sera pas indemnisé à raison des sujétions qui n'étaient pas imprévisibles, par exemple lorsqu'un rapport géologique fourni par l'administration contenait des informations parcellaires.

72.3.3 Effets

Le cocontractant a droit à l'indemnisation intégrale du surcoût que constitue pour lui la survenance des sujétions imprévues.

Elles peuvent aussi donner lieu à des prorogations des délais d'exécution, se répercutant sur l'effet des clauses de variation des prix et sur les pénalités de retard.

Les sujétions techniques imprévues peuvent donner lieu à une demande indemnitaire, elles peuvent aussi justifier la conclusion d'un avenant, dans la limite du régime de la modification du marché (cf. chapitres 70 et 71).

72.4 Aléas économiques : l'imprévision

72.4.1 Notion

L'imprévision répare les événements :
– extérieurs aux parties contractantes ;
– imprévisibles au moment de la conclusion du contrat ;
– qui, sans en rendre l'exécution impossible, en compromettent l'économie générale.

Elle vise à pallier les effets d'une conjoncture défavorable sur l'équilibre financier du marché pour assurer la continuité du service public : le cocontractant ne peut cesser l'exécution du marché. De ce fait, la théorie de l'imprévision ne peut utilement être invoquée à l'appui d'un recours dirigé contre une décision de résiliation d'un contrat.

En pratique, le jeu des clauses de révision du prix et la durée, généralement courte, de l'exécution des marchés publics, font qu'elle est rarement invoquée.

L'événement peut provenir d'une mesure légale ou réglementaire émanant d'une autorité autre que l'acheteur. Il doit toutefois être imprévisible à la date à laquelle l'entreprise est engagée par son offre, l'empêchant de le répercuter dans son prix. Pour se prévaloir de l'imprévision, l'entreprise doit en toute logique avoir été engagée par son offre avant que le contenu de projet de loi ait été porté à la connaissance du public.

APPLICATION

Il peut s'agir de l'impossibilité pour une commune de relever les tarifs d'un marché de fourniture d'énergie à la suite d'une réglementation sur les prix imposés par l'État.

En règle générale, l'événement donnant lieu à application de la théorie de l'imprévision est de nature économique. Une augmentation brutale des charges salariales peut ainsi justifier sa mise en œuvre.

APPLICATION

La circulaire interministérielle du 20 novembre 1974 relative à l'indemnisation des titulaires de marchés publics en cas d'accroissement imprévisible de leurs charges économiques, en vigueur, prévoit ainsi que les salaires, appointements et charges qui s'y rapportent peuvent faire partie des éléments de surcharge à prendre en compte dans la mesure, toutefois, où leur accroissement s'avère d'une ampleur telle qu'il ait pu raisonnablement échapper aux prévisions des candidats.

L'imprévision ne profite qu'au titulaire du marché, l'acheteur ne peut l'invoquer à son profit.

72.4.2 Conditions

La situation d'imprévision nécessite la réunion de quatre conditions :

– l'incidence sur le contrat doit être substantielle : il doit y avoir bouleversement de l'économie du contrat, le titulaire du marché devant supporter une charge « extra-contractuelle » ;

À RETENIR

L'incidence de l'événement sur l'exécution du marché doit être appréciée au cas par cas, mais il est traditionnellement considéré qu'elle devient substantielle lorsqu'elle s'élève à, environ, 1/15e du montant du marché.

– le titulaire du contrat doit subir un déficit, le préjudice devant être spécial ;

– les circonstances doivent être extérieures aux parties, c'est-à-dire indépendante de leur volonté ;

– les circonstances doivent avoir été imprévisibles au moment de la conclusion du contrat.

L'imprévision ne peut être invoquée lorsque le marché prévoit d'autres des moyens d'éviter le bouleversement du marché, tels qu'une clause de résiliation, la possibilité de s'opposer à un avenant ou, des mesures techniques.

APPLICATION

Ont donné lieu à l'application de l'imprévision :
– le bouleversement imputable à des décisions prises par l'État en matière de prix d'une concession passée par le département ;
– une grève générale ;
– une forte augmentation des salaires et d'autres charges imprévisibles au moment de la signature du marché ;
– les conséquences des difficultés d'approvisionnement et de l'augmentation du prix de l'acier dans les marchés de travaux, en 2004.
N'ont pas constitué un cas d'ouverture de l'imprévision :
– des pluies exceptionnelles ayant contrarié l'exécution d'un marché de travaux et renchérit les coûts de production : compte tenu de l'importance du marché à forfait, l'économie du contrat n'a pas été bouleversée ;
– 157 jours de pluie enregistrés pendant les trois années qu'a duré le chantier, l'événement n'ayant rien d'exceptionnel ni d'imprévisible pour la Martinique ;
– la faible fréquentation d'un parc de stationnement souterrain prétendument imputé à l'insuffisance des mesures de police destinées à réprimer le stationnement irrégulier et à la mise en place de parcmètres à proximité immédiate du parc, en raison de l'absence d'imprévisibilité ;
– l'incidence d'une dépréciation monétaire ;
– des dépenses supplémentaires dues à des grèves importantes, à la baisse du rendement de la main-d'œuvre et à l'introduction d'un nouveau procédé de fabrication ;
– hausse des prix dus aux événements sociaux de mai-juin 1968, en l'absence de bouleversement de l'économie des marchés en cause ;
– des difficultés de recrutement et des hausses de salaires.

Le législateur anticipe parfois les conséquences de ces augmentations de coûts. Il a ainsi, en 2006, introduit le principe de la révision de plein droit du prix des transports en fonction de la variation des charges liées à l'augmentation du prix des carburants entre la date de la conclusion du contrat et celle de l'exécution de la prestation de transport.

72.4.3 Effets

Contrairement aux autres principes, l'imprévision n'ouvre pas droit à l'indemnisation intégrale du titulaire du contrat.

Cette indemnisation se calcule de la manière suivante :
– identifier la date à laquelle l'événement nouveau invoqué par le titulaire du contrat a entraîné un bouleversement de l'équilibre de celui-ci ;
– calculer le montant du déficit causé par cet événement ;

– évaluer le montant de l'indemnité en laissant une proportion d'environ 5 à 10 % à la charge du titulaire, calculée à partir de la situation financière de l'entreprise, des bénéfices déjà réalisés, du caractère plus ou moins précaire de l'exploitation.

À RETENIR

Cette proportion restant à la charge du cocontractant de l'administration est censée constituer l'aléa des affaires, la part de risque économique habituellement supporté par une entreprise.

La théorie de l'imprévision a vocation à ne s'appliquer que pour une période limitée dans le temps. Si la situation de déséquilibre financier se pérennise, la situation d'imprévision cesse de produire ses effets. Il revient à l'une des parties de demander au juge la résiliation du contrat.

72.5 Aléas exceptionnels et irrésistibles : la force majeure

72.5.1 Notion

La force majeure consiste en une circonstance particulièrement grave qui rend très difficile, voire impossible la poursuite de l'exécution du contrat et, en bouleverse l'économie.

72.5.2 Conditions

La force majeure présente quatre caractéristiques :
– elle est imprévisible au moment de la signature du contrat ;
– elle est extérieure aux relations contractuelles, totalement étrangères aux deux parties ;
– elle est exceptionnelle, ce qui explique d'ailleurs son imprévisibilité ;
– elle est irrésistible, rendant difficile, voire impossible, l'exécution du contrat. Elle se distingue ainsi des sujétions imprévues.

Le contrat peut prévoir une procédure que doit suivre le cocontractant de l'administration pour obtenir l'indemnisation du préjudice causé. Les CCAG comportent de telles clauses.

APPLICATION

Ont été regardés comme constituant des cas de force majeure :
– les stipulations d'une charte-partie d'affrètements de navires concernant la reconstitution de la flotte indochinoise n'ayant pu être exécutées en juillet 1954 ;
– la rupture d'approvisionnement en cartes mères produites dans une région de Thaïlande concentrant 90 % de la production mondiale et frappée lors de la mousson par des inondations inhabituelles en 2011.
Ne constitue pas un cas de force majeure :
– la crue d'un cours d'eau compte tenu des conditions météorologiques propres à la région ;
– le fait, pour une entreprise, de détériorer des canalisations souterraines à l'occasion de travaux de terrassement, alors même qu'elle en ignorait la présence ;
– le fait, pour l'entrepreneur, de ne pouvoir se procurer le matériel nécessaire en temps utile ;
– ni la nature du terrain, ni la survenance de plusieurs orages violents pendant l'exécution des travaux ;
– une tempête ;
– la nature du sous-sol, en l'absence d'imprévisibilité et d'irrésistibilité ;
– l'annulation d'un spectacle en raison de l'état de fatigue du chanteur, dans le cadre d'une importante tournée, en raison de l'absence d'imprévisibilité.

72.5.3 Effets

Le titulaire du marché peut demander l'indemnisation intégrale du préjudice subi ou la résiliation du contrat, ce que peut aussi demander la collectivité contractante.

L'indemnité est calculée en tenant compte des stipulations contractuelles et de toutes les circonstances de l'affaire. Le contrat peut prévoir des prorogations de délai d'exécution, au cas où la force majeure ne rend pas celle-ci totalement impossible.

APPLICATION

L'augmentation du prix du pétrole ne constitue pas un cas de force majeure, même lorsque la hausse a lieu durant le premier choc pétrolier : pour imprévisible qu'elle ait été, elle ne plaçait pas le titulaire du marché dans l'impossibilité d'exécuter les prestations.

Elle n'ouvre pas non plus droit à indemnisation sur le fondement du fait du Prince, cette hausse est indépendante du fait de l'administration partie au contrat.

Si l'application de la théorie de l'imprévision était possible en 1972, elle ne l'est plus aujourd'hui : si la hausse des matières premières, et notamment des produits pétroliers, entraîne un bouleversement dans l'économie du contrat, elle peut ouvrir droit à une indemnité d'imprévision, mais encore faut-il qu'elle présente un caractère d'imprévisibilité. Tel n'est plus le cas aujourd'hui.

La prise en charge des effets de la hausse du prix de l'énergie sur le marché ne peut être prise en compte que par le marché lui-même, au moyen d'une clause d'actualisation ou, selon le cas, de révision du prix (voir § 9.1 et suivants).

Cession du marché 73

Références : art. 139 du décret n° 2016-360

Un marché public constitue un actif pour son titulaire. Le principe de la liberté du commerce et de l'industrie implique qu'il puisse, le cas échéant, le céder.

L'acheteur, toutefois, choisi ses cocontractants aux termes d'une procédure au cours de laquelle il exerce ce choix en raison, notamment, de considération tenant à la qualité de l'opérateur économique avec lequel il envisage de contracter. C'est le cas de la phase d'examen des candidatures, au cours de laquelle il s'assure de la recevabilité de la candidature (voir § 43.1 et suivants) et des capacités des candidats (voir § 44.1 et suivants).

L'importance de la qualité de la personne du titulaire du marché pour l'acheteur justifie que la cession des marchés publics soit soumise à un accord préalable de ce dernier. Elle est aujourd'hui limitée dans son champ d'application.

À RETENIR

La cession du marché se distingue de la cession de créance. Dans le premier cas, c'est le marché qui est cédé. Dans le second, la cession porte seulement sur la créance, le titulaire du marché restant le cocontractant du pouvoir adjudicateur et, redevable de l'exécution des prestations. La créance est cédée à un établissement de crédit et l'opération constitue, pour le titulaire, un moyen de financement, lui permettant, par exemple, d'investir dans des moyens de production pour exécuter d'autres marchés (voir § 73.1 et suivants).

73.1 Notion de cession du marché

La cession du marché suppose sa transmission à un tiers, c'est-à-dire à une autre personne morale, distincte de celle du titulaire initial.

La cession du marché est limitée par le régime de la modification des marchés publics dont elle constitue l'un des cas d'ouverture (voir § 70.5), aux situations suivantes :

– elle est prévue par une clause du marché, insérée, par exemple par l'offre technique de l'attributaire ou, lors de la mise au point du marché, lorsque l'attributaire exprimait son intention de mettre en place une société dédiée à son exécution (voir § 51.1 et suivants) ;

– elle est le fruit d'une opération de restructuration du titulaire initial :

Ainsi, la cession est, notamment, réalisée en cas :

– de la réalisation d'opérations de scission, de fusion ou d'autres opérations de restructurations, dès lors que ces opérations ont pour effet la création de sociétés nouvelles ;

– de transmissions de patrimoines ou de cessions d'actifs dans le cadre d'une restructuration ou du traitement d'une insolvabilité, ayant pour effet de transférer le marché à une autre société ;

– de la transmission du contrat d'une société filiale à sa maison mère.

Il n'y a pas de cession du marché, car il n'y a pas de nouvelle personne juridique, en cas :
– de prise de contrôle de la société titulaire du marché ;
– de transformation régulière de la société, titulaire du marché, en une société d'une autre forme ;
– de prorogation ou de toute autre modification statutaire de la société titulaire du marché ;
– de changement d'actionnariat de la société titulaire du marché, alors même que ce changement dans l'actionnariat serait réalisé dans une proportion très substantielle.

À RETENIR

Les conséquences d'une modification substantielle de l'actionnariat d'une société peuvent, alors même que la personnalité morale de l'entreprise serait inchangée, se révéler plus profondes qu'une simple opération de restructuration ayant pour effet un changement de personne morale. Il ne s'agit pas, pour autant, d'une cession.

La cession du marché n'est, notamment, plus autorisée en cas :
– de simple transfert du marché, par son titulaire, le cédant, à un autre opérateur économique, le cessionnaire ;
– de transfert du marché aux ayants droit du titulaire du contrat en cas de décès ou de dissolution de celui-ci : il s'agit ici d'une cause de résiliation du marché.

Dans ces hypothèses, la modification du marché n'est pas possible, elle est toujours regardée comme substantielle et affectant le périmètre de la mise en concurrence initiale (voir § 70.5). L'acheteur doit se résoudre à résilier le marché et à relancer une procédure.

La cession du marché n'est pas conditionnée à la mise en œuvre d'une nouvelle mise en concurrence, celle-ci est inutile puisqu'elle a déjà eu lieu : le cessionnaire s'engage à respecter le cahier des charges du marché aux mêmes conditions que le cédant.

En revanche, la cession du marché ne doit jamais constituer un détournement de la procédure de mise en concurrence, commis par exemple avec la complicité du cédant et du cessionnaire. Une telle opération constituerait un détournement de procédure, constitutive, le cas échéant, d'un délit d'octroi d'avantages injustifiés.

73.2 Conditions de la cession du marché

73.2.1 Accord préalable de l'acheteur

L'acheteur doit autoriser la cession avant que celle-ci n'intervienne. Cette autorisation préalable peut être tacite.

À RETENIR

L'accord du pouvoir adjudicateur est tacite lorsqu'il se déduit de son comportement, par exemple lorsque l'acheteur paye les factures du cessionnaire. Un accord tacite est valable, à la condition que la cession ne bouleverse pas l'économie du marché.

Expression de l'accord de l'acheteur

Le principe de la liberté du commerce et de l'industrie, comme celui de la liberté contractuelle, demeure applicable, même si elle désormais est encadrée par les textes. Dès lors que la cession est autorisée par les textes, elle constitue un droit pour le cédant comme pour le cessionnaire. Dans ces conditions, l'autorisation délivrée par l'acheteur ne relève pas d'un pouvoir discrétionnaire : son appréciation est encadrée et son droit de s'opposer à la cession, strictement limité à deux séries de motifs.

Le nouveau titulaire doit remplir les conditions fixées par l'acheteur pour la participation à la procédure de passation du marché initial. L'acheteur peut donc s'opposer à la cession s'il estime que cette cession remet en cause ces conditions, notamment les éléments essentiels relatifs au choix du titulaire initial :
– lorsque la cession remet en cause l'appréciation des capacités du titulaire à assurer l'exécution du marché (voir § 44.1 et suivants) ;
– lorsque l'acquéreur du marché, le cessionnaire, est frappé par une interdiction de soumissionner (voir § 43.1 et suivants).

L'acheteur doit également s'opposer à la cession lorsqu'elle a pour effet de remettre en cause le périmètre initial de la mise en concurrence en affectant les éléments essentiels du marché, notamment en tant qu'elle aboutit à une modification substantielle de son économie (sur cette notion, cf. chapitre 70). Les modifications substantielles du marché sont interdites.

APPLICATION

Les éléments essentiels du marché peuvent en être la durée, le prix, le volume ou la nature des prestations.

Sanction du défaut d'accord préalable

Il n'y a pas de cession. Si le titulaire du marché qui cède ce dernier sans y avoir été autorisé au préalable engage sa responsabilité contractuelle envers l'acheteur et s'expose à la résiliation du marché. L'attribution du marché suivant, dans cette hypothèse, fait l'objet d'une procédure de mise en concurrence.

L'acheteur peut, également, exiger du cessionnaire l'exécution des prestations conformément au cahier des charges initial.

Refus illégal de la cession et résiliation illégale du marché

L'acheteur qui oppose au titulaire du marché un refus illégal, par exemple fondé sur un autre motif que ceux au nombre desquels il peut refuser la cession, engage sa responsabilité vis-à-vis de son cocontractant.

Il en est de même dans l'hypothèse dans laquelle l'acheteur procède à la résiliation irrégulière du marché sans pouvoir se prévaloir d'un motif de s'opposer à la cession du marché.

73.2.2 Matérialisation de l'accord par la modification du marché

La cession du marché donne lieu à la modification du contrat par avenant, l'avenant de transfert. Celui-ci présente un caractère purement technique. Il prévoit en particulier l'identification du nouveau titulaire, les interlocuteurs de l'acheteur, ses nouvelles références bancaires et les modifications, nécessairement non substantielles, qui le cas échéant, accompagnent la cession.

APPLICATION

Il peut s'agir de l'ajustement de l'organisation dédiée à l'exécution du marché, dans la mesure où ces modalités d'organisation ne faisaient pas l'objet d'un critère d'attribution. L'acheteur doit être vigilant, en particulier en cas de dégradation de ces modalités d'organisation, le nouveau titulaire pouvant être tenté de minimiser ses coûts de production.

73.3 Effets de la cession du marché

La cession du marché suppose la reprise pure et simple, par le cessionnaire qui constitue son nouveau titulaire, de l'ensemble des droits et obligations résultant du précédent marché. Il résulte de ce principe que le transfert du marché ne donne lieu à aucune autre modification substantielle du marché.

À RETENIR

Il est donc possible de modifier le marché pour l'adapter au nouveau titulaire, à la condition que ces modifications ne soient pas substantielles (voir § 70.5).

Le cessionnaire se substitue à l'ancien titulaire dans ses droits, mais aussi dans ses obligations, tenant, par exemple, à l'obligation d'exécution personnelle des prestations, l'exécution conforme au cahier des charges, le respect des délais d'exécution. Il est soumis aux mêmes sanctions contractuelles, tant pécuniaires, par l'application des pénalités contractuelles que résolutoires, telles que la résiliation du marché. Tous ces éléments présentent un caractère substantiel.

Le tableau 73.1 résume les principaux changements concernant les modifications du marché

Tab. 73.1 Concordance ancienne et nouvelle réglementation

Nouvelles références	Anciennes références	Objet et apports essentiels
art. 139 D. 2016	–	Régime nouveau de la modification du contrat. Encadrement des hypothèses dans lesquelles la cession du marché est possible.
D. 2016 : Décret n° 2016-360 relatif aux marchés publics		

74 Réception des prestations

Références : -

La réception est l'acte par lequel l'acheteur constate que les prestations ayant fait l'objet du marché ont été exécutées par le titulaire du marché conformément aux spécifications techniques prévues au contrat, à la réglementation, aux normes en vigueur et aux usages professionnels, et déclare les accepter, avec ou sans réserve.

Elle constitue une étape décisive et, lorsque les prestations sont exécutées et en état d'être reçues, une formalité obligatoire marquant le terme de l'exécution du marché.

Elle peut porter un nom différent selon les types de prestations : livraison pour les marchés de fournitures, admission pour les marchés industriels, vérification d'aptitude et vérification de service régulier pour les marchés informatiques, etc. Chacun des cahiers des clauses administratives générales (CCAG) détaille la procédure de réception, en l'adaptant au type de marché pour lequel il a été élaboré.

À RETENIR

Les formulaires d'usage facultatif d'aide à l'exécution du marché (formulaires EXE) et, relatifs à l'admission ou la réception des prestations peuvent être utilisés. Ils sont téléchargeables à l'adresse suivante : http://www.economie.gouv.fr/daj/formulaires-marches-publics. Ces formulaires sont les suivants :

– EXE3 – Admission des fournitures courantes ;

– EXE4 – Réception des travaux : Procès-verbal des opérations préalables à la réception ;

– EXE5 – Réception des travaux : Proposition du maître d'œuvre ;

– EXE6 – Réception des travaux : Décision de réception ;

– EXE7 – Réception des travaux : Décision de non-réception ;

– EXE8 – Réception des travaux : Procès-verbal de levée des réserves ;

– EXE9 – Réception des travaux : Propositions du maître d'œuvre et décision du maître d'ouvrage relatives à la levée des réserves.

74.1 Procédure

La procédure de réception est mise en œuvre pour chacun des lots du marché, à moins que le marché en stipule autrement.

74.1.1 Initiative

La décision de provoquer les opérations de réception intervient exclusivement à l'initiative du titulaire du marché. À défaut, aucune réception, même tacite, n'a en principe pu avoir lieu, sauf en cas de résiliation du marché, le procès-verbal de résiliation valant, alors, réception.

Le titulaire du marché avise l'acheteur de la fin l'exécution des prestations.

Ces derniers procèdent aux opérations de vérification préalables et les consignent dans le procès-verbal de réception dans le délai fixé au contrat.

74.1.2 Opérations préalables

Caractère contradictoire de la procédure

Les opérations de vérification présentent un caractère contradictoire qu'il est recommandé de prévoir dans le marché.

En règle générale, il est habituellement prévu que le titulaire soit convoqué par écrit, au moyen d'un courrier avec avis de réception aux opérations de vérification. L'absence de convocation en temps utile invalide la procédure, mais pas l'absence du titulaire dûment convoqué.

Les opérations de vérification sont consignées dans un procès-verbal, signé par les parties présentes. Si le titulaire est absent ou refuse d'apposer sa signature, il convient d'en faire expressément mention au procès-verbal.

À RETENIR

Le représentant de l'acheteur qui ne signe pas le procès-verbal n'établit pas de ce seul fait un refus de réception.

Nature des vérifications

Le détail de la nature des vérifications est précisé par chacun des CCAG, elle est étroitement liée à la nature des prestations constituant l'objet du marché. Elles ont pour objet de déceler les malfaçons éventuelles ou les travaux non exécutés.

Frais de vérification

Les stipulations contractuelles prévoient généralement la prise en charge des frais de vérification. Dans le silence du contrat, ils sont à la charge de l'acheteur, sauf si les vérifications en cause ne sont pas prévues au contrat. La charge en incombe alors à la partie qui en a fait la demande.

APPLICATION

Un marché industriel prévoit une procédure de vérification, mais le titulaire du marché procède à des essais supplémentaires : les frais engagés du fait de ces essais restent à sa charge.

74.2 Décision de réception

74.2.1 Nature de la décision

Réception expresse ou tacite

La réception, sauf si la décision en dispose autrement, intervient à la date de l'avis de réception de la notification.

À défaut de décision notifiée dans le délai imparti par le contrat, la réception est tacite, les prestations ou, le cas échéant, les propositions du maître d'œuvre sont considérées comme acceptées.

À RETENIR

Lorsque l'acheteur s'abstient de notifier la décision de réception dans le délai contractuel de la présentation d'une prestation par le titulaire du marché, la prestation est regardée comme ayant été reçue par l'acheteur.

La date de la réception est celle de la signature du procès-verbal lorsque la décision de l'acheteur ne la précise pas. Si la réception est tacite, le marché peut préciser que la date de la réception tacite est, par exemple, celle de l'achèvement des travaux.

Prise de possession

Dans le cas des marchés de travaux, la prise de possession de l'ouvrage par l'acheteur n'emporte pas réception tacite si les travaux ne sont manifestement pas achevés et l'ouvrage pas en état d'être reçu. La réception tacite peut être admise lorsque l'achèvement des prestations s'accompagne du règlement financier par l'acheteur.

À RETENIR

Lorsque la mise à disposition des prestations, par exemple un ouvrage pour les marchés de travaux, obéit à une procédure spécifique stipulée par le marché, elle ne peut entraîner la réception et n'est pas assimilable à une prise de possession : elle a seulement pour objet de permettre au pouvoir adjudicateur de réaliser ou de faire exécuter en régie ou par d'autres entrepreneurs des prestations ne faisant pas l'objet du marché.

Réceptions provisoires et réceptions partielles

La réception, en principe, est unique.

Le contrat peut, toutefois, déroger à ce principe et prévoir un système de double réception. Il consiste en une réception provisoire prononcée à l'achèvement des prestations, l'entrepreneur conservant la garde de l'ouvrage sauf en cas de force majeure et bénéficiant d'un droit à la réception définitive. Celle-ci est prononcée au terme du délai de garantie de parfait achèvement.

En outre, le marché peut permettre de prononcer des réceptions partielles, portant le cas échéant sur les tranches du marché, sur un ouvrage, une partie d'ouvrage ou des lots. Cette technique est fréquente, en pratique, pour les marchés importants.

74.2.2 Réserves

La réception peut être prononcée avec réserves lorsque les prestations sont en l'état d'être reçues, sans, toutefois, exactement répondre aux stipulations techniques du marché ou, lorsqu'elles présentent des malfaçons.

L'acheteur peut prononcer la réception sous réserve :
– soit d'une réfaction (une réduction) de prix ;
– soit de prestations à exécuter dans un délai imparti par la décision ;
– soit, par exemple dans le cas des marchés de fournitures courantes ou de services, de reprendre l'excédent fourni, de compléter la livraison ou d'achever la prestation.

Une fois les imperfections réparées, l'acheteur dresse un procès-verbal de levée des réserves.

À RETENIR

En cas de malfaçon particulièrement grave, les réserves permettent à la collectivité de retenir le montant du marché tant que le titulaire n'y a pas remédié.

74.2.3 Refus de réception

Dans le cas où les prestations ne sont pas en état d'être reçues, l'acheteur peut décider de refuser de prononcer la réception :
– soit temporairement en l'ajournant ;
– soit définitivement lorsqu'il estime que les prestations ne pourront être remises en état, en la rejetant.

Dans les deux cas, sa décision doit être motivée, le titulaire du marché peut présenter ses observations dans un délai fixé par le marché. L'acheteur dispose alors, à son tour, d'un délai pour y répondre.

Il est recommandé de prévoir, dans les clauses du marché, si le défaut de réponse dans le délai imparti vaut rejet ou, acceptation, des observations du titulaire.

Un refus de réception infondé engage la responsabilité contractuelle du pouvoir adjudicateur.

74.3 Effets de la réception

74.3.1 Transfert de propriété ou de la garde

La réception a pour effet immédiat de transférer la propriété des prestations qui en sont l'objet du titulaire à l'acheteur.

À RETENIR

Dans le cas des marchés de travaux, c'est la garde de l'ouvrage, et les risques qui y sont attachés, qui sont transférés, la collectivité étant généralement déjà propriétaire du sol, et donc des constructions qui y sont assises.

74.3.2 Fin des relations contractuelles

Extinction des rapports contractuels

La réception définitive prononcée sans réserve a pour effet de mettre fin aux rapports contractuels. Toutefois, les relations contractuelles se poursuivent dans plusieurs cas :
– lorsque des réserves sont formulées, elles font survivre les relations contractuelles sur les points sur lesquelles elles portent ;
– la garantie de parfait achèvement, qui sanctionne l'obligation contractuelle de parfait achèvement des travaux, est elle-même une garantie contractuelle ;
– en application de stipulations contractuelles ;
– lorsque la décision de réception a été obtenue par fraude ou par dol.

À RETENIR

L'extinction des rapports contractuels ne porte que sur les points qui font l'objet de la réception, à savoir, par exemple, pour un marché de travaux, les relations contractuelles entre le maître d'ouvrage et les constructeurs pour la réalisation de l'ouvrage. Il est donc possible au maître d'ouvrage de rechercher la responsabilité contractuelle d'un maître d'œuvre pour les fautes commises dans l'exécution de ses propres obligations contractuelles.

Extinction de la responsabilité contractuelle

La réception met un terme à la responsabilité contractuelle, alors même que les dommages pour lesquels la responsabilité est recherchée n'étaient ni apparents ni connus du pouvoir adjudicateur à la date de la réception.

À l'inverse, la responsabilité contractuelle survit à raison des dommages survenus antérieurement à la réception définitive ou portant sur des points ayant fait l'objet de réserves dans le procès-verbal de réception.

APPLICATION

En cas de réception définitive prononcée sans réserve, un maître d'ouvrage dont la responsabilité est engagée vis-à-vis d'un tiers ne peut appeler en garantie les entrepreneurs à raison d'une faute commise à l'occasion de l'exécution du marché.

74.3.3 Point de départ des délais de garantie

S'agissant des marchés de travaux, la date de réception fait courir les délais de garantie contractuelle :
– la garantie annuelle de parfait achèvement ;
– la garantie biennale de bon fonctionnement ;
– la garantie décennale.

Selon la nature des prestations, d'autres garanties peuvent courir à compter de la réception, telle la garantie du vendeur contre les vices cachés dans le cas des marchés de fournitures. Les délais de garantie peuvent être allongés par le contrat.

74.3.4 Règlement du solde

La réception permet l'établissement du décompte du marché, dont dépend le paiement du solde. Le titulaire a cependant droit au paiement du solde en l'absence de réception du fait de malfaçons importantes dès lors qu'il s'est finalement acquitté de ses obligations contractuelles.

Les sûretés sont libérées un mois au plus tard après l'expiration du délai de garantie.

À défaut de réception définitive de l'ouvrage, l'acheteur est fondé à conserver la retenue destinée à garantir la bonne exécution des obligations contractuelles incombant à l'entrepreneur, jusqu'à ce que ces obligations soient accomplies.

75 Décompte

Références : *art. 13.3 à 13.5 du CCAG-Travaux*

Le décompte précise le montant des sommes restant à régler par l'acheteur ou le titulaire du marché. Il récapitule les dettes et les créances de chacune des parties et fixe le solde du marché.

Il n'est pas nécessairement établi : les marchés donnant lieu à des règlements partiels définitifs, dont chacun d'eux constitue une forme de « mini-décompte », en sont dépourvus. Il est, en revanche, établi un décompte lorsque les paiements prennent la forme d'acomptes (voir § 64.2).

Des marchés peuvent, également, donner lieu à des décomptes partiels, par exemple mensuels. Un décompte général est établi en fin de marché.

Le décompte est propre à chaque marché.

75.1 Régime

Le décompte général, une fois devenu définitif, est régi par deux principes.

75.1.1 Unicité et universalité du décompte

Le décompte est unique et retrace l'ensemble des dettes et créances du marché, en incluant, notamment, les pénalités et les intérêts moratoires.

À RETENIR

Un marché reconductible ne donne pas lieu à l'établissement de plusieurs décomptes, mais à un seul décompte, établi à l'issue de l'exécution de toutes les périodes de reconduction.

75.1.2 Intangibilité du décompte

L'intangibilité du décompte général et définitif est opposable aux deux parties :
– le titulaire du marché ne peut plus solliciter le paiement d'une somme en application du marché si cette somme ne figure pas dans le décompte ;
– l'acheteur ne peut plus engager la responsabilité contractuelle du titulaire du marché, alors même qu'une expertise était en au moment de la signature du décompte.

Le caractère définitif du décompte général fait, également, obstacle à la recevabilité d'une demande de versement d'intérêts moratoires, par exemple pour un retard dans le versement des acomptes. En revanche, le décompte général et définitif ne lie pas les parties quant au montant des intérêts moratoires afférents au solde du marché.

75.2 Procédure

La procédure d'établissement du décompte est prévue par les clauses du marché. Elle est précisée, le cas échéant, dans les CCAG, qui prévoient, notamment, les délais qui l'encadrent, y compris, le cas échéant, les délais de recours juridictionnels. Il convient donc de se reporter à ces clauses.

De manière générale, le titulaire remet au pouvoir adjudicateur un projet de décompte final, qui est la demande de paiement du solde du marché. Ce projet est accompagné des pièces justificatives. Le titulaire est lié par le contenu de son projet. Il doit y récapituler les réserves qu'il a déjà émises durant l'exécution du marché et celles qu'il estime devoir y porter.

À RETENIR

En l'absence de cette récapitulation, les revendications antérieures du titulaire du marché seront regardées comme forcloses, il ne pourra plus s'en prévaloir.

Le projet de décompte général est établi sur la base du décompte final. Il contient :
– le décompte final ;
– l'état du solde, établi à partir du décompte final et du dernier décompte mensuel ;
– la récapitulation des acomptes mensuels et du solde.

Le projet de décompte général signé par l'acheteur devient le décompte général, qui est notifié au titulaire du marché.

Il devient le décompte général et définitif lorsqu'il est signé par le titulaire du marché. Celui-ci peut émettre des réserves dans un mémoire en réclamation, ou refuser de le signer. Le différend peut donner lieu à une conciliation (voir § 77.3) ou à la saisine du juge du contrat, qui peut arrêter les comptes du marché (voir § 78.4).

À RETENIR

Le décompte général est réputé accepté et devient le décompte général et définitif en l'absence de production d'un mémoire en réclamation et en l'absence de motivation de ces réclamations. Les réserves partielles entraînent acceptation implicite des éléments non contestés. Le mémoire doit, en outre, récapituler les réclamations antérieures.

La date de réception du décompte général et définitif par l'acheteur constitue, pour les marchés de travaux, le point de départ du délai de paiement (voir § 65.1).

76 Résiliation

***Références :** art. 49, 58 et 65 de l'ordonnance n° 2015-899 – art. 118 et 121 du décret n° 2016-360*

La résiliation est la décision de mettre fin au marché avant la survenance du terme initialement prévu. À la différence de l'annulation (prononcée par le juge) ou de la résolution (qui nécessite l'accord des deux parties), elle ne sanctionne pas la nullité du contrat et n'a pas d'effet rétroactif. Elle peut être prononcée par trois catégories d'actes juridiques différents :

– un acte unilatéral pris par l'acheteur ;

– un avenant résultant d'un commun accord des parties ;

– une décision juridictionnelle, prononcée par le juge du contrat à la demande de l'une des parties (voir § 78.4).

Les modalités de la résiliation doivent être prévues par les clauses du marché. De fait, les cahiers des clauses administratives générales (CCAG) les envisagent systématiquement, il est donc possible de s'y reporter.

76.1 Les modes de résiliation

76.1.1 Les résiliations unilatérales

Il existe plusieurs cas d'ouverture, tous n'impliquent pas l'initiative de l'acheteur.

À RETENIR

Les cas de résiliation automatique sanctionnant par l'obligation de procéder à la résiliation pour faute du titulaire la fausse déclaration ou le refus de fournir les attestations sociales de marchés publics en matière de travail dissimulé en cours d'exécution a été supprimée. Cette obligation n'était que très rarement appliquée en pratique, en raison des difficultés opérationnelles qu'elle pouvait entraîner.

La résiliation pour motif d'intérêt général

Lorsque le marché présente le caractère d'un contrat administratif, c'est-à-dire lorsqu'il est conclu par une personne publique, l'acheteur peut procéder, sans que le titulaire ait commis une faute, à une résiliation unilatérale dans l'intérêt général. Cette faculté existe même dans le silence du contrat, il s'agit d'une prérogative de puissance publique.

À RETENIR

Les marchés publics passés par une personne privée ne sont pas concernés. Les CCAG contiennent tous une clause de résiliation unilatérale pour motif d'intérêt général, dont l'intérêt est de prévoir une indemnisation forfaitaire contractuelle du titulaire, établie à 5 % du montant du marché.

L'acheteur doit justifier sa décision par des motifs tenant à l'intérêt général. Elle traduit généralement l'application du principe

d'adaptabilité du service public, mais peut être motivée par le respect de la légalité. La régularité de ces motifs s'apprécie à la date à laquelle la décision de résiliation est prise. Ainsi la résiliation peut-elle être prononcée :
– en raison de la modification des conditions d'organisation et de fonctionnement du service public ;
– en raison de l'imprécision des clauses du marché, d'irrégularité de leur rédaction et de la nécessité d'assurer une meilleure cohérence entre les différents organismes intervenant dans le domaine considéré ;
– en raison de la nullité de clauses du marché ;
– en raison de l'annulation par le juge d'un acte détachable, dans le cas où l'exécution ne peut être poursuivie eu égard aux motifs de cette annulation : incompétence de l'auteur de cet acte, illégalité d'une clause du contrat, illégalité substantielle de la procédure ;
– en raison de l'abandon du projet ;
– en cas de force majeure.

Il est expressément prévu deux cas dans lesquels l'acheteur est fondé à résilier le marché, en application du principe de légalité :
– lorsque le titulaire est frappé d'une interdiction de soumissionner en cours d'exécution, la mise en redressement judiciaire ne constituant pas à proprement parler un cas d'interdiction de soumissionner ;
– lorsque le marché n'aurait pas dû être attribué à celui qui en est le titulaire en raison d'un manquement grave aux obligations issues du droit européen et qui a été constaté par une décision de la Cour de justice de l'Union européenne dans le cadre d'une procédure en manquement ;
– lorsque son exécution ne peut être poursuivie sans une modification contraire au régime de la modification des marchés publics (voir § 70.1 et suivants).

Il ne s'agit que d'une faculté. L'acheteur n'y est pas tenu mais engage sa responsabilité s'il n'y procède pas. S'il y procède, en cas de contestation, le contrôle du juge devrait se limiter à la matérialité des faits.

La résiliation pour faute

L'acheteur peut résilier le marché en cas de faute du titulaire du marché. Les motifs de la résiliation sont étroitement contrôlés par le juge. Ont pu, par exemple, justifier la résiliation pour faute :
– des retards importants dans l'exécution du marché, le montant des pénalités excédant celui de la rémunération du titulaire, dans la mesure toutefois où ce retard ne peut être imputé à la collectivité publique ;
– le refus de participer aux réunions de chantier malgré plusieurs injonctions ;
– le refus systématique d'exécuter les ordres de service, à condition que ceux-ci soient légitimes ;
– le fait de ne pas reprendre l'exécution interrompue à son initiative malgré une mise en demeure ;
– le fait de ne pas tenir compte des demandes du maître d'œuvre pour remédier à des fautes et négligences.

L'acheteur peut opter :
– pour une résiliation simple ;
– pour une résiliation aux frais et risques du titulaire, ce dernier supportant le surcoût éventuel pour la collectivité. Dans ce cas, la faute commise doit être d'une gravité suffisante, appréciée souverainement par le juge.

À RETENIR

Le marché passé aux frais et risques du titulaire doit, lui-même, être passé après mise en concurrence : l'acheteur ne peut conclure un marché de gré à gré au motif d'une résiliation « aux frais et risques » du marché précédent.

La résiliation à raison de la survenance d'un événement

Dans certaines hypothèses, l'acheteur peut procéder à la résiliation du marché :
– lorsque le marché, soumis à une obligation de mise en concurrence, est cédé par son titulaire à une personne juridiquement distincte dans des conditions de nature, soit à remettre en cause les éléments essentiels relatifs au choix du titulaire initial, soit à modifier substantiellement l'économie générale du contrat ;
– lorsque le titulaire décède ou est frappé d'incapacité civile ;
– lorsque le titulaire fait l'objet d'un redressement ou d'une liquidation judiciaire ;
– lorsque survient un événement imprévisible au moment de la signature du contrat et qui en rend l'exécution définitivement impossible (force majeure) ou, en bouleverse définitivement l'économie générale (fait du prince, imprévision). L'acheteur peut s'abstenir de résilier si les effets de la survenance de cet événement sont temporaires.

La résiliation automatique

Il est possible de prévoir au marché une clause de résiliation automatique, par exemple en cas de fausse déclaration ou de refus de fournir les attestations sociales de marchés publics en matière de travail dissimulé. Toute autre faute peut justifier une telle sanction, dès lors qu'elle est suffisamment grave pour la justifier.

À RETENIR

Une telle sanction est souvent délicate à mettre en œuvre en pratique, pour des raisons opérationnelles, liées, en particulier, au maintien de la sécurité des approvisionnements de l'acheteur ou, en matière de travaux, de bonne fin du projet.

Le juge contrôle la matérialité des faits et la proportionnalité de la sanction à la faute commise.

La résiliation à l'initiative du titulaire du marché

Lorsque le marché public est un contrat administratif, il est aujourd'hui admis que le titulaire du marché puisse résilier unilatéralement le marché lorsque l'acheteur ne respecte pas ses propres obligations contractuelles, à trois conditions :
– une clause du marché doit l'avoir prévu. Cette clause peut avoir été insérée par l'offre technique du titulaire, qui peut, par exemple, y avoir annexé ses conditions générales de vente. Une telle clause est valable si elle n'est pas contredite par une autre clause du marché bénéficiant d'un ordre de priorité plus important ;
– le marché ne doit pas avoir pour objet l'exécution du service public, ou être nécessaire à cette exécution ;
– le titulaire doit mettre au préalable l'acheteur en mesure d'invoquer un motif d'intérêt général tenant « notamment » aux exigences du service public. Lorsqu'un motif d'intérêt général lui est opposé, la résiliation du contrat devient impossible et l'exécution du contrat doit être poursuivie. En cas de non-respect de cette obligation, la résiliation du marché pourra être prononcée aux torts exclusifs du titulaire du marché.

La réalité du motif invoqué par l'acheteur ferait l'objet d'un contrôle du juge si celui-ci devait être saisi.

À RETENIR

Le titulaire d'un marché public de droit privé n'est pas concerné par ce mécanisme, il dispose de la possibilité, moins radicale, d'invoquer l'exception d'inexécution (voir § 60.4).

76.1.2 La résiliation conventionnelle

Les marchés peuvent prévoir des clauses de résiliation, assorties ou non d'une indemnisation. Dans le cas contraire, la résiliation est toujours possible et résulte d'un accord de volonté des parties. Elle prend alors la forme d'un avenant. Dans le silence du contrat, elle a lieu sans indemnisation de part et d'autre, le titulaire ayant seulement droit au paiement des prestations exécutées.

76.1.3 La résiliation juridictionnelle

Le juge du contrat peut être saisi d'une demande de résiliation par le titulaire en application d'une clause du contrat, à raison du comportement de la collectivité attributaire ou en cas de force majeure ou de fait du prince. Le fait, pour le titulaire, de poursuivre l'exécution du marché ne peut être assimilé à une renonciation tacite à sa demande de résiliation. L'administration peut également renoncer à son pouvoir de résiliation unilatérale et préférer saisir le juge.

À RETENIR

Le juge du contrat est compétent pour prononcer la résiliation. Le juge de l'excès de pouvoir pourra seulement enjoindre à l'administration de procéder à cette résiliation ou de saisir le juge du contrat afin qu'il tire les conséquences, par exemple, de l'annulation de la passation du marché.

En vertu du principe de continuité du service public, le titulaire d'un marché public ne bénéficie pas de l'exception d'inexécution : il ne peut interrompre l'exécution du marché et se dispenser d'assumer ses obligations. La résiliation par le titulaire est donc une faute de nature à engager sa responsabilité envers l'acheteur. Le titulaire du marché peut, cependant, demander la résiliation du marché, aux torts de l'acheteur, à l'acheteur lui-même ou au juge :
– lorsque l'acheteur modifie substantiellement ou dénature l'objet du marché ;
– lorsque l'acheteur manque gravement à ses obligations contractuelles (retards de paiement, absence d'ordre de service de commencer les travaux, ajournement du marché...), quelles qu'en soient les raisons ;

À RETENIR

Dans cette hypothèse, le titulaire peut également résilier unilatéralement le marché si les conditions requises sont satisfaites (voir § 76.1.1).

– en cas de résiliation partielle, c'est-à-dire lorsque l'acheteur restreint, en cours d'exécution, l'objet du marché ;
– lorsque cette possibilité est expressément prévue par l'une des clauses du marché.

76.2 La procédure de résiliation

76.2.1 Qui peut résilier ?

En dehors de l'hypothèse de la résiliation unilatérale par le titulaire (voir § 76.1.1) et de celle où cette faculté lui est expressément accordée par une clause du marché, seul l'acheteur ou le juge administratif peut prononcer la résiliation du contrat.

En application de la règle du parallélisme des formes, c'est l'autorité qui a compétence pour signer le marché qui dispose de la même compétence pour le résilier. Le cas échéant, il doit y avoir été préalablement et régulièrement autorisé par l'assemblée délibérante.

76.2.2 Comment résilier ?

La décision de résilier prend la forme d'un procès-verbal. Elle est notifiée par lettre recommandée avec avis de réception. Elle doit être motivée, sauf dans le cas des résiliations pour motifs d'intérêt général. Elle devient effective à la date qu'elle détermine, ou à défaut à la date de cette notification. La résiliation provoquée par le décès, l'incapacité civile, le redressement ou la liquidation judiciaire du titulaire est rétroactive à la date de cet événement.

Le marché peut valablement prévoir le respect d'un délai de préavis.

La résiliation pour faute du titulaire doit, toujours, être précédée de la notification écrite d'une mise en demeure : dans ce cas, en effet, la résiliation s'analyse comme une sanction, il s'agit, alors, de respecter le principe du contradictoire et les droits de la défense en permettant au titulaire de se justifier. Toutefois, pour les fautes les plus graves, le marché peut prévoir que la résiliation ait lieu sans mise en demeure.

76.3 Les effets de la résiliation

76.3.1 La fin des relations contractuelles

Le principe est que la résiliation du marché met fin aux relations et à la responsabilité contractuelles. Elle vaut réception, rejet ou admission avec réserves des prestations, les réserves formulées à cette occasion faisant survivre les relations contractuelles sur les points sur lesquelles elles portent. Toutefois, elle n'affecte pas la réparation des manquements aux obligations contractuelles qui lui sont antérieurs.

La résiliation donne lieu à la liquidation provisoire des prestations normalement exécutées :
– lorsque la liquidation provisoire fait apparaître un solde créditeur au profit du titulaire du marché, celui-ci peut demander à la collectivité publique de lui payer 80 % maximum de ce solde. La collectivité n'est pas tenue de satisfaire cette demande ;
– lorsque la liquidation provisoire fait apparaître un solde créditeur au profit de la collectivité, celle-ci peut exiger du titulaire le paiement de 80 % maximum de cette somme. Le titulaire est tenu de déférer à cette demande, mais peut solliciter un délai de paiement. Si ce délai lui est octroyé, il devra constituer une garantie à première demande correspondant au montant qui lui est réclamé. Si l'acheteur en est d'accord, le titulaire peut substituer à la garantie à première demande une caution personnelle et solidaire.

Il est procédé à la libération des sûretés et à l'apurement des comptes, conformément aux stipulations contractuelles. Il est fait application des clauses de variation du prix, des pénalités de retard et des dommages et intérêts.

Les parties conviennent du décompte définitif de résiliation dans les six mois à compter de la date de la résiliation. Le décompte fixe leurs obligations respectives et permet la mise en œuvre de la procédure contradictoire prévue au contrat. Le défaut de ce décompte empêche, le cas échéant, l'acheteur d'émettre régulièrement un commandement de payer.

Les stipulations contractuelles afférentes à la fin du contrat sont appliquées : option de rachat et droit de reprise, évacuation des lieux, la fermeture et la remise en état du chantier pour les marchés de travaux, le stockage ou le gardiennage pour les marchés industriels ou de prestations intellectuelles...

76.3.2 L'indemnisation

Résiliation à la charge ou aux torts de l'acheteur

S'ajoutant au paiement des prestations exécutées, l'indemnité de résiliation compense les dépenses engagées pour l'exécution du marché et le manque à gagner.

À RETENIR

Le manque à gagner ne fait l'objet d'aucune définition légale. Il s'agit pour l'essentiel de la marge nette du titulaire.

Le calcul s'effectue compte tenu du montant initial affecté des clauses de variation du prix. Ce montant peut toutefois avoir fait l'objet d'une clause dans le marché, son montant est alors contractuellement forfaitaire. Une telle clause, toutefois, ne joue pas lorsque la résiliation est abusive : l'indemnisation doit alors être intégrale.

Une résiliation pour motifs d'intérêt général implique, en principe, l'indemnisation intégrale du titulaire du marché. Le marché peut prévoir, ici encore, un montant contractuel.

APPLICATION

L'indemnité de résiliation peut être égale à un pourcentage, par exemple 5 %, du montant initial HT du marché, hors application des clauses de révision de prix, auquel s'ajoute le remboursement des frais et investissements consentis en prévision de l'exécution du marché, à charge pour le titulaire du marché d'en justifier l'existence.

À cette indemnité s'ajoute, en cas de faute de l'acheteur, la réparation du préjudice subi par le titulaire irrégulièrement évincé. Il est évalué par le juge au cas par cas, compte tenu des circonstances.

APPLICATION

Il a été tenu compte de la réputation d'un cabinet d'architectes, de l'atteinte portée à la réputation professionnelle d'une entreprise, de l'irrégularité de la procédure et de la perte de bénéfices...

Il est nécessaire que le préjudice subi par le titulaire soit directement lié aux fautes commises par l'acheteur.

Résiliation aux torts du titulaire

La résiliation pour faute du titulaire exclut son indemnisation et implique la mise en jeu de sa responsabilité. L'acheteur peut exiger réparation de son préjudice, en particulier le paiement de la différence entre le montant du marché résilié et celui du marché passé avec un tiers pour exécuter les mêmes prestations. Dans la mesure cependant où elle est infondée ou irrégulière, le juge pourra la requalifier en résiliation aux torts du pouvoir adjudicateur.

L'irrégularité, par exemple pour vice de procédure, de la résiliation du marché empêche que le titulaire supporte les conséquences onéreuses de cette mesure. Le caractère justifié, au fond, de la résiliation, fait toutefois obstacle à ce que soit indemnisé le manque à gagner réclamé par le titulaire.

76.4 Contentieux de la résiliation du marché

76.4.1 Contentieux de la contestation de la validité de la résiliation

Cette voie de recours est spécifique aux marchés publics qui sont des contrats administratifs. Les titulaires des marchés de droit privé disposent d'un recours indemnitaire, en responsabilité contractuelle.

En principe, les parties à un contrat administratif ne peuvent pas demander au juge l'annulation d'une mesure d'exécution de ce contrat, mais seulement une indemnisation du préjudice qu'une telle mesure leur a causé. Le juge administratif s'autorise, toutefois, à contrôler la validité d'une décision de résiliation, qui est pourtant une mesure d'exécution du marché, en raison de l'importance particulière d'une telle mesure.

C'est dire que le juge peut décider de la reprise des relations contractuelles.

Un tel recours doit être formé par le titulaire du marché, dans un délai de deux mois à compter de la notification de la décision de résiliation.

Pouvoirs du juge

Le juge qui constate que la décision de résiliation est irrégulière peut décider :
– d'ordonner la reprise des relations contractuelles à compter d'une date qu'il fixe ;
– d'indemniser, en outre, le requérant du préjudice causé par la non-exécution du contrat entre la date de cette résiliation et la date fixée pour la reprise des relations contractuelles ;
– de rejeter le recours, en jugeant que les vices constatés sont seulement susceptibles d'ouvrir, au profit du requérant, un droit à indemnité.

Pour décider s'il y a lieu d'ordonner la reprise des relations contractuelles, le juge pèse les intérêts en présence et tient compte :
– de la gravité des vices constatés ;
– le cas échéant, des manquements du requérant à ses obligations contractuelles ;
– des motifs de la résiliation ;
– du fait qu'une telle reprise soit de nature à porter une atteinte excessive à l'intérêt général et, eu égard à la nature du contrat en cause, aux droits du titulaire d'un nouveau contrat dont la conclusion aurait été rendue nécessaire par la résiliation litigieuse.

76.4.2 Demande de la reprise provisoire des relations contractuelles

Le juge administratif peut également être saisi d'une demande de suspension de l'exécution de la résiliation, dans le cadre d'un référé-suspension.

Il s'agit alors de décider si les relations contractuelles peuvent être provisoirement reprises, en attendant le jugement au fond sur la validité de la résiliation.

Dans cette hypothèse, le juge peut suspendre la résiliation si l'urgence est démontrée et que le titulaire invoque un moyen de nature à créer, en l'état de l'instruction, un doute sérieux sur la validité de la mesure de résiliation litigieuse en appréciant si, en l'état de l'instruction, les vices invoqués paraissent d'une gravité suffisante pour conduire à la reprise des relations contractuelles et non à la seule indemnisation du préjudice résultant, pour le requérant, de la résiliation.

Le juge apprécie l'urgence pesant :
– d'une part, les atteintes graves et immédiates que la résiliation est susceptible de porter à un intérêt public ou aux intérêts du requérant, notamment à sa situation financière de ce dernier ou à l'exercice même de son activité ;
– d'autre part, l'intérêt général ou de l'intérêt de tiers, notamment du titulaire d'un nouveau contrat dont la conclusion aurait été rendue nécessaire par la résiliation litigieuse, qui peut s'attacher à l'exécution immédiate de la mesure de résiliation.

76.4.3 Contentieux indemnitaire de la résiliation

Le juge apprécie le bien fondé et rechercher si elle est intervenue dans des conditions de nature à ouvrir au profit du titulaire un droit à indemnité. Une résiliation irrégulière ne permet pas de faire jouer la clause indemnitaire prévue au marché.

Le non-respect des règles de procédure n'affecte pas nécessairement la validité de la décision de résilier. Il engage toutefois la responsabilité de la collectivité à raison du préjudice causé, par exemple lorsque le titulaire du marché a engagé des dépenses qu'il n'aurait pas engagées si le préavis avait été respecté.

76.4.4 Demande de résiliation juridictionnelle

Pour tous les marchés publics, administratifs ou de droit privé, le titulaire, de même que l'acheteur, peut demander au juge du contrat de résilier le marché, ainsi que l'indemnisation des préjudices imputables à l'autre partie, par exemple en cas de résiliation irrégulière ou infondée du marché.

Le tableau 76.1 résume les principaux changements concernant la résiliation du marché.

Tab. 76.1 Concordance ancienne et nouvelle réglementation

Nouvelles références	Anciennes références	Objet et apports essentiels
Art. 49 O. 2015	Art. 47 CMP	Régime des incidences d'un changement de situation des opérateurs économiques au regard des interdictions de soumissionner. Faculté de résilier le marché lorsque le titulaire est frappé d'une interdiction de soumissionner au cours de son exécution. Suppression du régime de la résiliation automatique.
Art. 58 O. 2015	–	Faculté de résilier le marché en cas de condamnation en manquement par la Cour de justice de l'Union européenne.
Art. 65 O. 2015	Art. 20 et 118 CMP	Régime des modifications du marché. Faculté nouvelle de résilier le marché lorsque son exécution ne peut être poursuivie sans une modification contraire au régime de la modification des marchés publics.
Art. 118 et 121 D. 2016	Art. 95 et 100 CMP	Régime des paiements dans le cadre de la résiliation du marché.
CMP : Code des marchés publics 2006 O. 2015 : Ordonnance n° 2015-899 relative aux marchés publics D. 2016 : Décret n° 2016-360 relatif aux marchés publics		

Règlement amiable des litiges 77

***Références :** art. 142 du décret n° 2016-360*

Le règlement amiable est un moyen alternatif et souple de mettre fin à un litige né ou à naître, susceptible de faire gagner beaucoup de temps aux parties et économiser beaucoup d'argent au contribuable.

77.1 Principe de libre choix de la procédure amiable

Il peut avoir été décidé la mise en œuvre d'une procédure de règlement amiable en amont de la survenance d'un conflit, par exemple avant la signature du marché ou, à l'inverse, après la survenance du litige.

Les raisons du choix de recourir à une procédure amiable sont multiples. Ils peuvent relever de la recherche de l'efficacité et de la rapidité, d'économies budgétaires, le coût d'une procédure juridictionnelle pouvant être élevé.

La mise en œuvre d'une procédure de règlement amiable peut être obligatoire ou non.

Lorsque le marché précise que la mise en œuvre d'une telle procédure est obligatoire, un recours contentieux est irrecevable en cas de non-respect de cette procédure obligatoire, y compris lorsque ce recours a été diligenté par l'acheteur.

77.2 Médiation

Le Médiateur des entreprises est une institution mise en place en 2016, à laquelle ont été confiées les missions de la médiation inter-entreprises et de la médiation des marchés publics.

Il s'adresse à tous les acteurs économiques pour les aider à résoudre leurs différends lorsqu'ils rencontrent des difficultés contractuelles ou relationnelles avec l'administration. Le Médiateur n'est ni un juge, ni un conciliateur. Il agit comme une autorité morale intervenant de manière neutre, impartiale et indépendante, et s'emploie à créer des conditions qui facilitent :

– le rétablissement de relations durables entre les parties,

– l'information et la compréhension mutuelle des parties sur leur situation respective,

– la négociation,

– la conclusion par les parties d'un accord matérialisant les solutions identifiées.

Les échanges sont couverts par un principe de confidentialité. Le recours au Médiateur est gratuit et libre, chacun pouvant y mettre un terme à sa convenance.

La saisine du médiateur des entreprises, comme celle d'un comité consultatif de règlement amiable (voir § 77.3.1), interrompt le cours des différentes prescriptions et les délais de recours contentieux jusqu'à la notification du constat de clôture de la médiation.

La saisine du Médiateur s'effectue par voie électronique, à l'adresse suivante : https://www.mieist.bercy.gouv.fr. Le formulaire de saisine du Médiateur des entreprises comprend 6 parties à renseigner :
– le cadre de saisine (commande publique, autre…) ;
– les informations sur la société, notamment le numéro SIRET, exigé pour remplir le formulaire ;
– l'objet du litige ou du signalement ;
– les informations sur la partie avec laquelle vous rencontrez des difficultés ;
– la possibilité de joindre les documents utiles au dossier ;
– l'acceptation de la reconnaissance de la confidentialité pour pouvoir valider la saisine.

77.3 Conciliation

Une conciliation peut avoir lieu :
– sans le concours d'un tiers ;
– par l'intermédiaire des comités consultatifs de règlement amiable des différends ou litiges relatifs aux marchés publics (voir ci-dessous) ;
– par le juge administratif ;
– par un conciliateur désigné par le juge, qui peut aussi, le cas échéant, désigner l'expert ;
– par un ou des tiers désignés(s) par les parties.

À RETENIR

Les marchés publics de conciliation peuvent être passés sans mise en concurrence, de gré à gré, en exclusion de toute obligation issue du régime des marchés publics (cf. chapitre 4).

L'accord issu de la conciliation se matérialise, juridiquement, par une transaction (cf. chapitre 80).

77.3.1 Comités de règlement amiables de différents ou litiges relatifs aux marchés publics

Des comités régionaux et un comité national de règlement amiable des différends ou litiges peuvent être saisis par les parties à un marché public d'un litige ou d'un différend (le litige ne s'est pas encore cristallisé) concernant l'exécution de leur marché public. Ces comités ne sont pas compétents pour apprécier un différend ou un litige relatif à la passation des marchés.

Les comités sont des organismes administratifs composés de représentants des ministères, et de personnalités travaillant ou ayant travaillé dans le même secteur d'activité que le titulaire du marché. Ils sont présidés, en règle générale, par des magistrats administratifs en exercice ou honoraires.

Les comités de règlement amiable des différends ou litiges relatifs aux marchés publics sont au nombre de huit :
– 1 comité national, compétent pour les marchés des services centraux de l'État, des établissements publics nationaux et des services déconcentrés lorsqu'ils dépassent le ressort d'un seul comité régional ;
– 7 comités régionaux (Paris, Versailles, Nantes, Bordeaux, Lyon, Nancy et Marseille), compétents pour les marchés des services déconcentrés de l'État et les marchés locaux.

Les comités ont pour mission de rechercher des éléments de droit ou de fait en vue d'une solution amiable et équitable. Ils rendent un avis, non obligatoire, en droit, mais aussi en opportunité.

77.3.2 Saisine

Les parties peuvent saisir le comité de manière symétrique, elle est ouverte à l'initiative du pouvoir adjudicateur et à celle du titulaire du marché. Le comité peut être saisi à tout moment pendant l'exécution du marché ou après cette exécution, pour tout différend ou tout litige issu de celle-ci.

La saisine du comité peut être rendue obligatoire par le marché.

À RETENIR

Un différend est un litige à naître, mais qui n'est pas encore fixé.

77.3.3 Formalisme

La saisine doit s'accompagner de la production de l'ensemble des éléments nécessaires à l'instruction et au traitement du dossier.

77.3.4 Effets de la saisine

La saisine interrompt le cours des prescriptions, des délais, y compris des délais de garantie légale, tel que le délai de garantie décennale, et suspend les délais de recours. Cette suspension prend fin le jour suivant la notification au titulaire de la décision expresse prise par l'acheteur.

77.3.5 Procédure

Le comité siège à huis clos.

Le rapporteur qui a été saisi du dossier présente oralement son rapport.

Le comité entend le titulaire du marché et le représentant du pouvoir adjudicateur, qui peuvent être assistés par toute personne de leur choix. Il peut entendre toute personne dont le président juge l'audition utile.

À RETENIR

L'intervention des comités de règlement amiable des différends ou litiges relatifs aux marchés publics permet l'examen du différend ou du litige par de bons connaisseurs du secteur économique en cause : il permet d'associer au traitement du dossier des spécialistes de la matière qui fait l'objet du marché, sans avoir nécessairement recours à l'expertise.

Le délibéré doit rester secret. Le rapporteur y participe avec voix consultative. Le secrétaire du comité ou son suppléant assiste aux séances et en dresse le procès-verbal.

77.3.6 Avis du comité

Le comité rend un avis non obligatoire dans le délai de six mois à compter de sa saisine. Le président du comité peut « exceptionnellement » prolonger ce délai pour un mois, plusieurs fois, dans la limite totale de trois mois, par une décision motivée.

À RETENIR

La rapidité est l'un des avantages principaux de l'intervention des comités de règlement amiable des différends ou litiges relatifs aux marchés publics : le délai d'intervention du juge du contrat est, en moyenne nationale, supérieur à deux ans.

L'acheteur est libre de suivre, ou non, l'avis du comité. En pratique, les parties se conforment à l'avis dans plus de 85 % des cas.

Si l'avis est suivi, il se matérialise par une transaction (voir § 80.1 et suivants).

Le tableau 77.1 résume les principaux changements concernant les règlements amiables des litiges.

Tab. 77.1 Concordance ancienne et nouvelle réglementation

Nouvelles références	Anciennes références	Objet et apports essentiels
art. 142 D. 2016	art. 127 CMP	Régime du règlement amiable des litiges. Régime nouveau du recours au médiateur des entreprises.
CMP : Code des marchés publics 2006 O. 2015 : Ordonnance n° 2015-899 relative aux marchés publics D. 2016 : Décret n° 2016-360 relatif aux marchés publics		

78 Contentieux de l'exécution du marché

Références :

Le juge du marché public conclu par une personne publique est le juge administratif. Le juge compétent pour les marchés publics conclus par les personnes privées est le juge judiciaire. Les développements suivants concernent les marchés publics qui sont des contrats administratifs.

Les CCAG contiennent un certain nombre de clauses destinées à organiser la prévention et le règlement amiable des conflits. Plusieurs dispositifs, adaptés en fonction de la complexité d'exécution. Par exemple :

– nécessité pour le titulaire d'émettre des réserves sur ordre de service dans un délai de 15 jours pour les marchés de travaux ;
– admission tacite des prestations par l'acheteur pour les marchés de fournitures courantes ou de services ;
– dispositif du mémoire en réclamation émis dans le cadre d'un différend portant sur l'exécution des prestations ou sur l'établissement du décompte général. Ces mémoires en réclamation précisent les motifs et le montant des demandes, le titulaire ne pouvant plus soulever d'autres motifs ou d'autres demandes par la suite.

Les clauses du marché contiennent également, en règle générale, des stipulations offrant aux parties la possibilité, voire l'obligation, de s'offrir la possibilité de régler leurs litiges à l'amiable avant de devoir se tourner vers le juge du contrat.

78.1 Juridiction compétente

Le juge du contrat administratif est, en principe, le tribunal administratif dans le ressort duquel le marché est exécuté. Si son exécution s'étend au-delà du ressort d'un seul tribunal administratif, le tribunal administratif compétent est celui dans le ressort duquel l'acheteur ou le premier des pouvoirs adjudicateurs dénommé dans le contrat a signé le contrat.

À RETENIR

Le juge judiciaire compétent est le Tribunal de grande instance mentionné sur une liste et dans le ressort duquel l'acheteur a son siège.

Les parties peuvent choisir un autre tribunal administratif que celui qui serait normalement compétent, à la condition que l'intérêt public ne s'y oppose pas. Cette clause figure soit, dans le marché initial, soit, dans un avenant. Cet avenant, toutefois, doit être antérieur à la naissance du litige.

78.2 Recevabilité du recours

La recevabilité du recours est, comme son régime, marquée par le caractère contractuel de ce type de contentieux.

78.2.1 Intérêt donnant qualité pour agir

Seules les parties ont un intérêt leur donnant qualité pour agir. Les tiers ne peuvent pas saisir le juge du contrat, mais ont accès, dans certaines conditions, au juge du recours en contestation de sa validité (voir § 56.1.1).

78.2.2 Règlement amiable du litige

Le marché peut prévoir l'obligation, préalablement à toute saisine du juge du contrat, d'entamer une démarche de conciliation, par exemple devant le comité consultatif de règlement amiable des différends ou litiges relatifs aux marchés publics (voir § 77.3.1). Si tel est le cas, le recours est irrecevable si une telle démarche n'a pas été entreprise.

78.2.3 Délai de recours

Le juge du contrat peut être saisi durant toute la durée de validité du marché et, s'agissant des demandes ayant pour objet la mise en œuvre de la responsabilité de l'acheteur, dans la limite de la déchéance quadriennale. De telles demandes sont recevables pour autant que n'a pas expiré un délai de quatre ans. Ce délai court à compter du 1er janvier qui suit la date du fait générateur de la responsabilité.

Le contrat lui-même peut encadrer le délai de recours.

APPLICATION

L'article 50 du CCAG-Travaux donne au titulaire du marché un délai de 45 jours pour formuler des réserves sur le projet de décompte général (voir § 75.2). Si ces réserves ne sont pas acceptées par l'acheteur, soit que celui-ci les refuse expressément, soit qu'il garde le silence pendant un délai de 45 jours, le titulaire du marché peut saisir le juge dans un délai de six mois.

78.2.4 Ministère d'avocat

Le concours d'un avocat est obligatoire.

78.3 Régime

78.3.1 Moyens invocables

Les parties peuvent saisir le juge de tout moyen portant sur la validité des clauses du contrat, leur interprétation ou des actes pris pour leur exécution, y compris financiers. Ils peuvent, également présenter des conclusions indemnitaires, sur le fondement de la responsabilité contractuelle.

Les parties peuvent former un recours indemnitaire ou demander au juge de régler les comptes du marché. Ces demandes sont qualifiées de recours « croisés » ou de conclusions reconventionnelles. De telles conclusions sont irrecevables si une demande préalable chiffrée n'a pas été présentée à l'acheteur, le cas échéant selon des modalités et dans un délai précisé par le marché lui-même. Il est, toutefois, possible de chiffrer la demande indemnitaire en cours d'instance, par exemple lorsqu'une requête en référé expertise a donné lieu à une ordonnance de référé désignant un expert pour évaluer le préjudice et le montant des réparations.

La « cause juridique » des demandes doit être précisée.

À RETENIR

La cause juridique est une notion utilisée pour déterminer la recevabilité de moyens nouveaux invoqués par les parties en première instance, en appel ou en cassation. Le moyen ne sera pas recevable en appel s'il relève d'une cause juridique différente que celle(s) initialement développée par le requérant en première instance. Par exemple, des relèvent de causes juridiques distinctes des moyens invoquant la responsabilité pour faute ou sans faute, la violation du contrat ou la nullité du contrat, la responsabilité contractuelle ou la responsabilité extracontractuelle.

En revanche, le titulaire du marché ne peut demander au juge l'annulation des actes pris pour l'exécution du marché, à l'exception de la décision de résiliation du marché, en raison de la particulière gravité d'une telle mesure (voir § 76.1 et suivants). Il peut seulement lui demander l'indemnisation du préjudice qu'il a subi du fait de l'application d'un acte pris pour l'exécution du marché qui serait irrégulier.

APPLICATION

Le titulaire du marché ne peut demander l'annulation d'un ordre de service qui lui enjoint de réaliser des prestations non prévues par le cahier des charges. Il peut seulement demander l'indemnisation du préjudice qu'il subit du fait de l'exécution de ces prestations.

78.3.2 Procédure

La formation de jugement est collégiale, les tribunaux administratifs sont structurés en chambres, qui comptent, chacune, trois magistrats.

La procédure est entièrement écrite et contradictoire.

78.3.3 Recours

Le jugement est susceptible d'appel devant la cour administrative d'appel dont dépend le tribunal administratif, dans un délai de deux mois à compter de la notification de du jugement rendu par ce tribunal. L'arrêt de la Cour administrative d'appel peut faire l'objet d'un recours en cassation devant le Conseil d'État, lui aussi dans un délai de deux mois.

78.4 Pouvoirs du juge

Le juge du contrat est un juge de plein contentieux qui, comme son nom l'indique, dispose des pouvoirs les plus étendus. Il applique la législation en vigueur à la date à laquelle il se prononce et, est tenu par les clauses du contrat. Le contrat est, pour lui, « la loi entre les parties ».

Le juge du contrat peut :
– constater la nullité du marché ;
– résilier le marché (voir § 76.4.1) ;
– ordonner la reprise des relations contractuelles, dans le cadre d'un recours en contestation de la validité de la résiliation du marché (voir § 76.4.2) ;
– modérer le montant des pénalités de retard si celui-ci atteint un montant disproportionné par rapport au montant du marché. Il peut aussi l'augmenter, si la demande est présentée par l'acheteur qui soutient que leur montant est dérisoire au regard du montant du marché ;
– indemniser les préjudices imputables à l'autre partie, par exemple dans le cas de la résiliation irrégulière ou infondée du marché.

Il peut décharger le titulaire du marché de l'obligation de payer la somme figurant dans un titre exécutoire émis par l'acheteur, l'enregistrement du recours ayant un effet suspensif sur le caractère exécutoire du titre.

Il peut accueillir les demandes d'interprétation des clauses du marché, dès lors qu'une difficulté d'interprétation est à l'origine d'un litige né et actuel entre les parties.

79 Nullité du marché

Références :

La nullité du marché est due à des irrégularités d'une telle gravité qu'elles ne permettent pas de laisser l'exécution du marché se poursuivre. Ces irrégularités peuvent, par exemple, relever :
– de l'incompétence de l'autorité qui a signé le marché pour le compte du pouvoir adjudicateur ;
– du défaut d'habilitation du représentant du titulaire ;
– de l'absence de cause, d'une cause illicite ou de la violation de la réglementation ;
– d'un vice du consentement : erreur, dol, c'est-à-dire fraude ou tromperie et, violence ;
– d'un vice substantiel de procédure ;
– cas de nullité « en cascade », par exemple, nullité découlant de la nullité du marché de maîtrise d'ouvrage déléguée.

Les conséquences de la nullité d'un contrat sont sévères :
– le marché disparaît rétroactivement ;
– les parties ne peuvent invoquer la responsabilité contractuelle ou les responsabilités dérivées, telles que la garantie décennale des constructeurs ;
– aucune somme ne peut être versée sur la base du marché nul.

La nullité du marché peut, en pratique, être remarquée par le comptable public, qui refuse de payer les prestations, des tiers, telles que les compagnies d'assurance refusant de couvrir, au titre d'une police de dommages-ouvrage, un sinistre relevant de la garantie décennale, une autorité de contrôle interne, telle que le contrôleur budgétaire et comptable ministériel.

Les parties peuvent, aussi, saisir le juge du contrat pour lui demander de constater la nullité d'un marché. Une telle démarche est, toutefois, encadrée. La nullité du marché ne peut être invoquée sans motif sérieux.

À RETENIR

Les titulaires des marchés publics de droit privé disposent d'un recours en nullité dont l'économie est assez comparable à celui qu'il est possible de présenter devant le juge administratif. Les principes sont sensiblement les mêmes. Les développements suivants sont, toutefois, spécifiques à la procédure applicable devant ce dernier.

79.1 Contentieux de la nullité

La nullité du marché constitue un moyen d'ordre public, qui peut être soulevé d'office par le juge :
– le juge doit la soulever d'office si elle résulte des pièces du dossier ;
– les parties peuvent l'invoquer à tout moment, dans toute instance, en particulier en défense.

Lorsqu'il est saisi par les parties d'un litige relatif à l'exécution du marché, le juge doit faire application de ce marché en prenant en compte l'exigence de loyauté des relations contractuelles. Il

appartient au juge, lorsqu'il constate l'existence d'irrégularités, d'en apprécier l'importance et les conséquences, après avoir vérifié :
– la recevabilité des moyens invoqués par les parties : les irrégularités dont se prévalent les parties doivent être de celles qu'elles peuvent invoquer devant lui, eu égard à l'exigence de loyauté des relations contractuelles ;
– l'étendue de ses pouvoirs après avoir pris en considération la nature de l'illégalité commise et compte tenu de l'objectif de stabilité des relations contractuelles.

L'exigence de loyauté des relations contractuelles implique que les parties se doivent une application loyale du marché. Il en résulte qu'elles ne peuvent invoquer la nullité du marché, de même que le juge ne peut constater d'office cette nullité, seulement en raison d'une irrégularité tenant :
– au caractère illicite du contenu du contrat ;
– ou à un vice d'une particulière gravité relatif notamment aux conditions dans lesquelles les parties ont donné leur consentement, par exemple en cas de fausses déclarations de l'entreprise, en réalité frappée par une interdiction de soumissionner (voir § 43.2.1).

S'il constate la nullité du marché, le juge ne peut régler le litige sur le terrain contractuel, il se place sur le terrain de l'enrichissement sans cause et de la responsabilité pour faute (voir ci-dessous).

À RETENIR

Ces deux fondements de responsabilité peuvent être invoqués en première instance ou pour la première fois en appel. L'invocation de ces deux fondements peut être effectuée de manière exclusive ou combinée.

En dehors des hypothèses dans lesquelles la nullité du marché peut être invoquée, le juge peut :
– soit, décider que la poursuite de l'exécution du contrat est possible, éventuellement sous réserve de mesures de régularisation prises par l'acheteur ou convenues entre les parties ;
– soit, prononcer la résiliation du contrat, le cas échéant avec un effet différé, après avoir vérifié que sa décision ne portera pas une atteinte excessive à l'intérêt général.

79.2 Gérer les conséquences de la nullité

Les parties peuvent, en dehors de toute procédure juridictionnelle, utiliser deux fondements pour traiter les conséquences de la nullité du marché : les sommes éventuellement réclamées par le titulaire du marché nul ne pourront être réglées que sur le terrain de la responsabilité du pouvoir adjudicateur :
– les frais directs, tels les coûts de production, et indirects, telles les charges d'emprunt des investissements engagés pour l'exécution des prestations, engagés par le titulaire du marché nul sont indemnisés sur le fondement de l'enrichissement sans cause : le titulaire du marché nul justifie de l'appauvrissement lié à l'exécution non payée des prestations, dont s'est « enrichi » l'acheteur ;
– sa marge bénéficiaire, la marge nette, est indemnisée sur le fondement de la responsabilité pour faute, dans la limite du prix qui aurait été celui du marché.

L'accord des parties prend, alors, la forme d'une transaction (voir § 80.1 et suivants).

80 Transactions

Références :

Les transactions permettent aux parties de trouver une issue à un conflit ou à une situation difficile, telle qu'une décision de justice provoquant la disparition du marché, en formalisant l'accord intervenu. Ce sont des contrats comportant des concessions réciproques des parties qui la signent, afin de terminer ou d'éviter un litige entre elles.

APPLICATION

La transaction est susceptible d'apporter une solution à des difficultés telles qu'un désaccord sur le montant des sommes à verser en application du marché, ou, même, la disparition de ce marché, par exemple, parce que sa nullité a été prononcée par un juge.

Leur intérêt réside dans ce qu'elles présentent un effet bloquant sur l'intervention du juge, c'est en cela qu'elles sont précieuses pour sortir d'un conflit. Elles peuvent, d'ailleurs, être conclues durant l'instance juridictionnelle.

Elles peuvent constituer la pièce justificative qui permettra le paiement, par l'acheteur, d'une indemnisation faisant suite à un litige lié ou non à la nullité d'un marché ou d'un avenant à ce marché, ainsi qu'à des commandes passées hors marché.

Il peut s'agir de travaux, fournitures ou services commandés au prestataire :
– en dehors de tout contrat ;
– en dépassement des quantités d'un marché existant ;
– en dépassement du montant prévu d'un marché existant ;
– en dépassement de la durée d'un marché existant ;
– lorsque les prestations fournies ne présentaient aucun lien avec l'objet du marché existant.

À RETENIR

La transaction permet de justifier un paiement, elle n'efface pas les irrégularités commises.

Dans la mesure où elles sont portent sur des commandes passées hors marché ou en violation des règles de la commande publique et ont pour objet de détourner la procédure, les transactions sont susceptibles de constituer ce qu'il est convenu d'appeler un « marché de régularisation ».

À RETENIR

Un marché de régularisation est un marché conclu après la réalisation de prestations, pour en justifier le paiement de manière rétroactive, par exemple parce que l'acheteur a dû faire face à une rupture d'approvisionnement à la suite de l'annulation d'un marché, ou qu'il n'a, tout simplement, pas respecté ses obligations de publicité et de mise en concurrence. Un marché de régularisation est toujours irrégulier et est susceptible d'engager la responsabilité du pouvoir adjudicateur, ainsi, le cas échéant, que la responsabilité pénale de l'autorité signataire et de l'entreprise qui en bénéficie.

Tab. 78.1. Structure d'une transaction pour commande hors marché

Nature du préjudice indemnisable (plafonné à ce qui aurait été le prix d'un marché)	Fondement de la responsabilité	Part indemnisée
Frais engagés pour l'exécution des prestations	Responsabilité quasi-contractuelle (enrichissement sans cause)	100 %
Marge bénéficiaire	Responsabilité quasi-délictuelle (faute)	Partage de responsabilité

80.1 Contenu des transactions

Les transactions peuvent être directement négociées entre les services du pouvoir adjudicateur et l'entreprise. Elles peuvent, également, être négociées entre les avocats des parties, en particulier lorsqu'il est nécessaire d'externaliser cette négociation pour dépersonnaliser un conflit.

Les transactions doivent être rigoureusement rédigées. Doivent y figurer :
– le périmètre des litiges que la transaction vise à prévenir ou régler ;
– la nature et l'étendue des concessions réciproques des parties ;
– les modalités d'évaluation des dommages et les opérations de liquidation des sommes comprises dans l'accord.

Les documents mobilisés et les pièces justificatives peuvent y être annexés.

La transaction reflète un accord équilibré entre les parties, qui doivent avoir fait une concession, l'une envers l'autre, de manière à rapprocher les positions.

Il n'est pas nécessaire que les concessions réciproques soient strictement équivalentes, par exemple en valeur, mais elles doivent être équilibrées.

APPLICATION

Lors de la négociation d'un protocole transactionnel tendant à permettre le paiement de prestations réalisées hors marché, l'acheteur, qui a commandé les prestations, constate le service fait et indemnise le prestataire à hauteur des frais qu'il a engagé pour exécuter les prestations en cause sur le fondement de l'enrichissement sans cause. En revanche, s'agissant de la marge bénéficiaire du prestataire, l'acheteur ne consent à l'indemniser, sur le terrain de la faute, qu'à hauteur de 50 %. Il a, en effet, commis une faute en passant une commande hors marché. Le prestataire, qui savait que la commande de l'acheteur n'était pas régulière et a, lui-même, commis une faute en acceptant d'exécuter les prestations, consent à renoncer à 50 % de sa marge bénéficiaire, ce qui constitue de sa part la concession exigée par le régime de la transaction. Cette transaction est équilibrée en tant la marge bénéficiaire pouvait faire l'objet d'une discussion, à la différence des frais engagés pour exécuter les prestations, dont l'indemnisation constitue un droit pour le prestataire (tab. 78.1).

Il est interdit de conclure une transaction sur :
– le montant des intérêts moratoires dus en exécution d'un marché public ;
– la commande de nouvelles prestations ;
– l'application des garanties légales fondées sur les prestations faisant l'objet du marché public.

80.2 Exécution de la transaction

Les transactions ont, entre les deux parties qui l'ont signée, la même autorité qu'une décision de justice. Elles s'exécutent sans qu'une autre formalité soit nécessaire et constituent la justification du paiement auprès du comptable public. Il n'est pas, pour cela, nécessaire de les faire approuver par un juge.

Elles peuvent prévoir des clauses sanctionnant l'absence le défaut d'exécution, par les parties, de leurs engagements.

La transaction justifie le paiement des sommes qu'elle prévoit et l'octroi, le cas échéant, d'une provision si l'autre partie ne respecte pas ses engagements.

Toutefois, la transaction ne peut justifier le recours aux procédures d'exécution forcées, telles que le concours de la force publique.

80.3 Contrôle du juge

Comme pour tout contrat, le juge, saisi par l'une des parties ou, dans le cas des protocoles transactionnels locaux, par le préfet dans le cadre du contrôle de légalité, peut être amené à apprécier la validité du contrat de transaction. Dans ce cas, il contrôle :

– l'existence de l'accord des parties pour signer cette transaction et des conditions dans lesquelles cet accord a été obtenu ;
– la conformité de l'objet de la transaction à la loi ;
– le fait que la personne publique ne consente pas, dans la transaction, à payer une somme qu'elle ne devrait pas avoir à payer ;
– le fait qu'aucune règle d'ordre public n'ait été méconnue.

Si l'une de ces conditions n'est pas satisfaite, le juge prononce la nullité de la transaction.

À RETENIR

La nullité d'un contrat est la disparition de ce contrat, pour l'avenir comme pour le passé, comme s'il n'avait jamais existé.

80.4 Homologation des transactions par un juge

Il est possible de faire homologuer une transaction par un juge, mais cette procédure doit rester exceptionnelle : elle est longue, lourde, et inutile, les transactions présentant déjà, entre les parties, l'autorité de la chose jugée. Cette homologation consiste à en faire approuver le contenu par le juge, qui contrôle les mêmes éléments que ceux déjà énumérés : si l'une de ces règles n'est pas respectée, le juge constate la nullité de la convention, qui est regardée comme n'ayant jamais été conclue.

Le juge vérifie ensuite la conformité de la transaction avec les autres lois et règlements.

Une fois homologuée, la transaction peut donner lieu à des mesures d'exécution forcée à l'égard des personnes privées, telles que le recours aux services d'un huissier. Le juge peut aussi donner l'ordre d'exécuter la transaction à la partie signataire qui en refuse l'exécution, à peine du paiement d'une somme d'argent pour chaque jour de retard.

Pour être homologué par un juge, le contrat de transaction doit être conclu et être entré en vigueur : le juge n'est pas un consultant, il n'intervient que pour valider.

Index

A

B

C

D

E

F

G

I

N

O

Q

R

S

Table des matières